Hans-Arved Willberg

Theorie der Kognitiven Seelsorge

Der Autor:

Hans-Arved Willberg, Jhg. 1955
Trainer - Dozent - Publizist

- Gemeindediakon Ev. Landeskirche in Baden
- Master of Arts (MA) (Biblische Theologie) Columbia International University (CIU)
- Master of Theology (MTh) (Praktische Theologie) University of South Africa (UNISA)
- Master of Arts (MA) (Philosophie im europäischen Kontext) FernUniversität Hagen
- Dr. phil. Sozial- und Verhaltenswissenschaften Friedrich-Schiller-Universität Jena
- Rational-Emotiver Verhaltenstherapeut & Coach, DIREKT e.V.; Heilpraktiker für Psychotherapie
- Seit mehr als 25 Jahren Praxis in Seelsorge, pychologischer Beratung, Coaching und Seelsorgeausbildung

Hans-Arved Willberg

Theorie der Kognitiven Seelsorge

Reihe Wissenschaft, Band 2

Bei diesem Skript handelt es sich um den vollständigen, lediglich um minimale Korrekturen veränderten Text der gleichnamigen Dissertation, die im Rahmen des dortigen interdisziplinären Ethikzentrums im Juni 2017 von der Fakulät für Sozial- und Verhaltenswissenschaften der Friedrich-Schiller-Universität Jena für die Promotion zum doctor philosophiae (Dr. phil) angenommen wurde. Gutachter waren Prof. Dr. theol. Martin Leiner und Prof. theol. Corinna Dahlgrün von der Evangelischen Fakultät. Den Vorsitz der mündlichen Prüfung hatte Prof. Dr. Stefan Schweinberger von der Fakultät für Sozial- und Verhaltenswissenschaften. Die Originale des Dissertationsskripts inklusive der einschlägigen ehrenwörtlichen Erklärung zur eigenständigen Fertigung des Textes liegen in der Thüringer Universitäts- und Landesbibliothek (ThULB) in Jena vor.

Bibliografische Information der Deutschen Nationalbibliothek: Die Deutsche Nationalbibliothek verzeichnet diese Publikation in der Deutschen Nationalbibliografie; detaillierte bibliografische Daten sind im Internet über dnb.d-nb.de abrufbar.

ISBN: 978-3-9818451-4-3

KomBi

Verlag für Kompetenz und Bildung

2017

Der Dienstleistungsverlag von Life Consult SPS KG
Anschrift: Pforzheimer Str. 186, 76275 Ettlingen
info@life-consult.org ◆ www.life-consult.org

Inhaltsverzeichnis

„Wenn die menschliche Geschichte irgend etwas beweist, dann die extreme Langsamkeit, mit der der akademische und kritische Verstand Wahrheiten anerkennt, die als ungezähmte Wahrheiten daherkommen und sich in keine bestehende Schublade einordnen lassen, oder als Wahrheiten, die eine Bedrohung für das bisher akzeptierte System darstellen."

William James[1]

Vorwort

Einspurig gleichgeschaltete Erkenntnisbildung hat der Wissenschaft noch nie gut getan und (auch) für die Theologie gilt der provokante Satz *Helmut Thielickes*: „Man muß [...] Häresien wagen, um Wahrheiten zu gewinnen."[2] Freiheit des Forschens und Lehrens in der Theologie braucht beides: Ein möglichst festes, aber nimals starres erkenntnistheoretisches Fundament sowie das ehrliche Austasten der exegetischen Möglichkeiten, die sich von dorther bieten. Das gerade macht das Grenzgebiet zwischen Theologie und Humanwissenschaften so reizvoll: Dieser große und selbstbewusste Nachbarkontinent der Theologie fordert sie beständig heraus, traditionell dogmatisierte „Wahrheiten" mit seinen eigenen Erkenntnissen zu vergleichen und, sofern ein hermeneutischer Spielraum dazu vorhanden ist, auch zu revidieren. Da gerade in der heutigen empirischen Psychologie ideologieverdächtiger Spekulation zu weiten Teilen und zu Recht das Prädikat der Wissenschaftlichkeit verweigert wird, besitzt der interdisziplinäre Dialog eine besonders spannende und aktuelle Relevanz. Somit mag die Hoffnung nicht unbegründet sein, dass diese Arbeit dem Leser nicht nur ausreichendes Material zur Verfügung stellt, um die theoretische Begründung der Kognitiven Seelsorge nachzuvollziehen und sie, was mein Wunsch ist, innovativ voranzutreiben, sondern dass er es auch ganz einfach spannend und faszinierend findet sich etwas einzulesen, wie sich nach dem heutigen Forschungsstand Gedanken und Emotionen verstehen lassen und aufeinander beziehen, wie sie das Verhalten steuern und wie sich selbst hartnäckige Gewohnheiten durch die Veränderung des Denkens überwinden lassen, und wie das alles psychologisch, philosophisch und theologisch einzuordnen ist.

Seit ungefähr 25 Jahren arbeite ich in der Seelsorge. Als mir bewusst wurde, wie effizient und stringent die Methoden der Kognitiven Therapie sind und dass sie eine hohe Übereinstimmung mit biblischen Grundprinzipien der Erneuerung des Lebens durch Veränderung des Denkens aufweisen, ließ ich mich bei *DIREKT e.V.*, dem Tocherinstitut des New Yorker *Albert Ellis Instituts* in Deutschland, zum *Rational-Emotiven Verhaltenstherapeuten* ausbilden. Seither praktiziere ich die Rational-Emotive Verhaltenstherapie (REVT) in Seelsorge, psychotherapeutischer Beratung und Coaching und lehre sie als zentralen Baustein in meinem *Institut für Seelsorgeausbildung* (ISA). Als Theologe und Psychologischer Berater stehe ich in der Spannung zwischen Psychotherapie und Seelsorge, die ein nicht en-

---

[1] William James, zit. in: Herbert Benson, *Heilung durch Glauben*, in Zusammenarb. mit M. Stark, aus d. Amerik. v. T. Gördern, 2. Aufl. (Wilhelm Heyne: München, 1997), 81.

[2] Helmut Thielicke, *Das Leiden an der Kirche: Ein persönliches Wort*, Stundenbücher, Bd. 52 (Furche: Hamburg, 1965), 140. Er fährt fort: „Wer nur aus der Absicherung lebt, hat schließlich nur leere Hülsen in der Hand, in denen keine Wahrheit mehr steckt." Ebd.

den wollender Streitpunkt unter vielen Christen zu sein scheint: Wo liegen die Unterschiede, wo sind die Grenzen, welcher Art sind die Kompetenzen hier und dort? Durch meine Dissertation möchte ich nicht nur eine wissenschaftlich solide Theorie christlich begründeter Kognitiver Seelsorge schaffen, sondern auch ein lebendiges, empirisch und logisch wahrhaftiges Statement zum Verhältnis zwischen Seelsorge und Psychotherapie geben, das zur Erneuerung und Weiterführung der Diskussion anregen mag.

Der Weg dieses Projekts war eine Odyssee. Ich habe über weite Strecken erstaunlich wenig wissenschaftliche und administrative Unterstützung dafür erfahren. Um so größer ist mein Dank an alle, die sich anders verhielten. Er geht vor allem an meine Frau Petra Gebhardt und an meine ehemalige Mitarbeiterin Hedwig Hagenbucher. Sie brauchten nicht nur viel Geduld, sondern sie brachten sie auch auf. Wissenschaftliche Ermutigung und konstruktive Hilfe erfuhr ich vor allem von Dieter Schwartz, Diplompsychologe, Psychologischer Psychotherapeut und Leiter von DIREKT e.V., Mark R. McMinn, Professor für Psychologie an der George Fox University in Oregon, USA, Prof. Dr. Michael Utsch, Prof. Dr. Bernhard Grom S.J und Dr. habil. Rainer Höfelschweiger. Ihnen allen sei herzlich gedankt! Mein besonderer Dank und mein Respekt gilt natürlich Professor Dr. Martin Leiner und Professor Dr. Corinna Dahlgrün von der Friedrich Schiller Universtität Jena dafür, dass sie sich trotz hoher Arbeitsbelastung dieses Projekts angenommen haben, um es der akademischen Kategorie zuzuführen, die es verdient.

Waldbronn, im Oktober 2016
Hans-Arved Willberg

Einleitung

1. Positionierung

Alles Forschen ist interessengeleitet. Dieser Feststellung wird kaum widersprochen werden können und ihre Ambivalenz gehört wohl zu den notwendigen Begrenzungen des menschlichen Verstands. Für die moderne Wissenschaftstheorie ist diese Grenze konstitutiv. Zu Recht gelten heutzutage behauptete Erkenntnisse als unseriös, die für sich in Anspruch nehmen, die Ambivalenz hinter sich zu lassen.

Das Movens des Forschungsinteresses ist metaphysischer Natur: darin ist die Ambivalenz der Vokabel „interessengeleitet" begründet. Das Interesse ist wertbestimmt. Es fragt sich stets, was für Werte das sind: Lautere, unlautere, eine Mischung von beidem? Nicht nur die Vokabel selbst ist ambivalent, sondern auch das Forschen selbst. Der metaphysische Beweggrund enthüllt sich weder dem Forschenden selbst noch denen, die sein Werk beurteilen, in letztgültiger Evidenz. Es kommt darauf an, welches Interesse dominiert.

Meines Wissens hat bislang noch niemand versucht, eine vollständige akademische *Theorie der Kognitiven Seelsorge* zu entwickeln. Noch mehr als andere Dissertationsprojekte, die sich in ein bereits vorhandenes Forschungskontinuum reihen, wirft das eben jene Frage auf: Welches Interesse leitet nun gerade mich, hierin der Erste zu sein? Was legitimiert mich dazu? Ich kann nicht vermeiden, dass ein Bündel von Motiven mich bewegt. Zweifellos sind mir manche Motive nicht bewusst und sie werden es vielleicht auch nie. Ich kann nicht dafür garantieren, dass diese Gründe durchweg als lauter anzusehen wären, wenn sie bewusst und öffentlich würden. Andere Motive sind ebenfalls biografisch zu verstehen, aber ich kenne sie mehr oder weniger. Ich kann sie darum auch beurteilen und einen gewissen steuernden Einfluss darauf nehmen. Öffentlich darüber reden muss ich nicht unbedingt. Für den wissenschaftlichen Diskurs relevant ist erst die dritte Motivationsebene: Meine Metaphysik als reflektiertes Wertesystem - meine *Weltanschauung*. Damit im Folgenden recht verstanden wird, welches Interesse meinen Weg des Forschens und Folgerns in diesem Projekt geleitet hat, will ich mich gleich zu Beginn in dieser Hinsicht so deutlich wie möglich positionieren. Das wird vielleicht am besten gelingen, wenn ich einige Leitbegriffe dieser Dissertation meinen weltanschaulichen Vorentscheidungen gemäß definiere.

1. <u>Selbstbestimmung</u>

In diesem Begriff liegt die vorrangige metaphysische Grundposition meiner *Theorie der Kognitiven Seelsorge.* Ethisch legitim sind Seelsorge wie Therapie nur dann, wenn ihre Maßnahmen die Selbstbestimmung nachvollziehbar fördern und Personen, die sich nicht selbst bestimmen *können*, vor fremdbestimmenden Übergriffen schützen, die ihre Würde verletzen. Voraussetzung, Folge und Echtheitskriterium der Selbstbestimmung ist die *Freiheit.* Mithin kann von einer Förderung der Selbstbestimmung nur dann die Rede sein, wenn die seelsorgerischen und therapeutischen Maßnahmen sich als nachvollziehbare Bewahrung und Erweiterung der Freiheit im Leben der jeweiligen Person auswirken.

Selbstbestimmt in diesem Sinne zu leben bedeutet, im Rahmen der individuell disponierten Möglichkeiten selbst-ständig vernünftig für sich selbst sorgen zu können. Darum intendieren Seelsorge wie Therapie qua Formen der *Fürsorge* die

Befähigung zur *Selbstsorge*.

Diese *ethische* Bestimmung meiner Konzeption von Seelsorge und Therapie impliziert auch die Bestimmung der notwendigen Grundkompetenz für das seelsorgerische und therapeutische Handeln. Die kompetente Helferperson nimmt eine entschieden *dienende* Haltung ein. Auch alle Formen des *Behandelns* sind darin begründet; sie sind, wie auch die Formen des Begleitens und Beratens, Wege der Hilfe zur Selbsthilfe, immer in Relation zum Potenzial der bedürftigen Person, sich selbst helfen zu *können*. Im psychotherapeutischen und seelsorgerischen Kontext tragen solche Maßnahmen grundsätzlich *mäeutischen* Charakter.

2. Seelsorge

Ich fasse den Begriff *Seelsorge* weit im wörtlichen Sinn als „Sorge für die Seele". Abgeleitet vom primären Paradigma der Selbstbestimmung ist Seelsorge die fürsorgliche Unterstützung zur Verwirklichung der Selbstsorge. Die Verwendung des Wortes „Seel-Sorge" verlangt wiederum nach einer anthropologisch angemessenen Definition von „Seele". Meiner Weltanschauung nach kann Angemessenheit in dieser Hinsicht nur in *holistischen* Modellen bestehen. Ich folge hierin dem weithin stattfindenden Paradigmenwechsel eines um die Dimension der *Spiritualität* erweiterten *bio-psycho-sozialen* Verständnisses des Menschen. Seelsorge als Sorge für die Seele ist demnach grundsätzlich auf das ausgerichtet, was der Mensch in biologischer, psychischer, sozialer und spiritueller Hinsicht *braucht*, um so gut wie möglich in freier und befreiender Selbstbestimmung zu leben. Von Medizin, Psychotherapie und anderen gesundheitsdienlichen Disziplinen unterscheidet sie sich aber dadurch, dass sie sich dabei auf die spirituelle Dimension konzentriert. In diesem Sinne kann zu Recht der zeitgenössische Terminus *Spiritual Care* zur Bezeichnung weiter Teile des Bedeutungsspektrums des herkömmlichen Seelsorgebegriffs verwendet werden.

3. Gesundheit

Aus den Paradigmen der Selbstbestimmung und eines holistischen Menschenbildes folgt ein holistisches Verständnis von *Gesundheit*, durch das die verschiedenen Formen der *Fürsorge* qua Hilfe zur *Selbstsorge* eng zueinander rücken. Durch die Dimension der *Spiritualität* erfährt die bislang vorherrschende Definition von Gesundheit als bio-psycho-soziales „Wohlbefinden" eine beträchtliche, notwendige Erweiterung, weil es in dieser Dimension um eine Weise des „Wohlbefindens" geht, die sich in verhältnismäßiger Unabhängigkeit von den anderen Dimensionen entfalten kann, oft gerade dann, wenn es dort fehlt. Das wichtigste Kriterium zur Bestimmung von „Gesundheit" kann somit in der Fähigkeit liegen, gesund mit der Erfahrung des Ungesunden und Kranken im eigenen Leben *umzugehen*, woraus ein Wohlbefinden sui generis resultiert, das geradezu im Gegensatz zur erfahrenen bio-psycho-sozialen Notlage stehen mag, gleichwohl aber auch entscheidenden mäßigenden und heilenden Einfluss darauf nehmen kann. Die Aktivierung dieser Kraft kann in Bezug zu den spirituellen Ressourcen der religiösen Glaubensgemeinschaft stehen, der sich die Person verbunden weiß.

3. Spiritualität

Wenn somit Spiritualität als wesentlicher Faktor einer holistischen Sichtweise von Gesundheit begriffen wird, muss wiederum gefragt werden, was überhaupt als *gesunde* respektive *gesundheitsfördernde* Spiritualität definiert werden kann. Meiner Ansicht nach ist diese Definition nicht der Theologie vorbehalten. Es geht vielmehr darum, empirisch wissenschaftliche Befunde hierzu mit der vorfindlichen spirituellen Praxis abzugleichen. Meine Ausgangsposition hierfür ist der *christliche* Glaube. Im Sinne meiner religiösen Glaubens*überzeugung* favorisiere und fokussiere ich dementsprechend christliche Formen der Spiritualität, wodurch auch der zugrunde gelegte allgemeine Seelsorgebegriff eine spezifisch christliche Färbung erhält, insbesondere im letzten Teil, wo das aus den Vorarbeiten hervorgehende Modell der Kognitiven Seelsorge als ein explizit christliches beschrieben wird, was nicht ausschließt, dass es analoge Modelle mit anderen spirituellen Bezugsrahmen geben kann. Ich meine allerdings, dass in der christlichen Überlieferung in besonders hohem Maß heilsame, holistisch gesundheitsfördernde Formen der Spiritualität zu finden sind.

Die spirituelle Dimension kann zur Begründung der Theorie der Kognitiven Seelsorge auf wissenschaftlich seriöse Weise nur dann einbezogen werden, wenn auch sie begrifflich so klar wie möglich bestimmt ist. Das wird in Kapitel 3.5 des zweiten Hauptteils erfolgen.

4. Rational-Emotive Verhaltenstherapie

Kognitive Seelsorge, wie sie in dieser Arbeit beschrieben wird, ist in der Seelsorge angewandte Kognitive Therapie mit dem Schwerpunkt der *Rational-Emotiven Verhaltenstherapie* (REVT) nach *Albert Ellis*. Ich bin der Überzeugung, dass die Grundprinzipien der REVT völlig kompatibel sind mit dem biblischen Weg der Lebensveränderung von der Lüge zur Wahrheit und darin mit der Überwindung von lebenszerstörendem Verhalten, das in der Bibel als „Sünde“ beschrieben wird, hin zu einem konstruktiven Lebensstil, der in der Bibel „Heiligung“ genannt wird. Und mehr noch: Ob REVT angewandt wird, indem ausschließlich *psychologische* und umgangssprachliche Termini im Beratungsgespräch Verwendung finden, oder indem ausschließlich *theologische* Begriffe gebraucht werden, führt zu keinem Unterschied in der Wirkung: Menschen korrigieren ihre schädigenden Einstellungen und Verhaltensweisen und verbessern ihren individuellen Lebensstil wie auch ihre sozialen Interaktionen signifikant positiv, ob sie christliche oder anders religiös Gläubige sind oder nicht und ob sie theologische Begriffe wie zum Beispiel „Sünde“ und „Teufel“ dabei verwenden oder nicht. Ich erlebe dies in der alltäglichen Praxis und behaupte, dass es empirisch nachgewiesen werden könnte. Im Blick auf eine angemessene hermeneutische Vorgehensweise kann außerdem gezeigt werden, dass die Aufforderung und die Fähigkeit der Veränderung des Verhaltens durch die Veränderung des Denkens ein zentrales biblisches Postulat ist, das sehr gut mit den heutigen Forschungsresultaten insbesondere der Motivationspsychologie übereinstimmt.

Die Beschreibung der Prinzipien und Methoden der REVT wie auch ihre kritische Abgleichung mit dem christlich seelsorgerischen Grundprinzip der Barmherzigkeit erfolgt im vierten Kapitel des zweiten Hauptteils.

2. Sinn und Ziel dieser Dissertation

In der Bibel und darin besonders im Neuen Testament spielt die Veränderung des Denkens weg von der Lüge und hin zur Wahrheit eine, wenn nicht *die* zentrale Rolle, wenn es um das Gelingen des menschlichen Lebens nach dem Willen Gottes geht. In den Formen der Kognitiven Therapie, die zu den erfolgreichsten Psychotherapien unserer Tage gehört, geht es um dasselbe, wenn auch meist ohne den Bezug auf den Willen Gottes; in der Rational-Emotiven Therapie nach Albert Ellis mit besonderer Stringenz und psychologischer Tiefe. Dennoch ist bis auf insgesamt bescheidene Ansätze die Rezeption Kognitiver Therapie durch die christliche Seelsorge bis heute noch nicht vollzogen worden. Das allein ist gewiss schon Grund genug, sich des Themas mit wissenschaftlicher Gründlichkeit anzunehmen. Noch schwerer wiegt aber die Tatsache, dass vielen glaubenden und nach Glauben suchenden Menschen dieses Mangels wegen hoch wirksame und leicht erlernbare Hilfen für ihre Lebens- und Glaubensprobleme vorenthalten bleiben, die noch dazu mit den in den Gemeinden gelehrten Grundprinzipien christlicher Ethik, sofern sie wenigstens auf ein einigermaßen freundliches Gottesbild zurückzuführen sind, reibungslos zusammenpassen. Angesichts der globalen epidemischen Ausbreitung seelischer Störungen, die ja keineswegs vor den Religionsgemeinschaften halt macht, ist das kaum noch zu verantworten.

Ich nahm wahr, dass es anscheinend in der deutschsprachigen Literatur keine wissenschaftlich relevante Veröffentlichung gab, die sich der Verhältnisbestimmung von Kognitiven Therapieformen und Seelsorge gründlich angenommen hätte. Erst recht schienen die wenigen vorhandenen Modelle Kognitiver Seelsorge ohne stringente theoretische Basis zu bleiben. Ist Kognitive Seelsorge nichts anderes als Kognitive Psychotherapie im Kontext Seelsorge? Ist sie etwas anderes? Worin liegen dann aber Schnittflächen, Unterschiede und gegebenenfalls notwendige Abgrenzungen? Oder lässt sich ein integratives Konzept denken, das Kognitive Therapie und Seelsorge vereint, ohne sie auf das Prokrustesbett zu legen, und durch das die Kognitive Seelsorge eine überzeugende eigenständige Gestalt erhält? Kann aus der Verbindung von Kognitiver Therapie und Seelsorge etwas innovativ Neues entstehen? Kann dieses Neue darüber hinaus ein Modell für die Überwindung des Schismas zwischen Psychotherapie und Seelsorge im Allgemeinen sein? Diese Fragen wie auch die Feststellung, dass zumindest im deutschsprachigen Raum bis dato keine einigermaßen umfassende Theorie der Kognitiven Seelsorge veröffentlicht worden war, motivierten mich dazu, mir selbst diese Aufgabe im Rahmen einer Dissertation zu stellen.

Im September 2015 veröffentlichte *Rainer Höfelschweiger*, Pfarrer der Bayrischen Landeskirche und Lehrbeauftragter für Praktische Theologie an der Augustana-Hochschule in Neuendettelsau,[3] unter dem Titel „Albert Ellis und die Religion: Poimenische Perspektiven der Rational-Emotiven Verhaltenstherapie“ seine im selben Jahr eingereichte und einen Monat zuvor angenommene Habilitationsschrift in Praktischer Theologie.[4] Es handelt sich um die erste größere Arbeit im deutschsprachigen Raum zur Frage der pastoralpsychologischen Rezeption der

---

[3] Dr. Rainer Höfelschweiger, http://augustana.de/forschung-lehre/praktische-theologie/lehrbeauftragter.html.

[4] Rainer Höfelschweiger,*Albert Ellis und die Religion: Poimenische Perspektiven der Rational-Emotiven Verhaltenstherapie* (Books on Demand: Norderstedt, 2015).

REVT auf akademischem Niveau.[5] Höfelschweiger kommt weitestgehend zu denselben Ergebnissen, die auch aus meiner eigenen Recherche hervorgegegangen waren. Der Autor resümiert: „Auf den Ergebnissen der Studie aufbauend, können nunmehr vertiefende und erweiternde Untersuchungen zum Verhältnis zwischen modernen kognitiven Verhaltenstherapien und christlicher Seelsorge erfolgen.“[6] Dazu gehöre auch „die Frage einer möglichen Anwendung in Seelsorgevollzügen [...]. Im Rahmen der Studie wurde deutlich, dass eine solche Applikation in Seelsorgevollzüge nicht unmöglich ist.“[7] Höfelschweiger übersieht nicht, dass Evangelikale und Charismatiker bereits solche Modelle entwickelt haben und lehren.[8] Es geht ihm aber um wissenschaftlich tragfähige poimenische Entwürfe, die auch für liberalere Theologien Überzeugungskraft entfalten und somit den Weg in die akademische Pastoralpsychologie der Großkirchen finden können. Diesem Desiderat, das der Autor weiteren Forschern auf dem von ihm bearbeiteten Feld anvertraut, entspricht die Intention meiner eigenen Arbeit.

Das Innovative an dieser Dissertation ist somit die Erarbeitung einer vollständigen Theorie Kognitiver Seelsorge, die es bislang noch nicht gibt. Ebenso ist bislang die volle Kompatibilität kognitiv-therapeutischer Methodik mit ethischen Grundprinzipien beziehungsweise Heiligungslehren verschiedenartiger christlicher Glaubens- und Seelsorgerichtungen weder theoretisch noch empirisch nachgewiesen worden. Weit verbreitet ist hingegen nach wie vor eine erhebliche Unsicherheit, wie und ob überhaupt Seelsorge und Psychotherapie einander zugeordnet werden können. Ich hoffe, durch meinen Beitrag unnötige Vorbehalte abbauen zu können, die letztendlich vor allem den Menschen schaden, die der seelsorgerischen und psychotherapeutischen Hilfe bedürfen.

Von einer „Theorie der Kognitiven Seelsorge“ kann nur dann zu Recht die Rede sein, wenn das Wort „Seelsorge“ darin kein Etikettenschwindel ist. Gesucht wird darum nicht nur die Antwort auf die Frage der *Verwendbarkeit* kognitiver Therapiemethoden in christlicher Seelsorge oder der *Verknüpfung* von beidem; das ist kennzeichnend für bereits vorhandene Modelle und brächte wohl nicht wirklich Neues. Gesucht wird vielmehr eine genuine Amalgamierung beider, die dem Anspruch, durchweg Seelsorge zu *sein*, vollauf genügt.

Diese Verschmelzung ist aber nur reell, wenn eine *gemeinsame epistemische Grundlage* für Psychotherapie und Seelsorge gefunden werden kann. Wenn es sich nämlich um grundsätzlich unterschiedliche Phänomene handeln würde, könnte jede Synthese nur künstlich bleiben, als wollte man aus Fußball- und Handballspielern eine gemeinsame Mannschaft formen. Für eine Theorie der Kognitiven Seelsorge muss darum notwendig untersucht werden, ob es eine epistemische gemeinsame Basis mit der Kognitiven Therapie gibt oder nicht und, falls ja, wie diese zu beschreiben ist.

Zusammengefasst lässt sich die Relevanz meines Projekts, die eine größere wissenschaftliche Arbeit nicht nur berechtigt, sondern fordert, folgendermaßen begründen:

---

[5] „Vorliegende Studie betrieb nicht das Projekt einer vordergründigen Applikation rational-emotiver Therapie. Ihr Fokus richtete sich vielmehr auf die grundlegende Erforschung der Beziehung zwischen rational-emotiver Therapie und akademischer Poimenik.“ Ebd., 323.

[6] Ebd., 322.

[7] Ebd., 323.

[8] Ebd., 323f.

1. Die Kompatibilität kognitiver Therapieformen, insbesondere aber der REVT, mit biblischen Postulaten und Wegen der Lebenserneuerung durch Veränderung des Denkens ist überaus hoch.
2. Die Effektivität kognitiver Therapieformen wie der REVT in der Psychotherapie ist in der empirischen Psychologie allgemein anerkannt und sehr bemerkenswert.
3. Kognitive Therapie wird in der Seelsorge vor allem des deutschsprachigen Raums auffallend selten eingesetzt.
4. Eine tragfähige Theorie der Kognitiven Seelsorge, die epistemologisch stringent Kognitive Therapie und Seelsorge integriert, gibt es international bislang nur in Ansätzen und im deutschsprachigen Raum überhaupt nicht.[9]

3. Fragestellung

Die vorrangige Forschungsfrage dieser Dissertation lautet:

> Wie kann die Methodik der Rational-Emotiven Verhaltenstherapie (REVT) nach Albert Ellis epistemologisch glaubwürdig, exegetisch und dogmatisch gesichert sowie logisch stringent als Hauptbestandteil in das Konstrukt einer integrativen und innovativen Theorie der Kognitiven Seelsorge eingehen?

Ich gehe davon aus, dass dies nicht nur möglich, sondern vor dem Hintergrund der bisherigen Entwicklung der Kognitiven Therapie und Seelsorge auch notwendig im Sinne eines wissenschaftlichen Postulats ist. Wesentliches Argument hierfür ist, dass sowohl die Pastoraltheologie als auch die Psychotherapie je länger je mehr auf die Integration von Spiritualität, praktischer Lebenshilfe und Heilung psychischer Störungen und Erkrankungen zulaufen.

Ein epistemologisches Grundproblem der bestehenden evangelikalen und charismatischen Modelle ist die mehr oder weniger stark herausgekehrte dichotomische Unterscheidung von „erleuchteten Bekehrten" und „unerleuchteten Unbekehrten", aus der folgt, dass nur die spirituellen Einsichten Ersterer wahre seelsorgerische Überzeugungskraft besitzen. Ich behaupte, dass jedoch eine durch den Heiligen Geist erleuchtete Vernunft empirisch nicht von einer Vernunft unterschieden werden kann, die dem Dogma nach nicht erleuchtet ist, sofern es sich wirklich um *Vernunft* handelt. Ich behaupte ferner, dass die Fähigkeit „gläubiger" Menschen zu denken in keiner Weise die Denkfähigkeit nicht „gläubiger" Menschen übersteigt. Darum sollten auch hier wie dort dieselben Methoden der Korrektur von Denkirrtümern gleiche Wirkung zeigen. Daraus müsste folgen, dass eine stringente, umfassende Methodologie Kognitiver Therapie, die sich auf die Korrektur von Denkfehlern beschränkt, gleichermaßen multifunktional in unterschiedlichen Genres der psychologischen und spirituellen Hilfe wie Psychotherapie, Coaching und Seelsorge einsetzbar sein sollte, vorausgesetzt, dass es sich bei

[9] Bei Punkt 1 handelt es sich zwar wissenschaftlich gesehen um eine Hypothese, die im Rahmen dieser Arbeit überprüft werden soll, alltagspsychologisch ist es hingegen eine Erfahrungstatsache. Hypothetisch sind ferner zunächst die Punkte 3 und 4.

den Gegenständen des Helfens um empirisch explizierbare Vorgänge handelt.[10]

Ich möchte in meiner Dissertation eine vollständige Theorie der Kognitiven Seelsorge erarbeiten, die sie als wichtigen und zentralen Teil im weiten Spektrum der zahlreichen Seelsorgerichtungen unserer Tage qualifiziert, unabhängig von theologischen Schulrichtungen, sofern sie der Freiheit des Willens wenigstens einen gewissen relevanten Spielraum zugestehen.

4. Aufbau

Im ersten Teil geht es darum, den bisherigen *Literatur- und Forschungsbefund* zu eruieren. Darzustellen sind die verschiedenen Bemühungen um die Integrierung von Seelsorge und Kognitiver Therapie, mit besonderem Augenmerk auf das, was sich in dieser Hinsicht in und mit der Rational-Emotiven Therapie ereignet hat. Daraus wird sich ergeben, welche Ansätze aus Theorie und Praxis es für die Bildung einer Theorie der Kognitiven Seelsorge bereits gibt und was noch fehlt. Es scheint sinnvoll, diese Ansätze nicht nur deskriptiv darzustellen, sondern sie von vornherein im Blick auf ihre mögliche Verwendbarkeit für das Theoriegebäude der Kognitiven Seelsorge hin zu überprüfen. Aus dieser Vorarbeit ergibt sich sozusagen ein großer Teil des Baumaterials für den zweiten Teil.

Der Aufbau des zweiten Teils besteht aus fünf Elementen (Abbildung 01), die im Folgenden kurz inhaltlich beschrieben werden.

Das epistemologische Fundament

a) *Wissenschaft als Glaubensakt.* Zentraler Aspekt der Kognitiven Therapien ist das, was Albert Ellis „Belief" genannt hat: Förderliche und schädigende lebensbestimmende Grundüberzeugungen und Erwartungen, also *Glaubenshaltungen.* Mithin ist der Glaube das von vornherein gegebene gemeinsame Thema von Kognitiver Therapie und Seelsorge. Gemeinsames epistemologisches Fundament für beide ist darum sinnvollerweise eine Bestimmung von „Glauben" aus wissenschaftstheoretischer Perspektive. Ich beziehe mich zu dieser Bestimmung auf *Kant* und insbesondere *Fichte*.[11] Nach Fichtes Wissenschaftstheorie ist die Selbstsetzung des Ich in seiner „Tathandlung" ein aus dem Gewissen hervorgehender Glaubensakt. Diese Grundbestimmung gilt gleichermaßen für Ethik, Kunst und Wissenschaft. Fichte radikalisiert und erweitert damit den bei Kant auf die Ethik beschränkten *Kategorischen Imperativ.* Epistemologisch für diese Dissertation relevant ist an Fichtes Theorie zum einen, dass demnach jede wissenschaftliche Theorie als Glaubenspostulat zu bezeichnen ist, was auch spezifisch theologischen Theorien erlaubt, mit anderen in Konkurrenz zu treten. Theologische Theorien

---

[10] Ich behaupte weiterhin, dass die REVT nicht nur mit einer biblisch-theologischen Begründung von Seelsorge kompatibel ist, sondern dass man ihr therapeutisches Grundmodell, die so genannte „ABC-Methode", stringent aus der Bibel selbst abgeleitet haben könnte, wenn nur jemand sich dieses Projekts angenommen hätte.

[11] Immanuel Kant, *Kritik der reinen Vernunft,* Hg. I. Heidemann (Philipp Reclam jun.: Stuttgart, 2010 [1787]); Johann Gottlieb Fichte, *Die Bestimmung des Menschen,* hg. u. mit einem Nachwort versehen v. T.Ballauf u. I.Klein (Philipp Reclam jun.: Stuttgart, 1981 [1800]); Johann Gottlieb Fichte, *Grundlage der gesamten Wissenschaftslehre als Handschrift für seine Zuhörer*, Einleitung u. Register v. W.G. Jacobs, Philosophische Bibliothek, Bd. 246 (Felix Meiner: Hamburg, 1970 [1974]) (GWL).

sind also nicht allein deswegen wissenschaftlich irrelevant, weil sie theologisch sind. Andererseits gilt Fichtes Konstrukt zufolge für jede wissenschaftstheoretische Behauptung, also für alles als Überzeugung Behauptete, der auf die Allgemeinheit explizierbare ethische Anspruch der Wahrhaftigkeit und Sinnhaftigkeit, der Grundmaxime des kategorischen Imperativs entsprechend. Dieser Anspruch impliziert sowohl die *subjektive Selbstkongruenz* des Behauptenden als auch die *objektive Sachkongruenz* nach Maßgabe des vorfindlichen wissenschaftlichen Konsenses.

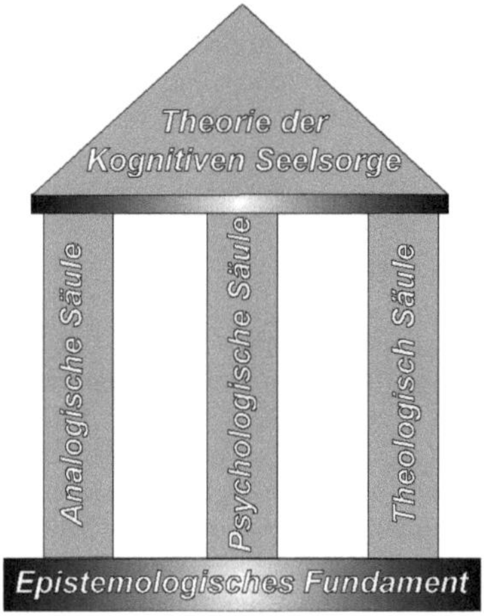

Abbildung 01:
Aufbau von Teil II dieser Arbeit

Als Ergänzung zu Fichtes apriorischer Setzung des Ich werde ich die (cum grano salis) „Fremdbestimmung" der „Selbstbestimmung" nach *Franz Rosenzweig*[12] hinzuziehen, in der Theologie und Ontologie konvergieren. Mir scheint, dass dadurch wie auch durch den Rekurs auf einige Aspekte der Philosophie *Platons* die epistemologische Verbindung von Psychologie, Anthropologie und Theologie noch stärker wird als durch den ausschließlichen Bezug auf Fichte und Kant. Gleichwohl darf man es heutzutage im Zuge der stattfindenden Fichte-Renaissance[13] opportun nennen, Fichtes Wissenschaftstheorie zur Grundlegung einer therapeutischen und seelsorgerischen Theorie zu verwenden, in deren Zentrum Glaubensvorstellungen stehen.

b) *Raffinierter Falsifikationismus.* Die Affinität des auf *Popper* zurück gehenden und von *Imre Lakatos* vertieften falsifikatorischen Wissenschaftsmodells[14] zur Theorie Fichtes liegt darin, dass auch der Falsifikationismus den *Glauben* als das entscheidende Movens der Wissenschaft betrachtet: Hypothesen erhalten durch Beständigkeit Wissensstatus, erstarrren aber darin, bis der Glaube in Gestalt wachsender Überzeugung von innovativen alternativen Theorien die Erstarrung überwindet. Ich nehme Lakatos' Modell auf, weil es mir a) am plausibelsten erscheint, b) aus besagtem Grund mit Fichte kompatibel ist, c) wissenschaftstheoretisch beanspruchen darf, State of the Art zu sein, d) wiederum gleichermaßen Verbindlichkeit für theologische wie für nicht-theologische Wissens-Behauptungen behaupten darf und e) zwei elaborierte Aufsätze von *W. O'Donohue* und *Stanton Jo-*

---

[12] Franz Rosenzweig, *Der Stern der Erlösung*, mit einer Einführung v. R. Mayer u. einer Gedenkrede v. G. Scholem (Suhrkamp: Frankfurt a.M., 1988).

[13] Edith Düsing, *Fichtes Praktische Philosophie,* Fakultät für Kultur- und Sozialwissenschaften (FernUniversität Hagen, 2014); Markus Gabriel, *Ich ist nicht Gehirn: Philosophie des Geistes für das 21. Jahrhundert* (Ullstein: Berlin, 2015).

[14] Karl-Heinz Renner, Gerhard Ströhlein, *Einführung in die Forschungsmethoden der Psychologie,* Fakultät für Kultur- und Sozialwissenschaften (FernUniversität Hagen, 2012), 40ff; Gerhard Schurz, *Grundkurs Wissenschaftstheorie,* Fakultät für Kultur- und Sozialwissenschaften (FernUniversität Hagen, 2011), 399ff.

nes existieren[15], in denen der raffinierte Falsifikationismus in einen grundlegenden Bezug zur klinischen Psychologie gesetzt wird.

Die analogische Säule

a) *Der Stoizismus.* Zu Recht greift man in den Kognitiven Therapien häufig auf den Stoizismus zurück, insbesondere auf *Epiktet*. Interessant für diese Dissertation sind nicht nur die existierenden Analogien zu Kognitiver Therapie und Seelsorge sowie die explizite Rezeption stoischen Gedankenguts darin, sondern es sind vor allem auch die Erkenntnisse über die Aufnahme des Stoizismus im frühen Christentum, woraus sich wiederum Rückschlüsse auf analoge Transferenzen zwischen Kognitiver Therapie und Seelsorge ziehen lassen.

b) *Die „Wüstenväter".* Stark stoisch geprägt war diese erste große Seelsorgebewegung in der Christenheit überhaupt um *Evagrius Ponticus*, die darum auch bereits wesentliche Elemente heutiger Kognitiver Seelsorge beinhaltet. Zu Recht wird heute gern in der spirituellen Aufbereitung kognitiver Methodik darauf Bezug genommen. Es gilt zu untersuchen, ob und inwiefern die „Wüstenväter" für die Theorie der Seelsorge besonders auch wegen der Verbindung kognitiver Techniken mit meditativer Praxis in Analogie zu heutigen Ansätzen in den Therapien der „Dritten Welle der Verhaltenstherapie" und der mystagogischen Seelsorge Impulsgeber sein können.

Die psychologische Säule

a) *Motivationspsychologische Voraussetzungen.* Das motivationspsychologische Basismodell der *Motivationalen Schemata*, das Klaus Grawe in seinen beiden letzten großen Werken[16] ausführlich dargestellt und begründet hat, beschreibt die hierarchisch geordneten Top-down- und Bottom-up-Prozesse des Wollens, Entscheidens und Handelns im Menschen als *bedürfnisbestimmte Bewertungsvorgänge* nach Maßgabe der charakterlich gewordenen Grundüberzeugungen davon, was im Leben zu wünschen und was zu vermeiden ist. Grawe übernimmt hierfür die *Cognitive-Experiential Self-Theory* (CEST) von *Seymour Epstein*[17]. Diese Zusammenhänge sind für die Theorie der Kognitiven Therapie wie der Kognitiven Seelsorge gleichermaßen von hoher begründender Bedeutung. Die Emotionspsychologin Scheele fasst diese Bedeutung formelhaft zusammen, indem sie „Emotionen als bedürfnisrelevante Bewertungszustände" bezeichnet.[18]

---

[15] Stanton L. Jones, A constructive relationship for religion with the science and profession of psychology: Perhaps the boldest model yet, in: American Psychologist (1994) 29, 184-199; W. O'Donohue, The (even) bolder model: The clinical psychologist as metaphysician-scientist-practitioner, in: American Psychologist (1989) 44, 1460-1468.

[16] Klaus Grawe, *Psychologische Therapie*, 2., korr. Aufl. (Hogrefe: Göttingen u.a., 2000); Klaus Grawe, *Neuropsychotherapie* (Hogrefe: Göttingen, Bern, Toronto u.a., 2004).

[17] Seymour Epstein, Cognitive-Experiental Self-Theory: An Integrative Theory of Personality, in: Rebecca C. Curtis (Hg.), *The Relational Self: Theoretical Convergences in Psychoanalysis and Social Psychology* (The Guilford Press: New York, London, 1991), 111-137.

[18] Brigitte Scheele, *Emotionen als bedürfnisrelevante Bewertungszustände: Grundriß einer epistemologischen Emotionstheorie* (A. Francke: Tübingen, 1990).

b) *Kognitionspsychologische Voraussetzungen.* Hohe Bedeutung für die Zielsetzung dieser Dissertation hat ferner die Wechselbeziehung zwischen *Präfrontalem Cortex* (PFC) und *Limbischem System* unter dem Aspekt der *Selbststeuerung*,[19] wobei der emotionale Einfluss des unbewussten *impliziten Gedächtnisses* wie auch der Einfluss *meditativer Praktiken* auf Emotionalität und Selbststeuerung besonders in den Blick zu nehmen sind. Ebenso wichtig für die Begründung Kognitiver Therapie und Seelsorge ist außerdem der Forschungsbefund zum Phänomen der *Erwartungen* (Expectations), zu dem wesentlich auch die Placeboforschung gehört. Aus den diesbezüglichen Befunden resultiert wiederum für die Psychotherapieforschung, dass Erwartungen als Ressource und Problem mittlerweile die zentrale Rolle im Prozess der Annäherung einer allgemeinen Psychotherapie spielen; das hatte schon *Jerome Frank* Anfang der 60er Jahre, seiner Zeit voraus, als das Kernelement aller wirksamen Psychotherapie erkannt.[20]

Die theologische Säule

a) *Haben und Sein.* Natürlich könnte hier eine biblisch-theologische oder systematisch-theologische Säule errichtet werden, um die Theorie der Kognitiven Seelsorge exegetisch und dogmatisch herzuleiten. Das wäre durchaus reizvoll und sinnvoll, aber die Tragfähigkeit des Modells ist auch ohne die so genannte „biblische Begründung" vor dem Hintergrund der bisherigen Vorarbeit, insbesondere auch des ersten Teils der Dissertation, gewährleistet, sofern es sich in Einklang mit theologisch geerdeten Konstrukten aktualer Poimenik bringen lässt. Ergiebig und relevant für das angestrebte Ziel einer Theorie der Kognitiven Seelsorge scheint mir in dieser Hinsicht der poimenische Trend zur *Mystagogik* zu sein. Zur theologischen Fundierung des mystagogischen Ansatzes ist der Begriff „Spiritualität" möglichst genau zu klären, wie auch das Verhältnis von fernöstlicher Achtsamkeitspraxis zu tradierten Formen christlicher Meditation. Wertvolle Hilfen hierzu ergeben sich aus den vorhandenen neuropsychologischen Untersuchungen zu Spiritualität und Religiosität. Insgesamt lassen sich insbesondere unter Berücksichtung der biblisch-theologischen Vorgaben die Prozesse gesunder Formen der Spiritualität in der mystagogischen Perspektive als Übergang vom *Daseinsmodus des Habens* zu dem des *Seins* bestimmen.

b) *Spiritualität und Achtsamkeit.* Die Wege des Übergangs vom Haben zum Sein lassen sich auch unter den Gesichtspunkt der *Achtsamkeit* fassen. Von daher liegt es nahe, Konzeptionen der achtsamkeitszentrierten kognitiv-verhaltenstherapeutischen Psychotherapie aus den Therapien der „Dritten Welle der Verhaltenstherapie" in die Theorie der Kognitiven Seelsorge einzubeziehen. Dafür gibt es wiederum gute neuropsychologische Argumente, die nicht zuletzt den Zusammenhang zwischen meditativer Achtsamkeitsübung und der genuin christlich poimenischen Polarität von *Angst* und *Mut* erhellen.

---

[19] Joachim Bauer, *Selbststeuerung: Die Wiederentdeckung des freien Willens,* 3. Aufl. (Blessing: München, 2015).

[20] Jerome D. Frank, *Die Heiler: Wirkungsweisen psychotherapeutischer Beeinflussung. Vom Schamanismus bis zu den modernen Therapien*, aus d. Amerik. übers. v. W. Krege, 2., in der Ausst. veränd. Aufl. (Klett-Cotta: Stuttgart, 1997 [1961]).

Die Theorie der Kognitiven Seelsorge

Das psychotherapeutische Basismodell der Kognitiven Seelsorge

a) *Rational-Emotive Verhaltensherapie (REVT).* Die wichtigsten Bestandteile der REVT können in kompakter Übersichtlichkeit dargestellt werden. Dabei ist vor allem die Konzeption des Gründers Ellis aufzuzeigen, aber auch die Variante von *Maultsby*[21] und die REVT nach der Ära Ellis. Von besonderer Bedeutung für die anschließende Formulierung einer Theorie der Kognitiven Seelsorge ist die Ableitung der in der REVT zentralen „ABC-Methode" aus dem im ersten Teil eingeführten S-O-R-K-C-Modell nach *Kanfer et al.*[22] In den Rahmen dieses Kapitels passt ferner als Exkurs die zusammengefasste Nachzeichnung des Ringens um die angemessene Verhältnisbestimmung von Psychotherapie und Religion bei und mit Ellis. Dadurch wird die mögliche Bedeutung der REVT für die Seelsorge noch transparenter.

b) *Integrative Psychotherapie.* Im ersten Teil der Dissertation wird unter anderem aufgezeigt, dass die Innovation der Kognitiven Verhaltenstherapie auf eine integrative allgemeine Psychotherapie hinausläuft wie vice versa auch die Innovation der Psychotherapie insgesamt auf eine integrative allgemeine Psychotherapie hin sich in der Kognitiven Verhaltenstherapie verdichtet. Dem hat das psychotherapeutische Basismodell für die Kognitive Seelsorge Rechnung zu tragen. Daraus folgt, dass das von Ellis entwickelte Konzept, das noch einige wesentliche Aspekte einer integrativen allgemeinen Psychotherapie vermissen lässt, zu erweitern ist. Hierfür eignet sich besonders gut das aus der jüngeren Psychotherapieforschung hervorgegangene *kontextuale Modell* der Psychotherapie nach Wampold und Imel[23], in dem der kognitive Aspekt qua *Erwartung* im Mittelpunkt steht, aber zusammengeschlossen ist mit den ebenfalls für Psychotherapie hoch relevanten Faktoren der therapeutischen Beziehung und sozialen Einbindung sowie der Bedürfnisorientierung unter Einschluss des spirituellen Bedürfnisses und einer pragmatischen Zielorientierung.

Das triadische Modell der Kognitiven Seelsorge

a) *O-Variable und REVT.* Bei der Organismus (O)-Variablen im S-O-R-K-C-Modell handelt es sich um die Erweiterung der behavioristischen Lerntheorie um den bis zur „Kognitiven Wende" ausgeklammerten Bereich der Faktoren, die den menschlichen Organismus zu Verhaltensweisen motivieren können, die sich in relativer Unabhängigkeit von Konditionierungen vollziehen. Kanfer et al. teilen die *O-Variable* in eine *Alpha-*, *Beta-* und *Gammavariable* auf. Die Alphavariable wirkt bottom-up via internalisierte externale Belastungen, die Betavariable wirkt top-down durch internale Bewertungen und die Gammavariable wiederum bot-

---

[21] Maxie C. Maultsby, *Rational Behavior Therapy* (Prentice-Hall: Englewood Cliffs, 1984).

[22] Frederick H. Kanfer, Hans Reinecker, Dieter Schmelzer, *Selbstmanagement-Therapie: Ein Lehrbuch für die klinische Praxis,* 2., überarb. Aufl. (Springer: Berlin, Heidelberg, New York, 1996).

[23] Bruce E. Wampold, Zac E. Imel, *The Great Psychotherapy Debate*, 2. Aufl. (Routledge: New York, London, 2015).

tom-up durch dispositionelle biophysische Voraussetzungen. Mithin handelt es sich grob gesagt bei den drei Variablen um die ätiologischen und therapeutischen Grundaspekte des Fremdbezugs, des Selbstbezugs und des Lebensbezugs. Die externalen Belastungsfaktoren der Alphavariablen zeitigen sich vor allem als soziale Angewiesenheit im Beziehungsbereich, die external bestimmten Gegebenheiten der biophysischen Disposition unter dem Symbol der Gammavariablen sind eher schicksalhafter Natur, während die Betavariable mit der relativen inneren Unabhängigkeit von den beiden anderen das Kernstück der Kognitiven Therapie bezeichnet. Eine Theorie der Kognitiven Seelsorge ist nur dann glaubwürdig christlich motiviert, wenn sie unter dem Leitmotiv der *Barmherzigkeit* steht. Aus diesem Blickwinkel ist darum die stoisch geprägte Tendenz der REVT, die *Betavariable* überzubetonen, notwendig durch den konzeptionellen Einbezug der beiden anderen Variablen zu ergänzen.

b) *Der dreifache Weg.* Die Hauptwurzel dysfunktionalen Denkens und Verhaltens besteht nach Albert Ellis in den drei absolutistischen „Mussforderungen“ einer Person an sich selbst, die Mitmenschen und das Leben. Als therapeutisches Gegenstück zur Trias der Mussforderungen kann die Trias des biblischen *Liebesgebots* angesehen werden. Mit *Henri Nouwens* „dreifachem Weg“[24] als Bewältigung der von ihm dargestellten drei Spannungsfelder des Verhältnisses zum Andern, zu uns Selbst und zu Gott gelingt der durch das S-O-R-K-C-Modell verhaltenspsychologisch gegründete Transfer des Konzepts der Mussforderungen und ihrer disputativen Überwindung in der REVT zur positiv psychologisch diätetischen, weil von Glaube, Hoffnung und Liebe bestimmten Ausrichtung ihres Gebrauchs in der Kognitiven Seelsorge, indem dieser Weg zugleich der je persönlich zu findende und zu gestaltende der individuellen Spiritualität ist. Nouwen fasst die drei Aspekte unter die Begriffe „Stille“ (Selbstbezug, mit sich allein sein), „Gastfreundschaft“ (Fremdbezug, mit andern zusammen sein in gegenseitiger Angewiesenheit) und „Gebet“ (Gottesbezug). Damit sind nicht nur die drei Hauptmomente einer integrativen Psychotherapie unter Einbezug der Spiritualität angedeutet, sondern zugleich auch die drei Grundrichtungen der Achtsamkeit als spirituell heilsamer Lebenshaltung. Daraus ergibt sich der triadische Aufbau des Theoriemodells der Kognitiven Seelsorge.

---

[24] Henri J.M. Nouwen, *Der dreifache Weg,* aus d. Engl. übertrag. v. R. Kohlhaas (Herder: Freiburg i.B., 1984).

Teil I: Literatur- und Forschungsbefund

1. Poimenik und Kognitive Therapie

1.1. Terminologische Vorbemerkung

Die sogenannte „Kognitive Wende" in Verhaltensforschung und Psychotherapie ab den 50er Jahren des 20. Jahrhunderts führte nicht nur zur Entstehung der Kognitiven Therapien,[25] sondern veränderte auch das Selbstverständnis der Verhaltenstherapie beträchtlich in der Weise, dass sie die bis dato unterschätzte Bedeutung der Kognitionen für das Verhalten erkannte und dementsprechend ihre Theorie revidierte. Paradigmatisch steht dafür *Frederick Kanfers* aus der Weiterentwicklung des behavioristischen Lernmodells S-R-K-C der operanten Konditionierung[26] zum S-O-R-K-C-Schema entstandene „Selbstmanagement-Therapie".[27] Dem Konzept der operanten Konditionierung nach lernen höhere Lebewesen einerseits durch reine Gewöhnungsprozesse, die mit dem Modell der sogenannten „Klassischen Konditionierung" beschrieben werden, andererseits und maßgeblich aber auch durch die Ausrichtung auf lohnende oder aversive Verhaltensziele: Ein Reiz (S) führt zu einer Reaktion (R) durch den Einfluss eines Verstärkers (C), dessen Wirkung je nach dem Kontingenzverhältnis (K), in dem er auftritt, mehr oder weniger hoch ist. Das S-O-R-K-C Modell unterscheidet sich von seinem Vorläufer durch die Einfügung der „Organismusvariablen" (O), die besagt, dass beim Menschen Reiz (S) und Reaktion (R) in Relation zum Verstärker (C) nicht unbedingt unmittelbar aneinander gekoppelt sind, sondern dass die Reaktion in erheblichem Maß auch davon abhängt, wie der jeweilige menschliche Organismus (O) aufgrund des spezifischen Zusammenwirkens externaler und internaler Faktoren gerade disponiert ist. Die „Verhaltensformel" S-O-R-K-C stellt Kanfer et al. zufolge „die kleinste Analyseeinheit einer Verhaltensepisode dar und faßt die Hauptkomponenten zusammen, die zum Zeitpunkt eines Verhaltens [...] auftreten und dessen Auftretenswahrscheinlichkeit beeinflussen."[28] Als solche ist sie zum Basismodell der Kognitiven Verhaltenstherapie avanciert. In der Praxis spielt sie dort eine zentrale diagnostische Rolle als Raster der sogenannten „Situativen Verhaltensanalyse", die dazu dient, das präsentierte psychische Problem einer Person genau anhand einer konkreten Situation (S) zu analysieren.[29] Das für die Theorie der Kognitiven Seelsorge wesentliche von Albert Ellis kreierte ABC-Schema der REVT ist nichts anderes als eine einfachere Darstellung des komplexeren S-O-R-K-C-Schemas, die der Praktikabilität wegen auf den Kontingenzfaktor verzichtet

---

[25] Albert Ellis, unzufrieden sowohl mit der Psychoanalyse als auch mit der klassischen Verhaltenstherapie, die er als „too atomistic and limited" ansah, begann 1955, seine Methodik der Rational-Emotiven Therapie anzuwenden. Albert Ellis, *Humanistic Psychotherapy*, edited by E. Sagarin (McGraw-Hill: New York, St. Louis, San Francisco, Düsseldorf et al., 1974), 191f.

[26] S = Stimulus, R = Response, K = Kontingency, C = Consequence.

[27] F.H. Kanfer et al., a.a.O.

[28] Ebd., 244.

[29] Vgl. Hans-Arved Willberg, *Lehrbuch Kognitive Seelsorge II: Neuropsychologie, Ätiologie, Diagnostik und Beratungsstruktur,* Lehrbücher aus dem Institut für Seelsorgeausbildung (ISA), Band 7 (Books on Demand: Norderstedt, 2015), 49f, 55ff.

und die Organismusvariable auf die darin enthaltene Bewertungskomponente reduziert.

Diese Zusammenhänge, die im zweiten Teil der Arbeit ausführlich erläutert und belegt werden, zeigen die enge Verbindung von Verhaltenstherapie und Kognitiven Therapien an, die inhaltlich von vornherein gegeben war und in der Folge schon bald dazu führte, dass zwischen den beiden Therapierichtungen nicht mehr grundsätzlich unterschieden wurde. Terminologisch schlug sich das darin nieder, dass es üblich wurde, beide unter der Formulierung „Kognitive Verhaltenstherapie“ (KVT) zusammenzufassen. Ellis trug dem Rechnung, indem er die ursprüngliche Bezeichung „Rational-Emotive Therapy“ (RET) für seine Form der Kognitiven Therapie in „Rational-Emotive Behavioral Therapy“ (REBT) umbenannte. Dementsprechend ist auch das, was im Folgenden als „Kognitive Seelsorge“ bezeichnet wird, im weit ausgreifenden Kontext der Kognitiven Verhaltenstherapie zu verstehen. Das ist unumgänglich, weil es keine klare wissenschaftliche Grenzziehung zwischen Kognitiver Therapie und Verhaltenstherapie gibt, weil aber auch die zwischen beiden unterscheidende Ausdrucksweise bis heute weiter gepflegt wird.

Dadurch wird aber auch die Frage nach der notwendigen Reichweite der Erhebung des Literaturbefunds schwierig. Man kommt nicht umhin, hierbei der Pragmatik die Priorität vor wissenschaftlicher Genauigkeit zu geben. Die im Weiteren vorgestellte Übersicht kann unmöglich das ganze Spektrum relevanter Bezüge zwischen Kognitiven Therapien, Verhaltenstherapie, Spiritualität, Religiosität und Poimenik umfassen. Sie beschränkt sich im Wesentlichen darauf, diese Bezüge vor allem für als solche ausgewiesene kognitiv-therapeutische Ansätze festzustellen. Den Anspruch auf weitestgehende Vollständigkeit erhebt sie nur im Blick auf Veröffentlichungen, in denen diese Bezüge explizit zur REVT hergestellt werden. Dabei zeigt sich allerdings, dass keine andere Form der Kognitiven Therapie so große Beachtung in der Poimenik fand wie die REVT und dass vor allem auch die empirisch-wissenschaftliche Erforschung solcher Bezüge die entscheidenen Antriebe durch die Auseinandersetzung mit der REVT erhielt.

1.2. Kognitive Therapien in der Pastoralpsychologie

Dass eine wachsende Anzahl christlicher Rezeptionen und Adaptionen Kognitiver Therapien in den vergangenen Jahrzehnten zu konstatieren ist,[30] kann kaum überraschen, wenn man sich vor Augen führt, dass sich die Kognitive Verhaltenstherapie insgesamt als die wissenschaftlich überzeugendste Schulrichtung in der Psychotherapie etabliert hat.[31] Überraschend ist vielmehr, dass sich dieser Transfer immer noch sehr in Grenzen hält, insbesondere im deutschsprachigen Bereich. In den USA ist am meisten dazu geforscht und geschrieben worden, teilweise auch

---

[30] Rolf Sons, *Seelsorge zwischen Bibel und Psychotherapie: Die Entwicklung der evangelischen Seelsorge in der Gegenwart,* Calwer Theologische Monographien, Hg. J. Baur et al., Bd. 24 (Calwer: Stuttgart, 1995), 162-165.

[31] Mark R. McMinn, Stanton L. Jones, Michael J. Vogel et al., Cognitive Therapy, in: Stanton L. Jones, Richard E. Butman (Hg.). *Modern Psychotherapies: A Comprehensive Christian Approach,* 2. Aufl. (IVP Academic/Intervarsity: Downers Grove, 2011), 201; vgl. die umfassende Metauntersuchung von Klaus Grawe et al.: Klaus Grawe, Ruth Donati, Friederike Bernauer, *Psychotherapie im Wandel: Von der Konfession zur Profession*, 4. Aufl. (Hogrefe: Göttingen, Bern, Toronto u.a., 1995).

auf wissenschaftlichem Niveau, in Mitteleuropa hingegen ist immer noch wenig darüber zu lesen, und Formen der Kognitiven Seelsorge sind hier bis dato kaum etabliert. Allerdings wurde die Aufnahme kognitiv-verhaltenstherapeutischer Prinzipien in Theorie und Praxis der Seelsorge schon vor geraumer Zeit angebahnt.

Die Entwicklung von Modellen der Rezeption Kognitiver Therapien innerhalb der herkömmlichen Pastoralpsychologie ist bisher nur in bescheidenen Ansätzen geschehen. Nennenswert ist bisher allein *Sabine Boberts* Ansatz einer postmodernen *Mystagogik*,[32] in dem kognitive Veränderungen zwar eine wichtige Rolle spielen, der sich dabei aber mehr an den Therapien der so genannten „Dritten Welle der Verhaltenstherapie" orientiert[33]. Die 2007 veröffentlichte Dissertation von Torsten Berndt mit dem viel versprechenden Titel „Seelsorge und Verhaltenstherapie: Über Grenzen und Möglichkeiten"[34] geht leider auf eine Weise mit dem Thema um, die jedenfalls nicht als innovativ bezeichnet werden kann.

1.2.1. Der Literaturbefund

Schon in den 60ern gesellt *Howard Clinebells* richtungweisendes Seelsorgelehrbuch „Modelle Beratender Seelsorge", das bereits wie die damals entstandene „Beratende Seelsorge" insgesamt deutlich methodenplural konzipiert ist,[35] der darin dominierenden klientzentrierten Gesprächsmethodik nach *Rogers* die auf Veränderung durch systematische Lernprozesse abzielende „konfrontative" Methodik der Verhaltenstherapie bei[36], wie auch die *Realitätstherapie William Glassers*,[37] deren Grundprinzip der Kognitiven Therapie recht ähnlich ist,[38] und die in vieler Hinsicht ebenfalls Kognitiver Therapie ähnelnde *Transaktionsanalyse* (TA) nach *Eric Berne*.[39] Dennoch findet sich in den einschlägigen Lehrbüchern zur Seelsorge seither wenig zu den Themen „Verhaltenstherapie" und „Kognitive Therapie". Selbst *Werner Jentsch*, der seine evangelikale Seelsorgelehre 1982 in erster Aufla-

---

[32] Sabine Bobert, Seelsorge in der Postmoderne: Mentales Coaching, Heilung und Mystagogie, in: Wege zum Menschen (2011) 63, 258-272; Sabine Bobert, *Jesus-Gebet und neue Mystik: Grundlagen einer christlichen Mystagogik*, 2., verbess. Aufl. (Vier Türme: Münsterschwarzach, 2012).

[33] R. Höfelschweiger, a.a.O., 120, 127. Zur „Dritten Welle der Verhaltenstherapie" s. Kap. 2.3..

[34] Torsten Berndt, *Seelsorge und Verhaltenstherapie: Über Grenzen und Möglichkeiten*, Forum Theologie und Psychologie, Hg. M. Kassel, C.B. Möller, Bd. 11 (LIT: Berlin, 2007).

[35] Hartwig Daewel, Seelsorgekonzeptionen seit der dialektischen Theologie, in: Ingeborg Becker, Karl-Heinrich Bieritz, Reimund Blühm (Hg.), *Handbuch der Seelsorge,* 4. Aufl. (Evanglische Verlagsanstalt: Berlin, 1990), 74. Ferner unterscheidet sich die „Beratende Seelsorge" analog zu den Kognitiven Therapieformen „von psychoanalytisch geprägter Seelsorge darin, daß sie auf der Bewußtseinsebene arbeitet und ein Problem angeht, wie es sich gegenwärtig in einer bestimmten Situation darstellt." Ebd.

[36] Howard Clinebell, *Modelle beratender Seelsorge,* mit einem Nachwort von H. Harsch, aus d. Amerik. v. C. Hilbig u. W. Pisarski, 5., erw. Aufl. (Christian Kaiser: München, 1985), 220.

[37] Ebd., 14-16.

[38] Vgl. William Glasser, *Realitätstherapie: Neue Wege der Psychotherapie,* übersetzt v. B. Schriever u. K. Bolte, Vorwort v. O.H. Mowrer, Sozialpädagogische Reihe, Hg. W. Bäuerle et al., Bd. 7 (Beltz: Weinheim, Basel, 1972).

[39] H. Clinebell, Modelle, 132f; vgl. u.a. Eric Berne, *Spiele der Erwachsenen: Psychologie der menschlichen Beziehungen*, deutsch v. W. Wagemuth (Rowohlt: Reinbek, 1997 [1970]).

ge herausbrachte, als sich die Kognitive Verhaltenstherapie schon etabliert hatte und gerade im Evangelikalismus einige stark von dorther geprägte Ansätze aufgekommen waren, beschreibt im Kapitel „Hilfen für das Helfen“ unter der Überschrift „Angebote der Psychotherapie“ zwar Transaktionsanalyse, Realitätstherapie und Verhaltenstherapie, mit keinem Wort aber Kognitive Therapien.[40] Vielleicht hat Jentsch noch aus mangelnder Kenntnis die Kognitiven Therapien einfach der Verhaltenstherapie subsumiert. Allerdings hat sich das Bild zwei Jahrzehnte später noch kaum geändert. Auf katholischer Seite findet in *Joachim Hänles* umfangreicher und detaillierter Arbeit über das Verhältnis von Humanistischer Psychotherapie und Pastoral aus dem Jahr 1997 die Kognitive Therapie keine Erwähnung.[41] Auf evangelischer Seite bringt *Jürgen Ziemer* 2000 in seiner „Seelsorgelehre“ in einer Darstellung verschiedener Psychotherapiekonzepte unter der Überschrift „Welche Psychologie braucht die Seelsorge?“ auf einer halben von fünf Seiten verhaltenstherapeutische Ansätze im Allgemeinen und in dem Zusammenhang ganz zuletzt mit acht Zeilen als einzige erwähnte Form der Kognitiven Therapien die REVT.[42] Der Methodist *Holger Eschmann*[43] expliziert und integriert in seiner gleichzeitig erschienenen „Theologie der Seelsorge“, bei der es dem Untertitel nach um „Grundlagen, Konkretionen“ und „Perspektiven“ geht, für seine theologisch umfassende, trinitarisch gut gegründete Poimenik recht ausführlich auf 50 Seiten lediglich den klientenzentrierten Ansatz nach Rogers und die Logotherapie.[44] Selbst in *Doris Nauers* ein Jahr später veröffentlichter großer Übersicht aller einigermaßen relevanten zeitgenössischen Seelsorgeformen wird die Kognitive Seelsorge nur beiläufig erwähnt.[45] Ein weiteres Jahrzehnt danach kommt *Michael Herbst* in seiner umfangreichen Seelsorgelehre „beziehungsweise“ unter der Überschrift „'Ich muss mal anders mit mir reden!' - Seelsorge an der eigenen Seele“ auf das kognitiv-verhaltenstherapeutische Prinzip der *Selbstverbalisation* zu sprechen.[46] Als psychotherapeutische Referenz erwähnt er aber keine Form der Kognitiven Therapie, sondern die Transaktionsanalyse. Das ist zwar kein Fehler, weil die Transaktionsanalyse tatsächlich vieles mit den kognitiven Therapien gemeinsam hat, aber zweifellos läge der Verweis auf diese näher.

Höfelschweiger hat noch einige weitere Standardwerke der Pastoralpsychologie auf ihr Verhältnis zur Kognitiven Verhaltenstherapie hin untersucht: In den

---

40 Werner Jentsch, *Der Seelsorger: Beraten, Bezeugen, Befreien. Grundzüge biblischer Seelsorge*, 2. Aufl. (Brendow: Moers, 1983), 120ff.

41 Joachim Hänle, *Heilende Verkündigung: Kerygmatische Herausforderungen im Dialog mit Ansätzen der Humanistischen Psychologie*, Glaubenskommunikation Reihe Zeitzeichen, Hg. A. Bisinger, T. Schreijäck, W. Tzscheetzsch, Bd. 1 (Schwabenverlag: Ostfildern, 1997).

42 Jürgen Ziemer, *Seelsorgelehre: Eine Einführung für Studium und Praxis* (Vandenhoeck & Ruprecht: Göttingen, 2000), 133.

43 Prof. Dr. Holger Eschmann, http://www.th-reutlingen.de/lehre-und-forschung/lehrende/prof-dr-holger-eschmann/, Download 22. Juli 2015.

44 Holger Eschmann, *Theologie der Seelsorge: Grundlagen, Konkretionen, Perspektiven*, 2. Aufl. (Neukirchener: Neukirchen-Vluyn, 2002), 69-116. Im Zusammenhang mit der Behandlung des Schuldproblems sucht er später noch „[d]as Gespräch mit der Tiefenpsychologie“. Ebd., 170-178.

45 Doris Nauer, *Seelsorgekonzepte im Widerstreit: Ein Kompendium,* Praktische Theologie heute, Bd. 55 (Kohlhammer: Stuttgart, 2001), 81.

46 Michael Herbst, *beziehungsweise: Grundlagen und Praxisfelder evangelischer Seelsorge* (Neukirchener: Neukirchen-Vluyn, 2012), 337ff.

70ern erwähnt *Scharfenberg* kritisch die Verhaltenstherapie, nicht aber Kognitive Therapien, und *Stollberg* sieht in der Verhaltenstherapie „Formen 'neuer Gesetzlichkeit, Werkgerechtigkeit und Moral [...], die den Klienten wieder auf den Weg des Aberglaubens an die eigene Fähigkeit, sich selbst moralisch zu rechtfertigen", brächten.[47] Von Kognitiven Therapien redet er nicht.[48] Von den 90ern an finden diese zwar in Lehrbüchern und Grundlagenartikeln zur Seelsorge Erwähnung, allerdings sehr kritisch wie bei *Plieth*[49] und *Pohl-Patalong*[50], trotz einer gewissen Öffnung mit „bleibende[r] Vorsicht und Zurückhaltung" wie bei *Klessmann*[51] oder im Vergleich zu anderen Therapieformen ausgesprochen marginal wie beim späten *Stollberg*[52]; oder sie bleiben weiterhin unberücksichtigt, obzwar thematisch eigentlich unbedingt geboten, wie bei *Morgenthaler*.[53]

Es ist hier nicht der Ort, alle relevanten Seelsorgelehren der vergangenen Jahrzehnte daraufhin zu überprüfen, welche Rolle Verhaltenstherapie sowie Kognitive Therapie und Kognitive Seelsorge in ihnen spielt. Diese Stichproben mögen zur Bestandsaufnahme genügen, das Defizit ist evident genug. Für die Poimenik bis 1980 hat seinerzeit *Gerhard Besier* ein umfassendes Urteil dazu verfasst:[54] „Während verschiedene Einsichtstherapien Eingang in die Seelsorge gefunden haben, besteht nach wie vor kein oder aber ein gespanntes Verhältnis zwischen Theologie und Klinischer Verhaltenstherapie."[55] Dies sei verwunderlich, da „die Klinische Verhaltenstherapie inzwischen wie kein anderes Verfahren auf weitreichende empirisch validierte Effekte verweisen kann".[56] Darum verdiene sie „eine ernsthafte Prüfung auf Tauglichkeit für den seelsorgerlichen Kontext."[57] Dafür spreche zudem, dass sie „keinen Anspruch auf Entscheidungen über Wertfragen und Menschenbilder erhebt."[58]

1.2.2. Besiers Fundamentalkritik

Michael Klessmann, der in seinem umfangreichen Lehrbuch „Pastoralpsychologie" der „Verhaltenspsychologie / Behaviorismus" neun Seiten widmet und dabei die Kognitive Verhaltenstherapie in Abgrenzung zum klassischen Behaviorismus positiv hervorhebt, weil der Mensch dort „neu als verantwortliches Subjekt seines Lebens gesehen" werde und „seine Wünsche und Ziele, Gefühle und Gedanken

---

[47] Dietrich Stollberg, zit. in: R. Höfelschweiger, a.a.O., 68.

[48] Ebd.

[49] Ebd., 95ff.

[50] Ebd., 114.

[51] Ebd., 100ff.

[52] Ebd., 112f.

[53] Ebd., 118f.

[54] Gerhard Besier, *Seelsorge und Klinische Psychologie: Defizite in Theorie und Praxis der „Pastoralpsychologie"* (Vandenhoeck & Ruprecht: Göttingen, 1980), 89ff.

[55] Ebd., 89.

[56] Ebd. Was 35 Jahre danach erst recht behauptet werden darf. „[I]n der an Sektionen reichen Gesellschaft für Pastoralpsychologie existiert bis heute keine für (kognitive) Verhaltenstherapie; hingegen ist die Deutsche Gesellschaft für Verhaltenstherapie der größte psychotherapeutische Einzelverband."R. Höfelschweiger, a.a.O., 131.

[57] G. Besier, a.a.O., 89.

[58] Ebd. Ähnliches konstatieren M.R. McMinn et al., Cognitive Therapy, 204.

[dort] eine wichtige Rolle [spielen], um sein Verhalten zu bestimmen und zu erklären“, räumt ein, dass seinem Eindruck nach „die nordamerikanische pastoralpsychologische Diskussion seit den 80er Jahren in Deutschland kaum noch wahrgenommen wird.“[59] Da diese zu großen Teilen durch die Relation von Pastoral Counseling und Kognitiver Verhaltenstherapie bestimmt war, ergibt dieses Statement addiert mit Besiers Kritik, dass die KVT sowohl *vor* den 80ern generell von der deutschen Pastoralpsychologie ausgeblendet wurde als auch *danach*. Höfelschweigers Vermutung, der Weckruf Besiers sei in der Pastoralpsychologie auf taube Ohren gestoßen, weil zu viel Polemik darin gewesen sei,[60] scheint sich durch Klessmanns späte bemerkenswert ausführliche Replik auf Besier zu bestätigen: Es habe sich um eine „sehr problematische Auseinandersetzung mit der Seelsorgebewegung aus der Sicht der Verhaltenstherapie“ gehandelt.[61]

Besier erkennt folgende theologische Einwände und Vorbehalte:

- Die „Kognitive Wende“ der Verhaltenstherapie wird ignoriert. Man unterstellt der modernen Verhaltenstherapie, den mechanistischen Behaviorismus ihrer Vorfahren zu vertreten, der im Gegensatz zur biblischen Behauptung der Gottesebenbildlichkeit des Menschen stehe.[62]
- Dementsprechend würde die Verhaltenstherapie dem Menschen auch die Freiheit des Willens absprechen. Daraus folge aber, dass der Mensch für seine ethischen Entscheidungen nicht verantwortlich gemacht werden könne. Dies stehe im Widerspruch zu biblischer Ethik.[63]
- Weil die Verhaltenstherapie den Menschen nur als biologischen Mechanismus ansehe, werde ihre Klientel „in subtiler Weise manipuliert und kontrolliert“.[64]
- Die Verhaltenstherapie laboriere nur oberflächlich an den Symptomen. „Dies stehe aber im Widerspruch zur Schrift, da diese innere Ursachen für menschliches Verhalten angebe.“[65]

Besier begegnet diesen Behauptungen mit Argumenten, die nach wie vor und heute erst recht dem Selbstverständnis der Kognitiven Verhaltenstherapie entsprechen: Verhaltenstherapeuten manipulieren ihre Klientel nicht, sondern sie geben ihr Hilfe zur Selbsthilfe und intendieren ihre Autonomie.[66] Nicht von ungefähr

---

[59] Michael Klessmann, *Pastoralpsychologie: Ein Lehrbuch* (Neukirchener: Neukirchen-Vluyn, 2004), 8f. „Das erscheint mir als ein bedauerlicher Mangel, der die Bandbreite und Kreativität unserer eigenen Theorie und Praxis einschränkt.“ Ebd., 9.

[60] „Von Seiten der angegriffenen Pastoralpsychologie begegnet Besier große Ablehnung und schroffe Zurückweisung. Fraglos hat sein polemischer Grundton zu einer solchen polarisierenden Rezeption beigetragen.“ R. Höfelschweiger, a.a.O., 78.

[61] M. Klessmann, a.a.O., 193.

[62] G. Besier, a.a.O., 89, 91. Vgl. einführend zur „Kognitiven Wende“ Philip G. Zimbardo, Richard J. Gerrig, *Psychologie*, bearb. u. hg. von S. Hoppe-Graff u. I. Engel, unter Mitarbeit v. B. Keller, 7., neu übers. u. bearb. Aufl. (Springer: Berlin, Heidelberg, New York, 1999), 276f; ferner Helmut E. Lück, *Geschichte der Psychologie: Strömungen, Schulen, Entwicklungen*, 5., überarb. u. erw. Aufl. (Kohlhammer: Stuttgart, 2011), 154-156.

[63] G. Besier, a.a.O., 91.

[64] Ebd.

[65] Ebd., 92.

[66] Ebd., 90, 92.

nannten Kanfer, Reinecker und Schmelzer ihre richtungweisende Konzeption moderner Verhaltenstherapie „Selbstmanagement-Therapie".[67] Es soll dabei aber nicht verschwiegen werden, dass es auch Entwicklungen gibt, die solche Vorbehalte bestätigen.[68]

Der theologische Vorwurf an die Verhaltenstherapie, durch die Reduktion des Verhaltens auf Ursache-Wirkung-Mechanismen die Verantwortlichkeit freier Willensentscheidungen aufzuheben, kann die Kognitiven Therapien aber kaum treffen, weil diese Verantwortlichkeit gerade im Zentrum ihrer Konstrukte steht. Es ist wohl auch fraglich, wie gewichtig dieses Argument aus theologischer Perspektive tatsächlich ist. Jedenfalls scheint die mitteleuropäische Poimenik des 20. Jahrhunderts insgesamt doch eher auf die *Unfreiheit* des Willens fokussiert zu sein. Das setzte sich nach der von der *Kerygmatischen Seelsorge*[69] dominierten Phase darin fort, dass seither von der Pastoralpsychologie die Unfreiheit des Willens *psychoanalytisch* bestimmt wurde: Die Wurzel des jeweils akuten seelischen Problems liege grundsätzlich in symbolisch verschlüsselter existenzieller Angst,[70] weswegen sie nur durch Erkenntnisse und Maßnahmen „extra nos" entschlüsselt und geheilt werden könnten.[71]

Wahrscheinlich tut sich die Theologie mit der Rezeption der Kognitiven Verhaltenstherapie noch immer so schwer, weil sie diese in eine Sandwich-Position zwischen psychophysischem Determinismus einerseits und einem der Werkgerechtigkeit zugeordneten volitionalen Methodismus andererseits bringt. Mit Ersterem wird die Verhaltenstherapie abgewehrt, mit Letzterem die Kognitive Therapie. Das, was sozusagen die beiden Sandwichhälften zusammenhält, ist die hypothetische „Oberflächlichkeit": Der *deterministischen* Tendenz der KVT wird Oberflächlichkeit vorgehalten, weil sie die Bedeutung der freien Verantwortung vernachlässige. Ihrer *indeterministischen* Tendenz wird ebenfalls Oberflächlichkeit vorgehalten, weil sie eine Freiheit des Bewertens und Entscheidens postulie-

---

[67] F.H. Kanfer et al., a.a.O. Vgl. dort insbesondere „Kanfers elf Gesetze der Therapie, 552ff.

[68] Das „Neurolinguistische Programmieren" (NLP) etwa, das mit den Kognitiven Therapien eine gewisse Ähnlichkeit dadurch hat, dass es auch dieBedeutung der Kognitionen stark akzentuiert, ist sicher zumindest im Grenzbereich zur manipulativen Psychomechanik einzuordnen. Vgl. Joseph O'Connor, John Seymour, *Neurolinguistisches Programmieren: Gelungene Kommunikation und persönliche Entfaltung,* Vorwort v. R. Dilts, Geleitwort v. J. Grinder, überarb. u. erw. Ausgabe, 13. Aufl. (VAK: Kirchzarten, 2003).

[69] H. Daewel, a.a.O., 55.

[70] Ebd., 76f; Joachim Scharfenberg, Kommunikation in der Kirche als symbolische Interaktion, in: Werner Becher (Hg.). *Seelsorgeausbildung: Theorien, Methoden, Modelle* (Vandenhoeck & Ruprecht: Göttingen, 1976), 34-53; Eugen Drewermann, Jürgen Jeziorowski, *Gespräche über die Angst* (Gütersloher Verlagshaus Gerd Mohn: Gütersloh, 1991), 21.

[71] H. Daewel, a.a.O., 76. Vgl. kritisch zu Drewermann: Hans Schwarz, *Im Fangnetz des Bösen: Sünde - Übel - Schuld,* Biblisch-theologische Schwerpunkte, Bd. 10 (Vandenhoeck & Ruprecht: Göttingen, 1993), 43ff; Ulrich Eibach, *Seelische Krankheit und christlicher Glaube: Theologische, humanwissenschaftliche und seelsorgerliche Aspekte*, Theologie in Seelsorge, Beratung und Diakonie, Bd. 3 (Neukirchener: Neukirchen-Vluyn, 1992), 178ff; ferner kritisch zu Scharfenberg: R. Sons, a.a.O., 146f. Hermeneutisch verbindet sich die Pastoraltheologie des Katholiken Drewermann mit der des Protestanten Scharfenberg (in dessen Spätphase) darin, dass der Sinnn von Exegese darin bestehe, „die existentielle Wahrheit der jeweiligen Symbole tiefenpsychologisch zu erhellen". Eugen Drewermann, *Tiefenpsychologie und Exegese,* Bd. 1: *Die Wahrheit der Formen: Traum, Mythos, Märchen, Sage und Legende* (Walter: Olten, Freiburg i.B., 1991), 20.

re, obwohl der Mensch in Wirklichkeit aus den Abgründen eines Unterbewusstseins gesteuert werde, das theologisch im augustinischen und psychologisch im freudianischen[72] oder jungianischen Sinn gedeutet wird.[73]

In der Tat steht die Kognitive Verhaltenstherapie als Ganze unter dem Vorzeichen dieser Polarität. Wenn sie dafür aus theologischer Perspektive in Frage gestellt wird, liegt es entweder an ihrer eigenen epistemologischen Inkonsistenz oder an der ihrer Kritiker.

Konsistent kann das Konstrukt einer Kognitiven Verhaltenstherapie nur sein, wenn Determinismus und Indeterminismus epistemologisch als notwendige anthropologische Gegebenheiten dargestellt werden können, denen ein holistisch ausgerichteter Therapieansatz gleichermaßen gerecht zu werden hat, sofern er sich nicht den Vorwurf der Einseitigkeit gefallen lassen will. Ebenso kann ein theologischer Entwurf nur dann konsistent sein, wenn er beide Aspekte vereinigt: Willensfreiheit ohne Vorherbestimmung begrenzt die Allmacht Gottes und löst damit die Göttlichkeit Gottes auf, Vorherbestimmung ohne Willensfreiheit erübrigt Verantwortung und Würde des Menschen. Kognitive Verhaltenstherapie und Theologie sind darum mit ein und derselben epistemologischen Herausforderung konfrontiert.

1.2.3. Die Hypothese „Oberflächlichkeit“

Scharfenberg hatte schon Anfang der 70er der Verhaltenstherapie in toto vorgehalten, sie sei gänzlich symptomorientiert.[74] Klessmann erneuert 30 Jahre danach dieses Urteil: „Die Verhaltenstherapie bleibt symptomorientiert, sie hat nicht den ganzen Menschen im Blick, sie interessiert sich weniger für seine Geschichte, seine Biographie, sondern fokussiert auf die gegenwärtigen Probleme und Symptome.“[75] Der Kern des Problems liegt im angeblichen Desinteresse für „den ganzen Menschen“, weil mit dieser Behauptung der KVT insgesamt eine positivistische Gesellschaftsauffassung unterstellt wird.[76] Seit der „Kognitiven Wende“ muss diese Sicht aber als Anachronismus angesehen werden. Der nach wie vor hohe Rang der Evidenzbasierung in der KVT erweist sich als vielleicht wichtigster Faktor ihrer Vorrangstellung in der heutigen Psychotherapie. Die Betonung der Wichtigkeit empirischer Wirksamkeitsnachweise mit einer dogmatischen Verpflichtung auf ein Wahrheitsverständnis gleichzusetzen, das allein empirisch nachvollziehbaren Kausalzusammenhängen Realität zuschreibt, ist aber seit der „Kognitiven Wende“ keineswegs stringent.

---

[72] Vgl. z.B. J. Scharfenberg, a.a.O.; Hubert Feiereis, Hans-Joachim Thilo, *Basiswissen Psychotherapie: Kleines Repetitorium der wichtigsten Grundbegriffe tiefenpsychologisch orientierter Psychotherapie* (Vandenhoeck & Ruprecht: Göttingen, 1980); Klaus Winkler, Psychoanalyse und Religion, in: Wege zum Menschen (2000) 52/4, 177ff.

[73] Vgl. z.B. Marie Louise von Franz, Ulrich Mann, Hans-Wolfgang Heidland, *C.G. Jung und die Theologen: Selbsterfahrung und Gotteserfahrung bei C.G. Jung*, Hg. W. Böhme (Radius: Stuttgart, 1971); Otto Haendler, *Tiefenpsychologie, Theologie und Seelsorge*, ausgewählte Aufsätze, Hg. J. Scharfenberg, K. Winkler (Vandenhoeck & Ruprecht: Göttingen, 1974), 11ff, 69ff; Wybe Zijlstra, *Handbuch zur Seelsorgeausbildung*, aus d. Niederländ. v. R. Miethner (Christian Kaiser: Gütersloh, 1993), an vielen Stellen.

[74] R. Höfelschweiger, a.a.O., 65.

[75] M. Klessmann, a.a.O., 191.

[76] Ebd., 194.

Bezeichnend für diesen logischen Bruch in der Darstellung Klessmanns ist sein Kommentar zu einem Zitat von Sons:[77] „Genügt ein psychotherapeutisches Verfahren den Kriterien der empirischen Wissenschaft, so resultiert daraus ein höheres Maß an Verträglichkeit für die Seelsorge." Klessmann befindet: „Zum einen wird hier Psychotherapie und Psychologie nur in ihrer streng empirischen Variante gelten gelassen, zum anderen lässt sich Seelsorge damit den Maßstab vorgeben - die empirische Wissenschaft entscheidet, was für die Seelsorge verträglich ist - und begibt sich damit ihrer eigenen kritischen Möglichkeiten."[78] Dieses Urteil geht an Sons' Aussage vorbei. Es besteht objektiv kein Zweifel, dass „ein höheres Maß an Verträglichkeit für die Seelsorge" durch empirische Wirksamkeitsnachweise der verwendeten Psychotherapieverfahren entsteht. Klessmann liest offenbar einen empiristischen Absolutheitsanspruch heraus, der aber gar nicht ausgesagt wird.

Die von Pastoralpsychologen behauptete „Oberflächlichkeit" der KVT ist offenbar eng mit dem Glauben verbunden, sie sei ein Werkzeug der manipulativen *Fremdbestimmung*. Das „große Risiko einer Unselbständigkeit und Außenbestimmtheit des verhaltenstherapeutisch Behandelten",[79] das Scharfenberg Anfang der 70er sah, wird anscheinend auch heute noch in der Pastoralpsychologie als bedeutender Einwand gegen die Rezeption der KVT betrachtet. In der Tat lässt sich die KVT manipulativ missbrauchen - wie alle anderen Psychotherapieverfahren auch. Es ist aber fraglich, ob Verfahren wie die klassische Psychoanalyse, die per definitionem dem Einzelnen die Deutungshoheit für seine psychischen Probleme entziehen, um sie einer therapeutischen Fachperson zu übertragen, weniger für solchen Missbrauch anfällig sind, erst recht dort, wo sie eng mit ideologischen Wahrheitsansprüchen über die Gesellschaft und ihre Veränderungsbedürftigkeit verbunden sind, was im Fall der Psychoanalyse von je her en vogue ist.

Die psychoanalytisch geprägte theologische Abwehr der behavioristischen „Oberflächlichkeit" des psychophysischen Ursache-Wirkung-Zusammenhangs verlagert diesen lediglich aus der Akzentuierung des empirisch fassbaren Hier und Jetzt in die empirisch schwer oder gar gar nicht mehr zugängliche frühkindliche Vergangenheit eines Menschen. Der behavioristische Oberflächendeterminismus wird durch die Vorstellung eines frühkindlichen oder gar genetischen Tiefendeterminismus korrigiert.

Etwas anders verhält es sich mit *C.G. Jungs* Vorstellung eines kollektiv Unbewussten, das sich im Mythos symbolisch darstellt. Einerseits ist Jungs starke Affinität zur Theologie, die unter anderem darin ihren Ausdruck findet, attraktiver,[80] andererseits dürfte kaum zu leugnen sein, dass die empirische Unzugänglichkeit und der geisteswissenschaftliche Sonderstatus der Erkenntnisse Jungs eine Tendenz zu esoterischem Geheimwissen aufweisen, wodurch Jung sich selbst *theologisch* positioniert und in teilweise deutliche Konkurrenz zur Systematik anderer religiöser Glaubenssysteme stellt, nicht zuletzt des trinitarischen.[81]

---

[77] Vgl. R. Sons, a.a.O.

[78] M. Klessmann, a.a.O., 194.

[79] R. Höfelschweiger, a.a.O., 66.

[80] Vgl. Martina Plieth, *Die Seele wahrnehmen: Zur Geistesgeschichte des Verhältnisses von Seelsorge und Psychologie*, Arbeiten zur Pastoraltheologie, Hg. P. Cornehl u. F. Wintzer, Bd. 28 (Vandenhoeck & Ruprecht: Göttingen, 1994), 114ff.

[81] Vgl. Carl Gustav Jung, *Antwort auf Hiob*, 4. Aufl. (dtv: München, 1997).

Wenn die Pastoralpysychologie in Abgrenzung zum Behaviorismus bis heute sowohl die freudianische als auch die jungianische Tiefenpsychologie rezipiert und favorisiert, schließt sie sich damit durchaus der theologischen Tradition an, indem sie mit Freuds in der Frühkindlichkeit verortetem Determinismus der augustinischen Erbsündenlehre folgt, nach welcher die unterbewusste Ausbildung neurotischer Verdrängungsmechanismen menschlichen Denkens und Verhaltens sogar genetisch prädisponiert ist, weswegen der Mensch bereits als für die Wahrheit blinder Lügner auf die Welt kommt; andererseits entspricht sie mit Jungs unhinterfragbarer mythologischer Erklärung des Unbewussten dem unhinterfragbaren augustinischen Dogma der Gottesfeindschaft von Mutterleib an als Auslegung des Mythos vom Sündenfall.

Je nach theologischer Disposition wird die Tiefgründigkeit entweder in der Tiefenpsychologie gesucht, besonders bei Freud und Jung, oder aber in ihrem theologischen Äquivalent, der Tiefenwirkung des Heiligen Geistes im Gewissen des Einzelnen, dem Hauptgegenstand der *Kerygmatischen Seelsorge*, oder in beidem.[82] Kerygmatischer Seelsorge zufolge besteht die wahre Lebenshilfe in der Glaubenshilfe. Auch diese Position ist mitsamt ihrer Skepsis gegen die „Oberflächlichkeit" humanistischer Modelle in der Nachkriegspoimenik durchaus stark geblieben,[83] nachdem sie zuvor in Gestalt der dialektischen Pastoraltheologie das Verständnis von Seelsorge weitgehend bestimmt hatte.[84] Der Unterschied zwischen dem Tiefgründigkeitspostulat der Psychoanalyse und dem der Kerygmatischen Seelsorge ist anthropologischer Natur: Die freudianische und jungianische Tiefenläuterung ist ein kathartischer Regulationsprozess, der einen Druckausgleich zwischen Unterbewusstem und Bewusstem herbeiführt. In der Kerygmatischen Seelsorge erfolgt die Tiefenläuterung durch die Erkenntnis und das Bekenntnis der Sünde in der *Beichte*. Voraussetzung der Absolution ist die vorbehaltlose Verantwortungsübernahme des Beichtenden für die eigenen Entscheidungen und ihre Auswirkungen.[85] Die Beichte verliert somit ohne das Postulat des freien Willens ihren Sinn. Von diesem Postulat her ist wohl Besiers Wahrnehmung des theologischen Vorbehalts gegen behaviorale Therapien, weil sie angeblich den freien Willen desavouieren, zu verstehen.

---

[82] Hierfür steht repräsentativ Otto Haendler. Vgl. O. Haendler, Tiefenpsychologie; Otto Haendler, *Die Predigt: Tiefenpsychologische Grundlagen und Grundfragen.* 3., durchgearb. und erw. Aufl. (Töpelmann: Berlin, 1960).

[83] Vgl. Helmut Tacke, *Glaubenshilfe als Lebenshilfe: Probleme und Chancen heutiger Seelsorge,* 3. Aufl. (Neukirchener: Neukirchen-Vluyn, 1979).

[84] Paradigmatisch ist Eduard Thurneysen, *Die Lehre von der Seelsorge* (Evangelischer Verlag: Zollikon-Zürich, 1946).

[85] „Wo Beichte lebendig ist, [...] erhält sie die Verantwortung für den Glaubensvollzug wach. So kommt ihr ein hoher Wert für die Lebendigkeit kirchlicher Gemeinschaft zu." Dietwart Förster, Die Beichte, in: Ingeborg Becker, Karl-Heinrich Bieritz, Reimund Blühm (Hg.), *Handbuch der Seelsorge,* 4. Aufl. (Evanglische Verlagsanstalt: Berlin, 1990), 178.

1.2.4. Die „Oberflächlichkeit“ der Humanistischen Psychotherapie

Als entscheidender Schritt von der esoterischen Begründung dogmatischer Hamartiologie zu einer epistemologisch konsistenten Bestimmung dysfunktional schädigenden Verhaltens darf wohl *Søren Kierkegaards* Analyse der Angst betrachtet werden.[86] Die von Kierkegaard beschriebene existenzielle Angst hat *Paul Tillich* aufgenommen und in seiner „Ontologie der Angst“ aller Psychopathologie zum Grund gesetzt.[87] Die existenzielle Angst als das eigentliche Movens der Psychopathologie eint Tillichs Ansatz mit der Psychoanalyse, deren nosologisches Grundschema die „Grundformen der Angst“ in ihren vier Strebungen darstellt.[88] Sie sind kongruent mit Kierkegaards vier Wegen der Verzweiflung.[89] Die „Ontologie der Angst“ bei Tillich unterscheidet sich von den „Grundformen der Angst“ in der Psychoanalyse aber, indem sie diese ontologische Bestimmung der Angst aufnimmt, während hier der existenzielle Bezug unterbleibt. Die Angst ist nach freudianischer Psychoanalyse nichts weiter als das Resultat biophysischer Triebkonflikte, also eines durchaus physikalisch zu begreifenden Ausgleichs von Druckverhältnissen.[90] Tillich hingegen gelingt im Anschluss an Kierkegaard eine ontologische Exegese des Sündenbegriffs unter dem Gesichtspunkt der existenziellen Angst als *Entfremdungserfahrung*.[91] Dadurch erfährt der moralistisch verzerrte sowie esoterisch begründete und dogmatisch behauptete Sündenbegriff eine psychologische Deutung als Angstreaktion angesichts empfundener Not. Theologisch korrespondiert damit das Bild eines Gottes, der zwar die Sünde hasst, den Sünder aber liebt, und der sich über die Not der Welt erbarmt.

---

[86] Vgl. Wolfhart Pannenberg, *Anthropologie in theologischer Perspektive* (Vandenhoeck & Ruprecht: Göttingen, 1983), 147; vgl. Søren Kierkegaard, *Der Begriff Angst*, aus d. Dänischen übersetzt u. mit Anmerkungen versehen v. G. Perlet, Nachwort U. Eichler (Philipp Reclam jun.: Stuttgart, 1992); Søren Kierkegaard, *Die Krankheit zum Tode,* aus d. Dänischen übersetzt u. mit Anmerkungen versehen v. G. Perlet, Nachwort U. Eichler (Philipp Reclam jun.: Stuttgart, 1997 [1849]).

[87] Paul Tillich, *Der Mut zum Sein,* aus d. Amerik. v. G. Siemsen, Stundenbücher, Bd. 50 (Furche: Hamburg, 1968), 41ff; vgl. Hans-Arved Willberg, Paul Tillichs Ontologie der Angst als anthropologischer Baustein ganzheitlicher Seelsorge, in: Seelsorge (2002) 2, 54-62; vgl. Hans-Arved Willberg, *Die beiden Seiten der Persönlichkeit: Die typologische Ambivalenz der seelischen Struktur des Menschen. Ein holistisches Persönlichkeitsmodell,* unveröffentlichte Masterarbeit für die University of South Africa (UNISA), 2004; Download: http://etd.unisa.ac.za/ETD-db/theses/available/etd-11012006-110449/unrestricted/dissertation.pdf, 41ff.

[88] Fritz Riemann, *Grundformen der Angst: Eine tiefenpsychologische Studie* (Ernst Reinhardt: München, Basel, 1992).

[89] H.A. Willberg, Die beiden Seiten, 44ff; S. Kierkegaard, Die Krankheit, 32-46.

[90] „Man darf nicht vergessen, daß die klassische psychoanalytische Theorie ausdrücklich auf einer höchst materialistischen Anschauung von der Natur des Menschen beruht“. Irvin D. Yalom, *Theorie und Praxis der Gruppenpsychotherapie: Ein Lehrbuch,* aus dem Amerik. v. G. Teusner-Stampa u. T. Junek, 5. Aufl. (Pfeiffer bei Klett-Cotta: München, 1999), 109f.

[91] W. Pannenberg, a.a.O., 138, 273; Heinz Zahrnt, *Die Sache mit Gott: Die protestantische Theologie im 20. Jahrhundert,* 2. Aufl. (Piper & Co.: München, 1968), 406; Paul Tillich, *Systematische Theologie,* Bd. 3, unveränd. Nachdruck der 4. Aufl. v. 1984 (Walter de Gruyter: Berlin, New York, 1987), 44, 322; P. Tillich, Mut zum Sein, 59.

Tillich war ein Wegbereiter der *Humanistischen Psychotherapie*; insbesondere über *Carl Rogers* übte er erheblichen Einfluss auf die von Rogers geprägte „Seelsorgebewegung“ aus.[92] Diese bildete bekanntlich den Mainstream der „Partnerzentrierten Seelsorge“, die der Initiative *Anton Boisens* folgend seit der zweiten Hälfte des letzten Jahrhunderts via *Clinical Pastoral Training* (CPT)[93] Ausbildung und Praxis der großen Kirchen in Amerika und Europa dominiert.[94]

Mit gutem Grund darf behauptet werden, dass auch die behavioristischen Therapien insgesamt seit der „Kognitiven Wende“ der Humanistischen Psychotherapie zuzurechnen sind. Für die Kognitiven Therapien gilt das rundweg. Ellis hat die REVT des öfteren als humanistische Therapie bezeichnet.[95] Am deutlichsten wird das in „Humanistic Psychotherapy“ - mit dem Buchtitel ist die REVT gemeint.[96] Nicht zuletzt hat Ellis auffallend häufig über den starken Einfluss gesprochen, den Tillich auch auf ihn gehabt habe.[97]

---

[92] H. Daewel, a.a.O., 65f.

[93] In Mitteleuropa „Klinische Seelsorge-Ausbildung“ (KSA). Ausführlich vgl. Heije Faber, Ebel Van der Schoot, *Praktikum des seelsorgerlichen Gesprächs* (Vandenhoeck & Ruprecht: Göttingen, 1987).

[94] R. Sons, a.a.O., 7ff; H. Daewel, a.a.O., 63ff.

[95] Auch Höfelschweiger weist auf die inhaltliche Nähe der REVT zu den Humanistischen Therapieformen hin: Der „inhärente Glaube an die Fähigkeit des Menschen, sich aus sich selbst heraus zu verbessern, erinnert in seinem anthropologischen Optimismus [...] an die Ideale humanistischer Psychotherapieformen, nicht zuletzt an [...] Carl Rogers.“ R. Höfelschweiger, a.a.O., 24.

[96] Weitere Belege dafür sind: Albert Ellis, Can Rational Emotive Behavior Therapy (REBT) be effectively used with people who have devout beliefs in God and religion? In: Professional Psychology: Research and Practice (2000) 31, 30; Albert Ellis, Comments on Sandra Warnock's „Rational-emotive therapy and the Christian client“, in: Journal of Rational-Emotive and Cognitive-Behavior Therapy (1989) 7, 276; Albert Ellis, Is rational-emotive therapy stoical, humanistic, or spiritual? in: Journal of Humanistic Psychology (1979) 19, 92; Albert Ellis, The Case Against Religiosity, in: Albert Ellis, *The Case Against Religion: A Psychotherapist's View and the Case Against Religiosity,* Introduction by John G. Murray (American Atheist Press: Austin, 1984), 25.

[97] Der rational-emotive Therapeut versucht darin „seinen Patienten zu helfen: sich das zu eigen zu machen, was Tillich (1958) den 'Mut zum Sein' nennt.“ Albert Ellis, *Die rational-emotive Therapie: Das innere Selbstgespräch bei seelischen Problemen und seine Veränderung*, 5., stark erw. Neuausgabe (J. Pfeiffer: München, 1993 [1962]), 136. „RET not only endorses much of the philosophy of Jesus [...], but I actually derived some of its basic tenets, especially that of unconditional self-acceptance, from a famous Christian theologian, Paul Tillich (1953 [sc. „Der Mut zum Sein“, d.Verf.]), who may also have influenced Carl Rogers.“ Albert Ellis, Comments, 276; weitere Rekurse auf Tillich s. A. Ellis, Humanistic Psychotherapy, 19; Albert Ellis, Post-September 11th Perspectives on Religion, Spirituality, and Philosophy in the Personal and Professional Lives of Selected REBT Cognoscenti: A Response to My Colleagues, in: Journal of rational emotive and cognitive behavior therapy (2006) 24/4, 291; Albert Ellis, Spiritual Goals and Spirited Values in Psychotherapy, in: Journal of Individual Psychology (2000) 56, 280; Albert Ellis in: Stevan Lars Nielsen, W. Brad Johnson, Albert Ellis, *Counseling and Psychotherapy With Religious Persons: A Rational Emotive Therapy Approach* (Lawrence Erlbaum Associates: Mahwah, 2001), 43; Albert Ellis in: Stevan Lars Nielsen, Albert Ellis, A Discussion with Albert Ellis: Reason, Emotion and Religion, in: Journal of psychology and Christianity (1994) 13, 337.

Clinebells „Modelle Beratender Seelsorge“ hatten zu Beginn der Seelsorgebewegung durchaus den Charakter eines Manifests.[98] Es gibt zu denken, dass sich sein Konzept einer psychotherapeutisch professionalisierten Seelsorge, in der die verschiedenen Schulrichtungen der Humanistischen Psychotherapie wie auch der Verhaltenstherapie zu einem spirituell geeinten Ganzen integriert werden sollten,[99] dort aber nicht durchgesetzt hat. Nachhaltig etablierte sich zunächst nur die *Personzentrierte Gesprächsführung* nach Rogers, insbesondere in Form der Encountergruppenarbeit,[100] darüber hinaus blieben auch einige weitere humanistische Konzeptionen, allen voran die *Themenzentrierte Interaktion* (TZI) Ruth Cohns[101], mehr oder weniger Bestandteile der großkirchlichen Poimenik.[102] Im Unterschied zur Intention Clinebells[103] wurden diese Ansätze meist aber nicht mehr der beratenden und therapeutischen Seelsorge oder gar der Psychotherapie zugeordnet, sondern in meist deutlicher Abgrenzung den verschiedenen Formen der *Begleitenden Seelsorge*, der Selbsthilfearbeit und der Erwachsenbildung. Das liegt nicht an mangelnder Effektivität dieser Verfahren,[104] vielmehr scheint es aus der weit verbreiteten traditionellen Identifizierung von Tiefgründigkeit und Tiefenpsychologie zu resultieren. Clinebell suchte bewusst nach einem alternativen Ansatz zur vorherrschenden Rezeption der Psychoanalyse und fand ihn in ihrer immer stärker werdenden Konkurrenz.[105] Vertreter der Pastoralpsychologie wie Scharfenberg und Thilo meinten hingegen, die Humanistische Psychotherapie sehe die Veränderungsmöglichkeiten des Menschen zu optimistisch.[106]

Der wesentliche Unterschied zwischen dem Menschenbild der klassischen Psychoanalyse und dem der Humanistischen Psychotherapie besteht darin, dass

---

[98] R. Sons, a.a.O., 43.

[99] Vgl. zu Clinebells Verständnis von Spiritualität Howard Clinebell, *Anchoring your Well Being: Christian Wholeness in a Fractured World. A Spiritually Centered Wellness Workbook for Individuals, Families, and Congregations* (Upper Room Books: Nashville, 1997).

[100] Vgl. Hans-Arved Willberg, *Grundlagen der seelsorgerlichen Gesprächsführung*, Lehrbücher aus dem Institut für Seelsorgeausbildung (ISA), Bd. 1 (Books on Demand: Norderstedt, 2010), 96-100; zur Einführung: Carl R. Rogers, *Encounter-Gruppen: Das Erlebnis der menschlichen Begegnung*, Lizenzausgabe (Fischer Taschenbuch: Frankfurt a.M., 1984 [1974]).

[101] Vgl. Matthias Kroeger, *Themenzentrierte Seelsorge: Über die Kombination Klientzentrierter und Themenzentrierter Arbeit nach Carl R. Rogers und Ruth C. Cohn in der Theologie,* (W. Kohlhammer: Stuttgart, Berlin, Köln u.a., 1973); zur Einführung: Barbara Langmaack, *Einführung in die Themenzentrierte Interaktion TZI: Leben rund ums Dreieck,* mit einem Geleitwort v. W. Schmidbauer (Beltz: Weinheim, Basel, 2001).

[102] Psychodrama, Logotherapie, Gestalttherapie, Transaktionsanalyse sowie, allerdings erst in den letzten Jahrzehnten, die Systemische Therapie.

[103] H. Clinebell, Modelle, 34ff, 45f, 71ff, 86ff, 209ff.

[104] Vgl. etwa zur hohen psychotherapeutischen Effektivität der Gesprächspsychotherapie nach Rogers H.A. Willberg, Grundlagen, 67f; K. Grawe et al., a.a.O., 118f, 133ff.

[105] „Es ist die Absicht dieses Buches, einen verbesserten Entwurf der beratenden Seelsorge vorzulegen, der nicht der auf Einsicht ausgerichteten, aufdeckenden Psychotherapie verpflichtet ist, sondern auf zwischenmenschlichen, stützenden, Ich-anpassenden, realitätsorientierten Therapiemethoden fußt.“ H. Clinebell, Modelle, 21.

[106] H. Daewel, a.a.O., 76. „Außerdem sei diese Methode zu sehr am hic et nunc orientiert und verharmlose die lähmenden Bindungen der Vergangenheit.“ Ebd.

jene dem Innersten des Menschen *misstraut* und darin die Quelle aller Psychopathalogie ortet, während diese dem Innersten des Menschen *traut* und darunter die Quelle der Selbstheilung versteht.[107] Rogers ist sich mit Tillich darin einig, dass der Mensch ontologisch darauf ausgerichtet sei, sein essentielles Selbst zu aktualisieren.[108] Tillich unterscheidet zwischen dem *essentiellen* und dem *existentiellen* Selbst. Das essentielle Selbst sei schöpfungstheologisch als gut qualifiziert und somit der wahre Beweggrund der Selbstaktualisierung, das existentielle hingegen sei ambig, weil das Movens des essentiellen Selbst zwar in ihm wirkt, zugleich aber auch eine Kraft der Selbstentfremdung im Menschen wirksam sei, durch welche sich die Selbstaktualisierung zur Selbst*schädigung* wandeln könne.[109] Diese Unterscheidung lasse die freudianische Psychoanalyse vermissen.[110]

Rogers hat 1962 in einem aufgezeichneten Gespräch mit *Burrhus F. Skinne*r unter Bezugnahme auf *Viktor E. Frankl*[111] pointiert den Gegensatz des humanistischen Ansatzes zum behavioristischen Determinismus herausgestellt. Dieser Gegensatz impliziert auch den zum tiefenpsychologischen Determinismus. Rogers unterscheidet den *äußere*n Kausalzusammenhang von der *inneren* Freiheit des Menschen. „[T]his significant human freedom exists alongside the complete determinism of modern science as a paradox."[112] Rogers hält Skinner vor, diese Realität des Inneren zu leugnen.[113] Um genau dieses Problem ging es bei der „Kognitiven Wende", die sich damals bereits anbahnte. Die von Rogers hier postulierte innere Freiheit wurde zum zentralen Paradigma der Kognitiven Therapie.

Ein oberflächliches Verständnis Humanistischer Psychotherapie unterstellt ihr eine oberflächlich positivistische Anthropologie, wonach das essentiell gute Selbst des Menschen sein existenzielles Selbst determiniert. Vor dem Hintergrund der von Tillich beschriebenen Ontologie der Angst ist aber pathogene Entfremdung alles andere als ein oberflächliches Symptom, sondern conditio sine qua non des existenziellen Selbst und eben darin ontologisch. Kierkegaards von Tillich rezipierter Angstbegriff ist theologisch durch den Mythos vom Sündenfall bestimmt. Die Sünde als Entfremdung und daraus resultierend die Selbstzerstörung wird nicht psychologisierend von einer Angst hergeleitet, deren existenzielle Macht geringer ist als die der Sünde, sondern Sünde und Angst sind identisch. Der Begriff „Sünde" bezeichnet die existenzielle Angst theologisch, der Begriff „Angst" bezeichnet die Sünde phänomenologisch und empirisch. Ontologischer Ausgangspunkt der existenziellen Angst ist nicht das peccatum originale als quasi

---

[107] Rogers im Gespräch mit Buber: Die Psychoanalyse meine, das Innerste des Klienten müsse kontrolliert werden : „That runs diametrically contrary to my own experience, which is that when you get to what is deepest in the individual, that is the very aspect that can most be trusted to be constructive". C.R. Rogers, zit in: Howard Kirschenbaum, Valerie L. Henderson, *Carl Rogers: Dialogues. Conversations with Martin Buber, Paul Tillich, B.F. Skinner, Gregory Bateson, Michael Polanyi, Rollo May, and Others* (Houghton Mifflin Company: Boston, 1989), 58.

[108] Dialog zwischen Tillich und Rogers 1965, in: H. Kirschenbaum, W.L. Henderson, a.a.O., 66f.

[109] Ebd., 67; P.Tillich, Systematische Theologie 3, 42ff.

[110] Dialog Tillich und Rogers, a.a.O., 67.

[111] H. Kirschenbaum, W.L. Henderson, a.a.O., 84, 132.

[112] C.R. Rogers, zit in: Ebd., 85.

[113] Ebd., 95, 97.

physikalische Ursache, aus welcher die Angst als Wirkung resultiert,[114] sondern das peccatum originale und die existenzielle Angst koinzidieren[115] in dem, was Kierkegaard den „Schwindel" nennt, den der Mensch angesichts der „Wirklichkeit der Freiheit als Möglichkeit für die Möglichkeit"[116] erfährt und in welchem er, sich selbst und Gott entfremdend, sich dieser Freiheit begibt.[117] Als Daseinsbedingung des Menschen ist die Angst und somit auch, theologisch qualifiziert, die Sünde, von seinem Sein zu unterscheiden, denn das Dasein ist nicht identisch mit dem Sein. Die entfremdende Macht der existenziellen Angst qua Sünde ist dem Menschen selbst fremd und als solche entfremdet sie ihn seiner selbst.[118]

Freilich wäre es verfehlt, das anthropologische Grundverständnis der Humanistischen Psychotherapie insgesamt in solcher Stringenz auf Kierkegaards Existenzialismus zurückzuführen, und dass es dort Positivismen gibt, muss gar nicht in Abrede gestellt werden. Gleichwohl stehen historisch wie inhaltlich insbesondere mit Tillich existenzialphilosophische, tiefenpsychologische wie auch systematisch theologische Begründungen Humanistischer Psychotherapie zur Verfügung, die das peccatum originale, die Vorfindlichkeit existenzieller Angst und das essentielle Gutsein des Menschen in einer Weise in Übereinstimmung bringen, die gewiss nicht oberflächlich ist.

1.3. Poimenische Rezeptionen Kognitiver Therapie[119]

1.3.1. Fundamentalistische Rezeptionen

Der Schwerpunkt der kerygmatischen Poimenik hat sich in der Nachkriegszeit weltweit von der großkirchlichen Amtsseelsorge in das „Priestertum aller Gläubigen" des Pietismus, Evangelikalismus und Charismatismus[120] verlagert. Man wird auch in dieser Hinsicht durchaus von einer „Seelsorgebewegung" sprechen dür-

[114] „Wer das In-die-Welt-Kommen der Sünde logisch erklären will, der begeht eine Torheit, die nur solchen Leuten einfallen kann, die lächerlich darum besorgt sind, auch ja eine Erklärung zu bekommen." S. Kierkegaard, Der Begriff Angst, 59.

[115] „Die Sünde kam in die Angst hinein, und sie brachte die Angst wiederum mit."Ebd., 63.

[116] Ebd., 50, 108.

[117] Ebd., 72f.

[118] Nach Tillich entsteht durch das Spannungsverhältnis zwischen Selbstaktualisierung des essentiellen Selbst und Selbstentfremdung des existenziellen ein „Schwebezustand" der „Zweideutigkeit" des Daseins zwischen Integration und Desintegration, Ich-Entfaltung und Ich-Zerstörung. Desintegration und Ich-Zerstörung sind Tillich zufolge die Kennzeichen des Lebens in der Entfremdung vom göttlichen Leben. P.Tillich, Der Mut, 45, 65.

[119] Um mehrere Teilkapitel gekürzt und im Text teilweise leicht verändert erschien dieser Abschnitt bereits als Fachartikel: Hans-Arved Willberg, Evangelikale und charismatische Rezeptionen Kognitiver Therapie, in: Cura Animarum (2015) 1/2, 7-28.

[120] Die ungebräuchliche Formulierung „Charismatismus" möge mir der Analogie zu „Evangelikalismus" wegen zugestanden werden. Als Alternative würde sich anbieten, nur von Letzterem zu sprechen, da klare pauschale Abgrenzungen zwischen beiden Richtungen in den letzten ca. 50 Jahren nicht mehr möglich sind. Dennoch bestehen bis dato erhebliche inhaltliche Unterschiede zwischen evangelikalen und charismatischen Positionen. Die vereinfachende, häufig getätigte Subsumierung der Charismatiker unter die Evangelikalen ist mir zu ungenau.

fen. Sie setzt sich bis heute fort und ist bekanntlich maßgeblich durch die nordamerikanische Erweckungs- und Heiligungsbewegung und ihre Epigonen geprägt.

Von dieser Schwerpunktverlagerung her lässt sich die starke Wirkung der sogenannten „N(o)uthetischen Seelsorge" auf die Poimenik seit den 70ern erklären. Erfinder des Begriffs und vorrangiger Protagonist dieser Richtung ist der Nordamerikaner *Jay E. Adams*.[121] Er nahm in hohem Maß verhaltenstherapeutische und kognitiv-therapeutische Methoden auf.[122] Seine Bekanntheit, die zu einem erheblichen Teil seiner stark polarisierenden radikal fundamentalistischen Haltung zu verdanken ist, täuscht aber darüber hinweg, dass er nur einer von einer ganzen Reihe evangelikaler und charismatischer Seelsorgelehrer ist, die von den 70er Jahren an Modelle kognitiv-verhaltenstherapeutischer Seelsorge entwickelten.[123] Für deren fundamentalistische Vertreter, die in dieser Rezipientengemeinschaft insgesamt dominieren, sind einige der Sichtweisen Adams' allerdings beispielhaft.

1.3.1.1. Grundsätzliche Abwertungen von Psychotherapie

Daewel zufolge besteht „der gravierendste Vorwurf, den J.E. Adams der Psychotherapie mit ihrem optimistischen und autonomen Menschenverständnis macht", darin, dass der Terminus „Seelische Erkrankung" die Aufhebung der Verantwortung des Betroffenen für sein Verhalten impliziere.[124] Daraus folgert Adams die Ablehnung aller Psychotherapie und setzt an ihre Stelle den Durchbruch von der „Oberflächlichkeit" des Verständnisses seelischer Störung als Krankheit zur Erkenntnis der Sünde als dem „eigentlichen" Kern fast jedes psychischen Problems.[125] Das Paradigma des Durchbruchs von der Oberflächlichkeit der Symptome und des Rapports zwischen Seelsorger und Ratsuchendem, der zur Vertrauensbildung zwar hilfreich, im Blick auf das Ziel der Seelsorge aber nicht wesentlich und darum nur unter dem Gesichtspunkt des „Anknüpfens" der Betrachtung würdig ist, darf als durchaus typisch für weite Teile der evangelikalen Seelsorge bezeichnet werden. *Otto Riecker* zum Beispiel fordert, *Thurneysens* „Bruch" im Seelsorgegespräch aufnehmend, ein entsprechendes direktives Vorgehen von „außen" nach „innen" darin, das dem Ratsuchenden die Ausflucht verwehrt.[126] Bei Thurneysen meint der „Bruch" allerdings etwas anderes. Auch er glaubt wie Riecker an eine Trennlinie zwischen der Dimension menschlicher Begegnung und geistlicher Auseinandersetzung im seelsorgerlichen Gespräch, die zum Aufdecken der Sünde, ihrem Bekenntnis und der Absolution führen sollte. Anders aber als Riecker, dem es nur darum geht, eine günstige Gelegenheit im Gespräch zu fin-

[121] Jay E. Adams, *Befreiende Seelsorge*, aus d. Amerik. v. H. Burckhardt u. R. Heinzer, 4. Aufl. (Brunnen: Gießen, 1977).

[122] G. Besier, a.a.O., 93; Gerhard Paul, *Chancen und Grenzen nouthetischer Seelsorge: Eine Untersuchung der Seelsorgekonzeption von Jay E. Adams,* Hochschulschriften aus dem Institut für Psychologie und Seelsorge der Theologischen Hochschule Friedensau, Bd. 7 (Freudenstadt, 1999).

[123] Siang-Yang Tan, Cognitive-Behavior Therapy: A Biblical Approach and Chritique, in: Journal of Psychology and Theology (1987), 103; Samuel Pfeifer, Kognitive Therapie - ein neues Paradigma für die Seelsorge? in: Wege zum Menschen (1988) 40/3, 168.

[124] H. Daewel, a.a.O., 88.

[125] Ebd., 88f.

[126] Otto Riecker, *Die seelsorgerliche Begegnung,* 2. Aufl. (Brunnen: Giessen, Basel, 1986), 26ff.

den, um zum „Eigentlichen" zu kommen, bezeichnet Thurneysen zufolge der „Bruch" gewissermaßen die Doppelexistenz der Seelsorge in Transzendenz und Immanenz, nämlich die gedachte Scheidelinie zwischen der psychologischen und der geistlichen Begegnungsebene, die ohne Anfang und Ende jede Seelsorge durchzieht. Dementsprechend fokussiert er nicht die Anknüpfung, sondern das Durchhalten der stetigen Spannung zwischen ungeteilter empathischer Zuwendung, das er, der personzentrierten Gesprächsführung zuvorkommend, bereits „aktives Zuhören" nennt, und des immer gleichzeitig stattfindenden geistlichen Ringens.[127]

Der Unterschied ist signifikant, weil Thurneysens Ansatz durchaus eine integrative Synthese von Psychologie und Spiritualität in der Seelsorge auf der Grundlage eines holistischen Menschenbildes ermöglicht, das die Spiritualität und die Vorfindlichkeit der leib-seelischen Existenz zusammendenkt. Insofern ist Thurneysens unglückliche Benennung der Psychologie als „Hilfswissenschaft der Theologie" auch durchaus wertschätzend im Sinne notwendig ergänzender Hilfe, nicht aber als eine Behelfsmäßigkeit zu verstehen: „[A]us genuine[m] Interesse heraus" müsse der Seelsorger „gründliche Einsicht nehmen wollen in all das, was Psychologie und Psychotherapie über die innere Natur des Menschen zu sagen wissen".[128] Nach dem von Riecker vertretenen evangelikalen Ansatz hingegen kann die Beschäftigung mit empirischer Psychologie für den Seelsorger allenfalls ein Propädeutikum sein und die klinische Psychologie kann ihm grundsätzlich nicht als Ergänzung dienen, sondern allenfalls als Fundgrube mehr oder weniger brauchbarer Werkzeuge für die eigene und „eigentliche" Zielsetzung. Letzteres ist in der evangelikalen und charismatischen Seelsorge ausgeprägt der Fall. Mit Vorliebe bedient man sich dabei der Kognitiven Verhaltenstherapie. Adams, der als Maßnahmen, „um Änderungen im Charakter und Verhalten herbeizuführen"[129], eine ganze Reihe kognitiv-verhaltenstherapeutischer Techniken aufführt,[130] sieht es wie auch manche andere Vertreter seiner Anschauung offenbar als gerechtfertigt an, dabei auf Quellennachweise zu verzichten. Weniger radikal ist *Lawrence J. Crabb*, der sich in explizitem Widerspruch zu Adams[131] deutlich po-

---

[127] E. Turneysen, a.a.O., 119ff. Die einseitige Zielsetzung der seelsorgerlichen Begegnung auf das Erkennen und Bekennen von Sünde hin bei Eduard Thurneysen resultiert aus der Ausschließlichkeit seines Verständnisses von Seelsorge als „Ausrichtung des Wortes Gottes an den Einzelnen." Ebd., 9.

[128] Ebd., 182ff. Er müsse auch „über ein möglichst exaktes, methodisches und umfassendes Wissen verfügen von seinem [sc. des Ratsuchenden, d. Verf.] seelischen Zustand. Ohne ein solches Wissen kann unser Reden zu ihm hin unmöglich zielsicher und heilsam sein". Ebd., 183f.

[129] J.E. Adams, a.a.O., 40.

[130] Konditionierung, Umlernen durch Rollenspiele, Verhaltensverzögerung, kognitive Therapie, Hierarchisierung von Problemen, Selbstmanagement und Hausaufgaben, Problemlösungstraining, Emotionskontrolle usw. Ebd., 96, 114, 120, 163ff, 193. Die Seelsorgelehrer Bruce und Nellie Litchfield behaupten sogar, Adams' Ansatz sei explizit eine der „Christian developments of CBT [Cognitiv Behavior Therapy, d.Verf.]". Bruce Litchfield, Nellie Litchfield, *Christian Counselling and Family Therapy*, Bd. 3: *Basic Counselling Skills, A General Model of Counselling, Cognitive Behaviour Therapy*, 2. rev. Aufl. (Litchfield Family Services: Canberra, 2008), 124. Adams' nuthetische Seelsorge sei „essentially a biblical cognitive behaviour form of therapy." Ebd., 126.

[131] Lawrence J. Crabb, *Die Last des andern: Biblische Seelsorge als Aufgabe der Gemeinde*, 3. Aufl., Übersetzung B. Trebing (Brunnen: Basel, 1992), 143f.

sitiv zu den Errungenschaften säkularer Psychotherapie äußern kann,[132] deren Übernahme in die christliche Seelsorge aber metaphorisch als „Plünderung der Ägypter" bezeichnet.[133] Crabb expliziert diese „Plünderung" sogleich an Ellis' REVT. Er baut sie dankbar, aber auch gereinigt vom heidnischen Unkraut darin,[134] als das zentrale Element seiner gut durchkomponierten Seelsorgekonzeption auf.[135] Crabb darf damit als der Erste gelten, der die Methodik der REVT zum Hauptbestandteil seiner Seelsorgekonzeption erkoren hat. Mit gutem Grund kann man sie bereits rundum als ein Modell der Kognitiven Seelsorge bezeichnen.[136]

Crabbs Paradigma der „Plünderung der Ägypter" kennzeichnet weite Teile der fundamentalistisch evangelikalen und charismatischen Poimenik.[137] Das geschieht mit einer doppelten Begründung:

- *Anthropologisch* wird davon ausgegangen, dass sich alle Menschen, die sich nicht auf eine Weise, die sie empirisch belegen können, zu Jesus Christus bekehrt haben, unter der Gewalt des personal gedachten Teufels befinden und darum zuletzt auch sein Schicksal teilen werden. Durch Gottes Gnade sind sie nicht unfähig zu allem Guten, aber sie sind darin sehr eingeschränkt.[138] Sofern sie guten Willen zu einer ethisch einwandfreien Lebensweise haben, sind sie überfordert, auch konsequent danach zu handeln. Das wird erst mög-

---

132 Z.B. sehr positiv über Rogers ebd., 39. „Wenn die Psychologie Erkenntnisse liefert, die unsere seelsorgerliche Tätigkeit wirksamer machen, dann sollten wir sie kennen. Wenn aber alle Probleme im Kern geistlicher Natur sind, dann sollten wir die Wege zur Heilung, die uns der Herr bietet, nicht durch eine Überbewertung psychologischer Theorien vernachlässigen." Ebd., 26. Ebenfalls in expliziter Abgrenzung zu Adams stellt Crabb dessen „nuthetischer Seelsorge" seine „parakletische Seelsorge" gegenüber. In der Tat drückt das im NT viel gebrauchte *parakaleo* ungleich treffender aus, wie Seelsorge vom Neuen Testament her zu verstehen ist, als das nur selten verwendete *noutheteo.* S. zur Wortexegese der beiden Begriffe im Blick auf Seelsorge H.A. Willberg, Grundlagen, 10-17.

133 Ebd., 42. „Und die Israeliten hatten getan, wie Mose gesagt hatte, und hatten sich von den Ägyptern silbernes und goldenes Geschmeide und Kleider geben lassen. Dazu hatte der Herr dem Volk Gunst verschafft bei den Ägyptern, dass sie ihnen willfährig waren, und so nahmen sie es von den Ägyptern zur Beute." Ex 12,35f.

134 Crabb spricht vom „sorgfältigen Heraussieben" aller Elemente, die der „Treue zur Offenbarung der Bibel entgegenstehen". L.J. Crabb, a.a.O., 47.

135 Ebd., 46ff.

136 Vgl. B. Litchfield, N. Litchfield, a.a.O., 126.

137 Explizit als Richtlinie für die Rezeption von Psychotherapie in der Seelsorge wird das Kriterium etwa im Seelsorgeverständnis des evangelikalen Martin Bucer Seminars, einer deutschen theologischen Ausbildungsstätte mit akademischen Abschlüssen am offiziell psychotherapiefeindlichen Whitefield Theological Seminary, vorgewiesen. Vgl. Ron Kubsch, *Wieviel Psychotherapie verträgt die Seelsorge?* MBS-Texte 001, 1. Jahrgang, Hg. T. Schirrmacher, Reihe Theologische Akzente (Martin Bucer Seminar, 2004), http://www.bucer.org/uploads/media/mbstexte001_01.pdf

138 Die Vorstellungen, wie groß diese Einschränkungen seien, variieren. Der Mainstream-Evangelikalismus setzt die Grenze eher weit und nimmt darum auch empirischer und klinischer Psychologie gegebenüber eine weitgehend positive und respektvolle Haltung ein: „Aufgrund der Gnade Gottes sowie ihres angeborenen Gespürs für die guten Sitten (Römer 2,14f.) sind die meisten Menschen nicht so gottlos, wie sie es sein könnten." Gary R. Collins, *Die biblischen Grundlagen für beratende Seelsorge* (Francke: Marburg a.d.L., 1995), 115. „Weil Gott uns mit Denkvermögen ausgerüstet hat, sind wir in der Lage, Konflikte bis zu einem gewissen Grad selbst zu bewältigen". Ebd., 138.

lich, wenn sie von den Bindungen an den Teufel befreit wurden. Sie sind verfinstert und halten darum so lange grundsätzlich Lüge für Wahrheit, bis der Heilige Geist sie erleuchtet.[139] Darum kann eine Psychotherapie, die nicht zuerst und vor allem durch die Kraft des Heiligen Geistes zu dieser Erleuchtung führt, nur oberflächliche Heilungserfolge aufweisen, wenn überhaupt.

- *Epistemologisch* wird davon ausgegangen, dass grundsätzlich alle Psychotherapie, die nicht von „wiedergeborenen" Christen entwickelt wurde, weltanschaulich verseucht ist. Einzelne Techniken mögen bisweilen ohne Bedenken in die Seelsorge zu übernehmen sein, wenn es sich aber um ein ganzes Verfahren handelt oder gar um eine Schulrichtung, kann von einer neutralen Anwendbarkeit in unterschiedlichen weltanschaulichen Zusammenhängen nicht mehr die Rede sein.

Stereotyp wird von den radikalen Vertretern dieser Anschauungen[140] darum vor säkularer Psychotherapie grundsätzlich gewarnt, während die Gemäßigten stereotyp mit 1Thess 5,21 dazu mahnen, „alles zu prüfen und das Gute zu behalten".[141] Das Kriterium des Prüfens sei die Heilige Schrift[142].

Aus der anthropologischen Begründung der grundsätzlichen Skepsis gegen Psychotherapieverfahren geht hervor, dass die Beurteilung, was „absolut wahrheitsgemäß"[143] sei und was nicht, nicht mehr den allgemeingültigen Prinzipien der Logik unterliegt, sondern von jener Erleuchtung abhängt. Derartige Wahrheitsbeweise sind logische Zirkelschlüsse. Wenn sie zur Bestimmung spiritueller Wahrheiten verwendet werden, trifft wohl am besten die Bezeichnung „esoterisch" auf ihre Resultate zu.[144]

---

139 „Dadurch werden wir fähig, positivere zwischenmenschliche Beziehungen aufzubauen und mit Gott und uns selbst im Frieden zu leben. Gleichzeitig verleiht uns der in uns wohnende Heilige Geist zusätzliche Freiheit und geistliche Kraft [...]. Dadurch werden wir in die Lage versetzt, Gott zu gehorchen und größeren Einfluß auf die Welt auszuüben." Ebd., 178.

140 Es könnte an dieser Stelle sinnvoll sein, über Adams hinaus einige Protagonisten der radikal fundamentalisch psychotherapiefeindlichen evangelikalen Seelsorge aufzuführen. Unter dem Gesichtspunkt der Zielsetzung dieses Kapitels scheint es aber nicht erforderlich zu sein.

141 Zwei Zitate mögen an dieser Stelle pars pro toto als Beleg genügen: „Die paulinische Mahnung, alles zu überprüfen und das Beste zu behalten (1. Thess. 5, 21) kann in der Seelsorge gar nicht sorgfältig genug beachtet werden." W. Jentsch, a.a.O., 125. „Weil [...] die Psychologie auf Voraussetzungen basiert, die in krassem Gegensatz zur Bibel stehen, wird jedes Modell, bei dem man es versäumt, säkulare Konzepte genau zu untersuchen, einer Vermischung sich widersprechender Ideen Tür und Tor öffnen." L. Crabb, a.a.O., 30.

142 Ebd., 30f.

143 Ebd.

144 „Was mit dem Begriff 'Esoterik' gemeint ist, entzieht sich einer präzisen Bestimmung schon von der Wortbedeutung her: Das Wort *esoterisch* stammt aus dem Griechischen und meint 'innerlich'. Es wird gebraucht für Lehren oder Schriften, die nur für einen besonderen Kreis begabter oder würdiger Menschen, eben Eingeweihter, bestimmt sind. Schon in der Antike wanderte der Begriff in den Bereich der Religion ein, in Mysterienkulte; hier wurden nun die wichtigsten Lehren bewusst geheim gehalten. In diesem Sinn wird der Begriff auch in der Neuzeit verwendet, unter Esoterik werden Geheimlehren für einen bestimmten Personenkreis verstanden, sei es, dass nicht alle gewussten Inhalte mitgeteilt werden, sei es, dass sie nur einem bestimmten Personenkreis zugänglich oder verständlich sind." Corinna Dahlgrün, Christliche Seelsorge zwischen Esoterik und Psychologie, noch nicht veröffentlichtes Skript, Januar 2016.

1.3.1.2. Unwissenschaftliche Wahrheitsdefinitionen

Esoterische Begründungen von diagnostischen Urteilen und therapeutischen Maßnahmen im heilkundlichen Bereich können kaum Seriosität für sich beanspruchen. Für die Bestimmung einer Theorie der Kognitiven Seelsorge hat diese Voraussetzung eminente Bedeutung. Die meisten bisherigen Ansätze einer Integration Kognitiver Therapien in Seelsorgekonzepte subsumieren die logische Struktur des Therapieverfahrens einer als über-logisch gedachten „absoluten" Wahrheit, hinter der sich meist das Lehramt der jeweiligen Denomination verbirgt. Das intrinsische Wahrheitsverständnis des Einzelnen wird von dorther extrinsisch normiert; mithin besteht das Ziel der Seelsorge demnach in der Durchsetzung der als „absolute Wahrheit" bezeichneten dogmatischen Norm im Gewissen des Einzelnen. Eine Seelsorge dieser Art hat darum nicht nur esoterischen, sondern auch inquisitorischen Charakter. Wissenschaftlich gesehen sind solche anthropologischen und epistemologischen Voraussetzungen für eine Theorie der Kognitiven Seelsorge kaum brauchbar.

Kognitive Therapien zeichnen sich dadurch aus, dass sie unter der postulierten Rationalität stringent für jeden vernünftig denkenden Menschen nachvollziehbare logische Schlüsse verstehen. Eingebaut in ein esoterisch begründetes inquisitorisches System zur Durchsetzung dogmatischer „Wahrheiten" im Denken und Handeln des Einzelnen führt das zur Bildung von Theoremen, die den Anschein erwecken, durch die Anwendung der eingesetzten kognitiv-therapeutischen Methodik als wahr erkannt zu werden, ohne aber aus der eigenen logischen Einsicht des Einzelnen hervorzugehen und ohne ihr notwendig zu entsprechen. Im besten Fall handelt es sich dabei um durchaus lebensfreundliche Weisheiten, auf die der Einzelne auch selbst durch logisches Nachdenken kommen könnte, die ihm nun aber als Postulate des „Glaubensgehorsams" verordnet werden. Im schlimmeren Fall handelt es sich um mehr oder weniger sinnvolle Behauptungen ohne logische Stringenz. Im schlimmsten Fall wird der Einzelne auf „Wahrheiten" verpflichtet, die ihm nicht gut tun. Zum Beispiel behauptet Crabb: „Der Gedanke, daß sich die Menschen aus eigener Kraft dafür entscheiden können, sich richtig, d.h. erwachsen zu verhalten, steht [...] nicht in Einklang mit der Lehre Jesu."[145] Das ist eine Aussage mit weit reichender Bedeutung für die Praxis der Seelsorge, wenn sie ernst genommen wird, aber ohne logische Stringenz und ohne theologische Klarheit. Es wird nicht deutlich, was er hier mit der „Lehre Jesu" meint.

Es ist wissenschaftlich stimmig, dass Crabb die Wichtigkeit der Bedürfniserfüllung betont.[146] Wenn er allerdings postuliert, dass die Bedürfnisse nach „Bedeutung" und „Sicherheit" „nur von Gott befriedigt werden" können,[147] handelt es sich wieder um eine unbewiesene und wohl auch unbeweisbare Behauptung.

Ein weiteres Beispiel mag hier zur Darstellung des Problems hinreichen: Der deutsche Titel von *Henry Clouds* und *John Townsends* Bestseller „Fromme Lügen, die wir glauben"[148] ist auffallend ähnlich gewählt wie Chris Thurmans vom

---

[145] Ebd., 34.

[146] Ebd., 69, 108ff.

[147] Ebd.

[148] Henry Cloud, John Townsend, *Fromme Lügen, die wir glauben* , aus d. Amerik. übers. v. E. Weyandt (Klaus Gerth: Asslar, 1998).

selben Verlag veröffentlichte „Lügen, die wir glauben“,[149] einer logisch stringenten rein kognitiv-therapeutischen Auseinandersetzung mit selbst- und beziehungsschädigenden irrigen Ansichten unter Christen. Das suggeriert, dass sich auch Cloud und Townsend, die den Anspruch erheben, ihre „angeführten zwölf falschen Thesen“ seien „die wichtigsten Fehlinterpretationen biblischer Lehre, mit denen sich die Gemeinde auseinanderzusetzen hat“,[150] allgemein logisch nachvollziehbarer Argumente bedienen. Tatsächlich resultieren aber ihre „Wahrheiten“, mit denen sie den behaupteten Irrglauben widerlegen, aus dogmatischen Vorentscheidungen, die jedoch nicht transparent gemacht werden. Die Autoren halten etwa den Satz „Wenn ich mein Verhalten ändere, ändert sich auch meine Einstellung“, für einen „Irrglauben“.[151] Damit setzen sie einen theologischen Widerspruch gegen einen empirischen Befund. Die Aussage impliziert, dass die Verhaltenstherapie in toto ineffektiv sei. Tatsächlich sind aber, wie etwa die kognitiv verhaltenstherapeutischen Manuale der Trainings Sozialer Kompetenzen,[152] der Paartherapie[153] wie auch der Angst- und Depressionstherapie[154] zeigen, Verhaltensänderungen unabdingbar für die nachhaltige Veränderung von Kognitionen. Es gibt keine stärkere Ermutigung als eine erfolgreiche Verhaltensänderung und es gibt keine bessere Voraussetzung für erfolgreiche Verhaltensänderungen als starke Ermutigungen. Die ermutigende Kognition und das mutige Verhalten bedingen einander wechselseitig. Cloud und Townsend hingegen halten die Vorstellung, via Verhaltensänderung Einstellungsänderung zu bewirken, für „Selbstüberschätzung. Diese Einstellung läßt keine Demut zu, keine Abhängigkeit von Gott und seiner Gemeinde. [...] Jemand, der an diese These glaubt, verläßt sich auf seine eigene innere Kraft, das Richtige zu wählen - eine Kraft, die wir aber beim Sündenfall verloren haben.“[155] Hier tritt der dogmatische Anspruch solcher Rechtgläubigkeit deutlich hervor: Das Leben kann nur in einem radikalen Abhängigkeitsverhältnis „von Gott und seiner Gemeinde“ gelingen. Die Wahrheit des Einzelnen wird somit heteronom als Wahrheit Gottes und der Gemeinde bestimmt. Der Rechtgläubige ist demnach fremdbestimmt. Dementsprechend sei Demut die Anerkennung, „daß wir es nicht allein schaffen.“[156] Wir selbst seien nicht in der

---

[149] Chris Thurman, *Lügen, die wir glauben: Der Grund Nr. 1 für unser Unglücklichsein,* aus d. Amerik. v. C. Rendel, 10. Aufl. (Schulte & Gerth: Asslar, 1999).

[150] H. Cloud, J. Townsend, a.a.O., 199.

[151] Ebd., 45.

[152] Vgl. z.B. Rüdiger Hinsch, Ulrich Pfingsten, *Gruppentraining sozialer Kompetenzen (GSK): Grundlagen, Durchführung, Materialien,* 3. überarb. Aufl. (Psychologie Verlags Union: Weinheim, 1998).

[153] Vgl. z.B. Ludwig Schindler, Kurt Hahlweg, Dirk Revenstorf, *Partnerschaftsprobleme: Diagnose und Therapie. Therapiemanual,* 2., akt., vollst. überarb. Aufl. (Springer: Berlin, Heidelberg, New York, 1999).

[154] Vgl. z.B. zur Depression: Martin Hautzinger, *Kognitive Verhaltenstherapie bei Depressionen,* Behandlungsanleitungen und Materialien, unter Mitarbeit v. W. Stark u. R. Treiber, 4., überarb. Aufl. (Psychologie Verlags Union: Weinheim, 1997); einführend zur Angst: Hans-Arved Willberg, *Keine Angst vor der Angst: Angststörungen - ihre Ursachen und wie man sie bewältigen kann,* 4. Aufl. (R. Brockhaus: Wuppertal, 2011 [2004]).

[155] H. Cloud, J. Townsend, a.a.O., 58.

[156] Ebd., 72. Sie meinen damit die Bewältigung seelischer Störungen: „Vielleicht können wir unsere sexuelle Orientierung nicht ändern, können nicht aufhören, zwanghaft Geld auszugeben oder deprimiert zu sein - aber wir können Gott und andere um Hilfe bitten.“ Ebd.

Lage, unsere Bedürfnisse zu erfüllen, aber „[w]ir können Gott gestatten, diese Bedürfnisse auf gesunde Art zu befriedigen.“[157] Das geschehe, indem wir „herausfinden, welche Bedürfnisse bisher nicht befriedigt wurden, und sie in die Familie Gottes hineintragen, wo sie erfüllt werden können. [...] Durch Gottes Familie, seine Gemeinde, können unsre Bedürfnisse erfüllt werden.“[158] Die heteronome Bestimmung der Unterscheidung zwischen „Irrglauben“ und rechtem (orthodoxem) Glauben wird durch das Dogma der doppelten Abhängigkeit von Gott und der Gemeinde begründet: Wir bedürfen dieser doppelten Fremdbestimmung, weil alle Versuche der Selbstbestimmung Selbstüberschätzungen sind. Somit komme es darauf an, „daß wir uns Gott unterordnen, bei seiner Gemeinde Hilfe und Unterstützung suchen und Gottes Wort und seine Wahrheit in uns aufnehmen. Durch Beziehungen zu den Gemeindegliedern werden wir in den Leib Christi hineingeschmiedet.“[159] Nur dann „werden wir in der Lage sein, gute Entscheidungen auch durchzuhalten.“[160] Daraus folgt wiederum, dass nur solche Menschen, die sich diesem Abhängigkeitsdogma beugen, zu nachhaltigen Verhaltensänderungen fähig sind. Der Schlüssel dazu ist das Sündenbekenntnis.[161]

Mithin ist die theologische Bestimmung irriger Glaubenssätze wie auch deren rechtgläubiger Widerlegung bei Cloud und Townsend identisch mit der theologischen Bestimmung von Seelsorge überhaupt bei Adams und Crabb. Binnenlogisch leitet sich daraus auch das therapeutische Selbstverständnis dieser Ansätze und ihrer Entsprechungen ab. Sie sind inquisitorischer Natur.

1.3.1.3. Seelsorge als Chirurgie, Belehrung und Bekehrung

„Die Bibel ruft auf zu einem schmerzlichen Eingriff“, behaupten Cloud und Townsend.[162] Wenn unsere Bemühungen um die Bewältigung psychischer Störungen Erfolg haben sollen, müssten wir dem Übel an die Wurzel gehen,[163] weil unsere Entscheidungen nicht nur Ausdruck unseres bewussten Willens, sondern unserer gesamten Persönlichkeit seien.[164] Die Autoren gehen offenbar davon aus, dass der menschliche Persönlichkeitskern schlechthin verdorben sei. Seelsorge ist für sie dadurch definiert, „sich dem Messer auszusetzen, das in unsere innersten Motive und Gefühle hineinschneidet und sie freilegt.“ Es gelte auf diese Weise, „das Schlechte auszureißen. [...] Erst dann werden wir in der Lage sein, gute Entscheidungen auch durchzuhalten.“[165] Dieselbe Metapher gebraucht *Gary R. Collins*, ein weiterer evangelikaler Hauptvertreter der seelsorgerlichen Adaption Kognitiver Therapie, in seinem Seelsorgelehrbuch: „Manchmal geht einer Heilung eine schmerzvolle Operation voraus; soll sie jedoch erfolgreich verlaufen, muß zuvor das Vertrauen in den ‘Chirurgen’ hergestellt werden.“[166] Wenn Collins hier

[157] Ebd., 73.

[158] Ebd.

[159] Ebd., 165.

[160] Ebd., 166.

[161] Ebd., 170.

[162] Ebd., 165.

[163] Ebd., 164

[164] Ebd., 161.

[165] Ebd., 166.

[166] Gary R. Collins, *Handbuch der biblischen Seelsorge* (Francke: Marburg, 1996), 60.

„manchmal“ sagt, wird das wohl als Euphemismus zu betrachten sein. Die Gesamtausrichtung seines Entwurfs lässt keinen Zweifel, dass er dem Seelsorger die ärztliche Funktion des Eingreifens und aktiven Veränderns zuschreibt. Das benannte Vertrauen ist dabei nur der erste von sechs Schritten, den er als „Rapport aufbauen“ bezeichnet.[167] Nach der diagnostischen Klärung folgt die direktive Unterbreitung von Lösungsvorschlägen durch den Therapeuten. Im nächsten Schritt gehe es darum, „Veränderungen an[zu]regen, indem Sie sich für bestimmte Maßnahmen entscheiden und diese auch ergreifen. Zu diesen Maßnahmen werden unter Umständen Konfrontation, Unterweisung und der Einsatz von den Hilfesuchenden beeinflussenden Fertigkeiten gehören.“[168]

Collins erklärt ausdrücklich seine Übereinstimmung mit Adams darin, dass die Grundfrage aller Psychotherapie und Seelsorge laute: „Wie beeinflussen wir Menschen, damit sie sich ändern?“[169] Daraus leitet er offenbar Recht und Verpflichtung ab, den Zweck seiner Seelsorgelehre als Vermittlung von „Fertigkeiten, mit denen man einen Hilfesuchenden beeinflussen kann“, zu definieren.[170] Collins behauptet, dass die Veränderung eine Wirkung des Heiligen Geistes sei, wenn „sich der christliche Seelsorger ebenso wie der Hilfesuchende nach der Leitung des Heiligen Geistes ausstrecken“.[171] De facto kann das in diesem deutlich asymetrischen Verhältnis nur heißen, dass sich der Heilige Geist via Seelsorger dem Empfänger der Seelsorge mitteilt und das Kriterium für das Gelingen dieser Transaktion darin besteht, dass Letzterer mit dem Urteil des Seelsorgers übereinstimmt.

Crabbs Terminologie und Beratungsstruktur ist trotz seines parakletischen Selbstverständnisses ganz ähnlich. Seelsorge ist seiner Ansicht nach ein systematisch fortschreitender Prozess des direktiven „Aufdeckens“[172] und zielgerichteten Beeinflussens durch die Aktivität des Seelsorgers.[173] Zielpunkt ist die Etablierung einer „neuen biblischen Denkweise“. Der Klient soll sich dazu entscheiden und seine bisherigen „falsche[n] Emotionen“ und irreführenden Gedanken beichten.[174] Es darf nicht vergessen werden, dass dieser direktive Methodismus Crabb zufolge nur dann greift, wenn der Klient durch einen Bekehrungsakt überhaupt erst instandgesetzt wurde, Wahrheit zu erfassen und danach zu leben. Die „Ungläubigen“ sind grundsätzlich *falsch programmiert*, weil sie unter der Macht des Teufels stehen.[175] Nur der Heiligungsvollzug des bekehrten Christen ermöglicht eine positive Veränderung des Denkens. Für den Bekehrten ist sie nun aber auch moralische Verpflichtung, denn wenn er sich „in seiner Reaktion auf Ereignisse weiter

---

167 Ebd., 69.

168 Ebd.

169 Ebd., 56.

170 Ebd. Wie zu erwarten ist auch Collins der Ansicht, „daß es, welche Probleme der Hilfesuchende auch haben mag, ‘keine Veränderung geben kann, die für Gott und - auf lange Sicht - für den Hilfesuchenden selbst annehmbar sein wird, wenn nicht zuvor eine positive Veränderung in der Beziehung des Hilfesuchenden zu Gott eingetreten ist’“. Er zitiert hier Adams. Ebd., 58f.

171 Ebd., 69f.

172 L.J. Crabb, a.a.O., 146ff.

173 Ebd., 151f.

174 Ebd., 153f.

175 L.J. Crabb, a.a.O., 103.

von den bewußt festgehaltenen falschen Annahmen leiten läßt, dann funktioniert er nicht besser als ein Nichtchrist."[176]

Die wahrscheinlich stärksten Impulse zur praktischen Umsetzung Kognitiver Therapie im Kontext evangelikaler Seelsorge gingen vom psychiatrischem *Minirth-Meier* Klinikverbund in den USA aus.[177] Der oben diskutierte Bestsellerautor John Townsend arbeitete zehn Jahre lang als Direktor einer Minirth-Meier Klinik.[178] Ein weiterer Bestseller zur Kognitiven Therapie im Kontext Seelsorge wurde von *Chris Thurman* verfasst, der bis 1991 als Psychologe an der Minirth-Meier Klinik in Dallas angestellt war:[179] Jenes „Lügen, die wir glauben".[180] Das Vorwort schrieb einer der beiden Gründer des Klinikverbundes, der Psychiater *Frank Minirth.* Über das therapeutische Selbstverständnis dieser Organisation zu Beginn der 80er Jahre gibt das Lehrbuch „Introduction to Psychology and Counseling" von Meier, Minirth und Wichern Aufschluss.[181] Sie vertreten eine tiefenpsychologische Ätiologie, setzen aber für die Behandlung einigermaßen deutliche kognitiv-verhaltenstherapeutische Akzente.[182] Der 2003 veröffentlichte „Minirth Guide for Christian Counselors"[183] spricht Klartext. Minirth referiert, worin seiner Ansicht nach die essentiellen Prinzipien christlicher Seelsorge, Beratung und Therapie bestehen[184], und beginnt mit der Feststellung: „1. Man without Christ is lost." Wenn der Seelsorger das nicht zuerst berücksichtige, fehle ihm „any practi-

---

[176] Ebd., 95.

[177] Die Internetrecherche ergibt, dass es diesen Verbund nicht mehr gibt. Die Minirth-Klinik findet noch als verhältnismäßig kleines psychiatrisches Zentrum in Richardson, Texas, Erwähnung. http://doctor.webmd.com/doctor/virginia-neal--071f0deb-67e5-4173-bda1-73f63e8a25fe-overview; https://plus.google.com/104590466725077709621/about?gl=de&hl=de, Download 14. Mai 2015. Ihre Website www.minirthclinic.com ist unzugänglich. Auf der Website der Meier-Clinics von Paul Meier, dem ehemaligen Geschäftspartner von Minirth, gibt es keinen Hinweis auf die ehemalige Joint Venture mit dem Unternehmen des 2015 verstorbenen Frank Minirth. Meier Clinics, http://www.meierclinics.com/About_Us, Download 14. Mai 2015. Auch sonst findet sich im Internet außer auf Seiten, die gegen Minirth und Meier polemisieren, kein Hinweis auf den Fortgang oder die Beendigung dieser Zusammenarbeit. Auch die Nachrufe auf Minirth enthalten nichts dergleichen. Man kann daraus eigentlich nur den Schluss ziehen, dass es wohl ein unrühmliches Ende der Kooperation gegeben haben muss.

[178] Wikipedia, John Townsend (Author), http:/en.wikipedia.org/wiki/John_Townsend_%28author %29, Download 14. Mai 2015.

[179] Chris Thurman, Ph.D., http://www.drchristhurman.com/about-me.htm, Download 14. Mai 2015.

[180] C. Thurmann, a.a.O. Originaltitel: „The Lies We Believe".

[181] Paul D. Meier, Frank B. Minirth, Frank B. Wichern, *Introduction to Psychology and Counseling: Christian Perspectives and Applications* (Baker Book House: Grand Rapids, 1982).

[182] Z.B. ebd., 253f, 274ff, 299, 302-304.

[183] Frank Minirth, *The Minirth Guide for Christian Counselors* (Publishing Group: Nashville, 2003). Das Buch setzt sich zusammen aus a) einer flammenden Bußpredigt gegen die Verblassung des Sündenbegriffs, b) einigen relativ kurzen Statements über die Probleme von Klienten und sinnvolle Verhaltensweisen von Seelsorgern, c) einer eklektischen Darstellung der Bearbeitung gewisser Problemfelder und d), mehr als die Hälfte des Buches umfassend, über 100 Seiten Anhang.

[184] Bekanntlich subsumiert das englische „Counseling" alle drei.

cal help to his client".[185] Der Grund dafür leuchtet ein: „Man without Christ is lost [...] and eternally doomed to a literal hell."[186] Im Folgenden kritisiert Minirth, dass in der christlichen Verkündigung kaum von „Sünde" und „Hölle" die Rede sei.[187] Es sei aber unabdingbar, denn: „Without this concept there is no right or wrong, there is no moral compass, there is no Christian counseling."[188] Vorausgesetzt, dass der Klient Erleuchtung durch die Bekehrung zum christlichen Glauben erfahren hat, empfiehlt Minirth im Anschluss ein kognitiv-verhaltenstherapeutisches Procedere, in dessen Zentrum die Veränderung des Denkens steht.[189]

Der Klappentext zu Minirths Seelsorgeleitfaden fasst gut zusammen, was auch den gesamten Tenor jenes umfangreichen Lehrbuchs von Meier, Minirth und Wichern ausmacht: „Christian counseling involves the integration of faith and medicine".[190] Dementsprechend hat der dort vertretene Ansatz zwei Schwerpunkte: Die Bibel erscheint als das eigentliche Psychiatrielehrbuch in Gestalt einer psychologischen Aufbereitung. Die Autoren streben danach, grundsätzlich nicht nur jede therapeutische Anwendung mit Bibelstellen zu begründen und zu legitimieren, sondern möglichst sogar alles direkt aus der Bibel herzuleiten; einige Psychotherapieverfahren werden dem unter der bezeichnenden Überschrift „Secular Alternativs to Christian Counseling" selektiv und kritisch einschränkend subsumiert.[191] Zweiter Schwerpunkt sind die medizinischen Aspekte mit dem therapeutischen Fokus auf Medikation.[192]

---

[185] F. Minirth, a.a.O., 4.

[186] Ebd. Aus der dogmatischen Perspektive des christlichen Fundamentalismus hat Minirth durchaus recht. Vgl. das Glaubensbekenntnis der Ev. Allianz, das die ganze Problematik der augustinischen Erbsündenlehre impliziert und darum, genau genommen, selbst Ungeborene der ewigen Verdammnis anheimgeben müsste, da sich offiziell weltweit jedes Mitglied seit 1846 „zur völligen Sündhaftigkeit und Schuld des gefallenen Menschen, die ihn Gottes Zorn und Verdammnis aussetzen", bekennt. Die Evangelische Allianz in Deutschland, http://www.ead.de/die-allianz/basis-des-glaubens.html. Ferner bekennt es sich „zum Werk des Heiligen Geistes, welcher Bekehrung und Wiedergeburt des Menschen bewirkt, im Gläubigen wohnt und ihn zur Heiligung befähigt". Damit ist gemeint, dass er im „Ungläubigen" *nicht* wohnt, dieser auch nicht „zur Heiligung befähig ist, aufgrund seiner „völligen Sündhaftigkeit und Schuld", und dass er darum „Gottes Zorn und Verdammnis" ausgesetzt ist, worunter nichts anderes zu verstehen ist als „eternally doomed to a literal hell" zu sein. Die evangelikale und charismatische Seelsorgeliteratur ist insgesamt bemüht, diese „Tatsachen" nicht zu verschweigen, ihre Rede davon ist aber meist euphemistisch und nicht wirklich konsistent. Vgl. z.B. G.R. Collins, Die biblischen Grundlagen, 114ff.

[187] F. Minirth, a.a.O., 6f.

[188] Ebd., 7.

[189] „Help them Reprogram Their Thinking": „We do not believe, as many behavioral therapists do, in the simple theory that a stimulus produces a response. We believe that between the stimulus and response lies the individual's belief system. The importance lies not just in what happens to us in life; it is what we believe about what happens to us - our belief system." Ebd., 34-37. Analog Meier, Minirth und Wichern etwa zur Depressionstherapie: „1. 'Accept Christ.' 2. 'Reprogram thinking.'" P.D. Meier et al., a.a.O., 273.

[190] William J. Petersen, Klappentext Minirth, a.a.O.

[191] P.D. Meier et al., a.a.O., 299ff.

[192] Im Kapitel „Suggestions for Further Reading", das den Ausführungen über die Behandlung von Angst und Depression folgt, findet sich keine Literatur über KVT, aber es sind viele Schriften über Psychopharmaka aufgeführt. Vgl. ebd., 288ff.

Zusammenfassend lässt sich sagen, dass sich die Hauptkonzeptionen christlich fundamentalistischer Seelsorge einer mehr oder weniger langen Brücke des Rapports bedienen, um von dorther durch Belehrung zur Bekehrung und von dieser wieder zu neuer Belehrung zu gelangen, die nunmehr das Signum der „Heiligung“[193] erhält. Da behauptet wird, die eigentlichen seelischen Probleme seien geistlicher Art und als solche nur über den Weg einer gnädigen Durchbrechung des Widerstands zu erreichen, den die verfinsterte, zur Hölle prädisponierte Seele gegen das Licht der Wahrheit setzt, trägt dieses vordringende Bekehren und Belehren zugleich die Züge einer chirurgischen Operation. Die notwendige Erleuchtung bewirkt zwar der Heilige Geist, aber das Messer führt der Seelsorger. Methoden der Kognitiven Therapie spielen in diesem Kontext im Anschluss an die Bekehrung eine zentrale Rolle, indem an die Stelle der alten, als „ungeistlich“ deklarierten Denkmuster wiederum kraft Belehrung „biblisches Denken“ gesetzt werden soll. Dieses Denken qua Dogma ist grundsätzlich extrinsisch normiert und wird gemeinhin als „Gehorsam“ bezeichnet.

1.3.1.4. Dämonisierungen

Es bietet sich an, irreführende Gedanken mit destruktiven Folgen metaphorisch als Einflüsterungen des Teufels zu personalisieren; kein Bild eignet sich dafür wohl besser. In der evangelikalen und insbesondere der charismatischen Anwendung von kognitiver Methodik in der Seelsorge wird die Personifizierung jedoch buchstäblich genommen. Dabei werden die Dämonen nicht als „Kräfte dieser Welt“, sondern als personale Unwesen der jenseitigen Welt betrachtet[194] und die Dimension der Spiritualität reduziert sich auf das „Schlachtfeld“ zwischen Gott und Satan,[195] als welches man die leib-seelische Existenz des Menschen deutet. Brennpunkt dieses geistlichen Krieges ist der menschliche Geist (mind), also die Gedankenwelt.[196] Der wesentliche Sieg im geistlichen Kampf ist die Bekehrung, aber der Krieg setzt sich hernach fort: Wenn der bekehrte Christ nicht in konsequenter Heiligung lebt, verfällt er einem „fleischlichen“ Geist, der das sieghafte Überwinden von dämonisch geprägten Denkmustern und „Bindungen“ verhindert.[197]

---

[193] Bzw. „Jüngerschaftsschulung“, z.B. G.R. Collins, Handbuch, 30ff.

[194] Zu einem großen Teil bestehe schädigendes Denken aus „the lies the enemy (Satan) whispers into people’s ears from an early age“, finden Litchfields. B. Litchfield, N. Litchfield, a.a.O., 101. „Satan is a real person, just as real as Jesus Christ. [...] Many people have a hard time believing Satan exists. But he is real.“ Charles Cerling, Jr., *Freedom From Bad Habits* (Here’s Life Publishers: San Bernadino, 1984), 66. Cerling ist ein weiterer Vertreter Kognitiver Seelsorge. Inspiriert von David Stoop baut er ebenfalls auf die kognitiv-therapeutischen Ansätze von Albert Ellis und Aaron T. Beck. Vgl. ebd., 21ff.

[195] Vgl. paradigmatisch z.B. Neil T. Anderson, *The Bondage Breaker:Overcoming Darkness and Resolving Spiritual Conflicts,* 2. Aufl. (Harvest House Publishers: Eugene, 1993); Dean Sherman, *Spiritual Warfare: For Every Christian. How to Live in Victory and Retake the Land* (YWAM Publishing: Seattle, 1995).

[196] „The struggle to dominate the mind is the struggle to dominate the person. There is a great battle continuing between God and Satan - the mind is the battleground. The question is: who is going to win the battle?“ B. Litchfield, N. Lichtfield, a.a.O., 100. „Your mind is a battleground where Satan and God fight.“ C. Cerling, a.a.O., 65. Vgl. D. Sherman, a.a.O., 49ff.

[197] B. Litchfield, N. Litchfield, a.a.O., 101.

Crabb zufolge sind die „Ungläubigen“ falsch programmiert. Die Gesamtpersönlichkeit der Unbekehrten sei „in die falsche Richtung gelenkt“.[198] Weil sie unter dem Einfluss Satans stünden, seien sie egoistisch und unfähig zur „Anteilnahme“.[199] Die charismatischen Seelsorgelehrer *Bruce und Nellie Litchfield* behaupten, dass sich der Geist solcher Menschen in „Verwirrung“ (disarray) befinde, „because the Word of God does not have authority over it. It is incorrigible and disobedient to the Word of God.“[200] Nur der Bekehrte hat nach Crabb die Wahl, entweder in der Falschprogrammierung zu verharren oder dem neuen Programm des Glaubens zu folgen. Wenn er „seinen Sinn erneuert und die Ereignisse von einem biblischen Standpunkt aus bewertet, dann wird er verändert.“[201] Der Theologe *Dean Sherman*, Dekan der Fakultät für „Christian Ministries“ an der *University of the Nations* der internationalen charismatischen Organisation *Youth With A Mission* (YWAM),[202] fordert, begreiflich unter der Voraussetzung des Kriegsschauplatzes, auf dem Gott und Satan um die Seele ringen, für diesen Heiligungsweg höchste Disziplin. Wenn auch Abweichungen von der völligen Übereinstimmung mit dem Willen Gottes unvermeidlich bleiben, sind sie analog zu Abweichungen vom strategiekonformen Verhalten im Krieg stets auch lebensgefährlich. Es sei dringend geboten, zu bereuen, sich zu demütigen und den Fehler (sc. die Sünde) sofort wieder auszugleichen.[203] Wenn etwa „eine Wurzel der Bitterkeit“ in uns auftauche, müssten wir sofort etwas dagegen tun, weil es „Mächte gibt, die unsere Zerstörung herbeisehnen, und solche Einstellungen sind eine schlüpfrige Rutsche in die geistliche Niederlage hinab.“[204] Hiobs Klage deutet Sherman als erfolgreiches Standhalten gegen die Versuchung, durch unbedachtes Reden Gott töricht (foolishley) herauszufordern. Hiob sei nie „disloyal to the character of God“ gewesen. Satan habe darum „no access into his life“ erhalten.[205]

Auch Collins vertritt eine dualistische Auffassung der empirischen Wirklichkeit. Demnach trägt die „geistliche Kampfführung“ buchstäblich militärischen Charakter. Um darin erfolgreich zu bestehen, müsse man den Feind genau kennen und lokalisieren: „Kein christlicher Seelsorger wird wirklich effektiv arbeiten kön-

---

[198] L.J. Crabb, a.a.O., 93.

[199] Ebd., 103.

[200] B. Litchfield, N. Litchfield, a.a.O., 101.

[201] L.J. Crabb, a.a.O., 95.

[202] Im deutschsprachigen Bereich „Jugend mit einer Mission“ (JMEM). An der *University oj the Nations* haben auch Bruce und Nellie Litchfield akademische Abschlüsse in Counselling erlangt. Sie sind seit 1986 Mitglieder von YWAM und Leiter des *Family Resource Centre Canberra* von YWAM. Wie Sherman üben sie eine rege internationale Seminartätigkeit aus. B. Litchfield, N. Litchfield, a.a.O., IV.

[203] „If we violate truth, we must be committed to putting it right immediately by humbling ourselves before God and others, and repenting.“ D.Sherman, a.a.O., 56.

[204] „When a root of bitterness surfaces, we must deal with it immediately. [...] [T]here are powers who desire our destruction, and these attitudes are a slippery slide downward to spiritual defeat.“ D. Sherman, a.a.O., 55f.

[205] Ebd., 62. Vgl. zu derartigen Deutungen der Hiobsgeschichte Hans-Arved Willberg, *Die seelsorgerliche Bedeutung des Buches Hiob: Biblisch-psychologische Auslegung*, Lehrbücher aus dem Institut für Seelsorgeausbildung (ISA), Bd. 3 (Books on Demand: Norderstedt, 2014), 16-20.

nen, wenn ihm Satan und dessen 'listige Anschläge' nicht vertraut sind".[206] „Es wäre töricht und gefährlich, in den Krieg zu ziehen, ohne sich über die Waffen zu informieren, die der Feind gegen uns einsetzen könnte."[207]

Wissenschaftlich gesehen lässt sich die Personalisierung von Geistwesen weder bestätigen noch widerlegen. Sofern der Glaube daran darum keine empirisch überzeugenden schädigenden Auswirkungen hat, ist die Vorstellung von satanischen Einflüsterungen deshalb zu respektieren. Nicht nur den „Wüstenvätern" gelang es anscheinend ganz gut, kognitiv-therapeutische Disputationen, Selbstverbalisationen und Selbstinstruktionen dialogisch als direkte Auseinandersetzungen mit Geistern aufzufassen. Der unter Evangelikalen als Autor und Redner beliebte Psychiater *Samuel Pfeifer* räumt im Blick auf den Dämonenglauben „therapeutische Zugangsweisen" ein, „die sich eines spirituellen Vokabulars bzw. religiöser Metaphern bedienen und diese in tröstender und heilender Form in das spirituelle Weltbild des Ratsuchenden integrieren können."[208] Gleichwohl warnt er vor den „höchst problematischen Folgeerscheinungen" dämonischer Erklärungen für psychische Probleme „von spiritueller Stigmatisierung bis hin zu traumatisierenden Ritualen."[209] *Jerome Frank* hatte 1961 in seiner grundlegenden kulturübergreifenden Untersuchung über das Phänomen psychotherapeutischen Heilens festgestellt, dass die Geisteskrankheiten „die Aura des Dämonischen" noch nicht abgelegt hätten, „wie das Stigma bezeugt, das ihnen noch immer anhaftet."[210] Das hat sich 50 Jahre danach nicht wesentlich geändert. Vor diesem Hintergrund ist die Integration solcher Vorstellungen grundsätzlich mit Vorsicht zu betrachten.

Entscheidend dafür, ob sie der seelischen Gesundheit schadet oder nützt, scheint das jeweilige Verständnis von Rechtfertigung und Heiligung zu sein. Die Schlachtfeld-Metapher impliziert die Befürchtung, dass der Krieg noch nicht eindeutig gewonnen sei.[211] Den satanischen Mächten wird eine auffällig große Souveränität eingeräumt. Die meisten Menschen haben sie fest im Griff und selbst die Christenheit steht zu einem großen Teil unter ihrem betrügerischen und verwirrenden Einfluss. Die Heiligung des Christen wird unter dieser Voraussetzung zur bitterernsten Pflicht. Dem entgegen steht eine Dämonologie unter dem Primat der *Rechtfertigung*. Sie ermöglicht die weitgehende Überwindung des Dualismus, weil sie die satanischen Mächte für definitiv besiegt hält. Das vielleicht herausragendste Beispiel dafür ist die pragmatische Seelsorge *Martin Luthers*, der einerseits den Teufel bekanntlich nahezu leibhaftige personale Realpräsenz zuschrieb, ihm andererseits aber jeden Respekt verweigerte. Darum konnte er etwa einer de-

---

[206] G.R. Collins, Die biblischen Grundlagen, 204. „Wie jeder General, der seine Truppen bei einer Schlacht anführt, verfolgt Satan eine Gesamtstrategie und bedient sich verschiedener Waffen. Wenn wir uns mit seiner Taktik und seinen Waffen vertraut machen, werden wir eher in der Lage sein, dämonische Angriffe abzuwehren und Ratsuchenden, die selbst solche Angriffe abwehren müssen, effektiv beizustehen." Ebd., 208.

[207] Ebd., 209.

[208] Samuel Pfeifer, Spirituelle Deutungen - Chancen und Gefahren, in: Michael Utsch, Raphael M. Bonelli, Samuel Pfeifer, *Psychotherapie und Spiritualität: Mit existenziellen Konflikten und Transzendenzfragen professionell umgehen*, mit 13 Abbild. u. 14 Tabellen (Springer: Berlin, Heidelberg, 2014), 44.

[209] Ebd.

[210] J.D. Frank, a.a.O., 33.

[211] „Problematisch wird diese Sichtweise dort, wo das Gegenüber des Reiches Gottes und des Reiches des Bösen zu einem dualistischen Gegenüber wird." R. Sons, a.a.O., 122.

pressiven Person, die von der Angst gelähmt war, in Sünde zu fallen, den verhaltenstherapeutischen Rat geben, nicht darüber nachzugrübeln, sondern „mit aller Kraft solche vom Teufel eingegebenen Gedanken zu verachten... Verlacht den Feind und sucht euch jemand, mit dem ihr plaudern könnt. Die Einsamkeit fliehet auf jede Weise [...]. Durch Spiel und Nichtachtung wir dieser Teufel überwunden."[212]

Es ist zu fragen, welchen Sinn buchstäbliche Personalisierungen „satanischer Einflüsterungen"unter der Voraussetzung einer derartig konsequenten Rechtfertigungstheologie überhaupt haben können. *Charles Cerlings* an die Praxis der „Wüstenväter" gemahnender Rat, man solle mit dem Teufel reden und ihm gebieten, wenn man von ihm versucht und angefochten werde,[213] entbehrt unter dem von ihm vorangestellten Gesichtspunkt, man brauche keine Angst vor ihm zu haben,[214] „because he already has been defeated by Jesus Christ"[215], der Plausibilität, weil nicht klar ist, wozu dieses Reden dann noch gut sein soll. Nicht gering scheint jedoch angesichts solcher Anweisungen, die im christlichen Fundamentalismus nicht selten sind, die Gefahr zu sein, die eigene Verantwortung und Kompetenz zur Bewältigung destruktiver Gedanken wenigstens zum Teil an Jenseitsmächte zu delegieren. Therapeutisch ist das grundsätzlich fragwürdig, erst recht aber bei seelischen Problemen wie Depressionen, Zwangsstörungen und vor allem Psychosen, sofern diese Form des Widerstands gegen „Satan" nicht von Erfolg gekrönt ist, was angesichts der Kernsymptome solcher Störungen und Erkrankungen leider erwartet werden muss.

1.3.1.5. Innere Heilung

Das, was in der Poimenik gemeinhin als „Innere Heilung" bezeichnet wird, ist ein Euphemismus für „Heiligung". Unter „Heiligung" wird im Evangelikalismus und Charismatismus das Erneuerungswerk des Heiligen Geistes im Einzelnen verstanden, das mit der Bekehrung beginnt und ohne Bekehrung gar nicht möglich ist. Diese „Transformation" unterscheidet sich von psychotherapeutischer Behandlung dadurch, dass sie den Wesenskern der Person verändert. Die Maßnahmen zu dieser Veränderung werden auch dort, wo psychotherapeutische Interventionen grundsätzlich in hohem Ansehen stehen, als das spezifisch Seelsorgerische angesehen. Folglich wird Kognitive Therapie auch in den entsprechenden Modellen Kognitiver Seelsorge als notwendige, nicht aber hinreichende Methodik zum Erreichen der Veränderungsziele verstanden. Die Veränderung müsse in der Tiefe

---

212 Martin Luther, zit. in: Albrecht Grözinger, „Liebe Deinen Nächsten wie Dich selbst": Fremdfürsorge und Selbstfürsorge als Thema protestantischer Theologie, in: Manfred Josuttis et al. (Hg.), *Auf dem Weg zu einer seelsorgerlichen Kirche: Theologische Bausteine. Christian Möller zum 60. Geburtstag* (Vandenhoeck & Ruprecht: Göttingen, 2000), 292. Luther fährt fort: „Seid darum guten Mutes und werft diese schrecklichen Gedanken weit von euch. Und so oft euch der Teufel mit solchen Gedanken plagt, sucht auf der Stelle menschliche Gesellschaft, oder trinkt mehr, treibt Kurzweil oder sonst etwas Heiteres. Man muß bisweilen mehr trinken, spielen, Kurzweil treiben, und hierbei sogar eine Sünde riskieren, und dem Teufel Abscheu und Verachtung zeigen, damit wir ihm ja keine Gelegenheit geben, uns aus Kleinigkeiten eine Gewissenssache zu machen. Andernfalls werden wir überwunden, wenn wir uns ängstlich darum sorgen, daß wir ja nicht sündigen." Ebd.

213 C. Cerling, a.a.O., 72ff.

214 Ebd., 67.

215 Ebd., 72.

ansetzen, wohin die kognitiv-therapeutische Methodik aber nicht reiche. Nur der Heilige Geist selbst könne dort hineinleuchten und -wirken.[216] Der traditionelle theologische Begriff dafür ist „Buße“, die diesbezüglichen speziell seelsorgerlichen Interventionen sind Beichte und Absolution.

Mithin entsprechen die modernen Formen der „Inneren Heilung“ durchaus dem Grundmuster der Kerygmatischen Seelsorge. Allerdings ist eine signifikante Schwerpunktverlagerung von einer Seelsorge des *Wortes* hin zu einer Seelsorge der *Erfahrung* zu konstatieren. *Michael Herbst* sieht darin das Spezifikum der charismatischen Seelsorge insgesamt im Unterschied zur kerygmatischen wie auch zur beratenden: „Das Besondere ist auch das Unterscheidende: Charismatische Seelsorge ist Seelsorge als ein geistliches Handeln.“ Dem Ratsuchenden soll nicht nur etwas gesagt werden, „es soll ihm vielmehr etwas Heilendes in der Kraft des Heiligen Geistes widerfahren.“[217]

Der genauen Kenntnis der Strategie des Teufels scheint die genaue Kenntnis der Gegenprogrammierung zu entsprechen. Kognitive Seelsorge wird somit zur operationalisierbaren Waffe, um im geistlichen Kampf zu siegen. Dabei geht es nicht nur um die (oberflächliche) Veränderung von „sinful behavior patterns“, sondern es geht um eine Erneuerung „in our essential thinking“ durch den Geist Gottes.[218] Das sei, behaupten zum Beispiel Litchfields, nicht einfach und benötige neun bis zwölf Monate „of hard work of confessing wrong thinking and confessing right thinking before the transition occurs.“[219] Bewirkt werde dieser Prozess durch Bibelmeditation, Konfrontation mit biblischer Lehre und Konfrontation von „loving friends about blind spots“.[220]

Solche Favorisierungen volitionaler und rationaler Vorgehensweisen im therapeutischen Heiligungstraining werden in der Charismatischen Seelsorge einerseits gelehrt,[221] andererseits aber auch kritisch gesehen, ergänzt und ersetzt. *Gottfried Wenzelmann* etwa, Theologe und Seelsorger in der „Geistlichen Gemeinde-Erneuerung“,[222] bemängelt am Modell des Charismatikers *Wolfram Kopfermann*, das die Prinzipien Kognitiver Therapie nach Ellis um die angeblich erst wirklich in die Tiefe gehenden vier „geistlichen“ Prinzipien „Vergebung“, „Vertrauen“, „Annahme“ und „Zurückweisung“ ergänzt, „so etwas wie eine ‘voluntative Engführung’“, in der das Gefühl zugunsten des Denkens und Wollens zu kurz komme. Gott könne aber auch „auch auf das Gefühl einwirken und auf diesem Weg sowohl das Denken als auch den Willen [...] beeinflussen.“ Das „spezifisch Charis-

216 „Innere Heilung meint vor allem die Heilung seelischer Verletzungen. [...] Der Grundgedanke der inneren Heilung besteht darin, dass Vergangenheit für uns unerreichbar ist. [...] Aber der Heilige Geist kann in die Vergangenheit einwirken. Er wird nicht ungeschehen machen, was geschehen ist, aber er kann den Groll, den Schmerz, die Bitterkeit, die lähmende Macht des Geschehenen aufheben.“ Michael Herbst, Charismatische Seelsorge, in: Seelsorge (2000) 1, 6.

217 Ebd., 5.

218 B. Lichtfield, N. Litchfield, a.a.O., 118.

219 Ebd.

220 Ebd.

221 Vgl. D. Nauer, a.a.O., 75ff.

222 GGE Nord e.V., http://www.gge-nord.de/seelsorge, Download 25. Mai 2015.

matische in diesem Ansatz" trete „kaum zutage".[223]

Aus dem Zusammenhang scheint hervorzugehen, dass Wenzelmann die Priorisierung des Gefühls als das „spezifisch Charismatische" ansieht. Sollte dies zutreffen, stünde das in einer gewissen Spannung zu dem von ihm propagierten Modell der „Inneren Heilung" nach *David Seamands*.[224] Wenzelmann selbst stellt fest, dass nach Seamands „'der Betroffene, der Seelsorger und der Heilige Geist gemeinsam daran [arbeiten], falsche Einstellungen und Verhaltensmuster umzuprogrammieren.'"[225] Ziel der „Inneren Heilung" nach Seamands' Modell sei es, dass seelisch verletzte Menschen „nach der heilenden Begegnung mit Jesus Christus" befähigt seien, „Neues zu lernen und umzudenken."[226] Wenzelmann zufolge geht es Seamands darum, durch einen in Gebetsmeditation eingebetteten imaginativen Zugang an eine Tiefenschicht des Bewusstseins zu gelangen, die mit den Methoden herkömmlicher Kognitiver Therapie nicht zu erreichen sei, um „[t]ief eingegrabene falsche Ich-Konzepte" zu entlarven und zu korrigieren.[227] Alle diese Ziele und Methoden sind offensichtlich kognitiver Natur.

Ferner weist Wenzelmann zu Recht darauf hin, dass sich Seamands „auf die Heilung traumatischer Erinnerungen" konzentriert.[228] In der Tat liegt Seamands offenbar viel daran, seine Methodik der „Inneren Heilung" nicht als allgemein verbindlichen Heiligungsweg misszuverstehen.[229] Er wolle „die Bedeutung des Denkens bei dem Prozeß der Heilung keinesfalls herabsetzen. [...] An einem gewissen Punkt der Heilung müssen unsere Gedanken umprogrammiert werden, und wir müssen durch die Erneuerung unseres Sinnes verwandelt werden."[230] „Überaus nützlich und erfolgreich" sei Seamands' Methodik „bei Menschen, die die Erinnerungen an ihre schmerzlichsten Erfahrungen tief unterdrückt haben und daher dazu neigen, verschlossen zu sein und ihre wahren Gefühle gegenüber Gott, anderen und sich selbst nicht zum Ausdruck zu bringen."[231] Mithin ist Seamands' „Heilung der Erinnerungen" eine Ergänzung kognitiver Seelsorge im Fall der Verdrängung traumatischer Erfahrungen, die den konventionellen Weg kognitiv-therapeutischer Methodik zu destruktiven Kognitionen versperrt.[232] Seamands findet allerdings die Unterscheidung schwierig: „Bei einigen Christen ist es möglich,

---

[223] Gottfried Wenzelmann, Modelle charismatischer Seelsorge - psychotherapeutische und geistgewirkte Dynamik innerer Heilung, in: Samuel Pfeifer (Hg.), *Psychotherapie und Seelsorge im Spannungsfeld: Zwischen Wissenschaft und Intuition* (Brendow: Moers, 1996), 173. „Die vier Prinzipien gelten, Kopfermann zufolge, auf dem Hintergrund des durch Taufe und Glaube erneuerten Menschen. In Christus ist der Glaubende eine neue Kreatur. Ohne diese Grundlage würde die Seelsorge zu einer Pflege des alten Menschen. 'Alle genannten Prinzipien können wir ja nur leben, weil wir in Christus Jesus sind, d.h. seine Zuneigung, seine Kräfte haben.'" Ebd., 170-172.

[224] Vgl. David Seamands, *Heilung der Erinnerungen: Das Wunder der inneren Heilung*, 3. Aufl. (Francke: Marburg a.d.L., 1982).

[225] G. Wenzelmann, a.a.O., 178.

[226] Ebd., 179.

[227] Ebd., 180.

[228] Ebd., 181.

[229] D. Seamands, a.a.O., 24, 185f.

[230] Ebd., 125.

[231] Ebd., 185.

[232] Ebd., 32, 36

diese Erneuerung direkt anzugehen und ihnen dadurch zu helfen, die ganze Fülle des Lebens in Christus zu entdecken. Aber bei anderen müssen sich christliche Mitarbeiter darüber im klaren sein, daß dies nicht geschehen kann, bevor sie nicht zuerst von ihren emotionalen Komplexen freigeworden sind."[233] Davon sei „[i]n vielen Fällen" auszugehen.[234] Die inhaltliche Nähe zur Psychoanalyse,[235] das vorgeschlagene seelsorgerliche Procedere[236] wie auch die starke Betonung der Buße qua gewährter und empfangener Vergebung als Zentrum des Vorgangs[237] deuten darauf hin, dass mit den „vielen Fällen" eben doch die allermeisten gemeint sind.

Radikaler als Seamands, aber durchaus auf derselben Linie ist der 1995 gegründete *Theophostic Prayer Ministry* (TPM) des Nordamerikaners *Ed Smith* einzuordnen.[238] Litchfields fassen dessen Programmatik treffend zusammen: „With the client in the presence of Jesus, it traces emotional pain to the lies of the enemy in the memory, and allows the truth to replace the lie."[239] TPM stellt noch pointierter als andere Formen der „Inneren Heilung" den Gegensatz von Wahrheit und Lüge in den ätiologischen und therapeutischen Mittelpunkt[240] und ist darum als eine

---

[233] Ebd., 125.

[234] Ebd., 22.

[235] Das zeigt sich u.a. in der Fokussierung frühkindlicher Traumatisierungen. Ebd., 14, 16, 76, 84, 137; vgl. G. Wenzelmann, a.a.O., 178. Herbst zufolge ist das „Taufen" psychoanalytischer Denkmuster typisch für die Konzepte „Innerer Heilung". M. Herbst, Charismatische Seelsorge, 8.

[236] Die gesprächstherapeutische Selbstexploration ist für Seamands nur in verkürzter Form als „Wiedergabetechnik" zu empfehlen, „um dem Betroffenen zu vermitteln, was er gerade gesagt hat, damit auch er die eigentliche Bedeutung des Gesagten heraushört." Ebd., 131. „Wir müssen die Betroffenen ständig durch Gesprächslenkung anspornen, Erinnerungen, verborgene Bedeutungen und Gefühle in sich aufzudecken." Ebd., 132. Mit dieser deutlich an Adams, Crabb, Collins et al. gemahnenden Behandlungsintention korrespondiert anscheinend das Urteil, nondirektiv personzentrierte Ansätze seien oberflächlich: „Sich seiner wahren Gefühle bewußt zu werden, ist mehr als nur eine moderne, psychologische 'Gefühlstherapie', die zu einer emotionalen Katharsis und damit zu positiven Gefühlen führt. Es beruht vielmehr auf der fundamentalen biblischen Realität des Bekenntnisses der Buße und der Vergebung." Ebd. Daraus folgt, dass die „wahren Gefühle" grundsätzlich nur durch das Wirken des Heiligen Geistes zum Vorschein kommen. Dazu passt Seamands' Behauptung der „Notwendigkeit der Hilfe durch einen Seelsorger" als „eines vorübergehenden Assistenten des Heiligen Geistes". Ebd., 127f. „Die entscheidende Bedeutung von Seelsorgern im Heilungsprozeß sollte keinesfalls unterschätzt werden." Ebd., 128.

[237] Er spricht von der Vergebung als „dem zentralen Punkt der Heilung der Erinnerungen - Vergebung, die wir anderen gewähren, und Vergebung, die wir von Gott empfangen. Ich kann die Bedeutung dieses Themas für den Heilungsprozeß gar nicht genug herausstellen. An diesem Punkt finden die größten Gebetskämpfe statt, und Seelsorgern wird die meiste geistliche Energie abverlangt". Ebd., 146f.

[238] David N. Entwistle, Shedding light on Theophostic Ministry 1: practice issues, in: Journal of Psychology and Theology (2004), 26; vgl. werbend Fernando Garzon (Hg.), *Pursuing Peace: Case Studies Exploring the Effectiveness of Theophostic Prayer Ministry* (Xulon Press, 2008).

[239] B. Litchfield, N. Litchfield, a.a.O., 127.

[240] F. Garzon, a.a.O., 16. „These core beliefs, called 'lies', may be thought of as unbiblical beliefs that go against God's revealed identity for His children found in Scripture. [...] To deal with lie-based thinking, one must, with the Holy Spirit's grace, go to the 'source and origin' of the lie and in that place receive God's truth." Ebd.

weitere Variante charismatischer kognitiver Seelsorge zu betrachten.[241]

TPM geht im Unterschied zu Seamands, der hinsichtlich dämonischer Ursachen für die verdrängten seelischen Verletzungen Zurückhaltung walten lässt,[242] in hohem Maß vom unmittelbaren Einfluss solcher Mächte aus[243] und deutet dementsprechend monokausal eine Vielzahl der „Widerstände" gegen das erinnernde Wirken des Heiligen Geistes.[244] Desgleichen behauptet Smith im Gegensatz zu den entsprechenden wissenschaftlichen Daten einen sehr hohen Anteil verdrängter traumatischer Erfahrungen als Ursache aktualer seelischer Störungen.[245]

Dem Selbstverständnis des TPM nach wird dort von jeglichem manipulativem Einwirken auf die Klientel abgesehen. Die Hilfesuchenden würden lediglich instruiert, wie sie sich am besten dem zu erwartenden Erinnerungswirken des Heiligen Geistes öffnen könnten, im Übrigen handle es sich aber tatsächlich um einen reinen Gebetsdienst im Sinne eines völligen Anvertrauens der jeweiligen Person an den Heiligen Geist.[246] Dieser Ansatz wird explizit mit der Methodik sonst üblicher Kognitiver Seelsorge kontrastiert: „This is human effort. Fine though it is and supported by research, those with weak willpower often fail at this [...]. Theophostic change is Christ-focused empowerment. The negative emotions are reduced because through prayer the core beliefs driving them have been replaced with the Lord's truth."[247] Darunter muss wohl verstanden werden, dass voluntional und rational geprägte kognitiv-therapeutische Ansätze willens*starken* Personen vorbehalten seien, während TPM besonders gut für Willens*schwache* geeignet sei. Die eigene Anstrengung der kognitiven Umstrukturierung wird ihnen, wie nicht zuletzt die Fallbeispiele des Psychologen *Fernando Garzon* zeigen, vom „Heiligen Geist" abgenommen. Ihr Denken erneuert sich ohne ihr aktives Zutun: die Lügen lösen sich in Nichts auf.[248]

Garzon bescheinigt, sichtlich bemüht um wissenschaftliche Validität, für TPM den empirischen Nachweis einer hohen und nachhaltigen Effektivität.[249] Da

---

[241] TPM „does believe that painful emotions, dysfunctional behavior and most disorders [...] do have sources that are rotted in faulty thinking. [...] [TPM] teaches that it is not the event itself that is sustaining the negative painful emotion but rather the lie-based interpretations contained in the memory." Ed Smith, zit. in: Ebd., 104, vgl. 105.

[242] G. Wenzelmann, a.a.O., 181.

[243] D.N. Entwistle, a.a.O., 29.

[244] Ebd., 29f.

[245] Ebd., 30.

[246] „First, the prayer minister encourages the person to get in touch with the emotional pain he or she is experiencing." „[T]he facilitator helps the person to identify the lie-based beliefs and the therapist/facilitator asks Jesus (the Holy Spirit) to reveal His truth to the person in whatever way He chooses. A nondirective style is used [...]. Ideally, the prayer continues until the client has a sense of perfect peace when experiencing the memories that surfaced." F. Garzon, a.a.O., 16, vgl. 75.

[247] Ebd., 49.

[248] Seamands:„Eines der Haupthindernisse, die sich der Heilung entgegenstellen, ist die Tatsache, daß wir stets sofortige Erfolge anstreben. Das 'Verlangen nach dem unmittelbaren Ergebnis' durchdringt einen großen Teil unseres christlichen Denkens. [...] Gott will uns selbst zur Ruhe bringen und uns Geduld schenken, denn er kennt keine Abkürzungen zu geistlichem Wachstum und Reife. Nach der Krise der Heilung der Erinnerungen muß der wichtige Prozeß des Umlernens und der Umprogrammierung einsetzen." D. Seamands, a.a.O., 178.

[249] F. Garzon, a.a.O., 17ff.

die plötzliche Löschung seit langem bestehender Denkmuster aus kognitionspsychologischer Sicht aber unwahrscheinlich ist, muss die Ursache für Garzons Befund wohl anderswo vermutet werden. *David N. Entwistle*, Professor für Psychologie an der Malone University, Cleveland,[250] vermutet, dass bereits vom Setting des TPM her ein stark iatrogener Einfluss entsteht, indem die Klienten angewiesen werden, wahrgenommene Abwehrreaktionen in sich selbst als dämonische Widerstände zu deuten.[251] Es ist gut vorstellbar, dass durch solche Vorentscheidungen *False Memory*-Effekte entstehen.[252] Davor sind aber auch moderate Formen der „Inneren Heilung" nicht gefeit - und überdies die ganze auf dem Widerstandskonzept basierende klassische Psychoanalyse. Der Gedächtnisforscherin Elizabeth Loftus nach entstehen False Memory-Effekte „durch suggestive Fragen, durch Berichte von anderen über ein Ereignis oder wenn sich jemand etwas lebhaft und und intensiv vorstellt".[253]

Aus dem Blickwinkel der klinischen Psychologie wird man wohl sagen können, dass es sich bei der „Inneren Heilung" ätiologisch insgesamt vor allem um tiefenpsychologische[254] sowie transpersonale Ansätze und therapeutisch um Methoden der psychoanalytischen Deutung, der Imagination,[255] der Hypnose, der

---

[250] David Entwistle, http://www.malone.edu/faculty/david-entwistle.php, Download 26. Mai 2015.

[251] D. Entwistle, Shedding light, 30. „[J]e lebhafter sich ein Mensch etwas vorstellen kann, desto wahrscheinlicher ist es, dass er eben diese Vorstellung in eine Erinnerung verwandelt. Vor allem wird eine lebhafte Erinnerung als Anzeige dafür genommen, dass es sich tatsächlich so zutrug, wie man erinnert". Wolfgang Mack, Bianca Raski, *Lernen, Gedächtnis, Wissen, Sprache, Denken und Problemlösen,* Fakultät für Kultur- und Sozialwissenschaften (FernUniversität Hagen, 2013), 62. Hans Jürgen Markowitsch, Professor für physiologische Psychologie an der Universität Bielefeld, gibt zu bedenken: „Menschen sind vor allem dann empfänglich für Suggestionen, wenn sie sich in einer Extremsituation befinden oder psychisch 'angeknackst' sind". Hans Jürgen Markowitsch, zit. in: Christine Amrhein, Woran wir uns erinnern, in: Psychologie heute (2008) 9,

[252] D. Entwistle, a.a.O., 30-32.„This 'prayer' may well function as an instruction to the client to produce another 'memory'." Ebd., 32. Seamands berichtet von der Erinnerung einer Person, in der vorgeburtlichen Phase den Tod ihres Vaters betrauert zu haben. Er sei zwar skeptisch, aber „ich kann die Gedanken und Gefühle und die Heilung nicht verleugnen, die ich auf so unerwartete Weise erfahren habe." D. Seamands, a.a.O., 16. Er schließt also wie Garzon von der Wirkung auf die Beweiskraft der angenommenen Ursache zurück. Das zu tun ist zwar durchaus gebräuchlich, aber wissenschaftlich nicht korrekt. Vgl. zum „False Memory Syndrom" Philipp Zimbardo, John Boyd, *Die neue Psychologie der Zeit und wie sie Ihr Leben verändern wird*, aus d. Engl. übers. v. K. Petersen (Spektrum Akademischer Verlag: Heidelberg, 2011), 94ff; vgl. zur neurobiologischen Undenkbarkeit vorgeburtlicher und früher nachgeburtlicher Erinnerungen Gerald Hüther, *Die Macht der inneren Bilder: Wie Visionen das Gehirn, den Menschen und die Welt verändern*, 6. Aufl. (Vandenhoeck & Ruprecht: Göttingen, 2010), 73.

[253] C. Amrhein, a.a.O., 49. „Wenn sich jemand erinnert, ruft er Bruchstücke von Informationen aus verschiedenen Quellen ab und setzt sie zu einem Ganzen zusammen [...]. Dabei kann es leicht passieren, dass falsche Teile eingefügt werden." Elizabeth Loftus, zit. in: ebd.

[254] G. Wenzelmann, a.a.O., 182.

[255] G. Wenzelmann, a.a.O., 178; tiefenpsychologisch D. Seamands, a.a.O.; als KVT bei Jerry Schmidt, *Do you hear what you're thinking?* (Victor Books: Wheaton, 1982), 37ff, Norman Wright, *Self-talk, Imagery, and Prayer in Counseling,* Ressources for Christian Counseling, Hg. G.R. Collins, Bd. 3 (Word Books: Waco, 1986), 107ff; Norman Wright, *Friede mit Gestern: Wie gehe ich mit meiner Vergangenheit um?* (Editions Trobisch: Kehl, 1992), 51ff.

Meditation[256] und wiederum dort, wo speziell auf Kraftwirkungen wie z.B. bei Handauflegungen und Exorzismen gesetzt wird, der Transpersonalen Psychotherapie handelt.[257] Den verschiedenen dafür verwendeten Methoden gemeinsam, wenn auch unterschiedlich stark akzentuiert, ist aber die Intention der Heilung tief sitzender emotionaler Verletzungen, deren schmerzhafter Stachel in Form von dysfunktionalen Kognitionen noch immer im emotionalen Gedächtnis des Betroffenen verhaftet ist. Des übergroßen Schmerzes wegen seien solche Erinnerungen oft verdrängt. Nur der Heilige Geist selbst könne, notwendig eingeladen durch intensives Gebet, diese Erinnerungen reinszenieren, den Stachel ziehen und die Wunde durch den Balsam der Vergebung heilen, so dass hinfort nur noch eine Erinnerung ohne Schmerz und Groll übrig bleibe. Dieses Grundmodell eint die verschiedenen Richtungen einer „Inneren Heilung“, die sowohl den tiefenpsychologischen Ansatz der visualisierenden Reinszenierung verdrängter seelischer Verletzungen unter Gebet durch den Heiligen Geist als auch die kognitiv-therapeutische Lokalisierung des menschlichen Hauptproblems in den „Lügen, die wir glauben“ beinhaltet, Letztere aber nicht wie die säkulare Kognitive Therapie in der „Oberflächlichkeit“ des Bewussten und Vorbewussten zu finden meint, sondern in der unbewussten Verschlossenheit des menschlichen Herzens, das dem Willen Gottes grundsätzlich mit Widerstand begegnet, wenn dieser nicht durch das gnädige und mächtige Einwirken des Heiligen Geistes durchbrochen wird.

Unter dem Gesichtspunkt der Heiligung qua Transformation als geistliche Notwendigkeit des Krieges zwischen Gott und Satan auf dem Kampfplatz der menschlichen Seele, die sich grundsätzlich gegen Gott auflehnt, wenn sie nicht durch den Heiligen Geist im Kern ihres Wesens verwandelt wird, kann die „Innere Heilung“ nicht lediglich als ein Behandlungsweg für besonders traumatisierte Menschen betrachtet werden. Sie muss vielmehr als unabdingbare Voraussetzung dafür gelten, nicht auf den Abweg des „fleischlichen“ Christentums zu geraten und damit Gefahr zu laufen, wieder mehr und mehr unter dämonischen Einfluss zu geraten. In dieser Sichtweise begegnen sich alle fundamentalistischen evangelikalen und charismatischen Seelsorgekonzepte, sofern sie wenigstens einigermaßen konsequent sind.

Es mag so aussehen, als sei die charismatische Seelsorge hierin insgesamt geradliniger als die evangelikale. Das darf aber bezweifelt werden, weil der Gegenpol dazu nicht übersehen werden sollte, der die charismatische Szene mindestens genauso stark bestimmt: Ein Christentum des Wohlstands und des Wohlbefindens, dessen Grundtenor nicht der schwere Kampf ist, sondern der leichte Sieg. Auch diese Sichtweise lässt charismatische Seelsorgelehrer auf die Kognitive Therapie rekurrieren, indem sie im Sinne des „Positiven Denkens“ aus den Prinzipien der kognitiven Umstrukturierung via „Geisterfüllung“ Erfolgspostulate kreieren,[258]

---

[256] Meditation durchgängig als Gebet. Zur Hypnose vgl. D.H. Entwistle, a.a.O., 32.

[257] Zusammenfassend in Bezug zur Kognitiven Seelsorge: „It should be emphasized, particularly with prayer and imagery (although this point applies to Christian psychotherapy in general), that we take the position that it is the Holy Spirit who heals.“ Frederic C. Craigie, Siang-Yang Tan, Changing resistant assumptions in Christian cognitive-behavioral therapy, Journal of Psychology and Theology (1989) 17, 98.

[258] Nach Backus und Chapian hat ihre Kognitive Seelsorge eine Erfolgsquote von 95 %. William Backus, Marie Chapian, *Befreiende Wahrheit: Lösen Sie sich von Lebenslügen und finden Sie zu innerer Freiheit* (Projektion J: Asslar, 1983), 200 („Über die Autoren“).

die dazu tendieren, der Wirklichkeit nicht mehr gerecht zu werden.[259]

Es scheint so, dass die charismatische Seelsorge generell dazu neigt, das Böse mit dem Übel zu identifizieren. Es bleibt unklar, ob und wie sich die Heilung vom Übel seelischer Verletzungen von der Heiligung unterscheidet, wenn der Weg zur Heilung mit dem Weg der Buße zusammenfällt. Die in der charismatischen Seelsorge angestrebte Totalherrschaft des Heiligen Geistes in einem Menschen soll offenbar durch die Überwindung aller Widerstände in ihm zustande kommen. Diese Widerstände gelten als die Ursachen seelischer Störung und Krankheit.[260] Eine Person, in der alle Widerstände gegen den Heiligen Geist aufgehoben sind, müsste sich somit völliger Gesundheit erfreuen. Wenn in der Tiefe der Geist der Wahrheit eindringt, durchwirkt seine heilende Kraft von innen heraus die Person seelisch wie körperlich. Die angebliche Unerträglichkeit traumatischer psychischer Schmerzen wird soteriologisch begründet: Der Schmerz gilt als Symptom des innersten Unheilseins. Die Person setzt dem Heiligen Geist an dieser Stelle noch Widerstand entgegen; sie habe ihm noch nicht erlaubt, heilend Einfluss darauf zu nehmen. Daraus folgt logisch, dass Charismatiker, die sich schmerzfrei *fühlen*, unter ihresgleichen zugleich auch als die *geistlich* Starken und Gesunden gelten.[261]

1.3.1.6. Die rigorose Leugnung weltanschaulicher Neutralität

Meier, Minirth und Wichern heben zu Beginn ihrer christlichen Einführung in Psychologie und seelsorgerliche Beratung hervor, „that all truth is God's truth, no matter where one finds it. A further concept is that God intends for us to learn truth from many sources in addition to the Bible."[262] Das könnten epistemologisch tragfähige Sätze sein, wenn damit die allgemeine Verbindlichkeit logischer und empirisch gesicherter Erkenntnisse gemeint wäre, deren Anspruch sinnvollerweise auch religiöse Systeme akzeptieren und dem sie besser nicht ihre Glaubenswahrheiten entgegenstellen sollten. Jeder Fundamentalismus behauptet aber, dass es nur *eine* Wahrheit gebe, nämlich die eigene, und er formuliert sie dogmatisch, weil er jedes flexible Wahrheitsverstädnis für ihre Auflösung hält. Darum lassen auch diese Autoren die Wahrheiten der „säkularen" Psychotherapien nicht neben ihrer eigenen Wahrheitsauffassung stehen, um auf wissenschaftlich seriöse Weise beides miteinander abzugleichen, sondern sie sehen sich genötigt, die angenommenen Teilwahrheiten in jenen ihrer eigenen „reinen", weil „biblischen" Wahrheit unterzuordnen und alles auszusondern, was dem Augenschein nach nicht die Evidenz der Passung besitzt. Weil nichtchristliche Therapiekonzeptionen nicht von vornherein dem christlichen Wahrheitsdogma subsumiert sind, folgern sie, dass

---

259 Deutlich Andreas Herrmann, *Für immer ein Opfer? - Nein, danke*, 5. Aufl. (Gottfried Bernhard: Solingen, 2013). Auch der von Ellis geprägte Stoop tendiert zum „Positiven Denken". Vgl. z.B. David Stoop, *Self-Talk: Key to Personal Growth* (Revell: Old Tappan, 1982).

260 Zumindest in der Praxis oft auch als die Ursache *körperlicher* Krankheit. Das führt dazu, dass Charismatiker nicht selten geneigt sind, selbst Phänomene wie Heuschnupfen zu dämonisieren und durch „Hingabe" und „Gebetskampf" zu besiegen.

261 Vgl. dazu insbesondere die Auseinandersetzung zwischen Paulus und den korinthischen Charismatikern, die offensichtlich ähnliche Meinungen vertraten. Ausführlich dazu Ulrich Heckel, *Schwachheit und Gnade: Trost im Leiden bei Paulus und in der Seelsorgepraxis heute* (Quell: Stuttgart, 1997).

262 P.D. Meier et al., a.a.O., 16.

sie nicht wahrheitsgemäß sein *können*. Die Wahrheitsfrage wird nicht vorrangig im Blick auf die *Inhalte* nichtchristlicher Konzeptionen gestellt, sondern im Blick auf die kolportierte Weltanschauung ihrer Hauptvertreter. Darum darf auch zur „Plünderung der Ägypter" aufgerufen werden, was impliziert, dass die Nichtchristen über wertvolle Besitztümer verfügen, die ihnen weder zustehen noch mit denen sie etwas Rechtes anfangen können. Die Voraussetzung dafür, dass solche Schätze ihrem eigentlichen Wert gemäß Verwendung finden, besteht diesem evangelikalen und charismatischen Paradigma zufolge darin, dass sie aus dem weltanschaulichen Rahmen der Nichtchristen, die sie in Händen halten, gelöst und dem eigenen christlichen Glaubenssystem eingefügt werden.

Diese Sichtweise scheint durch die Externalisierung des eigenen Dogmatismus zu entstehen. Bei Meier et al. findet sich das zum Beispiel expressis verbis: „All of these secular schools of thought have several limitations, the first being that they have no standard of authority. For Christians, authority rests in the Bible as the Word of God. Without that absolute standard, any school of thought is handicapped."[263] Es ist bemerkenswert, dass die Autoren „allen diesen säkularen Schulen" - sie haben insbesondere solche mit kognitivem Schwerpunkt vorgestellt - bescheinigen, kein Äquivalent zum dogmatischen Absolutheitsanspruch der Bibel aufweisen zu können, der nie andere Verbindlichkeit beanspruchen kann als in Gestalt des Absolutheitsanspruchs eines Lehramts. Die Wahrnehmung trifft durchaus zu, denn eben dies, dogmatisch offen zu bleiben, um der wissenschaftlichen Wahrheitsfindung nicht im Weg zu stehen, kennzeichnet generell das Selbstverständnis der humanistischen Psychotherapien.

Es scheint sich bei solchem Dogmatismus schlicht um ein Synonym für „Fundamentalismus" zu handeln, sofern wir diesen als das kompromisslose Postulat verstehen wollen, die Akzeptanz jeglicher Lebensäußerung davon ahängig zu machen, ob sie als ein systematisch-theologischer Baustein auf dem Fundament der jeweils als „rein" behaupteten Glaubenslehre wahrgenommen wird. Alles andere wird dämonisiert oder allenfalls geduldet. Duldung qua Toleranz ist demnach nur dort legitimiert, wo nichtchristliche Produkte unleugbare Qualität aufweisen und darum geeignet erscheinen, „geplündert" zu werden. Die Toleranzgrenzen hängen davon ab, ob überhaupt oder wie weit der nichtchristlichen Verwendung solcher Produkte Wert zugesprochen wird. Daraus resultiert grundsätzlich das unterschiedliche Verhältnis fundamentalistischer Poimeniker zur Psychotherapie.

Crabb grenzt die Übernahme der REVT nach Ellis in sein Seelsorgekonzept folgendermaßen ein: „Unsere Denkinhalte sollten von der Bibel bestimmt weden." Dies sei bei den Büchern von Albert Ellis nicht gegeben.[264] „Der 'rationale' Glaube bei Ellis hat atheistische Züge."[265] Wolfram Kopfermann präzisiert diese Grenzziehung in seinem Vorwort zu „Befreiende Wahrheit" von *Backus und Cha-*

---

[263] Ebd., 305.

[264] Höfelschweiger expliziert die Konkretion dieses Paradigmas bei Crabb an dessen seelsorgerlicher Bewertung und Behandlung der Homosexualität. „Als schädlich erachtetes Denken wird (erstaunlich schnell) identifiziert. Es erfolgt eine Disputation und die Implementierung des 'richtigen' Denkens." R. Höfelschweiger, a.a.O., 282. Ellis habe einst eine durchaus ähnliche dogmatisierende ablehnende Haltung dazu eingenommen, im Unterschied zu Crabb jedoch in den 70ern deren wissenschaftliche Neueinschätzung durch die *American Psychological Association* (APA), wonach sie nicht als psychische Störung anzusehen sei, mitvollzogen. Ebd., 275-282.

[265] L.J. Crabb, a.a.O., 48.

pian: Der wesentliche Unterschied zwischen Kognitiver Therapie und Kognitiver Seelsorge liege auf der „metatheoretischen Ebene [...]. Vor allem Albert Ellis, der erklärter Atheist ist, hat seine Therapie mit einem starken philosophischen Unterbau versehen. In mehreren Artikeln hat er die Ansicht vertreten, daß Religion im Sinne eines dogmatischen Glaubens ein Hauptgrund psychischer Störungen sei." Daraus [sic!] würden sich die Differenzen zwischen Kognitiver Therapie und Kognitiver Seelsorge ergeben:[266]

Kognitive Therapie	Kognitive Seelsorge
Autorität der empirischen Evidenz („Erfahrung" und „Wissenschaft")	Autorität der göttlichen Offenbarung („letzte Instanz [...], der gegenüber alles andere nur vorletzte Gültigkeit besitzt")
Kriterium zur Beurteilung von Bewertungen: Rationalität	Kriterium zur Beurteilung von Bewertungen: Wahrheit („unverrückbar an die Person und das Wort Jesu Christi gebunden")
Ethik: „nur humanistisch"	Ethik: Verbindlichkeit der „göttlichen Gebote, wie sie Jesus ausgelegt hat und wie die Apostel sie überliefert haben"
Veränderungsprozess interaktiv zwischen Therapeut und Klient	Veränderungsprozess interaktiv zwischen Gott, Therapeut und Klient[267]

Tabelle 01: Die Differenzen zwischen Kognitiver Therapie und Kognitiver Seelsorge nach Wolfram Kopfermann

Unter dem Gesichtspunkt eines allgemein verbindlichen Ethos für Psychotherapie und Beratung sind die von Kopfermann durchaus zutreffend dargestellten „metatheoretischen" Voraussetzungen der Kognitiven Therapie nach Ellis wohl kaum in Frage zu stellen: Was Kopfermann „nur humanistisch" nennt, ist die notwendige Bedingung einer seriösen Psychotherapie und Beratung unter Wahrung der Würde ihrer Klientel und des Respekts vor ihren religiösen und weltanschaulichen Präferenzen.[268] Kognitive Therapie als Seelsorge muss gute Gründe haben, über diese Prinzipien hinaus zu gehen. Diese guten Gründe können, sofern es sie gibt, entweder dogmatisch behauptet oder epistemologisch stringent aufgezeigt werden. Wissenschaftliche und damit allgemein verbindliche Glaubwürdigkeit kann eine Theorie der Kognitiven Seelsorge nur beanspruchen, wenn sie Letzerem genügt.

Der von Kopfermann vorgebrachte Einwand gegen die weltanschauliche Kontaminierung der Kognitiven Therapie nach Ellis wurde in der Diskussion um die Verwendbarkeit der REVT in der Seelsorge und darüber hinaus um ihre Wissenschaftlichkeit immer wieder ins Feld geführt. Dazu hat Ellis selbst beigetragen, indem er zeitweise ideologische Positionen vertrat und indem er selbst seiner Ratio-

---

[266] Wolfram Kopfermann, Vorwort in: W. Backus, M. Chapian, a.a.O., 10.

[267] Kognitive Seelsorge „rechnet [...] darüber hinaus mit der erneuernden Macht des Heiligen Geistes und ist daher ohne Gebet undenkbar." Ebd.

[268] In hohem Maß kommt die Achtung vor den religiösen Glaubenssystemen der psychotherapeutischen Klientel in den Beiträgen des „Handbook of Psychotherapy and Religious Diversity" zum Ausdruck. P. Scott Richards, Allen E. Bergin, (Hg.), *Handbook of Psychotherapy and Religious Diversity*, 4. Aufl. (American Psychological Association: Washington D.C., 2008).

nal-Emotiven Therapie (RET) eine *Rational-Emotive Psychologie* (REP) unterlegte, die von jenen Positionen geprägt war. Bis in die 70er Jahre hinein hing er seiner eigenen Aussage nach dem *Logischen Empirismus* an, von dem er sich aber distanziert habe, weil er erkannt habe, dass dieser „somewhat dogmatic and unscientific" gewesen sei.[269] Stattdessen wandte er sich dem *Kritischen Rationalismus Karl Poppers* zu,[270] weil er dort zu finden glaubte, was ihm anscheinend zunehmend für die eigene epistemologische Grundlegung seiner Kognitiven Therapie wichtig wurde: „RET and REP are (undogmatically!) opposed to all dogmatism - as is Popper's philosophy of science."[271] Popper folgend stellte er sich gegen jeden idologischen Szientismus.[272]

Ellis' wissenschaftstheoretischer Umschwung ist schlicht als Mitvollziehen der Abkehr der empirischen Psychologie insgesamt vom Verifikationsprinzip des bis dato dort vorherrschenden *Logischen Empirismus* zum Falsifikationsprinzip Poppers einzuordnen.[273] Ellis selbst hat dementsprechend präzisiert, was er unter „Popper's philosophy of science" verstand: „The essence of the scientific method as I see it [...] is that it posits hypotheses in flexible, tentative ways that are continually subject to revision by new data; and these hypotheses, as Popper (1972) observes, had better be falsifiable."[274]

Ellis hat sich nicht nur zu Popper bekannt, sondern er konnte sich auch als existenzialistisch beeinflussten mehr oder weniger postmodernen *Konstruktivisten* bezeichnen.[275] Das fügt sich mit seiner Priorisierung des Falsifikationsprinzips gut zusammen, wenn man sich klar macht, worum es ihm dabei durchweg ging: Das Grundprinzip schlechthin seiner REP wie auch der Kerngedanke seiner Religionskritik ist der radikale Einspruch gegen jede Form von dogmatisch verordneter Wahrheit. Wissenschaftstheoretisch steht dafür Ellis zufolge der Fallibilismus Poppers, ethisch und therapietheoretisch heißt das nach Ellis positiv formuliert, „that humans can define themselves as good or worthy just because they choose to

---

[269] Albert Ellis, My current views on rational-emotive therapy and religiousness, Journal of Rational-Emotive and Cognitive-Behavior Therapy (1992) 10, 37. Vgl. zum *Logischen Empirismus* Jan P. Beckmann, *Ausgewählte Probleme der Erkenntnistheorie,* Kurseinheit 2, Fakultät für Kultur- und Sozialwissenschaften (FernUniversität Hagen, 2012), 38ff; Jan P. Beckmann, *Einführung in die Metaphysik,* Fakultät für Kultur- und Sozialwissenschaften (FernUniversität Hagen, 2012), 130ff, Bertrand Russell, *Denker des Abendlandes: Eine Geschichte der Philosophie,* mit Vorbemerkungen v. W. Hochkeppel, aus d. Engl. v. K. Földes-Papp, 2. Aufl. (dtv: München, 1992), 414ff. Bereits 1973 versuchte der Philosoph Hailparn in *Rational Living*, der Zeitschrift des Albert Ellis Institutes, zu beweisen, dass Ellis' Ablehnung der Religion nicht aus dem Logischen Empirismus zu begründen sei. Seine Argumentation wirkt allerdings nicht sehr schlüssig. M. Hailparn, Rational thinking and religion. Rational Living (1973) 8/1, 37-38

[270] A. Ellis, My current, 37; A. Ellis, Is rational-emotive therapy, 90; vgl. S.L. Nielsen, W.B. Johnson, A. Ellis, a.a.O., 40. Vgl. ausführlich zu Poppers Wissenschaftstheorie G. Schurz,a.a.O., 53ff, 114ff.

[271] A. Ellis, My current, 38.

[272] Albert Ellis, Science, Religiosity, and Rational-Emotive Psychology, in: Psychotherapy: Theory, Research and Practice (1981) 18, 155.

[273] Vgl. zu diesem Paradigmenwechsel in der empirischen Psychologie *APA*, 542, sowie ausführlich K.H. Renner, G. Ströhlein, a.a.O., 40ff.

[274] A. Ellis, Science, 155.

[275] S.L. Nielsen, W.B. Johnson, A. Ellis, a.a.O., 40, 43.

do so."[276] Aus diesen beiden Gründen postuliert Ellis für die gesamte Rational-Emotive Therapie: „There is, according to RET, no supreme value whatever, no absolute truth of any sort, including science."[277]

Für das Verständnis dieser Aussage entscheidend ist die Frage, ob der Satz „Es gibt keinen höchsten Wert und keine absolute Wahrheit" dogmatisch oder heuristisch gemeint ist. Ellis hat sich dazu in einer aufgezeichneten öffentlichen Diskussion mit Nielsen und anderen auf einem Konvent der *American Psychological Association* (APA)[278] ziemlich klar geäußert. Für einen Dogmatisten gelte: „Because we have the truth with a capital 'T', and you bastards don't agree with it, we can destroy you, and it's very good, moral, and legitimate for us to do so.'"Autoritäre Wahrheitsverfügungen stünden im Kontrast zu echter Autorität. Erstere bedeuteten „forcing people undemocratically to follow your views and rules."[279] Das gelte auch für die REVT: „If you sacredize REBT, that's wrong. If you say, 'I *must* be rational', that's irrational, as I've said for years."[280] Autoritative Statements könnten durchaus echte Autorität beanspruchen, nicht aber per Dekret, sondern durch Bewährung in der Erfahrung.[281] Darum plädiere er dafür, auch Religion „as a sort of hypothesis" anzusehen.[282] Wissenschaftlich gesehen könne keine behauptete Wahrheit bewiesen werden.[283] Jede Wahrheit sei eine Angelegenheit des Glaubens.[284] Die Tatsache religiöser Hypothesen zeige, „how constructive and creative humans are. They can do almost anything with their belief systems."[285]

Ellis stellt also nicht in Abrede, dass es authentische Wahrheitsansprüche gibt, aber er verneint deren verbindliche dogmatische Festschreibung; vielmehr müssten sich solche Ansprüche in der Erfahrung erst bewähren. Dieser an Lessings Ringparabel[286] gemahnende Maßstab, den Ellis gleichermaßen für religiöse wie für atheistische Glaubenssysteme geltend macht, erhellt mitsamt seiner Begründung, warum Ellis für sich in Anspruch nahm, die Theorie der Rational-Emotiven Therapie sei „intensely humanistic."[287] Zusammenfassend lässt sich seine Rational-Emotive Psychologie dementsprechend charakterisieren: Wissen-

---

[276] Ebd., 43.

[277] A. Ellis, Is rational-emotive therapy, 90.

[278] 1993 in Toronto. S.L. Nielsen, A. Ellis, A Discussion, 327.

[279] Ebd., 334.

[280] Ebd.

[281] Ebd.

[282] Ebd., 335.

[283] Ebd., 336. „That's why logical positivism, which I used to believe in years ago, is misleading. Because you can't validate any hypotheses absolutely and completely." A. Ellis, ebd. Der dogmatische Wahrheitsanspruch des *Logischen Empirismus* (im Englischen *logical positivism*) besteht in der Leugnung jeglicher Metaphysik. Sätze, deren Wahrheitsanspruch darum nicht anhand sogenanter „Protokollsätze" empirisch belegt werden könnten, seien darum generell unsinnig. K.-H. Renner, G. Ströhlein, a.a.O., 40f.

[284] S.L. Nielsen, A. Ellis, A Discussion, 336. „You could decide whether you fully believed in the devil, God, science, or anything, but so what! That just shows that you are human - and, we might say, a born believer!" A. Ellis, ebd.

[285] Ebd

[286] Gotthold Ephraim Lessing, *Nathan der Weise,* ein dramatisches Gedicht in fünf Aufzügen (Philipp Reclam jun.: Stuttgart, 1970).

[287] A. Ellis, Is rational-emotive therapy, 92.

schaftstheoretisch vertritt sie keinen dogmatischen Relativismus, sondern einen heuristischen Fallibilismus, praktisch-philosophisch ist sie tatsächlich reiner Humanismus. Kennzeichnend für die humanistische Denkweise sind seit jeher die Maximen des Respekts vor dem Andersdenkenden, der Aufgeschlossenheit für neue Erkenntnisse, der Mündigkeit und der Verantwortlichkeit des einzelnen Erwachsenen für seine je eigenen Wahrheitsdefinitionen. Das impliziert für Psychotherapie und Beratung das Ethos weltanschaulicher Neutralität. Natürlich ist keine Beratungsperson ein weltanschauliches Neutrum. Aber das humanistische Ethos verlangt von ihr, zwischen ihrer subjektiven weltanschaulichen und religiösen Einstellung und der therapeutischen Anwendung sorgfältig und transparent zu unterscheiden. Dass sich Evangelikalismus und Charismatismus damit schwer tun, das gut zu heißen, liegt an ihrer fundamentalistischen Theologie und ihrer pessimistischen Anthropologie. Da beides, wenn auch nur selten konsequent wahrgenommen, für nahezu das gesamte Glaubenssystem des Evangelikalismus und Charismatismus grundlegend ist, bilden die dargestellten Ansätze der Integration Kognitiver Therapie in die Seelsorge dort die Norm. Es gibt aber auch nennenswerte Modelle, in denen der Dogmatismus stark zurücktritt oder auch überwunden ist.

1.3.2. Theologisch offenere Ansätze

1.3.2.1. Moderate evangelikale Adaptionen

Kopfermann kann als augenscheinlich erster mitteleuropäischer Theologe gelten, der die Kognitive Therapie nach Albert Ellis für die Seelsorge fruchtbar und der Öffentlichkeit bekannt gemacht hat.[288] In seinem Vorwort zur Übersetzung des Buches „Befreiende Wahrheit“ von Backus und Chapian Anfang der 80er Jahre verwendet er bereits den Begriff „Kognitive Seelsorge“ dafür.[289] In der Tat darf dieses Buch neben Thurmans sieben Jahre später deutschsprachig erschienenen „Lügen, die wir glauben“ als die bislang theologisch moderateste und psychologisch Ellis am engsten folgende viel gelesene evangelikal-charismatische Arbeit über Kognitive Seelsorge auf dem deutschen Buchmarkt bezeichnet werden.[290]

Immer wieder in den Arbeiten anderer evangelikaler und charismatischer Autoren erwähnt wird *Norman Wright*,[291] der ebenfalls einen deutlichen Schwerpunkt auf die Anwendung kognitiver Methoden in seiner Seelsorgelehre legt.[292] Wright vertritt zudem eine gemäßigte Form der „Inneren Heilung“, in der

---

288 Vgl. D. Nauer, a.a.O., 81.

289 Wolfram Kopfermann, Vorwort in: W. Backus, M. Chapian, a.a.O., 7-11. Kopfermann hat die Kognitive Seelsorge dieser Art in der von ihm gegründeten charismatischen Anskar-Kirche zur Norm der Ausbildung und Praxis gemacht. Instruktive Beschreibungen dieser Arbeit scheinen über im Internet erhältliche Seminarprogramme etc. hinaus schwer zugänglich zu sein. Der Verfasser hat auf wiederholte Anfragen keine Antwort erhalten.

290 So sieht es auch Höfelschweiger. R. Höfelschweiger, a.a.O., 286ff.

291 Z.B. S.-Y. Tan, a.a.O., 103; B. Lichtfield, N. Litchfield, a.a.O., 124; S. Pfeifer, Kognitive Therapie, 168.

292 N. Wright, Self-talk, 51ff; explizite Rezeption der REVT (ohne Angabe der Quelle) 68-73; H. Norman Wright, *Marital counseling: A biblical, behavioral, cognitive approach* (Harper & Row: New York, 1981), 194ff.

neben dem Gebet Imagination und Vergebung zentrale Bedeutung haben.[293]

Wright ist durch seine Bücher ebenso wie der Psychiater *Michiaki Horie* auch in Mitteleuropa gut bekannt.[294] Horie pflegt eine sachliche populärwissenschaftliche Darstellungsweise und nimmt viel begründenden Bezug auf neuropsychologische Erkenntnisse.[295] Letzteres gilt auch für den Tenor von „Power Christian Thinking" des Nordamerikaners *Gary Sweeten*,[296] das zwar international verbreitet zu sein scheint,[297] nicht aber ins Deutsche übersetzt ist. Sweetens Seelsorgeprogramm ist der eigenen Aussage nach der charismatischen *Global Awakening*-Bewegung von Pastor Randy Clark zuzurechnen, dem Initiatior des „Toronto-Segens". Demgemäß geht es auch Sweeten, wie in der charismatischen Seelsorge üblich, um ein „rigorous training" der Jüngerschaft im Sinne der „Inneren Heilung" qua „Spiritual Warfare".[298] „Innere Heilung" ist darum auch bei Sweeten nicht von „Heiligung" zu unterscheiden[299] und deren Voraussetzung wiederum ist die Bekehrung des Ungläubigen,[300] dessen Herz als Folge des Sündenfalls grundsätzlich „wicked and full of misunderstanding" ist.[301] Gleichwohl macht das auf diesen dogmatischen Grundlagen errichtete rational-emotive kognitiv-seelsorgerische Konzept, das ebenfalls wichtige Erkenntnisse der Neuropsychologie ernst nimmt und aufnimmt,[302] einen im Ganzen stimmigen, integrativen Eindruck. Nicht zuletzt die Instruktionen zu Meditation und Imagination wirken insgesamt lebensbejahend und nüchtern.[303] Es wäre zu fragen, ob eine solches Modell nicht von der fundamentalistischen Basis abgelöst mindestens genauso effektiv und spirituell tief gehend sein könnte.

Diese Frage stellt sich für die offeneren Ansätze der Integration Kognitiver

---

[293] N. Wright, Self-talk; H.N. Wright, Friede.

[294] Horie vertritt vor allem die Kognitive Therapie nach Aaron T. Beck, die zweite große Hauptrichtung der Kognitiven Therapie neben der REVT. Vgl. Aaron T. Beck, *Cognitive Therapy and the Emotional Disorders,* (Meridian: New York, 1979); Aaron T. Beck et al., *Kognitive Therapie der Depression,* aus d. Amerik. v.G. Bronder und B. Stein, Hg. M. Hautzinger (Beltz: Weinheim, Basel, 1999); David Burns, *Feeling Good: The New Mood Therapy*, revised and updated, Preface by Aaron T. Beck (Avon Books: New York, 1999).

[295] Vgl. zur Rezeption Kognitiver Therapie besonders Michiaki Horie, *Wenn Gedanken Mächte werden...: Die Krise als Chance nutzen* (R.Brockhaus: Wuppertal, Zürich, 1989), 84ff.

[296] Gary Sweeten, *Power Christian Thinking: Changing Hopelessness to Faith, Hope and Love* (Sweeten Life Systems: Cincinatti, 2012). Sweeten hat zusammen mit Alice Petersen und Dorothy Geverdt die kognitiv-seelsorgerliche Theorie des „Rational Christian Thinking" (RCT) entwickelt. Das gleichnamige Buch der drei Autoren von 1987 ist weder auf dem internationalen Buchmarkt noch über die einschlägigen Fernleihsysteme erhältlich. Sweetens „Power Christian Thinking" ist seiner eigenen Aussage nach aber die Neuauflage und Weiterentwicklung des einst gemeinsamen Programms. Ebd., 4.

[297] Ebd., 4; vgl. B. Litchfield, N. Litchfield, a.a.O., 127.

[298] G. Sweeten, a.a.O., 4ff. „Our Christian Disciples must learn how to pray for the sick, love the unlovely, attack strongholds and overcome evil spirits." Ebd., 7.

[299] Ebd., 9ff, 25ff.

[300] „The Holy Spirit begins the process of transformation at conversion and the process continues for the rest of our lives." Ebd., 28.

[301] Ebd., 15.

[302] Ebd., 51ff.

[303] Ebd, 89ff.

Therapie in der evangelikalen und charismatischen Seelsorge grundsätzlich.[304] „Offener“ sind sie eher nicht, weil sie nicht mit fundamentalistischer Theologie unterlegt sind, sondern weil diese dort zugunsten von Überlegungen, die auch für „Ungläubige“ oder nur wenig „Erleuchtete“ gut nachvollziehbar sind, in den Hintergrund tritt oder auch gar nicht expliziert wird, wobei aber trotzdem theologisch argumentiert wird, in aller Regel durch Anwendung passender Bibelstellen, und Hilfestellungen zu spiritueller Praxis gegeben werden. Die Macht der Gedanken und die Bedeutung ihrer Veränderung spielt in der Weisheitslehre der Bibel eine derart große Rolle, dass sie auch für sich genommen, ohne Verknüpfung mit zentralen fundamentalistischen Positionen, eine hohe ethische und therapeutische Überzeugungskraft besitzt[305] und dadurch dem Aufgeschlossenen wesentliche Grundzüge biblischer Theologie nahe bringt. Albert Ellis konnte dieser Überzeugungskraft wegen nicht nur einräumen, „that the Bible is really the most read self-help book in the world“[306], sondern er bestätigte auch die Schnittfläche seiner eigenen Sichtweise mit diesen Grundzügen: „many of the main ideas of RET overlap with some Christian philosophies, and particularly with some of the ideas and actions of Jesus. [...] I am happy to note, and often remind my clients, that Jesus gave unconditional grace and forgiveness to all humans“.[307] Auf diese Übereinstimmungen wird in der Literatur zu Recht immer wieder hingewiesen.[308] Somit steht auch fundamentalistischen Seelsorgelehren ein relativ weiter Spielraum der Konsensbildung mit „weniger Erleuchteten“ und „Ungläubigen“ zur Verfügung.

Weitere Veröffentlichungen solcher evangelikaler und charismatischer Autoren, die den Eindruck erwecken, mehr das Verbindende als die Abgrenzung zu suchen und darum auch für nicht-fundamentalische Christen und Nicht-Christen gut lesbar und therapeutisch plausibel sein können, sind *Jerry Schmidts* „Do you hear

---

[304] Bis zu einem gewissen Grad ist das auch für dogmatischere Ansätze wie die von Crabb oder Litchfields zu bedenken. Crabbs gut strukturiertes Konzept enthält Elemente, die aus allgemein kognitiv-therapeutischer Perspektive durchaus praxisrelevant sind. Bei Litchfields ist die holistische Verbindung von personzentrierter Gesprächsführung, der zu Recht ein großer und adäquat darstellender Teil ihrer Seelsorgelehre gewidmet ist, mit REVT und Spiritualität bei starker Berücksichtung des Beziehungsaspekts therapeutisch vorbildlich.

[305] Dessen ist man sich auch unter fundamentalistischen Theologen durchaus bewusst. Vgl. z.B. Ralph L. Keiper, *The Power of Biblical Thinking* (Fleming H. Revell: Old Tappan, 1977).

[306] Albert Ellis, My response to ‘Don’t throw the therapeutic baby out with the holy water’: Helpful and hurtful elements of religion, in: Journal of Psychology and Christianity (1994) 13, 324.

[307] A. Ellis, Comments, 275f.

[308] Signifikante und markante Beispiele sind K. Edwards, Effective counseling and psychotherapy: An integrative review of the research, in: Journal of Psychology and Theology (1976) 5, 94-107; D. Pecheur, Cognitive theory/therapy and sanctification, in: Journal of Psychology and Theology (1978) 6, 239-253; Constance Lawrence, Charles H. Huber, Strange bed fellows? Rational-emotive therapy and pastoral counseling, in: Personnel and Guidance Jorunal (1982) 61, 210-212; R. DiGiuseppe, M. Robin, W. Dryden, On the compatibility of RET and Judeo-Christian philosophy: A focus on clinical strategies, in: Journal of Cognitive Psychotherapy: An International Quarterly (1990) 4, 355-367; Howard Young, Practicing RET with Bible-Belt Christians, in: British Journal of Cognitive Psychotherapy (1984) 2, 60-76.

what you're thinking"[309], *Everett Worthingtons* „When Someone Asks for Help"[310], das humorige „This Will Drive You Sane" des Baptistenpastors *Bill L. Little*, zu dem Ellis selbst ein wertschätzendes Vorwort schrieb,[311] *Archibald D. Harts* „The Success Factor", dessen Titel irreführend ist, weil es ein „Reality Thinking" propagiert, das dem „Positive Thinking" des von Norman Vincent Peale beeinflussten Robert Schuller explizit widerspricht,[312] „Speak Up!" von *Sanders und Malony*,[313] das Selbstverbalisationen als zentralen Aspekt der Sozialkompetenz beschreibt, und nicht zuletzt die Bücher von *David Stoop*[314], dem es vielleicht am besten von allen gelingt, evangelikale Überlieferung mit einem einladend freundlichen Gottesbild und einem positiv psychologischen Verständnis seelischer Gesundheit in Einklang zu bringen.[315]

---

309 J. Schmidt, a.a.O. Vorrangig rezipiert Schmidt die REVT, aber auch die Kognitive Therapie nach A.T. Beck.

310 Everett L. Worthington, *When Someone Asks for Help: A Practical Guide for Counseling* (Inter-Varsity: Downers Grove, 1982). Worthington rekurriert mit Vorliebe auf Ellis (und erwähnt ihn auch). Ebd., 44, 75f.

311 Bill L. Little, *This Will Drive You Sane*, Foreword by Dr. A. Ellis (CompCare: Minneapolis, 1977).

312 Archibald D. Hart, *The Success Factor* (Fleming H. Revell: Old Tappan, 1984), 31f.

313 Randolph K. Sanders, H. Newton Malony, *Speak Up! Christian Assertiveness* (The Westminster Press: Philadelphia, 1985).

314 Dr. David Stoop, http://drstoop.com/, Download 2. Juni 2015. Stoop hat am kalifornischen Fuller Theological Seminary studiert und lehrt dort auch. Diese evangelikale Hochschule mit den beiden Zweigen „School of Psychology" und „School of Theology" hat vielleicht die meisten wissenschaftlichen Arbeiten zur Rezeption Kognitiver Therapie in evangelikale Seelsorge hervorgebracht und geprägt. Einen paradigmatischen Artikel über Kognitive Therapie und Seelsorge hat der Fuller-Professor Sing-Yang Tan geschrieben. S.-Y. Tan, a.a.O.; vgl. auch F.C. Craigie, S.-Y. Tan, a.a.O. Am meisten für die Integration von REVT und Seelsorge hat sich auf wissenschaftlichem Gebiet der Fuller-Graduierte W. Brad Johnson hervorgetan, Professor an der United States Navel Academy (USNA), der sich auch an Ellis' New Yorker Institut in REVT ausbilden ließ; vgl. die aufgeführten Arbeiten und Beiträge von Johnson im Quellenverzeichnis. Der wissenschaftlich besonders wichtige mit anderen zusammen verfasste Aufsatz, der seine vergleichenden empirischen Untersuchungen über säkulare und christliche REVT darlegt, trägt fast denselben Titel wie seine Dissertation aus dem Jahr 1990 bei Fuller: Johnson, W.Brad, DeVries, R., Ridley, C.R., Pettorini, D. et al., The comparative efficacy of Christian and secular rational-emotive therapy with Christian clients, in: Journal of Psychology and Theology (1994) 22, 130-140. Die Dissertation heißt: „The comparative efficacy of religious and non-religious rational-emotive therapy with religious clients." Es fällt auf, dass der Aufsatz jedoch keinen Hinweis auf die Dissertation enthält. Meine Suche nach dieser blieb vergeblich. Bei Fuller promoviert wurde auch Jeff M. Dire mit einer unveröffentlichten Dissertation von 1984, die einen für die Theorie der Kognitiven Seelsorge interessanten Titel trägt: „Rational-emotive therapy: Implications for pastoral counseling". Mir gelang es allerdings nicht, sie einzusehen. Weder erhielt er vom Fuller Seminary eine Antwort auf meine Frage danach noch sah sich der Autor selbst in der Lage, mir zumindest das Abstract zur Verfügung zu stellen. Diese Zurückhaltung wie auch die Tatsache, dass Dires Dissertation in der einschlägigen Literatur nur selten Erwähnung findet, lassen es legitim erscheinen, sie auch im Rahmen dieses Literatur- und Forschungsbefunds nur am Rand zu erwähnen.

315 David Stoop, *Der Perfektionist in mir: Mut zu einem zufriedenen Leben* (Francke: Marburg a.d.L., 1993); David Stoop, *You Are What You Think*, 11. Aufl. (Revell: Grand Rapids, 2007; Neuausgabe von „Self-Talk", 1982); David Stoop, *Rethink how you think: how to create lasting change today* (Revell: Grand Rapids, 2014).

1.3.2.2. Holistische Modelle

Rolf Sons geht in seiner Dissertation über die Geschichte der evangelischen Gegenwartspoimenik unter der Überschrift „Aufwertung der Verhaltenstherapie“ relativ ausführlich auf die Relevanz Kognitiver Therapie für die mitteleuropäische Seelsorge ein.[316] Nicht von ungefähr rekurriert er dabei auf Pfeifers Artikel „Kognitive Therapie - ein neues Paradigma für die Seelsorge?“ von 1988 in „Wege zum Menschen“[317]: Sowohl Sons als auch Pfeifer waren von der „Biblisch-Therapeutischen Seelsorge“ (BTS) des Erziehungswissenschaftlers *Michael Dieterich* inspiriert,[318] die nach ihrer Entstehung in den 80ern stark boomte und die evangelikale Seelsorge der letzten Jahrzehnte erheblich prägte. Die Schlussfolgerungen Pfeifers in seinem Artikel machen deutlich, worum es ihm ging: Nachdem er zunächst unter Hinweis auf die „Kognitive Wende“ die Notwendigkeit einer Aufnahme Kognitiver Therapien in die mitteleuropäische Poimenik betont hat, um danach die Brauchbarkeit der Kognitiven Therapien für die Seelsorge einer kritischen Überprüfung zu unterziehen, stellt er fest, der „kognitiv arbeitende Seelsorger“ müsse sich „der Gefahr eines weltanschaulichen Mißbrauchs“ wegen, der völlig unterschiedliche Korrekturen dysfunktionalen Denkens durch die Therapeuten befürchten ließe, die auch ganz im Gegensatz zur Bibel stehen könnten,[319] „immer wieder selbstkritisch hinterfragen [...], mit welchen Inhalten er die Modifikation dysfunktionaler Gedanken füllt“. „Wenn aber die Inhalte und Methoden der Therapie sich nur auf dysfunktionale Gedanken und Handlungsabläufe beschränken“, resümiert er sodann unter der Überschrift „Schlussfolgerungen“ „so werden sie dem Anliegen einer umfassenden seelsorgerlichen Betreuung nicht gerecht. Eine Integration kognitiver Ansätze in ein multimodales Therapiekonzept mit bewußt pastoraler Zielsetzung ist deshalb unabdingbar. Wertvolle Grundlagen in diese Richtung wurden von Dieterich (1987) gelegt.“[320]

Pfeifer erklärt also in diesem Aufsatz die Aufnahme Kognitiver Therapie in die Seelsorge einerseits für angebracht,[321] zugleich aber behauptet er, sie sei therapeutisch unzureichend und im Blick auf genuin seelsorgerische Themen überdies gefährlich, sofern das „falsche Denken“ andere Berichtigung als die „biblische“ erfahre. Mit der daraus resultierenden Forderung , die Seelsorge benötige „ein multimodales Therapiekonzept mit bewußt pastoraler Zielsetzung“, macht sich Pfeifer zum Vertreter des Paradigmas der BTS, wobei die „pastorale Zielsetzung“

---

[316] R. Sons, a.a.O., 162ff; vgl. wertschätzend R. Höfelschweiger, a.a.O., 84f.

[317] Im Übrigen wurde das Verhältnis von Kognitiver Therapie zu Seelsorge in WzM während der letzten drei Jahrzehnte kaum thematisiert. Höfelschweiger hat festgestellt, dass zwischen 1980 und 2011 dort „keine explizite Nennung der Rational-Emotiven Verhaltenstherapie“ zu finden ist. R. Höfelschweiger, a.a.O., 89.

[318] Sons gehörte eine Zeit lang dem Leitungskreis der Deutschen Gesellschaft für Biblisch-Therapeutische Seelsorge (DGBTS) an.

[319] S. Pfeifer, Kognitive Therapie, 170. Z.B. sei „Desensibilisierung von Ängsten noch nicht Vergebung der Sünden usw.“. Ebd., 171.

[320] Ebd.

[321] Auch in seinem eigenen Modell der Zuordnung von Seelsorge, Psychotherapie und Psychiatrie räumt er der Kognitiven Therapie einen zentralen Platz ein. Samuel Pfeifer, *Die Schwachen tragen: Moderne Psychiatrie und biblische Seelsorge*, 3. Aufl. (Brunnen: Basel, Gießen, 1994), 65ff.

das pointiert „Biblische" in der Bezeichnung „BTS" meint. Dieses Paradigma wird man als das seither vorherrschende in der mitteleuropäischen evangelikalen Seelsorge zu bezeichnen haben. An seiner Dominanz mag es liegen, dass hier noch kaum konsistente Modelle Kognitiver Seelsorge entwickelt wurden, sondern kognitive Therapiemethoden meist nur Teilelemente übergreifender Konzeptionen bilden. Als solches kommt sie ziemlich viel vor.[322] Dieterich selbst ordnet speziell die REVT seinem holistischen Ansatz einer „Allgemeinen Psychotherapie und Seelsorge" unter.[323] Wie und ob die Integration Kognitiver Therapie in einen größeren seelsorgerisch-therapeutischen Zusammenhang wirklich gelingt, müsste vielleicht noch eingehend untersucht werden. Es scheint aber eine gewisse Skepsis angebracht zu sein. Der methodenplurale Ansatz der BTS war trotz der postulierten Ganzheitlichkeit ein additives Modell, in dem die „geistlichen" Hilfen in der Regel die therapeutischen ergänzten, wenn sie überhaupt zum Zug kamen.[324] Dieterichs Versuch einer Überwindung bloßer Methodenpluralität durch sein Konstrukt der „Allgemeinen Seelsorge und Psychotherapie" wiederum lässt einen Doppeleffekt erkennen: Sein umgreifendes lerntheoretisch begründetes Modell absorbiert die Methoden, die es aufnimmt, so sehr, dass auch das Profil der Anteile Kognitiver Therapie darin ziemlich verblasst.[325] Ähnlich ergeht es aber auch der „pneumatischen" Dimension, die deutlich an den Rand gerät.[326]

In den USA, wo die Kognitiven Therapien ihr Zuhause haben, setzt sich seit einiger Zeit *Mark R. McMinn*, Psychologieprofessor an der George Fox University, psychologisch und theologisch auf wissenschaftlichem Niveau mit dem Ver-

---

[322] Z.B. neben S. Pfeifer, Die Schwachen Tragen: Michael Dieterich, *Handbuch Psychologie und Seelsorge* (R. Brockhaus: Wuppertal, Zürich, 1989), 258-268; Michael Dieterich, *Wie sich Menschen ändern - und was wir dazu beitragen können* (SCM R.Brockhaus: Witten, 2009), 285ff; Eva Maria Jäger, Perfektionismuß: Wider die räuberischen und zerstörerischen Rotten der perfektionistischen Gedanken, in: BTS-aktuell (1994) 24, 3-9; Irene Kehl, Kognitive Verhaltenstherapie nach Ellis, Beck und Meichenbaum: Ein Vergleich an Hand einer Fallvorstellung, in: Seelsorge (2001) 1, 22-31; Günther Maier-Gerber, Ein Beitrag zur Rational-emotiven Therapie, in: Seelsorge (1998) 1, 4-9; Ulrich Giesekus, *Glaub dich nicht krank: Befreites Christsein leben* (R. Brockhaus: Wuppertal, 2000), 38ff; Hans-Arved Willberg, *Depression: Formen - Hintergründe - Hilfen. Schritte zu einer integrativen therapeutischen Seelsorge,* Hochschulschriften aus dem Institut für Psychologie und Seelsorge der Theologischen Hochschule Friedensau, Bd. 10 (Freudenstadt, 2001).

[323] Michael Dieterich, *Einführung in die Allgemeine Psychotherapie und Seelsorge* (R. Brockhaus: Wuppertal, 2001), 233ff. „Die Methoden der RET lassen sich ohne Mühe in das Konzept einer Allgemeinen Psychotherapie und Seelsorge einbauen, das davon ausgeht, dass die jeweiligen Therapieformen sich als unterschiedliche Variablen eines Lernprozesses beschreiben lassen." Ebd., 236. Vgl. zur Allgemeinen Psychotherapie ferner K. Grawe, Psychologische Therapie, a.a.O.; K. Grawe, Neuropsychotherapie, a.a.O.

[324] Deutlich wird das z.B. im Praxisbericht von I. Kehl, a.a.O., wo Gebet, Beichte sowie logotherapeutische Techniken den rein kognitiv-therapeutischen Hauptmaßnahmen hinzugefügt werden und somit auch den „geistlichen" Aspekten Genüge getan wird.

[325] Vgl. M. Dieterich, Wie sich Menschen ändern, 185ff.

[326] Buchstäblich in der grafischen Darstellung seines Modells der unterschiedlichen Lernzugänge, wo der Faktor „Spiritualität" optisch als einer von vielen am Rand positioniert ist. Ebd., 158. Dieterich selbst bestätigt den Eindruck: „Bei den spirituellen Änderungsmöglichkeiten sind unsere Kräfte und Möglichkeiten sehr beschränkt, deshalb wird auch dieses Kapitel sehr kurz ausfallen." Ebd., 12.

hältnis von Seelsorge und Kognitiver Therapie auseinander.[327] Sein Modell einer *Integrative Psychotherapy*,[328] das er zusammen mit seinem Kollegen *Clark D. Campbell*, Psychologieprofessor an der Rosemead School of Psychology, entwickelte, darf wohl als der erste wissenschaftlich ernst zu nehmende Entwurf einer epistemologisch tragfähigen Synthese von Seelsorge und Psychotherapie, in dem Kognitive Therapie einen zentralen Platz einnimmt, angesehen werden. Besonders bemerkenswert daran ist, dass der trinitarische Ansatz des Modells die spirituelle Einbindung Kognitiver Therapie ermöglicht, ohne sie dabei ihrer weltanschaulichen Neutralität zu entfremden. Damit bietet es sich auch solchen Therapeuten an, die den christlichen Glauben selbst nicht teilen, um ihrer Klientel willen aber gern auf die theologische Begründung und die spirituelle Erweiterung des kognitiv-therapeutischen Ansatzes zugreifen. Wahrscheinlich kommt dieser Ansatz dem in dieser Arbeit zu entwickelnden Modell einer Theorie der Kognitiven Seelsorge am nächsten. Die signifikanten Unterschiede liegen darin, dass es den Autoren aber nicht um die Theorie eines seelsorgerischen Teilbereichs geht, sondern wiederum um einen methodenpluralen Entwurf einer „Allgemeinen Psychotherapie und Seelsorge", in der ferner tendenziell anderen Formen der Kognitiven Therapie als der REVT der Vorzug gegeben wird.

1.3.2.3. Weitere christliche Rezeptionen

Besiers Kritik an der Einseitigkeit der mitteleuropäischen Pastoralpsychologie liegt nun schon mehr als drei Jahrzehnte zurück. Die von ihm zusammengefassten Vorbehalte gegen Kognitive Verhaltenstherapie scheinen ihr aber die Tür zur Integration in die großkirchliche Poimenik noch immer zu verschließen. Aus dem Literaturbefund könnte man folgern, es läge vor allem daran, dass sich in besonderer Weise der fundamentalistische Evangelikalismus und Charismatismus des Themas angenommen hat; dass sich die bereits vorausgehende Skepsis in der großkirchlichen Seelsorge dadurch erst recht verstärkte, scheint plausibel. Allerdings führt solche Skepsis auch zu Wahrnehmungsverengungen. Weder bietet die evangelikale und charismatische Poimenik in dieser Hinsicht ein geschlossenes Bild, vielmehr zeigen sich recht unterschiedliche Akzentuierungen, und es sind Ansätze mit gut begründetem theologischem und epistemologischem Anspruch dabei; noch darf übersehen werden, dass die signifikanten Entsprechnungen und Synergien von Kognitiver Therapie und christlicher Theologie und Ethik keineswegs nur von evangelikalen und charismatischen Christen wahrgenommen und expliziert wurden.

In der Replik auf die Behauptung *Richard Wesslers*, REVT nach Ellis und

---

[327] Mark R. McMinn, *Cognitive Therapy Techniques in Christian Counseling* (Wipf and Stock: Oregon, 1991); Mark R. McMinn, Clark D. Campbell, *Integrative psychotherapy: Toward a comprehensive Christian approach* (IVP Academic: Downers Grove, 2007): M.R. McMinn. S.L. Jones et al., a.a.O., 201-260; Mark R. McMinn, C.J. Lebold, Collaborative Efforts in Cognitive Therapy with Religious Clients, *Journal of Psychology and Theology* (1989) 17, 101-109.

[328] Vgl. zur Integrativen Psychotherapie insbesondere Brad A. Alford, Aaron T. Beck, *The Integrative Power of Cognitive Therapy* (Guilford: New York, London, 1997), ferner Hilarion G. Petzold, *Integrative Therapie: Modelle, Theorien und Methoden für eine schulenübergreifende Psychotherapie. 1. Klinische Philosophie, Integrative Therapie*, Schriften zu Theorie, Methodik und Praxis, Bd. II/1 (Junfermann: Paderborn, 1993).

Seelsorge seien nicht kompatibel, weil jene per se atheistisch sei,[329] verweist Ellis darauf, dass unter anderen auch *Paul Hauck*, *Albert Grau* und *John Powell* sie als „clearly acceptable" betrachteten.[330] Mit der an Clinebell gemahnenden Begründung, der moderne Pfarrer müsse, um den Anforderungen gerecht zu werden, die heutzutage an ihn gestellt werden, „acquaint himself with counseling as it is done by professionals"[331], hat der Psychotherapeut Paul Hauck bereits 1972 eine biblisch gut fundierte richtungweisende Handreichung für die Integration der Rational-Emotiven Therapie nach Ellis in die Seelsorge verfasst, in der zentrale Seelsorgethemen wie Schuld und Vergebung mit besonderer Ausführlichkeit behandelt werden.[332] Hauck ist ein prägender REVT-Protagonist der ersten Generation. Er war der erste Herausgeber der Fachzeitschrift „Rational Living" des 1959 gegründeten New Yorker „Institute for Rational Living", das später in „Albert Ellis Institute" umbenannt wurde.[333] Bis vor kurzem hat Hauck noch das dem Albert Ellis Institute angeschlossene „Chicago Institute for Rational Emotive Behavior Therapy" geleitet.[334] Hauck hat bereits 1968, im dritten Jahrgang von „Rational Living", dort mit dem Jesuiten Albert Grau S.J. zusammen einen Vergleich von Christentum und RET angestellt.[335] Sie kamen zu dem Ergebnis, das, was die Bibel und die RET über den adäquaten Umgang mit den „three cardinal neurotic emotions - depression, hate, and fear", zu sagen hätten, sei „offensichtlich harmo-

---

[329] Richard L. Wessler, A bridge too far: Incompatibilities of rational-emotive therapy and pastoral counseling, in: The Personell and Guidance Journal (1984) 62, 264-266.

[330] Albert Ellis, Rational-emotive therapy (RET) and pastoral counseling: A reply to Wessler, in: The Personell and Guidance Journal (1984) 62, 266f.

[331] Paul A. Hauck, *Reason in Pastoral Counseling* (The Westminster Press: Philadelphia, 1972), 11f. „He must enter the arena himself. Most importantly, he must keep an open mind toward new techniques, especially when they appear to clash with his faith. Reason, critically employed, has seldom been a friend of faith. This book has been written to demonstrate two trends: that reason is being employed in counseling as a new weapon against emotional pain, and that it need not disrupt faith." Ebd., 12. Vgl. H. Clinebell, Modelle, 17, 34ff.

[332] Ebd., 96ff, 164ff.

[333] Paul A. Hauck, An REBT Theory of Depression, http://albertellis.org/rebt-pamphlets/An-REBT-Theory-of-Depression.pdf, Download 3. Juni 2015. Zum Albert-Ellis Institute s. The Albert Ellis Institute, http://albertellis.org/organizational-history/, Download 3. Juni 2015.

[334] The Albert Ellis Institute, http://albertellis.org/affiliated-rebt-cbt-training-centers/, Download 3. Juni 2015; NACBT Online Headquarters, http://www.nacbt.org/boardofadvisors.htm, Download 3. Juni 2015; Chicago Institute for Rational Emotive Behavior Therapy, http://chicagorebt.org/, Site under Construction, Download 3. Juni 2015.

[335] Paul A. Hauck, Albert F. Grau, S.J., Comparisons: Christianity and Rationality, in: Rational Living (1968) 3 (2), 36-37. Welche Wertschätzung Hauck offenbar am Albert Ellis Institute genoss, geht auch aus zwei Buchbeiträgen von ihm zu seinen Spezialthemen „Glaube" und „Erziehung" in von Ellis herausgegebenen Sammelbänden hervor: Paul A. Hauck, Religion and RET: Friends or Foes? in: Albert Ellis, Michael E. Bernard (Hg.). *Clinical Applications of Rational-Emotive Therapy* (Plenum: New York, London, 1985), 237-255; Paul A. Hauck, Irrationale Erziehungsstile, in: Albert Ellis, Russel Grieger (Hg.), *Praxis der rational-emotiven Therapie,* unveränd. Nachdruck d. Aufl. v.1979, 2. Aufl. (Beltz: Weinheim, 1995), 301-311. In Ersterem zeigt er die hohe Kompatibilität biblischer Ethik mit der REVT auf, in Letzterem betont er mit Nachdruck die Bedeutung der Verantwortungsübernahme des Einzelnen als pädagogisches Prinzip und Ziel.

nisch".[336] Grau trug neun Jahre danach durch den Aufsatz „Religion as Rational" zum Sammelband mit den Tagungsbeiträgen der „First National Conference on Rational Psychotherapy" bei.[337]

Der Theologe John Powell S.J. war der wahrscheinlich meist gelesene Autor einer Ratgeberliteratur, die Prinzipien der REVT mit Prinzipien des christlichen Glaubens verband und dabei die Schwerpunkte auf Selbstakzeptanz, Selbstvertrauen und ein betont freundliches Gottesbild legte.[338] Wahrscheinlich hat er durch seine millionenfach aufgelegten Bücher die REVT so populär gemacht wie niemand sonst. Es können noch einige weitere Christen aufgeführt werden, die weder dem Evangelikalismus noch dem Charismatismus zuzurechnen sind und wichtige Beiträge für die Integration von Kognitiver Therapie und Seelsorge geleistet haben. Gewiss nicht ohne Ironie darf schließlich festgehalten werden, dass zwei der bedeutendsten Wegbereiter der Integration von Kognitiver Therapie und christlicher Spiritualität, *Allen E. Bergin* und *Stevan Lars Nielsen*, Bischöfe der Mormonen sind.[339] Bergin, nach Aussage Nielsens dessen „Freund und Mentor",[340] angesehenes Mitglieder der APA, hat sich als erster auf empirisch wissenschaftlichem Weg mit Ellis' provozierenden Behauptungen über das Verhältnis von Religion zu seelischer Gesundheit auseinandergesetzt und dadurch die seriöse wissenschaftliche Erforschung dieser Relation überhaupt erst wirklich in Gang gebracht.[341] Ferner ist *Rebecca Propst* besonderer Erwähnung wert.[342] Auf ihre innovativen Forschungsarbeiten zu diesem Thema[343] wird zu Recht in der einschlägigen Literatur mit Vorliebe rekurriert.[344]

---

[336] P.A. Hauck, A.F. Grau, a.a.O., 37. „Each proceeds from a basically different orientation, but both offer similar concrete methodologies for dealing with everyday problems, and their differences converge in the area of shared Truth." Ebd.

[337] Albert F. Grau, Religion as Rational, in: Janet L. Wolfe, Eileen Brand (Hg.), *Twenty Years of Rational Therapy: Proceedings of the First National Conference on Rational Psychotherapy* (Institute for Rational Living: New York, 1977), 131-135.

[338] Vgl. John Powell, S.J., *Fully Human, Fully Alive: A New Life through New Vision* (Tabor: Allen, 1976).

[339] Stevan L. Nielsen, Rational-Emotive Behavior Therapy and Religion: Don't Throw the Therapeutic Baby Out With the Holy Water! In: Journal of Psychology and Christianity (1994) 13, 322; Wikipedia, Allen Bergin, http://en.wikipedia.org/wiki/Allen Bergin, Download 4. Juni 2015.

[340] S.L. Nielsen, W.B. Johnson, A. Ellis, a.a.O., XI.

[341] Hans-Arved Willberg, Religion und seelische Gesundheit bei Albert Ellis, in: Zeitschrift für Rational-Emotive & Kognitive Verhaltenstherapie (2015) 16, 7-30.

[342] Dr. Rebecca Propst, PhD, http://www.rebeccapropstphd.com/about-dr-propst, Download 4. Juni 2015. Vgl. einführend ihr elaboriertes Selbsthilfebuch für Christen, in dem sie mit starker, theologisch begründeter Fokussierung auf den interpersonalen Aspekt (Barth, Niebuhr, Augustin) Kognitive Therapie nach A.T. Beck mit christlicher Meditation verbindet, wobei Imaginationen eine besondere Rolle spielen. Rebecca L. Propst, *Psychotherapy in a Religious Framework: Spirituality in the Emotional Healing Process* (Human Sciences Press: New York, 1988).

[343] Rebecca L. Propst, The comparative efficacy of religious and nonreligious imagery for the treatment of mild depression in religious individuals, in: Cognitive Therapy and Research (1980) 4, 167-178; Rebecca L. Propst, R. Ostrom, P. Watkins, P., T. Dean et al., Comparative efficacy of religious and nonreligious cognitive-behavioral therapy for the treatment of clinical depression in religious individuals, in: Journal of Consulting and Clinical Psychology (1992) 60, 94-103.

Mittlerweile ist der Forschungsbefund zu diesem Thema so sehr angewachsen, dass er kaum noch zu über*schauen* ist und darum auch nicht mehr über*sehen* werden sollte. Da im Brennpunkt der darin enthaltenen Untersuchungen über die Wechselwirkungen von Spiritualität, Religion und Psychotherapie von Beginn an bis heute die Kognitive Verhaltenstherapie steht, ist zu konstatieren, dass die nachdrücklichsten Klopfzeichen an der Tür der großkirchlichen Poimenik, die auf eine Integration Kognitiver Therapien drängen, nicht aus der Pastoraltheologie kommen, sondern aus der empirisch wissenschaftlichen Forschung.

2. Spiritualität und Religiosität in Kognitiven Therapien[345]

Man sollte nur das integrieren, was auch zusammenpasst; noch besser ist es, wenn es auch zusammen*gehört*. Seit die kirchliche Seelsorge Konkurrenz durch die säkulare „ärztliche Seelsorge" bekam,[346] der man den Namen „Psychotherapie" gab, ist im Bereich der Sorge für die Seele die Beantwortung der Frage, was zusammenpasst und zusammengehört, schwierig geworden. Erst recht kompliziert wurde es, als sich auch noch die säkulare Seelsorge in verschiedene Lager aufspaltete, die überhaupt nicht kompatibel zu sein schienen. Dadurch entstanden verschiedene Bearbeitungswege des Integrationsthemas:

---

[344] F.C. Craigie, S.-Y. Tan, a.a.O., 98; René Hefti, Integrating Religion and Spirituality into Mental Health Care, Psychiatry and Psychotherapy, in: Religions (2011) 2, 622; Eva Maria Jäger, *Glaube und seelische Gesundheit: Eine Untersuchung zur differentiellen Therapieindikation von Selbstinstruktionen bei depressiven Patienten*, Hochschulschriften aus dem Institut für Psychologie und Seelsorge der Theologischen Hochschule Friedensau, Bd. 4 (Freudenstadt, 1997), 71ff (dort fälschlicherweise „Probst"); W. Brad Johnson, Christian rational-emotive therapy: A treatment protocol, in: Journal of Psychology and Christianity (1993) 12, 255; W. Brad Johnson, Outcome research and religious psychotherapies: Where are we and where are we going? in: Journal of Psychology and Theology (1993) 21, 297, 303f; W. Brad Johnson, Rational-emotive therapy and religiousness: A review, in: Journal of Rational-Emotive and Cognitive-Behavior Therapy (1992) 10, 29; W.B. Johnson, R. DeVries, C.R. Ridley, D. Pettorini et al., a.a.O., 131; W. Brad Johnson, C.R. Ridley, Brief Christian and non-Christian rational-emotive therapy with depressed Christian clients: An exploratory study, in: Counseling and Values (1992) 36, 221, 225; W. Brad Johnson, C.R. Ridley, Stevan Lars Nielsen, Religiously sensitive Rational Emotive Behavior Therapy: Elegant solutions and ethical risks, in: Professional Psychology: Research and Practice (2000) 31, 18; Harold G. Koenig, John Pritchett, Religion and Psychotherapy, in: Harold G. Koenig (Hg.), *Handbook of Religion and Mental Health* (Academic Press: San Diego, London, Boston, New York et al., 1998), 330; M.E. McCullough, Research on religion-accommodation counseling: Review and meta-analysis, in: Journal of Counseling Psychology (1999) 46, 93f; M.R. McMinn, C.J. Lebold, a.a.O., 103; S.L. Nielsen, W.B. Johnson, A. Ellis, a.a.O., 31; D.R. Pecheur, K.J. Edwards, A comparison of secular and religious versions of cognitive therapy with depressed Christian college students, in: Journal of Psychology and Theology (1984) 12, 46, 51; S.-Y. Tan, a.a.O., 103, 107.

[345] Teile dieses Kapitels wurden in Form eines Facharktikels vorab veröffentlicht: Hans-Arved Willberg , Psychotherapie und Spiritualität – auf dem Weg zur Integration? Darstellung und Kritik integrativer Modelle aus den letzten zwei Jahrzehnten, 1. Teil, in: Cura Animarum (2015) 1/1, 7-23.

[346] Viktor E. Frankl, *Ärztliche Seelsorge: Grundlagen der Logotherapie und Existenzanalyse*. 7. Aufl. (Fischer: Frankfurt a.M., 1998).

- Die klinische Psychologie fragt, ob und wie die unterschiedlichen Ansätze der Therapieschulen sinnvoll vereint werden können (allgemeine Psychotherapie).
- Die klinische Psychologie fragt, ob und wie Religion und Spiritualität in die Psychotherapie integriert werden können.
- Die Pastoraltheologie fragt, ob und wie psychotherapeutische Methoden sinnvolle Bestandteile von Seelsorgekonzeptionen sein können.
- Die Pastoraltheologie fragt, ob und wie es ganzheitliche Ansätze geben kann, in denen Seelsorge und Psychotherapie zu einer Einheit verschmelzen (allgemeine Psychotherapie und Seelsorge).

Im Blick auf die Theorie der Kognitiven Seelsorge wurden der dritte und vierte Weg bereits oben dargestellt. Im Folgenden geht es um den zweiten und ersten.

2.1. Die Integration der Psychotherapieschulen

Der Psychotherapieforscher *Bruce Wampold*, Professor für Psychologie und Psychiatrie an der University of Wisconsin,[347] bescheinigt der Psychotherapie insgesamt, dass sie sich sehr erfolgreich entwickelt habe.[348] „But progress comes with a cost“[349]: Die Psychotherapie hat sich im Lauf ihrer Entwicklung in eine Vielzahl von Facetten aufgespalten, die inhaltlich teilweise scheinbar nicht mehr in Übereinstimmung gebracht werden können. Vor lauter Bäumen sieht man den Wald nicht mehr. Die Frage ist, ob das notwendig ist oder ob die vielen einzelnen „Bäume“ doch in einem „Wald“ vereint werden können, den man etwa, in gewisser Analogie zur Schulmedizin, als eine „allgemeine integrative Psychotherapie“ bezeichnen könnte. Spätestens seit den 60er Jahren des letzten Jahrhunderts gibt es starke Stimmen in der psychologischen Forschung, die das postulieren, angefangen bei *Jerome D. Frank*, seinerzeit Psychologieprofessor an der Johns Hopkins School of Medicine in Baltimore und Präsident der APA. Er behauptete, dass „die Heilkraft von Psychotherapie großenteils auf Eigenschaften beruht, die allen Formen gemeinsam sind“.[350] Frank ging davon aus, dass die verschiedenen Psychotherapieschulen nur darum langfristig bestehen könnten, weil sie „wohl alle zu etwas gut sein müssen“.[351]

Stärkste treibende Kraft hin zu einer schulenübergreifenden Optimierung der Psychotherapie war bislang die Kognitive Verhaltenstherapie.[352] Das lässt sich leicht begründen: Die Kognitiven Therapien entstanden in Abgrenzung von den ideologisierten Hauptströmungen der Psychoanalyse und des Behaviorismus.[353]

---

[347] School of Education: University of Wisconsin-Madison, Department of Counseling Psycholoy, Bruce Wampold, https://counselingpsych.education.wisc.edu/cp/people/faculty/bruce-wampold, Download 21. Januar 2016.

[348] B.E. Wampold, Z.E. Imel, a.a.O., 30.

[349] Ebd., 31.

[350] J.D. Frank, a.a.O., 16.

[351] Ebd., 427.

[352] Schon Frank stellte in „Die Heiler“ im Blick auf die Psychotherapieentwicklung insgesamt fest: „Es ist vermutlich kein Zufall, daß die verhaltensmodifizierenden Therapien die klarsten Resultate erbringen, denn hier geht es um kurzzeitige, gut definierte Eingriffe mit genauen Zielen.“ J.D. Frank, a.a.O., 46.

[353] B.A. Alford, A.T. Beck, a.a.O., 110; A. Ellis, Humanistic Psychotherapy, 31, 191f.

Wie die humanistischen Schulrichtungen, die sich ungefähr zur selben Zeit entwickelten, waren sie von der *Neopsychoanalyse* geprägt,[354] mit dem Unterschied, dass sie in Theorie und Praxis von Beginn an eine große inhaltliche Nähe zur Verhaltenstherapie aufwiesen, was einerseits an ihrem stringent auf Verhaltensänderung ausgerichteten Pragmatismus lag, andererseits daran, dass sie sich zum Teil auf dieselben verhaltenspsychologischen Grundlagen gründeten wie jene. Die Trias Humanistische Psychotherapie, Kognitive Therapie und Verhaltenstherapie bildete hinfort den Mainstream der psychotherapeutischen Innovation, während es dem weitgehend geschlossenen System der Psychoanalyse schwer fiel, sich ihr zu öffnen.[355] Daraus resultierte, dass die verschiedenen Teilrichtungen der Trias viel voneineinander lernten und profitierten. Die Transparenz zwischen den Schulrichtungen nahm zu und ein reger methodischer Eklektizismus wurde üblich. Angeführt wurde die Bewegung weiterhin von der Kognitiven Verhaltenstherapie, weil ihr Pragmatismus von vornherein an der Integration kompatibler Maßnahmen gleich welcher Herkunft interessiert war, weil sie am konsequentesten die wissenschaftliche Tauglichkeit therapeutischer Methoden untersuchte und ihre eigenen Ansätze dementsprechend evaluierte, und weil sie in stringenter Weise bewährte Methoden und Techniken in den Zusammenhang einer Vielzahl von überzeugend praktikablen Therapiemanualen stellte. Das führte schließlich dazu, dass Klaus Grawe et al. als Resultat ihrer Metauntersuchung aller relevanten Psychotherapieschulen in den 90ern[356] den kognitiven und behavioralen Therapien das höchste Maß an wissenschaftlicher Vertrauenswürdigkeit bescheinigten, gefolgt von den explizit humanistischen Therapien wie der *Gesprächspsychotherapie*, während die psychodynamischen Therapien schlecht abschnitten, da sie bis dato kaum überzeugende Wirksamkeitsnachweise erbringen konnten.[357]

---

[354] Insbesondere durch Karen Horney. B.A. Alford, A.T. Beck, a.a.O., 110; A. Ellis, The Case Against, 25; A. Ellis, Rational-emotive therapy, 266. Ellis übernahm von Horney vor allem das Modell der „Tyrannei des Sollens“. Karen Horney, *Neurose und menschliches Wachstum: Das Ringen um Selbstverwirklichung*, aus d. Amerik. v. U. Joel, 6. Aufl. (Fischer Taschenbuch: Frankfurt am Main, 2000), 70-93. „I found what Karen Horney had discovered a decade before I originated RET“. A. Ellis, The Case Against, 46.

[355] B.A. Alford, A.T. Beck, a.a.O., 110.

[356] Höfelschweiger fordert unter Hinweis auf die Untersuchung von Grawe et al., „dass die Poimenik diese psychotherapeutische Wirksamkeitsforschung nicht unberücksichtigt lassen kann.“ Als Konsequenz müsse auch die REVT als eines der dort nachgewiesen hoch effektiven Verfahren entsprechend ernst genommen werden. R. Höfelschweiger, a.a.O., 55. Er bezieht sich für dieses Postulat auf den katholischen Poimeniker Klaus Kießling, den er zur Bedeutung der Effektivitätskontrolle in der Seelsorge zitiert: „Das Gewicht und der Ernst“ der seelsorgerlichen Aufgabe „verpflichten mich dazu, auch nach der Effektivität meiner Methode zu fragen - freilich im Vertrauen darauf, dass seelsorgerliche und diakonische Begleitung in ihrer Eigenart über den Rahmen empirisch kontrollierbarer Wirkungen hinausweist.“ Klaus Kießling, zit. in: ebd., 58.

[357] K. Grawe et al., a.a.O. Gleichwohl gelangten Grawe et al. zu der Hypothese, dass nicht nur die Optimierung der Synergismen von kognitiv-verhaltenstherapeutischen und humanistisch therapeutischen Methoden zu noch höheren Therapieerfolgen führen würde, sondern dass für den psychotherapeutischen Fortschritt auch die Psychoanalyse mit ihren spezifischen Erkenntnissen vonnöten sei, nur müsse sie erst einmal ihre Hausaufgaben machen: sich aus ihrer ideologischen Geschlossenheit lösen, transparent für methodische Vielfalt werden, ihre Wirksamkeit empirisch-wissenschaftlich überprüfen und ihre Verfahren den Ergebnissen anpassen.

Bis zum Ende der 90er Jahre wurden nach *Alford und Beck* drei Wege zur Integration der Psychotherapieverfahren beschritten: Eklektische Methodenpluralität, Bildung integrativer Theorien und die Feststellung bereits vorhandener Gemeinsamkeiten.[358] Die beiden Forscher nahmen wahr, dass sich die meisten psychotherapeutischen Praktiker als Vertreter eines integrativen Ansatzes sahen; es sei aber durchaus nicht geklärt, was man darunter zu verstehen habe.[359] Zudem würden standespolitische Abgrenzungen zum Paradox *verschiedener* methodenpluraler und integrativer Verfahren führen.[360] Das Ziel könne aber nur durch eine seriös wissenschaftliche Vorgehensweise erreicht werden, die durch die Bereitschaft gekennzeichnet sei, gewonnene Erkenntnisse auf den Prüfstand zu stellen und durch neue Forschungsergebnisse zu modifizieren.[361] Alford und Beck postulierten, dass die Integration der verschiedenen Psychotherapieschulen einer wissenschaftlich stringenten theoretischen Grundlage bedürfe, die von den allgemeinen Zielen der Psychotherapie hergeleitet werden solle[362] und konsistent, „sparsam“, wissenschaftlich überprüfbar und umfassend zu sein habe.[363] Die methodischen Bestandteile sollten vorzugsweise eklektisch aus gut validierten Verfahren entnommen werden. Außer der Methodik müsse die Theorie aber auch die erforderlichen Qualitäten der Therapeuten und die therapeutische Beziehung umfassen.[364] Alle diese Kriterien seien bereits in den Kognitiven Therapien verwirklicht. Daraus folgerten sie den Anspruch der Vorreiterschaft der Kognitiven Therapien auf dem Weg zur integrativen Psychotherapie. Dafür spreche nicht zuletzt auch die bereits erfolgte Integration der besonders gut validierten Verhaltenstherapie[365] mit den Kognitiven Therapien wie auch ihre hohe Kompatibilität mit anderen Ansätzen.[366] Im Gegensatz zur Psychoanalyse bildeten die Kognitiven Therapien kein geschlossenes System.[367] Integrativ sei ferner die dialogisch konzipierte, auf den jeweiligen Klienten zugeschnittene Konsensbildung im Blick auf Ätiologie, Therapieziele und das therapeutische Procedere.[368]

Den Einwand, Kognitive Therapien seien einseitig, weisen Alford und Beck zurück: Emotionen und interpersonale Prozesse würden in den Kognitiven Therapien keineswegs ignoriert oder auf Kognitionen reduziert. Das Gegenteil sei der Fall: Die emotionalen Probleme mitsamt ihrem Kontext würden in den Kognitiven Therapien mit empathischem Verständnis aufgenommen, um von dort her Wege der Bewältigung zu finden. Das interpersonale Verhältnis zwischen Klient und Therapeut sei in den Kognitiven Therapien von „spezieller Wichtigkeit“.[369]

Parallel zu diesen Vorgängen boomte die *Neuropsychologie*. Sie hat den Platz des Vorreiters übernommen, was die Kognitive Verhaltenstherapie aber kaum de-

---

358 B.A. Alford, A.T. Beck, a.a.O., 76.

359 Ebd., 80.

360 Ebd., 83.

361 Ebd., 85.

362 Ebd., 78, 86.

363 Ebd., 96-100.

364 Ebd., 77.

365 Ebd., 111.

366 Ebd., 89, 111.

367 Ebd., 111.

368 Ebd., 79.

369 Ebd., 108f.

gradieren dürfte, weil ihre lerntheoretischen Erkenntisse über den Zusammenhang von Reiz, kognitiv-emotionaler Reaktion und Verhalten durch die Gehirnforschung keineswegs überholt, wohl aber wesentlich differenzierter darstellbar sind. Folgerichtig hat *Klaus Grawe* in der *Neuropsychotherapie* den Weg zu einer integrativen allgemeinen Psychotherapie gesehen, die letztendlich auf die Unterscheidung verschiedener Schulrichtungen verzichten kann.[370]

2.2. Die Integration von Psychotherapie und Spiritualität

Der Religionspsychologe *Michael Utsch* stellt in der heutigen Psychotherapieszene „einen unübersehbaren Trend zur Spiritualisierung" fest,[371] geradezu eine „spirituelle Wende", die sich vor allem in Nordamerika schon länger etabliert habe und nun auch in Mitteleuropa zu spüren sei.[372] Auch die empirische Psychotherapieforschung habe sich hier mittlerweile des Zusammenhangs von seelischer Gesundheit und Spiritualität erkennbar angenommen.[373] *Allen E. Bergin* zufolge, der eine Schlüsselrolle bei dieser Entwicklung einnimmt, ist der „spiritual turn" in der Psychotherapie, dessen Durchbruch er auf das Jahr 1984 datiert, Teil einer in den 70er Jahren ansetzenden Bewegung, die sich nicht auf die jüdisch-christliche Tradition beschränkte.[374] *Wampold und Imel* betonen, der Umschwung sei nicht lediglich ein Trend, vielmehr handele es sich um eine inhaltlich notwendige Rückbesinnung auf wesentliche Kernelemente von Psychotherapie überhaupt, deren Verlust dazu geführt habe, dass man, spiegelbildlich zur Medizin, nur noch die jeweilige Störung in den Blick genommen, die Person als Ganze in ihrem spirituellen und kulturellen Kontext aber ausgeblendet habe. Dabei sei die Auffassung von Psychotherapie als einer Möglichkeit des Persönlichkeitswachstums und der Sinnfindung auf der Strecke geblieben.[375]

2.2.1. Integrationsbemühungen und Studien bis 1999

Es ist paradox, dass im deutschen Sprachraum praktizierende Kognitive Verhaltenstherapeuten anscheinend Religion und Spiritualität im Vergleich zu Kollegen anderer Schulrichtungen am wenigsten therapeutische Bedeutung zumessen,[376] an-

---

[370] K. Grawe, Psychologische Psychotherapie; K. Grawe, Neuropsychotherapie.

[371] Michael Utsch, Welche Rolle spielt Spiritualtität in Psychiatrie und Therapie? Interview in: Psychologie heute (2006) 10, 56.

[372] Michael Utsch, Religiosität und Spiritualität in den psychotherapeutischen Schulen, in: Michael Utsch, Ralph M. Bonelli, Samuel Pfeifer,*Psychotherapie und Spiritualität: Mit existenziellen Konflikten und Transzendenzfragen professionell umgehen*, mit 13 Abbild. u. 14 Tabellen (Springer: Berlin, Heidelberg, 2014), 68; Michael Utsch, Spirituelle Psychotherapie: Modetrend oder Modell mit Zukunft? in: Psychologie heute (2008) 2, 53.

[373] M. Utsch, Religiosität und Spiritualität, 69.

[374] Allen E. Bergin, Three Contributions of a Spiritual Perspective to Psychotherapy and Behavior Change, in: William R. Miller, John E. Martin, (Hg.), *Behavior Therapy and Religion: Integrating Spiritual and Behavioral Approaches to Change* (Sage Publications: Newbury Park, Beverly Hills, London, New Delhi, 1988), 26.

[375] B.E. Wampold, Z.E. Imel, a.a.O., 31f.

[376] Anton Bucher, *Psychologie der Spiritualität: Handbuch*, 2. vollst. überarb. Aufl., Mit E-Book inside (Beltz: Weinheim, Basel, 2014), 179.

dererseits aber auch hier wie schon im Blick auf integrative Psychotherapie überhaupt die KVT eindeutig das Zugpferd der Bewegung ist. Letzteres hat mehrere Gründe:

1. Grundsätzlich eignet sich die KVT, wie oben dargelegt wurde, ihrer methodischen Offenheit und Evidenzbasierung wegen besonders gut für integrative Projekte.[377]
2. Sie weist eine hohe Kompatibilität insbesondere mit christlichen Prinzipien der seelischen Veränderung auf.
3. Sowohl die Kognitive Therapie als auch die Religion sind mit dem verhaltenssteuernden „impliziten Belief-System“ befasst.[378]
4. Die wichtigen Studien zur Wirksamkeit religiöser Therapien im Vergleich zu säkularen Therapien, auf denen heute aufgebaut werden kann, stammen zum größten Teil aus dem Bereich der kognitiven und kognitiv-verhaltenstherapeutischen Therapien.[379]
5. Nicht zuletzt sind die noch jungen spirituell integrativen Forschungs- und Therapierichtungen der so genannten „Dritten Welle der Verhaltenstherapie“[380] und der „Positiven Psychologie“ so wesentlich durch die KVT geprägt,[381] dass man wohl nicht fehl geht, sie sozusagen als neue Äste am KVT-Baum zu bezeichnen.[382]

Seit den 80er Jahren ist ein deutliches Bemühen der säkularen Psychotherapie um die Integration spiritueller Inhalte und Methoden zu verzeichnen.[383] Vor allem

---

[377] Im Gegensatz zur Psychoanalyse, wie Utsch konstatiert: „Auch wenn die Psychoanalyse auf die Theologie sehr anregend gewirkt hat - der empirischen Religionspsychologie hat sie bisher wenig Nutzen gebracht, weil sie erst seit Kurzem damit begonnen hat, empirisch überprüfbare Hypothesen zu testen.“ M. Utsch, Religiosität und Spiritualität, 76.

[378] William R. Miller, Including Clients’ Spiritual Perspectives in Cognitive-Therapy Therapy, in: William R. Miller, John E. Martin (Hg.), *Behavior Therapy and Religion: Integrating Spiritual and Behavioral Approaches to Change* (Sage Publications: Newbury Park, Beverly Hills, London, New Delhi, 1988), 44.

[379] Vgl. W.B. Johnson, Outcome research; M.E. McCullough, a.a.O.; R. Hefti, a.a.O.

[380] Zu den Achtsamkeitstherapien s. Kapitel 2.3.

[381] M. Utsch, Religiosität und Spiritualität, 77.

[382] Der Positiven Psychologie widmet diese Arbeit kein eigenes Kapitel, da sich ihre Vertreter im Unterschied zu manchen Protagonisten der „Dritten Welle der Verhaltenstherapie“ nicht durch eine diskussionswürdige partielle Abgrenzung von den als überholt angesehenen herkömmlichen Formen Kognitiver Therapie definieren, sondern diese vielmehr offensiv repräsentieren. Nur wenden Sie die kognitiv-verhaltenstherapeutischen Erkenntnisse und Methoden nicht mehr schwerpunktmäßig auf die Behandlung von Krankheit an, sondern auf die Förderung von Gesundheit. Besonders deutlich ist das bei Martin Seligman, dem hauptsächlichen Initiator der Positiven Psychologie. Vgl. Martin Seligman, *Der Glücks-Faktor: Warum Optimisten länger leben*, aus d. Engl. v. S. Brockert, 6. Aufl. (Bastei Lübbe, Ehrenwirt: Bergisch Gladbach, 2009); Martin Seligman, *Pessimisten küsst man nicht: Optimismus kann man lernen*, aus d. Amerik. v. C. Boermann (Knaur: München, 2001). Vgl. zum Forschungsbefund der Positiven Psychologie C.R. Snyder, Shane J. Lopez (Hg.), *Oxford Handbook of Positive Psychology*, Oxford Library of Psychology, Hg. P.E. Nathan, 2. Aufl. (Oxford University Press: New York, 2009).

[383] A.E. Bergin, Religiosity. Utsch weist bestätigend auf die damals schon entstandene Konvergenz von Spiritualität in der Psychotherapie und die sich in diesen Jahren allmählich konstituierende Positive Psychologie hin. M. Utsch, Religiosität und Spiritualität, 78.

zwei Prozesse führten den Wandel herbei: Erstens falsifizierte der empirische Forschungsbefund zunehmend die in der Psychotherapieszene bislang vorherrschenden Hypothesen, religiöser Glaube sei grundsätzlich pathogen und pathologisch.[384] Es zeigte sich vielmehr insgesamt ein eher förderlicher Einfluss religiösen Glaubens auf die seelische Gesundheit.[385] Die Pionierarbeit bei dieser Bestandsaufnahme leistete 1983 Allen Bergin mit seiner Metauntersuchung von 24 Studien zum Thema „Glaube und seelische Gesundheit" aus dem Zeitraum 1951 bis 1979.[386] Von den 90ern an tat sich danach besonders *Harold Koenig* in diesem Forschungsbereich hervor.[387] Einen vorläufigen Höhepunkt der Entwicklung bildet das von Richards, Bergin und Scott herausgegebene „Handbook of Psychotherapy and Religious Diversity", das in umfassender und ausgewogener Weise Hilfestellung für die Psychotherapie mit Menschen aller möglichen religiösen und konfessionellen Richtungen gibt.[388]

Die neuen Befunde waren schon allein Grund genug dafür, dem Phänomen der Integration von Religion und Spiritualität in die Psychotherapie erhöhte Aufmerksamkeit zu widmen.[389] Darüber hinaus sahen sich die Psychotherapeuten in Nordamerika, wo die Bewegung ihren Anfang nahm, aber auch mit der Tatsache konfrontiert, dass religiöser Glaube im Leben außerordentlich vieler Landsleute eine bedeutende Rolle spielte. Mitte der 90er Jahre bezeugten 92 % der US-Amerikaner einen Bezug zu Religion, 96 % glaubten an Gott oder einen universalen Geist, 42 % gingen jede Woche zu einem Gottesdienst, 67 % gehörten einer Kirche oder Synagoge an und 60 % sagten, dass Religion für sie wichtig oder sehr wichtig sei.[390] Das in der Psychotherapie auszublenden konnte kaum ohne kontraproduktive Folgen bleiben.[391]

Fortan widmeten sich einige vergleichende empirische Studien der Frage, welche Effekte die Aufnahme spiritueller Momente in die Psychotherapie mit religiösen Klienten und Patienten hervorbringe. Begreiflicherweise geschah das vor allem mit christlichen Klientelen. Die Ergebnisse sprachen eindeutig dafür, dass die aktive Einbeziehung des Glaubens religiöser Menschen in die Psychotherapie keine schlechteren Ergebnisse erzielte als der Verzicht darauf. Das bedeutet allerdings nicht, dass religiös und spirituell angereicherte Therapien eindeutig *bessere* Ergebnisse hervorbringen als ihre säkularen Alternativen[392]. Es bedeutet zweitens auch nicht, dass religiöse Therapeuten bei der Anwendung religiöser Therapien besser abschneiden als nicht religiöse. Drittens kommt es darauf an, ob der vertre-

---

384 A.E. Bergin, Religiosity, 170-172.

385 Ebd., 173-181.

386 Ebd., 174.

387 Vgl. Harold Koenig, (Hg.), *Handbook of Religion and Mental Health* (Academic Press: San Diego, London, Boston, New York et al., 1998).

388 P.S. Richards, A.E. Scott, A.E. Bergin, a.a.O.

389 A.E. Bergin, Religiosity, 170, 173-180.

390 M.E. McCullough, a.a.O., 92, nach Gallup; A.E. Bergin, Religiosity, 171.

391 Ebd.; Kirk A. Bingaman, *Treating the New Anxiety: A Cognitive-Theological Approach* (Jason Aronson: Lanham, Boulder, New York et al., 2007), 12. „[W]hat is required is simply a genuine respect for the theological views and religious beliefs of those in our care." Ebd., 77.

392 M. Utsch, Spirituelle Psychotherapie, 55.

tene religiöse Glaube überhaupt gesundheitsfördernd ist oder eher krank macht.[393] Viertens bedeutet es nicht, dass die Überlegenheit der Einbeziehung des Christentums im Vergleich zu anderen Religionen erwiesen wäre.

Es zeigte sich, dass man allenfalls von einer tendenziellen Überlegenheit von Therapien, die den Glauben systematisch einbeziehen, sprechen konnte. *McCulloughs* 1999 veröffentlichte Metaanalyse[394] von fünf vergleichenden Studien über die kognitiv-verhaltenstherapeutische Behandlung von Depression mit religiös angepasster Methodik zeigte keine größere Wirkung dieser Therapien, aber auch keine geringere. Es handelte sich um die Untersuchungen von *Propst* (1980),[395] *Pecheur und Edwards* (1984),[396] *Propst et al.* (1992),[397] *Johnson und Ridley* (1992)[398] sowie *Johnson, DeVries, Ridley, Pettorini et al.* (1994).[399] Insbesondere auf Propsts Studien beruft sich die wissenschaftliche Reflexion der Thematik bis heute noch, was *René Hefti*[400] zufolge daran liegt, dass sich in der Erforschung der Effektivität religiöser Therapien seither wenig getan habe.[401] Aufsehen erregend war bei der Studie von Propst et al. (1992) nicht zuletzt, dass die Therapieerfolge nicht religiöser Therapeuten bei der Anwendung religiöser kognitiver Therapie mit christlichen Inhalten etwas größer waren als die ihrer christlichen Kollegen. Das kann als ermutigendes Indiz dafür gedeutet werden, dass sich Psychotherapeuten ungeachtet ihres persönlichen weltanschaulichen Hintergrunds sehr gut in die religiösen Systeme ihrer Klienten und Patienten einfühlen und wertvolle systemimmanente Hilfestellungen geben können.[402] Nicht in *McCulloughs* Metanalyse erfasst ist eine Studie von *Hawkins, Tan und Turk,*[403] die herkömmliche Kognitive Therapie und ein christlich modifiziertes Programm mit depressiven Patienten vergleicht.[404]

Die Behauptung, dass speziell der *christliche* Glaube (oder gar bestimmte christliche Glaubens*richtungen*) der seelischen Gesundheit am nützlichsten sei,

---

[393] Es gibt empirische Befunde, „welche Art von Spiritualität und Religiosität sich positiv auf die Gesundheit auswirkt. Das darf jedoch nicht darüber hinwegtäuschen, dass angstmachende Gottesbilder, fundamentalistisch eingestellte oder totalitär strukturierte religiöse oder spirituelle Gruppen durchaus krankmachende Folgen haben können." Ebd.

[394] M.E. McCullough, a.a.O.

[395] R.L. Propst, The comparative efficacy.

[396] D.R. Pecheur, K.J. Edwards, a.a.O.

[397] R. L. Propst, R. Ostrom, P. Watkins, T. Dean et al., a.a.O.

[398] W.B. Johnson, W. C.R. Ridley, a.a.O.

[399] W.B. Johnson, R. DeVries, C.R. Ridley, D. Pettorini, D. et al., a.a.O.

[400] Hefti ist Chefarzt der psychosmatischen Klinik Langenthal in der Schweiz.

[401] R. Hefti, a.a.O., 622f.

[402] R. L. Propst, R. Ostrom, P. Watkins, T. Dean et al., a.a.O., 102; R. Hefti, a.a.O., 623.

[403] Was wahrscheinlich daran liegt, dass die Studie im Spätjahr 1999 veröffentlicht wurde, also womöglich erst nach der Fertigstellung von McCulloughs Metaanalyse.

[404] Rebecca S. Hawkins, Siang-Yang Tan, Anne A. Turk, Secular Versus Christian Inpatient Cognitive-Behavioral Therapy Programs: Impact on Depression and Spiritual Well-Being, in: Journal of Psychology and Theology (1999) 27/4, 309-318. Eine weitere Wirksamkeitsstudie von Craigie aus dem Untersuchungszeitraum der Metaanalyse, auf die Hawkins et al. auch rekurrieren, ist weder vergleichend noch besitzt sie, aus mehreren Gründen, überzeugende wissenschaftliche Relevanz. Frederic C. Craigie, Evaluation and Six-Year Follow-Up of a Community-Based Christian Cognitive-Behavioral Stress Management Program, in: Journal of Psychology and Christianity (1992) 11/3, 269-276.

ließ sich aus dem Gesamtbefund nicht verifizieren, wenn dies McCulloughs Metanalyse auch nahelegen mag. Er ließ darin aber mehrere vergleichende Untersuchungen mit *muslimischen* Probanden aus dem Zeitraum 1994 bis 1998 in Malaysia unberücksichtigt. Dort durchgeführte Studien mit muslimischen Angst- und Depressionspatienten sowie mit Trauernden zeigten, dass diese auf die Behandlung mit einer speziell entwickelten muslimischen kognitiven Therapie signifikant besser ansprachen als die Vergleichsgruppen.[405] Zu den spirituellen Inhalten der Therapie gehörten Koranmeditationen, Gebet und die Disputation dysfunktionaler Kognitionen mit Textstellen aus dem Koran. Die Forscher stellten fest, dass diese Maßnahmen nicht nur entspannend wirkten und das Wohlbefinden steigerten, sondern auch den Zugriff auf zuvor unbewusste Erinnerungen und Gefühle erleichterten. Die Symptome der Patienten reduzierten sich ferner dadurch, dass sie die Auseinandersetzung mit ihrem psychischen Problem im Bezug zu ihrem persönlichen Wertesystem führten und dieses dabei *innerhalb* ihres religiösen Systems realistisch modifizierten. Hilfreich war dabei auch, dass ihr durchweg muslimisches soziales Umfeld diese Form der Therapie in vollem Maß unterstützte. Durch die Einbettung des therapeutischen Prozesses in das religiöse System verringerte sich nicht zuletzt die kulturspezifische Angst vor dem Stigma psychischer Erkrankung.

Der Rückhalt der Glaubensgemeinschaft, zu der die psychisch leidende Person gehört, scheint bei religiösen Menschen generell eine besonderes große Bedeutung für den Heilungserfolg zu haben.[406] Jerome Frank erkannte in der Gruppenverbundenheit der Heiler unterschiedlicher Kulturen eine wesentliche Ursache ihrer Wirksamkeit[407] und folgerte daraus für die Psychotherapie: „Die Überzeugungskraft des Therapeuten wird zum großen Teil daraus entspringen, daß er Einstellungen und Werte vertritt, die auch in der Familie, unter den Freunden oder im weiteren sozialen Umkreis des Patienten anerkannt werden, während er zugleich die Ansichten des Patienten gelten läßt.“[408] *Michael F. Steger*, Associate Professoer an der Colorado State University,[409] weist auf den wichtigen Zusammenhang zwischen Zielsetzung (purpose) und Lebensverständnis (comprehension) des Einzelnen hin:[410] Eine mit dem Lebensverständnis kongruente Zielsetzung wird als motivierender Sinn (meaning) erlebt.

---

405 M. Azhar, S.L. Varma, Religious Psychotherapy in Depressive Patients, in: Psychotherapy and Psychosomatics (1995) 63, 165-168; M. Azhar, S.L. Varma, S.L., A.S. Dharap, Religious Psychotherapy in Anxiety Disorders, in: Acta Psychiatrica Scandinavia (1994) 90, 1-3; M.Z. Azhar, S.L. Varma, Religious psychotherapy as management of bereavement, in: Acta Psychiatrica Scandinavia (1995) 91, 233-235; S.M. Razali, C.I. Hasanah, K. Aminah, M. Subramaniam, Religious-sociocultural psychotherapy in patients with anxiety and depression, in: Australian and New Zealand Journal of Psychiatry (1998) 32, 867-872. Die Studien von Azhar et al. verglichen muslimische KVT mit nicht-muslimischer, die von Razali et al.muslimische KVT mit Entspannungstherapie und Medikation.

406 M. Utsch, Spirituelle Psychotherapie, 55.

407 J.D. Frank, a.a.O., 90f.

408 Ebd., 75.

409 Michael F. Steger, http://www.michaelfsteger.com.

410 Michael F. Steger, Meaning in Life, in: C.R. Snyder, Shane J. Lopez (Hg.), *Oxford Handbook of Positive Psychology,* Oxford Library of Psychology, Hg. P.E. Nathan, 2. Aufl. (Oxford University Press: New York, 2009), 679.

Die Bedeutung der Einbettung psychotherapeutischer Behandlung in den spezifischen kulturellen Kontext der Klientel verdient auch in christlich geprägten Kulturkreisen aufmerksame Beachtung. Für viele Christen ist zum Beispiel die Schwelle zu einer säkularen Psychotherapie hoch, weil sie ihr Überschreiten als Verlassen der Sicherheit des gewohnten Glaubenssystems empfinden und sowohl die Infragestellung durch den Psychotherapeuten[411] als auch die Kritik ihres subkulturellen Umfelds fürchten, das nicht selten Psychotherapie pauschal mit erheblicher Skepsis betrachtet. Es darf angenommen werden, dass Vorbehalte solcher Art vielen hilfsbedürftigen Menschen im Weg stehen, nicht nur religiösen, sondern insbesondere auch solchen, die das Stigma der seelischen Erkrankung befürchten. Zweifellos können modifizierte Therapieformen, die auf Vorstellungswelt und Sprachgebrauch der jeweiligen Klientel zugeschnitten sind, die Hemmschwelle herabsetzen. Es kann dabei nicht darum gehen, Psychotherapie im Sinne der jeweiligen Weltanschauung und Sprechweise, auf die sie sich einstellt, zu instrumentalisieren oder ihre systemkritische Bedeutung zugunsten einer strukturignoranten Individualisierung abzuspalten. Es ist aber grundsätzlich erfolgversprechender, die Fragwürdigkeiten eines Systems von innen heraus in authentischer Compliance mit dem Klienten zu beleuchten, statt sie konfrontativ von außen her zu kritisieren. Wenn zudem sein Glaubenssystem eine große Bedeutung für die Festigkeit seiner Persönlichkeit besitzt, wäre es geradezu ein Kunstfehler, es durch Hinterfragung zu destabilisieren.[412] Grundsätzlich wird man mit Utsch feststellen dürfen: „Glaubensüberzeugungen besitzen neben ihren verführerischen Aspekten ein Heilungspotenzial, das nicht zu nutzen unprofessionell wäre.“[413]

2.2.2. Fortgang der empirischen Untersuchungen bis 2015

Je weiter die Erforschung der Wirksamkeit religiös und spirituell angereicherter Psychotherapien voranschreitet, desto klarer scheint sich das Bild zu differenzieren: Einerseits darf mittlerweile als unbestreitbar gelten, dass die Integration von Glaube und Spiritualität insgesamt zu keiner Qualitätsminderung der Psychotherapie führt, sondern dass dadurch tendenziell sogar eine bessere Effektivität erzielt wird als durch Therapien, die darauf verzichten. Andererseits scheint auch mehr und mehr bestätigt zu werden, dass sich unter Umständen religiöse und spirituelle

---

[411] Bei Hochreligiösen bestehen oft „große Ängste und Vorbehalte gegenüber Psychiatrie und Psychotherapie, man würde in seiner Religiosität nicht verstanden, belächelt oder abgewertet. Hohe Religiosität muss im Kontext einer kulturellen Sensibiblität verstanden werden. Ungewohnte Phänomene, Riten und Tabus sind nicht a priori krankhaft, sondern Teil einer von anderen Menschen geteilten Subkultur.“ Samuel Pfeifer, Hochreligiöse Patienten in der Psychotherapie, in: Michael Utsch, Raphael M. Bonelli, Samuel Pfeifer, *Psychotherapie und Spiritualität: Mit existenziellen Konflikten und Transzendenzfragen professionell umgehen*, mit 13 Abbild. u. 14 Tabellen (Springer: Berlin, Heidelberg, 2014), 102.

[412] Mit Frederick Kanfer gesprochen: „Säge nicht den Ast ab, auf dem die Klienten sitzen, bevor du ihnen geholfen hast, eine Leiter zu bauen!“ F.H. Kanfer, H.Reinecker, D. Schmelzer, a.a.O., 554.

[413] M. Utsch, Spirituelle Psychotherapie, 55.

Elemente in der Therapie schädigend auswirken können.[414] Da Letzteres in der Psychotherapie schon seit jeher erkannt wurde, ist Ersteres das wirklich Innovative und Interessante an diesen Untersuchungen.

Der Fortschritt der vergleichenden Forschung in diesem Bereich während der vergangenen Jahre besteht zum einen darin, dass es jetzt einige Studien mehr als früher gibt, und zum anderen darin, dass der ersten Metauntersuchung durch McCullough im Jahr 1999[415] in letzter Zeit noch weitere folgten, die inzwischen einen einigermaßen akkuraten, differenzierten und kritisch reflektierten Überblick aller relevanten Studien weltweit ermöglichen.

In Mitteleuropa erregen zwar die mittlerweile zahllosen Studien über den Zusammenhang von Glaube, Spiritualität und *körperlicher* Gesundheit einiges Aufsehen,[416] aber der analoge Befund über den Zusammenhang von Glaube und Spiritualität und *seelischer* Gesundheit in Anbetracht der Psychotherapie wird anscheinend noch wenig wahrgenommen[417] und noch weniger wissenschaftlich bearbeitet und vertieft. „Hier besteht ein großer Nachholbedarf", befindet Utsch, denn es sei auch „ein hoher Bedarf" an evidenzbasierten „spirituell orientierten Psychotherapien" zu verzeichnen.[418]

Des Bedenkens und Erwähnens wert ist als Alternative oder Ergänzung zu den religiös bestimmten spirituell angereicherten Kognitiven Therapien die Option eines *existenztherapeutischen* Zugangs. Hierzu liegt eine Dissertation des deutschen

---

[414] Michael Utsch, Raphael M. Bonelli, Samuel Pfeifer, *Psychotherapie und Spiritualität: Mit existenziellen Konflikten und Transzendenzfragen professionell umgehen*, mit 13 Abbild. u. 14 Tabellen (Springer: Berlin, Heidelberg, 2014), 3, 5. Vgl. zur diesbezüglich kritischen Zurückhaltung in der mitteleuropäischen Forschung Helge Seekamp, Die besonderen Möglichkeiten christlicher Selbsthilfegruppen am Beispiel des deutschen „Endlich-Leben"-Gruppenmodells: Ein Forschungsdesign aus religionspsychologischer und konsistenztheoretischer Perspektive, in: Cura Animarum (2015) 1/1, 49-51.

[415] M.E. McCullough, a.a.O.

[416] Michael Utsch, Religiöse Interventionen in der Beratung - eine Gratwanderung, in: Astrid Giebel, Ulrich Lilie, Michael Utsch, Dieter Wentzek et al. (Hg.), *Geistesgegenwärtig beraten: Existenzielle Kommunikation, Spiritualität und Selbstorge in der Beratung, Seelsorge und Suchthilfe* (Neukirchener: Neukirchen-Vluyn, 2015), 243.

[417] Bucher gibt 2014 einen unvollständigen Überblick der entsprechenden Untersuchungen. A. Bucher, a.a.O., 196ff. Als einzige Metauntersuchung zieht er die von Smith et al. (2007) heran. Ebd., 198. Die 2011 veröffentlichte Metauntersuchung von Worthington et al. bleibt unerwähnt. Vgl. Timothy B. Smith, Jeremy Bartz, P. Scott Richards, Outcomes of religious and spiritual adaptions to psychotherapy: A meta-analytic review, in: Psychotherapy Research (2007) 17/6, 643-655; Everett L. Worthington Jr., Joshua N. Hook, Don E. Davis, Michael A. McDaniel, Religion and Spirituality, in: Norcross, John C. (Hg.), *Psychotherapy Relationships That Work: Evidence-Based Responsiveness*, 2. Aufl. (Oxford University Press: New York, 2011), 402-419.

[418] Michael Utsch, Ausschluss oder Einbeziehung spiritueller Interventionen? in: Michael Utsch, Raphael M. Bonelli, Samuel Pfeifer, *Psychotherapie und Spiritualität: Mit existenziellen Konflikten und Transzendenzfragen professionell umgehen*, mit 13 Abbild. u. 14 Tabellen (Springer: Berlin, Heidelberg, 2014), 115. „Für die deutschsprachige Psychotherapie konstatierten Richard u. Freund (2012), dass bestehende religiös-spirituelle Ansätze, seien sie buddhistisch, transpersonal oder christlich ausgerichtet, eher ein Schattendasein führen und in ihrer Wirksamkeit noch nicht im Vergleich zu einer Kontrollgruppe untersucht worden seien." Ebd.

[419] Florian A. Gebler, http://www.angstpraxis-wendepunkt.de/ueber-mich.

Psychologen und Logotherapeuten *Florian A. Gebler*[419] vor.[420] Es handelt sich um eine nicht randomisierte vergleichende Untersuchung inklusive Follow-Up mit 214 stationären Schmerzpatienten, die 2014 veröffentlicht wurde.[421] Verglichen wurde die Wirksamkeit einer konventionellen kognitiv-verhaltenstherapeutischen Gruppentherapie für Patienten mit chronischen Schmerzen mit einem entsprechenden Gruppenprogramm unter Einbezug existenztherapeutischer Elemente. Letzteres führte zu signifikant größerer Erleichterung im Vergleich zur anderen Gruppe, besonders bei Personen, die bereits eine spirituelle Orientierung mitbrachten.[422] Der existenztherapeutische Ansatz, besonders bekannt in Form der *Logotherapie*, weist als eine humanistisch geprägte sinnzentrierte Richtung seit jeher eine hohe Kompatibilität mit den Kognitiven Therapien auf.[423] *Gebler und Maercker* zufolge gehören die Existenztherapien zu den am wenigsten untersuchten Ansätze in Beratung und Psychotherapie.[424] Ihre humanistische Grundausrichtung und ihr Schwerpunkt der Bearbeitung existenzieller Themen wie Leid und Tod unter dem Leitmotiv der Frage nach Sinn scheinen sie aber besonders dafür zu prädestinieren, Spiritualität in der KVT zu implementieren. Die Untersuchung ermutigt jedenfalls zu weiteren Schritten in diese Richtung.[425]

2.2.2.1. Metaanalysen

International kamen seit 2000 nur sehr wenige wissenschaftlich relevante Studien mit *christlichen* Probanden zur Wirksamkeit der Integration von Religion, Spiritualität und Psychotherapie hinzu. Dafür liegen einige neuere Untersuchungen aus anderen Religionen vor, insbesondere dem Islam. Die meisten Studien der letzten Jahre konzentrieren sich jedoch auf Vergleiche von säkularer Psychotherapie oder Kontrollgruppen mit *nicht* religiös bestimmten Formen der Spiritualität.

Smith, Bartz und *Richards* legten 2007 eine Metaanalyse „religiöser und spiritueller Adaptionen in der Psychotherapie“ vor,[426] in der sie 31 Wirksamkeitsstudien zwischen 1984 und 2005 beleuchteten.[427] 52 % der untersuchten Studien mit insgesamt 1.845 Probanden waren mit Kognitiver Verhaltenstherapie durchgeführt worden.[428] 73 % der Probanden waren christlich, 24 % muslimisch.[429] Als Ergebnis hielten sie fest: „The results of this meta-analytic review confirm that spiritual

---

420 Bei Andreas Maercker, Professor für Psychologie an der Universität Zürich.

421 Florian A. Gebler, Andreas Maercker, Effects of Including an Existential Perspective in a Cognitive-Behavioral Group Program for Chronic Pain: A Clinical Trial with 6 Months Follow-Up, in: The Humanistic Psychologist (2014) 42, 155-171.

422 Ebd., 155.

423 Ebd., 156.

424 Ebd., 158.

425 Die Autoren weisen auch auf „einige offensichtliche Ähnlichkeiten zwischen Existenzialtherapie und der „ Acceptance and commitment therapy (ACT)“, einer Hauptrichtung der „Dritten Welle der Verhaltenstherapie“, hin. Ähnlich sei „the use of similar strategies and methods, like acceptance of unpleasant experiences, value clarification, and commitment to these values with value-based behaviors.“Ebd.

426 T.B. Smith et al., a.a.O.

427 Ebd., 643.

428 Ebd., 645.

429 Ebd., 651.

or religious adaptations to psychotherapy effectively benefit clients.“[430] Diese Arbeit wurde in der Fachwelt jedoch kritisch beurteilt. Der *Center for Reviews and Dissemination* der University of New York wies auf „methodological weaknesses“ und mangelndes „quality assessment“ der zusammengestellten Studien hin. Die Autoren hätten es auch versäumt, deren Auswahl, die zudem eine starke Heterogenität aufweise, zu begründen. Unter anderem hätte die Beschränkung auf englischsprachige Artikel möglicherweise dazu geführt, wichtige Daten zu vernachlässigen. Das Ergebnis könne darum nicht als verlässlich gelten.[431]

Die nächste Metaanalyse dieser Art wurde 2011 von *Worthington, Hook, Davis* und *McDaniel* in der zweiten Auflage des von Norcross herausgegebenen Sammelbandes „Psychotherapy Relationships That Work“ veröffentlicht.[432] Als Ergebnis ihrer Metauntersuchung halten die Autoren fest, dass die Resultate „clear findings about the effectiveness of religious and spiritual tailoring“ präsentieren. Sie sehen das vorhergehende Ergebnis von Smith et al. dadurch bestätigt.[433] Nicht erwiesen sei allerdings eine höhere Effektivität spirituell erweiterter Psychotherapie bei Klienten, die eine solche nicht von sich aus bevorzugen. Fest stehe damit nur, dass spirituell erweiterte Psychotherapie eine Methode der Wahl für Klienten sein kann, die sich auch tatsächlich dafür aussprechen. Sie vermuten, dass die Effektivität spirituell erweiterter Psychotherapie mit dem Maß der religiösen oder spirituellen Hingabe der Klientel korreliert. Darum empfehlen sie derartige Therapien vor allem für „highly religious or spiritual patients.“[434]

In der 2002 veröffentlichten ersten Auflage standen den Autoren zufolge insgesamt nur elf christliche und muslimische Studien für die dort präsentierte Metauntersuchung zur Verfügung;[435] nunmehr gebe es 51 Studien mit insgesamt 3.290 Probanden.[436] 21 dieser Studien wurden mit Kognitiver Verhaltenstherapie, Kognitiver Therapie oder REVT durchgeführt, davon waren neun christlich, sieben muslimisch, eine taoistisch, eine jüdisch und drei wurden als „general“ bezeichnet, was in diesem Fall offenbar bedeutet, dass die Probanden verschiedenen Religionen angehörten (Tabelle 02)[437].

Die bislang einzige *jüdische Studie* von *Rosmarin* ist eine im Internet frei zugängliche Dissertation an der Bowling Green State University, Ohio.[438] Der Autor führte unter dem Namen „Increase Your Trust in God“ ein spirituell angereicher-

---

430 Ebd.

431 The University of New York, Center for Reviews and Dissemination, T.B. Smith, J. Bartz, J., P. Richards, Outcomes of religious and spiritual adaptions to psychotherapy: A meta-analytic review, National Center for Biotechnology Information (NCBI), U.S. National Library of Medicine, PubMed Health, 2007, http://www.ncbi.nlm.nih.gov/pubmedhealth/PMH0024794/, Download 1. Oktober 2015.

432 E.L. Worthington et al., a.a.O.

433 Ebd., 408.

434 Ebd., 415.

435 Ebd., 402.

436 Ebd., 408.

437 Ebd., 409-411.

438 David Hillel Rosmarin, A Randomized Controlled Evaluation of a Spiritually Integrated Cognitive Behavioral Intervention for Sub-Clinical Anxiety Among Jews, delivered via the internet, Doktoral-Dissertation an der Bowling Green State University bei K.I. Pargament et al., 2010, https://etd.ohiolink.edu/!etd.send_file?accession=bgsu1261350144&disposition=inline, Download 1. September 2015.

tes kognitiv verhaltenstherapeutisches Programm mit 125 jüdischen Teilnehmern im Internet durch, das besonders auf durchstrukturierten Übungen basierte.[439] Die Teilnehmer erfuhren signifikante Verbesserungen ihrer depressiven Befindlichkeit wie auch Stärkung ihres Gottvertrauens.[440]

Autoren	Religion	Problem	Therapie
Azhar et al 1994	muslimisch	Angst	KVT
Azhar & Varma 1995a	muslimisch	Depression	KVT
Azhar & Varma 1995b	muslimisch	Depression	KVT
Barron 2007	„general“	Depression	KVT
Gibbel 2010	„general“	Depression	KT[441]
Hawkins et al. 1999	christlich	Depression	KVT
Johnson & Ridley 1992	christlich	Depression	REVT
Johnson et al. 1994	christlich	Depression	REVT
Nohr 2001	„general“	Stress	KVT
Pecheur & Edwards 1984	christlich	Depression	KT
Propst 1980	christlich	Depression	KT
Propst et al. 1992/1	christlich	Depression	KVT
Propst et al. 1992/2	christlich	Depression	KVT
Razali et al. 1998/1	muslimisch	Angst	KT
Razali et al. 1998/2	muslimisch	Depression	KT
Razali et al. 2002/1	muslimisch	Angst	KT
Razali et al. 2002/2	muslimisch	Angst	KT
Rosmarin 2010	jüdisch	Angst	KVT
Scott 2001	christlich	Brustkrebs	KVT
Tonkin 2005	christlich	Essstörung	KVT
Zhang et al. 2002	taoistisch	Angst	KT

Tabelle 02: Kognitiv therapeutische und kognitiv verhaltenstherapeutische Studien in der Metaanalyse von Worthington et al. 2011. Die in der Metaanlyse von McCullough 1999 untersuchten Studien sind grau hinterlegt.

[439] Ebd., 7ff.

[440] Ebd., 28.

[441] Kognitive Therapie.

Die bislang einzige *taoistische Studie*[442] stammt aus China und vereinte chinesischen Taoismus mit Kognitiver Therapie in der Behandlung von 143 Patienten mit Generalisierter Angststörung.[443] Die Kontrollgruppe wurde mit Benzodiazepinen behandelt. Es erwies sich, dass dort die unmittelbare Wirkung wie zu erwarten höher war als in der Gruppe mit „Chinese Taoist cognitive psychotherapy (CTCP)", während aber nach sechs Monaten die CTCP signifikant stärkere Wirkung zeigte. Das Programm ist den Autoren zufolge ein hoffnungsvoller Versuch, der steigenden Problematik psychischer Störungen im psychotherapeutisch noch völlig unterversorgten China zu begegnen und dabei auf adäquate Weise die soziokulturellen Gegebenheiten des konfuzianisch und taostisch geprägten Denkens der Bevölkerung zu integrieren, statt westliche Therapieformen zu übernehmen, die dort auf wenig Akzeptanz stoßen würden.[444]

Die *christlichen Studien* von *Scott* und *Tonkin* sind unveröffentlichte Dissertationen,[445] von denen es offenbar keine Zeitschriftenartikel gibt.[446] Das Problemgebiet der Probanden Scotts ist keine psychische Störung oder Erkrankung;[447] diese Arbeit scheint also nicht ganz in den Rahmen zu passen. Bei *Barron* (2007) wurde Anderson et al. zufolge eine christliche KVT verwendet, aber auch diese Arbeit gibt es nur als unveröffentlichte Dissertation.[448] Die Studie von *Gibbel* (2010) fällt wiederum etwas aus dem Rahmen, weil a) die Daten wie bei Rosmarin aus einer „computer-delivered therapy" erhoben wurden, b) die Teilnehmerschaft gemischt religiös war, wenn auch überwiegend christlich,[449] und c) es sich um eine Dissertation handelte, von der anscheinend nur ein Abstract zur Verfügung steht.[450] Ob die zweite Studie von Propst et al. von 1992 als eigenständiges Design angesehen werden kann, ist unwahrscheinlich, weil eine solche sonst nicht in der einschlägigen Literatur erwähnt wird und sie nicht zuletzt auch in der Metaanalyse von Anderson (2015) fehlt.[451] Man wird diese Studie also streichen dürfen.

Das bedeutet, dass bei den *christlichen* Studien mit Kognitiver Therapie und Kognitiver Verhaltenstherapie nur die von *Hawkins et al.* (1999), die McCullough wahrscheinlich nicht mehr rechtzeitig wahrgenommen hat, als öffentlich zugängliche und sich im Rahmen der vergleichbaren anderen Studien bewegende übrig

---

[442] Yalin Zhang, Derson Young, Sing Lee, Lingjang Li et al., Chinese Taoist Cognitive Psychotherapy in the Treatment of Generalized Anxiety Disorder in Contemporary China, in: Transcultural Psychiatry (2002) 39/1, 115-129.

[443] Ebd., 116.

[444] Ebd., 116ff.

[445] Eigene Internetrecherche.

[446] Dito.

[447] Die Dissertation heißt „Faith supportive group therapy and symptom reduction in Christian breast cancer patients".

[448] Naomi Anderson, Suzanne Heywood-Everett, Najma Siddiqi, Judy Wright et al., Faith-adapted psychological therapies for depression and anxiety: Systematic review and meta-analysis, in: Journal of Affective Disorders (2015) 176, 188. Abstract unter https://books.google.de/books/about/Effect_of_Religious_Coping_Skills_Traini.html?id=9_LMPcoSoflC&redir_esc=y.

[449] Ebd., 187.

[450] Das vermerken Anderson et al., 188. Meine eigene Suche nach der Dissertation oder einem Fachartikel war ebenfalls ergebnislos. Das Abstract findet sich unter Meryl Gibbel, http://scholarworks.bgsu.edu/psychology_diss/6/ (Permalink).

[451] N. Anderson et al., a.a.O., 183-196.

bleibt. Das ist für den Zeitraum von zehn Jahren Forschungsarbeit bemerkenswert wenig, zumal die Studie von Hawkins et al. in der Metauntersuchung von Anderson et al. (2015) *keine* Erwähnung mehr findet, was zur Vermutung Anlass gibt, dass sie von den Autorinnen als nicht reliabel eingestuft wurde. Andererseits führten Worthington et al. 21 Studien in ihrer Übersicht auf, in denen eine „general spirituality“ Untersuchungsgegenstand war[452]. Das zeigt zum einen, dass sich der Schwerpunkt der vergleichenden Untersuchungen zu Spiritualität, Religion und Psychotherapie auf Spiritualität im Allgemeinen verlagert hat, was zum andern aber auch die Frage aufwirft, welcher wissenschaftliche Aussagewert solchen Studien zugesprochen werden darf, da es keinerlei verbindlich normierende Definition von „allgemeiner Spiritualität“ gibt.[453]

Diesem Befund folgend sieht es zunächst so aus, als lägen mittlerweile ungefähr gleich viele Studien mit muslimischen Probanden wie mit christlichen vor. Der Eindruck bestätigt sich allerdings bei näherer Betrachtung nicht. Es ist unersichtlich, warum Worthington et al. je zwei Depressionsstudien von *Azhar und Varma* aus dem Jahr 1995 und zwei von *Razali et al.* je aus den Jahren 1998 und 2002 aufgeführt haben. Weder finden sich diese Doppelungen bei der Literaturrecherche noch sind sie bei Anderson et al. verzeichnet.[454] Außerdem ist der Wortlaut des 2002 veröffentlichten Artikels über die Untersuchung der malaysischen Forschergruppe um Razali weitgehend identisch mit dem des Artikels von Razali et al. aus dem Jahr 1998. Auch das Ergebnis ist außerordentlich ähnlich. Es könnte sich um die Replikation der Studie von 1998 handeln. Allerdings wäre zu erwarten, dass darauf Bezug genommen würde, zumal auch die Autorenschaft abweicht. Das geschieht jedoch mit keinem Wort. Die Veröffentlichung von 1998 ist nicht einmal im (schmalen) Literaturverzeichnis aufgeführt. Das wirft leider ein zweifelhaftes Licht auf die Verlässlichkeit dieser Studie.

In der 2014 durchgeführten und 2015 veröffentlichten Metauntersuchung von *Naomi Anderson et al.*[455] über „faith-adapted psychological therapies“ bei Depression und Angst[456] finden sich außer den genannten allerdings mit *Akuchekian et*

---

[452] E.L. Worthington et al., a.a.O., 409-411.

[453] „Whilst religiosity is relatively straight-forward to measure, spirituality is more difficult.“N. Anderson et al., a.a.O., 185.

[454] Bei der zweiten Studie von Azhar & Varma (2015) mag es sich um den Artikel über Trauer handeln. M.Z. Azhar, S.L. Varma., Religious psychotherapy as management of bereavement,a.a.O. Dass Razali et al. (1998) als zwei Untersuchungen dargestellt wird, kommt wahrscheinlich daher, dass ihr 1998 veröffentlichter Artikel sowohl von Angst- als auch von Depressionspatienten handelt. S.M. Razali, C.I. Hasanah et al., Religious-sociocultural psychotherapy in patients with anxiety and depression, a.a.O. Der Artikel von 2002 führt aber nur noch die Angst im Titel auf. Salleh Mohd. Razali, Aminah Kassim, Ali Khan Umeed, Religious–Cultural Psychotherapy in the Management of Anxiety Patients, in: Transcultural Psychiatry (2002) 39/1, 130-136.

[455] Die Autorinnen sind Mitarbeiterinnen der University of New York, der Hull and York Medical School, des Bradford District Care Trust und der University of Leeds. Naomi Anderson et al., Faith-based Adaptions ofn Psychological therapies for depression and anxiety [zusammenfassender Überblick] http://www.im-cms.co.uk/pdf/RCPSYCH2014/slide/P67 _NaomiAnderson.pdf.

[456] N. Anderson et al., a.a.O.

[457] Aus dem Arabischen übersetzt. Ebd., 188.

al. von 2011[457] und *Ebrahimi et al.* von 2013[458] noch zwei weitere muslimische Studien aus dem Iran[459], die religiös angereicherte KVT mit nicht-religiöser vergleichen. Ebrahimis Ergebnisse wurden aber als statistischer Ausreißer eingestuft und darum aus dem Gesamtergebnis ausgeschlossen.[460] Auch für den außergewöhnlich hohen Vergleichswert religiöser KVT bei Akuchekian vermuten die Autorinnen, dass er als Ausreißer letztendlich aus dem Gesamtergebnis fallen müsste.[461] Keinen Eingang in diese Metaanalyse haben die muslimischen Studien von *Safara et al.* mit depressiven iranischen Frauen (2012)[462] und eine weitere 2015 veröffentlichte Depressionsstudie von *Mir et al.* aus dem Jahr 2015[463] gefunden. Letztere konnte wahrscheinlich nicht berücksichtigt werden, weil sie noch nicht veröffentlicht war.

Die Studie von Anderson et al. zeichnet sich dadurch aus, dass sie besonderen Wert auf wissenschaftliche Gründlichkeit und Zuverlässigkeit legt. Das Verfahren zur Feststellung des internationalen Forschungsbefunds wie auch zur Auswahl der für die Metanalyse geeigneten Studien scheint mit hoher Sorgfalt geplant und durchgeführt worden zu sein. Berücksichtigung fanden nur randomisierte kontrollierte Studien. Ein sprachlich bedingtes Übersehen relevanter Studien wurde vermieden.[464] Im Unterschied zu ihren Vorgängern urteilen die Autorinnen nach dieser Vorarbeit, dass die letztlich 16 verbleibenden relevanten Studien allesamt kognitiv therapeutische oder kognitiv verhaltenstherapeutische Designs verwendeten.[465] Sie kommen zu dem Ergebnis, dass für den Gebrauch kognitiv verhaltenstherapeutischer „faith-adepted“ Psychotherapien[466] (F-CBT) insgesamt statistisch signifikante Vorteile nachgewiesen sind.[467] Allerdings sei dieses Ergebnis davon überschattet, dass sie bei den zur Verfügung stehenden Daten „substantial metho-

458 Amrollah Ebrahimi, Hamid Taher Neshatdoost, Seyed Ghafur Mousavi, Ghorban Ali Asadollahi et al., Controlled randomized clinical trial of spirituality integrated psychotherapy, cognitive-behavioral therapy and medication intervention on depressive symptoms and dysfunctional attitudes in patients with dysthymic disorder, in: Advanced Biomedical Research (2013) 2/2, 1-7.

459 Research Gate, Shala Akuchekian, https://www.researchgate.net/profile/Shahla_Akuchekian /publications, Download 10. Februar 2016; A. Ebrahimi et al., a.a.O., 6.

460 N. Anderson et al., 189.

461 Ebd., 191f. Was nicht bedeutet, dass die Ergebnisse deswegen falsch sein müssen.

462 Maryam Safara, MS Bhatia, TB Singh, M. Dezhkam, Comparing the Effect of Cognitive Therapy and Spiritual Therapy on Depression between Iranian Students Residing in Iran and India, in: Delhi Psychiatry Journal (2012) 15/1, 85-98.

463 Ghazala Mir, Shaista Meer, David Cottrell, Dean McMillan et al., Adapted behavioural activation for the treatment of depression in Muslims, in: Journal of Affective Disorders (2015) 180, 190-199.

464 „Two Persian full-text articles and a number of French, German, Dutch and Arabic abstracts were translated.“ N. Anderson et al., 185.

465 N. Anderson et al., 183.

466 Sie sagen pauschal F-CBT dazu: Faith-adapted Cognitive Behavior Therapy.

467 Die Glaubensbestandteile dieser Therapien sind Anderseon et al. zufolge „discussion of religious teachings or scriptures as supportive evidence to counter irrational thoughts or to support cognitive or behavioural change“, „use of positive religious or spiritual coping techniques“, „promotion of helpful belief or value systems, or use of shared value systems to strengthen therapeutic relationships“ und „incorporation of religious practises such as prayer.“ N. Anderson et al., 187.

dological limitations“ festgestellt hätten. Darum hielten sie es für verfrüht, klare Empfehlungen (firm recommendations) hinsichtlich des Wertes solcher Therapien auszusprechen. Dazu fehlten noch weitere wissenschaftlich einwandfrei durchgeführte Studien.[468]

Besonders bemängeln Anderson et al., dass fast alle für die Metaanalyse akzeptierten Studien von den Autoren selbst durchgeführt worden seien. Das sei hoch problematisch, weil die Wahrscheinlichkeit dadurch sehr hoch sei, dass Ergebnisse durch Vorurteile der Untersuchenden beeinflusst wurden. Es sei darum möglich, wenn nicht wahrscheinlich, dass die reportierten Effektstärken der F-CBT in diesen Studien überhöht seien.[469] Außerdem würden vor allem die Follow-up-Resultate in den Arbeiten von Azhar et al. darauf hindeuten, dass die zunächst höhere Wirkung spirituell und religiös angereicherter Therapien nach einiger Zeit von den Kontrollgruppen säkularer KVT kompensiert werden könne. Die Autorinnen schließen daraus, dass der besondere Nutzen einer F-CBT darin bestehen könne, stark religiösen Menschen, vor allem auch solchen, die einem entsprechenden sozialen Kontext angehören, den Zugriff auf die kognitiv verhaltenstherapeutische Methodik deutlich zu erleichtern.[470]

Das Forschungsprojekt intendierte keine Beschränkung auf Depression und Angst, vielmehr zeigte sich bei der Untersuchung des Materials, dass für die Metanalyse nur noch Arbeiten über diese beiden Störungsspektren übrig blieben. Einer der Gründe dafür war das Auswahlkriterium, keine Studien einzubeziehen, die keine explizite Psychotherapie zum Gegenstand hatten.[471] Verzichtet wurde ferner auf Untersuchungen mit achtsamkeitsbasierten Verfahren, weil sie in der Regel trotz ihrer Ableitung aus Buddhismus und Hinduismus keinen „faith-adapted approach“ beinhalteten.[472] Das erklärt wahrscheinlich, dass sich die vergleichsweise hohe Zahl von „allgemein spirituell“ orientierten Studien bei Worthington et al. in dieser Metauntersuchung nicht wiederfindet.

Die Übersicht der von Anderson et al. erfassten Studien in Tabelle 03 zeigt im Vergleich mit den in der Metanalyse erfassten kognitiv therapeutischen und kognitiv verhaltenstherapeutischen Studien von *Worthington et al.*, dass die Arbeiten

---

[468] Ebd., 183. Die ein Jahr zuvor veröffentlichte Metaanlyse zur Effektivität spirituell angereicherter KVT von Forschern in Kalifornien und Singapur fand nur neun relevante Studien zu den Themen Depression, Angst und Schizophrenie im gesamten Literaturfundus, entdeckte darin keine signifikanten Vorteile im Vergleich zu säkularer KVT und resümierte: „religiously modified CBT cannot be considered a well-established psychological intervention for the treatment of the foregoing mental disorders“, akzeptabel könne sie wohl nur als „treatment modality for individuals with strong religious convictions“ sein. Caroline Lim, Kang Sim, Vidhya Renjan, Hui Fang Sam, Soo Li Quah, Abstract von: Adapted cognitive-behavioral therapy for religious individuals with mental disorder: A systematic review, Asian Journal of Psychiatry (2014) 9, 3-12, http://www.asianjournalofpsychiatry.com/article/S1876-2018%2813%2900384-5/abstract, Download 7. April 2016. Im Licht der Analyse von Anderson et al. erscheint die Auswahl zu eng und das Urteil zu streng.

[469] N. Anderson et al., 193f. „Researcher allegiance is well recognised as an important form of bias in psychological studies“. Ebd., 193.

[470] „Thus, using their existing religious beliefs and skills in order to bring about change may be quicker than teaching a client a whole new set of skills to modify their depressive symptoms, resulting in a quicker recovery.“ Ebd., 194.

[471] Ebd., 186. Durch dieses Kriterium schieden 17 Studien der Vorauswahl aus. Ebd.

[472] Ebd., 185.

von *Hawkins et al.* (1999), *Nohr* (2001), *Scott* (2001) und *Tonkin* (2005) keine Berücksichtigung mehr fanden und dass die Arbeiten von *Akuchekian et al.* (2011), *Armento et al.* (2012), *Bowland et al.* (2012) und *Ebrahimi et al.* (2013) hinzukamen. Von Akuchekian et al. ist mittlerweile auch eine englischsprachige auf 2015 datierte Studie im Internet zugänglich.[473] Bei der Studie von Armento et al. handelt es sich um eine im Internet frei zugängliche Dissertation an der University of Tennessee aus dem Jahr 2011 über eine christliche Behavioral Activation Therapy im Einzelsetting mit 50 depressiven Studenten,[474] die ein Jahr später als Fachartikel präsentiert wurde.[475] Die Studie von Bowland wertet eine christliche Gruppentherapie mit 43 interpersonal traumatisierten älteren Frauen aus.[476] In beiden Programmen erwies sich die religiöse Variante gegenüber der Kontrollgruppe als deutlich effektiver.

Parallel zur Untersuchung von Anderson et al. entstand an zwei brasilianischen Universitäten eine ebenfalls breit angelegte Metaanalyse von *Gonçalves et al.* über „Religious and spiritual interventions in mental health care", die ebenfalls 2015 veröffentlicht wurde.[477] Nach dem Befund dieser Forscher gingen aus den mehr als 4.500 Studien der umfassenden Literaturrecherche 23 relevante randomisierte Studien hervor. Vornehmlich bei Angststörungen bescheinigen die Autoren, dass spirituelle Maßnahmen „showed additional benefits compared with control groups, including reduction of clinical symptoms".[478] Obwohl diese Analyse expressis verbis wie auch die von Anderson et al. unter anderem bei den Metauntersuchungen von McCullough (1997) Smith (2007) anknüpft, divergieren die Ergebnisse, abgesehen von diesem Fazit, auffallend stark. Dafür lassen sich mehrere Gründe erkennen. Erstens: Diese Analyse ist im Unterschied zu der von Anderson et al. sprachlich eingeschränkt: Es fanden nur englische, spanische und portugiesische Veröffentlichungen Eingang.[479] Zweitens: Es verblieben nur Studien aus dem

---

[473] Research Gate, Shala Akuchekian, https://www.researchgate.net/profile/Shahla_Akuchekian/ publications, Download 11. Februar 2016

[474] Armento, Maria Elizabeth Anne, Behavioral Activation of Religious Behaviors: Treating Depressed College Students with a Randomized Controlled Trial, University of Tenessee, Knoxville, Trace: Tennesse Research and Creative Exchange, Doctoral Dissertations, 2011/8, http://trace.tennessee.edu/cgi/viewcontent.cgi?article=2209&context=utk_graddiss, Download 11. Februar 2016. Behavioral Activation Therapy gilt als eine aus der KVT hervorgegangen „Third-Wave"-Therapie.

[475] Maria E. Armento, James K. McNulty, Derek R. Hopko, Behavioral Activation of Religious Behaviors (BARB): Randomized Trial with Depressed College Students, in: Psychology of Religion and Spirituality (2012) 4/3, 206-222.

[476] Sharon Bowland, Tonya Edmond, Roger D. Fallot, Evaluation of a Spiritual Focuse Intervention with Older Trauma Survivors, Social Work (2012) 57/1, 73-82. Besonders bemerkenswert an dieser Studie ist, dass sie von drei etablierten Forschern erstellt wurde. Ebd., 82. Angaben zu Bowland s. Eastern Washington University, School of Social Work, https://www.ewu.edu/csbssw/programs/social-work/faculty/bowland-sharon.

[477] J.P.B. Gonçalves, G. Lucchetti, P.R. Menezes, H. Vallada1, Religious and spiritual interventions in mental health care: a systematic review and meta-analysis of randomized controlled clinical trials, in: Psychological Medicine (2015), 45, 2937–2949.

[478] Ebd., 2946.

[479] Ebd., 2938.

Autoren	Religion	F-CBT verglichen mit	
		Standard-CBT	Kontrollgruppe
Akuchekian et al. 2011	muslimisch	✔	
Azhar et al. 1994	muslimisch		✔
Azhar & Varma 1995	muslimisch		✔
Armento et al. 2012	„spiritual“[480]		✔
Barron 2007	christlich	✔	
Bowland et al. 2012	christlich		✔
Ebrahimi et al. 2013	muslimisch	✔	
Gibbel 2011	„spiritual“	✔	
Johnson & Ridley 1992	christlich	✔	
Johnson et al. 1994	christlich	✔	
Pecheuer & Edwards 1984	christlich	✔	
Propst et al. 1992	christlich	✔	
Razali et al. 1998	muslimisch		✔
Razali et al. 2002	muslimisch		✔
Rosmarin 2010	jüdisch		✔
Zhang et al. 2002	taoistisch		✔

Tabelle 03: Übersicht der Studien in der Metanalyse von Anderson et al. 2015. Die bereits von Worthington et al. 2011untersuchten Studien sind grau hinterlegt.

Zeitraum zwischen 2005 und 2013 in der letzten Auswahl.[481] Weil die Autoren aber mitteilen, dass der Veröffentlichungszeitpunkt der Studien für die Auswahl *keine* Rolle spielte,[482] wäre allerdings daraus zu schließen, dass es vor 2005 keine einzige Studie gegeben haben müsste, die den erforderlichen wissenschaftlichen Kriterien entsprochen hätte, was wohl bezweifelt werden dürfte, vor allem weil drittens das Spektrum der in Betracht gezogenen Studien sehr breit angelegt war: Zum einen wurden neben konventionellen psychotherapeutischen Maßnahmen auch Studien über den Einsatz von „audiovisuellen Ressourcen“[483], Meditation und „pastoralen Diensten“[484] aufgenommen, zum andern kamen in diesen Studien die Methoden überwiegend supportiv bei der Behandlung *körperlicher*

[480] „Spiritual“ als Kennzeichnung des Verfahrens bedeutet bei Anderson et al. analog zu „general“ bei Worthington et al., dass die Studie nicht auf eine spezielle Religionszugehörigkeit festgelegt war. Armentos Arbeit ist allerdings eindeutig christlich bestimmt.

[481] Ebd., 2939.

[482] Ebd., 2938.

[483] „Audiovisual resources“. Ebd., 2939.

[484] „Pastoral services“. Ebd.

Krankheiten zum Einsatz.[485] Bei nur neun der 23 verbleibenden Studien handelt es sich um herkömmliche Psychotherapie, sieben wurden mit Meditation durchgeführt, fünf mit „audiovisuellen Ressourcen" und zwei mit „pastoralen Diensten". Unklar bleibt die Unterscheidung von „audiovisuellen Ressourcen" und Psychotherapie[486]; da die hierbei ausgewählten Studien mit psychotherapeutischen Zielgruppen arbeiteten,[487] ist anzunehmen, dass es sich ebenfalls um psychotherapeutische Interventionen handelte. Mithin entstammen also ungefähr die Hälfte der 23 Studien dem Bereich der Psychotherapie.

Neun Studien insgesamt befassten sich mit spezifisch psychischen Problemen.[488] Daran und natürlich auch an der Beschränkung der Analyse von Anderson et al. auf „psychological therapies" mag es liegen, warum sich das Ergebnis der beiden Metauntersuchungen nur in zwei Studien überschneidet, nämlich denen von Bowland und Rosmarin. Bemerkenswert ist dabei allerdings erstens auch, dass auch Gonçalves et al. auf die Metauntersuchungen von McCullough und Smith rekurrieren, in welchen sich wesentlich mehr Übereinstimmung mit dem Ergebnis von Anderson et al. findet. Bemerkenswert ist zweitens, dass Gonçalves et al. die kritisch bewertete Untersuchung von Smith et al. der von Worthington et al. vorziehen, indem sie Letztere noch nicht einmal erwähnen, obwohl sie mit der Feststellung „Previously, three meta-analyses compared conventional treatments with R/S[489]" den Eindruck der Vollständigkeit Ihrer Darstellung erwecken.[490] Die dritte von ihnen einbezogene Metauntersuchung wurde 2012 von den Koreanern *Oh* und *Kim* veröffentlicht.[491] Das Spektrum dieser Untersuchung, die zu dem Ergebnis kam, spirituelle Interventionen könnten vor allem bei Depression und Angst Erleichterung verschaffen,[492] ist allerdings noch weiter als das bei Gonçalves et al. Untersucht wurden Studien zur „biologischen, psychologischen und spirituellen" Wirkung spiritueller Maßnahmen.[493] Auch nicht-randomisierte Studien fanden dort Berücksichtigung, wie auch solche über die Wirkung von Fürbitten und „distance healing".[494]

---

[485] Ebd., 2941.

[486] Zum Beispiel ist die auch darunter aufgeführte Studie von Rosmarin eindeutig psychotherapeutisch bestimmt.

[487] Angst, Schizophrenie, Depression/Stress, Sucht und, wenn auch nicht als psychische Störung zu klassifizieren, chronischer Schmerz. Ebd., 2941.

[488] Außer den genannten sind noch zwei Studien mit Posttraumatischer Belastungsstörung aufgeführt, eine davon die bereits vorgestellte von Bowland. Ebd.

[489] „Religion/Spirituality".

[490] Mit Anderson et al. erwähnen sie, allerdings mehr beiläufig, die Metauntersuchung von Hook (2010), die hier keine Erwähnung gefunden hat, weil sie von Worthington et al. (2011) rezipiert wurde (Worthington war Mitautor der Studie von Hook 2010 und vice versa Hook Mitautor der von Worthington 2011).

[491] Pok Ja Oh, Young Hyun Kim, Meta-Analysis of Spiritual Intervention Studies on Biological, Psychological, and Spiritual Outcomes, in: Journal of Korean Academy of Nursing (2012) 42, 833–842.

[492] Ebd., Abstract.

[493] Ebd.

[494] J. P. B. Gonçalves et al., 2944.

Die Australier *Ross et al.* wählten in ihrer 2015 veröffentlichten Metastudie[495] aus ursprünglich über 3.000 Artikeln neun Studien, die im Zeitraum von 2010 an durchgeführt wurden.[496] Berücksichtigt wurden nur englischsprachige Arbeiten; Kernkriterium der Auswahl war das Peer-Reviewing der Artikel. Randomisiert waren sechs der neun Studien. Die behandelten Probleme bei diesen sechs Studien waren Krebs im finalen Stadium (1), Brustkrebs (1), Generalisierte Angststörung (1), Partnerschaftskonflikt (1), Trauma (1) und Schizophrenie (1).[497] Die spirituell angereicherten therapeutischen Interventionen wirken ziemlich heterogen. Der bei der Partnerschaftstudie verwendete „Hope Focused Couple Approach“[498] ist ein von Worthington et al. präsentierter vergebungszentrierter Paarberatungsansatz, der nicht zuletzt Pastoren für den seelsorgerischen Dienst empfohlen wird.[499] Mithin ist dieser Ansatz per se bereits ein spiritueller Ansatz mit starker Affinität zum christlichen Glauben. Bei der Testgruppe dieser Untersuchung handelte es sich um dasselbe Programm, dass noch mit zusätzlichen religiösen Elementen versehen war, die Kontrollgruppe wurde mit dem Standardprogramm behandelt. 94 % der Probanden waren Christen. Es überrascht nicht wirklich, dass kein signifikanter Unterschied zwischen den Effekten der beiden Programme festgestellt wurde.[500] Die bei der Traumastudie verwendete Methodik, das „Building Spiritual Strength (BSS)“[501], ist ein acht Sitzungen umfassendes, von dafür geschulten Pastoren (!) durchgeführtes Gruppenprogramm mit dem Ziel, Kriegsveteranen bei der Verarbeitung ihrer Gewissenskonflikte zu unterstützen.[502] Die Kontrollgruppe war Ross et al. zufolge „non-active“; die Resultate der Untersuchung seien, wiederum nicht ungedingt überraschend, „ambiguous“.[503]

Unter den randomisierten Studien findet sich einzig die Angststudie von *Kos-*

---

[495] Julianne J. Ross, Gerard A. Kennedy, Francis Macnab, The effectiveness of spiritual/religious interventions in psychotherapy and counselling: a review of the recent literature (PACFA: Melbourne, 2015), http://www.pacfa.org.au/wp-content/uploads/2012/10/Spiritual-and-Religious-Therapy-Literature-Review.pdf, Download 7. April 2016.

[496] Ebd., 3f. Sie kommen zu dem Schluss, dass dem Befund nach auf jeden Fall positive Effekte spirituell angereicherter Therapien bei verschiedenen psychischen und körperlichen Erkrankungen zu verzeichnen seien, dass aber keine eindeutige Überlegenheit gegenüber säkularen Therapien festgestellt werden könne. Ebd., 12f.

[497] Ebd., 4f.

[498] Ebd., 5.

[499] Everett Worthington, Couple Therapy: A New Hope-Focused Approach (in press), http://www.evworthington-forgiveness.com/all-books/couple-therapy-a-new-hope-focused-approach-in-press, Download 12. April 2016; Everett L. Worthington, Jennifer S. Ripley Joshua N., Hook, Anrda J. Miller, Why Is The Hope-Focused Couple-Approach Effective? Target Journal: Marriage and Family: A Christian Journal (2007) http://hopecouples.com/resources/Why%20is%20the%20Hope%20Couples%20Approach%20Effective%20article.pdf, Download 12. April 2016.

[500] J.J. Ross et al., a.a.O., 5.

[501] Ebd.

[502] Bristol-Myers Squibb, Building Spiritual Strength: A Faith-Based Intervention Designed to Address Moral Injury, http://www.bms.com/foundation/veterans-mental-health-well-being/Pages/Building-Spiritual-Strength-A-Faith-Based-Intervention-Designed-to-Address-Moral-Injury.aspx, Download 12. April 2016.

[503] J.J. Ross et al., a.a.O., 5.

zycki et al. (2014) auch bei Gonçalves et al. Die verbleibende Schizophreniestudie von *Weisman de Mamai et al.* (2014) ist weder bei Gonçalves et al. noch bei Anderson et al. enthalten. Das liegt vielleicht am Veröffentlichungsdatum. Ross et al. zufolge ist allerdings auch die Studie von Koszycki et al. nicht vorbehaltlos valid und an der von Weisman de Mamai haftet der Makel einer Drop-out-Quote von einem Drittel der Probanden.[504]

2.2.2.2. Diskussion

Die Darstellung der bis dato vorhandenen Metauntersuchungen der vergleichenden Studien zur Wirksamkeit spirituell angereicherter psychotherapeutischer Maßnahmen zeigt erstaunlich divergierende Ergebnisse auf. Es deutet sich aber an, dass die Abweichungen zum Teil aus der Unvollständigkeit der Bestandsaufnahme, den unterschiedlichen Validitätskriterien und insbesondere auch aus der Heterogenität der untersuchten Komplexe von körperlichen, psychischen und spirituellen Problemen und der Vielfalt wahrgenommener Interventionen resultieren. Dass eindeutige wissenschaftliche Kriterien für die Definition von „Spiritualität“ fehlen, ist nur ein Aspekt unter anderen davon.

Die derzeit höchste wissenschaftliche Glaubwürdigkeit in diesem Forschunsprocedere scheint sich dort zu finden, wo die Datenlage am klarsten geordnet ist. Aufgrund der deutlich erkennbaren Kontinuität mit vorhergehenden Metaanalysen ist die Evidenz bei der Arbeit von Anderson et al. am größten. Die Beschränkung des Untersuchungsspektrums auf „psychological therapies“ ist wissenschaftlich hilfreich, weil deren Benennung von vornherein eine diffuse Heterogenität der verglichenen Maßnahmen verhindert.

Die Metaanalyse von Anderson et al. der Studien, in denen die Wirksamkeit spiritueller und religiöser Psychotherapien durch vergleichende empirische Untersuchungen eruiert wurde, hat Licht in die Ungereimtheiten der vorhergehenden Untersuchungen zum selben Thema gebracht, den Stand der Dinge aktualisiert und das wissenschaftliche Niveau verbessert. Bemerkenswert ist das Ergebnis, dass alle empirisch verlässlichen Studien mit Kognitiver Therapie oder Kognitiver Verhaltenstherapie durchgeführt wurden. Das bestätigt deutlich die Hypothese, dass es kein Zufall war, wenn sich die historische Genese der wissenschaftlichen Arbeit an der Integration von Spiritualität und Psychotherapie von Beginn an vor allem im Horizont der KVT vollzog. Ferner darf festgehalten werden, dass sich nach dem Stand der Forschung die Anwendung von spirituell angereicherter Psychotherapie bislang am besten bei Angststörungen und Depressionen bewährt hat.

Interessant ist zudem, dass sich das Forschungsprocedere zunehmend interkulturell ereignet. Insbesondere die muslimischen Studien zeigen an, dass es offenbar unter der Voraussetzung der an den Bedürfnissen der Klientel orientierten Einbeziehung der jeweiligen soziokulturellen und religiösen Gegebenheiten eine hohe interkulturelle Konsensfähigkeit für kognitiv verhaltenstherapeutische Einsichten und Maßnahmen gibt. Das spricht dafür, das bislang meist mit der Integration spiritueller und religiöser Elemente assoziierte Paradigma, es handle sich um einen Extraservice für relativ unbedeutende Subkulturen, zunehmend als überholt anzusehen. Im Zuge von Migration und Globalisierung scheint vielmehr der Gesichts-

[504] Ebd.

punkt des spirituellen und religösen *Zuschnitts*[505] eine durchaus vorrangige Bedeutung zu erhalten, um überhaupt den *Zutritt* für psychotherapeutische Hilfestellungen bei den unterschiedlichen Zielgruppen zu erhalten.

Mittlerweile ist festzustellen, dass sich der Schwerpunkt empirischer Untersuchungen der genannten Art von den ursprünglich dominierenden *christlichen* Fragestellungen und Intentionen weg einerseits zu *muslimischen* und andererseits zu unspezifisch *spirituellen* verlagert hat. Insbesondere angesichts des hohen Bevölkerunganteils und der Macht evangelikaler Christen in Nordamerika ist das erstaunlich. Vielleicht herrschen aber dort die exklusiven evangelikal-charismatischen Adaptionen kognitiver Verhaltenstherapie so stark vor, dass der Bedarf, gerade um der christlichen Poimenik und des kirchlichen Auftrags willen die wissenschaftliche Forschung auf diesem Gebiet ernsthaft und seriös voranzutreiben, nicht recht wahrgenommen wird. Dass hier von 1995 bis 2013 im Bereich der Psychotherapie nach dem Befund von Anderson et al. mit den Studien von Barron, Gibbel, Bowland und Armento ganze vier empirisch wissenschaflich einwandfreie Arbeiten mit *christlicher* Klientel weltweit verfasst wurden (von denen zwei der Öffentlichkeit nicht zur Verfügung stehen) und seither anscheinend nur eine weitere hinzukam[506], ist angesichts der faktischen Bedeutung von Psychotherapie respektive Kognitiver Verhaltenstherapie und spiritueller und religiöser Integration zur Bewältigung psychosozialer Probleme nichts weniger als ein Armutszeugnis. Hoffnung gibt die Tatsache, dass ein wachsendes Bewusstsein für die Defizite zu entstehen scheint, aus denen das Versäumnis hervorgeht, was sich womöglich auch darin niederschlägt, dass drei jener vier Dissertationen in den letzten fünf Jahren dieser Periode entstanden.[507]

Für die Theorie der Kognitiven Seelsorge bleibt festzuhalten, dass sich der Sinn einer Integration von Spiritualität, Religion und Kognitiver Verhaltenstherapie durch die empirische Forschung deutlich bestätigt, vor allem unter dem Gesichtspunkt des hilfreichen Entgegenkommens für Menschen, denen die Integrität ihrer spirituellen und religiösen Werte selbst ein vorrangiges Anliegen ist.

2.2.3. Integrative Modelle

Die Integration von Spiritualität in die Psychotherapie ist einerseits auf dem Vormarsch, wie vor allem die wissenschaftliche Rezeption des Forschungsbefunds zur salutogenetischen Bedeutung religiösen Glaubens, insbesondere in der APA, und die Entwicklung etlicher Anleitungen zur Psychotherapie mit religiösen Menschen wie auch einige entsprechende Modelle psychiatrischer Einrichtungen zeigen. Andererseits steckt sie Hefti zufolge immer noch in den Kinderschuhen, besonders in Europa, wo nach wie vor eine kontroverse Diskussion über das Thema geführt wird.[508] Letzteres scheint sich zu bestätigen, wenn man sich anschaut, wel-

---

[505] „Tailoring“, um mit Worthington et al. zu sprechen. E.L. Worthington et al., a.a.O.

[506] Koszycki (2014). Die Schizophrenie-Studie von Weisman de Mamai (2014) wurde nicht mit spezifisch christlicher Klientel durchgeführt. J.J. Ross et al., a.a.O., 11.

[507] Sowohl die Doktorarbeiten von Rosmarin 2010 als auch die von Gibbel 2011 wurden übrigens bei Prof. Kenneth Pargament an der Bowling Green State University, Ohio, verfasst, einem der Pioniere in diesem Forschungsgebiet. BGSU, Arts and Sciences, Kenneth I. Pargament, https:// www.bgsu.edu/arts-and-sciences/center-for-family-demographic-research/about-cfdr/research-affiliates/kenneth-i-pargament.html.

[508] R. Hefti, a.a.O., 611.

che Praxismodelle für die Integration von Spiritualität und Religion in den letzten zwei Jahrzehnten entwickelt wurden und wo das geschah.

DiGiuseppe, Robin und Dryden haben 1990 in ihrer Studie über das Verhältnis der REVT zu „jüdisch-christlicher Philosophie“ mit besonderem Augenmerk auf „klinische Strategien“ und unter Verwendung eines Fallbeispiels festgestellt, dass jene sich ohne Weiteres von der persönlichen Weltanschauung ihres Gründers Albert Ellis ablösen lässt[509] und dass Psychotherapeuten religiösen Patienten helfen können, ohne deren religiöses Bezugssystem und deren moralische Werte zu hinterfragen, was besonders dadurch begünstigt würde, dass die jüdisch-christlichen Glaubenssysteme kompatibel mit den therapeutischen Strategien der REVT seien.[510] Solcher Art sind etliche der Integrationsmodelle aus der REVT.[511] Am elaboriertesten ist das Buch von *Nielsen, Johnson* und *Ellis* über REVT mit religiösen Klienten.[512]

Aber es gibt auch Projekte mit einer eigens für religiöse Klienten entwickelten *Variante* Kognitiver Therapie. *Rebecca Propst* war zu Beginn der 80er Jahre die erste Forscherin, die vergleichende empirische Studien über die religiöse Kognitive Therapie durchgeführt hat.[513] Sie entwickelte und evaluierte mit einem Team eine Variante der Kognitiven Therapie, die sie *Religious Cognitive Therapy* (RCT) nannte.[514] Auch hier wurde das individuelle religiöse Glaubenssystem als Quelle der Veränderung in das therapeutische Gefüge aufgenommen und die therapeutischen Instruktionen wurden dem Sprachgebrauch der Patienten entlehnt. Es handelte sich um ein Experiment im Rahmen einer Studie. Die Bestandteile des RCT-Trainings waren insofern ein Stück weit von ihrer Korrelation zu den Vergleichsgruppen abhängig. Als Modell für die Weiterentwicklung mag das Projekt nicht allzu ergiebig sein. Propst hatte aber zuvor schon ein ausführliches Konzept für religiöse Patienten konstruiert, in dem *Imaginationstechniken* eine wichtige Rolle spielen.[515]

Die Australier *D'Souza und Rodrigo* haben 2004 an der Universität von Sidney mit einem interdisziplinären Team die ganzheitlich konzipierte manualisierte *Spiritual Augmented Cognitive Behavioral Therapy* (SACBT) entwickelt und eva-

---

509 R. DiGiuseppe et al., a.a.O. Ebenso William R. Miller 1988, seinerzeit Psychologieprofessor an der Universtiy of New Mexico. W.R. Miller, a.a.O., 44.

510 R. DiGiuseppe et al., a.a.O., 366.

511 Z.B. P. Hauck, Reason; H. Young, a.a.O.; Harold B. Robb, *How to stop driving yourself crazy with help from christian scriptures* (Albert Ellis Institute: New York, 1988), http://www.rebt.org/help_bible.pdf, Download 20.02.2013.; Sandra D.M. Warnock, Rational-Emotive Therapy and the Christian client, in: Journal for Rational Emotive and Cognitive-Behavior Therapy, (1989) 7, 263-274.

512 S.L. Nielsen, W.B. Johnson, A. Ellis, Albert, a.a.O. Der Theologe und Therapeut Richard Meyer begründete denselben integrativen Zugang für die Kognitiven Therapien im Allgemeinen: Sie seien hervorragend dazu geeignet, die Glaubenssysteme der Klienten in den therapeutischen Prozess zu integrieren. Richard Meyer, Integrating cognitive theory and theology: Treatment of depression with a special focus on men and the „future“ of the cognitive triad, in: American journal of pastoral counseling (1999) 4, 3-29.

513 R.L. Propst, The comparative efficacy.

514 R. L. Propst, R. Ostrom, P. Watkins, T. Dean et al., a.a.O.

515 R.L. Propst, Psychotherapy.

luiert.[516] Das maximal 16 Sitzungen umfassende Programm zeigte sich als hoch wirksam und anderen Therapieprogrammen überlegen. In der SABCT wird das kognitiv-verhaltenstherapeutische Programm durch „existential issues“ angereichert: Es geht um Sinnfindung und die Validierung des individuellen Glaubenssystems auf das Therapieziel hin. Das Glaubenssystem des Patienten wird also auch hier als Ressource begriffen, wie auch die Glaubensgemeinschaft und Familiengemeinschaft, zu der er gehört. Meditation, Gebet und Ritual werden eingesetzt und, wie die anderen Maßnahmen auch, in ihrer Wirkung auf den therapeutischen Prozess überprüft. Die wichtigsten Therapiemethoden sind empathisches Zuhören, Förderung emotionalen Ausdrucks und Problemlösungsfindung. Auch logotherapeutische Maßnahmen kommen zum Einsatz. Der Schwerpunkt liegt auf Selbstwirksamkeit, Sinnfindung, Befähigung zur Selbständigkeit und Selbstmanagement. Zur Bearbeitung der Sinnfrage dient die kognitiv therapeutische Analyse von Situationsbewertungen.

Wie Propst teilweise im Rahmen eines Studiendesigns, aber im Sinne eines Manuals für den praktischen Gebrauch, hat *W. Brad Johnson* an der Modellierung der REVT für eine christliche Klientel gearbeitet.[517] Johnson entwickelte ein durchstrukturiertes acht Sitzungen umfassendes Manual für seine *Christian Rational Emotive Therapy* (CRET).[518] Es zeichnet sich vor allem dadurch aus, dass alle psychologischen Begrifflichkeiten durch ihre biblisch-christlichen Äquivalente ersetzt werden. Hinzu kommen imanigative Hilfestellungen, die auch wieder auf Glaubensinhalte bezogen sind, indem sich die Klienten zum Beispiel vorstellen, wie Jesus sich ihnen zuwendet.[519] Es zeigte sich im wissenschaftlichen Vergleich mit säkularer REVT, dass es keinen signifikanten Effektivitätsunterschied gab.[520]

Auch der bereits erwähnte holistische Ansatz von *McMinn* und *Campbell* gehört in diese Reihe. Die Autoren entfalten die Psychotherapie aus dem Dogma der Trinität. Daraus entwickeln sie eine Trias von Kognitiver Verhaltenstherapie, interpersoneller Therapie und spiritueller Therapie. Anders als viele pastoraltheologische Konzeptionen, die weitgehend einer christlichen Klientel vorbehalten oder mit missionarischem Erwartungsdruck verbunden sind, scheint dieses Modell eine offene, dienende Ausrichtung für jeden therapeutisch Bedürftigen zu haben, mit dem Anspruch ernsthafter Professionalität unter christlicher Flagge.

Dergleichen mag in Nordamerika leichter zu verwirklichen sein als in Mitteleuropa. Die Integration von explizit christlicher Spiritualität und Religion in Kog-

---

[516] Russell F. D'Souza, Angelo Rodrigo, Spiritually Augmented Cognitive Behavioural Therapy, in: Australasian Psychiatry (2004) 12, 148-152.

[517] W.B. Johnson, Rational-emotive; W.B. Johnson, Christian rational-emotive; W.B. Johnson, Outcome research; W.B. Johnson, C.R. Ridley, a.a.O.; W.B. Johnson, C.R. Ridley, S.L. Nielsen, a.a.O.; W.B. Johnson, R. DeVries, C.R. Ridley, D. Pettorini et al., a.a.O.

[518] W.B. Johnson, Christian rational-emotive.

[519] W.B. Johnson, R. DeVries, C.R. Ridley, D. Pettorini et al., a.a.O.

[520] Ebd.; W.B. Johnson, C.R. Ridley, a.a.O. In diese Phase gehört auch das Modell einer Kognitiven Verhaltenstherapie für Jugendliche von Lipsker und Oordt, in dem die Kognitive Umstrukturierung in gewolltem Unterschied zur „Selbstwirksamkeit“ (self-efficacy) zu einer biblisch bestimmten „Christuswirksamkeit“ (christ-efficacy) führen soll. Lee E. Lipsker, Ruth M. Oordt, Treatment of Depression in Adolescents: A Christian Cognitive-Behavior Therapy Approach, in: Journal of Psychology and Christianity (1990) 9/4, 25-33.

nitive Verhaltenstherapie ist in Mitteleuropa bislang wenig vorzufinden.[521] Nennenswert sind aber wenigstens zwei Ansätze spirituell angereicherter KVT, die immerhin eine große Nähe oder Offenheit für die Aufnahme christlicher Inhalte aufweisen. Bereits 1989 hat *Reinhard Tausch* mit seinem Ratgeber „Lebensschritte“ eine Handreichung zur Selbsthilfe bei seelischen Störungen verfasst,[522] die reine Kognitive Verhaltenstherapie[523] mit religiöser Spiritualität verbindet und dabei hohe Wertschätzung nicht nur für die therapeutische Wirksamkeit buddhistischer Meditationshilfen zum Ausdruck bringt, sondern auch für heilsame Elemente des Christentums.[524] Im Rückblick darf man feststellen, dass er damit seiner Zeit voraus war.[525] Ein bemerkenswertes jüngeres Produkt dieser Art ist die *Transpersonale Verhaltenstherapie* (TVT) des Berliner Psychotherapeuten *Edgar W. Harnack*.[526] Er knüpft mit seinem Modell explizit bei den oben genannten überwiegend christlichen Wegbereitern wie Pecheur, D'Souza, Miller & Martin und Propst an,[527] kritisiert an deren Arbeiten aber, dass es sich um „wenig phantasievolle Elaboration[en] des Treatmentverfahrens (die Manuale orientierten sich beispielsweise ausschließlich an der Bibel)“ handele. „Effektivitätsstudien von ausgewiesenen transpersonalen Psychotherapien fehlen bislang weitgehend.“[528] „Transpersonal“ nennt Harnack jede Verhaltenstherapie, „die die religiöse Grundhaltung ihrer Klienten in konfessionell neutraler Haltung akzeptiert und aktiv unterstützt, als psychischen Gesundheitsfaktor in die Behandlung einbezieht, ohne sie nur zu utilisieren (sie vielmehr als Selbstzweck oder therapeutisches Teilziel ernst nimmt)“.[529] Harnacks Kritik gerät zu scharf. Er scheint zu übergehen oder zu über-

---

[521] Zu nennen wäre in dieser Hinsicht vielleicht allenfalls die Klinik Sonnenhalde im schweizerischen Riehen, deren Chefarzt Samuel Pfeifer schon vor 25 Jahren ein Plädoyer für die Aufnahme der Kognitiven Therapie in die Seelsorge für „Wege zum Menschen“ verfasst hatte (S. Pfeifer, Kognitive Therapie) und für den die Kognitive Verhaltenstherpie offenbar einen zentralen Platz in seiner psychotherapeutischen und seelsorgerlichen Gesamtkonzeption einnimmt. Vgl. S. Pfeifer, Die Schwachen. Nicht verschwiegen werden sollte bei der Gelegenheit auch der bemerkenswert ganzheitliche, wenn auch anscheinend nicht explizit kognitiv-verhaltenstherapeutisch fokussierte Ansatz der ebenfalls schweizerischen Klinik Langenthal, deren Therapiekonzept dem von McMinn und Campbell ähnelt. Vgl. R. Hefti, a.a.O.

[522] Reinhard Tausch, *Lebensschritte: Umgang mit belastenden Gefühlen* (Rowohlt: Reinbek, 1989).

[523] Ebd., 46ff.

[524] Ebd., 211ff.

[525] Dass Tausch, sonst nur bekannt als Gründer und führender Protagonist der Gesprächspsychotherapie, sich auch in so klarer Weise zur KVT bekennen konnte, überrascht nicht, wenn man das ungefähr zeitgleich veröffentlichte Kapitel über die integrative Öffnung der Gesprächspsychotherapie für die KVT in seinem Standardwerk „Gesprächspsychotherapie“ gelesen hat. Reinhard Tausch, Anne-Marie Tausch,*Gesprächspsychotherapie: Hilfreiche Gruppen- und Einzelgespräche in Psychotherapie und alltäglichem Leben*, 9., ergänzte Aufl. (Hogrefe: Göttingen, 1990), 345ff.

[526] Edgar W. Harnack, Transpersonale Verhaltenstherapie - Religiosität als Gegenstand von Verhaltenstherapie, in: Verhaltenstherapie & Verhaltensmedizin (2007) 28/4, 503-518; Edgar W. Harnack, Transpersonale Verhaltenstherapie: Aktion aus Kontemplation, in: Wege zum Menschen (2008) 60, 145-157.

[527] E.W. Harnack, Transpersonale Verhaltenstherapie - Religiosität, 503f.

[528] Ebd., 504.

[529] Ebd., 503.

sehen, dass die Zielrichtung der vergleichenden Untersuchungen und integrierenden Modelle der Vorgänger, auf die er sich bezieht, durchweg *nicht* darauf abzielten, „phantasielose" christliche Adaptionen der KVT zu entwickeln, und dass vor ihm durchaus nicht nur im christlichen Kontext dazu geforscht wurde. Kritisch zurückzufragen ist ferner, wie weit sich der Terminus „transpersonal" überhaupt für das von ihm Definierte eignet. Harnacks Ansinnen ist die konzeptuelle Einbindung von Spiritualität in die KVT unter Verzicht auf eine Vorentscheidung, welche spirituellen Inhalte dabei aufgenommen werden sollen. Er behauptet, die Begriffe „Transpersonalität" und „Spiritualität" seien synonym.[530] Das darf bezweifelt werden. In der herkömmlichen „Transpersonalen Psychologie" und „Psychotherapie", auf deren hauptsächliche Protagonisten sich Harnack auch ausdrücklich und ausführlich bezieht,[531] scheinen die Inhalte im Unterschied zur allgemeinen Spiritualität sehr wohl großenteils vorherbestimmt zu sein, und zwar weitgehend esoterisch.[532] Es ist zu befürchten, dass mit einer solchen Bezeichnung die Tür zur Integration von Spiritualität in die Psychotherapie zwar für die ziemlich große Zielgruppe esoterisch orientierter Menschen geöffnet wird, indem sie diesen starken gesellschaftlichen Trend bedient,[533] zugleich aber auch für die Zielgruppe religiöser Menschen, die der Esoterik mit Skepsis gegenüberstehen, verschlossen wird, insbesondere für jene „Hochreligiösen" gleich welcher Glaubensrichtung, die sich begreiflicherweise keiner „esoterischen" Therapie unterziehen wollen.[534]

Harnack positioniert sich im Verhältnis zur „Transpersonalen Psychotherapie", indem er auch das Handbuch von Nielsen, Johnson und Ellis zur REVT mit religiöser Klientel[535] bemängelt: Die Autoren würden „die Religiosität ihrer Klienten für die Methode zwar nutzen und benutzen, dabei aber ganz der Methode unterordnen, ohne selbst eine werthaltige Aussage zu treffen."[536] Mit der TVT sollten aber besonders auch Personen angesprochen werden, die den Therapeuten gerade *wegen* seiner „proreligiösen Haltung" aufsuchen wollten.[537] Die Werthal-

---

[530] Ebd., 505.

[531] Ebd., 505ff; E.W. Harnack, Transpersonale Verhaltenstherapie: Aktion, 147ff.

[532] Vgl. z.B. die Einbeziehung reinkarnatorischer „Rückführungstherapien" in der *Spiritual Care*. Barbara Stevens Barnum, *Spiritualität in der Pflege,* aus d. Amerik. v. E. Müller, deutschsprachige Ausg. bearb. u. hg. v. E. Uhländer-Masiak (Hans Huber: Bern, Göttingen, Toronto, Seattle, 2002), 83. In der „Transpersonalen Psychologie" konvergieren neue empirisch wissenschaftliche Erkenntnisse mit religiös bestimmten, empirisch wissenschaftlich un(be)greifbaren metaphyischen Paradigmen. Letztere sind das Esoterische dabei. Die „Transpersonale Psychologie" steht für beides. A. Bucher, a.a.O., 21, 127f. Über das Esoterische daran gibt es übrigens auch ein sehr kritisches Buch von Albert Ellis. Albert Ellis , Raymond J. Yeager, *Why Some Therapies Don't Work: The Dangers of Transpersonal Psychology* (Prometheus: Buffalo, 1989).

[533] M. Utsch, Religiosität und Spiritualität, 68.

[534] Natürlich darf man die „Transpersonalität" auch ganz allgemein als Begrifflichkeit transzendenter Erfahrungen gebrauchen und von dorther wie Anselm Grün dann auch etwa im Kontext christlicher Seelsorge davon reden, vgl. Anselm Grün, *Der Himmel beginnt in dir: Das Wissen der Wüstenväter für heute* (Herder: Freiburg, Basel, Wien, 2008), 127. Im semantischen Feld des „Transpersonalen" erscheinen solche Verwendungsmöglichkeiten allerdings nur am Rand. Dadurch wird ihr Gebrauch in solchem Sinn zwiespältig.

[535] S.L. Nielsen, W. B. Johnson, A. Ellis, a.a.O.

[536] E.W. Harnack, Transpersonale Verhaltenstherapie - Religiosität, 505.

[537] Ebd.

tigkeit des transpersonalen Ansatzes sieht Harnack darin, dass dort axiomatisch vom Transzendenzbezug des Menschen ausgegangen wird,[538] ohne den Einzelnen darauf festzulegen, wie sich das für ihn persönlich ausgestaltet.[539] Auf die Freiheit der Klienten, ihren spirituellen Weg selbst zu bestimmen, komme es in der TVT entscheidend an: „Für transpersonale Psychotherapien sollte jeglicher Versuch einer subliminalen Indoktrination tabu sein."[540]

Höfelschweiger bescheinigt Harnacks Ansatz „eine erstaunliche Offenheit für die Verbindung von kognitiver Verhaltenstherapie und religiösen Gehalten" und findet ihn „gerade auch für den poimenischen Diskurs wertvoll".[541] Dem muss nicht widersprochen werden. Harnacks Intention ist integrativ und deutlich humanistisch im Sinne des kognitiv verhaltenstherapeutischen Grundsatzes „Hilfe zur Selbsthilfe".[542] Wie weit es aber sinnvoll ist, die Konzeption auf der Grundlage der „Transpersonalen Psychotherapie" zu errichten, scheint doch fraglich. Inhaltlich liegt Harnacks TVT recht nahe bei den Therapien der „Dritten Welle der Verhaltenstherapie", er selbst stellt diese Verbindung allerdings nur abgrenzend her.[543]

2.3. Die „3. Welle" der Verhaltenstherapie

Es ist gebräuchlich geworden, die Entwicklung der Verhaltenstherapie in drei Phasen oder „Wellen" aufzuteilen: Die klassische Verhaltenstherapie als erste Phase richtete das Augenmerk auf das Reaktionsschema S-R-K-C der operationalen Konditionierung: Ein Stimulus S führt zu einer Reaktion R aufgrund eines Verstärkers C, der in Belohnung oder Bestrafung besteht, und dies in einem Kontingenzverhältnis K, das bestimmt, wieviel C zum Erreichen des Reaktionsziels vonnöten ist. Die zweite Phase wurde durch die „Kognitive Wende" in Gang gebracht: Das spezifische humane Reiz-Reaktions-Modell wurde durch die Einführung der Organismusvariablen O erweitert, mit der nun weitere Kausalfaktoren menschlichen Verhaltens wie subjektive Situationsbewertungen des Individuums sowie systemische und dispositionelle Einflüsse, die auf jene einwirken können, in die analytischen und therapeutischen Überlegungen einbezogen wurden. Diese Aspekte wur-

---

[538] „Transpersonale Psychotherapien setzen die Existenz einer transzenden Realität als gegeben und als relevante Größe bei der Behandlung psychischer Leiden voraus." E.W. Harnack, Transpersonale Verhaltenstherapie: Aktion, 145.

[539] E.W. Harnack, Transpersonale Verhaltenstherapie - Religiosität, 506ff.

[540] Ebd., 510.

[541] R. Höfelschweiger, a.a.O., 124.

[542] TVT „basiert auf der Religiosität der Klienten, auf deren Vorgabe die Therapeutin ihr Therapiekonzept und die dazugehörigen Interventionen abstimmt. Glaube wird zur Heilung genutzt, aber nicht benutzt, nicht instrumentalisiert, sondern bleibt stets Selbstzweck." E.W. Harnack, Transpersonale Verhaltenstherapie: Aktion, 151.

[543] Ebd., 157. Einerseits behauptet er, dass „die Vertreter der Verhaltenstherapie selbst das größte Hindernis für die Entwicklung einer transpersonalen Ausrichtung gewesen sei[e]n und immer noch sei[e]n". Ebd., 149. Andererseits führt er zur Beschreibung der TVT aber ganz ähnliche Kriterien wie die Protagonisten der „Dritten Welle" auf: TVT sei „im Einklang mit den religiösen Welttraditionen. Denn diese haben Prinzipien von praktischer Einübung, Imagination und gedanklicher Selbstkontrolle schon stets zu nutzen gewusst. [...] Besonders augenfällig sind auch die Parallelen zwischen dem Ziel der buddhistischen Geistesschulung (insbesondere im Zen) und der kognitiven Therapie". Ebd., 150f, vgl. 152ff.

den vor allem auch von den zeitgleich entstandenen Kognitiven Therapien vertreten, die von der Verhaltenstherapie darum in großem Stil rezipiert wurden. Weil nun nicht mehr recht zwischen Kognitiver Therapie und Verhaltenstherapie unterschieden werden konnte, bürgerte sich die Bezeichnung „Kognitive Verhaltenstherapie“ für die Verbindung beider ein.

Die Therapien der „Dritten Welle“ werden zwar gern als ein ziemlich homogenes Phänomen dargestellt, sie sind es aber bei näherer Betrachtung eher nicht. Das Kompendium von *Heidenreich* und *Michalak* stellt zwölf verschiedene Therapien vor, die allesamt der „Dritten Welle“ zugerechnet würden.[544] In ihren „abschließenden Betrachtungen“ resümieren sie, es dürfte deutlich geworden sein, „dass die dargestellten neueren Ansätze in der Verhaltenstherapie bei weitem kein homogenes Feld darstellen“.[545] *Stefan G. Hofmann*, Psychologieprofessor an der Boston University, ist nach eingehender inhaltlicher Auseinandersetzung mit den Therapien der „Dritten Welle“ sogar zu dem Schluss gekommen, „dass auf eine gesonderte Einteilung dieser Behandlungen als ‘Dritte-Welle’-Behandlungen verzichtet werden kann.“[546] Hofmann und seine Mitautorin Münch sehen „keine Notwendigkeit einer Trennung von ‘klassischen KVT-Ansätzen’ und Ansätzen der ‘dritten Welle’, da ‘Dritte Welle’-Behandlungen grundlegend mit KVT verbunden sind und eine Anzahl therapeutischer Prinzipien miteinander teilen.“ Sie sprechen sich

---

544 Thomas Heidenreich, Johannes Michalak (Hg.), *Die „dritte Welle“ der Verhaltenstherapie: Grundlagen und Praxis* (Beltz: Weinheim, Basel, 2013).

545 Johannes Michalak, Thomas Heidenreich, Abschließende Betrachtungen: Die dritte Welle der Verhaltenstherapie - das Für und Wider eines Begriffs, in: Thomas Heidenreich, Johannes Michalak (Hg.), *Die „dritte Welle“ der Verhaltenstherapie: Grundlagen und Praxis* (Beltz: Weinheim, Basel, 2013), 279. „Zu den Therapien der 3. Welle gehören die ACT [Akzeptanz- und Commitmenttherapie nach Hayes, d.Verf.], die achtsamkeitsbasierte kognitive Therapie für Depressionen [Mindfulness-Based Cognitive Therapy (MBCT), d.Verf.], das achtsamkeitsbasierte Stressmanagement (Segal, Williams & Teasdale, 2002) und die dialektische Verhaltenstherapie (Linehan, 1993).“ Joseph V. Ciarrochi, Ann Bailey, *Akzeptanz- und Commitmentherapie in der KVT* (Beltz: Weinheim, Basel, 2010), 10. Vgl. zur ACT außer ebd. Steven C. Hayes, Akzeptanz- und Commitment-Therapie und die neuen Verhaltenstherapien, in: Steven C. Hayes, Victoria M. Follette, Marsha M. Linehan, (Hg.), *Achtsamkeit und Akzeptanz: Das Erweitern der kognitiv-behavioralen Tradition* (dgvt: Tübingen, 2012), 13-49; zur MBCT Rebecca Crane, *Achtsamkeitsbasierte Kognitive Therapie: Die theoretischen und praktischen Grundzüge der Mindfulness-Based Cognitive Therapy (MBCT)*, übers. v. P. Brandenburg (Arbor: Freiburg i.B., 2011 [2008]), sowie Zindel V. Segal, John D. Teasdale, J. Mark G. Williams, Die Achtsamkeitsbasierte Kognitive Therapie, in: Steven C. Hayes, Victoria M. Follette, Marsha M. Linehan (Hg.), *Achtsamkeit und Akzeptanz: Das Erweitern der kognitiv-behavioralen Tradition* (dgvt: Tübingen, 2012), 71-97; und zur Dialektischen Verhaltenstherapie (DBT) Marsha Linehan, *Trainingsmanual zur Dialektisch-Behavioralen Therapie der Borderline-Persönlichkeitsstörung* (CIP-Medien: München, 1996), sowie Clive J. Robins, Henry Schmidt III, Marsha M. Linehan, Die Dialektisch-Behaviorale Therapie: Eine Synthese aus radikaler Akzeptanz und der Anwendung gelernter Fertigkeiten, in: Steven C. Hayes, Victoria M. Follette, Marsha M. Linehan (Hg.), *Achtsamkeit und Akzeptanz: Das Erweitern der kognitiv-behavioralen Tradition* (dgvt: Tübingen, 2012), 51-69. Prototyp dieser Therapieformen ist Kabat-Zinns „Mindfulness-Based Stress Reduction Programm“ MBSR. Vgl. inhaltlich hierzu Jon Kabat-Zinn, *Im Alltag Ruhe finden: Das umfassende praktische Meditationsprogramm*, 4. Aufl. (Herder: Freiburg, Basel, Wien, 1998).

546 Stefan G. Hofmann, Hannah M. Münch, Die „dritte Welle“: eine kritische Betrachtung, in: Thomas Heidenreich, Johannes Michalak (Hg.), *Die „dritte Welle“ der Verhaltenstherapie: Grundlagen und Praxis* (Beltz: Weinheim, Basel, 2013), 256.

darum sogar „für eine gänzliche Aufgabe der Bezeichnung 'dritte Welle' aus".[547] In einem Aufsatz zur selben Fragestellung fünf Jahre zuvor war das Hofmann noch nicht so klar: Es könne sein dass, die Kognitive Verhaltenstherapie und die als Hauptrichtung der „Dritten Welle" geltende „Akzeptanz- und Commitment-Therapie" von *Steven C. Hayes* „might work through different mechanisms". Das lasse sich noch nicht mit Sicherheit feststellen.[548] Der fundamentale Unterschied bestätigte sich anscheinend aber nicht. Durchgeführte Analysen wiesen „auf keine unterschiedlichen Wirkmechanismen hin, welche eine strenge Abgrenzung von den üblichen Herangehensweisen der KVT rechtfertigen würden."[549]

Was das Spektrum der Therapien verbindet, die der „Dritten Welle" zugerechnet werden, ist die grundlegende Einbeziehung von buddhistisch geprägter Spiritualität. Insofern lassen sie sich tatsächlich als Manifestationen einer „Dritten Welle der Verhaltenstherapie" zusammenfassen, nicht aber aber aufgrund der postulierten Überwindung kognitiv therapeutischer Paradigmen. Im Großen und Ganzen sind die Therapien der „Dritten Welle" nichts anderes als im Zuge des „spiritual turn" zustande gekommene[550] spirituell angereicherte *Kognitive* Verhaltenstherapien, wobei die aufgenommene Spiritualität überwiegend in buddhistischer Achtsamkeitsmeditation besteht.[551] Cum grano salis trifft es zu, wenn Michael Utsch diese Richtung pauschal als „Buddhistische Psychotherapie" bezeichnet. Mithin handelt es sich also auch hier um Integrationsversuche von Spiritualität und Kognitiver Verhaltenstherapie,[552] wobei ihre Protagonisten gemeinhein als „*Zweite* Welle der Verhaltenstherapie" die Phase nach der *Kognitiven* Wende ansehen, in der die Verhaltenstherapie von der Kognitiven Therapie dominiert war, was nun aber, in Folge der *Spirituellen* Wende, als überholt zu betrachten sei. Diese Sichtweise schlägt sich in einem ambivalenten Verhältnis zur Kognitiven Therapie nieder: Einerseits baut man darauf, andererseits hält man sie aber auch für überwunden.

Um das Selbstverständnis der „Dritten Welle" angemessen nachzuvollziehen kommt es darauf an, sie wie einige ihrer Hauptvertreter nicht aus der *kognitiv*-therapeutischen Perspektive zu begreifen, sondern aus der klassisch behavioristisch-

---

[547] Ebd., 257.

[548] Stefan G. Hofmann, Gordon J.G. Asmundson, Acceptance and mindfulness-based therapy: New wave or old hat? in: Clinical Psychology Review (2008) 28, 13.

[549] S.G. Hofmann, H.M. Münch, a.a.O., 256. „ACT und die traditionelle KVT überlappen sich in einem hohen Anteil gemeinsamer Techniken und Strategien, vor allem bezogen auf die verwendeten behavioralen Interventionen [...]. Außerdem fördern sowohl ACT als auch KVT ein größeres Bewusstsein für Gedanken, Gefühle und Empfindungen ohne den Versuch diese zu kontrollieren oder an diesen festzuhalten." Ebd., 264.

[550] M. Utsch, Spirituelle Psychotherapie, 54.

[551] Ulrike Anderssen-Reuster, Achtsamkeit im psychotherapeutischen Kontext, in: Henning Freund, Michael Utsch (Hg.), *Achtsamkeit aus psychologischer Sicht,* EZW-Texte (2015) 235, 19f.

[552] M. Utsch, Religiosität und Spiritualität, a.a.O., 70f. Utsch begrüßt zwar, dass durch die „Dritte Welle" auch in Mitteleuropa die Offenheit für die Integration von Spiritualität in der Psychotherapie größer wurde, bemängelt aber auch, dass sich die Therapeuten über die Inhalte und Werte der rezipierten religiös-spirituellen Traditionen noch wenig Gedanken machten und es darum auch noch wenig Anwendung auf spezifische religiöse und spirituelle Präferenzen der Klientelen gebe. M. Utsch et al., Psychotherapie und Spiritualität, 6f.

*verhaltens*therapeutischen.[553] Aus dieser Perspektive wird aber auch sogleich ersichtlich, dass sich manche Elemente dieser Therapien gegen eine sinnvolle Aufnahme in eine Theorie der Kognitiven Seelsorge sperren.

2.3.1. Grenzen der poimenischen Rezeption

Höfelschweiger äußert zu Recht unter Hinweis auf die „Dritte Welle" die Ansicht, die „zukünftige poimenische Forschung" werde „insbesondere die Frage zu klären haben, inwieweit die therapeutische und seelsorgerliche Implementierung von spirituellen Achtsamkeitstraditionen tatsächlich eine Wieder-Beheimatung der christlichen Tradition darstellt."[554] Das gilt selbstverständlich auch in besonderem Maß für die Theorie der Kognitiven Seelsorge.

Aus klassisch verhaltenstherapeutischer Perspektive ist bereits die zweite Phase nicht etwa als *Zusammenfluss* der beiden Therapierichtungen zu verstehen, bei dem am Ende gar noch die Kognitiven Therapien dominierten, sondern die Hineinnahme der Kognitiven Therapien wird lediglich als *Zufluss* betrachtet. Demnach liegt der Schwerpunkt der Wortbildung „Kognitive Verhaltenstherapie" auf „Verhaltenstherapie".[555] Die „dritte Welle" wird mit demselben Paradigma belegt. Demnach hat der Hauptstrom der Verhaltenstherapie wieder einen neuen Nebenfluss aufgenommen: Die buddhistische Weisheitslehre von der Achtsamkeit. Das erklärt auch, warum in der Literatur nicht etwa von einer *zweiten*, spirituell erweiterten Phase der *Kognitiven* Verhaltenstherapie die Rede ist, sondern dass man gemeinhin eben „*dritte* Welle der *Verhaltens*therapie" dazu sagt.

Im Blick auf die Kognitiven Therapien stellen McMinn et al. in Übereinstimmung mit Beck und Alford fest, dass ihre pragmatische Grundausrichtung die Zuordnung nachträglicher theoretischer Begründungen erlaube und somit auch „the possibility that a Christian foundation can be established while retaining some of cognitive therapy's effective change strategies."[556] Diese Voraussetzungen hätten sich bei der „dritten Welle" aber verändert: „Whereas the second-wave therapies were developed apart from religious considerations and then religious adaptations emerged (most often Christian), many of the third-wave therapies have been deve-

---

[553] Die einschlägige Literatur zur „Dritten Welle" nivelliert diese Unterscheidung tendenziell. Es entsteht der Eindruck, als sei die Verhaltenstherapie schon immer eine kognitive gewesen. So heißt es etwa zur Integration der „Akzeptanz- und Commitmenttherapie" nach Hayes bei Ciarrochi und Bailey: „Es ist durchaus möglich, ACT-Methoden und die traditionelle KVT zu integrieren. [...] Wir müssen uns über die fadenscheinigen Argumente gegen KVT und ACT hinwegsetzen. Eine KVT der dritten Generation, so wie ACT, ist der KVT nicht entgegengesetzt - sie ist Teil einer größeren KVT-Familie." J.V. Ciarrochi, A. Bailey, a.a.O., 10. Hayes selbst sieht das aber anders.

[554] R. Höfelschweiger, a.a.O., 322f.

[555] Steven Hayes, der wahrscheinlich bedeutendste Theoretiker der „dritten Welle", bezeichnet mit „Verhaltenstherapie" „das Gesamtspektrum der Kognitiven wie der Verhaltenstherapien, von der Klinischen Verhaltensanalyse bis zur Kognitiven Therapie". S.C. Hayes, a.a.O., 13. Hayes hat anscheinend auch die Verwendung des Ausdrucks „Dritte Welle" in Gang gebracht. Eckhard Roediger, Vorwort in: Michiel Van Vreeswijk, Jenny Broersen, Ger Schurink, *Achtsamkeit und Schematherapie: Praxishandbuch. Achtsamkeitsfördernde Therapien für Menschen mit Persönlichkeitsproblemen*, aus d. Niederländ. v. H. Höhr u. T. Kierdorf (G.P. Probst: Lichtenau, 2012), 11.

[556] M.R. McMinn et al., Cognitive Therapy, 206.

loped by individuals with training in both psychology and Eastern spirituality."[557] Das lässt die Unterscheidung zwischen weltanschaulichem Hintergrund und therapeutischem Vordergrund in den „Third-Wave"-Therapien mitunter verwischen. An diesen Stellen wird es schwierig, den mitunter stark dominierenden buddhistisch geprägten Spiritualitätsfaktor in der Therapie durch Äquivalente aus anderen Religionen zu ersetzen. Das ist einer der beiden Gründe dafür, dass wohl die „Third-Wave"-Konzepte nur eingeschränkt für die Theorie der Kognitiven Seelsorge zu gebrauchen sind.[558]

Der andere Grund liegt in jener Akzentuierung der Verhaltenstherapie, die sich auch in der „dritten Welle" noch nicht davon gelöst hat, ihr gesamtes psychotherapeutisches Repertoire dem Schema der operanten Konditionierung zu unterstellen, die mittlerweile aber andererseits diesen Zustand auch als unbefriedigend wahrnimmt. Indem sie seit jeher Kognitionen als Epiphänomene letztlich physikalischer kausaler Prozesse interpretierte, reduzierte sie das Bewusstsein an sich ebenfalls darauf, ein solches Epiphänomen zu sein. In der ersten Phase meinte man, auf den mentalen Beiklang der eigentlich wirksamen Kräfte im menschlichen Biomechanismus ganz verzichten zu können, in der zweiten Phase erkannte man, dass man das Mentale ernster zu nehmen hatte, in der dritten Phase schließlich glaubt man, es noch nicht ernst *genug* genommen zu haben. Weil man sich darauf beschränkt hatte, das Sprachphänomen bewussten Denkens als reines Konditionierungsprodukt zu fassen,[559] sah man sich hinsichtlich der Anwendung kognitiver Techniken mit denselben Grenzen konfrontiert wie hinsichtlich der Anwendung anderer Konditionierungsmaßnahmen.[560] Nach wie vor fasst man das Zustandekommen des semantischen Bewusstseins als Konditionierungsprozess auf und folgert, dass der Verstärker dieses Prozesses generell in Wirklichkeitsvermeidung besteht.Vom Buddhismus lernte man erstens, dass veränderungsfokussierte Konditionierungsmethoden zwar in vieler Hinsicht sehr nützlich sind, dass

[557] Ebd., 206f.

[558] Es geht hier nicht um die Frage der Kompatibilität buddhistischer Achtsamkeitslehre mit dem Christentum, sondern umgekehrt um die Frage, ob die jeweils implizierte buddhistische Weltsicht Platz für eine andere lässt.

[559] Darum drehte sich die Diskussion in der „Kognitiven Wende": Insbesondere die Befunde Chomskys und Piagets zur Sprachentwicklung ließen Skinners Behauptung, auch diese komme durch operante Konditionierung geraten, und die daraus gezogenen Folgerungen auf das semantische Bewusstsein, fragwürdig erscheinen. P.G. Zimbardo, R.J. Gerrig, a.a.O., 276f. Vgl. sehr deutlich zur notwendigen Überwindung der Sprachtheorie nach der „Stimulus-Response-Psychologie" des Behavorismus Naom Chomsky, *Sprache und Geist,* mit einem Anhang: Linguistik und Politik, deutsch v. S. Kanngießer, U. Schwartz, A. Kamp (Suhrkamp: Frankfurt a.M., 1970), 15ff.

[560] „Das Vermögen, wirksam auf das zu reagieren, was andernfalls nur als ineffektive Ansammlung von Kontingenzen erschiene, wurde mittels relationaler Konditionierungsprozesse erworben [...]. Durch diese Prozesse vermeiden Menschen das verbal abgebildete Ereignis (Gedanken/Erinnerungen) genauso wie das Ereignis selbst, weil die tatsächliche Begebenheit in der verbal abgebildeten Version mental repräsentiert ist." Kelly G. Wilson, Amy R. Murrell, Arbeit an den eigenen Werten im Rahmen der Akzeptanz- und Commitment-Therapie: Das Bestimmen einer Richtung innerhalb einer verhaltenstherapeutischen Behandlung, in: Hayes, Steven C., Follette, Victoria M., Linehan, Marsha M. (Hg.), *Achtsamkeit und Akzeptanz: Das Erweitern der kognitiv-behavioralen Tradition* (dgvt: Tübingen, 2012),175. Mit anderen Worten: Der Kopf ist das Problem!

sie gleichwohl aber nur einen Teilaspekt der Krisenbewältigung abdecken. Jeder veränderungsorientierte Ansatz ist einseitig ohne die Ergänzung durch *Akzeptanz*. Man erkannte zweitens, dass der Akzeptanz sogar der Vorrang gebührt. Um ein Bewusstsein der Akzeptanz zu erlangen, so lernte man durch die Beschäftigung mit buddhistischen Achtsamkeitslehren drittens, ist es erforderlich, eine „metakognitive" Position zu beziehen, die es ermöglicht, sich die Prozesse und Resultate der epiphänomenalen kognitiv-sprachlichen Konditionierungen sozusagen aus dem Abstand heraus zu betrachten, ohne sich notwendig von ihnen beeinflussen zu lassen. Viertens revidierte man die Kurzschlüssigkeit der behavioristischen Auffassung, psychische Störungen im Sinne einer Reparaturbedürftigkeit allzu sehr auf die aktuelle Situation zu beziehen, statt sie lebensgeschichtlich, systemisch und bezogen auf die höchsten Werte des Einzelnen zu verstehen. Damit sind im Wesentlichen die Prinzipien zusammengefasst, die offenbar den „Third-Wave"-Therapien insgesamt zugrunde liegen. Diese Persistenz des Behaviorismus erschwert im Unterschied zur epistemologischen Offenheit der Kognitiven Therapien die Integration mit christlicher Seelsorge, denn jüdisch-christliche Anthropologie und Ethik schreiben der verantwortlichen Souveränität des menschlichen Denkens durchweg zentrale Bedeutung zu und sehen es als Hauptursache des kontruktiven und destruktiven Verhaltens an.

2.3.2. Kritik der „3. Welle" an den Kognitiven Therapien

Man wird wohl pauschal behaupten dürfen, dass viele Erkenntnisse der „dritten Welle" für die Kognitiven Therapien nicht neu sind oder dass diese, etwas weniger forsch formuliert, zumindest von jeher für deren Integration offen waren und einiges davon bereits seit Langem lehrten und praktizierten. Nicht zuletzt indizieren das die oben dargestellten Modelle der Integration von Spiritualität und Kognitiver Therapie, die insgesamt, historisch und inhaltlich gesehen, in der herkömmlichen Kognitiven Verhaltenstherapie zu verorten sind und nicht in der „Dritten Welle", wobei nun die Betonung auf „Kognitive" in der Wortbildung den Unterschied macht. *Follette* et al. sehen im Paradigma der *Akzeptanz* das Charakteristikum der „Dritten Welle" schlechthin: „Die Integration des Konzepts der Akzeptanz hat die westlichen kognitiven Verhaltenstherapien radikal verändert. Praktizierende wie Klienten scheinen offenbar gleichermaßen den Nutzen der enthusiastischen Verwendung von Achtsamkeit und Akzeptanz zu verspüren."[561] Allerdings spielt auch in jenen Modellen der „metakognitive" Aspekt der Akzeptanz bereits die entscheidende Rolle, einerseits in Gestalt der christlichen Rechtfertigungslehre, andererseits, insbesondere bei Ellis,[562] sowohl als conditio sine qua non wie auch als Ziel der Therapie, das darin besteht, irrational idealisierende Vorstellungen vom Leben durch rational realistische zu überwinden und aus die-

[561] Victoria M. Follette, Kathleen M. Palm, Kathleen M.,Mandra L. Rasmussen Hall, Akzeptanz, Achtsamkeit und Trauma, in: Steven C. Hayes, Victoria M. Follette, Marsha M. Linehan (Hg.), *Achtsamkeit und Akzeptanz: Das Erweitern der kognitiv-behavioralen Tradition* (dgvt: Tübingen, 2012), 282.

[562] Ganz deutlich auch bei Dryden. Vgl. Windy Dryden, *Zehn Schritte nach vorn: Wie Sie Ihrem Leben eine positive Wende geben*, aus d. Engl. v. K. Wördemann-Wingert (Beltz: Weinheim, Basel, Berlin, 2003), 21ff, 43ff.

sem Realismus heraus das Bestmögliche aus den Gegebenheiten zu machen.[563]

Speziell in der REVT bestimmt die Frage der Akzeptanz bereits zu Beginn der Problemanalyse die diagnostische Weichenstellung, indem die Beratungsperson „das Problem mit dem Problem" eruiert. Warum wird das präsentierte Problem vom Klienten überhaupt als veränderungsbedürftig angesehen? Grundgedanke dabei ist, dass man ein Problem nur sinnvoll verändern kann, wenn man sich erlaubt, es zu haben. Wer hingegen ein Problem mit seinem Problem hat, leidet nach REVT-Terminologie unter „Symptomstress".[564] Wenn der Symptomstress dominiert, was nicht selten der Fall ist, wird er selbst, sofern der Klient damit einig ist, zum Gegenstand der Analyse gemacht.

Die Protagonisten der „Third-Wave"-Therapien gehen zwar nicht darüber hinweg, dass vieles, was ihnen wichtig ist, bereits in der herkömmlichen Kognitiven Verhaltenstherapie umgesetzt wird. Zum Beispiel räumen Ciarrochi und Bailey, Vertreter der ACT nach Steven Hayes, ein, KVT könne „ebenfalls angewandt werden, um Metakognitionen zu verändern [...]. Dies sind Kognitionen über Kognitionen".[565] Trotzdem meinen sie aber, dass die metakognitive Vorgehensweise der ACT etwas qualitativ anderes und Wirksameres sei als die kognitiv-therapeutische. Vielleicht liegt hierin das Hauptproblem der trotz gegenteiligen äußeren Eindrucks brüchigen Integration von ACT und Kognitiver Therapie. Die ACT-Protagonisten Marlatt et al. unterscheiden folgendermaßen in expliziter Abgrenzung zu A.T. Becks Depressionstherapie: „Das Ziel des Achtsamkeitstrainings ist nicht, gedankliche Inhalte herauszufordern und zu verändern [...], sondern eine veränderte Einstellung oder ein verändertes Verhalten zu Gedanken, Gefühlen und Sinneseindrücken zu entwickeln."[566] Achtsamkeit sei ein „metakognitiver Zustand einer eher losgelösten Aufmerksamkeit".[567] Diese Diktion erwecket den Eindruck, als seien „Metakognitionen" keine (normalen) Kognitionen mehr und als seien solche kein Gegenstand der Kognitiven Therapien. Tatsächlich ist jede Kognition jedoch zunächst nicht mehr als ein im Bewusstsein auftretender Wahrnehmungsakt. Um nichts anderes handelt es sich aber auch bei den so genannten „Metakognitionen". Das „Meta" dieser Wortbildung bezieht sich nicht auf das Wesen solcher Gedanken, sondern auf den Modus des Denkakts unabhängig von den Inhalten der Gedanken. Der Denkakt und das im Denkakt Gedachte müssen auseinander gehalten werden. Jene „losgelöste Aufmerksamkeit" ist in diesem Sinne keine inhaltliche „Metakognition", also so etwas wie ein qualitativ anderer, „höherer" Gedanke über den Gedanken, sondern nichts anderes als eine bestimmte Form des Denkakts, also eine Weise des *Umgangs* mit ins Bewusstsein tretenden Gedanken. Dieser Modus des Umgangs mit den Gedanken ist nun aber auch wieder genuin

---

563 Albert Ellis, Robert A. Harper, *A New Guide to Rational Living* (Prentice-Hall: Englewood Cliffs, 1975), 72.

564 H.A. Willberg, Lehrbuch Kognitive Seelsorge I, 29f.

565 J.V. Ciarrochi, A. Bailey, a.a.O., 20.

566 G. Alan Marlatt, Kati Witkiewitz, Tiara M. Dillworth, Sarah W. Bowen et al., Vipassana-Meditation für die Behandlung von substanzgebundenen Störungen, in: Steven C. Hayes, Victoria M. Follette, Marsha M. Linehan (Hg.), *Achtsamkeit und Akzeptanz: Das Erweitern der kognitiv-behavioralen Tradition* (dgvt: Tübingen, 2012), 357. Ebenso M. Van Vreeswijk et al.: „In der dritten Generation [...] geht es nicht um das Korrigieren, sondern um das Verändern der *Haltung* gegenüber dysfunktionalen Gedanken, Gefühlen und Verhaltensweisen." M. Van Vreeswijk et al., a.a.O., 31.

567 G. Alan Marlatt et al., 357.

kognitiver Natur. Es handelt sich um kein „*Über*-Bewusstsein" und, in diesem Sinn, eben gerade um keine *Meta*-Kognition, sondern ganz schlicht um die Struktureigenschaft des menschlichen Denkens per se.[568]

Im Gegensatz zur Passivität des bloß rezipierenden Denkens handelt es sich um die Aktivität des *urteilenden* Denkens. Jeder bewusste Denkvorgang besteht notwendig aus beidem und ist darum reflexiv. In jedem Augenblick einer passiv ins Bewusstsein tretenden Kognition findet eine Beurteilung der Wahrnehmung statt. Das Urteil kategorisiert die Wahrnehmung: Es ordnet ihr einen Begriff zu und *bewertet* diesen zugleich in Bezug auf den Kontext, in welchem ihn das Urteil definiert. Aus dieser Bewertung resultiert die aktive Steuerung des Denkakts. Sie kann zum Beispiel in dem Versuch bestehen, eine passiv auftretende Kognition zu unterdrücken, in der bewussten Konzentration auf einen anderen Wahrnehmungsgegenstand oder, kennzeichnend für die Übung der Achtsamkeit, im weitestgehenden Verzicht auf irgendwelche Einflussnahme.

Um nichts anderes als um solche Steuerungsakte geht es in den Kognitiven Therapien. Die Behauptung, man würde dort versuchen, die auftretenden Gedanken *inhaltlich* zu ändern, ist falsch. Im Gegenteil: Man macht sich dort die passiv auftretenden Gedanken bewusst, was nur möglich ist, wenn man sich erlaubt, sie zu haben, und man befindet in Bezug zu den schädigenden oder nützlichen Wirkungen möglicher Folgerungen aus diesen Gedanken im *Verhalten* darüber, ob man sie dankbar aufgreifen und pflegen, gleichmütig kommen und gehen oder sich von ihnen distanzieren möchte, indem man sich Lohnenderem zuwendet. Das sind die Modi der Veränderung des Denkens in den Kognitiven Therapien. Es geht auch hier um nichts weiter, als eine „veränderte Einstellung oder ein verändertes Verhalten zu Gedanken, Gefühlen und Sinneseindrücken zu entwickeln". Man darf dazu getrost auch „kognitive Umstrukturierung" oder „neues Denken" und dergleichen sagen, weil die „veränderte Einstellung" als bewusst veränderter Denkakt nie ohne veränderte Selbstverbalisationen erfolgt und das Zusammenspiel von veänderter Selbstverbalisation und veränderter Umgehensweise mit auftretenden Idiosynkratien veränderte neuronal gebahnte Denkgewohnheiten hervorbringt, die auch wiederum auf die inhaltliche Füllung passiver Denkinhalte stark verändernden Einfluss haben können, vor allem dort, wo durch erfolgreiche Modifizierungen des Verhaltens neue Erkenntnisse über die tatsächlich gegebenen eige-

---

[568] Das haben schon die deutschen Idealisten so gesehen und beschrieben: „Kant und Fichte hielten es für das entscheidende Merkmal unseres Bewusstseins, dass wir jeden einzelnen bewussten Zustand mit einem höherstufigen Bewusstsein über unser Bewusstsein begleiten können." So erlangen wir „ein Bewusstsein unseres Bewusstseins". „Richten wir unser Bewusstsein auf unser Bewusstsein, ist es möglich, dass sich unser Bewusstsein verändert." M. Gabriel, a.a.O., 189-191. Das hat nichts mit einem sozusagen meta-physischen Meta-Bewusstsein zu tun. Darum tut auch Adrian Wells, der mit Seiner „Meta-Cognitive-Therapie" (MCT) ein Verfahren entwickelt hat, das diese Aspekte ganz ins Zentrum des Heilungsprozesses rückt, gut daran, es explizit von der „Dritten Welle" abzugrenzen, obwohl sie dieser gemeinhin zugerechnet wird. S.G. Hofmann, G.J.G. Asmundson, a.a.O., 12. Zurecht ist die MCT (bzw. MKT) dem Selbstverständnis ihrer Vertreter nach nichts anderes als eine Weiterentwicklung der Kognitiven Therapie. Diese Weiterentwicklung besteht einfach darin, dass ein wesentlicher Aspekt bisheriger Kognitiver Therapie eine besondere Betonung und methodische Aufbereitung erhält. Tobias Teismann, Sven Hanning, Metakognitive Therapie, in: Thomas Heidenreich, Johannes Michalak (Hg.), *Die „dritte Welle" der Verhaltenstherapie: Grundlagen und Praxis* (Beltz: Weinheim, Basel, 2013), 180-198.

nen Bewältigungspotenziale entstanden sind.[569]

Ciarrochi und Bailey begründen ihre implizite Behauptung, die „metakognitive“ Vorgehensweise der ACT sei etwas qualitativ anderes und Wirksameres als die kognitiv-therapeutische, durch Verweis auf die *Bezugsrahmentheorie* (BRT) von Hayes.[570] Diese begreift bewertende Kognitionen grundsätzlich nach dem Muster des klassischen Behaviorismus als durch den Kontext determinierte Resultate operanter Konditionierung.[571] Mit Bewertungen verbundene Kognitionen in Form von Sprache sind demnach verfestigte Reflexionen von Erfahrungen, die in der sprachlichen Formulierung nur scheinbar repräsentiert werden. Im Unterschied zu den Tieren entziehe uns die sprachliche Reflexion der Unmittelbarkeit des Erlebens.[572] Dadurch biete sich die sprachliche Reflexion aber auch als Mittel zur „Erlebensvermeidung“ an.[573] Die wahrnehmende Begegnung und Auseinandersetzung mit dem unmittelbar emotionalen Erleben werde also rationalisiert und finde somit gar nicht wirklich statt. Dadurch komme der Mensch aber auch nicht zu sich selbst. An die Stelle leibhaftiger Problembewältigung tritt die „verkopfte“ rein gedankliche Disputation, in der nur noch Gedanken gegen Gedanken streiten. Aus der Enge dieses kognitiven Käfigs scheint es kein Entweichen zu geben. Der therapeutische Effekt der kognitiven Umstrukturierung, auf welche die ACT darum weitestgehend verzichtet,[574] besteht demnach lediglich darin, dass die Person mit den einen Bewertungsgedanken die anderen beständig unterdrückt. Die Forschung zeige jedoch, so Ciarrochi und Bailey, „dass Gedankenunterdrückung paradoxer-

---

569 Ellis hat diese Schwerpunkte der REVT eigentlich durchweg sehr deutlich zum Ausdruck gebracht, zum Beispiel in „Humanistic Psychotherapy“: RE[B]T „gives [man] almost full responsibility for choosing to make or not make himself seriously disturbed. Although it weighs biologial and early environmental factors quite importantly in the chain of events that lead to human disorganization and disorder, it insists that nonetheless the individual himself can, and usually does, significantly intervene between his environmental input and his emotionalized output, and that therefore he has an enormous amount of potential control over what he feels and what he does. Moreover, when he unwittingly and foolishly *makes himself* disturbed by devoutly believing in irrational and unvalidatable assumptions about himself and others, he can almost always *make himself* undisturbed again, and can do so often - if he utilizes rational-emotive procedures.“ A. Ellis, Humanistic Psychotherapy, 4. Bei all dem geht es eindeutig und entscheidend nicht um die *Inhalte* dysfunktionaler Gedanken, sondern um den *Umgang* damit.

570 J.V. Ciarrochi, A. Bailey, a.a.O., 21ff.

571 „ACT und BRT sind im Ansatz grundsätzlich behavioristisch, gehen jedoch über die erste Welle der Verhaltenstherapie hinaus, indem sie kognitive Prozesse mithilfe von behavioristischen Techniken und Konzepten angehen.“ Die BRT „erklärt die Kreativität der Sprache mit den Prinzipien der operanten Konditionierung [...]. Außerdem wurde die Bezugsrahmenanalyse angewandt, um komplizierte kognitive Prozesse wie Denken und Problemlösung zu verstehen, die bisher für zu komplex bzw. ‘innerlich’ gehalten wurden, als dass Behavioristen sie angehen könnten“. Ebd., 21. Es scheint so, als sei hier tatsächlich die Bruchlinie zwischen behavioristischer und humanistischer Psychotherapie zu markieren, die sich offenbar auch durch die Therapien der „dritten Welle“ zieht. Es sei daran erinnert, dass Ellis die REVT als „stark humanistisch“ bezeichnet hat, denn „RET holds that man’s behavior [...] is considerably less determined than the orthodox Freudians or behaviorists seem to think it is.“ A. Ellis, Humanistic Psychotherapy, 10.

572 Ebd., 31f.

573 Ebd., 32; K.G. Wilson, A.R. Murrell, a.a.O., 175.

574 J.V. Ciarrochi, A. Bailey, a.a.O., 21.

weise zu einem Anstieg der Häufigkeit des Gedankens führen kann".[575]

Dieser Vorstellung von Kognitiver Therapie nach kann es sich letztlich auch bei den kognitiv-therapeutischen „Metakognitionen" nur um Unterdrückungsmechanismen innerhalb des Sprachkäfigs handeln. Folgerichtig liege das Ziel der ACT nicht darin, „einzelne Gedanken in Frage zu stellen. Stattdessen will sie die gesamte 'Sprachmaschine' unterminieren."[576] In ACT-Terminologie heißt das pathogene Agieren im Bezugsrahmen des Sprachkäfigs „Fusion oder Verstrickung".[577] Nicht einzelne Teile dieses Systems werden als pathogen angesehen, sondern das System als Ganzes.

Die Rationalisierung in den Kognitiven Therapien hebt nach Meinung der ACT-Vertreter nicht nur den Bezug zur Unmittelbarkeit des Erlebens auf, sondern sie schneidet auch von Herkunft und Ziel des Erlebensflusses ab und reduziert dadurch die Beurteilung aktualer Kognitionen auf ihre logische Richtigkeit hier und jetzt, unabhängig von ihrer kontextuellen Bedeutung. In der ACT würde ein Bewertungsgedanke (Belief) hingegen nicht mehr „als Glaubenssatz definiert. Stattdessen werden die Gedanken als 'glaubwürdig' beschrieben. Sie sind etwas, das man glauben kann oder auch nicht, statt ein fester Glaubenssatz zu sein, der verändert werden muss." Man konzentriere sich auch nicht wie in der KVT darauf, „nicht-konstruktive Versuche der Gefühlskontrolle auf ein Minimum zu verringern".[578] Stattdessen intendiere man als therapeutisches Ziel „neue Wege des Seins" beziehungsweise, mit etwas weniger Pathos: Das Ziel „besteht nicht darin, Gedanken zu ändern, sondern externes Verhalten zu ändern."[579]

Letzteres in Abgrenzung zur Kognitiven Therapie zu formulieren, zeugt offenbar von einer klischeehaften Vorstellung derselben und ist ein weiteres Indiz dafür, dass man sie nur als einen lediglich historisch relevanten Zufluss der Verhaltenstherapie betrachtet. Mit dem „V" im Akronym „REVT" ist aber nicht eine Konzession an die Verhaltenstherapie gemeint, sondern das Ziel jeder rational-emotiven Intervention. Nur dadurch legitimiert sich Kognitive Therapie überhaupt. Veränderungswürdig sind als problematisch empfundene Zustände nur dann, wenn sie stringent nachvollziehbar zu konkret aufweisbarem schädigendem Verhalten führen. Darin unterscheidet sich der grundsätzliche Pragmatismus der kognitiv-therapeutischen Ansätze radikal von allem Dogmatismus. Umgekehrt gilt gleichermaßen: Therapeutische Veränderung in den Kognitiven Therapien und

---

[575] Ebd., 48. „Diejenigen, die ACT entwickelt haben und nun ihre Verfechter sind, erklären diese Vermeidung als das natürliche Resultat von aufeinander bezogenen Lernprozessen (also von sprachlichen Vorgängen) und zudem, und das ist elementar für diese Position, als primäres Hindernis auf dem Weg zu einem effektiven Leben". Ebd., 21.

[576] Ebd., 49.

[577] „Fusion oder Verstrickung ist die Dominanz spezieller verbaler Funktionen über andere potenziell auch zur Verfügung stehende verbale und nonverbale Funktionen". Ebd., 34.

[578] Ebd., 52.

[579] Ebd. „Wenn eine Maus wiederholt einen bestimmten Weg läuft, um ein Stück Käse zu holen, dann wird sich die Wahrscheinlichkeit, dass die Maus diesen Weg läuft, verringern, wenn der Käse entfernt wird. Wenn die Maus diesen Weg in erster Linie läuft, um einer Katze zu entkommen, dann wird es höchstwahrscheinlich keine Wirkung haben, wenn der Käse entfernt wird. Dann muss man die Katze entfernen. Ähnlich ist es mit Gedanken: die Umstrukturierung oder Entfernung eines unkorrekten Gedankens (der 'Käse') wird keine Wirkung haben, wenn die Richtigkeit nicht das ist, was den Gedanken oder die Bewertung aufrechterhält." Ebd., 51.

speziell in der REVT wird nur dann als solche konstatiert, wenn es sich um eine ebenso stringent nachvollziehbare *Verhaltens*änderung handelt.

Hofmann und Asmundson sehen in dem behavioralen Erklärungsmuster der Kognitionen einen fundamentalen Unterschied zwischen ACT und Kognitiver Verhaltenstherapie (KVT/CBT). „In essence, the word *cognition* has a different meaning in ACT than in CBT; it is a thought process in CBT and a private behavior in ACT."[580] ACT und die Kognitive Verhaltenstherapie würden zwar dieselben Techniken zur Reduktion von emotionalem Stress verwenden,[581] es seien aber „substantial differences in their philosophical foundations" zu verzeichnen.[582] Im Unterschied zu ACT sei die Kognitive Verhaltenstherapie nicht auf eine bestimmte philosophische Grundlage fixiert. *Gebler und Maercker* sind der Ansicht, dass die Prinzipien, Ziele und Methoden der ACT nicht neu, sondern denen vieler „long-established humanistic therapies" sehr ähnlich seien. „So, what is unique about ACT can be traced back to its philosophical assumptions".[583] Die Beziehung zwischen ACT und Kognitiver Verhaltenstherapie könne man als „konkurrierend" bezeichnen.[584]

Das Konkurrenzmoment mag auch noch für weitere Punkte ausschlaggebend sein, die von ACT-Vertretern an der KVT kritisiert werden. Hofmann und Asmundson haben sie zusammengefasst und diskutiert.[585] Die Bemängelungen basierten zum großen Teil auf „incorrect perceptions about the nature of CBT."[586] Besonders interessant im Zusammenhang dieser Dissertation ist dabei, dass der *Oberflächlichkeitsvorwurf* neue Bestätigung erhält: Kognitive Verhaltenstherapie sei mechanistisch und übermäßig symptomorientiert. Das wird verbunden mit der Behauptung, die angenommenen kognitiv therapeutischen Wirkmechanismen seien unzureichend wissenschaftlich untersucht und bestätigt. Hofmann und Asmundson weisen diese Kritikpunkte nicht zuletzt unter Hinweis auf die Erkenntnisse der Neuropsychologie zurück.[587]

2.3.3. Die „radikale Akzeptanz"

An die Stelle der veränderungsorientierten kognitiven Disputation und Umstrukturierung tritt in der ACT das Prinzip der „radikalen Akzeptanz". Der behavioristische Ansatz wird dadurch nicht relativiert, weil das Modell der operanten Konditionierung grundlegend bleibt. Es wird vielmehr auch auf Bildung und Funktion der Kognitionen angewandt. Gerade darum wird behauptet, dass die Kognitiven Therapien das Veränderungspotenzial kognitiver Dispute überschätzen. Die kon-

---

[580] S.G. Hofmann, G.J.G. Asmundson, a.a.O., 10.

[581] Ebd., 11.

[582] Ebd., 12.

[583] F.A. Gebler, A. Maercker, a.a.O., 158. Sie belegen mit einem Zitat von Hofmann, was darunter zu verstehen ist: „ACT assumes that human behavior is completely determined by the environment and the context. Furthermore, cognitive processes, such as thoughts and beliefs, are considered to be mere behaviors. The notion that cognitions are causally linked to behaviors (the basic premise of the cognitive model) is rejected by ACT." S.G. Hofmann, zit. in: ebd.

[584] Wörtlich „competitive". Ebd., 159.

[585] S.G. Hofmann, G.J.G. Asmundson, a.a.O., 7ff.

[586] Ebd., 2.

[587] Ebd., 7ff.

textuellen Verstärker würden dort nämlich zu wenig in Betracht gezogen.[588] Ferner ist als therapeutisches Ziel weiterhin die Verhaltensänderung definiert, in Abgrenzung zur unterstellten Fokussierung der Veränderung von Gedanken und Gefühlen in den Kognitiven Therapien.[589] Im Blick auf die Kognitionen wird behauptet, dass ihr destruktiver Einfluss nur überwunden werden könne, wenn sie gerade nicht bekämpft und unterdrückt, sondern radikal akzeptierend lediglich urteilslos wahrgenommen und zugelassen würden. Damit öffne sich der Wahrnehmung auch das unmittelbare Erleben Wer sich diesem nicht mehr entzieht, wird authentisch, kommt zu sich selbst, findet sich selbst und in sich selbst die Ressourcen zur Krisenbewältigung. So ereignet sich Heilung als Auswirkung zustande kommender *Selbstkongruenz*.[590]

Wilson und Murrell, weitere Vertreter der ACT, verwerfen „die Annahme, man müsse sich mutig fühlen, um mutig zu sein, und dass man an seinen Erfolg glauben müsse, um ihn zu erfahren."[591] Dass sie offenbar nicht zwischen dem *Gefühl* des Mutes und der mutigen *Kognition* eines Glaubens (Belief) unterscheiden, liegt wahrscheinlich daran, dass sie beides als gleichermaßen irrelevant im Vergleich zum Dogma der Akzeptanz betrachten. Sie scheinen dabei jedoch den tatsächlichen Charakter des Muts zu übersehen: Sinnvoll von Mut lässt sich nur reden, wenn damit eine Kognition gemeint ist, die sich *gegen* das vorherrschende Gefühl der Angst richtet. Mithin ist Mut nichts anderes als das Phänomen einer augenblicklich stattfinden Kognitiven Umstrukturierung, deren erfreuliches Ergebnis noch aussteht. Wilson und Murrell kontrastieren die ACT explizit mit der REVT. Dort wie überhaupt in der „traditionellen kognitiven Therapie" werde angenommen, „dass negative Gedanken und Gefühle durch positive Gedanken und Gefühle ersetzt werden müssen, damit die Klienten wieder mit ihrem Leben zurechtkommen." Ihnen werde darum beigebracht, „irrationale Gedanken direkt anzufechten. [...] Alle diese Formen der Behandlung teilen offenbar die Überzeugung, bestimmte Kognitionen, Emotionen und körperliche Zustände führten zu schlimmem Verhalten, und um dieses Verhalten zu bessern, wären die auslösenden Ursachen zu eliminieren oder zumindest zu verringern." Die Autorinnen stellen die Anschauung unserer Kultur, „es sei erstrebenswert, positiv zu denken und zu fühlen", in Frage und setzen dagegen, dass „in der Perspektive von ACT [...] seelisches Leiden nicht anomal [ist], sondern im Gegenteil normal und immer vorhanden." Sie stellen die pauschale Behauptung auf, der Kampf gegen psychische Probleme verfestige und intensiviere diese nur, überdies leide die Lebensqualität

---

588 J.V. Ciarrochi, A. Bailey, a.a.O., 69ff.

589 Ebd., 52.

590 Vgl. zu Selbstkongruenz und Echtheit qua Authentizität H.A. Willberg, Grundlagen, 87ff; 197ff. Der für humanistische Psychotherapien fundamentale Begriff „Selbstkongruenz" ist in den „Third-Wave"-Therapien nicht gebräuchlich, obwohl er sich inhaltlich sehr gut für vieles eignet, was sie beschreiben. Überhaupt bezieht man sich eher wenig explizit auf Erkenntnisse und Praktiken anderer Therapieschulen, obwohl man inhaltlich vieles vertritt, was andere schon zuvor herausgefunden haben. Im Blick auf die Selbstkongruenz gilt in dieser Hinsicht: „Although most fully developed with the client-centered tradition, therapist congruence is highly prized in many theoretical orientations." Gregory G. Kolden, Marjorie H. Klein, Chia-Chiang Wang, Sara B. Austin,Congruence/Genuineness, in: John C. Norcross (Hg.), *Psychotherapy Relationships That Work: Evidence-Based Responsiveness*, 2. Aufl. (Oxford University Press: New York, 2011), 188.

591 K.G. Wilson, A.R. Murrell, a.a.O., 176.

erheblich, wenn man sich ständig im Kampf befinde. „ACT will Klienten ohne alle Umschweife und auf eine einfache Weise dabei helfen, den Kampf hinter sich zu lassen, damit sie das Leben führen können, welches den von ihnen gehegten Werten so gut wie möglich entspricht."[592]

In bemerkenswertem Gegensatz dazu schreiben die Autorinnen dann allerdings unter der Überschrift „Eine auf Werte gestützte Verhaltenstherapie"[593], dass „die individuellen Werte des Klienten [...] die Richtung und den motivierenden Impuls stiften [können,] um die harte Arbeit einer Behandlung auf sich zu nehmen."[594] Unter den genannten Voraussetzungen bleibt unklar, was unter der „harten Arbeit" eigentlich zu verstehen sein soll. Jedenfalls scheint sie nicht darin zu bestehen, Alternativen zu selbstschädigenden Bewertungsmustern aufzubauen und zu etablieren.[595]

Bemerkenswert ist ebenfalls, dass Ciarrochi und Bailey explizit von der REVT behaupten, sie basiere „auf der mechanistischen Weltanschauung", und das folgendermaßen begründen: „In diesem Modell bestimmt nicht die Situation an sich, wie man reagiert, sondern wie man eine Situation einschätzt oder über sie denkt."[596] Damit ist gemeint, dass die REVT einen Kausalzusammenhang zwischen Bewertungen, Emotionen und Verhaltensweisen konstatiert: Wie ich denke, so reagiere ich emotional, und wie ich emotional reagiere, beeinflusst wesentlich mein Verhalten. Durch die „Bezugsrahmentheorie" scheint dieser Zusammenhang aber aufgehoben zu sein.[597] Bewertende Kognitionen sind demnach nur epiphänomenale Erscheinungen der eigentlichen kontextuellen Wirkkräfte. Die Autoren bezeichnen das als das „alternative Weltbild" des „funktionalen Kontextualis-

---

592 Ebd., 178. Demnach würde die REVT unangenehme Gefühle grundsätzlich überwindungsbedürftig finden. Es geht in der REVT aber keineswegs um eine Ideologie positiven Denkens und Fühlens, sondern um Realismus. „REBT encourages people to feel very *strongly*, and to experience *great* sadness, sorrow, regret, and frustration - which it views as healthy negative feelings when bad things occur - and not merely the mild feelings [...]. If they feel very sad and frustrated, they will be motivated to change what they can change and only accept unfortunate happenings that they cannot, for the present, change. [...] I reply that without such negative emotions, the human race would hardly survive". A. Ellis, Post-September, 293. Dito A. Ellis, Ellis, R.A. Harper, a.a.O., 28, 177ff.

593 Ebd., 179.

594 Ebd, 189.

595 Ellis hat einerseits Entspannungsverfahren und dergleichen als ergänzende Maßnahmen zur kognitiven Umstrukturierung ausdrücklich gut geheißen, andererseits aber auch davor gewarnt, dass die einseitige Körperfokussierung dabei Klienten davon ablenken könne, sich mit den „nutty thoughts and fantasies" auseinanderzusetzen, „with which they tend to plague themselves. Consequently, they bring palliation rather than cure, help people *feel* better instead of *get* better, and rarely produce elegant philosophic changes." A. Ellis, R.E. Harper, a.a.O., 20f. Diese Tendenz lässt sich auch bei der ACT wohl kaum leugnen.

596 J.V. Ciarrochi, A. Bailey, a.a.O., 70.

597 Hayes begründet das philosophisch durch „das Aufkommen des Konstruktivismus und vergleichbarer postmoderner (und post-modernerer) Theorien". Dies habe „die mechanistischen Grundpositionen geschwächt, welche einige Bereiche innerhalb der Verhaltenstherapie beherrschten [...]. Stattdessen haben pragmatische und kontextbezogene Annahmen stärker Gehör erhalten". S. C. Hayes, a.a.O., 17. Anscheinend überträgt Hayes aufgrund der Subsumierung der Kognitiven Therapien unter den Behaviorismus dessen Mechanismusprobleme auf jene. Ciarrochi und Bailey scheinen dem ohne Weiteres zu folgen.

mus".[598] Das heißt: Die Vertreter dieser Anschauung gehen davon aus, dass die tatsächliche Kausalität des Verhaltens nicht oder nur wenig im mentalen Urteil des Individuums begründet ist, sondern in den Wirkkräften des Lebenszusammenhangs, in den es als kleiner Teil der großen Natur eingebunden ist.

Hayes unterscheidet sein Paradigma des funktionalen Kontextualismus grundsätzlich vom „Formalismus" der herkömmlich kognitiv-verhaltenstherapeutischen Modelle.[599] Kontextualisten „achten vor allem auf die funktionalen Elemente eines Prozesses und weniger auf seine formalen Aspekte, weil formale Ereignisse sozusagen bedeutungslos sind."[600] Diese „formalen Ereignisse", darf aus dem Zusammenhang ergänzt werden, sind jene konditionierten bedeutungsleeren epiphänomenalen Sprachgebilde, aus denen „monolitische Wahrheiten"[601] in Bezug auf das Problem des Klienten gebildet werden. Im Gegensatz zu den „mechanistischen Modellen" der Psychotherapie, wo „funktionale Ereignisse als eine Ansammlung, die aus den elementar dafür relevanten Bestandteilen montiert wurde", erscheinen,[602] würde „ACT (und ebenso viele der anderen neuen Verhaltenstherapien) [...] gezielt mit Offenheit und Akzeptanz gewissen seelischen Phänomenen [begegnen], die formal als 'negativ', 'irrational' oder gar 'psychotisch' gelten. Ob ein Ereignis ins Visier für therapeutische Veränderung gerät, lässt sich nicht aus seiner Form, sondern nur aus der Funktion herleiten."[603] Die funktionale Bezogenheit des aktuellen Problems ist Hayes zufolge teleologischer Natur. Darum würden die Klienten „ermutigt, sich mit Leidenschaft dafür zu interessieren, wie sie ihr Leben ihren persönlichen Werten entsprechend gestalten können, das heißt, wie sie ihre Absichten realisieren können."[604] Der mit Nachdruck betonte Aspekt der wertorientierten Zielbestimmung als des wesentlichen therapeutischen Moments, der wiederum stark an die Logotherapie erinnert, steht in Spannung zur postulierten Relativierung der in Sprachbegriffen repräsentierten reflexiven Kognitionen. Wer sich keine Gedanken über sich selbst macht, wird schwerlich, etwa „aus dem Bauch heraus", werthaltige Ziele definieren können. Das Problem ist epistemologischer Art und als solches so alt wie die Philosophie. Spätestens seit Aristoteles dürften die Prozesse des menschlichen Erkennens wie solche der wertorientierten Zielbestimmung des Handelns vernünftigerweise unter der *dialektischen* Voraussetzung des Zusammenwirkens von formgebender Begriffsbildung und substantieller Erfahrungswirklichkeit betrachtet werden. Substanz ohne Form ist so unsinnig wie Form ohne Substanz.[605] Hayes' behavioraler Empirismus scheint, tendenziell jedenfalls, den formgebenden Aspekt der Therapie, der für die kognitiven Therapien wesentlich ist, auf einen starren, illusionären Formalismus

---

598 J.V. Ciarrochi, A. Bailey, a.a.O., 72.

599 S.C. Hayes, a.a.O., 20ff.

600 Ebd., 20.

601 Ebd., 24.

602 Ebd.

603 Ebd., 23.

604 Ebd., 24.

605 Ansgar Beckermann, *Das Leib-Seele-Problem: Grundlegende Ansätze,* Fakultät für Kultur- und Sozialwissenschaften (FernUniversität Hagen, 2011), 5f; vgl. Aristoteles, *Metaphysik: Schriften zur Ersten Philosophie,* übers. u. hg. v. F.F. Schwarz (Philipp Reclam jun.: Stuttgart, 1981), 166ff; vgl. Aristoteles, *Über die Seele,* Griechisch/Deutsch, übers. u. hg. v. G. Krapinger (Philipp Reclam jun.: Stuttgart, 2011).

zu reduzieren. Wird jedoch die Substanzialität des Daseins als immerfort veränderlicher Erfahrungsfluss einseitig therapeutisch fokussiert, so mag sich auch jede Zielbestimmung von einem Augenblick auf den andern ändern.

Zugespitzt möchte man das Urteil der ACT über die kognitiven Therapieansätze folgendermaßen zusammenfassen: Der Mensch denkt nur, dass er denkt. Jedenfalls bewirkt er nicht viel mit seinem Denken. Vor allem steht er durch sein Denken sich selbst im Weg, einfach so zu sein, wie er ist. Wenn er sich akzeptiert, wie er ist, ohne sich darüber Gedanken zu machen, ist das am heilsamsten für ihn. Das kann offenbar zum völligen Verzicht auf die Veränderung des vorliegenen psychischen Problems führen: „Aus der Sicht der radikalen Akzeptanz kann ein Klient, der sich über nächtliche Panikattacken beklagt, durch ACT-geleitete Interventionen lernen, diese Panikattacken als normalen Teil des Lebens zu akzeptieren.“[606] Diese Akzeptanz wertet die ACT als den wesentlichen therapeutischen Erfolg.[607]

Es wird deutlich, dass jenes dem Buddhismus entlehnte „alternative Weltbild“ dazu tendiert, als das einzig wahre die schlechthinnige Grundlage hilfreicher Psychotherapie zu bilden. Entsprechende religiös geprägte Glaubenssätze bleiben denn auch nicht aus. So hinterfragen Ciarrochi und Bailey etwa die in der Psychotherapie gemeinhin behauptete hohe Bedeutung des *Selbstwertgefühls* mit dogmatischen Argumenten buddhistischer Theologie: „Was wäre, wenn das alles nicht stimmte? Wenn all diese Konzentration auf das Selbst in Wirklichkeit eine Leidensquelle wäre, wie es Buddhisten seit Jahrhunderten behaupten [...]? Wenn das Bauen von Selbst wie das Bauen der eigenen Gefängniszelle wäre?“[608] Dass diese Fragen indikativisch, wenn nicht gar imperativisch gemeint sind, wird im Folgenden evident: „Was geschieht, wenn wir unser ‘Bedürfnis’ nach Selbstwertgefühl ganz loslassen können? Es wäre ein wahrlich radikaler Schritt und könnte zu einem Leben voller neuer Möglichkeiten führen.“[609]

Im Blick auf den Gesichtspunkt der Akzeptanz darf trotzdem behauptet werden, dass die Aufnahme einer aus dem Buddhismus stammenden Achtsamkeitslehre in der moderaten Form, die zuerst und vor allem *Jon Kabat-Zinn* für sein

---

[606] J.V. Ciarrochi, A. Bailey, a.a.O., 79.

[607] Ebd. „Der springende Punkt dabei ist, dass gelernt werden soll, Gedanken als Gedanken zu betrachten [...], statt sie als unsichtbares Medium für die Erfahrung von Welt zu halten, und fortan diesen Unterschied immer wieder auch aufdecken zu können. [...] Entscheidend ist dabei, dass die Person im Verlauf dieser Übungen den Willen, diese inneren Ereignisse zu regulieren, fahren lässt und sich ihnen ohne jedes Sicherheitsverhalten überantwortet.“ S.C. Hayes, a.a.O., 38f.

[608] J.V. Ciarrochi, A. Bailey, a.a.O., 62. „Dass es sich beim Ich um eine Illusion handeln könnte, ist ein alter Verdacht, für den prominent Buddha, Hume und Nietzsche stehen“. M. Gabriel, a.a.O., 204. Auch Ellis hat das trotz hoher Achtung vor dem Zen-Buddhismus klar gesehen und kritisch adressiert: „Unfortunately, Zen’s nirvana not only gives up your individual uniqueness but also implies that it doesn’t really exist. You have no self and had better not pretend that you do. You have only oneness with the universe. This seems to be a gross exaggeration.“ Albert Ellis, *The Road to Tolerance: The Philosophy of Rational Emotive Behavior Therapy* (Prometheus: Amherst, 2004), 166.

[609] J.V. Ciarrochi, A. Bailey, a.a.O., 62. Suggestive Aussagen wie diese stehen wiederum in Spannung zum Selbstverständnis der ACT-Therapeuten, es handle sich um „eine Behandlungsform, bei der die Klienten im Mittelpunkt stehen, denn ihre Werte leiten die Therapie. [...] Die Klienten dürfen nie den Eindruck gewinnen, die Behandlung werde ihnen zugefügt.“ K.G. Wilson, A.R. Murrell, a.a.O., 197. Zugefügt wird anscheinend aber doch das bekannte weltanschauliche Grundmuster.

verhaltensmedizinisches Stressbewältigungsprogramm vorstellte, für die Kognitiven Therapien horizonterweiternd und effektivitätssteigernd sein dürfte, da sie durch Körperzentrierung, spirituelle Offenheit und die Möglichkeit konsequenter paradoxer Intentionen ein kompatibles Gegengewicht zur stets drohenden rationalen Vereinseitung des auf Veränderung ausgerichteten Disputationsvorgangs bildet. Humanistische Psychotherapien wissen das aber schon seit langem. Nicht nur ist *Selbstkongruenz* im holistischen Sinn ganz wesentlich für seelische Heilung, sondern es kann auch die Erlaubnis und unter Umständen die explizite Aufforderung, ein bislang nicht akzeptiertes Verhalten zuzulassen oder gar willentlich auszuführen, das Problem mit dem Problem auflösen, das im Stress mit dem Symptom bestand, was nicht selten einen veränderten Gleichgewichtszustand des psychophysischen und sozialen Systems hervorbringt, der mit dem Stress auch das Symptom selbst beseitigt. Akzeptanz ist in der Tat die Voraussetzung aller sinnvollen Veränderung psychischer Probleme.[610]

Ciarrochi und Bailey kritisieren an den herkömmlichen Methoden dieser Art allerdings, „dass radikale Akzeptanz keine Akzeptanz ist, wenn sie aversive Gefühle verringern soll."[611] Das trifft aber nur zu, wenn diese Verringerung von außen verordnet wird. Echte Akzeptanz bedeutet jedoch im Blick auf mögliche Veränderungsziele lediglich, dass es im freien Ermessen der Betroffenen steht, diese anzusteuern oder auch nicht. Ebenso wenig Sinn macht es, die *Kontextbezogenheit* des Problemverhaltens in Abgrenzung zur herkömmlichen Kognitiven Verhaltenstherapie als Neuentdeckung darzustellen. Dieser durchaus wesentliche Aspekt der KVT hat vielmehr für die Theorie der Kognitiven Seelsorge, wie noch zu zeigen sein wird, hohe Bedeutung.

---

610 Systematisiert wurde das unter dem Begriff der „Symptomverschreibung" von Milton Erickson und seinen Epigonen der Palo Alto-Gruppe um Paul Watzlawick und unter den Begriffen „Paradoxe Intention" und „Dereflexion" in Viktor E. Frankls Logotherapie. Vgl. zu Ersterem Jay Haley, *Die Psychotherapie Milton H. Ericksons,* aus d. Amerik. v. A. Bänziger, 6. Aufl. (Pfeiffer bei Clett-Cotta: Stuttgart, 2002) und Paul Watzlawick, Janet H. Beavin,Don D. Jackson, *Menschliche Kommunikation: Formen, Störungen, Paradoxien,* 9. Aufl. (Hans Huber: Bern, Göttingen, Toronto u.a., 1996), 220ff; zu Letzterem Reinhard Scheerer, *Logotherapie und Existenzanalyse: Viktor E. Frankl, Elisabeth Lukas und Alfried Längle. Eine Einführung,* Lehrbücher aus dem Institut für Seelsorgeausbildung (ISA), Bd. 5 (Books on Demand: Norderstedt, 2015), 147ff und z.B.Viktor E. Frankl, *Das Leiden am sinnlosen Leben: Psychotherapie für heute,* 6. Aufl. d. Neuausgabe (Herder: Freiburg, Basel, Wien, 1995), 55ff. Aber auch in der Verhaltenstherapie sind paradoxe Problemzugänge schon seit jeher en vogue. Zum Beispiel gilt als Grundprinzip verhaltenstherapeutischer Angsttherapie, dass sie nur gelingen kann, wenn die Person lernt, keine Angst mehr vor der Angst zu haben. Vgl. H.A. Willberg, Keine Angst. Bereits in den 70ern wurde die Paradoxe Intention speziell für die Verhaltenstherapie aufgenommen. Allen Fay, Klinische Anmerkungen zur paradoxen Therapie, in: Arnold A. Lazarus (Hg.), *Multimodale Verhaltenstherapie,* aus d. Amerik. v. W. Stifter u. H.A. Stiksrud (Fachbuchhandlung für Psychologie: Frankfurt a.M., 1978), 277ff.

611 J.V. Ciarrochi, A. Bailey, a.a.O., 79.

Teil II: Begründung und Formulierung der Theorie der Kognitiven Seelsorge

3. Begründung der Theorie der Kognitiven Seelsorge

3.1. Der Ertrag aus dem Literatur- und Forschungsbefund

3.1.1. Zusammenfassung

Die Verhaltenstherapie als Ganze ging bald schon nach dem Auftreten der Kognitiven Therapien eine dauerhafte Liaison mit diesen ein, was zum heute dominierenden Terminus „Kognitive Verhaltenstherapie" führte. Da Verhaltenstherapie und Kognitive Therapie seither nicht mehr klar unterschieden werden können, ist grundsätzlich auch unter einer Theorie der „Kognitiven Seelsorge" qua Kognitive Therapie im Kontext „Seelsorge" das verhaltenstherapeutische Moment inbegriffen. In der Literatur ist die Inklusion aber keineswegs stringent. Einigermaßen willkürlich wird zwischen Kognitiver Therapie und Verhaltenstherapie unterschieden oder auch nicht. Darum ist eine klare Eingrenzung des zu recherchierenden Forschungs- und Literaturbefunds der für die Anbahnung einer Theorie der Kognitiven Seelsorge relevanten Arbeiten nicht möglich. Der Schwerpunkt der Bestandsaufnahme wurde deshalb darauf gelegt, möglichst umfassend das bisherige Verhältnis der Poimenik zu den Kognitiven Therapien wahrzunehmen sowie umgekehrt auch das Verhältnis Kognitiver Therapie zu Religion und Spiritualität. Weil dem Konstrukt der Theorie Kognitiver Seelsorge dieser Dissertation die Entscheidung vorausgeht, als Kernelement die Rational-Emotive Verhaltenstherapie nach Albert Ellis aufzunehmen, konzentrierte sich die Recherche ferner auf die Erfassung der wissenschaftlichen sowie der einigermaßen relevanten populärwissenschaftlich oder seelsorgerisch akzentuierten Arbeiten, die speziell mit dieser Form Kognitiver Therapie befasst sind. Hierfür zumindest beansprucht der Befund weitestgehende aktuelle Vollständigkeit.

Insbesondere die evangelikalen und charismatischen Variationen des Umgangs mit Kognitiver Verhaltenstherapie im Allgemeinen und REVT im Speziellen wurden in weitgehender Vollständigkeit erfasst, systematisiert und diskutiert. Darin ergänzt meine Untersuchung die Bestandsaufnahme der bislang einzigen wissenschaftlich poimenischen Arbeit von Rainer Höfelschweiger, die den Schwerpunkt zum einen auf die Entwicklung des Verhältnisses von Psychotherapie, Religion und Spiritualität bei Albert Ellis legt und zum andern den Werdegang des bisherigen Verhältnisses der mitteleuropäischen Pastoralpsychologie zur Kognitiven Verhaltenstherapie ausleuchtet. In der Beurteilung des Gesamtbefunds bin ich mit Höfelschweiger einig, der unter der Überschrift „Schlussfolgerung" resümiert: „Im Rahmen der Studie wurden unter anderem Positionen untersucht, die die rational-emotive Therapie nach Albert Ellis in dysfunktionaler Weise bewerten. Dies betrifft pastoralpsychologisch orientierte Verständnisse in ihrem Abwehrverhalten ebenso wie evangelikale Zugriffe in ihrer normierenden Pragmatik.

Beide poimenischen Verhaltensweisen wirken [...] eigentümlich erstarrt und 'irrational'."[612]

3.1.1.1. Das Rezeptionsverhalten der Pastoralpsychologie

In der Tat hat die mitteleuropäische Pastoralpsychologie, abgesehen von wenigen Ausnahmen, bis heute eine eigentümlich ignorierende und ablehnende Position der Kognitiven Verhaltenstherapie gegenüber beibehalten, die in auffälligem Widerspruch zur dominierenden Rolle derselben in der Psychotherapie steht. Die hiesige Pastoralpsychologie befindet sich im Verhältnis zur Kognitiven Verhaltenstherapie fast noch auf demselben Stand wie vor 35 Jahren, als Gerhard Besier in seiner kritischen Bestandsaufnahme feststellte, das gespannte Verhältnis „zwischen Theologie und Klinischer Verhaltenstherapie" sei verwunderlich, da „die Klinische Verhaltenstherapie inzwischen wie kein anderes Verfahren auf weitreichende empirisch validierte Effekte verweisen kann".[613]

Die Gründe für die Aufrechterhaltung massiver Vorbehalte gegen die Kognitive Verhaltenstherapie in der Pastoralpsychologie lassen sich folgendermaßen zusammenfassen:

- Vorwurf einer mechanistischen Sichtweise des Ursache-Wirkung-Zusammenhangs von Kognitionen, Emotionen und Verhalten in der KVT. Dabei werden aber die gravierenden paradigmatischen Veränderungen durch die „Kognitive Wende", von der die KVT entscheidend geprägt ist, ausgeblendet.
- Vorwurf des manipulativen Gebrauchs von Psychotherapie, um im Sinne des klassischen Behaviourismus auf jenen „Mechanismus" reparierend einzuwirken.
- Vorwurf der oberflächlichen Symptomorientierung auf Kosten der Ganzheitlichkeit.
- Vorwurf einer pelagianischen Überbetonung der Selbstveränderungskompetenz des Menschen und darum der „Gesetzlichkeit" und „Werkgerechtigkeit".

Die Vorbehalte der Pastoralpsychologie gegenüber der Kognitiven Verhaltenstherapie scheinen ihren Schwerpunkt in der behaupteten *Oberflächlichkeit* zu haben. Damit grenzt sie sich allerdings auch gegen die Humanistischen Psychotherapien in toto ab und erweist sich darin stark der klassischen Psychoanalyse verpflichtet. Das ist insofern besonders bemerkenswert, als damit auch das poimenische Potenzial der „Seelsorgebewegung" in den 60er und 70er Jahren, die deutlich von humanistischen Therapien und vom Grundgedanken einer integrativen Methodenpluralität geprägt war, nur in additiver Weise von der Pastoralpsychologie genutzt wird. Mit dieser Engführung bleibt aber auch die theologische Begründung der Aufnahme humanistischer Therapien in die Seelsorge auf der Strecke, die auf protestantischer Seite vor allem von Paul Tillich geleistet wurde.

---

[612] R. Höfelschweiger, a.a.O., 304.

[613] G. Besier, a.a.O., 89.

3.1.1.2. Das Rezeptionsverhalten jenseits der Pastoralpsychologie

In signifikantem Gegensatz zur großkirchlichen Pastoralpsychologie hat vor allem der nordamerikanische Evangelikalismus und Charismatismus kognitiv verhaltenstherapeutische Prinzipien in ziemlich hohem Maß integriert, was sich auch auf die entsprechende mitteleuropäische Szene deutlich auswirkte. Allerdings erfolgte die Aufnahme zu großen Teilen im Rahmen exklusiver fundamentalistischer Theologien. Das impliziert, dass es den bisher von Evangelikalen und Charismatikern entwickelten Modellen Kognitiver Seelsorge sowohl an wissenschaftlicher Stringenz als auch an praktischer Verwendbarkeit im Bezugsrahmen anderer Theologien mangelt. Aus der Systematisierung des Literaturbefunds der evangelikalen und charismatischen Modelle ergeben sich bei einem großen Teil derselben folgende Hemmnisse, sie in eine allgemeine Theorie der Kognitiven Seelsorge zu integrieren:

- Grundsätzliche Abwertungen von Psychotherapie
- Unwissenschaftliche Wahrheitsdefinitionen
- Verständnis von Seelsorge als Chirurgie, Belehrung und Bekehrung
- Dämonisierungen
- Esoterische Auffassungen von als notwendig angesehener „innerer Heilung“
- Grundsätzliche Leugnung weltanschaulicher Neutralität

Diese Integrationshindernisse stellen nicht nur ein theologisches und speziell poimenisches Problem dar, sondern sie sperren sich auch gegen eine unbefangene Verarbeitung empirisch wissenschaftlicher, erkenntnistheoretischer und methodologischer Einsichten und Prinzipien, die insbesondere in den Disziplinen der Motivationspsychologie, der Kognitionspsychologie, der Neuropsychologie und der Klinischen Psychologie zur Verfügung stehen.

Es gibt aber auch eine Reihe von theologisch wie psychologisch offeneren evangelikalen und charismatischen Ansätzen, die sich durchaus dafür empfehlen, für die Theorie der Kognitiven Seelsorge berücksichtigt und gewürdigt zu werden. Mithin ist bei aller gegebenen Einschränkung aufgrund der Exklusivität fundamentalistisch theologischer Dogmen auch festzuhalten, dass der evangelikalen und charismatischen „Seelsorgebewegung“ der vergangenen Jahrzehnte im Zuge ihrer weitgehenden Öffnung für psychologische Erkenntnis und psychotherapeutische Methodik eindeutig die bislang führende Rolle hinsichtlich der Integration von Seelsorge und Kognitiver Verhaltenstherapie zuzuerkennen ist. Evangelikal geprägte Theoretiker haben außerdem bis in die Gegenwart hinein immer wieder innovative Akzente in der empirischen Erforschung des Verhältnisses von Spiritualität, Religion und Psychotherapie gesetzt. Daraus sind auch einige wenige integrative Modelle entstanden, die der Entwicklung einer grundlegenden Theorie der Kognitiven Seelsorge den Weg bereiten können.

Es gibt auch eine Reihe von poimenschen Rezeptionen durch überwiegend katholische und mormonische AutorInnen, die nicht zum evangelikalen oder charismatischen Lager zu rechnen sind. Teilweise gehören sie dem Umfeld Albert Ellis' an. Von manchen gingen wesentliche Impulse für die wissenschaftlich begründete Integration von Spiritualität, Religion und Kognitiver Therapie aus.

3.1.1.3. Die Aufnahme von Spiritualität und Religion in die KVT

Die gesamte Psychotherapie befindet sich schon seit geraumer Zeit in einem Integrationsprozess in Richtung auf Modelle, in denen die entscheidenden Wirkfaktoren seelischer Heilung, wie sie sich bislang mit unterschiedlichen Gewichtungen in den verschiedenen Psychotherapieschulen finden, vereinheitlichenden Neukonzeptionen zugrunde gelegt werden. Die Speerspitze dieser Entwicklung bildet seit jeher die Kognitive Verhaltenstherapie. Einer der Gründe dafür ist die empirisch wissenschaftlich gesicherte Erkenntis, dass konstruktive Veränderungsprozesse im psychischen Bereich ganz wesentlich von den *Erwartungen* der Betroffenen beeinflusst werden. Erwartungen und Überzeugungen bilden den Kern der kognitiven Therapiemodelle. Erwartungen und Überzeugungen („Beliefs" nach der REVT-Terminologie) sind auch die Kernelemente von Spiritualität und Religion. Das ist wiederum ein Grund dafür, dass auch die seit den 80er Jahren betriebenen wissenschaftlichen Bemühungen um die Erforschung und Modellierung der Integration von Spiritualität und Religion in die Psychotherapie zu einem sehr großen Teil im Bereich der Kognitiven Verhaltenstherapie stattfinden.

Aufgrund mehrerer *Metaanalysen*, die in den letzten beiden Jahrzehnten durchgeführt wurden, lässt sich der internationale Forschungsstand, der aus vergleichenden Untersuchungen von spirituell oder religiös angereicherter Psychotherapie mit säkularen Psychotherapieverfahren oder anderen Kontrollgruppen resultiert, gegenwärtig einigermaßen gut überblicken. Bei den wissenschaftlich einwandfreien Studien hierzu, deren Anfänge in den 80er Jahren liegen, handelt es sich dabei durchweg um Untersuchungen mit Formen der Kognitiven Therapie und der Kognitiven Verhaltenstherapie. Ausgangspunkt dieses Forschungszweigs waren zunächst einige wenige Studien mit *christlicher* Klientel, die auch von christlichen Forschern durchgeführt wurden. In den letzten beiden Jahrzehnten kamen nur vier weitere christliche Studien hinzu, die empirisch wissenschaftlichen Ansprüchen rundum genügen. Der Trend hat sich insgesamt auf die Untersuchung muslimischer Adaptionen und der Aufnahme unspezifischer Spiritualität in die KVT verlagert. Als gesichert gilt mittlerweile,

- dass spirituell und religiös angereicherte KVT keine geringere Wirksamkeit aufweist als säkulare,
- dass ein zielgruppenorientiert spiritueller oder religiöser „Zuschnitt" von KVT heutzutage international und interkulturell geboten ist und
- dass dort, wo individueller Bedarf zu diesem besteht, jedenfalls kurzfristig effektiver gearbeitet werden kann als mit säkularer KVT.

Im Zusammenhang und im Einklang mit diesen Forschungsergebnissen sind auch bereits diverse Integrationsmodelle für die Praxis entwickelt worden. In ihnen sind manche Ansätze enthalten, die sich auch zur Verwendung in einer Theorie der Kognitiven Seelsorge zu eignen scheinen.

3.1.1.4. Spiritualität in der „3. Welle" der Verhaltenstherapie

In den letzten beiden Jahrzehnten hat sich ein neuer verhaltenstherapeutischer Trend herausgebildet, der vor allem durch die Aufnahme buddhistischer Achtsamkeitsübungen in die Therapiekonzeptionen gekennzeichnet ist. Er resultiert aus dem bereits in den 80ern ansetzenden „spiritual turn" in der nordamerikanischen

Psychotherapie. Es hat sich eingebürgert, diese Bewegung als „dritte Welle der Verhaltenstherapie“ zu bezeichnen. Die „erste Welle“ wäre demnach die lange Phase „klassisch“ behavioristischer Verhaltenstherapie bis zur „Kognitiven Wende“, die sich in den 50ern anbahnte und sich bis zu den 80ern in Verhaltenswissenschaft und Psychotherapie etabliert hatte.[614] Die daraus hervorgehende Ära der Verbindung von Verhaltenstherapie und Kognitiver Therapie zur Kognitiven Verhaltenstherapie wäre somit die „zweite Welle“, während die darauf folgende „spirituelle Wende“ zur Ausformung der „dritten Welle“ führte (Tabelle 04).

Klassischer Behaviorismus	„Erste Welle“ der VT
➔ „Kognitive Wende“ ➔	„Zweite Welle“ der VT
➔ „Spirituelle Wende“ ➔	„Dritte Welle“ der VT

Tabelle 04: Die drei „Wellen“ der Verhaltenstherapie

Es ist jedoch strittig, ob diese Aufteilung zutrifft. Den klassischen Behaviorismus, der von Pawlow an in der Ausarbeitung und Anwendung des Reiz-Reaktions-Schemas unter bewusster Ausblendung mentaler Kausalwirkungen bestand und, erkenntnistheoretisch scheinbar durch den Logischen Empirismus gesichert, einige Jahrzehnte lang die empirische Psychologie maßgeblich dominierte, nur als „Welle“ zu bezeichnen, greift sicher zu kurz, zumal sich die Protagonisten der neuen Strömung, von denen die Aufteilung propagiert wird, eben dieser Tradition verpflichtet sehen. Sie schöpfen zwar sehr stark aus dem Fundus der „zweiten Welle“, grenzen sich zugleich aber auch kritisch von den Kognitiven Therapien ab, indem sie, hinter die „Kognitive Wende“ zurückgehend, die Dimension mentaler Erwartungen als wirkmächtige Entität, buddhistischer Lehre gemäß, als Illusion ansehen. Diese religiös gefärbte Vereinnahmung des Spektrums der verschiedenen Therapieformen steht aber im Gegensatz zu ihrer tatsächlichen Heterogenität. Die wissenschaftstheoretische Anknüpfung bei den kognitionspsychologischen Vorstellungen Skinners, die bei jenen Protagonisten evident ist, findet sich in etlichen Therapiekonzeptionen, die man zur „Dritten Welle“ zählt, durchaus nicht wieder. Tatsächlich sind die Therapien der „Dritten Welle“, zu erheblichem Teil auch ihrem Selbstverständnis nach, hauptsächlich nichts weiter als Modifikationen der Kognitiven Verhaltenstherapie nach dem „spiritual turn“.

3.1.2. Konklusionen

Eine erkenntnistheoretisch begründete, psychologisch überzeugende, anthropologisch angemessene und theologisch tragfähige Theorie der Kognitiven Seelsorge findet sich im Feld der poimenischen Rezeptionen Kognitiver Therapie und Verhaltenstherapie bislang nur in Ansätzen. Diese Ansätze weisen darauf hin, dass es sich bei einer solchen Theorie um ein integrativ ausgerichtetes Modell handeln sollte, das sich, theologisch bestimmt durch das Rechtfertigungsdogma, dem humanistisch therapeutischen Paradigma der *Akzeptanz* verpflichtet, mit dem Doppelaspekt der Selbstakzeptanz und der wertschätzenden und empathischen Annah-

---

614 Roger W. Sperry, The Impact and Promise of the Cognitive Revolution, in: American Psychologist (1993) 8, 878-885.

me durch die Personen des seelsorgerischen Kontextes. Das impliziert, dass der zentrale Prozess der kognitiven Umstrukturierung, der für die Kognitive Seelsorge gleiche Relevanz besitzt wie für die Kognitiven Therapien, von jeglicher Instrumentalisierung für Zwecke der Fremdbestimmung freizuhalten ist, damit die Person ihren eigenen Weg und ihre eigene Wahrheit findet, um in einem Lern- und Übungsprozess dysfunktionale, inkongruente Sichtweisen, die sich in konkretem destruktivem Verhalten niederschlagen, hinter sich zu lassen, und zu Selbstkongruenz, heilsamer Gemeinschaft und erfüllender Spiritualität zu finden. Kriterium der Veränderungsbedürftigkeit ist in erster Linie die subjektiv wahrgenommene Einsicht in die Unsinnigkeit des Verhaltens, in zweiter Linie die Wahrnehmung dieses Verhaltens durch das (seelsorgerische) Umfeld. Einen höheren oder „tieferen" Anspruch darüber hinaus haben weder Kognitive Therapie noch Kognitive Seelsorge zu erfüllen. Es gilt festzuhalten, dass sich die Theorie der Kognitiven Seelsorge an dieser Stelle grundlegend von poimenischen Konstrukten der Fremdbestimmung evangelikaler und charismatischer oder psychoanalytischer Art, dort durch „die Bibel" und „den Heiligen Geist", hier durch die Deutungshoheit des Analytikers[615], unterscheidet. Kognitive Seelsorge erhebt wie Kognitive Therapie nichts weiter als den bescheidenen Anspruch, Hilfe zur Selbsthilfe zu sein. Spezifisch seelsorgerisch ist dabei die möglichst effektive Berücksichtigung der Spiritualität als Bedürfnis und Ressource im individuell passenden „Zuschnitt" auf die jeweilige Klientel.

Es gibt zwei sinnvolle Wege zu diesem Ziel: Vornehmlich buddhistisch inspirierte wertneutrale Achtsamkeitsübungen wie entsprechende wertneutral einsetzbare Meditationshilfen aus der christlichen Tradition auf der einen Seite wie auf der anderen religiös akzentuierte Programme, in welchen das religiöse System, dem sich Person zugehörig weiß, zum maßgeblichen Therapeutikum wird. An dieser Stelle kann sich Methodik und Zielrichtung der Kognitiven Seelsorge je nach religiöser Provenienz in ganz unterschiedliche Richtungen entfalten. Insofern steht sie dann auch psychotherapeutischen Fachpersonen zur Verfügung, denen es wichtig ist, die spezifischen religiösen Ressourcen ihrer Klientel in die Therapie einzubeziehen. Dass dies therapeutisch sinnvoll und geboten ist, geht aus der vergleichenden empirischen Forschung mittlerweile deutlich hervor.

Daraus folgt, dass in der Theorie der Kognitiven Seelsorge zwischen einem religiös und spirituell unspezifischen Basismodell und religiös und spirituell ausgestalteten Anwendungen dieses Modells zu unterscheiden ist. Darin wird sich diese Theorie der Kognitiven Seelsorge erheblich von den meisten evangelikalen und charismatischen Rezeptionen der KVT unterscheiden. Dabei soll aber keineswegs darauf verzichtet werden, die Ausgestaltung in den Grundzügen für ein spezisch *christliches* Grundmodell durchzuführen, das seine Anwender wiederum je nach konfessioneller Prägung ihrem jeweiligen Kontext anpassen können. Die christliche Entfaltung des Basismodells darf für sich in Anspruch nehmen, anderen religiösen Varianten als Vorbild zu dienen, nicht nur, weil Seelsorge per se ein Alleinstellungsmerkmal des Christentums ist,[616] sondern auch, weil die humanistisch

[615] Vgl. die Nachzeichnung der historischen Entwicklung der freudianischen Psychoanalyse bei Eva Illouz, *Die Errettung der modernen Seele: Therapien, Gefühle und die Kultur der Selbsthilfe*, aus d. Engl. v. M. Adrian (Suhrkamp: Frankfurt a.M., 2009), 49ff.

[616] Was z.B. von seelsorgerisch engagierten Muslimen dankbar anerkannt wird, vgl. etwa in Bezug auf Gefängnisseelsorge Husamuddin Meyer, Muslimische Gefangenenseelsorge, in: Forum Strafvollzug (2014) 63/1, 20-23.

therapeutischen Grundprinzipien der Akzeptanz und der frei verantworteten Wahrheitsfindung genuin christlicher Anschauung entsprechen und auch darin wurzeln, und weil die gesundheitsfördernde Wirkung eines christlichen Glauben, der diese Grundprinzipien präferiert, heutzutage als erwiesen gelten darf. Darum wird sich die Theorie der *christlichen* Kognitiven Seelsorge zwar nicht missionarisch im ambivalent proselytischen Sinn, wohl aber mystagogisch gewinnend (im Unterschied zu manchen zweifelhaften Angeboten esoterischer Art) als Repräsentantin einer *bedürfnisrelevanten Spiritualität* verstehen dürfen,[617] was natürlich und sinnvoll einschließt, dass die Menschen, die sich darauf einlassen, auch im christlichen Glauben ihre spirituelle Heimat finden können.

In der einschlägigen Pastoralpsychologie ist über viele Jahrzehnte hinweg eine eklatante Vernachlässigung der fruchtbaren Beschäftigung mit Kognitiver Therapie und Verhaltenstherapie zu verzeichnen; Grund dafür sind wahrscheinlich hauptsächlich Vorurteile und die lang dominierende einseitige Fixierung auf die Psychoanalyse. Man hat das Feld vollständig den Evangelikalen und Charismatikern überlassen. Dort haben sich einige fundamentalistische Adaptionen ereignet, in denen Kognitive Therapie teilweise instrumentalisiert wird, um von der jeweiligen Denomination als „eindeutig biblische" ethische Prinzipien begriffene Normen beim Einzelnen durchzusetzen und ihn so dem verfügten Willen der Glaubensgemeinschaft anzupassen. Andererseits sind dort aber auch die innovativen Kräfte wirksam gewesen, die maßgeblich daran beteiligt waren, einer grundlegenden Theorie der Kognitiven Seelsorge den Weg zu bahnen, nicht zuletzt auch durch wichtige Beiträge zur empirischen Erforschung des Zusammenhangs von spirituellem und religiösem Glauben und Psychotherapie. Nachdem von dort aus, nämlich aus der christlichen und insbesondere evangelikalen Szene, die entscheidenden Impulse des „spiritual turn" in der Psychotherapie ergangen waren, hat sich mittlerweile aber das Forschungsinteresse verlagert: muslimische und insbesondere nicht-religiöse beziehungsweise durch fernöstliche Religiosität geprägte spirituelle vergleichende Studien sind in den Vordergrund gerückt. Sowohl auf poimenischer als auch auf empirisch psychologischer Seite mangelt es heute an innovativen christlichen Initiativen.

Auf den ersten Blick scheinen sich die Therapien der so genannten „Dritten Welle der Verhaltenstherapie" besonders dafür anzubieten, als Grundbausteine einer Theorie der Kognitiven Seelsorge zu dienen. Das trifft aber nur eingeschränkt zu, da manche von ihnen kognitionspsychologisch hinter die „Kognitive Wende" zurück gehend ihren Ansatz in der behavioristischen Sichtweise Skinners finden sowie, in Bezug dazu, nicht klar genug zwischen buddhistischem Glaubensgut und wissenschaftlichen Feststellungen trennen. Außerdem scheint es aus wissenschaftlicher Perspektive besser zu sein, auf den Terminus „Dritte Welle" ganz zu verzichten. Was für die Theoriebildung der Kognitiven Seelsorge davon übrig bleibt, sind ein paar Modelle aus diesem Bereich, die Achtsamkeitsübungen ohne religiöse Überfrachtung aufnehmen und ausdrücklich in die kognitiv verhaltenstherapeutischen Tradition gestellt sind. Sie können als echte Weiterentwicklungen der Kognitiven Verhaltenstherapie betrachtet werden.

---

617 Darin sah schon Clinebell das Grundmoment der christlichen Seelsorge. H. Clinebell, Modelle, 10ff.

3.2. Das epistemologische Fundament

Im vorhergehenden Kapitel habe ich behauptet, das Kriterium der Veränderungsbedürftigkeit sei in erster Linie die subjektiv wahrgenommene Einsicht in die Unsinnigkeit des Verhaltens. Darin erfülle sich weitgehend der Anspruch Kognitiver Therapie wie auch Kognitiver Seelsorge und insofern sei sie nichts weiter als eine (bescheidene) Hilfe zur Selbsthilfe.

Diese Aussage ist im gegebenen Zusammenhang schwierig, wenn sie pragmatisch oder axiomatisch verstanden wird. *Pragmatisch* verstanden würde sie implizieren, dass man sich den Aufwand, die Theorie der Kognitiven Seelsorge möglichst tief zu gründen, sparen könnte. Sie würde sich auf ein therapeutisches Hilfsmittel reduzieren. Der Vorwurf der Oberflächlichkeit wäre berechtigt; es ginge tatsächlich nur um die Bearbeitung von Symptomen, vergleichbar der Entfernung des Schimmels auf der Tapete ohne Berücksichtigung des Schadens in der Wand. *Axiomatisch* verstanden liegt das Problem in der Evidenz. Da es auch eine starke Tradition in Therapie und Seelsorge mit wissenschaftlichem Anspruch gibt, der zufolge wahre Einsicht und Hilfe nur von *außen* kommen kann, darf die Aussage nur hypothetisch behauptet werden. Wenn auch die empirischen Daten dafür zu sprechen scheinen, dass sie stimmt, kann daraus allein noch kaum abgeleitet werden, dass gegenteilige Behauptungen nicht auch oder sogar erst recht stimmen und darum dieses tatsächliche Grundprinzip der Kognitiven Therapie womöglich nur eingeschränkt, wenn überhaupt valid ist. Somit stünde die Theorie der Kognitiven Seelsorge mit dieser pseudoaxiomatischen Fundamentalaussage auf tönernen Füßen. Entweder sind also von vornherein die Variablen der Selbsteinsicht, Selbstbestimmung und Selbsthilfe zu relativieren oder sie können auf eine konsensfähige wissenschaftstheoretische Position zurückgeführt werden, was im Folgenden versucht werden soll.

3.2.1. Wissenschaft als Glaubensakt

Kognitive Therapie wie Kognitive Seelsorge sind per definitionem zentral darauf ausgerichtet, *irreführendes* Denken zu erkennen und durch *zielführendes* Denken zu überwinden. Als evident ist vorauszusetzen, dass irreführendes Denken therapeutisch oder seelsorgerisch nur dann veränderungsrelevant ist, wenn es erkennbar destruktive Wirkungen nach sich zieht. Somit verlangt die Theorie der Kognitiven Therapie und Seelsorge nach einer *ethischen* Begründung. Wenn diese ideologisch, individualistisch, pragmatisch oder theologisch bestimmt ist, eignet sie sich nicht als allgemein verbindliches wissenschaftstheoretisches Fundament. Wenn ethische Maximen Eingang in wissenschaftstheoretische Prinzipien finden sollen, dann kann sich das nur im Rahmen der *Praktischen Philosophie* ereignen, weil diese überhaupt nur die Bezeichnung „Philosophie" zu recht tragen kann, wenn sie *erkenntnistheoretisch stabil* in der *Theoretischen Philosophie* geerdet ist. Man wird sagen dürfen, dass darin das primäre aufklärerische Anliegen *Immanuel Kants* bestand.

3.2.1.1. Theorie und Praxis bei Kant

Für Kant gilt nicht nur axiomatisch, dass die Praktische Philosophie aus der Theoretischen Philosophie hervorgehen muss, wenn sie allgemeine Verbindlichkeit beanspruchen will, mit anderen Worten: dass die die Ethik einer erkentnistheoretischen Begründung bedarf, sondern vice versa ebenso, dass die Theoretische Philosophie nur dann als wahrhaftig angesehen werden kann, wenn aus ihr der Bauplan der Praktischen hervorgeht. Mit der Schrift „Über den Gemeinspruch: Das mag in der Theorie richtig sein, taugt aber nicht für die Praxis“, nahm Kant, seinem Kritiker Garve antwortend, der ihm vorwarf, er habe in seinen Hauptschriften der Theorie eine unrealistische Praxis folgen lassen, grundsätzlich dazu Stellung.[618] Niemand solle sich „für praktisch bewandert in einer Wissenschaft ausgeben und doch die Theorie verachten“, er wäre sonst ein „Ignorant“.[619] Seine eigene Theoretische Philosophie sei „auf dem Pflichtbegriff gegründet“.[620] „Denn hier ist es um den Kanon der Vernunft (im Praktischen) zu thun, wo der Werth der Praxis gänzlich auf ihrer Angemessenheit zu der ihr untergelegten Theorie beruht“.[621]

Kant sagt also, dass nicht etwa seine Praktische Philosophie wie eine Waggon an der Lokomotive der Theoretischen Philosophie hängt, sondern dass umgekehrt bereits seine gesamte Theoretische Philosophie, konkret: sein Hauptwerk, die „Kritik der reinen Vernunft“ (KrV), „auf dem Pflichtbegriff gegründet“ ist, gerade so wie der Plan eines Architekten auf nichts anderes gegründet ist als ein Haus zu bauen, in dem man wohnen kann. Kant wäre aber gänzlich missverstanden, wenn man folgern wollte, die Praxis gehe aus der Theorie hervor wie die Frucht aus dem Baum. „Der größte und vielleicht einzige Nutzen“ der Theoretischen Philosophie sei „wohl nur negativ“ zu bestimmen, überlegt er sogar in der KrV, indem sie „zur Grenzbestimmung dient, und, anstatt Wahrheit zu entdecken, nur das stille Verdienst hat, Irrtümer zu verhüten.“[622] In der Vorrede zur zweiten Auflage der KrV bringt er noch pointierter zum Ausdruck, woran er dabei denkt: Es gehe ihm mit dieser Schrift darum, „das Wissen aufzuheben, um zum Glauben Platz zu bekommen“.[623] Kant meint damit die Aufhebung alles *Scheinwissens*, aus dem die Dogmatismen hervorgehen, welche die wahre Natur des Glaubens einengen und verhüllen. „[D]er Dogmatism der Metaphysik“, so fährt er fort, „d.i. das Vorurteil, in ihr ohne Kritik der reinen Vernunft fortzukommen, ist die wahre Quelle alles der Moralität widerstreitenden Unglaubens, der jederzeit gar sehr dogmatisch ist.“[624] Der „Dogmatism der Metaphysik“ ist das angemaßte Wissen, die „Kritik der reinen Vernunft“ ist die Läuterung der Metaphysik durch die klare Markierung der Grenzen des Wissens im Unterschied zum bloßen Glauben; der „jederzeit gar sehr dogmatische Unglaube“, welcher der Moralität widerstreitet, ist der

[618] Immanuel Kant, *Über den Gemeinspruch: Das mag in der Theorie richtig sein, taugt aber nicht für die Praxis,* Abhandlungen nach 1781, Akademieausgabe, Band VIII, Korpora.org, Permalink http://korpora.zim.uni-duisburg-essen.de/ Kant/ aa08/313.html, 275-278.

[619] Ebd., 275.

[620] Ebd., 277.

[621] Ebd., 278.

[622] KrV, 806.

[623] Ebd., 38.

[624] Ebd.

Aberglaube des *Pseudowissens*, das durch dogmatisierende Apodiktik eine versklavende Herrschaft ausübt.

Theoretische Philosophie, mithin *Erkenntnistheorie*, ist Kant zufolge nicht nur „auf dem Pflichtbegriff gegründet“, sondern es besteht auch ihr wesentlicher Sinn darin, der Definition desselben zu dienen, ohne ihn aber *inhaltlich* zu bestimmen. Die inhaltliche Bestimmung der Ethik (das meint Kant mit „Pflicht“) erfolgt gerade nicht auf theoretisch wissenschaftlichem Weg, was bedeutet, dass sie weder aus logischen noch aus empirischen Daten ableitbar ist. Kant ist weder Rationalist noch Empirist. Vielmehr ist die „Pflicht“ qua Ethik inhaltlich bei Kant ausschließlich *metaphysisch* bestimmt.[625] Die zu verhütenden Irrtümer nennt Kant „Paralogismen“.[626] Indem er diese aufzeigt, bestimmt er die Grenzen des menschlichen Verstandes und damit die Unterscheidung („Kritik“) zwischen dem, was wir als Wissen ansehen können und dem, was wir *glauben.*

Diese Unterscheidung manifestiert sich in einem Paradox: Das „nur“ Geglaubte ist das zutiefst Gewusste, das scheinbar sicher Gewusste ist nur geglaubt. Das scheinbar sicher Gewusste begegnet als *Phaenomenon* in der Erscheinung des Gegenständlichen, das „nur“ Geglaubte bleibt als *Noumenon* dem Wesen nach ungegenständlich.[627] Das Phänomenale ist die Insel empirischer Gegenständlichkeit, die wir als „das Land der Wahrheit (ein reizender Name)“ im „weiten und stürmischen Ozean“ des Noumenalen, dem „eigentlichen Sitze des Scheins“, wahrnehmen.[628] „Eigentlicher Sitz des Scheins“ ist dieser Ozean, weil wir nur dem Schein nach wissen, was die Insel unserer phänomenalen Erfahrungswelt umgibt, trägt und letztendlich bestimmt. Wir wissen es nicht, wir *glauben* es nur. Das Paradox besteht darin, dass das empirische „Land der Wahrheit“ tatsächlich nur in Erscheinungen existiert, während der „Ozean“ der transzendentalen Vernunftschlüsse empirisch unzugänglich bleibt, obwohl in den Noumena die wahren *Dinge an sich* liegen.[629] Das „nur“ Geglaubte sind nach Kant die rein metaphysisch bestimmten Begriffe „Freiheit des Willens“, „Unsterblichkeit der Seele“ und „Dasein Gottes“.[630] Alle sinnvollen rein metaphysischen Bestimmungen fasst Kant unter den Begriff der *regulativen Prinzipien der Vernunft* zusammen.[631] Die „Unsterblichkeit der Seele“ und das „Dasein Gottes“ sind Kant zufolge notwendige,[632] aber empirisch unzugängliche regulative Ideen der Vernunft. Anders verhalte es sich aber mit der regulativen Idee der „Freiheit des Willens.“ Diese besitze unmittelbare empirische Relevanz dadurch, dass sie sich als moralisches Bewusstsein empirisch vergegenwärtige und darin die notwendige Voraussetzung der Ethik bilde.[633]

---

[625] Darum hat er auch seinen ethischen Kanon „Metaphysik der Sitten“ genannt. Immanuel Kant, *Die Metaphysik der Sitten,* in: Immanuel Kant, Die Religion innerhalb der Grenzen der blossen Vernunft, Die Metaphysik der Sitten, Werke in sechs Bänden, Bd. 5. Hg. R. Tomann (Könemann: Köln, 1995), 243-594.

[626] KrV, 417ff.

[627] Ebd., 322, 335.

[628] Ebd.

[629] Ebd., 325ff, 549.

[630] Ebd., 809.

[631] Ebd., 552.

[632] Ebd., 417f.

[633] Ebd., 810f. Kant nennt die Ethik den „praktischen Gebrauch der reinen Vernunft“. Ebd., 811.

Als regulatives Prinzip und moralisches Bewusstsein wird die Freiheit des Willens zugleich geglaubt und gewusst. Sie ist bei Kant das einzige unhinterfragbare irreduzible *Wissen* des Menschen überhaupt.[634] Kant qualifiziert somit das cartesinianische „Cogito" *moralisch.* Das spezifisch menschliche Denken als Bewusstsein ist grundsätzlich wertbestimmt. Damit verlagert sich das Spezifikum des Bewusstseins vom bloßen *Wissen* des selbstreflexiven Denkens zum *Gewissen* als notwendig sinnbezogene Selbstreflexion. In der Religionsschrift definiert Kant das Gewissen als „die sich selbst richtende moralische urtheilskraft [sic!]".[635] Er expliziert das am fiktiven Beispiel eines „Ketzerrichters", der seines Amtes waltet, weil er sich völlig den dogmatischen Vorgaben seiner Gebieter ergeben hat. Indem er „Ketzer" hinrichte, begehe er aber ganz offensichtliches Unrecht. Kant fragt, ob man das „schlechthin Gewissenlosigkeit" zu nennen habe oder man sagen müsse, sein Gewissen irre. Ersteres sei der Fall, findet Kant, und begründet es so:

> „Daß [...] Gott diesen fürchterlichen Willen jemals geäußert habe, beruht auf Geschichtsdocumenten und ist nie apodiktisch gewiß. Die Offenbarung ist ihm doch nur durch Menschen zugekommen und von diesen ausgelegt, und schiene sie ihm auch von Gott selbst gekommen zu sein (wie der an Abraham ergangene Befehl, seinen eigenen Sohn wie ein Schaf zu schlachten), so ist es wenigstens doch möglich, daß hier ein Irrthum vorwalte. Alsdann aber würde er es auf die Gefahr wagen, etwas zu thun, was höchst unrecht sein würde, und hierin eben handelt er gewissenlos."[636]

Diese Überlegung zeigt mit besonderer Deutlichkeit, was Kant mit jenem „Pflichtbegriff" meint, den er seiner gesamten Philosophie zugrunde legt, nämlich das entscheidende Motiv seiner Aufklärungsmaxime „Sapere aude":[637] Das Gewissen ist nach seiner Sicht die apriorisch gesetzte Bewusstseinswirklichkeit der zur Pflicht selbstbestimmter Verantwortlichkeit nötigenden *Freiheit*; wer sich ihr entzieht, verlässt den Raum seines Gewissens ganz, um sich fremdbestimmt zum willenlosen Agenten des Willens Anderer zu machen.

---

634 Kant unterscheidet „Meinen, Glauben und Wissen" und stellt fest, dass es nur *ein* wahres Wissen gibt, das zweifellos den Namen verdient: das der moralischen Verantwortung. Ebd., 829ff, besonders 835f. Die regulative Idee des Gottglaubens resultiert Kant zufolge aus der regulativen Idee der moralischen Verantwortung. Er schreibt im Vorwort zu seiner Religionsschrift: Die Idee des höchsten Guts „geht aus der Moral hervor und ist nicht die Grundlage derselben; ein Zweck, welchen sich zu machen, schon sittliche Grundsätze voraussetzt. [...] Moral also führt unumgänglich zur Religion, wodurch sie sich zur Idee eines machthabenden moralischen Gesetzgebers außer dem Menschen erweitert, in dessen Willen dasjenige Endzweck (der Weltschöpfung) ist, was zugleich der Endzweck des Menschen sein kann und soll." Immanuel Kant, *Die Religion innerhalb der Grenzen der bloßen Vernunft* [1793], in: Immanuel Kant, Die Religion innerhalb der Grenzen der bloßen Vernunft. Die Metaphysik der Sitten, Werke in sechs Bänden, Bd. 5 (Könemann: Köln, 1995), 17-19.

635 I. Kant, Die Religion, 222.

636 Ebd., 223f.

637 Vgl. Immanuel Kant, Beantwortung der Frage: Was ist Aufklärung?, in: Immanuel Kant, *Abhandlungen nach 1781*, Akademieausgabe, Bd. 8, Das Bonner Kant-Korpus, Permalink http:// www.korpora.org/Kant/aa04/, 33-42

3.2.1.2. Der Wille zum Guten als Beweggrund des Gewissens

Es darf mit *Hannah Arendt* gefragt werden, ob nicht gerade hier, nämlich in der „*Banalität des Bösen*“, in der scheinbar wohl geordneten Wechselbeziehung von totalitäter Macht und totaler Unterwerfung, das Wesen des Bösen zu suchen sei,[638] nicht aber in Kants Konstrukt der „Radikalität des Bösen“ als einer freiwillig internalisierten Maxime, die dafür verantwortlich ist, dass der Mensch dem „Hang zum Bösen“ nachgibt.[639] Kant sieht sich um der Begründung seines Sittenbegriffs in der Freiheit willen genötigt, die Ursache des Bösen einem freien Willensakt zuzuschreiben.[640] Da dieser der *intelligiblen* Verortung des sittlichen Willensaktes wegen aber empirischer Nachvollziehbarkeit entzogen ist, folgt für Kant daraus, im Gegensatz zu seiner grundsätzlichen Unterscheidung zwischen dem Phänomenalen und Noumenalen, der paralogistische Rückschluss von der moralischen Erscheinung auf das Ding an sich: Aus einer Person, die Böses *tut,* wird, willkürlichem Urteil folgend, ein Mensch, der Böses *will*: der „Bösewicht“[641]

Kant überschreitet damit die von ihm selbst gezogene Linie zwischen Wissen und Glauben. Er fällt ein aus dem empirischen Verhalten gefolgertes Urteil über die letzten Beweggründe eines Menschen von der Position des scheinbaren archimedischen Punktes jenseits von intelligiblem und empirischem Charakter aus.[642] *Albert Schweitzer* hat in seiner philosophischen Dissertation festgestellt, dass Kant an dieser Stelle die seinen eigenen theoretischen Vorgaben gemäße Unterscheidung der moralischen Handlungen „in ihrer Doppelseitigkeit sowohl in der Linie der Phänomene, als auch in der intelligiblen Sphäre“, verlässt.[643] „Wenn die Handlungen in der Erscheinungswelt, ‘die wegen der Gleichförmigkeit des Verhaltens einen Naturzusammenhang kenntlich machen’, in gesetzmässiger Verknüpfung erscheinen“, wendet Schweitzer ein, „so frägt es sich, ob die Frage der Freiheit die einzelne Handlung nicht auch aus diesem Zusammenhang herauslösen

---

638 Hannah Arendt, *Eichmann in Jerusalem: Ein Bericht von der Banalität des Bösen* (Rowohlt: Reinbek, 1978 [1964]); Hannah Arendt, „Radikal ist immer nur das Gute“, in: Die Philosophen und der Nationalsozialismus, Philosophie Magazin Sonderausgabe, o.J., 80.

639 I. Kant, Die Religion, 40ff.

640 Ebd., 30, 53-55.

641 Immanuel Kant, *Kritik der praktischen Vernunft,* unveränd. Nachdruck der 9. Aufl., Hg. K. Vorländer (Felix Meiner: Hamburg, 1974 [1929]), 115f. „Kant selbst hat in diesen Fragen nicht zur Klarheit gefunden. Lehnt er einerseits Erfahrungsbeweise für das Bestehen eines noumenalen Sachverhalts ab, so läßt er sie andererseits zu, beschränkt sie jedoch in ihrem Geltungsbereich“. Reiner Wimmer, *Kants kritische Religionsphilosophie*, Kantstudien, im Auftrag der Kant-Gesellschaft in Verbindung mit I. Heidemann+ hg. v. G. Funke u. R. Malter (Walter de Gruyter: Berlin, New York, 1990), 117.

642 Vgl. KrV, 574-596. „Zwar behauptet Kant, daß die erwähnte Tat intelligibel ist, bloß durch Vernunft ohne alle Zeitbedeutung erkennbar. Wenn er aber von dieser Tat behauptet, daß sie auf einer Annahme böser Maximen ruht, also doch entstanden ist, so trägt er zeitliche Bestimmungen in das sonst von ihm als zeitlos bezeichnete Intelligible hinein.“Josef Bohatec, *Die Religionsphilosophie Kants in der „Religion innerhalb der Grenzen der bloßen Vernunft“: Mit besonderer Berücksichtigung ihrer theologisch-dogmatischen Quellen* (Hoffmann und Campe: Hamburg, 1938), 307.

643 Albert Schweitzer, *Die Religionsphilosophie Kants von der Kritik der reinen Vernunft bis zur Religion innerhalb der Grenzen der bloßen Vernunft*, Reprint (Georg Olms: Hildesheim, New York, 1974 [1899]), 87.

muss, um sie moralisch beurteilen zu können."[644] Das impliziert aber, dass dann auch über die Ursächlichkeit der einzelnen bösen Handlung so wenig wie über die der guten eine rückschließende Aussage mit empirischer Relevanz gemacht werden kann: Die Ursache wird geglaubt, nicht aber gewusst.

Kant war sich anscheinend selbst nicht ganz sicher, was er über die Ursache des Bösen im menschlichen Verhalten glauben sollte. Einerseits behauptete er sowohl ein radikal Gutes als auch ein radikal Böses im Menschen, andererseits sah er auch, dass im Fall der Annahme, der Mensch folge aus völlig freiem Willen der Maxime des Bösen, eine Dämonisierung von Menschen, die Böses tun, geschlossen werden müsse. Das wollte er aber trotz seines Pauschalurteils über den „Bösewicht" nicht gelten lassen. In der Anthropologieschrift postuliert Kant, obwohl er die Unterscheidung von intelligiblem und empirischem Charakter dort konsequent weiter verfolgt, in Spannung zur fünf Jahre zuvor erschienen Religionsschrift: Der Mensch „billigt das Böse in sich nie".[645] Das Böse als Tat geht nun nicht mehr unmittelbar aus einer bösen Maxime hervor, sondern aus der Abweichung von der unbedingt gegebenen Maxime des Guten. Es gibt „eigentlich keine Bosheit aus Grundsätzen, sondern nur aus Verlassung derselben."[646] Der Mensch sei „seiner angebornen Anlage nach (von Natur) gut."[647] Kant meint damit das intelligible Grundwesen der Gattung „Mensch":[648] Das Gute sei als untilgbarer Keim in der Menschheit angelegt, um beständig kultiviert zu werden und dadurch das empirisch Böse im Einzelnen mehr und mehr zu miminieren. Als Gattung sei der Mensch intelligibel von Natur aus gut, als Einzelner sei er empirisch von Natur aus, nämlich „seiner angeborenen Anlage nach", böse.[649] Diese quasi genetische Disposition des Menschen zum Bösen scheint für Kant zwingend aus der *empirischen Faktizität* des Bösen hervorzugehen.[650] Empirisch bleibt seiner Sicht nach zu konstatieren, dass es einen „Hang zum Bösen" gibt, dem der Mensch allzu leicht verfällt,[651] indem er der Neigung folgt, das „Begehren eines Genusses"[652] dem sittlich Gebotenen vorzuziehen und daraus „teuflische Laster" entwickelt.[653]

Damit weicht Kant der dualistischen Lösung aus, die das Gewissen in zwei gleichermaßen zur Verfügung stehende irreduzible Handlungsschienen aufspaltet, deren eine bösen und deren andere guten Zielen zustrebt, und in einen irreduziblen freien Willen, der die Weichen zwischen beiden stellt. Zugleich entzieht er dem Bösen seine Erhabenheit, die ihm zugedacht wird, wenn es als „radikales" einen geradezu ontologischen Status erhält. Folgerichtig spricht Kant nun dem Bösen generell das Attribut „Charakter" ab. Es gibt demnach weder einen intelligiblen noch einen empirischen „bösen Charakter", mithin auch keinen „Bösewicht",

---

[644] Ebd.

[645] Immanuel Kant, *Anthropologie in pragmatischer Hinsicht*, hg. u. eingeleitet v. W. Becker, mit einem Nachwort v. H. Ebeling (Philipp Reclam jun.: Stuttgart, 1983), 244.

[646] Ebd., 244.

[647] Ebd., 281.

[648] Ebd., 281f.

[649] Ebd., 282; vgl. 287f; vgl. I. Kant, Die Religion, a.a.O., 31f.

[650] Ebd., 30.

[651] J. Bohatec, a.a.O., 240-242.

[652] I. Kant, Die Religion, 90.

[653] Ausführlich beschrieben in I.Kant, Die Metaphysik, 492ff, und I. Kant, Anthropologie, 210ff.

„weil das Böse (da es Widerstreit mit sich selbst bei sich führt und kein bleibendes Prinzip in sich selbst verstattet) eigentlich ohne Charakter ist.“[654] Die Charakterlosigkeit des Bösen enspricht seiner Gewissenlosigkeit, darf gefolgert werden. Die Wahl des Bösen geht gerade nicht aus einer Gewissensentscheidung hervor, sondern, wenn es wirklich böse ist, aus dem Verzicht darauf. Das Gewissen kann fehl gehen und aus falscher Einschätzung des erstrebten Guten können daraus fatal böse Wirkungen resultieren, aber es ist immer und ausschließlich auf die Verwirklichung des *Guten* ausgerichtet.

Mit dieser Voraussetzung ist die Verwirklichung des moralisch Guten, also das, was Kant unter den „Pflichtbegriff“ fasst, der axiomatisch alle Epistemologie zu begründen hat, wenn sie sinnvoll sein soll, einziger Zielpunkt des Gewissens und das Misslingen dieser guten Intention ist die Ursache böser Wirkungen, nicht aber eine böse Intention selbst. Bei Kant ist die Argumentation für diese Sichtweise brüchig, gleichwohl entspricht sie aber ganz seinem aufklärerischen Postulat der *Selbstbestimmung.* Das „Sapere aude“ kann ja nur Menschen zugesprochen werden, bei denen davon auszugehen ist, dass sie das Ideal des Guten, das es anzunähern gilt, auch wirklich erreichen wollen. Mit dieser Ausrichtung positioniert sich Kant epistemologisch wie praktisch philosophisch als neuzeitlicher Hauptvertreter einer „Metaphysik der Sitten“, deren Movens die selbstbestimmte, auf die Verwirklichung des Guten gerichtete Gewissensentscheidung ist, und setzt sich damit in Gegensatz zu den alternativen Paradigmen der *Fremdbestimmung*, die aus der wiederum metaphysisch bestimmten Sicht resultieren, dass dem Menschen an sich ein genuiner Wille zum Bösen innewohne, der nur durch äußere Maßnahmen einzudämmen, zu regulieren und zu überwinden sei.

3.2.1.3. Das intuitive Wissen bei Platon

Kant zufolge ist das aller vernünftigen Erkenntnistheorie und Ethik gleichermaßen zugrunde liegende Axiom der Selbstbestimmung rein *metaphysisch* zu begründen, denn der „Pflichtbegriff“ ist ein regulatives Prinzip. Damit verknüpft Kant sein großes für die Neuzeit fundamentales philosophisches System unmittelbar mit dem *platonischen.*[655] Kants „Pflichtbegriff“ ist die metaphysisch bestimmte moralische Idee des *Guten.* In dieser Hinsicht unterscheidet er sich nicht von Platons *Areté*, der Idee des Guten, dem Grund aller Erkenntnis und Tugend. Zweitens stimmt Kant gleichermaßen mit Platon auch in der Zuordnung von Theoretischer und Praktischer Philosophie überein. Alle Erkenntnis ist um der Verwirklichung des Guten als Tugend willen gegeben.[656] Der neukantianisch geprägte Erkenntnistheoretiker *Nicolai Hartmann* stellt zu Platon fest: „Auf Grund des Logischen,

---

[654] Ebd., 287.

[655] Vgl. insbesondere die in scharfem Gegensatz zur aristotelischen Tradition unter dem Begriff „Idealismus“ durchgeführte Verknüpfung bei dem Neukantianer Natorp. Paul Natorp, *Platos Ideenlehre: Eine Einführung in den Idealismus*, Philosophische Bibliothek, Bd. 471 (Felix Meiner: Hamburg, 1994).

[656] Die Idee des Guten ist „das zentrale Thema der platonischen Philosophie.“ Rafael Ferber, *Platos Idee des Guten* (Hans Richarz: Sankt Augustin, 1984), 9. Vgl. umfassend zum Begriff des Guten bei Platon: Hans Joachim Krämer, *Arete bei Platon und Aristoteles: Zum Wesen und zur Geschichte der platonischen Ontologie*, vorgelegt am 9. Juli 1958 v. W. Schadewaldt, Abhandlungen der Heidelberger Akademie der Wissenschaften, philosophisch-historische Klasse, Jhg. 1959, 6. Abh. (Carl Winter: Heidelberg, 1959).

und also dieses mit einbegreifend, entsteht das Ethische."[657] Das impliziert, dass bei Platon „alle logische Betrachtung schon auf die ethische hin" zielt.[658] Drittens deckt sich Kants Sichtweise mit *Platon* darin, dass beide den Willen zum Guten für das Movens alles menschlichen Entscheidens halten.[659]

Bei Platon ist das Gewissen *Anamnesis*, das heißt erinnerndes Wissen um das als Idee der Person innewohnende präexistente Gute.[660] Platon pflegt die *Anamnesis* mythologisch durch seinen Reinkarnationsglauben zu begründen. Hartmann vertritt aber die Ansicht, dass die epistemologische Bedeutung des Anamnesis-Begriffs keineswegs von der platonischen Herleitung abhängt. Es handle sich vielmehr um ein Wissen, das seinen „gesicherten Grund [...] in dem [hat], was das Bewußtsein aus sich selbst schöpft, was Plato mythisch 'Wiedererinnerung' nennt, was wir wohl in moderner Terminologie als a priori bezeichnen dürfen".[661] Als apriorisches Wissen sei es zu verstehen als das „'vom prius her' Erfaßbare, nicht das logische oder ontische prius selbst".[662]

Erkenntnistheoretisch ist zwischen *propositionalem* und *nichtpropositionalem* Wissen zu unterscheiden.[663] In der Wissenschaft wird meist das propositionale Wissen thematisiert, weil es objektivierbar ist.[664] *Wesentliches* Wissen ist aber nichtpropositional. Dem Platonforscher *Wolfgang Wieland* zufolge bildet das propositionale Wissen „gleichsam die Oberfläche, die einem zunächst vor Augen steht, wenn vom Wissen die Rede ist."[665] Auf Platon Bezug nehmend ist Wieland der Auffassung, es sei unwahrscheinlich, dass „wahre Aussagen überhaupt gewonnen, begründet, mitgeteilt und verstanden werden können, wenn nicht bereits die Existenz von Gestalten nichtpropositionalen Wissens vorausgesetzt wird."[666] Das

---

657 Nicolai Hartmann, *Platos Logik des Seins*, 2. Aufl. (Walter de Gruyter: Berlin, 1965 [1909]), 269.

658 Ebd., 259f. „Und ihre Resultate harren nur der Anwendung auf das Praktische." Ebd.

659 Wolfgang Wieland, *Platon und die Formen des Wissens* (Vandenhoeck & Ruprecht: Göttingen, 1982), 265ff.

660 „Das, was man nicht soll, fällt nach Sokrates' Auffassung in letzter Instanz mit dem zusammen, was man eigentlich auch gar nicht will. [...] Was der Handelnde 'eigentlich' will, ist ihm nach dieser Auffassung vorgegeben und steht nicht zu seiner Disposition. Es ist für ihn keine Alternative einer möglichen Entscheidung, sondern nur Gegenstand eines möglichen Irrtums." W. Wieland, a.a.O., 265.

661 N. Hartmann, Platos Logik, 181. „Nicht die Präexistenz der Seele ist das philosophisch Wesentliche an diesem Mythos, sondern die [anamnésis] selbst, sofern sie ein Sichbesinnen und ein Bewußtmachen latenten Wissens ist." Nicolai Hartmann, *Das Problem des Apriorismus ind er platonischen Philosophie*, Sonderausgabe aus d. Sitzungsberichten d. Preussischen Akademie der Wissenschaften Phil.-Hist. Klasse 1935, XV (Akadamie der Wissenschaften: Berlin, 1935), 11.

662 Ebd., 5. „Der entscheidende Punkt der Ideenlehre liegt [...] im Nachweis der Apriorität unserer Erkenntnisinhalte." Johann Hirschberger, *Geschichte der Philosophie,* Bd. 1: *Altertum und Mittelalter,* 12. Aufl. (Herder, Komet: Freiburg i.B., Frechen, 1980), 114.

663 W. Wieland, a.a.O., 224ff.

664 „Es handelt sich um ein Wissen, mit dem sich keine wissende Instanz zu identifizieren braucht. Sie kann deswegen über diese Art des Wissens verfügen; sie kann sich von ihm distanzieren, sie kann es in gegenständlicher Form präsentieren und in dieser Gestalt einem anderen mitteilen." Ebd., 228f.

665 Ebd., 233.

666 Ebd., 234.

nichtpropositionale Wissen sei dadurch gekennzeichnet, dass „sich der Wissensinhalt dem Wissenden nicht in der Gestalt eines gegenständlich faßbaren Gebildes darstellt, von dem man sich auch distanzieren könnte. Hier handelt es sich um ein Wissen, das denjenigen, der es realisiert, erst zu dem macht, der er ist."[667] Bei Platons *Anamnesis*-Begriff geht es um die Formen des Wissens, „von denen sich der Wissende oder der zu wissen Glaubende nicht distanziert, weil er sich mit ihnen immer schon identifiziert hat."[668] Die *Anamnesis* meint das *intuitive Wissen*, das alle kreativen Denkprozesse charakterisiert: Man weiß das, was man sucht, schon irgendwie, es ist schon da, man hat es nur noch nicht ergriffen; man könnte es gar nicht suchen, wenn man nicht intuitiv schon wüsste, dass es da sein muss.

Im *Menon* expliziert Platon das apriorische Wissen der *Anamnesis* durch das Beispiel eines ungebildeten Sklaven, den Sokrates durch geschicktes Fragen zur intuitiven Erkenntnis eines mathematischen Sachverhalts führt. Axiomatisches mathematisches Wissen ist selbstevidentes nichtpropositionales Wissen. *Selbstevidenz* bedeutet, dass die *Glaubwürdigkeit* der jeweiligen Erkenntnis aus einer logischen Klarheit hervorgeht, die jede weitere Begründung erübrigt.[669] Wieland weist darauf hin, dass die Evidenz der Erkenntnis für den Sklaven in diesem Beispiel allerdings noch kein wirkliches *Wissen* ist, sondern zunächst nur ein punktuelles Überzeugtwerden, durch das sich seine *Meinung* ändert. Zum „eigentlichen Wissen" würde es nur durch Verinnerlichung als Resultat eines Übungsprozesses werden.[670] Diese Unterscheidung ist wichtig, denn sie impliziert, dass propositionales Wissen überhaupt nur sehr begrenzt als „eigentliches Wissen" angesehen werden kann. Wir wissen vieles, wovon wir nicht unbedingt wirklich überzeugt sind. Es mag stimmen, aber wir wissen nicht, warum es stimmt. Es mag *richtig* sein, aber es ist deswegen noch nicht unbedingt *wahr*. Es ist ein Wissen, das auf der Ebene des *Meinens* verhandelt wird. Platon lässt Sokrates im Dialog mit Menon diese Abstufungen des Wissens mit einem weiteren Beispiel, dem „Weg nach Larissa", selbst zur Sprache bringen.[671] Er stellt fest, dass auch ein Mensch, der diesen Weg selbst noch nie gegangen ist, ihn einem anderen sehr gut weisen kann, wenn er die richtigen Informationen darüber besitzt. „Wahre Vorstellung also ist zur Richtigkeit des Handelns keine schlechtere Führerin als wahre Einsicht", folgert Sokrates.[672] Das Problem des Unterschieds liegt nur darin, wie der Text im Folgenden auch andeutet, dass es sich bei der „richtigen" Vorstellung, dem propo-

---

[667] Ebd., 241. Wieland zitiert hierzu Hegel: „Die Philosophen können ihre Ideen nicht in der Tasche behalten. Sie besitzen nicht die Ideen, sondern die philosophische Idee besitzt umgekehrt den Menschen." Ebd., 237.

[668] Ebd., 238.

[669] Men 82Aff. „Die Wissenschaft der Mathematik [...] beruht auf wirklicher Einsicht, die man in sich selber findet, wie eine versunkene Erinnerung, die 'mir kommt'. Hier in der Mathematik ist es klar, daß es sich dabei um Einsicht handelt, d.h. daß diese 'Erinnerung', die 'einem kommt', allen genauso kommt. Wie aus einem Vorleben, das 'die Seele' aller hatte. Genau das bringt der Anamnesis-Mythos des 'Menon' zum Ausdruck." Hans-Georg Gadamer, *Griechische Philosophie III: Plato im Dialog*, Gesammelte Werke, Bd. 7, unveränd. Taschenbuchausg. (J.C.B. Mohr Paul Siebeck: Tübingen, 1999 [1991]), 302.

[670] W. Wieland, a.a.O., 305f. „Zum eigentlichen Wissen wäre der Sklave erst dann gekommen, wenn er ein Programm absolviert hätte, innerhalb dessen das Traktandum immer wieder aufs neue und immer in anderer Weise behandelt würde". Ebd., 305.

[671] Men 97Aff.

[672] Men 97BC.

sitionalen Wissen des Weges also, nur dann um eine Wahrheit handelt, wenn es auch tatsächlich mit dem wirklichen Weg übereinstimmt. Das kann aber nur feststellen, wer ihn selbst gegangen ist.[673] Nur dieses Wissen ist als nichtpropositionales irrtumsfrei.[674]

3.2.1.4. Die Dialektik des Erkennens bei Platon

Im *Philebos* kommt Platon auf die im *Menon* noch in der Schwebe gehaltene Frage, ob die richtige propositionale Vorstellung des Weges nach Larissa erkenntnistheoretisch genauso zuverlässig ist wie das nichtpropositionale Wissen dessen, der den Weg gegangen ist, zurück, und konstatiert, dass die nichtpropositionale Erkenntnis aus praktisch philosophischer Perspektive epistemologisch unverzichtbar ist. Platon unterscheidet sich von seinen pythagoräischen Vorgängern, die glaubten, im (mathematischen) Begriff sei die Wirklichkeit selbst gegeben, indem er den reinen Begriff und die Wirklichkeit auseinanderhält. Eine ideale mathematische Kugel ist nicht dasselbe wie eine reale Kugel, lässt er Sokrates im *Philebos* sagen, und wer die reale Kugel zugunsten der idealen verschmäht, wird im wirklichen Leben keine Kugel finden, mit der er etwas anfangen kann.[675] Diese Realitätsbezogenheit sei unabdingbar, „wenn einer von uns auch nur noch den Weg nach Hause finden will".[676] Nur die Stimmigkeit einer Erkenntnis, die Idealität und Realität nicht gegeneinander ausspielt, sondern ihre notwendige dialektische Bezogenheit aufeinander im Blick hat, gibt nach Platon der Erkenntnis überhaupt, auch jeder wissenschaftlichen, einen Sinn „wenn unser Leben auch nur irgendwie ein Leben genannt werden soll".[677]

Die heuristische Wechselwirkung von propositionaler und nichtpropositionaler Erkenntnis ist das Prinzip der platonischen *Dialektik*.[678] Die *Idee* ist eine nichtpropositionale Vorstellung. Auf dem Weg der dialogisch konzipierten dihairetischen Erörterung[679] wird die nichtpropositionale Idee als Vorstellung (*Eidos*) zum Begriff. Die Idee ist insofern das „Ding an sich"[680], als es sich um intuitiv Gewusstes reinen Daseins handelt, das sich im Bewusstsein andeutet, ihm sich aber noch nicht gegenständlich enthüllt hat. Als *begriffene* entzieht sich die Idee in ihrer Ursprungsgestalt dann aber wiederum der Vorstellung. Sie ist nicht mehr das wahre Dasein selbst, sie ist das erklärte, beschriebene, ermessene wahre Dasein. Die propositionale begriffene Begrifflichkeit benötigt ihrerseits wiederum neue Ideen, um heuristisch lebendig zu bleiben, statt dogmatisch zu erstarren. Der Weg

---

673 W. Wieland, a.a.O., 290.

674 Ebd., 292.

675 Phileb 62B.

676 Phileb 62A.

677 Phileb 62B.

678 Karl Jaspers, *Drei Gründer des Philosophierens: Plato, Augustin, Kant*, ungekürzte Sonderausg. d. Abschnitts „Die fortzeugenden Gründer des Philosophierens - Plato, Augustin, Kant" aus „Die großen Philosophen", Bd. 1 (R. Piper & Co.: München, 1957), 42ff; ausführlich und philosophiegeschichtlich begründet vgl. insbesondere N. Hartmann, Platos Logik, und P. Natorp, a.a.O.

679 R. Ferber, a.a.O., 107f; H.G. Gadamer, Bd. 7, 150; J.P. Beckmann, Ausgewählte Probleme, 20.

680 J.P. Beckmann, Einführung, 114ff.

nach Larissa mag kartographisch exakt bestimmt sein, aber die Karte kann veralten, weil der Weg sich ändert oder sich die Messtechnik verbessert. Für Platon kennzeichnend ist, dass nach ihm dieses dialektische Prinzip die notwendige Methode des Hervorbringens von Wahrheit (*Aletheia*)[681] zur Verwirklichung des moralisch qualifizierten Guten (*Areté*) in *allen* Lebensbereichen darstellt.

Der Idee kommt in diesem dialektischen Prozess nicht mehr als die Funktion der *Hypothese* zu, im Sinn einer für die Untersuchung „untergelegten" sinnvoll erscheinenden *Glaubensaussage*. Eine Hypothese ist bei Platon die unvollkommene, nur andeutungsweise Vorstellung des idealen Guten in Anwendung auf ein propositional erkanntes noch unbestimmtes Phänomen.[682] Die platonische Hypothese ist nicht identisch mit dem Hypothesenbegriff der modernen Wissenschaft, sie ist aber grundlegend für dessen Verständnis: Die platonische Hypothese ist zwar einerseits die irrtumsfrei gute Idee, während die Hypothese modernerer wissenschaftlicher Untersuchungen gerade dadurch charakterisiert sind, dass ihre Richtigkeit *angezweifelt* werden darf. Der Sinn der platonischen Dialektik liegt andererseits aber gerade in der Unterscheidung zwischen der reinen, irrtumsfreien Idee an sich und ihrer Apperzeption,[683] worin sich Platon und Kant wiederum sehr ähnlich sind. Die Idee an sich ist göttlich vollkommen, aber eindeutig ist Wieland zufolge, „daß der vor allem durch die Person des Sokrates verkörperte Dialektiker jedenfalls dieses göttliche Wissen nicht realisiert. Sokrates nimmt für sich selbst niemals ein ihm durch den Akt einer unmittelbaren Ideenschau zuteil gewordenes Wissen in Anspruch, um aus ihm irgendwelche Folgerungen für sein Wissen und Handeln abzuleiten."[684] Die ideale Wahrheit befindet sich keineswegs am Ausgangspunkt der heuristischen Untersuchung im Besitz einer irgendwie „göttlich

---

681 Vgl. zum platonischen Verständnis von Wahrheit als Hervorbringung bereits vorhandener nichtpropositional intrinsischer Erkenntnisgehalte Martin Heidegger, *Sein und Zeit,* 16. Aufl. (Max Niemeyer: Tübingen, 1986), 213ff; Hans-Georg Gadamer, *Ästhetik und Poetik I: Kunst als Aussage,* Gesammelte Werke, Bd. 8, unveränd. Taschenbuchausg. (J.C.B. Mohr Paul Siebeck: Tübingen, 1999 [1993]), 37ff, 70ff.

682 W. Wieland, a.a.O., 215f.

683 Diesen Unterschied hat Martin Heidegger wahrgenommen, indem er Platons geschaute Idee nicht mir der *Aletheia* selbst identifizierte, sondern sie als Übergang von der Wahrheit des Seins zur Wahrheit als Richtigkeit verstand. Martin Heidegger, *Platons Lehre von der Wahrheit,* mit einem Brief über den „Humanismus", Sammlung Überlieferung und Auftrag, hg. E. Grassi, Reihe Probleme und Hinweise, Bd. 5 (A. Francke: Bern, 1947), 40ff. Es ist aber fraglich, ob er ihn zutreffend interpretiert hat. Heidegger zufolge wird bei Platon die Wahrheit bereits durch die Vergegenwärtigung in der idealen Vorstellung eingeschränkt: „Die αλεζεια kommt unter das Joch der ιδεα." Ebd., 40. Dadurch werde aber „das Wirkliche jedesmal und zwar notwendig verfälscht, insofern nämlich jedes Vorstellen das unausgesetzte 'Werden' still stellt und mit dem so Festgestellten gegenüber dem fließenden 'Werden' ein Nichtentsprechendes, d.h. Unrichtiges und somit ein Irriges als das angebliche Wirkliche aufstellt." Ebd., 45. Mithin ist die platonische Idee nach Heidegger bereits in der begrifflichen Festschreibung erstarrtes propositionales Wissen. Tatsächlich erfolgt bei Platon aber weder in der Idee bereits eine begriffliche Festlegung, vielmehr ist die Idee der Ausgangspunkt der dihairetischen Untersuchung zur definitorischen Begriffsbestimmung, noch bleibt Platon beim Endpunkt dieses propositionalen Vorgangs stehen. Der platonische Erkenntnisvorgang erschöpft sich mitnichten in der dogmatischen Feststellung von Richtigkeiten. Jede gewonnene Richtigkeit ist zwar nützlich, aber ihr Wahrheitsanspruch kann überhaupt nur Bestand haben, wenn sie wiederum auf die Leitidee der *Areté* bezogener Gegenstand der dialektischen Erörertung bleibt.

684 W. Wieland, a.a.O., 303.

erleuchteten“ Person, sondern sie wird lediglich intuitiv als das hintergründig Gute, Wahre, stimmig Schöne *empfunden*, ohne noch konkret benannt werden zu können. Diese Empfindung oder Ahnung entspricht durchaus unserer alltagssprachlichen Verwendung des Wortes „Idee“. Jede „gute Idee“ zur guten Lösung eines Problems meint ein tatsächlich vorhandenes wirkmächtiges Gutes, das sich zwar schon andeutet, aber erst noch mit dem Zielpunkt praktischer Umsetzung entdeckt oder er-funden sein will. Zielpunkt des dialektischen Vorgangs ist die begriffliche Formulierung eines *Prinzips*, das daraus hervorgeht. Die Hypothese als Idee ist die intuitiv *ge*-wusste, noch nicht aber *be*-wusste Erkenntnis eines Prinzips. Axiome nehmen Platon zufolge einen Mittelplatz zwischen Ideen und Prinzipien ein.[685] Selbst die Mathematiker „sehen wir zwar über das Sein träumen, aber wachend es zu schauen ist ihnen unmöglich, solange sie sich unerwiesener Voraussetzungen bedienen und sie ganz unberührt lassen, weil sie diese nicht begründen können“, sagt Platon in der *Politeia.*[686] Dagegen geht die Dialektik „unter Aufhebung der anfänglich aufgestellten Voraussetzungen, zum Anfang selbst, damit er dann unerschütterlich fest steht“.[687]

Inhaltlich entspricht die Idee somit den regulativen Prinzipien Kants, epistemologisch unterscheidet sie sich aber davon, indem sie bei Platon notwendiger Fundamentalfaktor des Erkenntnisfortschritts in *allen* Lebensbereichen ist,[688] namentlich in Wissenschaft und Kunst, während Kant diese dialektische Stringenz nur für die Ethik gelten lässt. In der „Kritik der Urteilskraft“[689] hat Kant zwar seine Theorie des moralischen Urteils um die des ästhetischen Urteils ergänzt, weil er aber bereits in der KrV die Weichenstellung vorgenommen hatte, das apriorische Wissen qua Gewissen auf die rein moralische Urteilsbildung zu reduzieren, bleibt seine epistemologische Bestimmung des ästhetischen Urteils vage. Ihr Platz ist sozusagen schon von der Moral belegt. In der „Metaphysik der Sitten“ hat das den „unschönen“ Rigorismus zur Folge, der ihren Katalog prägt, in der Religionsschrift resultiert analog dazu eine Vernunftreligion daraus, die bei aller berechtigten Religionskritik darin doch das Kind mit dem Bade ausschüttet, indem sie auch fast alle ästhetischen Momente mystischer Spiritualität als vernunftwidrig aus der Religion verbannen möchte. Mit den *Grazien* bleibt die Tür der kantischen Vernunftkirche auch der *Gratia* selbst verschlossen, ernst und erhaben ist sie, nicht aber einladend schön.

Der neukantianische Rekurs auf Platons Dialektik korrigiert Kants inkonsistente Beurteilung der regulativen Ideen, denen er nur in moralischer Hinsicht erkenntnistheoretische Notwendigkeit zuerkannte, indem er den epistemologischen Sinn der platonischen Ideenlehre rekonstruiert. Auch Kant räumt zwar mythologische Herleitungen und Explikationen der regulativen Prinzipien ein, nicht aber aus Überzeugung, sondern als Konzession, was heißen soll: Besser wäre es eigentlich, wenn man ohne solche auskommen würde. Bei Platon hingegen sind die Ideen *on-*

---

685 Ebd., 213-226; vgl. Pol VI 511A-C.

686 Pol VII, 533C.

687 W. Wieland, a.a.O., 303.

688 „Der Mensch bleibt auf allen Stufen des ihm möglichen Wissens [...] auf Ideen bezogen [...]. Er macht auf allen diesen Stufen immer schon von einer gewissen Kenntnis der Ideen Gebrauch.“Ebd.

689 Immanuel Kant, *Kritik der Urteilskraft*, hg. v. G. Lehmann (Philipp Reclam jun.: Stuttgart, 1991 [1790]).

tologisch bestimmt und von daher auch offen für *theologische* Letztbegründungen, die bei ihm selbst zwar durch die zeitgenössische mythologische Tradition und seinen mythischen Reinkarnationsglauben belegt sind, keineswegs aber darauf festlegen. Für die christliche Theologie hat das *Daniel Friedrich Schleiermacher* mit der Feststellung aufgenommen, dass „jedes Wissen Anamnesis ist und sich auf die göttliche Einheit bezieht [...]. Alles Wissen setzt nicht nur die eine Vernunft, sondern auch den transzendentalen Grund der Vernunft und der Welt, nämlich Gott voraus".[690] Schleiermacher begründet im Anschluss an Platon somit die Philosophie des Erkennens *theologisch.* Der Metaphysiker Hartmann hat, zurückkommend auf Kant, deutlich gemacht, dass dies epistemologisch möglich, aber nicht notwendig ist. Woher die *Anamnesis* kommt, darf offen bleiben.[691] Erkenntnistheoretisch notwendig ist allerdings die Irreduzibilität der nichtpropositionalen Erkenntnis von *Ideen* als *Hypothesen.*

3.2.1.5. Das Böse als Zielverfehlung

Ebenfalls im *Menon* findet sich die platonische Begründung der oben zitierten kantischen Behauptung in der Anthropologieschrift, dass „eigentlich keine Bosheit aus Grundsätzen, sondern nur aus Verlassung derselben" geschehe, und dass kein Mensch das Böse in sich billige. Sokrates findet, dass die Übeltäter „nicht das Böse begehren, sondern vielmehr das, was sie für gut halten, während es böse ist".[692] Jeder Mensch strebt nach dem Guten, auch wenn er es aus Unkenntnis verfehlt. Er strebt danach, weil das Gute auch das Nützliche enthält, und jeder Mensch möchte auf jeden Fall das *erreichen*, was ihm nützlich ist.[693] Die Idee des Guten ist aber allem Nützlichen in der Weise übergeordnet, dass sie das Nützliche überhaupt erst konstituiert. Alles Nützliche, das nicht von der Idee des Guten durchdrungen wird, ist darum nur *scheinbar* nützlich, in Wirklichkeit aber allzu leicht schädlich.[694] Die falsche Vorstellung besteht nicht in einer falschen Idee des Guten, sondern in einer falschen Sichtweise, wie das Gute zu erreichen sei. Die Idee des Guten selbst kann nicht falsch sein. „Das Irren ist ja doch nichts anders als einer nach Wahrheit ausgehenden, an der Einsicht aber vorbeigehenden Seele Vorbeidenken", heißt es im *Sophistes.*[695] Die Seele wird dadurch krank und hässlich, denn sie hat ihr *Maß* verloren.[696] Das Hässliche und das Kranke der Seele sind hier synonym, weil auch Platons Schönheitsbegriff durchweg von der *Areté*

---

[690] Gunter Scholtz, *Ethik und Hermeneutik: Schleiermachers Grundlegung der Geisteswissenschaften* (Suhrkamp: Frankfurt a.M., 1995), 275.

[691] Heidegger etwa begründet sie existenzphilosophisch. Wahrheit ist für ihn Lévinas zufolge „ein Ereignis des Seins. [...] Weil es Wahrheit gibt, gibt es Denken". Emmanuel Lévinas, *Die Spur des Anderen: Untersuchungen zur Phänomenologie und Sozialphilosophie,* übersetzt, hg. u. eingeleitet v. W.N. Krewani, 3. Aufl. (Karl Alber: Freiburg, München, 1992), 57f.

[692] Men 77D.

[693] Die Begriffe des Nützlichen und des Guten stehen bei Platon „in einer engen funktionellen Beziehung zueinander", z.T. seien sie sogar synonym. W. Wieland, a.a.O., 166.

[694] Ebd., 179. Platon äußert sich differenziert dazu: Er räumt einer Tugend (*Areté*), die nicht durch Einsicht, sondern durch Veranlagung und Gewöhnung zustande kommt, durchaus große Bedeutung ein, insbesondere in der *Politeia* und im *Poitikos.* Ebd., 192f.

[695] Soph 228C.

[696] Soph 228B-D.

bestimmt ist:[697] Das Gute, das Wahre und das Schöne sind eins im Maßvollen, Angemessenen, Stimmigen.[698] Das Gute erscheint stets im „richtigen Maß“, sagt Sokrates im *Gorgias,* sei es die Güte „eines Gerätes wie eines Leibes und so auch einer Seele und jegliches Lebenden“;[699] ethisch manifestiert es sich als intrapsychische Ausgewogenheit in der Kardinaltugend „Mäßigung“ (*Sophrosyne*).[700]

Das Böse resultiert der platonischen Dialektik zufolge daraus, dass aus irrtumsfreiem nichtpropositionalem Wissen irrige Prinzipien gefolgert werden. Mithin kann das Böse demnach seine größte Wirkung entfalten, wo solche irrigen Prinzipien gar nicht erst *gefolgert*, sondern als lediglich übernommene gedankenlos apodiktisch *gefordert* werden. Als dialektisch Nachvollziehbare sind sie korrekturfähig, weil sie sich auf die ursprüngliche Idee des Guten darin zurückführen lassen, als losgelöst Verabsolutierte sind sie es nicht. Hier werden sie zum „banal Bösen“ des bedenkenlosen Gehorsams gegen Diktate und Diktatoren jenseits jeder Gewissensentscheidung, was sich im Paradox zeitigen kann, dass Personen, die extrem böse Handlungen vollziehen, durchaus nicht dissozial persönlichkeitsgestört sein müssen,[701] sondern einigermaßen „nette“ Leute sein können, deren Gewissen in den Grenzen ihrer sozialen Nische durchaus gesund funktionieren kann. Hoffnung auf Veränderung ist dort gegeben, wo zumindest die Bereitschaft vorhanden ist, das Verhältnis der guten Idee des Ausgangspunkts zur Folgerung daraus mitsamt ihrer Wirkung selbstkritisch zu reflektieren.[702] Wenn die gute Idee aber vollständig externalisiert wird, geht die Hoffnung fehl. Das banal Böse ist darum im Unterschied zum pathologisch Bösen nicht therapiefähig.

Das Böse entsteht aus der Verschüttung des nichtpropositional gewussten Guten der *Anamnesis*, oder, mit einer Metapher aus dem *Theaitet*, als *Hamartia* qua Zielverfehlung des Bogenschützen, der selbstverständlich *nicht* vorbeischießen wollte.[703] Man kann ein Ziel nur verfehlen, wenn man eine Idee davon hat. Das

---

697 Vgl. Rachel Barney, Notes on Plato on the *Kalon* and the Good, in: Classical Philology (2010) 105, 363-377.

698 „‘Schön’ und ‘gut’ ist ja, was so ist, daß ihm nichts fehlt und nichts zuzusetzen ist.“ Hans-Georg Gadamer, *Griechische Philosophie I: Kunst als Aussage*, Gesammelte Werke, Bd. 5 unveränd. Taschenbuchausg. (J.C.B. Mohr Paul Siebeck: Tübingen, 1999 [1985]), 100.

699 Gorg 506D.

700 Gorg 506D-507A. Vgl. Josef Pieper, *Über die Tugenden: Klugheit, Gerechtigkeit, Tapferkeit, Maß,* mit einem Vorwort v. J. Rau, 2. Aufl. (Kösel: München, 2008), 179ff; Hanns-Dieter Voigtländer, *Die Lust und das Gute bei Platon* (Konrad Triltsch: Würzburg, 1960), 179ff.

701 Vgl. zur Dissozialen Persönlichkeitsstörung Peter Fiedler, *Integrative Psychotherapie bei Persönlichkeitsstörungen,* 2., unveränd. Aufl. (Hogrefe, Verlag für Psychologie: Göttingen, Bern, Toronto u.a., 2003), 36f.

702 An dieser Stelle muss auch Poppers radikaler Platonkritik entschieden widersprochen werden. Popper versteht Platons „Staat“ als definitives Konstrukt einer tatsächlich erstrebten politischen Ordnung. Platons politische Ambitionen und Hoffnungen sind zwar evident, aber die *Politeia* ist kein realpolitischer Entwurf, sondern eine philosophisch-literarische Provokation im politischen Kontext. Als philosophisches Werk ist es aber als konsistenter Teil des philophischen Gesamtwerks Platons von vornherein *dialektisch* konzipiert, was bei Platon stets impliziert: Es soll alles andere sein als der Weisheit letzter Schluss. Vgl. Karl R. Popper, *Die offene Gesellschaft und ihre Feinde,* Bd. 1: *Der Zauber Platons,* 7. Aufl., mit weitgehenden Verbesserungen u. neuen Anhängen (J.C.B. Mohr Paul Siebeck: Tübingen, 1992).

703 Theait 194A; W. Wieland, a.a.O., 267.

Gute ist als Idee sowohl Ausgangspunkt des Entscheidens und Handelns wie als Ideal auch Zielpunkt. Weil man sich, mit Wielands Formulierung, mit „den letzten Zielen seines Handelns [...] schon immer identifiziert“ hat, gilt auch, dass man sich bei ihrer Verfehlung nicht nur in der operativen Zielbestimmung täuscht: „Irrt man sich über sie, so irrt man sich zugleich auch über sich selbst.“[704] Demnach ist die *Harmatia* im platonischem Verständnis verfehlte *Selbstbestimmung*, die zur *Selbstentfremdung* führt und den Verlust der *Selbstkongruenz* bedeutet.

Philosophie ist nach Platon und Kant die Entdeckung dieses moralisch qualifizierten zielführenden Wissens angemessener *Selbstbestimmung*. Sie führt zur Überwindung des Bösen durch Einsicht. Der Philosoph als Seelenführer leitet den Lernwilligen dazu an und unterstützt ihn dialogisch argumentativ bei der Hervorbringung seiner je eigenen Wahrheit. Das Kriterium der Glaubwürdigkeit dieser Wahrheit ist ihre logische Konsistenz mit dem intersubjektiven dialektischen[705] Erkenntnisfortschritt der Transformation des Guten als Idee in alle Bereiche der Lebenspraxis. Mithin kann sich alle Wahrheit schlechthin nur im Einzelnen mäeutisch als erinnernde Einsicht offenbaren,[706] somit induktiv als je subjektiv erlebte *Gewissenskongruenz* in der Wahrnehmung, das intendierte Gute auch wirklich glaubwürdig zu erreichen, und zwar immer im Bewusstseinsfenster konkret auftretender Entscheidungskonflikte. In dieser sokratischen Tradition ist Philosophie tatsächlich Hilfe zur Selbsthilfe mit dem Ziel der Selbstbestimmung durch Entdeckung der je eigenen Wahrheit.[707] Legitimiert ist sie als entdeckte aber nur im andauernden, nie abgeschlossen dialektischen Erkenntnisfortschritt der Wissenschaft, der, bei Platon wie bei Kant, *moralisch* bestimmt ist.

3.2.1.6. Dialektik als integrativer Prozess

Zielpunkt platonischer Dialektik ist gerade nicht, „die Wahrheit unter das Joch der Idee“ zu bringen, wie Heidegger formuliert hat, und dadurch Richtigkeiten zu generieren, die weit entfernt sind von der Ursprünglichkeit der Wahrheit. Richtigkeiten sind gerade *nicht* der Zielpunkt platonischer Dialektik, sondern ihm geht es stets um die Annäherung jener Seinswahrheit, aus der die Ideen als deren existenzielle Apperzeption hervorgehen. Genau darin besteht für Platon das wahre Erkennen des wahrhaft Guten im Unterschied zur Oberflächlichkeit der Erkenntnis des bloß Nützlichen, das ohne die stringente Rückbindung an die zugrunde liegende Idee des Guten durchaus das Ziel des Guten weit verfehlen kann, und genau das macht die sokratische Gesprächsführung in deutlicher Frontstellung zur Ober-

---

704 Ebd., 269.

705 „Intersubjektiv dialektisch“ ist platonisch gesehen eine Tautologie, da die Dialektik grundsätzlich ein *dialégein* ist; als Dialektik ist die ganze Philosophie nach Platon ein *dialogischer* Prozess. K. Jaspers, a.a.O., 43, 59ff.

706 Theait 149Aff.

707 Auch die gesellschaftspolitische Ausrichtung der sokratisch-platonischen Philosophie ist insgesamt durch eine ganz ähnliche Auseinandersetzung geprägt wie bei Kant: „Den polemischen Kontext des sokratischen Satzes [sc. dass niemand freiwillig Unrecht tut, d.Verf.] bilden bestimmte Soziallehren, wie sie im Kreis der Sophistik entwickelt wurden. Dazu gehört vor allem die Deutung der durch das positive Recht gestifteten Ordnung als einer Zwangsordnung, die allein den Menschen daran hindern kann, Unrecht zu tun.“ Was bedeutet, dass niemand freiwillig gerecht ist. Sokrates „zielt demgegenüber in eine ganz andere Richtung.“ W. Wieland, a.a.O., 266.

flächlichkeit der *Sophistik* aus:[708] Immerzu handelt es sich um die Überprüfung behaupteter propositionaler Richtigkeiten auf ihren nichtpropositionalen Wahrheitsgehalt.[709] Der dialektische Annäherungsprozess der Wahrheitssuche kann sich Platon zufolge immer nur in der Wechselwirkung von *nichtpropositionaler* und *propositionaler* Erkenntnis vollziehen. Die nichtpropositionale bedarf, um glaubwürdig zu sein, ihrer empirischen Validierung durch lückenlose Evidenz, wird dadurch aber zur propositionalen; die propositionale wiederum bedarf des stringenten Rückbezugs auf die nichtpropositionale, um nicht als partielles Wissen „in der Luft zu hängen". Das Prinzip (*arché*) als propositionale Bestimmung ist, wie das Wort selbst ja deutlich sagt, nicht Ende, sondern Anfang: Einerseits natürlich Anfang seiner technischen Operationalisierung, andererseits aber auch Anfang der nächsten Etappe des dialektischen Prozesses, der darin besteht, wieder neu das Prinzip auf seine Kongruenz mit der Idee zu befragen, aus der es hervorgegangen zu sein scheint.

Die Daten der empirischen Psychologie bestehen vor allem aus *propositionalem* Wissen. Bei aller berechtigten Betonung ihrer *Evidenzverpflichtung*[710] darf nicht außer Acht gelassen werden, dass Erkenntnisse, die sich in propositionalem Wissen erschöpfen, unvollständig sind. Der Weg nach Larissa mag ja kartographisch recht korrekt beschrieben sein, aber vielleicht sieht er in Wirklichkeit doch noch ein bisschen anders aus, oder sogar erheblich, weil die Messung und ihre Darstellung trotz aller Präzision doch nur ein bescheidenes Hilfsmittel bleibt, ein Abbild nur, ganz anders als das Ding an sich.

Ende der 80er Jahre wurde auf dem Jahrestreffen der *Association for Advancement of Behavior Therapy* (AABT) in den USA ein erstes Symposium zur Integration von Spiritualität und Verhaltenstherapie abgehalten.[711] *Paul W. Clement*, seinerzeit in der Fachszene angesehener und einflussreicher Psychologieprofessor am *Fuller Seminary*,[712] hat dort einen Vortrag gehalten, der anhand von vier Unterscheidungen bemerkenswert prägnant die epistemologischen Voraussetzungen dieser Integration skizziert. Einleitend stellt Clement fest: „The biggest roadblock to integrating two disciplines is the failure to have an articulated meta model for doing so."[713] Die beiden Disziplinen sind in diesem Fall *Praktische Theologie* und *empirische Psychologie*. Die vier unterscheidenden Sätze stünden im Zentrum seines eigenen Meta-Modells[714] (Tabelle 05):[715]

---

[708] N. Hartmann, Platos Logik, 73ff.

[709] Gadamer fasst das unter den Gegensatz von „Techne-Wissen" und „Arete-Wissen". H.G. Gadamer, Bd. 7, 105, 153.

[710] Das ist ein auf den „Pflichtbegriff" zurückzuführendes *ethisches* Postulat!

[711] William R. Miller, John E. Martin (Hg.), *Behavior Therapy and Religion: Integrating Spiritual and Behavioral Approaches to Change* (Sage Publications: Newbury Park, Beverly Hills, London, New Delhi, 1988), 7.

[712] J.S. Prater, Paul W. Clement (1939-2014), Abstract in: National Center for Biotechnology Information (NCBI), U.S. National Library of Medicine, PubMed, 2015, http://www.ncbi.nlm. nih.gov/pubmed/26653319, Download 10. März 2016.

[713] Paul W. Clement, Integrating Behavioral Theory and Training with Personal Faith, in: William R. Miller, John E. Martin (Hg.), *Behavior Therapy and Religion: Integrating Spiritual and Behavioral Approaches to Change* (Sage Publications: Newbury Park, Beverly Hills, London, New Delhi, 1988), 37.

[714] Ebd.

[715] Ebd., 37-40.

Satz	Problem bei fehlender Berücksichtigung
1. Disciples ≠ Disciplines	Die Verfechter der einen Disziplin versuchen, die andere wegzuerklären (explain away). Das ist ein wissenschaftlicher Reduktionismus mit dem Ziel, das Territorium der anderen Disziplin zu besetzen.
2. Disciplines ≠ Data	Die Disziplin gibt sich so, als würde sie unmittelbar aus einem Datenbefund hervorgehen, statt sich bewusst zu machen, dass ihre Funktion in der vereinfachenden Auswertung von Daten besteht, die auf bestimmten Annahmen beruht, die der Disziplin eigen sind.
3. Data ≠ Meaning	Empirisch psychologische Untersuchungen bestehen aus einer Darstellung des Datenbefunds sowie ihrer Diskussion und daraus gezogenen Folgerungen. Diese werden mit dem Datenbefund selbst verwechselt, obwohl je nach Perspektive unterschiedliche Folgerungen aus ein und demselben Datenbefund gezogen werden können.
4. Meaning ≠ Methodology	Die der Deutung (meaning) die Richtung weisende Weltanschauung (philosophy), die in einer Disziplin oder beim einzelnen Forscher vorherrscht, wird mit der angewandeten Methodik identifiziert.[716]

Tabelle 05: Die vier epistemologischen Unterscheidungen in Anbetracht der Integration von Spiritualität und Verhaltenstherapie nach Clement.

An Clements Differenzierung wird gut ersichtlich, welche Schwierigkeiten entstehen, wenn die dialektische Bezogenheit propositional empirischer Daten und nichtpropositional intuitiver Vorgaben zu ihrer Deutung, aus deren Synthese Prinzipien gefolgert werden, nicht gewährleistet ist. Gerade dann, wenn es darum geht, aus Disziplinen mit einem deutlich gegensätzlichen Schwerpunkt auf der Behandlung propositionalen Wissens einerseits und der Behandlung nichtpropositionalen Wissens andererseits ein integratives Ganzes zu formen, ist es unabdingbar, beide Schwerpunkte *dialektisch* als einander notwendig ergänzende Kernelemente eines nach beiden Seiten hin glaubwürdigen Erkenntnisfortschritts aufeinander zu beziehen. Dass dies epistemologisch nicht nur unabdingbar, sondern auch möglich ist, dürfte die Beleuchtung der kantischen und platonischen Erkenntnistheorie ausreichend gezeigt haben. Ob die epistemologische Begründung des integrativen Konzepts einer wissenschaftlich ernst zu nehmenden Theorie der Kognitiven Seelsorge auch auf andere Weise erfolgen könnte, muss an dieser Stelle nicht diskutiert werden, weil die Zuverlässigkeit des Modells davon nicht abhängt, vorausgesetzt, dass es a) stimmig ist und b) hinreichende aktuale Konsensfähigkeit besitzt. Letzteres darf behauptet werden, weil zum einen nach hoher wissenschaftlicher Übereinstimmung Kant und Platon das bleibende Fundament der erkenntnistheoretischen Philosophie gelegt haben und zum andern die Verknüpfung beider Philosophien zu einem idealistischen Gesamtsystem in Anwendung auf die wissen-

716 „Unfortunately, many persons who actively used a spiritual perspective to interpret part of their observations rejected behavioral methods in the process of rejecting the philosophical premises of the developers of those methods.“Ebd., 40.

schaftstheoretischen Fragestellungen des 20. Jahrhunderts, vor allem durch die große akademische Wirkung der „Marburger Schule“ und ihrer Epigonen,[717] bis in die Gegenwartsphilosophie hinein ein wesentliches Element des erkenntnistheoretischen Diskurses geblieben ist.[718]

Charles Pierce hat den Begriff der *Abduktion* in die Wissenschaftstheorie eingeführt.[719] Notwendiger Grund für dieses Prinzip ist Pierce zufolge die apriorische Disposition des Menschen, „korrekte Theorien irgenwelcher Art zu erdenken“, die er als Wahrheit erkennt.[720] Dem Wissenschaftstheoretiker *Gerhard Schurz* zufolge sind Abduktionen dazu da, die vorläufige „Generierung der vermutlich *aussichtsreichsten* Erklärungshypothese zu liefern, welche dann weiterer Überprüfung auszusetzen ist.“[721] Abduktion als „der Schluss auf die beste Erklärung“[722] bedeutet also, dass man sich aus den induktiv und deduktiv gewonnenen Erkenntnissen empirischer Wissenschaft sozusagen „einen Reim macht“.[723] Abduktiv sind zum Beispiel die evolutionsbiologischen Folgerungen aus paläontologischen Funden oder die Interpretationen geisteswissenschaftlicher Texte.[724] Bei gleicher Ausgangslage empirischer Daten können durchaus verschiedene konkurrierende Abduktionen gefolgert werden. Nach Thagards Ansicht ist die Abduktion zwar unverzichtbar, zugleich aber auch „eine äußerst riskante Art der Folgerung“.[725]

Naom Chomsky findet, dass der Abduktionsbegriff bei Pierce „eine stark kantische Färbung“ hat.[726] Nicht nur kantisch, möchte man hinzufügen, sondern auch platonisch. Kants *regulative Prinzipien* sind ebenso Abduktionen wie Platons *Prinzipien*, die nie als der Weisheit letzter Schluss zu gelten haben, sondern, sofern sie wissenschaftliche Relevanz behalten sollen, stets den hypothetisch bestimmten Ansatz wieder neuer Untersuchungen bilden.

Für das epistemologische „Metamodell zur Integraton“ von Theologie und empirischer Psychologie, um Clements Postulat aufzugreifen, ist entscheidend wichtig, dass theologische Erklärungsmodelle empirischer Gegebenheiten immer Abduktionen sind, deren wissenschaftliche Bedeutung vom Maß ihrer logischen Konsensfähigkeit, also ihrer *Glaubwürdigkeit*, abhängt.[727] Dasselbe gilt aber auch

---

[717] Theodor Ebert, *Meinung und Wissen in der Philosophie Platons: Untersuchungen zum 'Charmides', 'Menon' und 'Staat'* (Walter de Gruyter: Berlin, New York, 1974), 17, 85f.

[718] Die herausragenden Protagonisten dieser Tradition sind Nicolai Hartmann und Hans-Georg Gadamer. Hartmann studierte in Marburg bei den Neukantianern Cohen und Natorp, Gadamer promovierte bei Natorp und Hartmann; Wieland bei Gadamer. Es sei ferner daran erinnert, dass Kants Anspruch, die Grenzen der menschlichen Erkenntnisfähigkeit verbindlich festgestellt zu haben, grundsätzlich nach wie vor als gültig angesehen werden darf, was Wissenschaftler verschiedener Disziplinen immer wieder betont haben und betonen.

[719] G. Schurz, a.a.O., 117; N. Chomsky, a.a.O., 150.

[720] C.S. Peirce, zit. in: ebd., 149f.

[721] G. Schurz, a.a.O., 118. Der Wissenschaftstheoretiker *Paul Thagard* nennt die Abduktion eine „Art der Folgerung, bei der der Nachdenkende eine Hypothese aufstellt, um eine Erklärung zu generieren“. Paul Thagard, *Kognitionswissenschaft: Ein Lehrbuch*, aus d. Amerik. v. D. Egli u. M. Montani (Klett-Cotta: Stuttgart, 1999), 48.

[722] G. Schurz, a.a.O., 117.

[723] P. Thagard, a.a.O., 50.

[724] G. Schurz, a.a.O., 117f.

[725] P. Thagard, a.a.O., 49.

[726] N. Chomsky, a.a.O., 156.

[727] Vgl. zum Glaubwürdigkeitskriterium G. Schurz, a.a.O., 119f.

für die Abduktionen der empirischen Psychologie. Ein sinnvolles Richtmaß zur Einschätzung der Glaubwürdigkeit von Abduktionen ist die *Wahrscheinlichkeit.*[728]

Aus empirisch wissenschaftlicher Perspektive können übergreifende Theorien wie die Theorie der Kognitiven Seelsorge nicht anders als abduktiv behauptet werden und ihr Validitätskriterium im Vergleich zu möglichen konkurrierenden Theorien ist lediglich das Mehr oder Weniger an *Glaubwürdigkeit.*

Wenn die *Glaubwürdigkeit* einer behaupteten Abduktion über ihre wissenschaftliche Bedeutung entscheidet, heißt das nichts anderes, als dass die Wissenschaft selbst als *Glaubensakt* zu verstehen ist. Mit anderen Worten: Das Postulat der Wissenschaft ist per se zu definieren als *glaubwürdiger Glaubensakt.* Das hat in bewusster Herleitung von Kants epistemologisch fundamentalem „Pflichtbegriff" *Johann Gottlieb Fichte* entfaltet.

3.2.1.7. Fichtes Wissenschaftstheorie

„Im vollen, modernen Sinn des Wortes ist die Wissenschaft die Zwillingsschwester der Humanität", fand *Pierre Teilhard de Chardin.*[729] Ähnlich äußerte er sich zur Verbindung von Wissenschaft und Religion. Es bewahrheite sich, „daß sie nur zusammen sich normal entwickeln können; einfach, weil dasselbe Leben beide beseelt. Weder in ihrem Antrieb noch in ihren Theorien kann die Wissenschaft bis an ihre Grenzen gehen, ohne sich mit Mystik zu färben und mit Glauben aufzuladen."[730] Die Lust des Forschens hänge an der Überzeugung, „die wissenschaftlich durchaus unbeweisbar ist, daß das Universum einen Sinn habe und daß es, wenn wir ihm treu bleiben, zu einer Vollkommenheit gelangen könne oder sogar müsse, die irgendwie gegen Zerstörung gesichert ist. Der Glaube an den Fortschritt."[731] Religion und Wissenschaft bildeten die beiden Seiten „eines einzigen vollständigen Erkenntnisaktes".[732]

Dass Teilhard de Chardins kühner Entwurf einer Synthese der beiden Antagonisten[733] nach wie vor bedenkenswert ist, wird neuerdings durch *Markus Gabriel*, Professor für Erkenntnistheorie an der Universität Bonn, in seinem 2015 erschienen Buch „Ich ist nicht Gehirn" bestätigt.[734] Dort fordert er, man solle „die Vorstellung aufgeben, wir müssten zwischen einem naturwissenschaftlichen und ei-

---

[728] „Aus der logischen Perspektive muß die Abschätzung der besten Erklärung Wahrscheinlichkeiten miteinbeziehen." P. Thagard, a.a.O., 50.

[729] Pierre Teilhard de Chardin, *Der Mensch im Kosmos*, aus d. Franz. v. O. Marbach, mit 4 Abbild., 3. Aufl. (Deutscher Taschenbuch Verlag: München, 1983), 255.

[730] Ebd., 293.

[731] Ebd., 294.

[732] Ebd., 295.

[733] Ebd.

[734] Gabriel bezeichnet sich selbst als Protagonisten des „Neo-Existenzialismus", der „behauptet, dass der Mensch insofern frei ist, als er sich ein Bild von sich selber machen muss, um überhaupt erst jemand zu sein." Ebd., 31. Dieses Bild, so Gabriel, sei „unvermeidlich" wertbestimmt.M. Gabriel, a.a.O., 59. Als Referenz zitiert er Hegel: „Der Geist ist nur, wozu er sich macht; er ist Tätigkeit, sich zu produzieren, sich zu erfassen", G.W.F. Hegel, zit. in: ebd., 57, und fügt kommentierend hinzu: „Damit greift er einige Grundideen Kants und Fichtes auf." Ebd. „Der Existenzialismus ist der Ansicht, dass der Mensch sich zunächst schlichtweg als existierend vorfindet und sich dann ständig zu diesem Umstand verhalten muss und dass genau das ihn unter allen anderen Lebewesen auszeichnet." Ebd.

nem religiösen Weltbild wählen."[735] Im Gegensatz zum Mainstream der Kantrezeption hält Gabriel fest, dass Kant „zutiefst religiös" war und schließt ganz in dessen Sinn an, dass „Irrtum und Aberglaube" keineswegs das Unterscheidungskriterium zwischen Religion und Wissenschaft sei.[736]

Kernpunkt der „tiefen Religiosität" Kants ist der „Pflichtbegriff" als apriorisches regulatives Prinzip, das im Unterschied zu anderen regulativen Prinzipien als irreduzible Gewissheit in Form der sittlichen Forderung unbedingten Wahrheitsanspruch im Gewissen des Einzelnen erhebt. Als rein intrinisische Überzeugung ist dieses sittliche Bewusstsein fernab von aller Fremdbestimmung. Fichte sieht seine „Ich-Philosophie" als unmittelbare Fortsetzung des kantischen Systems an.[737] Er bezieht sich darauf, dass dieser „in seinen Kritiken die Wissenschaft nicht, sondern nur die Propädeutik derselben aufstellen wolle", was Kant selbst „einigemal gesagt" habe.[738] Fichte sieht sich dazu berufen, nun auf den epistemologisch verbindlichen kantischen Bauplan der Strukturen des menschlichen Erkennens eine ebenfalls epistemologisch verbindliche Wissenschaftstheorie folgen zu lassen,[739] die einerseits ganz der kantischen Erkenntnistheorie verpflichtet bleibt, andererseits aber auch deren Inkonsistenzen überwindet.[740] Man wird wohl sagen dürfen, dass ihm das auch gelungen ist. Nicht nur ist seine „Grundlage der gesamten Wissenschaftslehre" (GWL), aufgegriffen durch *Schelling* und *Hegel*, historisch tatsächlich dem Idealismusforscher *Jacobs* zufolge „unmittelbarer Ausgangspunkt des sogenannten Deutschen Idealismus",[741] sondern ihre erkenntnistheoretische Bedeutung scheint auch in der aktuellen Gegenwartsphilosophie neu entdeckt zu werden,[742] was offenbar zur Überwindung einiger Missverständnisse und Vorurteile führt, mit denen sich Fichte schon zu Lebzeiten auseinanderzusetzen hatte[743] und die das Bild seiner Theorie bis ins 20. Jahrhundert zu weiten Tei-

---

[735] Ebd., 17.

[736] Ebd., 144.

[737] GWL, 95,178; Wolfgang Class, Alois K. Soller, *Kommentar zu Fichtes Grundlage der gesamten Wissenschaftslehre*, Fichte-Studien-Supplementa, im Auftrag der Internationalen Johann-Gottlieb-Fichte-Gesellschaft hg. v. H. Girndt, W. Janke, W.H. Schrader u. H. Traub, Bd. 19 (Rodopi: Amsterdam, New York, 2004), X; Wolfdietrich Schmied-Kowarzik, *Die Philosophie Schellings: Von den frühen Anfängen bis zum Spätwerk*, Fakultät für Kultur- und Sozialwissenschaften (FernUniversität Hagen, 2014), 29. „Ich lebe in einer neuen Welt, seitdem ich die 'Kritik der praktischen Vernunft' gelesen habe." J.G. Fichte, zit. in: Theodor Ballauf, Ignaz Klein, Nachwort, in: Johann Gottlieb Fichte, *Die Bestimmung des Menschen*, hg. u. mit einem Nachwort versehen v. T.Ballauf u. I.Klein (Philipp Reclam jun.: Stuttgart, 1981 [1800]), 199.

[738] GWL, 106.

[739] E. Düsing, a.a.O., 18ff.

[740] Darum kann Fichte behaupten, dass sein eigenes System nur verstehen könne, wer Kant verstehe. Ebd., 95.

[741] Wilhelm G. Jacobs, Einleitung, in: Johann Gottlieb Fichte, *Grundlage der gesamten Wissenschaftslehre als Handschrift für seine Zuhörer*, Einleitung u. Register v. W.G. Jacobs, Philosophische Bibliothek, Bd. 246 (Felix Meiner: Hamburg, 1970 [1974]), XXV.

[742] M. Gabriel, a.a.O., 222ff; Hartmut Traub, Fichtes Begriff der Natur: Rezeptionsgeschichte im Wandel - ein Forschungsbericht, in: Helmut Girndt (Red.), *Naturphilosophie im Deutschen Idealismus,* Fakultät für Kultur- und Sozialwissenschaften (FernUniversität Hagen, 2014), 104-143; E. Düsing, a.a.O.

[743] Ebd., 12.

len geprägt haben.[744]

Fichte entfaltet seine Wissenschaftstheorie aus drei Grundsätzen,[745] die der kantischen Verstandeskategorie *Qualität* entsprechen, welche in „Realität", „Negation" und „Limitation" unterteilt ist.[746] *Realität* ist das *identisch Gesetzte*, *Negation* ist das *Entgegengesetzte*[747] und *Limitation* ist das, was beide, Gesetztes und Nicht-Gesetztes, in Wechselwirkung begrenzt und dadurch beider notwendigen Bezug zueinander herstellt, woraus das integrierende *Zusammengesetzte* folgt.[748] Schlechthinniger Ausgangspunkt aller menschlichen Erkenntnis ist nach Fichte das cartesianische *Cogito.*[749] Das denkende Selbst-Bewusstsein nennt Fichte „Ich". Davon ausgehend formuliert Fichte die drei Grundsätze:[750]

1. „Das Ich setzt schlechthin sich selbst und damit sein Sein."[751]
2. „Dem Ich wird entgegengesetzt ein Nicht-Ich."
3. „Ich setze im Ich dem teilbaren Ich ein teilbares Nicht-Ich entgegen."

Kant folgert in der KrV unter der Überschrift *„Die Antinomie der reinen Vernunft"*[752] aus dem Paradox, das er zuvor mit dem Bild der Insel der *Phaenomena* im Ozean der *Noumena* skizziert hat, dass die Absolutsetzung sowohl des *Rationalismus,* der den *Noumena* ontologische Beweiskraft zuschreibt, wie auch die des *Empirismus*, der dasselbe mit den *Phaenomena* macht, auf einer Täuschung beruht. Kant widerlegt hier nicht nur den Absolutheitsanspruch der beiden philosophischen Grundpositionen, sondern er zeigt auch ihr relatives Recht auf, das sie beanspruchen dürfen, weil die menschliche Vernunft nicht anders kann, als beide Positionen, je für sich genommen, trotz ihres Scheincharakters für Wahrheit zu halten. Mithin handele es sich auf beiden Seiten der Antinomie nicht um objektive Erkenntnisse, sondern um *notwendige* regulative Prinzipien der Vernunft.[753] In der GWL führt Fichte das kantische Paradox einer erkenntnistheoretischen Synthese zu. Das Ich *ist* sich (rational, intelligibel) selbst als absolut bestimmtes noumenal, aber es *erfährt* sich (empirisch) selbst nur phänomenal als gegenständlich, denn „[d]as Setzen verlangt [...] das Gegensetzen, um als Setzen möglich zu sein. Kein Wissen weiß sich selbst, welches nicht etwas wüßte."[754] „Es ist Bedingung alles meines Bewußtseins", erläutert Fichte in der „Bestimmung des Menschen", „daß das *Bewußtseiende*, und das *Bewußte* als zweierlei erscheine. Ein anderes Bewußtsein kann ich mir nicht einmal denken. Wie ich mich finde, finde ich mich als Subjekt *und* Objekt, welche beide aber unmittelbar verbunden sind."[755]

---

[744] H. Traub, a.a.O.

[745] GWL, 19ff.

[746] KrV, 150.

[747] GWL, 52.

[748] GWL, 19ff; E. Düsing, a.a.O., 23.

[749] W.G. Jacobs, a.a.O., XII,

[750] E. Düsing, a.a.O., 21f.

[751] Fichte nennt das „den absoluten Grundsatz alles Wissens". GWL, 19.

[752] KrV, 449ff.

[753] KrV, 417f, 552.

[754] W.G. Jacobs, a.a.O., XIV.

[755] J.G. Fichte, Die Bestimmung, 76.

Das Nicht-Ich als Entgegenstehendes ist der *Gegenstand.* „Reflektiert das Ich auf sich selbst, und bestimmt sich dadurch, so ist das Nicht-Ich unendlich und unbegrenzt“, erklärt Fichte.[756] Durch die rein objektive Betrachtung verblasst das Ich zum neurophysiologischen Cluster. „Reflektiert dagegen das Ich auf das Nicht-Ich überhaupt (auf das Universum) und bestimmt es dadurch, so ist es selbst unendlich.“[757] Durch die rein subjektive Betrachtung ist die Welt des Einzelnen nichts als sein individueller Selbstentwurf; es gibt so viele Welten, wie es Menschen gibt, unverbunden existieren sie nebeneinander. Aber beide antinomischen Sichtweisen können für sich nicht bestehen: sie sind aneinander gewiesen, um sich notwendig zu ergänzen: „In der Vorstellung stehen demnach Ich und Nicht-Ich in Wechselwirkung; ist das eine endlich, so ist das andere unendlich, und umgekehrt; eins von beiden ist aber immer unendlich.“[758] „Diese Reflexion“, bemerkt die Fichteforscherin *Edith Düsing*, „bildet den unmittelbaren Abschluß der theoretischen und den Übergang zur praktischen Wissenschaftslehre. Die Auflösung der Freiheitsantinomie ist von Fichte sonach dem handelnden Ich aufgegeben.“[759] Jacobs zufolge geht es Fichte in der GWL um den „Nachweis der Einheit der theoretischen und praktischen Vernunft durch die Rückführung auf die Tathandlung[760] der einen Vernunft.“[761]

3.2.1.8. Die Bestimmung des Menschen

Mit der Selbsetzung des Ich ist gemeint, dass das Ich sich selbst nur als sich Setzendes erfährt. Das Ich-Bewusstsein ist ein Akt des Wissens und Wollens. „Das Ich weiß sich somit als wissend und wollend, wenn es sich weiß, und was sich so weiß, ist ‘Ich’.“[762] „Setzen“ meint hier „etwas als seiend vorstellen“.[763] Weder bedeutet das für Fichte, dass das Ich sich selbst *schafft*, noch soll es heißen, dass es göttliche Ursprünglichkeit besitzt. Das Ich tritt also durchaus nicht an die Stelle Gottes. „Es ist eine Bestimmung im Ich da, deren Grund nicht in das Ich zu setzen ist“, differenziert Fichte, „das ist ihm Faktum: über den Grund derselben *an sich* ist ihm die Untersuchung abgeschnitten, d.i. sie ist für ihn schlechthin und ohne allen Grund da.“[764] Das heißt nicht, dass es nicht nach dem Grund seines Daseins fragt und Antworten darauf findet, aber es heißt, dass es unabhängig von diesen Antworten im Modus des Selbstsetzens da ist und allein um dieses mit letzter Gewissheit weiß, während es die Herkunft seines Daseins nur abduktiv zurückschließend benennen kann: sie ist empirisch unzugänglich, es „ist ihm die Untersuchung abgeschnitten“, es kann sie nur *glauben.* Diese *wissenschaftliche* Irreduzibilität des Ich meint Fichte, wenn er vom „absoluten“ Ich spricht. Absolut ist es nicht in göttlicher Weise „‘von sich, in sich, durch sich’“, sondern „nur, insofern es das

---

[756] GWL, 164.

[757] Ebd.

[758] Ebd.

[759] E. Düsing, a.a.O., 40.

[760] Der Terminus „Tathandlung“ ist typisch für Fichte.

[761] W.G. Jakobs, a.a.O., XXV.

[762] W.G. Jacobs, a.a.O., XII.

[763] E. Düsing, a.a.O., 21.

[764] GWL, 106.

Wissen begründet."[765]

Der willentliche Bewusstseinsakt, „etwas als seiend" vorzustellen, ist eine je aus dem Ich erfolgende *Entscheidung*. Das Ich erfährt sich selbst als Seiendes in der Bejahung oder Ablehnung seiner Vorstellungen des Seienden. Absolut ist das Ich nur insofern, als es absolut durch das Gute und zum Guten bestimmt ist. Es verfügt nicht willkürlich über die Bestimmung des Guten, sondern es ist apriorisch dem Guten verpflichtet. Fichtes absolutes Ich ist inhaltlich bestimmt durch Kants „Pflichtbegriff". „Wie hätte er [sc. Kant, d.Verf.] jemals auf einen kategorischen Imperativ, als absolutes Postulat der Übereinstimmung mit dem reinen Ich, kommen können, ohne aus der Voraussetzung eines absoluten Seins des Ich, durch welches alles gesetzt wäre, und, inwiefern es nicht *ist*, wenigstens sein *sollte*"? fragt Fichte.[766] „Nur *weil* und *inwiefern* das Ich selbst absolut ist, hat es das Recht, absolut zu postulieren".[767] Das Selbstsetzen des Ich „als absolutes Postulat der Übereinstimmung mit dem reinen Ich" verlangt mit Düsings Formulierung „nach vollkommener Übereinstimmung und Identität des Ich mit sich".[768] Das Postulat dieser Übereinstimmung ist als das Postulat des absolut Guten *ethisch* qualifiziert.[769]

Gabriel gibt seinem wertschätzenden Kapitel über Fichte in „Ich ist nicht Gehirn" die Überschrift „Der fast vergessene Großmeister der Ich-Philosophie".[770] Er schwenkt dann zwar ein Stück weit auf die bei Schelling einsetzende kolportierte Hauptkritik an Fichte ein, wonach dieser die Natur reinweg als antipodisches Nicht-Ich ansieht[771] und dadurch das Ich von der Natur auf eine Weise trennt, durch welche „die Natur vollkommen von Ich-Spuren bereinigt" wird,[772] und folgert daraus die nahe liegende Versuchung, das Ich „dann im nächsten Akt auch gleich ganz aus dem Bild zu streichen",[773] was der gegenwärtige Neurozentrismus ja auch tatsächlich praktiziere, „der den Anschein des Ich wegerklärt". Sogleich wendet er aber ein, „dagegen hätte sich Fichte heftig gesträubt - und zwar mit guten Gründen."[774] Die guten Gründe liegen im dritten Grundsatz der GWL. Ferner expliziert Fichte sie nochmals ausführlich und eindringlich in der Schrift „*Die Bestimmung des Menschen*", die er als aufklärende Antwort auf die schwe-

---

765 W.G. Jacobs, a.a.O., XII. Das wurde missverstanden, woraus der massive Vorwurf seiner Kritiker resultierte, Fichte sei Atheist. E. Düsing, a.a.O, 16.

766 GWL, 178.

767 Ebd.

768 E. Düsing, a.a.O., 26.

769 In diesem Sinn haben die Neurowissenschafter Kornhuber und Deecke treffend formuliert: „Willensfreiheit ist weder Zufall noch Beliebigkeit, sondern Fähigkeit zur Wahl des Guten." Hans Helmut Kornhuber, Lüder Deecke, *Wille und Gehirn,* 2., überarb. Aufl. (Aisthesis: Bielefeld, Basel, 2009), 115.

770 M. Gabriel, a.a.O., 222.

771 Ursprünglicher Hauptkritikpunkt war der insbesondere durch Jacobi vorgebrachte Atheismus-Vorwurf. E. Düsing, a.a.O., 12. Nachhaltiger war dann aber der von Schelling in Gang gebrachte spätere, von der nationalsozialistischen Philosophierezeption aufgenommene und danach weiterhin kolportierte unzutreffende Vorwurf, Fichte habe eine desaströse naturfeindliche Naturphilosophie vertreten. H. Traub, a.a.O.

772 M. Gabriel, a.a.O., 227.

773 Ebd., 227f.

774 Ebd.

ren Atheismus-Vorwürfe hinsichtlich seiner Wissenschaftslehre verfasste.[775] Sie steht inhaltlich also in unmittelbarem Bezug zu dieser und die guten Gründe können nur in der Zusammenschau beider Werke recht erfasst werden.

Die ersten beiden Teile der „Bestimmung des Menschen" explizieren und kontrastieren die Antinomie der empiristischen[776] und der rationalistischen[777] Position. Fichte zeigt auf, dass beide in sich konsistent sind und dass beide sich gegenseitig ausschließen. In Übereinstimmung mit dem kantischen Paradox überschreibt er die dem Satz vom zureichenden Grund gehorchende Darlegung der universalen Kausalzusammenhänge, die „sichere" Insel der Phänome, mit „Zweifel" und die rationalistische Sicht der Weltbetrachtung aus der solitären Einheit des Ich-Bewusstseins mit „Wissen": Das noumenale Wissen des *Cogito* qualifiziert alles empirische Wissen als Schein. „Ich kann mir nichts außer meinem Denken denken; denn dadurch, daß ich es denke, wird es ja mein Denken, und fällt unter die unvermeidlichen Gesetze desselben."[778] Daraus aber ist von dieser Warte her zu schließen, dass alle Erkenntnis nur Erscheinungen reflektieren kann: „Ich weiß überall von keinem Sein, und auch nicht von meinem eignen. Es ist kein Sein."[779]

Das absolute Ich als ethisch bestimmtes kann sich weder mit dem empiristischen Determinismus noch mit dem rationalistischen Solipsismus zufrieden geben. Der erste Teil der „Bestimmung des Menschen" endet mit dem Resümee, dass ich mir weder der äußeren Kräfte, die mich determinieren, bewusst werden kann, „noch meiner eignen Kraft, durch welche [...] ich mich selbst bestimme". Nicht ich werde mir meiner selbst bewusst, sondern die „Natur wird in mir ihrer selbst im Ganzen sich bewußt".[780] Ich bin aber weder die Natur noch kann ich „in das Innere der Natur [...] eindringen."[781] „[I]ch handle ja überhaupt nicht, sondern in mir handelt die Natur". Sie „macht mich selbst und alles was ich werde."[782] „Ich bin durch eine andere Kraft außer mir wirklich worden".[783] „Ich will lieben [...]. Aber kalt und frech tritt das entgegengesetzte System hin, und spöttelt dieser Liebe."[784] Der zweite Teil endet mit der Anerkennung der rationalistischen Einsicht, dass alles gegenständliche Sein nur Schein ist. Aber wieder trotzt das Ich der Einsicht: „Ich habe eingesehen, und sehe klar ein, daß es so ist; ich kann es nur nicht *glauben*."[785]

Das ist Fichtes „guter Grund": Die Aporie der Trennung von Natur und Ich in der Antinomie lässt alles Philosophieren zum sophistischen Willkürakt herabsinken, der nur den Verhältnissen hinterher sieht, die man doch nicht ändern kann. Der Sinn der Wissenschaft reduziert sich dann auf reine Nützlichkeit. Fichte liegt mit Platon und Kant auf einer Linie, wenn er im dritten Teil des Buches die Über-

---

775 T. Ballauf, I. Klein, a.a.O., 203.

776 J.G. Fichte, Die Bestimmung, 9ff.

777 Ebd., 45ff.

778 Ebd., 92.

779 Ebd., 100.

780 Ebd., 28.

781 Ebd., 32.

782 Ebd.

783 Ebd., 19.

784 Ebd., 40.

785 Ebd., 101.

windung der Aporie *metaphysisch* durch das *ethische Apriori* bestimmt, in Entsprechnung zu Platons *Areté* und Kants „Pflichtbegriff". „Ich will lieben" ist der ursprüngliche Anspruch des absoluten Ich und die Verwirklichung dieses Anspruchs ist ein Akt des *Glaubens*. Dementsprechend trägt der dritte Teil die Überschrift „Glaube".

„Glaube" ist nach Fichte die beherzte Anerkennung der Gegenständlichkeit des Nicht-Ich aufgrund der moralischen Verantwortung. Dieser Glaube „ist kein Wissen, sondern ein Entschluß des Willens, das Wissen gelten zu lassen."[786] Er ist das „freiwillige Beruhen bei der sich uns natürlich darbietenden Ansicht, weil wir nur bei dieser Ansicht unsere Bestimmung erfüllen können."[787] Dadurch wird der sophistische, gleichwohl immer mögliche Zweifel an der Realität des empirisch Gegebenen *unethisch*. Erkenntnis auf *Evidenz* zu gründen, wo immer dies möglich ist, wird somit zur ethischen Grundforderung an jede Wissenschaft im engeren Sinn wie an den Lebensvollzug im Allgemeinen. Im Wissen darum, dass absolute Objektivität nicht möglich ist, wird die verantwortete relative Objektivität als Gewissheit zum sittlichen Postulat. Es geht darum, die Wirklichkeit so zu nehmen, wie sie sich darbietet, statt sich ihrer durch wissenschaftliche Sophismen oder religiöses Sonderwissen zu entziehen.

Das Setzen des Ich geschieht im ethisch verantworteten Ernstnehmen des entgegengesetzten Nicht-Ich durch die „Tathandlung" des Glaubens als mutige Entscheidung für das wahrgenommene Gute, das sich in der *Selbstkongruenz des Gewissens* als Übereinstimmung mit dem „kategorischen Imperativ" des „Sittengesetzes", wie Kant zu formulieren pflegt, zeigt. Glaube ist demnach im Unterschied zum immer nur abbildenden Wissen, das darum nie zu letzter *Gewissheit* und darum auch nicht zur *Wirklichkeit* gelangen kann,[788] eben diese Gewissheit qua *Überzeugung*. Alle Überzeugung aber „kommt aus der Gesinnung, nicht aus dem Verstande."[789]

Das sich seiner selbst bewusste Ich als *Cogito* ist, weil *volitional*, auch *emotional* auf die Verwirklichung des Guten ausgerichtet. Als solches erfährt der Mensch dieses sein einzig irreduzibles Wissen als *Ge-wissen*.[790] Das Gewissen hält das vernünftig Gewusste für wahr; mithin liegt in der Verantwortung des Gewissens auch die Definition von *Wahrheit*.[791] Somit ist für Fichte das Gewissen die zentrale Instanz der Erkenntnis schlechthin und des moralischen Urteils in einem, und darin, dem Gewissen zu folgen, liegt die *Bestimmung des Menschen*.[792] „Meine Bestimmung ist, sittlich zu handeln. Meine Welt ist - Object und Sphäre

---

[786] Ebd., 112.

[787] Ebd.

[788] „Alles Wissen aber ist nur Abbildung [...] und ein System des Wissens ist notwendig ein System bloßer Bilder, ohne alle Realität, Bedeutung und Zweck. [...] Wissen ist nicht Realität, eben darum, weil es Wissen ist." Ebd., 102.

[789] Ebd., 112.

[790] Ebd., 113.

[791] „Aus dem Gewissen allein stammt die Wahrheit: Was diesem, und der Möglichkeit, und dem Entschlusse, ihm Folge zu leisten, widerspricht, ist sicher falsch, und es ist keine Überzeugung davon möglich". Ebd.

[792] „Es giebt nur Einen Punkt, auf welchen ich unablässig alles mein Nachdenken zu richten habe: was ich tun solle, und wie ich dieses Gebotene am zweckmäßigsten ausführen könne. Auf mein Tun muß alles mein Denken sich beziehen". Ebd., 116f.

meiner Pflichten, und absolut nichts anderes".[793] „[D]ie praktische Vernunft ist die Wurzel aller Vernunft."[794]

3.2.2. Diskussion und Konklusionen

3.2.2.1. „Ich-Philosphie" und Theologie

Fichte scheut sich nicht, über die kantische Erkenntnistheorie und seine eigene Wissenschaftstheorie hinaus gehende abduktive, wenn auch nahe liegende Schlüsse wie diesen zu ziehen: „Die Stimme des Gewissens, die jedem seine besondere Pflicht auflegt, ist der Strahl, an welchem wir aus dem Unendlichen ausgehen, und als einzelne, und besondere Wesen hingestellt werden; sie zieht die Grenzen unserer Persönlichkeit; sie ist also unser wahrer Urbestandteil".[795] Ferner sei unser darin zur Verwirklichung kommender Glaube an die Vernunft „eigentlich Glauben an Ihn, an Seine Vernunft, und an Seine Treue".[796] Mithin hält Fichte selbst den abduktiven Rückschluss aus dem epistemologisch stringenten Aufweis, dass jedwede Wahrheitssuche notwendig als ethisch motivierter Glaubensakt zu verstehen ist, das sei göttlichen Ursprungs und auf das göttliche Ziel der Vollendung der Menschheit ausgerichtet, für ganz angemessen.[797] Fichtes „Ich-Philosophie" bietet sich also aufgrund ihrer epistemologischen Klarheit und ihrer metaphysischen Offenheit, die nicht ineinander verschwimmend wiederum neue Unklarheiten generieren, dazu an, auch *theologisch* rezipiert zu werden. Cum grano salis ist das der „tiefen Religiosität" Kants zu verdanken.

Eine hilfreiche Verstärkung dieses interdisziplinären epistemologischen Metamodells, wenn nicht gar ein alternativer epistemologischer Zugang ähnlicher Qualität, mag insbesondere aus christlich theologischer Perspektive in *dialogphilosophischen* Ansätzen zu finden sein. Eine verheißungsvolle Spur scheint sich etwa bei *Franz Rosenzweig* aufzutun, der Kants Intention, das Wissen zu beseitigen, um Raum für den Glauben zu schaffen, als eine seiner „erstaunlichsten Leistungen" bezeichnet.[798] „Damit also der Inhalt des Glaubens selbstverständlich werde, ist es nötig, daß das anscheinend Selbstverständliche vom Wissen zu einem Absurden gestempelt sei. [...] Erst nachdem so das Wissen nichts mehr einfach und klar ließ, erst seitdem kann der Glaube das vom Wissen ausgestoßene Einfache in seine Hut nehmen und dadurch selber ganz einfach werden. Der Mensch ist unbe-

---

[793] Ebd., 121.

[794] Ebd., 124.

[795] Ebd., 168.

[796] Ebd., 171.

[797] Darauf, dass die Fichterezeption nach wie vor dazu zu neigen scheint, das auszublenden, weist folgendes Lexikonzitat hin: „Sein System lässt [...] keinen Platz für etwas, das außerhalb des Ich gelegen wäre. Funktionen, die vorher Gott zugeschrieben worden sind, wie z. B. die Eigenschaft der Realitätsstiftung, werden nun dem Ich zugeschrieben. Nicht Gott, sondern das sich selbst setzende Ich ist der Boden der Realität. Die theologische Folge ist die Umwandlung Gottes in einen Gegenstand der Moral, eine Konsequenz, die allerdings schon bei Kant vorgezeichnet war." Thomas Blume, Fichte, Johann Gottlieb,UTB, http://www.philosophie-woerterbuch.de/online-woerterbuch/?tx_gbwbphilosophie_main%5Bentry%5D=15 &tx_gbwbphilosophie_main%5Baction%5D =show&tx_gbwbphilosophie_main%5Bcontroller%5D= Lexicon&no_cache=1, Download 1. Februar 2015.

[798] F. Rosenzweig, a.a.O., 67.

weisbar, so gut wie die Welt und wie Gott".[799] Kant habe zudem „mit unleugbar großartiger Intuition das Wesen der Freiheit sichergestellt."[800]

Auch für Rosenzweig ist das Ich (er nennt es das „Selbst") irreduzibel: „Vom Selbst gibt es keine abgeleiteten Aussagen, nur die eine ursprüngliche, B=B".[801] Es „weiß nicht, woher es kommt noch wohin es geht."[802] Rosenzweig folgt insofern also durchaus Kant und ist Fichte hier auffallend ähnlich. Es scheint ihm aber noch besser als diesen zu gelingen, die metaphyische *Fremdbestimmung* des Ich mit seiner *Selbstbestimmung* in Einklang zu bringen. „Als Selbst, wahrhaftig nicht als Persönlichkeit, ist der Mensch nach Gottes Ebenbild geschaffen", [803] lautet sein Credo über die Letztbestimmung des Menschen. Gott aber selbst ist der „unsagbare Ursprung".[804] Gott ist nicht als prima causa menschlicher Selbstbestimmung zu verstehen, was ein logischer Widerspruch wäre, sondern er „läßt mich als mich selbst sein, wie auch den Partner. Er meint uns beide selbst",[805] wie der Religionsphilosoph *Bernhard Casper* referiert.[806] Meine Freiheit ist „durch Freiheit gerufen und sein gelassen [...]: menschliche Freiheit durch göttliche Freiheit".[807] Dadurch ist Casper zufolge das für den jüdischen Glauben konstitutive Moment des *Treueverhältnisses* bezeichnet.[808] In dieser Freiheit der Selbstbestimmung, die ganz im kantischen Sinne wirkliche Freiheit bleibt, kann der Glaubende „sich voll und ganz allem Einzelnen als ereignetem zuwenden. Der Glaube begründet gerade so keinen Sonderbereich neben der übrigen Wirklichkeit. Der Glaubende besteht in seinem Glauben nur so, daß er immer neu die geschichtlich vorkommende Welt ganz ernst- und annimmt."[809]

3.2.2.2. Wissenschaftliche Glaubwürdigkeit

Hofmann und Asmundson stellen im Unterschied zu ACT für die Kognitive Verhaltenstherapie fest, dass sie keiner bestimmten Philosophie verpflichtet sei, wohl aber eine Vorliebe für den *Kritischen Rationalismus* zeige, was an ihrem grundsätzlichen therapeutischen Procedere liege:[810]

> „Following the same philosophical principle, patients in CBT are encouraged to generate hypotheses based on their beliefs (theories) about the world, themselves, and their future. This approach is combined with the Socrates method, in which a series of questions are posed to help a person

---

[799] Ebd., 67f.

[800] Ebd., 72.

[801] Ebd., 74.

[802] Ebd., 78.

[803] Ebd., 75.

[804] Bernhard Casper, *Das Dialogische Denken: Franz Rosenzweig, Ferdinand Ebner und Martin Buber* (Karl Alber: Freiburg, München, 2002), 184.

[805] Ebd., 184.

[806] Uni Freiburg, Arbeitsbereich Christliche Religionsphilosophie, Prof. Dr. Dr. h.c. Bernhard Casper, http://www.theol.uni-freiburg.de/disciplinae/cr/personen/bernhardcasper.

[807] Ebd., 185.

[808] Ebd..

[809] Ebd., 186.

[810] S.G. Hofmann, G.J.G. Asmundson, a.a.O., 12.

> determine their underlying beliefs. By falsifying these hypotheses, patients are then forced to revise their belief system, reducing the emotional distress."[811]

Damit ist kurz und und durchaus präzise das Modell der platonischen Dialektik referiert. Mithin steht die Verwendung des „sokratischen Dialogs" als dominierende Gesprächstechnik in der KVT[812] in engem Bezug zur impliziten Verwendung der erkenntnistheoretischen Heuristik Platons. Von Fichte her denkend kann man paraphrasierend übersetzen, in der KVT würden die Patienten „ermutigt, Hypothesen (Ideen) zur Lösung ihrer Konflikte zu bilden, die von ihren bereits bestehenden *Glaubensüberzeugungen* (belief system) über die Welt, sich selbst und die Zukunft ausgehen." Die sokratische Methode hilft ihnen, sich der *Prinzipien*, die sie bereits gewonnen haben, bewusst zu werden, und sie im dialektischen Prozess ebenso auf rationale Stimmigkeit zu überprüfen und zu revidieren wie die daraus abgeleiteten Hypothesen zur Bewältigung des aufgetretenen Konflikts.

„Falsifying" meint im wissenschaftlichen wie im therapeutischen Kontext, dass dialektisch oder empirisch gewonnene Wahrheiten nicht im absoluten Sinn verstanden werden, sondern ihren Gültigkeitsanspruch nur so lange beanspruchen können, wie sie als *glaubwürdigstes* Modell gelten dürfen. Mit Fichte ist die Anerkennung der jeweils rational glaubwürdigsten Erklärung und Lösung das *ethische* Postulat schlechthin. In der Entscheidung dafür setzt das Ich sich selbst im Glaubensakt. Diese Entscheidung „ist kein Wissen, sondern ein Entschluß des Willens, das Wissen gelten zu lassen."

Es ist zwar richtig, wenn Hofmann und Asmundson die Philosophie der KVT nicht auf den *Kritischen Rationalismus* festlegen, aber die therapeutische Wahrheitsfindung in der KVT weist dennoch hohe Konformität mit seinen Prinzipien auf und damit auch mit der wissenschaftstheoretischen Basis der empirischen Psychologie insgesamt, seit diese sich vom *Logischen Empirismus* abgewandt hatte.[813] *Poppers* (1902-1994) Falsifikationismus wurde durch seinen Schüler *Imre Lakatos* (1922-1974) einer kritischen Überprüfung unterzogen und in den 70er Jahren zu dessen Konzept des von ihm selbst so genannten *Raffinierten Falsifikationsmus* modifiziert.[814] Parallel zu dieser Entwicklung etablierte sich die relativistische Wissenschaftstheorie *Thomas Kuhns* (1922-1996).[815] Kuhn zufolge ist „normale Wissenschaft" dadurch gekennzeichnet, gesellschaftlich bedingte[816]

---

[811] Ebd.

[812] Vgl. originär Theait 149Aff; vgl. aus philosophischer Perspektive Dieter Birnbacher, Dieter Krohn (Hg.), *Das sokratische Gespräch* (Philipp Reclam jun.: Stuttgart, 2002); vgl. für die Anwendung in der KVT Harlich H. Stavemann, *Sokratische Gesprächsführung in Therapie und Beratung: Eine Anleitung für Psychotherapeuten, Berater und Seelsorger,* 2., vollständig überarb. u. erw. Aufl. (Beltz, Psychologische Verlags Union, 2007); vgl. speziell für die REVT Albert Ellis, Burkhard Hoellen, *Die Rational-Emotive Verhaltenstherapie - Reflexionen und Neubestimmungen* (J. Pfeiffer: München, 1997), 148ff; Beate Wilken, *Methoden der Kognitiven Umstrukturierung: Ein Leitfaden für die psychotherapeutische Praxis,* 3. akt. Aufl. (W. Kohlhammer: Stuttgart, 2006), 89ff.

[813] K.H. Renner, G. Ströhlein, a.a.O., 40ff.

[814] Ebd., 63ff; G. Schurz, a.a.O., 53, 399ff.

[815] Ebd., 54f.

[816] K.H. Renner, G. Ströhlein, a.a.O., 59.

Paradigmen aufrechtzuerhalten, die als dogmatisch verfügte grundsätzlich korrekturresistent sind, um die Natur „in die vorgeformte und relativ starre Schublade, welche das Paradigma darstellt, hineinzuzwängen.“[817] Diese Paradigmen werden aufrechterhalten, bis sich so viel Widerstand gegen sie aufgebaut hat, dass es zu einem wissenschaftlichen Umsturz kommt: Das alte Paradigma wird durch das neue ersetzt, die übrig gebliebenen Vertreter des alten sterben aus.[818] Kuhn glaubte, dass es bei diesen wissenschaftlichen Paradigmenwechseln, die er in der gesamten Wissenschaftsgeschichte repräsentiert fand, grundsätzlich nicht um Erkenntnisfortschritt geht, sondern dass sich lediglich ein Ringen der Paradigmen „um die Vorherrschaft [...] in Form eines wissenschaftspolitischen *Machtkampfes*“ abspiele.[819] Kuhns Ansatz scheint somit dem wiederum zeitgleichen Relativismus im *Poststrukturalismus* zu entsprechen, der den gesellschaftlichen Diskurs schlechthin durch die Instrumentalisierung von Sprache zur Machtausübung begründet sieht.[820] Die Theorie Kuhns wurde denn auch von *Paul Feyerabend* (1924-1994) aufgenommen und radikalisiert,[821] der „die Wissenschaft im Wesentlichen als anarchistisches Unternehmen beschrieb“[822] und dessen wissenschaftliches Credo „Anything goes“[823] bekanntlich zum Leitwort der Postmoderne geworden ist.

Lakatos rezipiert Kuhn insofern, als er wie dieser die Entwicklung der Wissenschaft als einen Prozess der Ablösung unbrauchbar gewordener Theorien durch neue betrachtet[824] und die „harten Kerne“ (*hard core*) wissenschaftlicher Theorien als Konstrukte ansieht, die mit unbewiesenen Vorstellungen und Vorurteilen behaftet und durchwoben sind.[825] Er unterscheidet sich aber von Kuhn wesentlich darin, dass er diesen Prozess nicht als irrationalen Machtkampf beschreibt, sondern als durchaus sinnvolles Voranschreiten des *rationalen* Diskurses im Ringen um die optimale Glaubwürdigkeit der Erkenntnis. Der Theoriekern ist für Lakatos ein dynamisches Gewebe, dessen Fortbestand davon abhängt, ob es einen dominierenden „progressiven“ Forschungsprozess gibt, der einen bestätigenden Einfluss auf die Theoriebildung hat, oder ob sich ein „degenerativer“ Forschungsprozess einstellt, durch den die Glaubwürdigkeit des Theoriekerns mehr und mehr in Frage gestellt wird.[826] Insbesondere in den Human- und Sozialwissenschaften können durchaus mehrere solche „Forschungsprogramme“ nebeneinander in Konkurrenz bestehen, ohne Klärung der Frage, welches den Sieg davonträgt. Mithin geht es nicht um die Ermittlung eindeutiger „Wahrheiten“, sondern man hat sich „statt

---

[817] Ebd., 58.

[818] Ebd., 57ff: G. Schurz, a.a.O., 54.

[819] Ebd.

[820] Michel Foucault, *Die Ordnung des Diskurses*, aus d. Franz. v. W. Seitter, mit einem Essay von Ralf Konersmann (Fischer Taschenbuch: Frankfurt a.M., 1992 [1974]). „Die [wissenschaftliche, d.Verf.] Disziplin ist ein Kontrollprinzip der Produktion des Diskurses.“ Ebd., 25. „Die Doktrin bindet die Individuen an bestimmte Aussagetypen und verbietet ihnen folglich alle anderen“. Ebd., 29.

[821] Ebd., 54; K.H. Renner, G. Ströhlein, a.a.O., 61.

[822] Ebd.

[823] G. Schurz, a.a.O., 55.

[824] Ebd., 401.

[825] W. O'Donohue, a.a.O., 1463.

[826] G. Schurz, a.a.O., 400f.

auf die 'wahren' und 'falschen' Theoriekonsequenzen, auf die empirisch bestätigten bzw. empirisch falsifizierten oder geschwächten Theoriekonsequenzen zu beziehen."[827]

Es ist bezeichnend, dass Feyerabend Lakatos' Theorie ironisch „einen weiteren Versuch, Gesetz und Ordnung in der Wissenschaft aufrechtzuerhalten und 'die Zahl der Freunde der Vernunft zu vermehren und zweifelnden und besorgten Rationalisten den Rücken zu stärken" nannte.[828] Darin kommt Feyerabends zutreffende Wahrnehmung zum Ausdruck, dass die Letztbegründung des wissenschaftlichen Falsifikationismus in einer *metaphysischen* Prämisse liegt, die seiner eigenen widerspricht: Diese ist anscheinend nicht nur *relativistisch,* sondern auch *skeptizitisch,* jene *realistisch* und *optimistisch.* Realistisch und optimistisch kann eine Theorie tatsächlich nur sein, wenn sie auf Rationalität bezogen ist. Das Rationale ist das *Glaubwürdige.* Fällt dieser Satz als wissenschaftliches Axiom hin, so verliert sich mit der Ratio auch alle Glaubwürdigkeit, was logisch zwingend bedeutet, dass nur noch Unglaubwürdigkeit bleibt. Glaubwürdigkeit wie Unglaubwürdigkeit sind aber *ethisch* bestimmt. Mit Fichte darf man wohl behaupten, dass der Relativismus sich „die Hände in Unschuld" wäscht, indem er sich der Pflicht zum Willensentschluss, „das Wissen gelten zu lassen" , entzieht.[829] Wer sich nicht festlegt, vermeidet das Risiko des möglichen Irrtums und kann dadurch den Anschein erwecken, immer Recht zu haben.

William O'Donohue, seinerzeit Assistenzprofessor für Psychologie an der University of Maine, veröffenlichte 1989 einen Aufsatz in *American Psychologist*, in dem er das wissenschaftstheoretische Grundmodell von Lakatos als epistemologisches Fundament wissenschaftlich begründeter Psychotherapie empfahl.[830] Unter Berufung auf Poppers Aussage, er sei „inclined to think that scientific discovery is impossible without faith in ideas which are of a purely speculative kind"[831], fixiert O'Donohue die Bedeutung der Theorie Lakatos' für die Psychotherapie vor allem darauf, dass im Unterschied zum *Logischen Empirismus*, dessen erkenntnistheoretische Prämissen die empirische Psychologie einst beherrschten, Lakatos sogar behauptete, „that metaphysical sentences were internal to all the sciences".[832] Dementsprechend würden die metaphysischen Denkvoraussetzungen im „harten Kern" der jeweilig vertretenen Theorie auch in der klinischen

---

[827] G. Schurz, a.a.O., 405. Lakatos löst mit seinem Konzept das Problem, dass die Forderung der konsequenten Falsifikation nicht realistisch ist. Kaum ein Wissenschaftler wird ehrlich wollen, dass seine Hypothesen widerlegt werden. Das Verifikationsprinzip beherrscht latent auch das Falsifikationsprinzip, so redlich dies auch erstrebt werden mag. „In Studien zum wissenschaftlichen Vorgehen neigen Probanden dazu, sich auf Experimente zu konzentrieren, die konsistent zu der jeweils bevorzugten Hypothese sind, und widerstreben der Suche nach alternativen Hypothesen." John R. Anderson, *Kognitive Psychologie*, deutsche Ausg. hg. v. J. Funke, aus d. Engl. übers. v. K. Neuser-von Oettingen und G. Plata, 7., erw. u. überarb., neu gestalt. Aufl. (Springer: Berlin, Heidelberg, 2013), 230.

[828] P. Feyerabend, zit. in: K.H. Renner, G. Ströhlein, a.a.O., 64.

[829] Theologisch interessant ist es, die Herkunft dieser Redewendung zu bedenken: Pilatus wäscht seine Hände in Unschuld, weil er dem Sophismus folgt, die Definition von „Wahrheit" sei beliebig. Mt 27,24; Joh 18,38.

[830] W. O'Donohue, a.a.O.

[831] K. Popper, zit in: ebd., 1462.

[832] Ebd., 1463.

Psychologie die Einordnung der wahrgenommenen Probleme bestimmen.[833] „The diverse approaches to psychotherapy [...] are structured analogously to Lakatos's scientific research programs."[834]

Stanton Jones, Psychologieprofessor am Wheaton College[835], Illinois, hat fünf Jahre nach O'Donohue in derselben Zeitschrift (1994) mit offenbar gewollter Anspielung auf jenen Artikel dessen Empfehlung aufgenommen[836] und das epistemologische Modell der metaphyischen Bestimmtheit aller wissenschaftlichen Kerntheorien nach Lakatos auf die Bezogenheit von Wissenschaft und Religion angewandt.[837] Ausgehend von der Wahrnehmung, dass die zeitgenössische Wissenschafttheorie „breaks down the radical demarcation between science and other forms of human knowing and action, including religion", forderte er im Unterschied zur bisherigen Praxis „a different sort of relationhip between psychology and religion, a relationship based on mutuality and respect."[838] Auch die Daten der wissenschaftlichen Psychologie seien, mit Kuhn gesprochen, „theoriegeladen";[839] die *Erwartungen* (expectancies) der Forscher hätten einen starken Einfluss auf den Wahrnehmungsprozess.[840] „After all, scientists usually believe in their theories before putting them to empirical test".[841] Es sei nicht möglich, eine klare Grenze zwischen Wissenschaft und Metaphysik zu ziehen.[842] Eine wichtige Schnittfläche von religiöser Metaphysik und psychologischer Wissenschaft bilde die Frage, „what it means to be a 'healthy' or 'mature' person."[843] Sowohl die Religion als auch die Psychotherapie gebe darauf moralisch werthaltige Antworten.[844] „Psychotherapeutic theories embody value assumptions about the nature of the human life that is 'good' [...] and 'bad'".[845]

Die religiöse Metaphysik stimme mit der Wissenschaft darin überein, dass es

---

[833] Ebd., 1465. „'What sin or demonic possession caused this speaking in tongues, and what penance or prayer can remedy it' versus 'What physiological problem caused this delirium and what physical-chemical intervention can remedy it?'". Ebd.

[834] Ebd., 1466. „A therapy program, like a scientific research program, contains a hard core, a negative heuristic, and a positive heuristic. The hard core contains central beliefs that are not falsifiable, again because of an implicit methodological decision." Ebd. „Negative Heuristiken beinhalten Regeln, die angeben, welche Forschungswege vermieden werden sollen. Positive Heuristiken beziehen sich im Gegensatz hierzu auf die Forschungswege, die beschritten werden sollen [...]. Mit Hilfe der negativen Heuristiken wird gewissermaßen ein 'harter Kern' [...] eines Forschungsprogramms festgelegt und tabuisiert. Dieser harte Kern wird mit einem 'Schutzgürtel' [...] von Hilfshypothesen umgeben, mit denen Falsifikationsversuche abgewehrt werden. [...] Der harte Kern [...] entwickelt sich langsam innerhalb eines Prozesses von Versuch und Irrtum." K.H. Renner, G. Ströhlein, a.a.O., 63.

[835] Stanton Jones, Ph.D., http://www.wheaton.edu/Academics/Faculty/J/Stanton-Jones.

[836] S.L. Jones, A constructive, a.a.O.

[837] Ebd., 188.

[838] Ebd., 185.

[839] Vgl. zum Ausdruch „theoriegeladen" bei Kuhn G. Schurz, a.a.O., 54.

[840] Ebd., 186.

[841] Ebd., 187. Falsifikation „is now seen as far more difficult than was previously realized." Ebd.

[842] Ebd., 188.

[843] Ebd., 190.

[844] Ebd., 191f.

[845] Ebd.

hier wie dort um die *Wahrheit* gehe.[846] Darum sei auch das Falsifikationsprinzip für beide Disziplinen gleichermaßen relevant. Er zitiert dazu *Emil Brunner*: „The decision about the truth or untruth of the Christian doctrine of man is made in experience".[847] Analog zur Wissenschaftsgeschichte sei auch in der Religionsgeschichte der von Lakatos beschriebene Prozess der Veränderung dogmatischer Kernaussagen durch Realitätsprüfung zu beobachten.[848] Darum gelte auch für die „religiösen Wissenschaftler" in der Verhältnisbestimmung zur Psychotherapie, dass sie ihre Hypothesen der Überprüfung auszusetzen hätten, um zu sehen, „if they actually contribute to the progress of human knowing."[849] Dazu müsse die Beziehung von Religion zu Psychologie dialogisch und dialektisch konzipiert sein. Das beinhalte, dass „religion must be prepared to change as it engages in a constructive dialogue with psychology."[850]

3.2.2.3. Resümee

Ich schlage vor, Kognitive Seelsorge in Analogie zum Selbstverständnis der Kognitiven Therapie als (bescheidene, aber effektive) Hilfe zur Selbsthilfe anzusehen. Das ist zunächst eine pragmatische Erwägung, weil die zur Verfügung stehenden Konzeptionen Kognitiver Verhaltenstherapie durchweg diesem Prinzip folgen. Es wurde aber im ersten Teil dieser Arbeit deutlich, dass gerade die religiösen Adaptionen Kognitiver Therapie und Verhaltenstherapie durchaus gegenteilig konzeptioniert sein können. Ferner stehen dem Selbsthilfeprinzip auch einige *Theorien* der Fremdsteuerung mit Wahrheitsanspruch entgegen, wie das herkömmliche psychoanalytische Paradigma der Fremdsteuerung aus dem Unbewussten, das poststrukturalistische Paradigma der Fremdsteuerung durch Sprachmanipulation und das behavoristische Paradigma der biologischen Determinierung des Willens. Ihnen allen, jene religiösen Adaptionen eingeschlossen, ist gemein, dass sie das Zutrauen in die Kompetenz des einzelnen Menschen, aufgrund eigener Vernunfturteile Konflikte zu bewältigen und das Leben im holistischen, also auch spirituellen Sinn tatsächlich zu meistern, für unrealistisch halten.

Bei den beispielhaft aufgeführten Konzeptionen der Fremdsteuerung handelt es sich großenteils um *„hard core"*-Theorien im Sinne des wissenschaftstheoretischen Modells von Lakatos, die entweder grundsätzlich aufklärungsfeindlich motiviert sind oder aus philosophischen Strömungen hervorgegangen sind, die für sich in Anspruch nahmen und nehmen, über die Aufklärung hinaus zu sein. Wenn hingegen die Hypothese epistemologische Glaubwürdigkeit erhalten soll, dass Kognitive Seelsorge hinreichend als bescheidene Hilfe zur Selbsthilfe definiert werden darf, die darin ansetzt, dass ein Mensch eine gewisse Veränderungsbedürftigkeit aufgrund subjektiv wahrgenommener Unsinnigkeiten seines Verhaltens erkennt, dann scheinen sich dafür am besten eben die philosophischen Theorien zu eignen, die durch die Dominanz jener anderen wie auch des Widererstarkens religiöser Orthodoxien im 20. Jahrhundert ein Stück weit an den Rand der Aufmerk-

---

[846] Ebd., 189.

[847] Emil Brunner, zit. in: ebd., 189.

[848] Ebd. „It seems that both religion and science stand in an accountability relationship with experience." Ebd.

[849] Ebd., 194.

[850] Ebd., 195.

samkeit gerieten und dort allerlei Missdeutungen ausgesetzt waren. Gleichwohl kommt diesen Philosophien wirkungsgeschichtlich so große Bedeutung zu, dass es keineswegs als antiquiert erscheinen muss, sie unmittelbar zur epistemologischen Fundierung einer Theorie der Kognitiven Seelsorge heranzuziehen, zumal sie nicht nur bis in die Gegenwartsphilosophie hinein den erkenntnistheoretischen Diskurs erheblich beeinflussten, sondern sich auch, wesentlich angestoßen durch die Entwicklung der „Philosophie des Geistes", anscheinend einer zunehmenden Renaissance erfreuen. Nicht zuletzt spiegelt sich das direkt in der Wissenschaftstheorie, die heute mit dem Prozessmodell von Imre Lakatos über eine Konzeption verfügt, die den postmodernen Relativismus überwinden kann, indem sie empirisch gut begründet wieder an einen inhärent durchaus teleologischen rationalen *Fortschritt* des Forschens zu glauben erlaubt.

Ich sehe es somit als gerechtfertigt an, zur epistemologischen Begründung meiner Theorie der Kognitiven Seelsorge auf Platon, Kant und Fichte zu rekurrieren. Die erkenntnistheoretische Affinität Platons und Kants wie auch die erkenntnistheoretische Bedeutung der Dialektik Platons wurde insbesondere in der aus dem Neukantianismus hervorgegangen „Marburger Schule" erforscht und expliziert, die über *Nicolai Hartmann* und *Hans-Georg Gadamer* und wiederum deren Epigonen erheblichen Einfluss auf die Gegenwartsphilosophie gewonnen hat. Fichte wiederum, der in sehr engem Bezug zu Kant steht und in jüngster Zeit Gegenstand neuen philosophischen Interesses geworden ist, hat mit seiner „Ich-Philosophie" einen Entwurf vorgelegt, der in wohl bislang einzigartiger Weise die Freiheit des menschlichen Willens als Pflicht und „Fähigkeit zur Wahl des Guten" (Kornhuber & Deecke) erkenntnistheoretisch stringent definiert und mit der Bestimmung des cartesianischen *Cogito* als *Gewissen* das eine zielführende Movens menschlicher Wahrheitssuche gekennzeichnet hat, das unter dem Gesichtspunkt der *Glaubwürdigkeit* gerade auch Kriterium für die Wissenschaftlichkeit der Wissenschaft ist.

Als Ergebnis der Frage, welcher Ertrag aus den Systemen der genannten Philosophen und Wissenschaftstheoretiker für die Theorie der Kognitiven Seelsorge hervorgeht, halte ich zusammenfassend folgende Prinzipien fest:

1. Empirische Psychologie, Spiritualität und Psychotherapie sind gleichermaßen dadurch bestimmt, Wege der *Wahrheitsfindung* zu sein. Die Wahrheiten dieser Bereiche sind jeweils nur dann vollständig, wenn sie ein ausreichendes Maß an Übereinstimmung mit denen der beiden je anderen aufweisen.
2. Spiritualität ist in diesem Zusammenhang ästhetisch zu definieren als nicht-propositionale Erkenntnis der Übereinstimmung von Verhaltensweisen mit dem Postulat sinnvoll wahrgenommener Freiheit.[851]
3. Psychotherapie ist als unterstützte Selbsthilfe bei Problemen zu definieren, aus denen für die Betroffenen und ihr Umfeld erkennbar schädigende Wirkungen resultieren.
4. Die therapeutisch maßgebliche Frage, was in Bezug auf die konkrete Situation „schädigend" und was „heilsam" sei, ist erst dann vollständig zu beantworten, wenn das subjektive Wahrheitsurteil des Betroffenen eine ausreichende objektive (propositional erkannte) Übereinstimmung mit der empirischen Psychologie und eine hohe spirituelle (nicht propositional erkannte) Übereinstimmung

---

[851] Solche Übereinstimmung pflegt man als „passend" oder schlicht als „schön" zu bezeichnen, gleich ob es sich um ethische, ästhetische oder epistemische Gegenstände handelt.

im Gewissen des Betroffen selbst wie auch, im Maß ihrer Beanspruchung, im Gewissen der therapeutisch helfenden Person aufweist.

5. Die Maßgabe für die Heilsamkeit eines seelsorgerischen oder psychotherapeutischen Verfahrens ist nicht allein seine pragmatische Effektivität, sondern jene Übereinstimmung. Heilungserfolge verlieren in dem Maß ihre Glaubwürdigkeit, wie sie jene Übereinstimmung vermissen lassen.
6. Fluchtpunkt der Übereinstimmung ist je das holistisch zu verstehende Optimum der sowohl propositional als auch nichtpropositional erkannten Wahrheit. Diese ist sowohl ethisch als auch ästhetisch als *das Gute* qualifiziert. Das wirklich Heilsame im Gegensatz zum wirklich Schädigenden in Seelsorge und Psychotherapie ist das, was dem jeweiligen Betroffenen unter der Maßgabe jener Übereinstimmung glaubhaft *gut tut.*
7. Das *wahre Gute* ist als solches der metaphysische Leit- und Zielbegriff allen menschlichen Handelns. Das menschliche Bewusstsein ist apriorisch und absolut durch das metaphysisch Gute bestimmt und darauf gerichtet. Darum ist jeder Bewusstseinsakt zugleich *Gewissensakt.*
8. Das menschliche Bewusstsein als Gewissen intendiert seiner absoluten Ausrichtung auf das Gute hin wegen stets, sofern es tätig ist, das Gute. *Das Böse* entsteht durch Zielverfehlung (*harmatia*) des Guten.
9. Das Böse ist das unter der Maßgabe jener Übereinstimmung erkannte wirklich (konkret) *Schädigende.* Als solches ist es wie auch das Heilsame empirisch evident, nicht aber (im Unterschied zum Guten) ontologisch bestimmbar,[852] da ihm andernfalls eine Daseinsqualität zukäme und somit wiederum eine Güte.
10. Als *ontologisch* Unbestimmbares ist das Böse aber *theologisch* bestimmbar, wenn auch ohne jegliche wissenschaftliche Stringenz. Propositional wie nichtpropositional tritt es ausschließlich als zielverfehlender Versuch, das Gute zu treffen, in Erscheinung. Auch das „banal Böse“ resultiert dementsprechend aus der irrigen Annahme, dass es das Beste (!) sei, auf den Dienst des eigenen Gewissens völlig zu verzichten.
11. Theologische Letztbestimmungen wie die Totalverfallenheit des Menschen an das Böse und die Qualifizierung des menschlichen Wesenskerns als schlechthin böse sind unter dieser epistemologischen Voraussetzung möglich, aber wissenschaftlich irrelevant, weil nicht operationalisierbar.
12. Therapeutisch und seelsorgerisch haben solche Letztbestimmungen als Quelle existenzieller Angst allerdings insofern hohe Bedeutung, als diese (ontologische) Angst nach dem spirituellen Trost der Zusage bedingungsloser *Rechtfertigung* verlangt.
13. Die Entscheidung, sich auf das festzulegen, was jeweils als das Gute gelten soll, ist ein *Glaubensakt* des Gewissens, gleich ob es sich um wissenschaftliche Schlussfolgerungen oder ethische, spirituelle und religiöse Erkenntnisse handelt. Glaube ist in diesem Zusammenhang mit Fichte zu definieren als „*Entschluß des Willens, das Wissen gelten zu lassen*“. Das bedeutet, sich auf den dialektischen Prozess der Wahrheitsfindung so einzulassen, dass die Abduktionen aus der empirischen und logischen Überprüfung von Hypothesen als tatsächlich wahre Prinzipien Anerkennung finden. Das Kriterium dieser Wahrheit ist weder das propositionale noch das nichtpropositionale Wissen da-

[852] Es ist hier anzumerken, dass die „Ontologie der Angst“ nach Kierkegaard und Tillich keine Ontologie des Bösen ist. Das Böse entsteht erst als zielverfehlende Reaktion auf Angst.

rum, sondern allein die *Glaubwürdigkeit.* Dies gilt gleichermaßen für die therapeutische Veränderung wie die Postulate der Wissenschaftlichkeit und der Verbindlichkeit ethischer und religiöser Maximen.

14. Sowohl auf den persönlichen Erkenntnisfortschritt wie auf den wissenschaftlichen und theologischen lässt sich das *Lakatosmodell* anwenden: *„Hard core"* -Theorien haben, sofern sie in die Kontinuität eines Reifungsprozesses eingebettet sind, so lange das Recht, für sich verbindlich Wahrheit zu beanspruchen, bis sie nicht mehr durch progressive Hilfshypothesen[853] aufrechterhalten werden können.
15. Individuuen wie auch ganze wissenschaftliche, weltanschauliche und religiöse Systeme, die durch kollektiv wahrgenommene und vertretene Überzeugungen von Individuen entstehen, erfahren die Falsifikation von Kerntheorien als Krise und Kränkung, weil die Konsistenz ihres Selbstbewusstseins verloren geht. Auch psychische Störungen lassen sich in diesem Sinn als *Konsistenzverlust* begreifen, psychische Reifungschritte wiederum als Bildung neuer Konsistenz durch den Aufbau der Wirklichkeit besser angemessener Kerntheorien. Mithin dient die Hilfe zur Selbsthilfe vor allem der *Persönlicheitsreifung.* Entsprechend holistisch darauf ausgerichtet ist demmach auch die Theorie der Kognitiven Seelsorge zu konzipieren.
16. Der notwendige dialektische Prozess der Verifikation und Falsifikation wissenschaftlicher, religiöser und individueller als „die Wahrheit" betrachteter Glaubensüberzeugungen beinhaltet aus poimenischer Perspektive als gemeinsames Moment das übergreifende Prinzip der *Ecclesia semper reformanda.* Mithin ist das epistemologische Fundament, auf dem die Theorie der Kognitiven Seelsorge zu errichten ist, gekennzeichnet durch den Gewissensanspruch an empirische Psychologie, Theologie und den betroffenen Einzelnen, sich stets auf die evidente Glaubwürdigkeit abduktiver Erkenntnisse einzulassen, um sich zu ihnen prinzipiell als Wahrheit zu bekennen,[854] diese Wahrheit aber nie zu verabsolutieren, sondern sie als Ausgangspunkt dialektisch fortschreitender logischer und empirischer Überprüfung zu betrachten.
17. Genauso wie der ethische Anspruch an Wissenschaft und Religion, erkanntes „Wissen gelten zu lassen", als freier Glaubensakt rational bestimmt die Förderung des menschlich Guten intendiert und nur darin legitimiert ist, ist auch der ethische Anspruch an den Einzelnen, die Zielverfehlungen seiner Verwirklichung des Guten zu überwinden, darauf gerichtet, sich in dieser Verwirklichung als *menschlicher werdender Mensch* selbst zu finden. Das ist unter „Selbstbestimmung" zu verstehen.

Mit diesen Prinzipien ist das vorläufig und hypothetisch modelliert, was Clement als „Meta-Modell" für empirische Psychologie und Theologie im Blick auf die Integration von Spiritualität und (Kognitiver) Verhaltenstherapie gefordert hat. Es kann an dieser Stelle nicht darum gehen, das noch weiter zu explizieren. Entscheidend an der Argumentation bis zu diesem Punkt ist, dass deutlich geworden ist:

---

[853] K.-H. Renner, G. Ströhlein, a.a.O., 63.

[854] Das könnte zu einer hilfreichen Definition von „Professionalität" führen: Professionell wäre demnach ein Mensch, der a) nur das glaubt und anwendet, was ihm als überzeugend glaub*würdig* erscheint, der b) sich überzeugt und mutig dazu bekennt (*professio*) und c) ehrlich dazu bereit ist, dazuzulernen, um sein Bekenntnis den neuen Erkenntnissen anzupassen und es ggf. sogar aufgrund besserer Einsicht gänzlich zu revidieren.

Das epistemologische Meta-Modell ist denkbar, weil die dazu erforderlichen Grundlagen in der philophischen und wissenschaftstheoretischen Literatur hinreichend vorgegeben sind. Kernelement meines Meta-Modells ist die auf den apriorischen Begriff der *Pflicht* (Kant) beziehungsweise des *Guten* (Platon) gegründete Bestimmung des *Cogito* als *Gewissen* bei Fichte, das im Entschluss, erkanntes Wissen als solches „gelten zu lassen", Wissenschaft, Religion und individuellen Lebensvollzug gleichermaßen als *Glaubensakt* ethisch und teleologisch auf das Ziel der auf dialektischem Weg anzunähernden *Optimierung des wahrhaft Humanen* ausrichtet. Für die Theorie der Kognitiven Therapie und Seelsorge hat das besondere Relevanz, weil das, was ein Mensch *glaubt*, dort im Zentrum aller Ätiologie und Therapie steht.

3.3. Die analogische Säule

„Analogisch" ist das Folgende, weil es tatsächlich bemerkenswerte Analogien zwischen dem Stoizismus, der frühchristlichen Kognitiven Seelsorge und moderner Kognitiver Therapie und Seelsorge zu geben scheint. Eine „Säule" soll es sein, weil dieses Kapitel wie auch die beiden weiteren den konkreten logischen Bezug zwischen den Prinzipien des epistemologischen Fundaments und der Theorie der Kognitiven Seelsorge herstellt.

3.3.1. Der Stoizismus

„Nicht die Dinge selbst beunruhigen die Menschen, sondern ihre Meinungen und Urteile über die Dinge."[855] Der Philosoph *Epiktet* (55-135) übte nicht nur den wahrscheinlich größten Einfluss unter den Stoikern auf das frühe Christentum aus, sondern dieser Spruch, für ihn selbst Kernsatz seiner Lehre,[856] ist auch zum viel zitierten schlechthinnigen Leitsatz der Kognitiven Therapie unserer Tage geworden. Im Sinne dieses Satzes bekennen sich sowohl *Aaron T. Beck* als auch *Albert Ellis* dazu, dass ihre Varianten der Kognitiven Therapie vornehmlich auf stoischen Prinzipien gründen.[857] Beck sieht die Analogie mit seiner Kognitiven Therapie insbesondere darin, dass hier wie dort der Schlüssel und die Kompetenz zum Verständnis und zur Lösung seelischer Störungen im Rahmen des eigenen Bewusstseins der betroffenen Personen bei deren bereits vorhandenen Bewältigungsstrate-

---

[855] Epiktet, *Handbüchlein der Moral,* Griechisch/Deutsch, übersetzt u. hg. v. K. Steinmann (Philipp Reclam jun.: Stuttgart, 2004), 11.

[856] Max Pohlenz, *Die Stoa: Geschichte einer geistigen Bewegung*, 7. Aufl. (Vandenhoeck & Ruprecht: Göttingen, 1992), 333.

[857] A.T. Beck, Cognitive Therapy, 3; Albert Ellis, Klinisch-theoretische Grundlagen der rational-emotiven Therapie, in: Albert Ellis, Russel Grieger, (Hg.), *Praxis der rational-emotiven Therapie,* unveränderter Nachdruck, 2. Aufl., (Beltz: Weinheim, 1995 [1979]), 3; A. Ellis, B. Hoellen, a.a.O., 30, 49f, 68; Albert Ellis, Dieter Schwartz, Petra Jacobi, *Coach dich! Rationales Effektivitäts-Training zur Überwindung emotionaler Blockaden,* unter Mitarbeit v. U. Sann (Hemmer/Wüst: Würzburg, 2004), 8; Burkhard Hoellen, *Stoizismus und rational-emotive Therapie (RET): Ein Vergleich*, Reihe Psychologie, Bd. 11 (Centaurus: Pfaffenweiler, 1986), 149.

gien selbst gesucht wird: Hilfe zur Selbsthilfe.[858] Ähnlich formulieren *Ellis und Hoellen* die Analogie zwischen Stoizismus und REVT: Die „stoische Lebenskunst nimmt ihren Anfang dort, wo der Maßstab für Gut und Böse, für die Widerfahrnis des Lebens und die Selbständigkeit des Menschen von außen nach innen verlegt wird."[859] Die REVT widme sich der therapeutischen Umsetzung dieses Prinzips der „potentiellen Einflussmöglichkeiten eines Menschen", das eigene Leben zu gestalten, um, „modern gesprochen, 'etwas aus seinem Leben zu machen.'"[860] Dem entspricht, dass Ellis und Hoellen den stärksten Zusammenhang zwischen Stoizismus und REVT darin sehen, dass hier wie dort „Affekte und Leidenschaften in hohem Maße als das Ergebnis intrapsychischer, kognitiver Prozesse zu betrachten sind."[861]

3.3.1.1. Die Entwicklung des Stoizismus

Die drei Perioden des Stoizismus[862]

Frühe Periode[863] 300-150			Mittlere Periode 150-0			Späte Periode 0-180		
Zenon v.Kition	Chry-sipp	Panai-tios	Posei-donios	Cice-ro[864]	Sene-ca	Musio-nius	Epiktet	Marc Aurel
344-262	280-206	180-110	135-51	106-43	4v-65n	ca.30-85	55-135	121-180

Tabelle 06: Die Perioden des Stoizismus

Charakteristisch für den gesamten Stoizismus ist, dass seine Protagonisten zwar Weisheit forderten, für sich selbst aber dieses Prädikat ablehnten. Bei den Stoikern der ersten Periode resultierte daraus ein spannungsvoller Dualismus. Ihrer Ansicht nach gibt es nur zwei Sorten von Menschen: Weise und Toren. Sie behaupteten, die Menschheit habe bislang noch sehr wenige Weise hervorge-

---

858 A.T. Beck, Cognitive Therapy, 3. „The Stoic techniques [...] focus on a particular situation and help you to see it differently." Richard Sorabji, *Emotion and Peace of Mind: From Stoic Agitation to Christian Temptation. The Gifford Lectures,* Reprint (Oxford University Press: New York, 2010 [2000]), 2.

859 A. Ellis, B. Hoellen, a.a.O., 30.

860 Ebd.

861 Ebd., 68.

862 Näheres zu den historischen Daten: K. Steinmann in: Epiktet, a.a.O.; Wolfgang Weinkauf (Hg. u. Übers.), *Die Philosophie der Stoa: Ausgewählte Texte* (Philipp Reclam jun.: Stuttgart, 2001); P. Jaerisch in: Seneca, *Vom glückseligen Leben und andere Schriften,* Übers. n. L. Rumpel, Hg., Einführung u. Anm. P. Jaerisch (Philipp Reclam jun.: Stuttgart, 1996), 20ff; M. Pohlenz, a.a.O.; Dirk Baltzly, Stoicism, SEP (Spring 2014 Edition), http://plato.stanford.edu/entries/stoicism/, Download 19. April 2016; UTB, Alphabetisches Philosophenverzeichnis, http://www.philosophie-woerterbuch.de/philosophenverzeichnis/#c1331; R. Sorabji, a.a.O., 2ff. Die Lebensdaten der frühen Stoiker divergieren in der Fachliteratur.

863 Der offenbar ebenfalls bedeutsame Frühstoiker Kleanthes wird in der Literatur kaum erwähnt und ist hier deshalb weggelassen.

864 Cicero gilt in der Regel nicht als ausgesprochener Stoiker; warum er hier trotzdem aufgeführt ist, begründe ich im Folgenden.

bracht.[865] Da sie sich selbst nicht dazu zählten, mussten sie sich eigentlich für Toren halten. Das stößt allerdings an die Grenze der Glaubwürdigkeit, weil sie insgesamt offenbar sehr wohl davon überzeugt waren, die Torheit der Andern zu durchschauen und für sich in Anspruch nahmen, sie zu belehren.

Im Problem dieser Dichotomisierung setzt sich die Engführung des *Kynismus* fort, aus dem der frühe Stoizismus hervorgegangen ist.[866] *Antisthenes* (ca. 446-366), der erste Kyniker, war älterer Zeitgenosse Platons (428-348) in Athen und wie dieser Sokratesschüler.[867] Er beanspruchte in doppelter Konkurrenz zu Platon einerseits und zu dem populären Hedonisten *Aristippos* (ca. 435-356)[868], ebenfalls Sokratesschüler, für sich die authentische Sokratesnachfolge. Antisthenes' Schüler *Diogenes von Sinope* (ca. 404-323) radikalisierte diese Position und stellte sich in polemischen Gegensatz zu Platon.[869] *Zenon von Kition* (344-262), Gründer des Stoizismus, war wiederum Schüler des Diogenesschülers *Krates*.[870] Es ist anzunehmen, dass der im Widerstreit zu Platon erhobene kynische Anspruch, die wahre Sokratesnachfolge zu vertreten,[871] Zenon weitgehend die Übernahme von Gedankengut aus den athenischen Philosophenkreisen der platonischen Akademie erschwerte, als er im Jahr 300 mit seiner eigenen Schule in den „Stoa" genannten Säulenhallen[872] Athens begann,[873] wie er ihm auch die Rezeption der Lehre des Platonschülers *Aristoteles* (384-322) verwehrte, der seit dem Tod Philipps II. von Makedonien wieder in Athen lebte und lehrte. Zugleich ging es ihm wie seinen kynischen Vorgängern darum, Lösungen für das durch den Libertinismus der Sophistik massiv in die philosophische Diskussion eingebrachte Problem des *Hedonismus*[874] zu finden, die sich deutlich vom *Kyrenaismus*,[875] der Schule des Aristippos, unterschieden, der ebenfalls für sich beanspruchte, am besten das sokratische Erbe zu pflegen, und der prägenden Einfluss auf die Lehre von Zenons Zeitgenos-

---

[865] M. Pohlenz, a.a.O., 157. Sokrates und Diogenes galten als die größten Favoriten für diese Auszeichnung. Vgl. [Anonymer Autor], Stoicism, IEP, http://www.iep.utm.edu/stoicism/, Download 21. April 2016; K. Steinmann, Anmerkung in: Epiktet, a.a.O., 82; 153. „Schroff stehen die beiden Menschenklassen einander gegenüber." Ebd.

[866] P. Jaerisch, in: Seneca, Vom glückseligen, 22f. Man könnte „nicht mit Unrecht eigentlich von der sokratisch-kynisch-stoischen Lebensauffassung sprechen". Ebd., 23.

[867] Julie Piering, Antisthenes, IEP, http://www.iep. utm.edu/antisthe/, Download 5. Februar 2015.

[868] Tim O'Keefe, Aristippus, IEP, http://www.iep. utm.edu/aristip/, Download 8. Februar 2015.

[869] Julie Piering, Diogenes of Sinope, IEP, http://www. iep.utm.edu/diogsino/, Download 8. Februar 2015.

[870] M. Pohlenz, a.a.O., 23.

[871] Julie Piering, Cynics, IEP, http://www.iep.utm.edu/cynics/, Download 19. April 2016.

[872] W. Weinkauf, a.a.O., 17.

[873] „The similarities between Cynicism and Stoic ethics are apparent. However, the Stoics modified and softened the harsh outlines of Cynicism." [Anonymer Autor], Stoicism, a.a.O.

[874] Vgl. H.-D. Voigtländer, a.a.O.

[875] Zum Kyrenaismus vgl. Andreas Preussner, Kyrenaiker, UTB, http://www.philosophie-woerterbuch.de/online-woerterbuch/?tx_gbwbphilosophie_main[entry]=511&tx_gbwbphilosophie_ main[action]=show&tx_gbwbphilosophie_main[controller]=Lexicon&cHash=9731f9ad14ab8b6b 9d7e418ae4e196b1, Download 19. April 2016.

sen *Epikur* (341-ca.270) hatte - auch dieser lehrte in Athen.[876]

Am konsequenten Einschlagen dieses dritten Weges jenseits von Platonismus und Aristotelismus einerseits und Epikurismus andererseits liegt es wohl, dass die frühe Stoa sich der dialektischen Abgleichung der Idee des Weisen mit der Lebensrealität verschloss und sie durch einen dichotomischen Rigorismus ersetzte, in dem der wahre Weise zwar stets als absoluter ethischer Anspruch galt, dieser aber zugleich als unerfüllbar erschien.[877] Diese dialektische Blockade bestimmt auch Psychologie und Ethik der frühen Stoa.

Panaitios von Rhodos (180-110) setzte sich deutlich von seinen Vorgängern ab, indem er unter anderem Platon und Aristoteles rezipierte,[878] und begründet damit die zweite, mittlere Periode des Stoizismus.[879] Die stoische Philosophie gewann unter Panaitios höchstes Ansehen.[880] Sie sollte von nun an großen und nachhaltigen Einfluss auf die Ethik der römischen Republik erlangen.[881] Panaitios prägte als persönlicher Berater *Scipio den Jüngeren*[882] und leitete von 129 v.Chr. an die stoische Schule in Athen.[883] Seine praktische Philosophie ist der Ansatz im Stoizismus, der seiner lebensbejahenden und lebensnahen Ausrichtung wegen den Anschauungen heutiger Kognitiver Therapie am nächsten kommt. Panaitios fragt dem Stoizismusforscher *Max Pohlenz* zufolge nach dem gelingenden bürgerlichen Leben, „in dem sich der Mensch als sittliche Persönlichkeit aktiv zum Wohle der Mitmenschen betätigt und zugleich unbefangen die Güter des Lebens genießt“[884]. Seine schriftlichen Werke sind nicht erhalten. Sein Schüler *Poseidonios* gründete eine Philosophenschule auf Rhodos.[885] Poseidonios war ein hoch angesehener Universalgelehrter, Pohlenz zufolge „der größte wissenschaftliche Geist, den der Hellenismus hervorgebracht hat.“[886] Er forschte und lehrte eigenständig, sah sich aber dennoch dem philosophischen Erbe seines Meisters verpflichtet.[887]

---

[876] M. Pohlenz, a.a.O., 23, 248; Tim O'Keefe, a.a.O. Weitere Wegbereiter des Epikurismus und Gegenspieler des Kynismus waren die Hedonisten Demokrit und Eudoxos von Knidos, beide Zeitgenossen Platons. Vgl. zum Hedonismus Demokrits Sylvia Berryman, Democritus, SEP (Autumn Edition 2013), http://plato.stanford.edu/archives/fall2010/entries/democritus/, Download 5. Februar 2015; zu Eudoxos ausführlich August Döring, Eudoxos von Knidos, Speusippos, und der Dialog Philebos, in: Vierteljahrsschrift für wissenschaftliche Philosophie und Soziologie (1903), 113-129.

[877] M. Pohlenz, a.a.O., 157f.

[878] Ebd., 194. „[D]ie Stoiker haben es verstanden, aus sokratischen, platonischen und aristotelischen Gedanken ein einheitliches System aufzubauen, dem eine mächtige, in ihrer Art auch originale Idee zugrunde lag und das der Welt als etwas durchaus Neues und Charakteristisches sich darstellt.“ Adolf Bonhöffer, *Epiktet und das Neue Testament*, Religionsgeschichtliche Versuche und Vorarbeiten, begründet v. A. Dieterich u. R. Wünsch, Hg. R. Wünsche u. L. Deubner, Bd. 10, Reprint (Alfred Töpelmann: Berlin, 1964 [1911]), 383.

[879] M. Pohlenz, a.a.O., 32.

[880] Ebd., 192.

[881] Ebd., 207, 266.

[882] W. Weinkauf, a.a.O., 20; M. Pohlenz, a.a.O., 260.

[883] Ebd., 21.

[884] M. Pohlenz, zit. in: W. Weinkauf, a.a.O., 20.

[885] Ebd., 21f.

[886] M. Pohlenz, a.a.O., 238. „Panaitios und Poseidonios sind die überragenden Gestalten, die alle Stoiker ihrer Zeit ebenso wie die übrigen Philosophen völlig überschatten.“ Ebd., 239.

[887] Ebd., 208.

Der Lehre des Panaitios wurde in hohem Maß von *Marcus Tullius Cicero* aufgenommen. Cicero nahm Unterricht bei Poseidonios[888] auf Rhodos und verarbeitete in seinem Buch „De officiis“ die gleichnamige Schrift von Panaitios.[889] Als philosophischer Eklektiker war Cicero zwar kein reiner Stoiker, insbesondere hatte er sich mit dem Platonismus beschäftigt. Aber abgesehen davon, dass sich die Stoiker von jeher mit Vorliebe von Sokrates herleiteten, ist die mittlere Periode gerade auch durch die Offenheit für die platonischen und aristotelischen Lehren gekennzeichnet. *Antiochos von Askalon* wiederum, Leiter der Akademie in Athen, bei dem Cicero ein halbes Jahr studierte, vertrat „die synoptische Auffassung“, dass sich Akademie, Peripatos und Stoa „nicht so sehr in der Sache als vielmehr in der Wahl der Termini“ unterschieden.[890] Weil es offenbar dem Selbstverständnis der „reinen“ Stoiker der mittleren Periode entsprach, nicht dogmatisch auf die Lehren ihrer Vorgänger festgelegt zu sein, weil ferner das verschollene Lehrgut von Panaitios und Poseidonios weitestgehend in der Rezeption Ciceros repräsentiert ist[891] und Ciceros literarisches Œuvre bewirkt hat, „daß seine Römer und das ganze Abendland die hellenistische Philosophie und speziell die stoische Weltanschauung in lateinischer Sprache kennenlernten“[892], sehe ich keinen vernünftigen Grund dafür, ihn *nicht* als einen der Hauptvertreter des Stoizismus der mittleren Periode zu bezeichnen.[893] Nicht zuletzt wird in Ciceros Ethik das Bemühen deutlich, unter dem Blickwinkel des Stoizismus nach Panaitios die platonischen Kardinaltugenden mit dem aristotelischen Eudämonismus in Übereinstimmung zu bringen.[894] Es scheint so, dass sich maßgeblich durch diese integrative Arbeit Ciceros das fortan geltende und dann auch die Spätphase der Stoa dominiernde philosophische Paradigma etablierte, das *Laktanz* am Ende der Epoche, als das Christentum den Stoizismus absorbierte, folgendermaßen formuliert hat: „Philosophie ist nichts anderes als die rechte vernünftige Lebensweise oder das Wissen um das ehrenvolle Leben oder die Kunst, das Leben zu gestalten.“[895] Damit hatte die Philosophie ihre elitäre Position verlassen, um in bisher noch unerreichter Weise das zu realisieren, was bereits Sokrates, Platon und Aristoteles intendiert hatten und was für die Neuzeit Kant mit dem „Pflichtbegriff“ aller Philo-

---

[888] W. Weinkauf, a.a.O., 15.

[889] Ebd., 21, 198.

[890] Claudius Strube, Cicero, UTB, http:// www.philosophie-woerterbuch.de/online-woerterbuch/ ?tx_gbwbphilosophie_main[entry]=10&tx_gbwbphilosophie_main[action]=show&tx_gbwbphilosophie_main[controller]=Lexicon&cHash=9136e11420a77b867f87599765bf9652 , Download 14. April 2016.

[891] W. Weinkauf, a.a.O., 17, 198.

[892] M. Pohlenz, a.a.O., 274.

[893] Weinkauf zufolge verbreitete Cicero in seinen letzten Lebensjahren „durch eine Reihe von Werken die Ansichten der Stoa [...], ohne dass man ihn deshalb selbst dieser Philosophie zurechnen sollte.“ W. Weinkauf, a.a.O., 15.

[894] Vgl. Marcus Tullius Cicero, *De officiis: vom pflichtgemäßen Handeln,* lat. u. deutsch, übersetzt, kommentiert u. hg. v. H. Gunermann, durchgesehene u. verbess. Aufl. (Philipp Reclam jun.: Stuttgart, 1984 [1976]), an vielen Stellen, vor allem zum „Honestas“-Begriff. Die erstmals bei Platon explizierten Kardinaltugenden gehörten allerdings auch schon zum praktisch philosophischen Grundbestand der frühen Stoiker. Johannes Stelzenberger, *Die Beziehungen der frühchristlichen Sittenlehre zur Ethik der Stoa: Eine moralgeschichtliche Studie*, Nachdruck (Georg Olms: Hildesheim, Zürich, New York, 1989 [1933]), 359f.

[895] Laktanz, zit. in: ebd., 83.

sophie zugrunde gelegt hat.

Das dialektische Moment der platonischen Ethik kehrt bei Cicero in der betonten Unterscheidung von idealer und realer Lebensweisheit wieder. Er bleibt wie nach ihm auch die späte Stoa dabei, dass „der Weise“ eine nie erreichbare Idealgestalt sei.[896] „[W]ir haben nicht eine feste und ausgeprägte Gestalt des wahren Rechts und der unverfälschten Gerechtigkeit, der Schattenbilder bedienen wir uns“, stellt er ganz platonisch fest.[897] Er überwindet aber die frühstoische Dichotomie, indem er die Abschattungen der Idealgestalt als verpflichtende ethische Maxime bejaht: „Wenn wir uns doch wenigstens an diese hielten! Sie leiten sich ja her von den besten Vorbildern der Natur und der Wahrheit.“[898] In diesem Postulat liegt der wesentliche Unterschied zum ethischen Rigorismus der frühen Stoiker, die keinerlei Relativierungen des Anspruchs absoluter Rationalität gelten lassen wollten. Cicero folgt hierin ganz Panaitios, der Pohlenz zufolge den frühstoischen Dualismus zugunsten der „Pflichten des Alltags“ verneinte. „Dem praktischen Leben wollte er dienen.“[899]

Pohlenz konstatiert, dass sich die Ansichten von Panaitios und Poseidonios im Stoizismus der Folgezeit nicht recht durchsetzen konnten. Die späte Stoa habe sich überwiegend an *Chrysipp* orientiert.[900] *Wolfgang Weinkauf*, Herausgeber des Sammelbandes „Die Philosophie der Stoa“, scheint das zu unterstreichen: Epiktet und *Marc Aurel* hätten sich wieder deutlich der alten Stoa zugewandt.[901] Diesen Rückschluss aus Marc Aurels einziger literarischer Hinterlassenschaft, den „Selbstbetrachtungen“, zu ziehen, halte ich allerdings für gewagt. Epiktet wiederum teilt seine Ethik in drei Stufen auf, von denen nur die letzte, „die absolute Unbeirrtheit im Urteil“, den wahren Weisen vorbehalten ist.[902] Obwohl sich schon Chrysipp dem Philosophiehistoriker *Richard Sorabji* zufolge der Therapie von Menschen widmete, „who did not share Stoic values“, weil er glaubte, seine Lehre könne auch losgelöst vom zugrunde liegenden philosophischen und theologischen System hilfreich Anwendung finden,[903] ist doch der bei Panaitios einsetzende Geltungsanspruch der stoischen Maximen für das Bürgertum insgesamt ein durchgängiges Kennzeichen der *späten* Stoiker. „Die meisten Schriften der Spätstoiker verlangten vom Leser keinerlei Vorbildung, sondern orientierten sich als eine Art von Lebenshilfeliteratur nicht selten an konkreten Alltagssituationen“, resümiert Weinkauf.[904] Auch *Musonius* „stand mitten im Leben“, stellt Pohlenz fest. „Der optimistische Glaube: ‘Wir sind alle von Natur so veranlagt, daß wir ohne Fehl und sittlich gut leben können’ [...], ist Leitstern seines Wirkens.“[905]

Die dialektische Blockade der Frühzeit scheint sich insgesamt von der mittle-

---

[896] M.T. Cicero, a.a.O., 235.

[897] Ebd., 279.

[898] Ebd.

[899] M. Pohlenz, a.a.O., 202.

[900] Ebd., 239, 244.

[901] W. Weinkauf, 33, 200.

[902] K. Steinmann, Anmerkung in: Epiktet, a.a.O., 81.

[903] R. Sorabji, a.a.O., 19, 166. „Chrysipp [hat] darum ein Therapeutikum geschrieben, dessen praktische Brauchbarkeit selbst ein Gegener wie Galen anerkennt.“ M. Pohlenz, a.a.O., 150.

[904] W. Weinkauf, a.a.O., 24.

[905] M. Pohlenz, a.a.O., 300.

ren Periode an gelöst zu haben. Erst recht wird das bei *Seneca* deutlich, den universale Gelehrsamkeit, philosophische Eklektik,[906] Prägung durch die mittlere Stoa,[907] stringente Priorisierung des Pflichtbegriffs und politisches Engagement in enge Geistesverwandtschaft zu Cicero setzen. Seneca unterscheidet deutlich Philosophie und Weisheit: „[D]as, was erstrebt wird, und das, woraus das Streben besteht, kann nicht ein und dasselbe sein. [...] Die Philosophie ist der Weg, die Weisheit das Ziel."[908] Das ermöglicht ihm, am Idealbild des Weisen im Sinne der platonischen Hypothese festzuhalten: „Er wirkt ja nicht durch seine reale Existenz, sondern als das Ideal, das den strebenden Menschen emporzieht und ihm Hoffnung und Kraft gibt", kommentiert Pohlenz. „Seneca ist selbst kein Weiser und schreibt nicht für Weise. Aber das Ideal soll und kann seine Macht auch im praktischen Leben des Durchschnittsmenschen bewähren."[909] Diese starke Ausrichtung der Philosophie auf den praktischen Lebensvollzug ist allen Hauptvertretern des späten Stoizismus eigen. Sie ist nicht mehr mit dem dualistischen Rigorismus der Gründerzeit zu vergleichen.

3.3.1.2. Die Maxime des Naturgemäßen

„Zenon erklärte [...], dass das Ziel ein Leben ist, das mit der Natur in Einklang steht", berichtet *Diogenes Laertios*, „was aber bedeutet, gemäß der Tugend zu leben. Zu diesem führt uns ja die Natur selbst. [...] Denn unsere Naturen sind Teile der Natur des Ganzen."[910] Durchgehend definiert der Stoizismus, hierin wiederum ursprünglich dem Kynismus folgend, das ethisch Gebotene als das *Naturgemäße*.[911] Das wahrhaft Naturgemäße zu erkennen, kompromisslos zu bejahen und danach zu leben, ist nach kynischer und stoischer Lehre die Tugend, und die Tugend ist wiederum die einzig sinnvolle Weise des Lebensvollzugs.[912]

„Die Stoiker sind Materialisten", schreibt Weinkauf .„Sie gehen davon aus, dass die Welt Materie ist."[913] Der stoische Materiebegriff ist jedoch ein anderer als der des demokritischen Atomismus, der das reduktionistische Materieverständnis der Moderne geprägt hat.[914] Schon Aristoteles hielt Demokrits Ansicht, alle Vorgänge der Seele seien auf die Bewegung von an sich „inerten harten Klötzchen" zurückzuführen, wie das der Genforscher *Friedrich Cramer* formuliert,[915]

---

906 Seneca rezipierte auch im Gegensatz zu seinen stoischen Vorgängern Epikur. Ebd., 306. Cicero „spricht stets polemisch" über Epikur. Anmerkung H. Gunermann in: M.T. Cicero, a.a.O., 321. Seneca hingegen „empfand [...], daß Epikur im Grunde nach demselben Ziele strebte wie die Stoa, nach dem seelischen Frieden, und sich trotz des ganz verschiedenen Weges in manchen Punkten mit ihr begegnete." M. Pohlenz, a.a.O., 306.

907 Ebd., 307.

908 Seneca, Philosophie und Weisheit, in: Wolfgang Weinkauf, (Hg. u. Übers.), *Die Philosophie der Stoa: Ausgewählte Texte* (Philipp Reclam jun.: Stuttgart, 2001), 57.

909 M. Pohlenz, a.a.O., 310.

910 Diogenes Laertios, Der Natur gemäß leben, in: Wolfgang Weinkauf, (Hg. u. Übers.), *Die Philosophie der Stoa: Ausgewählte Texte* (Philipp Reclam jun.: Stuttgart, 2001), 113.

911 D. Baltzly, a.a.O.

912 B. Russell, a.a.O.,146.

913 W. Weinkauf, a.a.O., 106.

914 M. Pohlenz, a.a.O., 66; Friedrich Cramer, *Chaos und Ordnung: Die komplexe Struktur des Lebendigen*, 3. Aufl. (Deutsche-Verlags-Anstalt: Stuttgart, 1989), 235-238.

915 Ebd., 238.

die empirische Feststellung entgegen, dass die Seele überhaupt „das Lebewesen nicht auf diese Weise zu bewegen [scheint], sondern durch Entscheidung und Denken.“[916] Wenngleich jener Rivalität zwischen Stoa und Peripatos wegen die naheliegende Rezeption der aristotelischen Unterscheidung und Verhältnisbestimmung von *Form* und *Substanz* wahrscheinlich behindert war, findet sie sich doch zumindest analog im Materieverständnis der frühen Stoiker wieder.[917] Obwohl sie diese Übereinstimmung nach Pohlenz „notwendig an die Seite des Aristoteles“ verwies,[918] schlossen sie aber ihr Daseinsmodell nicht der sokratischen Überlieferung an, sondern der *heraklitischen*.[919] Die heraklitische Auffassung der Materie ist deutlich anders als die demokritische. Heraklit betrachtet das gegenständliche Dasein als einen Ereignisstrom, der durch sein immerwährendes Dahingleiten jedem objektivierenden Zugriff verschlossen bliebe, wenn es nicht den *Logos* gäbe. Der Logos ist das inhärente Konsistenzprinzip dieses Strömens,[920] das „Weltgesetz, das alles schafft, ordnet und vorherbestimmt.“[921] Heraklit haftet aber Hartmann zufolge noch „der durchgehende Fehler aller voreleatischen Denker [an], daß sie dasjenige, was sie offenkundig als ein Gedachtes und nur Denkbares finden, doch nicht im Denken zu finden meinen, sondern als ein dem Denken von außen Gegebenes ansehen.“[922] Darum dringt er noch zu keiner Daseinsbestimmung durch, die den Logos in ein dialektisches Verhältnis zur dahinfließenden Vielheit der Erscheinungsformen bringt.[923] Mithin trifft Aristoteles' Einwand gegen Demokrit mutatis mutandis auch ihn.[924] Die Welt ist für die frühe Stoa zwar mit Heraklit „eine Einheit“[925], „[d]er Kosmos ist in Wahrheit ein ungeheurer, allüberall von Leben erfüllter Organismus, beseelt vom Logos“[926], aber er ist es als von außen gesetztes Faktum und Fatum, dem sich der Intellekt gegenübergestellt sieht, ohne selbst gestaltenden Einfluss darauf nehmen zu können, so dass die menschliche Weisheit und Vernunft nur darin bestehen kann, sich diesem Gesetzten gänzlich anzupassen.[927] Das ist ihrer Natur gemäß und allein darin hat alle Verstandestätigkeit ihren Sinn; das ist die *Tugend*. Mithin ist das stoische Ideal der Weisheit das der vollkommenen Auslieferung des eigenen Willens an die Gesetze. Affekte gelten den frühen Stoikern als Symptome des Widerstands dagegen. Nach Zenons Ansicht sind Affekte als das „Flattern der Seele“[928] selbsttätige Kräfte, die den logischen Sinn des Menschen, der auf jene Anpassung ausgerichtet ist, irritieren und

---

916 Aristoteles, Über die Seele, 31.

917 M. Pohlenz, a.a.O., 67.

918 Ebd.

919 P. Jaerisch, Einführung, in: Seneca, Vom glückseligen Leben, 13ff; W. Weinkauf, a.a.O., 105; M. Pohlenz, a.a.O., 36.

920 Vgl. einführend zu Herklits Metaphysik J.P. Beckmann, Einführung, 46ff.

921 W. Weinkauf, a.a.O., 9.

922 N. Hartmann, Platos Logik, 32.

923 Ebd., 36.

924 Weinkauf behauptet, dass Zenon durch den Rückgriff auf Heraklit „philosophiegeschichtlich gesehen [...] den platonischen Dualismus von Idee und Materie“ überwindet. W. Weinkauf, a.a.O., 106. Tatsächlich ist dieser Rückgriff aber ein Rückschritt.

925 M. Pohlenz, a.a.O., 36.

926 R. Sorabji, a.a.O., 2f; W. Weinkauf, a.a.O., 106.

927 M. Pohlenz, a.a.O., 36.

928 R. Sorabji, a.a.O., 56.

zu Fehlurteilen verleiten.[929] Nach Chrysipp gehen die Affekte hingegen wie auch die Leidenschaften und Triebe bei gleicher Wirkung bereits aus den Fehlurteilen eines kranken menschlichen Logos hervor.[930] Für beide besitzen Affekte, Leidenschaften und Laster aber dieselbe Qualität: Sie sind durchweg verwerflich,[931] weil sie den Menschen daran hindern, seiner naturgemäßen Bestimmung gerecht zu werden.[932] Den erstrebten affektfreien Gemützustand nennen sie *Apatheia.*[933]

Die Stoa der mittleren Periode ließ den Dualismus von „Logos" und „Affekt" hinter sich. Bei Panaitios ist laut Pohlenz der Mensch „nicht ein Geistwesen mit einem animalischen Körper, sondern ein einheitlicher Organismus, in dem Seele und Leib aufeinander abgestimmt sind und innerlich zusammengehören."[934] In dieser Einheitlichkeit differenzierte Panaitios wiederum Trieb und Intellekt als interagierende Seelenkräfte.[935] Die Triebe stehen bei ihm nicht mehr im Gegensatz zum Logos, sondern sie sind „sogar notwendig und wertvoll; denn sie bilden die seelische Grundlage, auf der sich, wenn der Logos die Herrschaft übernimmt, die vier auch von der Stoa anerkannten Kardinaltugenden entwicklen."[936] Nach Panaitios gibt es vier Grundtriebe: „den Trieb zur Gemeinschaft, den zur Erkenntnis, das Streben nach Vorrang und Überlegenheit über Menschen und Dinge und endlich den aus dem Sinn für Maß und Ordnung entspringenden Drang, diese im eigenen Leben zu verwirklichen."[937] Aus dieser Definition ist ersichtlich, dass Panaitios in bemerkenswerter Übereinstimmung mit der Motivationspsychologie unserer Tage den An-Trieb des menschlichen Wollens und Entscheidens in dem verortet, was man heute „die seelischen Grundbedürfnisse" und deren psychische Manifestationen, „die motivationalen Schemata", nennt.[938] Poseidonios zufolge entfalten Affekte nur dann schädigende Wirkung, wenn sie den menschlichen Logos dominieren und somit die Freiheit des Willens lähmen.[939] Dadurch verliert der Mensch seine Fähigkeit zur Selbstbestimmung.[940] In diesem Kriterium scheint der wesentliche und wohl auch fundamentale Unterschied zwischen mittlerer und früher Stoa zu liegen. Zwar geht es auch Zenon und Chrysipp um das Ziel der *Au-*

---

[929] M. Pohlenz, a.a.O., 142f, 146.

[930] Ebd., 62, 91f, 143-150, 309. „Der Trieb wird also [...] zu einer Verstandesentscheidung, zu einem Urteil". Ebd., 92. „[D]as Pathos ist ein Logos, der schlecht und hemmungslos ist infolge eines verkehrten und verfehlten Urteils, das mit Ungestüm und Stärke auftritt". Ebd., 144. „ Die Affekte sind nicht naturgegeben, sondern Krankheitserscheinungen des Logos, die ihn aktionsunfähig machen. Man darf sich nicht einbilden, sie beherrschen zu können. Nur die Ausrottung kann das Ziel sein. Und diese muß möglich sein, weil die Affekte aus der freien Entscheidung des Logos hervorgehen." Ebd., 150.

[931] Ebd.

[932] [Anonymer Autor], a.a.O.; W. Weinkauf, a.a.O., 195f. „Ausgangspunkt ist immer die Frage, wie sich der Mensch zwischen 'Vernunft und Affekt' [...] entscheidet." Ebd., 53.

[933] Ebd., 200. „Das Ziel muß [...] die völlige Freiheit von Affekten sein, die 'Apathie'." M. Pohlenz, a.a.O., 151.

[934] Ebd., 196. „Das ist innerhalb der Stoa eine ganz neue Sehweise." Ebd.

[935] Ebd., 199.

[936] Ebd., 200.

[937] Ebd.

[938] K. Grawe, Neuropsychotherapie, 179-195, 183ff; K. Grawe, Psychologische Therapie, 383ff.

[939] M. Pohlenz, a.a.O., 225f.

[940] Ebd., 226.

tarkia, das erreicht wird, wenn sich ein Mensch nicht mehr von irrigen Vorstellungen irritieren lässt, aber sie sind der Ansicht, dass die Fähigkeit zur Selbstbestimmung nur dazu dient, die in den Affekten repräsentierte Illusion, es gäbe sie wirklich, zu überwinden. Die alten Stoiker betonen zwar sehr die Verantwortlichkeit freier Entscheidung, aber die Freiheit des Willens ist bei ihnen nicht mehr als eine determinierte Naturanlage im Menschen, deren Funktion sich darin erschöpft, Korrektiv des Intellekts zu sein, um sich völlig der Vorherbestimmung durch die allumfassende Naturgesetzlichkeit zu fügen:[941] „Wer willig ist, den führt das Schicksal; wer sich sträubt, den schleppt es mit Gewalt", sagte Kleanthes.[942] „In einem solch geschlossenen System erscheint ein selbstbestimmtes Handeln nicht möglich", kommentiert Weinkauf, „es bleibt dem Menschen nur die Freiheit, sein Schicksal anzunehmen."[943]

3.3.1.3. Der stoische Pflichtbegriff

Die ethische Maxime des Naturgemäßen vereint die Stoiker aller drei Perioden, aber in der mittleren verschiebt sich die Auffassung von der Natur des Menschen zu einer stärkeren Betonung der freien Selbstbestimmung. Panaitios zufolge ist die Pflicht nicht äußerlich begründet, sondern „als Gebot unseres eigenen Logos, und so kann Panaitios diese 'Pflicht' rein aus der eigenen Natur des Menschen entwickeln und dabei allen vier Faktoren der individuellen Persönlichkeit vollauf Rechnung tragen", bemerkt Pohlenz.[944] „Pflicht ist für ihn alles, was dieser Persönlichkeit ihrer Natur nach gemäß ist."[945]

Der Rigorismus des altstoischen Ansatzes ergibt sich zum einen aus der antagonistischen Vorstellung von Weisheit und Affekt und zum andern aus dem Postulat, Weisheit bedeute ausschließlich, sich der allumfassenden Vorherbestimmung des Schicksals unter Ausschaltung aller hinderlichen Affektivität anzupassen. Die Stoa der mittleren Periode löst jenen Antagonismus auf und relativiert die exklusive Weisheitsdefinition. Damit schwenkt sie auf die durch Aristoteles vorgebene Linie ein. Dieser unterscheidet philosophische Weisheit, wissenschaftliche Erkenntnis und praktische (Lebens-)Weisheit.[946] An die Stelle erhabener Rigorismen, deren Verwirklichung allenfalls wenigen Weisen vorbehalten ist, tritt ein pragmatischer ethischer Realismus.[947] Dieser ist im Unterschied zum reinen Prag-

---

[941] Ebd., 104-106.

[942] Kleanthes, zit in: P Jaerisch, in: Seneca, Vom glückseligen Leben, 17.

[943] W. Weinkauf, a.a.O., 109. „Sittliches Ziel des Menschen muss also eine schicksalsbejahende Gesinnung sein, nur darin liegt seine Freiheit." Ebd. Vgl. M. Pohlenz, a.a.O., 101.

[944] Ebd., 202.

[945] Ebd.

[946] Aristoteles, *Nikomachische Ethik*, Übersetzung u. Nachwort v. F. Dirlmeier, Anmerkungen v. E.A. Schmidt (Philipp Reclam jun.: Stuttgart, 1969), 161ff.

[947] Harald Holz, *Anleitung zur Lektüre der Nikomachischen Ethik*, Kurseinheit 1, Fakultät für Kultur- und Sozialwissenschaften (FernUniversität Hagen, 2011), 72f. Das Ziel ist „die voll geglückte Existenz (Eudaimonie)". Ebd., 78. Krämer hält dem tatsächlichen Verlust an ontologischer Geschlossenheit bei Aristoteles im Vergleich zu Platon den Gewinn an Wirklichkeitsnähe entgegen: „Die eminente Kraft der Realitätsbewältigung, die in der universalen ontologischen Konzeption Platons gespeichert ist, wird bei Aristoteles gleichsam frei für die differenzierende und invididualisierende Durchdringung der empirischen Wirklichkeit." H.J. Krämer, a.a.O., 358.

matismus des sophistischen Hedonismus empirisch und teleologisch bestimmt.[948]

Indem sie ähnlich wie Aristoteles differenzieren, brechen die mittlere und späte Stoa aber nicht mit ihrer Tradition, denn sie halten das überkommene Weisheitsideal weiterhin in Ehren. Beides zu integrieren gelingt ihnen durch *Bescheidenheit*. Es gehört zum Selbstverständnis der mittleren und späten Stoa, ihre eigene Philosophie stets als zweitklassig im Vergleich zu den tatsächlich weisen Menschen darzustellen. Seine praktische Philosophie, sagt Cicero, sei nur „gleichsam als solche zweiten Ranges ehrenhaft", aber dadurch sei sie eben „nicht nur den Weisen eigen, sondern gemeinsam der ganzen Menschheit".[949] Dementsprechend unterscheidet Cicero die „wahre" Tugend mit ihren „vollkommen und vollendeten Anforderungen" von den „mittleren Pflichten", denen „viele durch ihre glückliche Veranlagung und durch Fortschritt im Lernen" nachkommen können.[950]

Cicero stellt an den Beginn der großen Abhandlung über die Kardinaltugenden in „De officiis" das Einteilungsprinzip der Unterscheidung zwischen den Motiven der *Honestas* und der *Utilitas*. Im aristotelischen Sinn verneint er den Nützlichkeitaspekt als Definitionskriterium von Tugend nicht, aber er ordnet ihn konsequent der *Honestas* unter.[951] Mit *Honestas* meint Cicero die höchste Tugend der platonischen und aristotelischen Tradition,[952] nämlich die „Klugheit" (*Phronesis*), welche insbesondere bei Platon semantisch durch den Weisheitsbegriff (*Sophia*) bestimmt und dadurch fast mit ihm synonym ist. *Phronesis* ist bei Platon die sich als Tugend manifestierende *Sophia*, aus der alle weiteren Tugenden fließen.[953] Die Sophia wiederum ist göttlicher Natur und nur solchen Menschen zugänglich, die sich als ihre Liebhaber, das heißt als Philosophen, mit ganzer Hingabe widmen.[954] Aristoteles verlagert den Ort der Weisheit aus der Sphäre des Göttlichen in das menschliche Bewusstsein.[955] Das Optimum der aristotelischen Phronesis entsteht, wenn sie in freier Entscheidung aus der Sophia hervorgeht, aber sie speist sich

---

948 Ebd., 77f.

949 M.T. Cicero, a.a.O., 235.

950 Ebd. Den Ansatz bei den „mittleren Pflichten" zu nehmen, bedeutet für ihn keineswegs die Intention, den weniger erleuchteten Durschnittsbürgern eine auf ihre verengten Möglichkeiten zurechtgestutzte Version der „eigentlichen" Ethik zu verordnen, sondern vielmehr das elitäre (platonische) Top-down-Modell durch ein (aristotelisch geprägtes) Bottom-up-Modell zu ersetzen, das auch dem „Durchschnittsbürger" zutraut und zumutet, sich dem Ideal vollkommener Tugend anzunähern. Vgl. des Weiteren dazu ebd., 235-237.

951 Ebd., 9ff, 17, 85, 231ff, 249ff, 307-309. Am besten mag das Wort mit „Ehrenhaftigkeit" übersetzt werden

952 Anmerkung in ebd., 9.

953 Ulrich Wilckens, σοφία, σοφός, A. Von der griechischen Frühzeit bis zum philosophischen Gebrauch in der Spätantike, in: ThWNT, Bd. 7, 471; H.G. Gadamer, Bd. 7, 163f; J. Pieper, a.a.O., 21f, 155f. „Geleitet wird diese Gesamttugend von Phronesis (Vernunfteinsicht), Nous (Vernunftschau), doxa (rechte Meinung oder Vorstellung); episteme (gesicherte Erkenntnis). Für alle diese Termini kann auch logos (oder der Plural, logoi), stehen. Sachlich ist damit ausgesagt, daß die wahre Norm letztlich die Idee bzw. die Ideen sind, und zwar die des Guten, der Gerechtigkeit usw." H. Holz, a.a.O., 67.

954 Phaid 249 B-D. Vgl. U. Wilckens, a.a.O., 471, 473. „Wir müssen es ernst nehmen, daß sophía [...] nur für Götter ist - und trotzdem ist nicht all unser Reden leeres Gerede." H.G. Gadamer, Bd. 7, 330.

955 H. Holz, a.a.O., 67. „Für ihn ist sophia ein durchaus erreichbares, freilich besonderes Wissen." U. Wilckens, a.a.O., 471.

auch aus den Quellen der Gewöhnung und des Pragmatismus. Insofern ist die Phronesis bei Aristoteles semantisch klarer von der Sophia geschieden als bei Platon.[956] Durch diese Verlagerung nehmen sowohl Sophia als auch Phronesis deutlicher als bei Platon den Charakter der Selbstbestimmung an. Der „Treffliche" erstrebt nach Aristoteles das Gute „um seines eigenen Selbst willen - er tut es ja um des denkerischen Teils willen, der als das eigentliche Selbst des Menschen gilt."[957] Synonym für den „denkerischen Teil" ist der *Geist.*[958] Selbstbestimmung in der Perspektive des erstrebenswert Guten ist nach Aristoteles die freie geistige Entscheidung zur *Selbstverwirklichung* gemäß der teleologischen Bestimmung menschlicher Natur. Darin liegt das Wesen des Glücks. „Wer so ist, [...] der wünscht in dauernder Lebensgemeinschaft mit sich selbst zu sein, denn er verwirklicht sie mit Freude".[959]

Sowohl bei *Aristoteles* als auch durchgängig bei den *Stoikern der mittleren und späten Periode* bleibt das Ideal der wahren Weisheit, die in der wahren *Honestas* in Erscheinung tritt, als „höchstes Gut" der ethische Bezugspunkt schlechthin, hier wie dort aber nicht mit der platonischen Tendenz, es als göttlich gesetzte Normierung der Tugend *vorzuordnen*, sondern mit der Intention, es als notwendiges *Idealbild* im Sinne des kantischen regulativen Prinzips dem stets im Werden zwischen Unweisheit und Weisheit befindlichen Erdenbürger *vorschweben* zu lassen, immer vor Augen, immer motivierend, aber doch nie erreicht.[960] Dadurch er-

---

[956] Ebd., 472.

[957] Aristoteles, Nikomachische Ethik, 251.

[958] Ebd. „[V]on beherrscht oder unbeherrscht spricht man, je nachdem, ob der Geist im Menschen herrscht oder nicht - da der Geist als der eigentliche Mensch gilt." Ebd.

[959] Ebd., 260. Dies wiederum ist die Gewissensbedingung *gemeinschaftlicher Verantwortung*, denn so wie der Selbstbestimmte Freude an der „Lebensgemeinschaft mit sich selbst" hat, wendet er sich auch freundschaftlich dem Mitmenschem zu. Dem Freund gegenüber verhält er sich so „wie zu sich selbst". Der höchste Grad der Freundschaft ist dem Verhältnis ähnlich, „in dem der Mensch zu sich selber steht." Ebd., 252. Die wirkliche selbstlose Freundschaft „ist in erster Linie in der Haltung sich selbst gegenüber verwirklicht. Es ist ja festgestellt, daß sich aus der Wurzel der Selbstliebe das freundschaftliche Verhalten auch auf die anderen Menschen erstreckt." Ebd., 258. Aristoteles unterscheidet dabei die Selbstliebe qua verantwortliche Selbstbestimmung von der durch Leidenschaften bestimmten unfreien „Selbstsucht", wie wir heute sagen würden. Ebd., 260.

[960] Der Bezug der stoischen Ethik zum regulativen Prinzip stammt von Kant selbst. „Was uns ein Ideal ist, war dem Plato eine *Idee des göttlichen Verstandes.* [...] Ohne uns so weit zu versteigen, müssen wir doch gestehen, daß die menschliche Vernunft nicht allein Ideen, sondern auch Ideale enthalte, die zwar nicht, wie die *platonischen*, schöpferische, aber doch *praktische* Kraft (als regulative Prinzipien) haben, und der Möglichkeit der Vollkommenheit gewisser *Handlungen* zum Grunde liegen. [...] Tugend, und, mit ihr, menschliche Weisheit in ihrer ganzen Reinigkeit, sind Ideen. Aber der Weise (des Stoikers) ist ein Ideal, d.i. ein Mensch der bloß in Gedanken existiert, der aber mit der Idee der Weisheit völlig kongruieret. So wie die Idee die *Regel* gibt, so dient das Ideal in solchem Falle zum *Urbilde* der durchgängigen Bestimmung des Nachbildes, und wir haben kein anderes Richtmaß unserer Handlungen, als das Verhalten dieses göttlichen Menschen in uns, womit wir uns vergleichen, beurteilen, und dadurch uns bessern, obgleich es niemals erreichen können. Diese Ideale, ob man ihnen gleich nicht objektive Realität (Existenz) zugestehen möchte, sind doch um deswillen nicht für Hirngespinste anzusehen, sondern geben ein unentbehrliches Richtmaß der Vernunft ab, die des Begriffs von dem, was in seiner Art ganz vollständig ist, bedarf, um darnach den Grad und die Mängel des Unvollständigen zu schätzen und abzumessen." KrV, 606f.

hält die *Honestas* den Charakter der allgemein verbindlichen Verpflichtung. Dementsprechend wendet sich Cicero mit seiner Ethik an „alle, die die Anlage zur Vollkommenheit haben".[961]

Ciceros Panaitios-Rezeption hat offenbar bedeutetenden Anteil daran, dass dessen motivationspsychologische Bestimmung des Tugendbegriffs auch Eingang in die späte Stoa und über diese in Ethik und Seelsorge des frühen Christentums fand. Pohlenz weist darauf hin, dass auch Seneca Panaitios folgend die Pflicht „aus der Gesamtanlage des Menschen und aus den vier Kardinaltugenden die Einzelvorschriften abgeleitet" hat.[962] Aber „am bedeutendsten" ist Weinkauf zufolge in dieser Hinsicht Cicero. „Seine Darstellung der vier Kardinaltugenden - Weisheit, Gerechtigkeit, Tapferkeit [...] und Mäßigung - gewann über die politische Propaganda zur Zeit des Augustus hinaus auf die christliche Tradition (Ambrosius, Augustinus, Thomas) erheblichen Einfluss."[963]

3.3.2. Die „Wüstenväter"

Wichtige mitteleuropäische Beiträge zur Etablierung Kognitiver Seelsorge sind *Anselm Grüns* und *Michael Herbsts* aktualisierende Ausführungen über die Seelsorge der „Wüstenväter" in der frühen Kirche,[964] die signifikante Ähnlichkeiten zur heutigen Kognitiven Therapie und Seelsorge aufweist. Ferner rekurriert der wahrscheinlich bislang reichhaltigste wissenschaftliche Beitrag zur Integration von Seelsorge und Kognitiver Therapie in der deutschsprachigen Literatur,[965] *Eva Maria Jägers* psychologische Dissertation mit dem Thema „Glaube und seelische Gesundheit", ebenfalls ausführlich auf die Praxis Kognitiver Seelsorge der „Wüstenväter.[966] In der Tat enthält der spirituelle Ansatz der „Wüstenväter" zeitlos bedeutsame Bausteine für die Theorie einer Kognitiven Seelsorge. Fraglich scheint allerdings, ob das auch für ihre Dämonologie zutrifft. Grün zufolge waren Dämonen ihrer Ansicht nach „Kräfte dieser Welt, personifizierte psychologische Mechanismen, die im Menschen wirken".[967] „Sie hatten keine keine Berührungsängste mit den Dämonen. Das war für sie ein täglicher Kampf, bei dem sie den Gegner immer genauer kennenlernten."[968] Herbst hingegen meint, „hier einer ausgepräg-

[961] M.T. Cicero, a.a.O., 235.

[962] M. Pohlenz, a.a.O., 310.

[963] W. Weinkauf, a.a.O., 198f. Wie die Ethik des Panaitios in Ciceros „De officiis" einging, so sind auch dessen „politischen Vorstellungen [...] in Ciceros De re publica eingeflossen und haben über Laktanz und Augustinus bis ins christliche Mittelalter gewirkt." Ebd., 21.Vgl. J. Stelzenberger, a.a.O., 156, 176f, 235.

[964] A.Grün, Der Himmel, a.a.O.; Anselm Grün, *Einreden: Der Umgang mit den Gedanken* Münsterschwarzacher Kleinschriften, Bd. 19, 16., überarb. u. akt. Aufl. (Vier Türme: Münsterschwarzach, 2003); Anselm Grün, *Tu dir doch nicht selber weh,* 2. Aufl. (Matthias Grünewald: Mainz, 1997); Michael Herbst, Lebenshilfe aus der Wüste: Wüstenväter und Wüstenmütter, in: Seelsorge (2002) 1, 2-9; M. Herbst, beziehungsweise, 337-341. Die Zeit der „Wüstenväter" liegt zwischen dem 4. und 7. Jahrhundert. A. Grün, Der Himmel, 12-14.

[965] Vgl. R. Höfelschweiger, a.a.O., 86.

[966] E.M. Jäger, Glaube und seelische Gesundheit.

[967] A. Grün, Der Himmel, 68.

[968] Ebd., 70.

ten und uns merkwürdig berührenden Dämonenangst" zu begegnen.[969] „Auch hinter den Gedanken wähnten sie Dämonen."[970]

3.3.2.1. Das Problem der „ersten Regung"

Es sieht so aus, als hätten die „Wüstenväter" das, was heute als „geistliche Kampfführung" gegen Dämonen ins Feld geführt wird, nicht favorisiert. Stattdessen scheinen sie für den Kampf gegen die zerstörerische Macht „dämonischer" Gedanken tatsächlich stark auf den eigenverantwortlichen Gebrauch kognitiver, behavioraler und kontemplativer Übungen gesetzt zu haben. Die praktischen Anleitungen dazu entfalten auch heute noch ihren Reiz und ähneln in mancher Hinsicht einigen in der Gegenwart gebräuchlichen Maßnahmen aus Exerzitien, Achtsamkeitstraining und kognitiver Therapie. Gleichwohl wurden sie unter einer anderen Voraussetzung vollzogen als üblicherweise ihre heutigen Nachahmungen. Grüns Deutung ihrer „Dämonen" als „psychologische Mechanismen" greift zu kurz, weil sie außer Acht lässt, dass die Wüstenväter das Böse nicht nur in den äußerlichen Geistern erblickten, sondern vor allem in sich selbst. Mithin galt der „tägliche Kampf" den wahrgenommenen Regungen des eigenen Herzens. *Evagrius Ponticus* (345-399), die prägende Gestalt dieser Bewegung, lehrte drei Stufen der Heiligung mit dem Ziel der kontemplativen Gottesschau, deren erste *Corinna Dahlgrün* zufolge in der Reue als „der inneren Umkehr als vollständiger Ausrichtung des ganzen Lebens auf Gott als Mitte des Menschen" bestand. Dafür müsse der Christ „gegen die Leidenschaften, die seine Gottebenbildlichkeit trüben, mittels Askese kämpfen, und zwar nicht erst gegen die Gefühle oder die daraus resultierenden Handlungen, sondern bereits gegen den ersten Gedanken an sie."[971] Diese „ersten Gedanken", die den Menschen Evagrius' Ansicht nach anfallen „wie die Dämonen, von denen sie herrühren",[972] haben eine ganz andere Qualität als „psychologische Mechanismen", weil sie bereits böse und darum unbedingt zu verhindern sind, wenn irgend es möglich ist. Evagrius erkannte acht initiale böse Gedanken, die vor allem durch Dämonen entstünden, und um deren erfolgreiche Bekämpfung sich sein gesamtes Heiligungskonstrukt drehte.[973] Dafür entwickelte er eine ausgefeilte Dämonenlehre.[974] Der „Wüstenväter" *Johannes Cassianus* (360-435) baute Evagrius' Lehre weiter aus.[975] Aus Evagrius' acht bösen Gedanken wurden bei Cassianus die acht Laster und schließlich bei *Gregor dem Großen* die sieben *Todsünden.*[976]

---

[969] M. Herbst, Lebenshilfe, 4.

[970] Ebd., 6.

[971] Corinna Dahlgrün, *Christliche Spiritualität: Formen und Traditionen der Suche nach Gott,* mit einem Nachwort v. L. Mödl (Walter de Gruyter: Berlin, New York, 2009), 41.

[972] Ebd.

[973] R. Sorabji, a.a.O., 358f.

[974] Ebd., 364f.

[975] Ebd., 357. Ihm „erscheinen die Affekte als Dämonen, gegen die der Mensch [...] kämpfen muß". J. Stelzenberger, a.a.O., 259.

[976] R. Sorabji, a.a.O., 358-360. Aus acht wurden bei Gregor sieben, weil der den Stolz als Wurzelsünde allen anderen zuordnete. Ebd., 370.

Der Stoizismus wurde so stark vom Christentum aufgesogen, dass er sich darin völlig verlor.[977] Dieser Vorgang markiert sein Ende, nicht aber seinen Untergang.[978] Die Ethik der Stoa hat dem Moraltheologen *Johannes Stelzenberger* zufolge „tatsächlich die Zeit beherrscht."[979] Die stoischen Philosophen waren die Seelsorger, Coaches und Therapeuten jener Zeit. Sie „waren Hausgeistliche in den Palästen und Seelenführer für jedermann; sie trösteten in Unglück und Not, nahmen das Bekenntnis entgegen, standen an Sterbebetten und begleiteten Todgeweihte oder auch Selbstmörder auf ihrem letzten Gang".[980] Aufgrund der „große[n] Berührungsfläche zwischen stoischer Philosophie und frühchristlicher Sittenlehre"[981] setzte sich das unter der Vorherrschaft des Christentums durchaus fort, wenn auch unter anderem Vorzeichen.[982] Explizit wie implizit[983] nahm die Praktische Theologie des frühen Christentums in hohem Maß stoisches Gedankengut auf.[984] Legenden entstanden, die Stoikern wie *Seneca* und *Marc Aurel* unterschoben, fast selbst schon dem Christentum anzugehören.[985] Ethik und Ausdrucksweise christlicher Autoren wie *Paulus* und stoischer wie *Epiktet* weisen große Ähnlichkeiten auf.[986] Insbesondere Epiktet stand bei frühchristlichen Theologen in hohem Ansehen.[987]

---

[977] W. Weinkauf, a.a.O., 16; M. Pohlenz, a.a.O., 384f.

[978] A. Bonhöffer, a.a.O., 385.

[979] J. Stelzenberger, a.a.O., 51.

[980] Ebd., 52.

[981] Ebd., 67. „In den Darstellungen zur Stoa wird immer wieder die große Übereinstimmung zwischen den stoischen Lehren und denen des Christentums hervorgehoben". B. Hoellen, a.a.O., 49. „Jesus hat seine sittlichen Forderungen in Aussprüchen formuliert, die sich aufs engste mit der idealistischen Ethik der Stoa berühren." M. Pohlenz, a.a.O., 401.

[982] „Im dritten Jahrhundert hörte die stoische Schule auf zu bestehen. Aber ihr Geist lebte weiter." M. Pohlenz, a.a.O., 466. „Das Christentum hat schließlich über die antiken Philosophien gesiegt, auch deshalb, weil es diese und ganz besonders das stoische Gedankengut in sein System zu integrieren wußte". B. Hoellen, a.a.O., 50f. Vgl. W. Weinkauf, a.a.O., 40, 42.

[983] Insbesondere Tertullian polemisierte heftig gegen die heidnische Philosophie, sie sei „Gaukelei und Dämonenwerk". Gleichwohl ist offenbar deutlich erkennbar, dass er stark von stoischem Gedankengut beeinflusst war. J. Stelzenberger, a.a.O., 69-71, 172-174. Es „sind unleugbar Grundmauern der tertullianischen Sittenlehre von der Stoa genommen."Ebd., 173. Vgl. zu Tertullians antiphilosophischer Einstellung Alexis Trader, *Ancient Christian Wisdom and Aaron Beck's Cognitive Therapy: A Meeting of Minds*, Foreword by H.T. Engelhardt, American University Studies, Series VII: Theology and Religion, Bd. 313 (Peter Lang: New York, Washington, D.C., Baltimore, Bern et al., 2011), 12f.

[984] W. Weinkauf, a.a.O., 45; M. Pohlenz, a.a.O., 423; J. Stelzenberger, a.a.O., 79ff, 151ff, 166ff, 207ff, 226ff. Der starke Einfluss setzte sich bis in die Renaissance hinein fort. Ebd., 183; B. Hoellen, a.a.O., 51.

[985] Vgl. zu Seneca P. Jaerisch, Einführung in: Seneca, Vom glückseligen Leben, 26f.; J. Stelzenberger, a.a.O., 44ff, 145. „Der Heide ist aufgerückt zu einem Autor, den man ohne Bedenken neben einem Kirchenvater anführen kann. Seneca wird der Liebling der Kirchenväter". Ebd., 48. „Ein besonderes Thema stellt das Verhältnis zwischen Mark Aurel und dem Christentum dar. Man könnte - vielleicht etwas vereinfacht - sagen, dass die Kirche ihn vereinnahmt hat. W. Weinkauf, a.a.O., 39f.

[986] A. Bonhöffer, a.a.O., 136-140; M. Pohlenz, a.a.O., 402f.

[987] K. Steinmann, Nachwort in: Epiktet a.a.O., 93; J. Stelzenberger, a.a.O., 49. Vgl. zur frühchristlichen Rezeption des berühmten Epiktet-Zitats A. Trader, a.a.O., 51-53.

In die breite Aufnahme stoischer Elemente durch das frühe Christentum mischte sich aber eine scheinbar kleine Modifikation mit großer Wirkung: Die Veränderung der stoischen Lehre von der „ersten Regung".[988]

Diese Lehre hatte Seneca mit der Absicht schriftlich fixiert, Zenon und Chrysipp zu harmonisieren.[989] Er stellte fest, dass auch der Weiseste sich nicht davor schützen kann, eine unmittelbare affektive Reaktion auf das Eintreffen eines Reizes hin zu erleben. Dies sei aber noch keine Emotion. Erst die bewusst zustimmende weitere Reaktion auf die spontane erste lasse eine solche entstehen und erst dort setze die Kontrollierbarkeit des affektiven Impulses ein.[990] *Origenes* (185-254), der prägenden Einfluss auf die „Wüstenväter" hatte,[991] nahm diese Lehre auf, ersetzte die „erste Regung" aber durch böse Gedanken und Eingebungen.[992] Besondere Brisanz erhielt diese Veränderung dadurch, dass einige Kirchenväter sehr empfänglich für die teilweise rigide Sexualfeindlichkeit waren, die sie bei manchen Stoikern vorfanden.[993] Insbesondere Musonius erfuhr unter den Christen eine „weitgehend positive Aufnahme" seiner Ethik[994], der es an negativen Äußerungen über die Sexualität nicht mangelt.[995] *Augustin* interpretierte die Lehre von der „ersten Regung" im Blick auf die sexuelle Lust mit Hilfe des *Sündenfalls*: Der initiale Versuchungsreiz, also die Stimme der Schlange, sei zwar noch keine Sünde, wohl aber bereits das Gefallen daran, wenn auch noch ganz ohne Tat, in der sich die Sünde dann vollende.[996] Allerdings war er überzeugt, dass die Sünde der sexuellen Lust seit dem ersten Sündenfall nicht zu bändigen sei.[997]

Die frühen christlichen Adaptionen stoischer Ethik und Therapie erscheinen aus heutiger Perspektive oft fremder als ihre Originale, befindet Sorabji.[998] Dem

---

[988] „Christians of antiquity [...] borrowed and adapted the Stoic idea of 'first movements'". R. Sorabji, a.a.O., 166.

[989] Ebd., 61ff.

[990] Vgl. ausführlich zu den „first movements" der Stoiker ebd., 3ff, 54ff.

[991] Ebd., 348.

[992] Origin „turns the Stoic first movements into bad thoughts. This utterly transforms the idea of first movements". R. Sorabji, a.a.O., 8, vgl. ebd., 346ff, 382. „First movements are associated with bad thoughts and suggestions. They can be induced by demons or devils. They involve a degree of sin, but a lesser one." Ebd., 356.

[993] Uta Ranke-Heinemann, *Eunuchen für das Himmelreich: Katholische Kirche und Sexualität,* ergänzte Neuausgabe, 2. Aufl., (Heyne: München, 2003), 19ff; J. Stelzenberger, a.a.O., 405ff.

[994] W. Weinkauf, a.a.O., 24.

[995] Z.B.: „Die Menschen [...], die nicht voll Begierde und verderbt sind, dürfen nur jene eheliche Liebe für sittlich erlaubt halten, die die Zeugung von Kindern beabsichtigt, denn nur diese Liebe entspricht den Vorschriften. Dagegen ist eine Verbindung, die nur auf den Sinnengenuss gerichtet ist, auch in einer Ehe unsittlich und unrecht." Musonius, Über den sinnlichen Genuss, in: Weinkauf, Wolfgang (Hg. u. Übers.), *Die Philosophie der Stoa: Ausgewählte Texte* (Philipp Reclam jun.: Stuttgart, 2001), 203.

[996] R. Sorabji, a.a.O., 374f. Bei Augustin repräsentiert Adam „reason and Eve pleasure or appetite". Ebd., 374.

[997] Ebd., 11f, 380. „[H]e thinks that Christian baptism is the only thing that can fortify us against lust." Ebd., 167. Vgl. ausführlich zur Rezeption der „first movements" durch Augustin ebd., 377ff.

[998] „What is striking is how much stranger their therapies often appear from a present-day perspective than the pagan ones". Ebd., 166.

ist wohl auch im Blick auf die Kognitive Seelsorge zuzustimmen. Der Kampf gegen die dämonisierten „ersten Gedanken“ dominiert in der Seelsorge der „Wüstenväter“ offenbar so stark, dass man die damals angewandten kognitiv therapeutischen Maßnahmen wohl nur eingeschränkt mit kognitiver Umstrukturierung und Emotionskontrolle nach heutigem Verständnis vergleichen kann.

Im Unterschied zur Kognitiven Seelsorge der „Wüstenväter“ und den ethischen Vorstellungen maßgeblicher Kirchenväter, vor allem auch *Hieronymus* und *Augustin*,[999] problematisiert die Stoa der mittleren und späten Periode die „ersten Regungen“ ebenso wenig wie die moderne Kognitive Therapie. Im Gegenteil: Hier wie dort liegt der Schwerpunkt der Lehre darin, die Fähigkeit zur Selbststeuerung selbst bei starken Spontanaffekten herauszukehren.[1000] Jene christlichen Rezipienten scheinen hingegen das Augenmerk darauf gerichtet zu haben, den Beginn der Sünde und den Schweregrad der daraus hervorgehenden Folgesünden bei solchen Vorgängen festzulegen und von dorther seelsorgerische Anweisungen dafür herzuleiten, wie das Aufkeimen der Sünde möglichst klein gehalten werden konnte, wobei allerdings das geringste Gefallen am wahrgenommenen Reiz bereits als Sünde gewertet wurde.[1001]

3.3.2.2. Diskussion

Wenn ähnlich wie Anselm Grün etwa der Psychiater und Psychotherapeut *Daniel Hell* als vorbildlich hervorhebt, dass die „aufmerksame Selbstbeobachtung“ die Wüstenväter gelehrt habe, „die einschießenden Probleme wahrzunehmen und in ihnen die Ursachen ihrer Verstimmungen und Leidenschaften zu sehen“,[1002] ist zu fragen, ob es auch noch vorbildlich sein kann, dass sie diese „einschießenden Probleme“ als durchaus böse Eingebungen des Teufels angesehen haben. Gemeinhin wird der Dämonismus der „Wüstenväter“ von denen, die deren kognitive Seelsorge heute zur Bereicherung moderner Therapiekonzepte heranziehen, metaphorisch interpretiert. Der griechisch orthodoxe Mönch *Alexis Trader* stellt das Verhältnis in seiner vergleichenden Dissertation über „Ancient Christian Wisdom“ und „Aaron Beck’s Cognitive Therapie“ aber anders dar.[1003] Er streicht nicht nur die vielen Gemeinsamkeiten hervor, sondern beharrt auch auf den Unterschieden, gerade dort, wo die Wüstenväter von Sünde und Bösem sprachen: „Dysfunctional schemata may impair human functioning, but sinful passions also damage man’s relationship with God and encumber his salvation.“[1004] Da die Wüstenväter Letzteres in den Blick nähmen, verhielte sich die Kognitive Therapie zu ihrer Seelsorge wie Hummelflügel zu Schwalbenflügeln.[1005] Traders Behauptung macht Sinn, wenn es stimmt, dass „Sünde“ in der Kognitiven Therapie eine grundsätzlich andere Bedeutung haben muss als „Sünde“ in der Kognitiven Seelsorge. Der Philosophiehistoriker *Adolf Bonhöffer* meint das in seiner vergleichenden Untersu-

---

[999] Ebd., 352ff.

[1000] Ebd., 70, 381f.

[1001] Ebd., 373ff.

[1002] Daniel Hell, *Die Sprache der Seele verstehen: Die Wüstenväter als Therapeuten*, 2. Aufl. (Herder: Freiburg, Basel, Wien, 2002), 33f.

[1003] A. Trader, a.a.O.

[1004] Ebd., 72.

[1005] Ebd., 107.

chung „Epiktet und das Neue Testament“ hinsichtlich des stoischen und urchristlichen Sündenverständnisses festzustellen: *Hamartia* habe beim Stoiker einen wesentlich anderen Sinn als beim Christen, „es bedeutet nicht eine wissentliche Übertretung des positiven göttlichen Gebotes, sondern eine auf Unwissenheit beruhende Abweichung von dem Pfad der Vernunft.“[1006] Epiktet betone, „daß jede Seele unwissentlich sündigt und nur deshalb sündigt, weil sie ihren wahren Vorteil nicht kennt und ihr Glück auf einem falschen Wege sucht.“[1007] Epiktet spreche aber auch vom Ernst der Sünde: „was aus der Sünde folgt, ist nicht mehr und nicht weniger als der Verlust des Menschseins, das Heruntersinken auf die Stufe des Tieres“.[1008]

Äußerungen wie diese zeigen, dass die grundsätzliche Unterscheidung zwischen dem christlichen Sündenbegriff und dem stoischen, der dem sokratischen entspricht und unter Verzicht auf den Terminus selbst von der zeitgenössischen Kognitiven Therapie vertreten wird, nur unter zwei Aspekten relevant wird: Der Mensch wird in toto als verdammungswürdig angesehen, weil die Person mit der Sünde identifiziert wird, und die einzelne Sünde wird als je neu in Erscheinung tretende tödliche Kraft angesehen, die ihn, wenn sie jeglichen Raum in ihm gewinnt, entweder in der Verdammungswürdigkeit gefangen hält oder ihn dorthin zurückbringt. Beide Aspekte erhalten ihre Relevanz nur unter der Voraussetzung einer brüchigen Rechtfertigungslehre. Die Kognitive Seelsorge der frühen Kirche steht im Unterschied zur adaptierten stoischen Therapie unter der Prämisse, den Menschen, sei er gerettet oder nicht, vor allen Dingen vor der ewigen Verdammnis bewahren zu sollen. Das scheint ihm nur möglich zu sein, wenn er sich einem verordneten System von Bußhandlungen unterwirft, dessen Regeln er mit peinlicher Sorgfalt erfüllt. Unter diesen Umständen kann die Heiligungspraxis der „Wüstenväter“ kaum als eine analogische tragende Säule für die Theorie der Kognitiven Seelsorge angesehen werden. Wenn aber die Rechtfertigung des Sünders sola gratia und sola fide als unverbrüchliche Grundlage aller Bemühungen um die Überwindung destruktiver Verhaltensweisen verstanden wird, bleibt von der *Hamartia* tatsächlich nur noch der erbarmungswürdige Irrtum übrig, dessen Vorhandensein keineswegs das ewige Heil tangiert. Unter dieser Voraussetzung taugt die Lebensweisheit der Stoa von der mittleren Periode an sehr wohl als tragende Säule für die Theorie der Kognitiven Seelsorge. Die Analogien sind augenfällig. Ihre Tragkraft entsteht aus der Erkenntnis, dass die praktischen Prinzipien der Kognitiven Therapie und Seelsorge nicht nur auf dem epistemologischen Fundament der platonischen und aristotelischen Dialektik gründen, sondern auch mit großer gesellschaftlicher Wirkung von herausragenden Geistern der Antike erforscht, gelehrt und gelebt wurden. *Dass* sie in die christliche Seelsorge der frühen Kirche eingegangen sind, spricht dafür, dass sie dort auch hin gehören, weil sie bestens dorthin passen. *Wie* sie dort eingegangen sind, ist allzu angstbetont und fremdbestimmt. Aber auch daraus kann man lernen.

[1006] A. Bonhöffer, a.a.O., 369.

[1007] Ebd.

[1008] Ebd., 370.

3.4. Die psychologische Säule

Seelsorge ist Sorge für die Seele. Für die Seele zu sorgen bedeutet, ihr das zu geben, was ihr gut tut. Gut tut ihr, was sie braucht. Das, was der Mensch braucht, ist sein *Bedürfnis*. Seelsorge ist darum bedürfnisorientiert oder sie ist nicht Seelsorge. Ferner dient verantwortliche Seelsorge der gelingenden Selbststeuerung des Menschen und ist darum Hilfe zur Selbsthilfe. Der zeitgenössische Begriff dafür ist *Selbstsorge*.[1009] Verantwortliche Selbstsorge besteht darin, nach verantwortlicher Bedürfniserfüllung zu streben. Kognitive Therapie und Seelsorge haben gleichermaßen zum Ziel, dies zu ermöglichen und zu unterstützen. Darin sind sie identisch. Kognitive Seelsorge unterscheidet sich von Kognitiver Therapie nur dadurch, dass sie den *spirituellen* Bedürfnisse besonders hohen Stellenwert zumisst und sich auf ihre Erfüllung konzentriert.

Maßgeblich durch neuropsychologische Erkenntnisse initiiert[1010] hat die Motivationsforschung der letzten Jahrzehnte den engen Zusammenhang von seelischen Grundbedürfnissen, erwartungsbestimmten Kognitionen, Emotionen und Verhalten aufgezeigt. Emotionen sind, wie die Emotionspsychologin *Brigitte Scheele* prägnant formuliert, als „bedürfnisrelevante Bewertungszustände“ zu definieren.[1011]

Ein radikaler Anti-Hedonismus, wie ihn die Rigoristen unter den Stoikern und ihre christlichen Epigonen vertraten und vertreten, widerspricht dem Stand der Forschung nach der geschöpflichen Veranlagung des Menschen. Bedürfnisorientierung ist somit keine willkürliche Schwerpunktsetzung, sondern notwendige Ausrichtung für Psychotherapie und Seelsorge per se.

3.4.1. Motivationspsychologische Voraussetzungen

3.4.1.1. Die motivationalen Schemata

Der durch Klaus Grawe eingeführten und vor allem in der *Schematherapie* praktisch zur Anwendung gebrachten[1012] Theorie der *motivationalen Schemata* nach wird das Denken, Empfinden und Verhalten des Menschen durch eine hierarchisch gegliederte Abfolge neuronaler Schaltkreise bestimmt (Abbildung 02).[1013]

1009 Vgl.Hermann Steinkamp, Selbstsorge als spirituelle Praxis, in: Astrid Giebel, Ulrich Lilie, Michael Utsch, Dieter Wentzek et al. (Hg.), *Geistesgegenwärtig beraten: Existenzielle Kommunikation, Spiritualität und Selbstorge in der Beratung, Seelsorge und Suchthilfe* (Neukirchener: Neukirchen-Vluyn, 2015), 91-102.

1010 H.H. Kornhuber, L Deecke, a.a.O., 36-39.

1011 B. Scheele, a.a.O. Ein Bedürfnis ist Scheele zufolge „als Manifestation einer relativ überdauernden Werthaltung“ zu verstehen, „die die strukturelle Basis für die aktuelle [...] Bewertung vorliegender Phänomene [...] abgibt“. Ebd., 40.

1012 Peter Zorn, Volker Roder, *Schemazentrierte emotiv-behaviorale Therapie (SET): Therapieprogramm für Patienten mit Persönlichkeitsstörungen,* mit einem Geleitwort v. P. Fiedler, mit Online Materialien (Beltz: Weinheim, Basel, 2011), 58ff.

1013 K. Grawe, Psychologische Therapie, 179-195. Abbildung stark vereinfacht nach ebd., 191 und K. Grawe, Neuropsychotherapie, 189. Erstverwendung der Abbildung in H.A. Willberg, Die beiden Seiten der Persönlichkeit, 98.

Die oberste Stufe wird als *Systemebene* bezeichnet, von der die *Prinzipienebene* als zweitoberste bestimmt ist.[1014] Die Systemebene ist die Ebene der *seelischen Grundbedürfnisse* nach Kontrolle, Lust, Bindung und Selbstwerterhöhung.[1015]

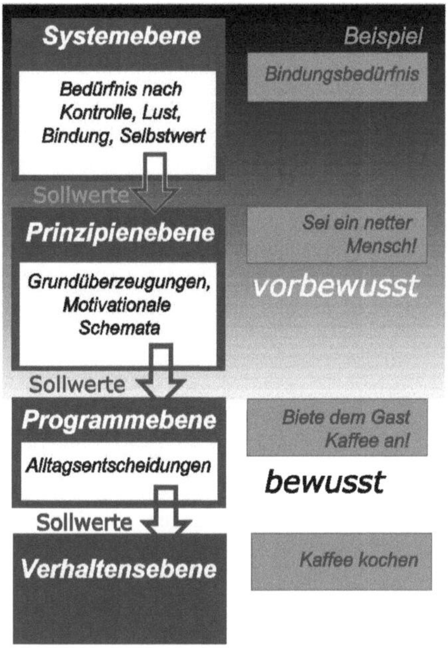

Abbildung 02:
Die hierarchische Gliederung der menschlichen Motivation nach Grawe

Die Prinzipienebene enthält die individuellen Grundsätze, nach denen der Einzelne versucht, seine Bedürfniserfüllung optimal zu gewährleisten. Diese Grundsätze werden *motivationale Schemata* genannt: „Die motivationalen Schemata sind die Mittel, die das Individuum im Laufe seines Lebens entwickelt, um seine *Grundbedürfnisse* zu befriedigen und sie vor Verletzung zu schützen."[1016] Miteinander bilden die motivationalen Schema ein „zusammenfassendes" *Selbstschema,* „das die psychische Aktivität des Individuums massgeblich bestimmt."[1017] Physiologisch betrachtet bestehen *Grawe* zufolge die motivationalen Schemata und ihre Derivate in „neuronalen Erregungsbereitschaften [...]. Sie sind in cell assemblies oder neuronalen Gruppen organisiert."[1018] Aus der Prinzipienebene leiten sich die Sollwerte der *Programmebene* ab, auf der das Alltagsbewusstsein angesiedelt ist.[1019] Aus welchen Grundüberzeugungen die Alltagsentscheidungen jeweils resultieren, ist uns normalerweise nicht bewusst, weil es sich um automatisierte Vorgänge handelt. Automatisierung ist aus physiologischer Perspektive die *Bahnung* stabiler neuronaler

---

[1014] K. Grawe, Psychologische Therapie, 186.

[1015] K. Grawe, Neuropsychotherapie, 189. Ausführlich dazu s. ebd., 183ff, sowie K. Grawe, Psychologische Therapie, 383ff. Abraham Maslow hat mit der „Bedürfnispyramide" eine erste umfassende Stufenordnung der physischen, sozialen, seelischen und geistigen Bedürfnisse des Menschen beschrieben. Die seelisch-geistigen Bedürfnisse in Maslows Modell ähneln bereits deutlich den vier seelischen Grundbedürfnissen. Vgl. Abraham H. Maslow, *Motivation und Persönlichkeit*, deutsch v. P. Kruntorad (Reinbek bei Hamburg, 1996). Vgl. zur Genese der Bedürfnisforschung insgesamt Seev Gasiet, *Menschliche Bedürfnisse: Eine theoretische Synthese,* Vorwort von K.O. Hondrich (Campus: Frankfurt, New York, 1981).

[1016] K. Grawe, Psychologische Therapie, 188.

[1017] Ebd., 226.

[1018] Ebd., 225.

[1019] Ebd., 192.

Verschaltungen.[1020]

Grawes Konstrukt der motivationalen Schemata rekurriert auf die *Cognitive-Experiential Self-Theory* (CEST) von *Seymour Epstein*. Für diese kennzeichnend sei die „zentrale Stellung“ eben jener vier seelischen Grundbedürfnisse.[1021] „According to CEST, everyone develops an implicit theory of reality that contains subdivisions of a self-theory, a world theory, and propositions connecting the two“, behauptet Epstein. „A personal theory of reality is a hierarchically organized set of ‘schemas’ and networks of schemas. The most basic schemas are referred to as ‘postulates’.“[1022] Diese als implizite Forderungen wirkenden Basis-Schemata befinden sich auf der *Prinzipienebene*. Sie bestehen Epstein zufolge aus den „*four basic beliefs*“, die aus den vier seelischen Grundbedürfnissen resultieren:

> „[E]veryone has an intuitive belief about (1) the degree to which the world is benign; (2) the degree to which life is meaningful (including predictable, controllable and just); (3) the degree to which people are desireable to relate to; and (4) the degree to which the self is worthy (including capable, good, and lovable).“[1023]

Aus diesen Grunderwartungen und *Grundüberzeugungen* setzen sich, so Epstein, die individuellen Konzepte zur Erfüllung der Grundbedürfnisse zusammen. Die Zielsetzung der Grundüberzeugungen sei die individuelle *Balance* der Grundbedürfnisse:

> „According to CEST, the four motives above are all of central importance, and any one of them can dominate the others, depending on the individual and circumstances. It is assumed that all four motives normally play an equally important role in directing behavior. That is, behavior is viewed as a compromise among the four basic motives.“[1024]

Die *motivationalen Schemata* bilden sich großenteils durch Erinnerungen aus, die im Erfahrungsgedächtnis abgespeichert und darum überwiegend unbewusst sind. Die dadurch entstehenden Emotionen resultieren aber nicht nur aus Reaktionen auf im Gehirn abgespeicherte Erinnerungen, sondern auch aus dem Einfluss genetischer Dispositionen und durch Informationsverarbeitung aktivierter Molekularprozesse in den Körperzellen, was in der zeitgenössischen Molekularbiologie

---

[1020] Ebd., 266. „Es entstehen im Zuge zunehmender Erfahrungen immer mehr Unterziele und Mittel (Fähigkeiten) zur Realisierung des Oberziels. Je differenzierter die hierarchische Struktur eines Schemas wird, um so mehr Möglichkeiten hat das Individuum, das hinter dem motivationalen Schema stehende Bedürfnis zu befriedigen.“Ebd., 355. Vgl. P. Zorn, V. Roder, a.a.O., 60f. Vgl. ausführlich zur entwicklungs- und stresspsychologischen Bedeutung neuronaler Bahnungen Gerald Hüther, *Biologie der Angst: Wie aus Streß Gefühle werden*, 5. Aufl. (Göttingen: Vandenhoeck & Ruprecht, 2002).

[1021] K. Grawe, Psychologische Therapie, 383. Vgl. S. Epstein, Cognitive-Experiental Self-Theory. Epstein war Psychologieprofessor an der University of Massachusetts. Curriculum Vitae Seymour Epstein, http://www.psychology.sunysb.edu/attachment/vitae/epstein_cv.pdf.

[1022] S. Epstein, Cognitive-Experiental Self-Theory, 117.

[1023] Ebd., 120.

[1024] Ebd., 119.

unter dem Gesichtspunkt der *Epigenetik* derzeit eingehend erforscht und beschrieben wird.[1025]

3.4.1.2. Bedürfnisdeterminierung

Die kongruenten Grundformen der Verzweiflung nach *Kierkegaard*[1026] und den von *Riemann* beschriebenen „Grundformen der Angst"[1027] (Abbildung 03[1028]) charakterisieren den Menschen in existenzieller *Not.*[1029] Wenn wir aber annehmen wollen, dass Not dort auftritt, wo Menschen das, was sie *brauchen*, nicht bekommen, dann geht es bei aller echten Not zwangsläufig um nichts anderes als um die Erfüllung von *Bedürfnissen*, denn Bedürfnisse sind das, wonach der Mensch *Bedarf* hat; „bedürfen" ist Synonym zu „brauchen". Somit können auch die Grundformen der Verzweiflung und Angst aus der *Bedürfnisperspektive* betrachtet und

---

1025 „Die DNS ist nicht der Organismus", stellte Friedrich Cramer bereits in den 80ern heraus. „Sie ist nur die Information für einen Organismus, der Bauplan. Genausowenig wie man Musik hören kann, wenn man sich eine Tonbandkassette ans Ohr hält, genausowenig bedeutet die DNS für sich genommen eine lebende Struktur." F. Cramer, a.a.O., 46. Die Erforschung des selektiven Ablesens der genetischen Information, das nicht von dieser selbst gesteuert wird, wird als *Epigenetik* bezeichnet. „Gene führen kein autistisches Eigenleben, sondern reagieren auf sich permanent verändernde äußere Bedingungen. [...] Der entscheidende Schlüssel zum Verständnis zahlreicher psychischer Störungen liegt in der Frage, wodurch, wann und in welchem Ausmaß Gene aktiviert werden." Joachim Bauer, Gene sind keine Autisten, in: Psychologie heute (2004) 3, 50. Diese Vorgänge vollziehen sich zwischen „Genschaltern" und mit diesen interagierenden Proteinen, deren molekulare Tätigkeit impulsgebend für den Aufbau je weiterer Proteinverbindungen zur Informationsübertragung im Organismus ist. Ebd., 50-53. Ausführlich dazu Joachim Bauer, *Das Gedächtnis des Körpers: Wie Beziehungen und Lebensstile unsere Gene steuern*, erw. u. aktual. Neuausg. (Eichborn: Frankfurt a.M., 2010 [2002]); vgl. Mathias Sprinzl, Molekulares Erkennen, Erinnern, Vergessen: GDP/GTP-bindende Proteine, in: Friedrich Cramer (Hg.), *Erkennen als geistiger und molekularer Prozess* (VHC: Weinheim, New York, Basel et al., 1991), 161-174; vgl. ferner Eric J. Nestler, Verborgene Schalter im Gehirn, in: Gene, und Umwelt: Wie wir werden, was wir sind, Spektrum der Wissenschaft Spezial: Biologie, Medizin, Hirnforschung (2013) 2, 23-29; Michael J. Shanahan, Jason Freeman, Vom Sozialverhalten zur DNA - und zurück, in: Gene, und Umwelt: Wie wir werden, was wir sind, Spektrum der Wissenschaft Spezial: Biologie, Medizin, Hirnforschung (2013) 2, 52-61; Moshe Szyf, Verankerung frühkindlicher Erfahrungen im Erbgut, in: Gene, und Umwelt: Wie wir werden, was wir sind, Spektrum der Wissenschaft Spezial: Biologie, Medizin, Hirnforschung (2013) 2, 30-35; sowie weitere Beiträge ebd. Vgl. die instruktive, wenn auch in den Schlussfolgerungen spekulative populärwissenschaftliche Arbeit des Anatomieprofessors Bruce Lipton: Bruce H. Lipton, *Intelligente Zellen: Wie Erfahrungen unsere Gene steuern*, 3. Aufl. (KOHA: Burgrain, 2007).

1026 S. Kierkegaard, Die Krankheit, 32-46.

1027 F. Riemann, a.a.O.

1028 H.A. Willberg, Die beiden Seiten der Persönlichkeit, 58.

1029 Ich habe andernorts die Kongruenz dieses Modells mit den Grundformen der Angst und Verzweiflung im Detail aufgezeigt. H.A. Willberg, Die beiden Seiten der Persönlichkeit, 41ff. Man darf mit Tillichs „Ontologie der Angst" sogar noch tiefer gehen und „unter" den vier Erscheinungsformen von Angst und Verzweiflung eine dreidimensionale Grundstruktur existenzieller Angst annehmen, sc. die *Sinnangst,* die *Todesangst* und die *Verdammnungsangst.* P. Tillich, Der Mut zum Sein, 46; vgl. H.A. Willberg, die beiden Seiten der Persönlichkeit, 73f.

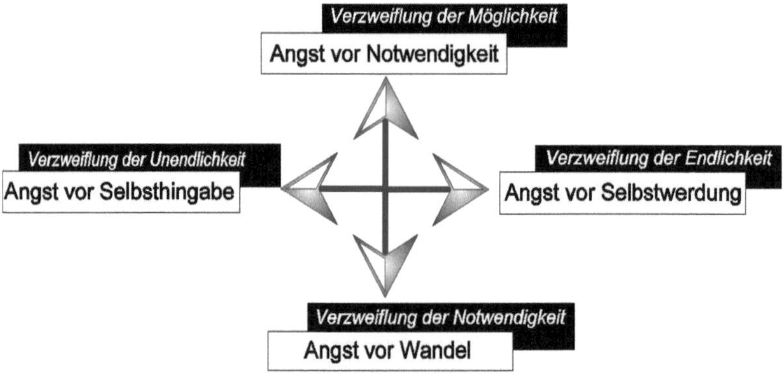

Abbildung 03:
Riemanns „Grundformen der Angst" und Kierkegaards Formen der Verzweiflung

mit entsprechenden Begriffen beschrieben werden.[1030] Sowohl die Angst als auch Hoffnung und Erwartung des Menschen sind durch das Bedürfnis bestimmt. In der Angst vor der Selbstwerdung drückt sich ein Bedürfnis nach Nähe aus, in der Angst vor dem Selbstverlust ein Bedürfnis nach Distanz, die Angst vor dem Wandel beinhaltet ein Bedürfnis nach Beständigkeit und die Angst vor der Notwendigkeit ein Bedürfnis nach Flexibilität. Es überrascht darum nicht, dass die Bedürfnisforschung kongruente Äquivalente zu den polaren Gegensatzpaaren der Modelle Kierkegaards und Riemanns beschreibt: Es sind eben jene vier seelischen Grundbedürfnisse der motivationalen Systemebene. Angst und Hoffnung sind die dunkle und helle Seite der Münze „Bedürfnis": Wo ein Bedürfnis ist, da ist auch eine Angst, wo eine Angst ist, da ist auch ein Bedürfnis.[1031]

Peter Fiedler, Professor für Klinische Psychologie an der Universität Heidelberg,[1032] hat für die Beschreibung des typologischen Hintergrunds von Persönlichkeitsstörungen nach einem Rahmenkonzept zur „bedürfnistheoretischen Grundlegung" gesucht, das „in den bereits vorhandenen empirischen Kenntnissen über

[1030] Vgl. zum Folgenden die ausführliche Beschreibung der vier Richtungen der Angst bei F. Riemann, a.a.O.

[1031] Als Bindeglied zwischen Theologie und Psychologie auf der bedürfnistheoretischen Seite bietet sich Tillichs Konstrukt der „Selbstaktualisierung des Lebens" an. P. Tillich, Systematische Theologie, 42ff. Indem Tillich das Thema konsequent dem Paradigma der „Zweideutigkeit" subsumiert, vermeidet er die positivistische Simplifizierung der Existenz und die Nivellierung der „Ontologie der Angst". Die Selbstaktualisierung des Lebens werde nämlich „durch die existentielle Entfremdung, die das Leben in die eine oder andere Richtung treibt, ständig bedroht: Selbst-Integration durch Desintegration, Sich-Schaffen durch Zerstörung und Selbst-Transzendierung durch Profanisierung und Dämonisierung. Jeder Lebensprozeß steht in der Zweideutigkeit, in der positive und negative Elemente gemischt sind, und zwar so, daß eine endgültige Trennung des Negativen vom Positiven nicht möglich ist: das Leben ist in jedem Augenblick zweideutig." Ebd., 44. Die grundsätzliche Übereinstimmung von Tilliches Modell der „Selbstaktualisierung des Lebens" mit den motivationspsychologischen Bedürfniskonstrukten Grawes, Epsteins und Fiedlers habe ich andernorts aufgezeigt. H.A. Willberg, Die beiden Seiten der Persönlichkeit, 75ff.

[1032] Universität Heidelberg, Prof. Dr. Peter Fiedler, http://www.psychologie.uni-heidelberg.de/ae/klips/mitarbeiter/fiedler.

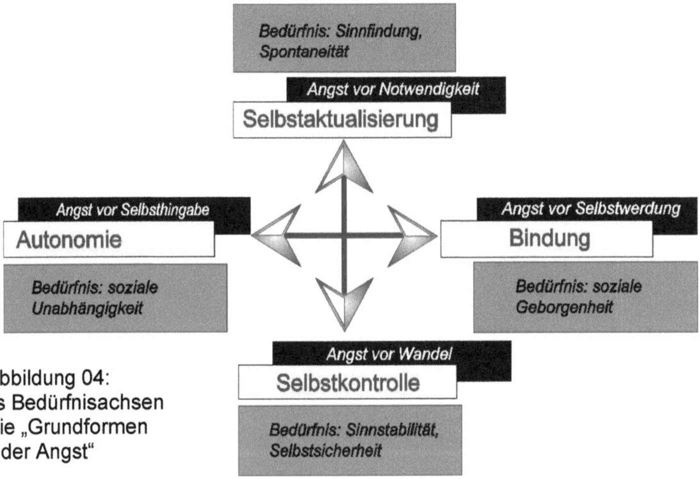

Abbildung 04: Fiedlers Bedürfnisachsen und die „Grundformen der Angst“

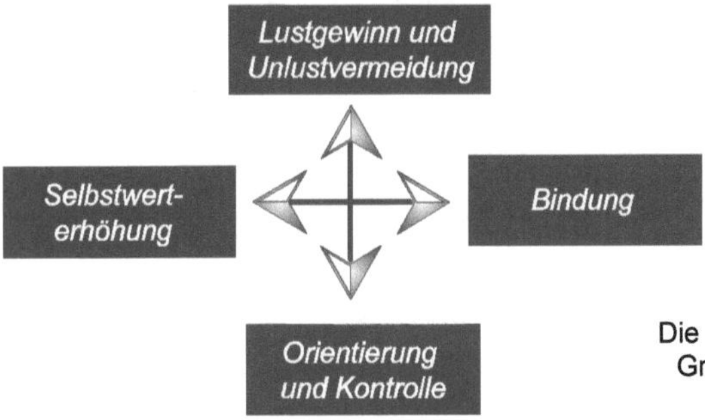

Abbildung 05: Die Bedürfnisachsen mit Grawes Terminologie

Salutogenese und Pathogenese in der Persönlichkeitsentwicklung eine hochgradig plausible Bestätigung“ aufweist,[1033] und dieses bei dem Persönlichkeitsforscher *Theodore Millon* gefunden, dessen „Entwicklungstheorie der Persönlichkeitsstörungen [...] heute als eine jener Ätiologieperspektiven“ gelte, „die das vorhandene empirische Wissen in schulübergreifender Perspektivierung am reichhaltigsten repräsentiert.“[1034] Das Resultat ist ein bedürfniszentriertes Persönlichkeitsmodell, von dem Fiedler behauptet, dass „[d]ie meisten [seiner] Grundannahmen [...] inzwischen nicht nur von Millon, sondern auch in der übrigen Persönlichkeitsforschung gründlich voruntersucht“ seien und „wichtige Bestandteile der metatheoretischen Persönlichkeitstheorien unterschiedlicher Therapierichtungen“ darstellten.[1035] Fiedlers daraus entwickeltes Persönlichkeitsstrukturmodell weist zwei Haupt- und zwei Nebenachsen auf.[1036] Die Hauptachsen bestehen aus der „Struk-

[1033] P. Fiedler, Integrative Psychotherapie, 115.

[1034] Ebd.

[1035] Ebd., 116. Fiedlers Millon-Rezeption bildet neben Grawes Konstrukt der motivationalen Schemata einen wesentlichen Teil der theoretischen Grundlage für die *Schemazentrierte emotiv-behaviorale Therapie (SET)* nach Zorn und Roder. P. Zorn, V. Roder, a.a.O., 55ff.

[1036] Die Nebenachsen können an dieser Stelle vernachlässigt werden.

tur-Dimension“ mit den Polen „Selbstkontrolle“ und „Selbstaktualisierung“[1037] sowie der „Beziehungs-Dimension“ mit den Polen „Autonomie“ und „Bindung“.[1038] In diesen Persönlichkeitseigenschaften kommen Fiedler zufolge die Grundbedürfnisse nach sozialer Unabhängigkeit und Geborgenheit, nach Sinnfindung und Sinnstabilität sowie nach Selbstsicherheit und Spontaneität zum Ausdruck. Es ist leicht zu sehen, dass die Kehrseiten dieser vier Bedürfnisschwerpunkte wieder nichts anderes als die „Grundformen der Angst“ sind (Abbildung 04[1039]). Ebenfalls evident ist die Übereinstimmung mit den von Grawe ausführlich erurierten vier seelischen Grundbedürfnissen *Orientierung und Kontrolle*,[1040] *Lustgewinn und Unlustvermeidung*,[1041] *Bindung*[1042] und *Selbstwerterhöhung*[1043] (Abbildung 05[1044]).

3.4.1.3. Erwartung mal Wert

Wird uns bewusst, was auf dem Spiel steht, so folgt daraus nicht selten, dass wir auf einmal zu Verhaltensweisen fähig sind, die uns zuvor völlig unmöglich erschienen.[1045] Wenn etwa eine agoraphobische Mutter ihr Kind auf der anderen Seite eines großen, leeren Platzes in höchster Gefahr sieht, ist die Wahrscheinlichkeit sehr hoch, dass ihre bisherige feste Überzeugung, ihre Angst würde sie definitiv an der Überquerung des Platzes hindern, durch den hohen Wert, den das Leben ihres Kindes für sie darstellt, überwunden wird.[1046] Dem Motivationsforscher *Heinz Heckhausen* zufolge lässt sich das solchen Verhaltensänderungen zugrunde liegende Prinzip in folgende Gleichung fassen:

Motivation = Erwartung mal Wert[1047]

[1037] P. Fiedler, Integrative Psychotherapie, 117-122.

[1038] Ebd., 122-127.

[1039] H.A. Willberg, Die beiden Seiten der Persönlichkeit, 82. Die Themen der beiden Hauptachsen heißen bei Fiedler „*Sozialität*“ und „*Sinn*“. Ich meine aber, dass die Sinnhaftigkeit der menschlichen Existenz vor allem auf der *Beziehungsachse* zu verorten ist. „Freiheit in Verantwortlichkeit, Freiheit zur Liebe ist der personhafte Sinn der menschlichen Existenz.“ Emil Brunner, *Der Mensch im Widerspruch: Die christliche Lehre vom wahren und vom wirklichen Menschen,* 3. Aufl. (Zwingli: Zürich, 1941), 270; vgl. H.A. Willberg, Die beiden Seiten der Persönlichkeit, 64ff.

[1040] K. Grawe, Psychologische Psychotherapie, 385-393.

[1041] Ebd., 393-395. Schon Johann Tobias Beck (1804-1878) meinte in seinem „Umriss der biblischen Seelenlehre“: „Die Basis des Seelenlebens, wie es im Leibe wirksam ist, bildet das bewusste Empfinden von Lust und Unlust, und eine demselben in eigener Wahl entsprechende Triebthätigkeit, dies in unauflöslichem organischem Zusammenhang mit dem Leibe. [...] Alles, was in die Seele eingeht, [...] erhält darnach die Gestalt von Genuss oder Leiden, Zu- oder Abneigung.“ Johann Tobias Beck, *Umriss der biblischen Seelenlehre: Ein Versuch*, 3. u. vermehrte u. verbesserte Aufl. (J.F. Steinkopf: Stuttgart, 1871), 13f.

[1042] K. Grawe, Psychologische Psychotherapie, 395-411.

[1043] Ebd., 411-420.

[1044] H.A. Willberg, Die beiden Seiten der Persönlichkeit, 83.

[1045] Heinz Heckhausen, *Motivation und Handeln: Lehrbuch der Motivationspsychologie* (Springer: Berlin u.a., 1980), 42, 216ff; K. Grawe, Psychologische Therapie, 43.

[1046] Ebd.

[1047] Ebd., 42f; K. Grawe, Psychologische Therapie, 43.

„Erwartung“ meint hier die subjektive Vorstellung, durch ein absehbares eigenes Verhalten zu einem Ziel zu kommen; „Wert“ meint die Bedeutung, die der Einzelne diesem Ziel zumisst (Tabelle 07[1048]).

Hohe Erwartung kann niedrigen Wert ausgleichen	*Beispiel:* Ich spüle „schnell mal eben“ das Geschirr, obwohl es mir lästig ist (geringer Wert), aber ich mache es trotzdem, denn ich schätze ab, dass es mich wenig Zeit und Kraft kosten wird (hohe [Erfolgs-]Erwartung).	*Rechenexempel:* Erwartung von 9 auf einer Skala von 0 bis 10. Wert von 0,5. > 9 mal 0,5 = 4,5 Motivationswert. Reicht vielleicht gerade, um es zu tun...
Hoher Wert kann niedrige Erwartung ausgleichen	*Beispiel:* Ich lerne trotz geringer Erfolgsaussichten auf eine Prüfung, weil ich den Abschluss unbedingt erreichen will.	

Tabelle 07: Beispiele für die Gleichung „Motivation = Erwartung mal Wert“

Ein Null-Faktor bei „Erwartung“ oder „Wert“ hat den Verlust jeglicher Motivation zur Folge, so hoch auch der jeweils andere Faktor ausfallen mag. Umgekehrt wächst die Motivation zur Zielerreichung proportional zur Bedeutung, die das Ziel für uns hat, und zur Erwartung, es auch tatsächlich erreichen zu können.

Heckhausens Befund ähnelt stark der Formel, die *Charles R. Snyder*, Psychologieprofessor an der University of Kansas[1049] und einer der Pioniere der „Positiven Psychologie“, zur psychologischen Definition von „Hoffnung“ aufgestellt hat:[1050]

Hope = Mental Willpower + Waypower for Goals

Demnach setzt sich Hoffnung aus einer *optimistischen* Erwartung (mental willpower) und einer *realistischen* Ziel- und Wegbestimmung (waypower for goals) zusammen. Der hoffende Mensch weiß nicht nur, wohin er wirklich will, sondern er hat auch eine konkrete Vorstellung davon, wie dieses Ziel zu erreichen ist.[1051] Die „Willpower“ entsteht, indem man sich den Wert eines Ziels bewusst macht, die „Waypower“ geht aus der realistischen Planung des Weges dorthin hervor.

1048 H.A. Willberg, Lehrbuch Kognitive Seelsorge II, 58.

1049 Social Psychology Network, C.R. Snyder, http://c.r.snyder.socialpsychology.org.

1050 Charles R. Snyder, *The Psychology of Hope: You Can Get There From Here* (The Free Press: New York, London, Toronto, Sydney et al., 1994) 10.

1051 Vgl. ferner bestätigend und zusammenfassend zur Theorie der Hoffnung Kevin L. Rand, Jennifer S. Cheavens, Hope Theory, in: C.R. Snyder, Shane J. Lopez (Hg.), *Oxford Handbook of Positive Psychology,* Oxford Library of Psychology, Hg. P.E. Nathan, 2. Aufl. (Oxford University Press: New York, 2009), 323-333; des Weiteren Suzanne C. Segerstrom, Optimism and immunity: Do positive thoughts always lead to positive effects? PubMed Central (PMC) (2007), http:// www.ncbi.nlm.nih.gov/pmc/articles/PMC1948078/, Download 24. Dezember 2015; Christopher Peterson, Tracy A. Steen, Optimistic Explanatory Style, in: C.R. Snyder, Shane J. Lopez (Hg.), *Oxford Handbook of Positive Psychology,* Oxford Library of Psychology, Hg. P.E. Nathan, 2. Aufl. (Oxford University Press: New York, 2009), 313-321; Charles S. Carver, Michael F. Scheier, Christopher J. Miller, Daniel Fulford, Optimism, in: C.R. Snyder, Shane J. Lopez, (Hg.), *Oxford Handbook of Positive Psychology,* Oxford Library of Psychology, Hg. P.E. Nathan, 2. Aufl. (Oxford University Press: New York, 2009).

Heckhausens und Snyders Motivationsformeln wurden mittlerweile durch die empirische Forschungsarbeit von Ehepaar *Gabriele Oettingen* und *Peter Gollwitzer*, die beide eine Professur für Psychologie an der New York University innehaben,[1052] bekräftigt. Sie haben sich über einige Jahre hinweg mit der Frage beschäftigt, wie gewünschte Zielvorstellungen und das tatsächliche Erreichen solcher Ziele miteinander korrelieren.[1053] Oettingen hat das Problem unrealistischer Ziel*vorstellungen* fokussiert,[1054] Gollwitzer konzentrierte sich auf das Problem unrealistischer Vorstellungen von den *Wegen* zum Ziel. Gollwitzer hat aus seinem Befund das Konzept der „Implementation Intentions“[1055] abgeleitet: Hierbei geht es schlicht um nüchternes Planen, das die realistische Einbeziehung möglicher auftretender Hindernisse einbezieht und vorsieht, wie diese überwunden werden können.[1056] Oettingen folgerte aus ihrem Befund das Konzept des „Mental Contrasting“: „In mental contrasting, individuals first positively fantasize about a wished-for future [...] and then imagine the present reality that holds them back from realizing the envisioned future“.[1057] Oettingen hat die „Implementation Intentions“ und das „Mental Contrasting“ zu einer einfach strukturierten positiv psychologischen Methodik verschmolzen, der sie die Bezeichnung „WOOP“ gab: „Wish, Outcome, Obstacle, Plan“.[1058]

Diese motivationspsychologischen Befunde sind für die Theorie der Kognitiven Seelsorge von besonderem Interesse, weil sie mit „Hoffnung“ und „Mut“ res-

---

1052 New York University, Garbriele Oettingen, http://www.psych.nyu.edu/oettingen/; New York University, Peter Gollwitzer, http://www.psych.nyu.edu/gollwitzer/. Sie lehren außerdem an deutschen Universitäten: Oettingen in Hamburg: Universität Hamburg, Prof. Dr. Gabriele Oettingen; Gollwitzer in Konstanz: Universität Konstanz, Dr. Peter M. Gollwitzer, http://www.socmot.uni-konstanz.de/staff/dr-peter-m-gollwitzer.

1053 Oettingen hat den gemeinsamen Befund unlängst populärwissenschaftlich zusammengefasst: Gabriele Oettingen, *Die Psychologie des Gelingens*, aus d. Engl. v. U. Strerath-Bolz (Pattloch: München, 2015).

1054 Ebd., 80f.

1055 Das ist wohl am besten mit „Durchführungsintentionen“ zu übersetzen. Ebd., 165.

1056 Peter Gollwitzer, Setting One's Mind on Action: Planning Out Goal Striving in Advance, in: Robert Scott, Stephan Kosslyn (Hg.), *Emerging Trends in the Social and Behavioral Sciences* (John Wiley & Sons: Chichester, 2015), http://www.psych.nyu.edu/gollwitzer/Gollwitzer_15_setting%20one's%20mind.pdf, Download 26. Oktober 2015; Peter M. Gollwitzer, Gabriele Oettingen, Implementation Intentions, in: Marc Gellman, J. Rick Turner (Hg.), *Encyclopedia of behavioral medicine*, (Springer: New York, 2013), 1043-1048, https://psych.nyu.edu/gollwitzer/Implementation%20Intentions.pdf, Download 3. November 2015; Peter M. Gollwitzer, Frank Wieber, Overcoming Procrastination through Planning, in: Chrisoula Andreou, Mark D. White (Hg.), *The Thief of Time: Philosophical Essays on Procreastination* (Oxford University Press: New York, 2010), 185-205.

1057 Gabriele Oettingen, Heather Barry Kappes, Katie B. Guttenberg, Peter M. Gollwitzer, Selfregulation of time management: Mental contrasting with implementation intentions, in: European Journal of Social Psychology (2015) 45, 218. „By imagining the future and subsequently mentally elaborating the realitiy, the future becomes closely associated with the reality, revealing that attaining the future demands acting on the current reality [...]. Now, expectations of overcoming the obstacle guide one's behavior.“ Ebd., 218f.

1058 G. Oettingen, Die Psychologie des Gelingens, 11ff, 173ff.

pektive „Trost“[1059] vorrangige poimenische Topoi zum Gegenstand haben. Es ist sicher angebracht, das Kernelement aller Seelsorge als „Ermutigung“ zu bezeichnen. *Mut* darf psychologisch als die Tugend definiert werden, „sich freiwillig persönlichen Risiken auszusetzen, um wertvolle Ziele zu verfolgen“.[1060] Jerome Franks Überzeugung nach kann man die Hauptursache der Leiden, die in der Psychotherapie behandelt werden, „als Demoralisierung bezeichnen - ein Gefühl des Versagens oder der Ohnmacht, auf sich selbst oder seine Umgebung Einfluß zu nehmen.“ Der Entmutigung des Klienten wirke der Psychotherapeut nicht nur durch Symptomverringerung entgegen, „sondern auch, und dies ist noch wichtiger, durch Maßnahmen, die sein Selbstbewußtsein wiederherstellen und ihm helfen, seine Probleme mit mehr Erfolg zu meistern.“[1061] Dieses Moment sei das verbindende Spezifikum aller psychotherapieähnlichen Heilverfahren quer durch die Kulturen, die Formen der christlichen Seelsorge eingeschlossen.[1062]

Das Prinzip der Ermutigung, wertvolle Ziele zu realisieren und gangbare Wege zu finden, um sie zu erreichen, wird verhaltenspsychologisch nicht zuletzt durch *Albert Banduras* schon seit den 70ern hohe wissenschaftliche Aufmerksamkeit beanspruchende und ubiquitär rezipierte[1063] Theorie der *Selbstwirksamkeit* beschrieben,[1064] deren grundlegende Prämisse lautet, dass „people's beliefs in their capabilities to produce desired effects by their own actions“[1065] die wichtigsten Determinanten für die Verhaltensweisen sind, die Menschen wählen, um ihre Schwierigkeiten zu bewältigen.[1066] Bandura zufolge ist die Bewältigungskompetenz Resultante des wahrgenommenen *Wertes* eines Ziels[1067] und des Vertrauen darauf, es selbst erreichen zu können.[1068]

Den größten *Wert* hat für uns das, wonach wir das größte *Bedürfnis* haben.Auf einen Wert ausgerichtet zu sein, für den es sich zu lohnen scheint, auch erhebliche

---

[1059] Johannes Thomas, παρακαλεω, in: EWNT, Bd. 3, 54f. „Mutig sein“ ist in biblisch-theologischer Terminologie synonym mit „getrost sein“; Trost ist dort weitgehend dasselbe wie Ermutigung. Vgl. H.A. Willberg, Grundlagen, 10ff.

[1060] „Courage is the well-praised but little-researched virtue of voluntarily facing personal risk to pursue worthy goals.“ Cynthia L.S. Pury, Shane J. Lopez, Courage, in: C.R. Snyder, Shane J. Lopez (Hg.), *Oxford Handbook of Positive Psychology,* Oxford Library of Psychology, Hg. P.E. Nathan, 2. Aufl. (Oxford University Press: New York, 2009), 375.

[1061] J.D. Frank, a.a.O., 17.

[1062] „Eigenschaften, die der Demoralisierung begegnen und nützliche Einstellungs- und Verhaltensänderungen erleichtern, sind nicht nur allen Formen der profanen Psychotherapie und des religiösen Heilens im Abendland gemeinsam, sondern auch den Heilmethoden anderer Kulturen.“ Ebd.; vgl. ebd., 426ff.

[1063] James E. Maddux, Self-Efficacy: The Power of Believing You Can, in: C.R. Snyder, Shane J. Lopez (Hg.), *Oxford Handbook of Positive Psychology,* Oxford Library of Psychology, Hg. P.E. Nathan, 2. Aufl. (Oxford University Press: New York, 2009), 336.

[1064] Albert Bandura, *Self-Efficacy: The Exercise of Control* (W.H. Freeman and Company: New York, 1997).

[1065] A. Bandura, zit. in: J.E. Maddux, a.a.O., 335.

[1066] J.E. Maddux, ebd.

[1067] A. Bandura, Self-Efficacy, 137.

[1068] Ebd., 74f; J.E. Maddux, 335.

Hindernisse zu überwinden, pflegt man als *Liebe* zu bezeichnen.[1069] Der starke *Wunsch*, sich diesem Wert gegenüber angemessen zu verhalten, ist das Hauptmoment der *Hoffnung*; die Erwartung, dass die Hoffnung sich erfüllt und lohnt, ist vertrauender *Glaube*. Das Problem des entmutigten Menschen hingegen ist der Glaube an die Erfolglosigkeit seiner Bemühungen[1070]. „Beliefs of personal agency constitute the key factor of human agency", konstatiert Bandura. „If people believe they have no power to produce results, they will not attempt to make things happen."[1071] „Beliefs" respektive Glaubensüberzeugungen sind Kognitionen. „Beliefs" und „Expectations" sind Hauptgegenstände der *Kognitionspsychologie*.

3.4.2. Kognitionspsychologische Voraussetzungen

3.4.2.1. Kognition und Emotion

Epsteins CEST ist eine integrative Persönlichkeitstheorie, die sowohl den Erkenntnissen von Kognitiver Psychologie und Verhaltenspsychologie als auch von Tiefenpsychologie und Neuropsychologie gerecht werden soll.[1072] Epstein versteht sie als einen Mittelweg zwischen oberflächlichen Persönlichkeitstheorien, die das Unbewusste eliminieren, und solchen, die es zu hoch bewerten und verkomplizieren. Seiner Überzeugung nach vollziehen sich die meisten mentalen Ereignisse weder völlig bewusst noch in völlig unzugänglichen Regionen des sogenannten „Unbewussten", sondern „at a preconscious level of awareness - a level at which people automatically interpret reality. It is a level that influences our feelings, behavior, and conscious thinking"[1073] Automatisch laufen diese Vorgänge ab, weil bewusste Interventionen nicht nötig sind und nur stören würden.[1074] Auch nach dem CEST-Modell gibt es Probleme, die aus unbewussten Konflikten entstehen. Epstein ist aber der Ansicht, dass die Psychoanalyse diese überbewertet habe und dass zum Beispiel Verdrängung normalerweise nichts weiter als eine gelernte Vermeidungsreaktion sei: „There is simply an area of experience that is problematic because it is dissociated, and therefore cannot be assimilated into the broader conceptual system of the individual."[1075] Pathologische Probleme entstünden aber weniger aus dieser Tiefenschicht als aus „maladaptive preconsious cogni-

---

[1069] Der Zusammenhang von Bedürfnisdeterminierung und Werteorientierung wurde besonders von Max Scheler thematisiert. Max Scheler, *Schriften zur Anthropologie,* Hg. M. Arndt (Philipp Reclam jun.: Stuttgart, 1994), 263-270; vgl. Johann Hirschberger, *Geschichte der Philosophie, Bd. 2: Neuzeit und Gegenwart,* 11. Aufl. (Herder, Komet: Freiburg i.B., Frechen, 1980) 599-605; W. Pannenberg, a.a.O., 33f, 67ff.

[1070] Im Blick auf Depression ist die Dynamik der Demotivierung empirisch sehr gut fundiert von Martin Seligman in der Theorie der „Erlernten Hilflosigkeit" dargestellt. Martin Seligman, *Erlernte Hilflosigkeit,* 4. Aufl. erweitert um: Franz Petermann, Neue Konzepte und Anwendungen (Psychologie Verlags Union: Weinheim, 1992).

[1071] A. Bandura, Self-Efficacy, 3.

[1072] Lawrence A. Pervin, *Persönlichkeitstheorien: Freud, Adler, Jung, Rogers, Kelly, Cattell et al.,* 4., völig neu bearb. Aufl. (Ernst Reinhardt: München, Basel, 2000), 96.

[1073] S. Epstein, Cognitive-Experiental Self-Theory, 112.

[1074] „One is reminded of the centipede who forgot how to walk when asked to describe the order in which it moved its many feet". Ebd., 117.

[1075] Ebd., 116.

tions."[1076]

Epsteins Sicht vom Unbewussten wird zunehmend durch den neuropsychologischen Befund erhärtet. Zwar sei im Gehirn „jederzeit das meiste unbewusst", sagen *Kornhuber und Deecke*, „vieles davon aber bewusstseinsfähig".[1077] Wenn uns zum Beispiel das Gewissen aus dem Unbewussten heraus mahne, werde es uns dabei aber bewusst, „und es ist dann Aufgabe des vernünftigen Willens, daraus die Konsequenzen zu ziehen."[1078] „Das Unbewusste ist, so sehr es sich dem unmittelbaren Einblick unseres Bewusstseins entzieht, keinesfalls eine unzugängliche Sphäre", fasst der Neuropsychologe *Joachim Bauer* den Stand der Forschung zusammen. „Tatsächlich sind die Beziehungen zwischen dem bewussten und nicht bewussten Bereich der menschlichen Seele [...] sehr wohl durchlässig und produktiv, was sich auch experimentell zeigen lässt."[1079]

Epstein betont, dass die Wirklichkeitstheorien der Menschen einen *emotionalen* Hintergrund haben.[1080] Das vorbewusste *Erfahrungssystem* vergleiche neue Erfahrungen mit bereits gemachten und bewerte sie dementsprechend als bedeutsam oder unwichtig. Beurteilt es sie als bedeutsam, so äußere sich das in einem Gefühl. Somit seien Gefühle die Indikatoren für die individuellen Werte einer Person und somit sei die Analyse der individuellen Emotionen

> „the royal road to a person's preconscious beliefs. Thus, one of the most effective ways of learning about the basic beliefs in a person's theory of reality is to examine the person's emotions. [...] The greater the emotional reaction a person has in a situation, the more it can be assumed that a significant belief in the persons's theory of reality was implicated."[1081]

Daraus folgert Epstein:

> „The recognition that preconscious cognitions are the usual effective stimuli that instigate emotions [...] has important implications for the control of emotions, for it follows that if cognitions instigate emotions, then by altering cognitions it is possible to change emotions."[1082]

Wenn eine Erfahrung „emotiv bewertet wird", beinhaltet das nach Scheele notwendig, „daß die bewertungsthematischen Ereignisse als bedürfnisrelevante emp-

---

1076 Ebd., 117. Ähnlich hat schon Henri Bergson die Unbewusstheit vergangener Erfahrungen gedeutet: „In Wirklichkeit bleibt die Vergangenheit ganz von selbst, gleichsam automatisch erhalten. In ihrer Ganzheit sicherlich folgt sie uns jeden Augenblick nach: was von frühester Kindheit an wir gefühlt, gedacht, gewollt haben, ist da; hingesenkt zur Gegenwart, die ihm zuwächst, angestemmt gegen das Tor des Bewußtseins, das es aussperren möchte. Denn eben darauf ist der Mechanismus des Gehirns eingerichtet, all dieses beinahe ins Unbewußte zurückzustauen; nur das ins Bewußtsein erhebend, was angetan ist, unsere augenblickliche Lage zu klären, unsere werdende Tat zu fördern, kurz dazu nützliche Arbeit zu leisten." Henri Bergson, *Schöpferische Entwicklung*, berechtigte Übers. v. G. Kantorowicz (Eugen Diederichs: Jena, 1912), 11f.

1077 H.H. Kornhuber, L. Deecke, a.a.O., 73.

1078 Ebd.

1079 J. Bauer, Selbststeuerung, 28.

1080 S. Epstein, Cognitive-Experiental Self-Theory, 119.

1081 Ebd., 129.

1082 Ebd., 130.

funden werden". Sie spricht in diesem Zusammenhang von „bedürfnisrelevante[n] Wertmaßstäbe[n]" und meint damit „subjektive Orientierungen, die, hergeleitet aus Subjektiven [sic!] Theorien des Selbstkonzepts, die motivationalen Ist- und Soll-Lagen des Individuums bestimmen", wobei sie sich auf Epstein bezieht. Wiederum unter Hinweis auf Epstein schlägt sie vor, „Emotionen als 'via regia' [...] des wissenschaftlichen Verstehens persönlichkeitszentraler, werthaltiger Selbstkonzeptionen und 'subjektiver Leitbilder' [...] zu modellieren."[1083] „Der Begriffskern von Emotion ist notwendig und hinreichend bestimmt durch [...] kognitiv-bewertende Bewußtseinsinhalte."[1084]

Epstein unterscheidet zwischen zwei *Denktypen*, „nämlich [...] zwischen Erfahrungsdenken und rationalem Denken. Diese werden als zwei fundamental verschiedene Wege der Wissensaufnahme angesehen, der eine beruht auf Gefühlen und Erfahrungen, der andere auf dem Intellekt."[1085] Der Erfahrungsverstand beziehe seine Informationen intuitiv aus dem rational nicht unmittelbar zugänglichen *Erfahrungsgedächtnis*. „Im realen Leben tendiert man dazu, zuerst mit seinem Erfahrungsverstand und dann mit dem rationalen Verstand zu reagieren."[1086] Für sozialkompetentes Verhalten komme es aber entscheidend auf den konstruktiven Dialog der beiden Verstandesweisen an.[1087]

3.4.2.2. Episodisches und semantisches Gedächtnis

Für die Bildung und Verarbeitung von Erinnerungen ist der Mensch auf den *Präfrontalen Kortex* (PFC) angewiesen.[1088] Dem Neuropsychologen *Joseph LeDoux* zufolge ist Psychotherapie aus hirnphysiologischer Perspektive „ein Prozeß, durch den unser Neokortex lernt, Kontrolle über evolutionär alte emotionale Systeme auszuüben".[1089] Diese „alten emotionalen Systeme" sind vor allem im *Limbischen System* repräsentiert, das stark von zwei kleinen Kernen darin bestimmt ist, die zusammengefasst als die *Amygdala* bezeichnet werden. LeDoux nennt die Amygdala den „emotionalen Computer" des Gehirns.[1090] Sein Verdienst ist es, die besondere Bedeutung der Amygdala für die Speicherung emotionaler Eindrücke im Ge-

---

[1083] B. Scheele, a.a.O., 40.

[1084] Ebd., 98.

[1085] L.A. Pervin, a.a.O., 111.

[1086] Seymour Epstein, Archie Brodsky, *Sie sind viel klüger als Sie denken: Was man mit Intuition und Verstand erreichen kann,* aus d. Amerik. v. W. Goidinger (Droemersche Verlagsanstalt Th. Knaur Nachf.: München, 1994), 71.

[1087] Die gelingende Integration von *rationalem Denken* und *Erfahrungsdenken* verbirgt sich hinter dem durch die Veröffentlichungen Daniel Golemans populär gewordenen Begriff „Emotionale Intelligenz". Daniel Goleman, *Emotionale Intelligenz*, aus d. Engl. v. F. Griese, 14. Aufl. (Deutscher Taschenbuch Verlag: München, 2001), 67-78. Emotionale Intelligenz ist die Fähigkeit, integrativ Gefühle und Gedanken für Entscheidungsfindungen zu nutzen. Ellen Meywald, „Vernünftiges Denken ist ohne Emotionen nicht möglich", Interview mit Kassler Forschergruppe, in: Psychologie heute (2001) 5, 14.

[1088] J.R. Anderson, a.a.O., 117f. Vgl. zur Funktion des PFC und seiner Interaktion mit dem Limbischen System ausführlich J. Bauer, Selbststeuerung, 19ff, H.H. Kornhuber, L. Deecke, a.a.O., 33ff, sowie die einschlägigen psychiatrischen Lehrbücher und Lexika.

[1089] Thomas Saum-Aldehoff, Im Tiefgeschoß der Angst, in: Psychologie heute (1997) 11, 70.

[1090] P. Thagard, a.a.O., 184.

hirn aufgezeigt zu haben.

In Synergie mit dem benachbarten *Hippocampus* reagiert die Amygdala vor allem auf Sinnesreize, die sie unmittelbar durch die Zuleitung aus dem Zwischenhirn erhält.[1091] Sie bewertet die eingehenden Reize durch Zugriff auf das Erfahrungsgedächtnis als bedrohlich oder nicht bedrohlich. Im Fall einer wahrgenommenen Bedrohung aktiviert sie eine kaskadenartige Ausschüttung von Stresshormonen.[1092] Diese Vorgänge verlaufen weitgehend autonom und schneller als die Reaktionsfähigkeit des präfrontalen Bewussteins.[1093] Zudem können starke Reaktionen der Amygdala auch die Aktivität des zwischen Limbischem System und PFC liegenden *Anterioren Cingulären Cortex* (ACC) lähmen, die sonst dafür sorgt, dass ein ausgeglichenes Verhältnis zwischen den emotionalen Impulsen aus Limbischem System, Zwischenhirn und Stammhirn einerseits und dem PFC andererseits besteht, was vornehmlich davon abhängt, dass der PFC ungestört klare Urteile und Willensentscheidungen bilden kann.[1094]

[1091] Andrew Newberg, Eugene D'Aquili, Vince Rause, *Der gedachte Gott: Wie Glaube im Gehirn entsteht*, aus d. Amerik. v. H. Stadler (Piper: München, Zürich, 2003), 67ff.

[1092] Gerhard Roth, Das Verhältnis von bewusster und unbewusster Verhaltenssteuerung, in: Psychotherapie Forum (2004) 2, 64f. Populärwissenschaftlich D. Goleman, a.a.O., 31ff, 373ff; wissenschaftlich ausführlich dazu Joseph LeDoux, *Das Netz der Gefühle: Wie Emotionen entstehen*, aus d. Engl. v. F. Griese, 5. Aufl. (Deutscher Taschenbuch Verlag: München, 2010), 169ff.

[1093] „Die direkte Bahn vom Thalamus [Teil des Zwischenhirns, in dem die Aufnahme von Sinneswahrnehmung erfolgt, d.Verf.] zur Amygdala ist ein kürzerer und deshalb schnellerer Übertragungsweg als die Bahn vom Thalamus über die Rinde zur Amygdala. Sie kann aber, da sie die Rinde [sc. den PFC, d.Verf.] ausläßt, nicht von der kortikalen Verarbeitung profitieren. Deshalb kann sie der Amygdala nur eine grobe Repräsentation des Reizes liefern. Sie ist daher eine *schnelle und ungenaue* Verarbeitungsbahn. Dank der direkten Bahn können wir auf potentiell gefährliche Reize schon reagieren, bevor wir uns über den Reiz ein vollständiges Bild gemacht haben. In gefährlichen Situationen kann das sehr nützlich sein. Der Nutzen hängt jedoch davon ab, daß die kortikale Bahn die direkte Bahn korrigieren kann." J. LeDoux, a.a.O., 175.

[1094] Andrew Newberg, Mark Robert Waldman, *Der Fingerabdruck Gottes: Wie religiöse und spirituelle Erfahrungen unser Gehirn verändern*, aus d. Amerik. v. D. Mallett (Goldmann: München, 2012), 87ff, 167ff; J.R. Anderson, a.a.O., 72f; H.H. Kornhuber, L.Deecke, a.a.O., 51; J. Bauer, Das Gedächtnis, 51ff. Normalerweise können die zunächst unbewusst von der *Amygdala* im *Limbischen System* initiierten Bewertungen und die daraus resultierenden Stressreaktionen durch den PFC überprüft und aufgrund seines Urteils modifiziert werden.Die Funktionsfähigkeit des PFC kann aber insbesondere bei sehr starken aversiven Reizen blockiert sein. Das ist vor allem bei posttraumatischen Belastungsstörungen der Fall. J. Bauer, Das Gedächtnis, 198f. Untersuchungen unter Leitung des Traumaforschers Bessel van der Kolk, Psychiatrieprofessor an der Boston University (About Dr. Bessel van der Kolk, Trauma Center At Justice Resource Institute, http://www. traumacenter.org/about/about_bessel.php, Download 16. Juli 2015), zeigten aber anscheinend, dass die präfrontale Kontrollfunktion reinszeniert werden konnte, wenn traumatisierte Probanden durch Yogaübungen lernten, bei Auftreten des Traumareizes die körperlichen Reaktionen besser wahrzunehmen und konstruktiv damit umzugehen. Daraus folgte, dass sie den dann auftretetenden unangenehmen Gefühlen nicht hilflos ausgeliefert waren, sondern die erinnerte Katastrophenerfahrung differenziert betrachten konnten Barbara Knab, Hör, was dein Leib dir sagt, in: Psychologie heute (2007) 11, 56. Demnach können Methoden wie Yogaübungen, wenn sie evident solche Wirkungen hervorbringen, ein wichtiger Bestandteil psychotherapeutischer Behandlung sein.

LeDoux zufolge schließt die Tatsache, dass die Verarbeitungsprozesse der Amygdala nicht notwendig mit dem PFC koordiniert sind, auch die emotionalen Erinnerungen ein, auf die sie zur Beurteilung neu eingehender Sinneseindrücke zurückgreift. Dadurch entstehen spontane Situationsbewertungen, die dem PFC sozusagen nachgereicht werden und von diesem nicht mehr kausal nachvollzogen werden können. Das Bewusstsein muss sich dann also mit Emotionen auseinandersetzen, deren augenblicklicher Ursprung unbewusst ist.[1095] „Das emotionale Geschehen im Gehirn spielt sich weitgehend im emotionalen Unbewußten ab",[1096] betont LeDoux in Übereinstimmung mit *Antonio Damasio*, dem anderen Pionier der Erforschung dieser neuropsychologischen Zusammenhänge.[1097]

Die maßgeblich von der Amygdala initiierten Speichervorgänge lagern sich nachhaltig im *Langzeitgedächtnis* ab.[1098] Diese unbewussten Prozesse bilden aber nur einen Teil des neuronalen Systems der Emotionen und die starke Gewichtung, die LeDoux und Damasio der unbewussten emotionalen Gedächtnisbildung beimessen, spiegelt sich in der einschlägigen kognitionspsychologischen Literatur nicht wirklich wider.[1099] Dem dort vertretenen Befund nach trifft die von LeDoux dargestellte Differenzierung zwischen *implizitem* und *explizitem* Gedächtnis zwar zweifellos zu, aber der Schwerpunkt der Abspeicherung emotionaler Inhalte scheint dabei eher in Letzerem zu liegen.[1100] Das implizite oder *„non-deklarative"* Gedächtnis merkt sich mit großer Nachhaltigkeit unbewusst Aufgenommenes,[1101] während das explizite oder *„deklarative"* das bewusst Wahrgenommene beinhaltet.[1102] Dieses teilt sich wiederum in das *semantische* und das *episodische* Ge-

[1095] J. LeDoux, a.a.O., 65-68.

[1096] Ebd., 70.

[1097] Antonio R. Damasio, *Descartes' Irrtum: Fühlen, Denken und das menschliche Gehirn*, aus d. Engl. v. H. Kober, 6. Aufl. (List: Berlin, 2010); vgl. A. Newberg, E. D'Aquili, V. Rause, a.a.O., 78; P. Thagard, a.a.O., 179; J. Bauer, Das Gedächtnis, 47f.

[1098] Elke van der Meer, Langzeitgedächtnis, in: Joachim Funke, Peter A. Frensch (Hg.), *Handbuch der Allgemeinen Psychologie - Kognition* (Hogrefe: Göttingen, 2006), 351.

[1099] Vgl. Rainer Schandry, *Biologische Psychologie*, 3., vollst. überarb. Aufl. (Beltz: Weinheim, Basel, 2011), 487ff; Dorsch, 362; P.G. Zimbardo, R.J. Gerrig, a.a.O., 234-236; W. Mack, B. Raski, a.a.O., 47-49; Bianca Vatterodt-Plünnecke, Jürgen Bredenkamp, Gedächtnis: Definitionen, Konzeptionen, Methoden, in: Joachim Funke, Peter A. Frensch (Hg.), *Handbuch der Allgemeinen Psychologie - Kognition* (Hogrefe: Göttingen, 2006), 297-306.

[1100] Mit Nachdruck betonen das die Neurobiologen Kornhuber und Deecke. H.H. Kornhuber, L. Deecke, a.a.O., 67-70, 114.

[1101] „Viele unserer Fertigkeiten, Gewohnheiten und Präferenzen kommen durch vergangene Ereignisse zu Stande, die wir nicht bewusst erinnern und verbalisieren können, die aber unser Verhalten tief greifend beeinflussen." E.v.d. Meer, a.a.O., 349. „Das implizite Gedächtnis ist als Gedächtnis definiert, dessen wir uns nicht bewusst sind." J.R. Anderson, a.a.O., 159.

[1102] R. Schandry, a.a.O., 490; E.v.d. Meer, a.a.O., 346ff. „Deklarativ" heißt es, weil „es sich um Inhalte handelt, die meist gut verbalisiert ('deklariert') werden können, es deckt sich daher stark mit dem verbalen Gedächtnis." W. Mack, B. Raski, a.a.O., 47f. „Forschungen zum Vergleich des impliziten und expliziten Gedächtnisses legen den Schluss nahe, dass diese zwei Arten des Gedächtnisses im Gedächtnis auf sehr unterschiedliche Art und Weise realisiert werden." J.R. Anderson, a.a.O., 158.

dächtnis auf.[1103] Tabelle 08 zeigt die Differenzierung des Gedächtnisses nach dem Stand der gegenwärtigen Kognitionspsychologie:[1104]

Gedächtnis					
deklarativ		nichtdeklarativ			
semantisch (Fakten)	episodisch (Ereignisse)	prozedural[1105]	geprimt[1106]	konditioniert	nichtasso-ziativ[1107]

Tabelle 08: Kognitionspsychologische Differenzierung des Gedächtnisses

Nach *Schandry* beinhaltet das *episodische* Gedächtnis „Ereignisse aus der eigenen Biographie (Episoden)“ und das *semantische* Gedächtnis „Fakten, die nicht in Form von Szenen, sondern in Form von Begriffen abgelegt sind (semantische Inhalte).“[1108] Das semantische Gedächtnis enthält „das gesamte indidivuelle Wissen von der Welt ohne noch erkenntliche Lernsituationen.“[1109] Es ist das Wissen in abstrakten Begrifflichkeiten.[1110] Das semantische Gedächtnis kann zum Beispiel exakt bestimmen, dass Paris die Hauptstadt von Frankreich ist und auf welchem Breitengrad sie sich befindet, während das episodische Gedächtnis dazu die Vorstellung liefert,[1111] die besonders stark wird, wenn man selbst schon dort gewesen ist. Die Erinnerung des selbst Erlebten wird als *autobiographisches* Gedächtnis bezeichnet.[1112]

Es liegt auf der Hand, dass den Grundformen des Gedächtnisses auch die psychologischen Grundformen des *Wissens* entsprechen, denn unser Wissen besteht generell aus Erinnertem. Tatsächlich unterscheidet man psychologisch analog zum Gedächtnis das *explizite, deklarative* Wissen vom *impliziten, prozeduralen* Wissen, bei dem es sich um Abläufe handelt, die zum Teil zwar bewusst erlebt werden können, aber entweder völlig automatisiert wurden oder sich schon immer unbewusst vollzogen haben, zum Beispiel aufgrund des Lernens durch klassische

---

1103 Ebd., 48; P.G. Zimbardo, R.J. Gerrig, 246; B. Vatterodt-Plünnecke, J. Bredenkamp, a.a.O., 299; E. v. d. Meer, a.a.O., 347f. „Ob semantisches und episodisches Gedächtnis separate Subsysteme des LZG [Langzeitgedächtnis, d.Verf.] sind oder ob es sich um *ein* Gedächtnissystem handelt, wird kontrovers diskutiert.“ Ebd., 349.

1104 J.R. Anderson, a.a.O., 159, nach Squire 1987.

1105 Erlernte Fertigkeiten wie z.B. Radfahren. J.R. Anderson, a.a.O., 159.

1106 Priming ist die unbewusste Anbahnung späterer Wahrnehmungen, die durch Assoziationen mit den geprimten Inhalten entstehen: „Zu einem früheren Zeitpunkt und in anderem Zusammenhang bereits bearbeitete Informationen (Wörter, Bilder, Gesichter) werden zu einem späteren schneller und effizienter verarbeitet, ohne erinnert oder wiedererkannt zu werden.“ Peters, 419.

1107 Habituation, Sensibilisierung.

1108 R. Schandry, a.a.O., 490.

1109 Dorsch, 362. Es ist dort als Wissen „ohne Bezug zu bestimmten Episoden des Lebens und ohne zeitlichen und räumlichen Bezug abgespeichert.“ B. Vatterodt-Plünnecke, J.Bredenkamp, a.a.O., 299.

1110 Ebd., 300.

1111 W. Mack, B. Rasci, a.a.O., 48.

1112 Ebd.; vgl. C. Amrhein, a.a.O., 47-51.

Konditionierung.[1113] Das deklarative Wissen wird gleich wie das deklarative Gedächtnis in den *semantischen* und den *episodischen* Bereich unterteilt.[1114]

Wissen ist das, was unser *Bewusstsein* ausmacht. Das Bewusstsein von uns selbst, das Selbst-Bewusstsein, formt sich aus dem Erinnerten, indem wir auf das episodisch Erinnerbare zurückgreifen und es durch unser semantisches Wissen begrifflich ordnen. Der Stoff, aus dem sich das Selbstbewusstsein bildet, besteht aus den emotional gewichtigen *Imaginationen* autobiographischer Episoden.[1115] Emotionen sind „bedürfnisrelevante Bewertungszustände". Die emotionale und imaginative Struktur des episodischen Erinnerns und Wissens ist maßgeblich autobiographisch bestimmt, weil der Mensch, mit dem Wortsinn von „Autobiographie" gesprochen, in Ausrichtung auf die Erfüllung seiner wesentlichen Bedürfnisse durch das selektive und begrifflich überformte Erinnern des Erlebten sozusagen seine eigene Lebensgeschichte schreibt, indem er die Imagination der Erinnerung auf die Zukunft projiziert[1116]. Wenn die episodische Erinnerung aufgrund der Bedürfnispräferenzen des Einzelnen auch immer einer bewertenden Auswahl folgt und darum nicht „objektiv" im Sinne neutraler Sachlichkeit sein kann, wenn sie also darum auch notwendig idealisierende Realitätsverzerrungen mit sich bringt, kann sie dennoch realistisch genug sein, um sich auch mit realistischen Zielen zu verbinden. *Realismus* steht nur dann im Gegensatz zu *Idealismus*, wenn sich der Idealismus von der Realität gelöst hat. Idealisierungen hingegen, die den Realitätsbezug wahren, sind für die Persönlichkeitsentwicklung unabdingbar. Die realistische Idealisierung der eigenen Zukunft folgt aus der realistischen Wahrnehmung der eigenen Vergangenheit. Die Realität des Erlebens ist im episodischen Gedächtnis gespeichert. Soll sich die Selbstaktualisierung des Einzelnen an einem gesunden Selbstideal ausrichten, so benötigt er dazu eine Selbstwahrnehmung, die das semantische Wissen keinesfalls gering achtet, die es aber in den Dienst der Integration episodischer Erinnerungen stellt. Wenn es aber an realistischer episodischer Wahrnehmung fehlt, sind Verzerrungen im semantischen Bewusstsein die Folge, die nicht mehr zur Realität passen und die sich, da es keine Begrifflichkeit ohne bildhaftes Korrelat gibt, mit fehlgehenden Fantasien vereinen.

Dieses Problem hat der britische Bindungsforscher *John Bowlby* (1907-1990) besonders hervorgehoben. Er weist auf die in der Psychotherapie häufige Schwierigkeit hin, ein „Programm des Handelns und/oder der Bewertung abzuändern, [...] wenn vom Bewertungssystem seit langem befolgte Regeln seine Überprüfung verbieten."[1117] Bowlby führt das auf die Verschiedenartigkeit des episodischen und des semantischen Gedächtnisses zurück. Das episodische Gedächtnis speichere Erlebnisse in ihrem ursprünglichen Zusammenhang ab, wie zum Beispiel „die lebhaften Erinnerungen eines Menschen an die Geschehnisse, die sich während ei-

[1113] W. Mack, B. Rasci, a.a.O., 72.

[1114] Ebd.

[1115] C. Amrhein, a.a.O., 47f; Heike von Stern, Du bist, woran du dich erinnerst, in: Psychologie heute (2012) 7, 22f.

[1116] H. v. Stern, a.a.O., 20ff. Man wird darum Scheeles Formulierung noch erweiteren dürfen: Emotionen sind bedürfnisrelevante Bewertungszustände - aufgrund bedürfnisrelevanter Erinnerung in Bezug auf bedürfnisrelevante Ziele.

[1117] John Bowlby, *Verlust, Trauer und Depression* (Fischer Taschenbuch: Frankfurt a.M., 1983), 79.

nes bestimmten Urlaubs ereigneten."[1118] Beim semantischen Gedächtnis bestehe die gespeicherte Information hingegen „in Form generalisierter Vorschläge oder Angebote im Hinblick auf die Welt, abgeleitet entweder aus den eigenen Erfahrungen eines Menschen oder aus dem, was er von anderen gelernt hat, oder aus einer Kombination von beidem."[1119] Dem epidosischen Gedächtnis nach sei uns zum Beispiel die Erde eine Scheibe, dem semantischen nach aber eine Kugel.[1120] Zwar würden wir grundsätzlich dazu neigen, die Vorstellungen aus dem episodischen Speicher „als gültiger" anzusehen,[1121] andererseits würden wir aber auch missliebige episodische Erinnerungen durch Konstrukte des semantischen Gedächtnisses ersetzen, etwa durch eine im Widerspruch zur realen Erfahrung stehenden Glorifizierung der Eltern.[1122] Die „kognitive Loslösung einer Reaktion von der zwischenmenschlichen Situation, die sie ausgelöst hat, spielt meines Erachtens eine ungeheure Rolle in der Psychopathologie", befindet Bowlby.[1123] Darum sei es hilfreich, in der Therapie das episodische Gedächtnis zu aktivieren, damit verdrängte Emotionen (in der Erinerung) wieder erlebt werden könnten.[1124]

3.4.2.3. Imagination und Erwartung

Otto Haendler hat, tiefenpsychologisch argumentierend, zwei „Schichten der Persönlichkeit" unterschieden, „das rationale und das intuitive Denken".[1125] Die intuitive Erkenntnis sei zwar „irrational", nicht aber „gegenrational".[1126] Mit der Zuordnung von Intuition und Irrationalität bedient Haendler ein weit verbreitetes Klischee, mit dem Hinweis, dass es sich dabei aber nicht um eine „Gegenrationalität" handle, zeigt er jedoch zugleich an, dass sie eben doch auch eine Erscheinungsweise der Ratio ist. Zu behaupten, Irrationalität sei rational, ist logisch unsinnig. Wenn die Integration rationaler kognitiver Verfahrensweisen in Therapie und Seelsorge mit meditativen Methoden gelingen soll, kommt es entscheidend darauf an, sowohl die überwiegend sprachlich repräsentierte Denkebene der *begrifflichen Logik* als auch die sprachlich nur kommentierte und interpretierte Denkebene der *Intuition* als Modi der Rationalität zu verstehen. Gleichermaßen kommt es darauf an, sie als eine stete Einheit zu betrachten. Die Logik der sprachlichen Begrifflichkeit wird irrational, wenn es ihr an intuitiver Beglaubigung mangelt. Diese besteht in der intuitiv erfassten Übereinstimmung der begrifflich logischen Aussage mit der Wirklichkeit. Es gibt sehr viele begrifflich logische Formulierungen, denen diese Übereinstimmung fehlt. Man kann sogar die präzisesten Berechnungen anstellen und damit völlig realitätsfremde Konstrukte bilden. Das Kriterium der rationalen Evidenz sprachlicher Ausdrücke ist nicht die Richtigkeit, sondern die

---

[1118] Ebd., 87.

[1119] Ebd. Z.B. „alle möglichen Ansichten, die die Person sich über Urlaub im allgemeinen und über irgendeinen besondern Urlaub im Vergleich zu anderen bildet." Ebd.

[1120] Ebd., 89.

[1121] Ebd.

[1122] Ebd., 87f.

[1123] Ebd., 94. „Manchmal ist diese Loslösung vollständig". Ebd. Symptomatisch ist das vor allem bei Borderlinern und dissoziativ gestörten Menschen.

[1124] J. Bowlby, a.a.O., 88.

[1125] O. Haendler, Die Predigt, 153.

[1126] Ebd., 155.

Stimmigkeit. Unter Stimmigkeit ist die intuitiv erfasste Übereinstimmung des sprachlichen Ausdrucks mit der Wirklichkeit zu verstehen.

Umgekehrt bleibt die Erfahrung der Wirklichkeit für das menschliche Bewusstsein irrational, wenn ihr die begriffliche Bestimmung fehlt. Wer nicht zwischen einem Auto und einer Katze unterscheiden kann, wird gewiss die falschen Schlüsse aus ihren Erscheinungen ziehen und kaum vernünftig mit beidem umgehen können. Gleichwohl ist die Wirklichkeit der Katze noch nicht im Begriff mitgegeben; wer ein wenig verstehen will, was eine Katze ist, braucht ein intuitives Erfassen ihrer Wirklichkeit dazu.

Den Eindruck, die Denkweise auf der Ebene der „Bildschicht" sei irrational, erhellt die von *Watzlawick* et al. dargestellte Unterscheidung von *digitaler* und *analoger* Kommunikation.[1127] Den Autoren zufolge entspricht der Modus des analogen Kommunizierens dem, was Freud unter dem „Es" verstanden hat: „Für die Vorgänge im Es gelten die logischen Denkgesetze nicht, vor allem nicht der Satz des Widerspruchs. [...] Es gibt im Es nichts, was man der Negation gleichstellen könnte".[1128] Während wie in der Technik im menschlichen Bewusstsein für die Logik des digitalen Denkens der Satz vom Widerspruch maßgebend ist, weil es sich nur aus den Alternativen „zutreffend" oder „nicht zutreffend" zusammensetzt, fehlt im analogen Denken die Möglichkeit des nicht Zutreffenden, weil es durchweg bildhaft ist. Während das digitale Denken abgrenzt und ausschließt, besteht das analoge Denken aus einem steten Fluss immer neuer Bilder, die einander ablösen oder vervollständigen, ohne aufeinander bewertend Einfluss zu nehmen, denn es gibt hier kein „Richtig" oder „Falsch" und kein „Besser" oder „Schlechter". Darum können im analogen Denken auch völlig gegensätzlich erscheinende Bilder bestens nebeneinander bestehen, denn ihre Gegensätzlichkeit wird dort gar nicht urteilend festgestellt, sondern allenfalls ohne Wertung empfunden: Etwas wirkt hell oder dunkel, warm oder kalt, harmonisch oder dissonant, aber ob es darum gut oder schlecht ist, wird im analogen Denken nicht thematisiert. Urteile fällt nur das digitale Denken.

Analoges Denken mag in relativer Reinform bei kleinen Kindern aufreten, die tatsächlich noch keinen Unterschied zwischen Katze und Auto machen. Sobald die Sprachentwicklung abgeschlossen ist, dürfte es allerdings nur noch im Verein mit dem digitalen Denken erscheinen.[1129] Auch wenn in unseren Träumen scheinbar unvereinbare Bildszenen zusammen auftauchen, verbindet sich ihre Wahrnehmung mit Urteilen, wenn diese auch oft buchstäblich „verrückt" sind, weil sich Urteile und Bilder wie in einem Kaleidoskop auf skurille Weise neu zusammensetzen können.

Kant dürfte Recht zu geben sein, dass bereits jede Sinneswahrnehmung mit einem unmittelbar erfolgenden analytischen Urteil verbunden ist, das sie sozusagen „digitalisiert", um sie in dieser nunmehr begrifflich geordneten Weise Verstand und Vernunft zur weiteren Verarbeitung anheimzugeben; anders als in diesen Strukturen operiert das Bewusstsein des sprachlich entwickelten Menschen

---

[1127] P. Watzlawick et al., 61ff.

[1128] Ebd., 67.

[1129] „Kognitionswissenschaftler, die sich mit der Vorstellung befassen, konzentrieren sich auf visuelle Repräsentationen. Wir sollten darüber aber nicht vergessen, daß die visuelle Wahrnehmung mit der nichtvisuellen verknüpft ist." P. Thagard, a.a.O., 121f.

nicht.[1130] Dass sich der Vorgang aber nicht nur bewusst vollzieht, sondern zum größten Teil automatisch durch das *Limbische System* besorgt wird, ändert nichts am Sachverhalt, weil der engen Verflechtung der verschiedenen Gedächtnisfunktionen des Gehirns wegen davon auszugehen ist, dass die Informationen des emotionalen Gedächtnisspeichers nicht isoliert zu betrachten sind, sondern grundsätzlich verknüpft mit ihren digitalen Bewertungen.[1131] Eine besondere Rolle spielen dabei die Bewertungsvorgänge der *Amygdala.*[1132] So wird dort etwa der Sinneseindruck einer Katze als etwas Bedrohliches abgespeichert, wenn Katzen in der Vergangenheit als Bedrohung erlebt oder gedeutet wurden. Nur in dieser Verbindung von emotionaler Erinnerung und digitaler Bewertung lassen sich Inhalte des emotionalen Gedächtnisspeichers sinnvoll ins Bewusstsein nehmen, um mit ihrer Hilfe das Leben zu bewältigen. Dann besteht der Sinn des analogischen Denkens Thagard zufolge „darin, mit einer neuen Situation so umzugehen, daß man eine bereits vertraute Situation 'darauf anwendet'."[1133] Diese Fähigkeit, durch Analogiebildung Lösungen zu finden, scheint spezifisch menschlich zu sein.[1134]

Die sinnvolle Aktivierung der „Bildschicht" scheint das zu sein, was man als „Kreativität" bezeichnet, und das Zulassen von Bildern, die im Bewusstsein erscheinen, wie auch das Modellieren neuer bildhafter Vorstellungen das, was man „Fantasie"zu nennen pflegt. Der Philosoph *Peter Bieri* definiert die Fantasie als „die Fähigkeit, im Inneren Möglichkeiten auszuprobieren". Als solche sei sie notwendige Voraussetzung der Willensfreiheit. Um substanzielle Entscheidungen zu

---

1130 „Ohne Sinnlichkeit würde uns kein Gegenstand gegeben, und ohne Verstand keiner gedacht werden. Gedanken ohne Inhalt sind leer, Anschauungen ohne Begriffe sind blind. Daher ist es ebenso notwendig, seine Begriffe sinnlich zu machen (d.i. ihnen den Gegenstand in der Anschauung beizufügen), als seine Anschauungen sich verständlich zu machen (d.i. sie unter Begriffe zu bringen). [...] Der Verstand vermag nichts anzuschauen, und die Sinne nichts zu denken. Nur daraus, daß sie sich vereinigen, kann Erkenntnis entspringen." KrV, 120. „Es gibt [...], außer der Anschauung, keine andere Art, zu erkennen, als durch Begriffe. Also ist die Erkenntnis eines jeden, wenigstens des menschlichen Verstandes, eine Erkenntnis durch Begriffe, nicht intuitiv, sondern diskursiv. [...] Von diesen Begriffen kann nun der Verstand keinen andern Gebrauch machen, als daß er dadurch urteilt." Ebd., 137. „Wir können aber alle Handlungen des Verstandes auf Urteile zurückführen, so daß der Verstand überhaupt als ein Vermögen zu urteilen vorgestellt werden kann. Denn er ist [...] ein Vermögen zu denken. Denken ist das Erkenntnis durch Begriffe." Ebd., 138.

1131 Vgl. R. Schandry, a.a.O., 467ff.

1132 „Wurde beispielsweise in der Vergangenheit an einem bestimmten Ort oder in Gegenwart eines bestimmten Reizes (z.B. eines Geruchs) eine starke (angenehme oder unangenehme) Emotion erlebt, so ist das spätere Wiedererleben dieser Emotion bei gleichen oder ähnlichen Umgebungs- bzw. Reizbedingungen ein Prozess, der von der Amygdala gesteuert wird." Ebd., 147.

1133 P. Thagard, a.a.O., 101. „Zur Analogiebildung muss zunächst festgestellt werden, dass eine frühere Problemlösung relevant ist. Dann müssen die Elemente dieser früheren Lösung auf das aktuelle Problem übertragen werden, damit ein Operator zu dessen Lösung ausgebildet werden kann." J.R. Anderson, a.a.O., 170.

1134 Affen schneiden Anderson zufolge bei Tests zu analogem Denken schlecht ab. „Analoges Denken scheint eine fast ausschließlich beim Menschen vorliegende Fähigkeit zu sein, und sie scheint von der fortgeschrittenen Entwicklung des präfrontalen Kortex abzuhängen." Ebd., 171.

treffen, müsse unsere Fantasie „groß, verläßlich und genau sein."[1135]

Die große Bedeutung des kreativen Potenzials der Fantasie findet Bestätigung durch die Neuropsychologie: Wir haben „einen sehr großen Hirnbereich, der die Funktion der visuellen Informationsverarbeitung übernimmt", erläutert *John Anderson*. „Entsprechend benutzen wir diesen Gehirnbereich so oft wir können, um bei fehlenden visuellen Reizen von außen im Kopf mentale Bilder zu erzeugen. Zu den kreativsten menschlichen Handlungen gehört das Bilden visueller Vorstellungen."[1136] Mentale Vorstellungen haben ähnliche Intensität wie äußerliche Wahrnehmungen, zumal bei diesen wie jenen „dieselben Gehirnregionen beteiligt sind."[1137] Zudem prägen sich visuelle Informationen stärker dem Gedächtnis ein als verbale.[1138] Allerdings vermischt sich die visuelle Erinnerung mit ihrer Deutung: „Obwohl Menschen ein sehr gutes Gedächtnis für Bilder zeigen, erinnern sie sich scheinbar eher an eine Interpretation des Bildes als an das exakte Bild selbst."[1139] Neuropsychologisch betrachtet kann das Paradigma des Imaginierens sehr weit gefasst werden. Der Göttinger Neurobiologe *Gerald Hüther* sieht in der Erzeugung neuer „handlungsleitender Reaktionsmuster" das Charakteristikum lebender Organismen schlechthin. Kennzeichnend für die Evolution sind kreative autopoietische Prozesse zur Anpassung an veränderte Daseinsbedingungen.[1140] Das schöpferische Imaginieren neuer „handlungsleitender Reaktionsmuster" lässt sich in Bezug auf den Menschen wahrscheinlich ganz gut unter den Begriff der „Vision" fassen. Ein Mensch hingegen, der sich dem Entwurf neuer Leitbilder verschließt, beraubt sich der lebensnotwendigen Möglichkeit des *Akkomodierens* und *Assimilierens*, um sich bewältigend auf veränderte Bedingungen einzustellen.[1141] Ein starres Erwartungsbild, das er auf die Realität projiziert, soll vor Verletzungen

---

[1135] Peter Bieri, *Das Handwerk der Freiheit: Über die Entdeckung des eigenen Willens* (Carl Hanser: München, Wien, 2001), 65f.

[1136] J.R. Anderson, a.a.O., 75.

[1137] Ebd., 82.

[1138] Ebd., 95.

[1139] Ebd.

[1140] G. Hüther, Die Macht, 43. „Im Prinzip unterscheidet sich das, was eine einzelne Zelle tut, nicht von dem, was ein Mensch oder eine ganze Gesellschaft unternimmt, wenn die innere Ordnung und der Fortbestand dessen gefährdet ist, was sich bisher als eine geeignete Lebensform erwiesen hat: Es werden bewährte, im Inneren bereit gehaltene Bilder wachgerufen und als handlungsleitende Reaktionsmuster, als erinnerte Vorstellungen oder in die Zukunft entworfene Visionen benutzt, um die eingetretene Gefährdung abzuwenden. Ohne den Rückgriff auf solche inneren Bilder ist kein Leben möglich."Ebd., 43f. Zur Personenbeschreiung Hüthers s. Prof. Dr. Gerald Hüther, http://www.gerald-huether.de/, Download 23. Juli 2015.

[1141] Die Wechselwirkung von Assimilation und Akkomodation als entscheidendes Movens der neuronalen Entwicklung wurde von Jean Piaget (1896-1980) wissenschaftlich festgestellt. „Wenn Sachverhalte mithilfe der vorhandenen Schemata eingeordnet werden, so spricht man von einer Assimilation. Wenn dagegen eine Diskrepanz zwischen dem einzuordnenden Sachverhalt und den vorhandenen Schemata wahrgenommen wird, ist eine Anpassung der vorhandenen Schemata notwendig (Akkomodation)." Arnold Lohaus, Marc Vierhaus, *Entwicklungspsychologie des Kindes- und Jugendalters für Bachelor: Lesen, Hören, Lernen im Web*, 2., überarb. Aufl. (Springer: Berlin, Heidelberg, 2013), 23; vgl. H. Heckhausen, a.a.O., 21; vgl. David Krech, Richard S. Crutchfield, Norman Livson, William A. Wilson et al., *Grundlagen der Psychologie,* Band 4: *Kognitionspsychologie,* Studienausgabe, Hg. H. Benesch, Lizenzausgabe (Bechtermünz: Augsburg, 1998), 14f.

bewahren, die ihm widerfahren könnten, wenn er sich öffnen würde.[1142] Neurobiologisch bedeutet Assimilation, dass bestehende neuronale Bahnungen graduell verändert und erweitert werden. Wenn aber „Wahrnehmungen nicht an ein bestehendes Schema assimiliert weden können, müssen erst durch wiederholte Erfahrungen neue Bahnungen geschaffen werden, an die solche Wahrnehmungen in Zukunft assimiliert werden können", erklärt Grawe. „Das Anlegen solcher neuen Bahnungen entspricht dem, was Piaget als Akkomodation bezeichnet hat."[1143] Bei erhöhtem Stress neigt Hüther zufolge der Mensch dazu, auf überkommene Erwartungsbilder zurückzugreifen, statt neue Entwürfe zu wagen. Dies werde zwar einerseits als Entlastung erlebt, andererseits produziere es aber wieder neuen Stress, zumal es mit angestrengtem Nachdenken über Bewältigungsmöglichkeiten verbunden sei.[1144]

3.4.2.4. Resümee

Die Unterscheidung der motivationspsychologischen und der kognitionspsychologischen Begründung einer Theorie der Kognitiven Seelsorge verschwimmt, weil die menschliche Motivation maßgeblich kognitiv bestimmt ist. Unsere Handlungspräferenzen sind zwar durch unsere Grundbedürfnisse determiniert, aber die daraus hervorgehenden *Grundüberzeugungen* (Beliefs) davon, was gut und schlecht für uns ist, bestimmen uns nicht blind. Sie erschließen sich durch die Reflexion unserer Emotionen. Eine Emotion ist die psychophysische Reaktion, die unbewusst oder bewusst aus der bedürfnisbezogenen Bewertung eines Stimulus hervorgeht. Ein großer Teil der von früher Kindheit an ausgebildeten Bewertungsschemata ist unbewusst im *non-deklarativen Gedächtnis* abgelagert und wird ebenfalls unbewusst durch limbische Bewertungsvorgänge emotional aktiviert. Daraus resultieren wiederum unbewusste Verhaltensimpulse. Nur in seltenen Fällen sind aber dabei die ursächlichen Gedächtnisinhalte gänzlich abgespalten und somit der nachdenkenden Erschließung nicht zugänglich. Meist handelt es sich lediglich um *präkognitive* Vorgänge, was bedeutet, dass sie *noch nicht* präfrontal erschlossen sind. Die präfrontale Analyse und Entscheidungsfindung, was es mit den jeweiligen präkognitiven emotionalen Impulsen auf sich hat und wie mit ihnen umzugehen sei, ist einerseits ebenfalls bedürfnisdeterminiert, weil die Grundmomente der präfrontalen Bewertungen auf der motivationalen *Systemebene* der Person festgelegt sind, was sich in den Sollwerten ihrer *Lebensprinzipien* (Prinzipienebene) niederschlägt. Andererseits ist sie frei, weil wir alle ins Bewusstsein tretenden Bewertungskognitionen wiederum im Blick auf unsere authentischen Bedürfnisziele überprüfen und gegebenenfalls willentlich durch bedürfnisrelevante Alternativen ersetzen können.[1145] Der Mensch entkommt der Bedürfnis*determinierung* nicht

---

[1142] G. Hüther, Die Macht, 78f.

[1143] K. Grawe, Psychologische Psychotherapie, 266. Vgl. zur entwicklungspsychologischen Bedeutung neuronaler Bahnungen unter diesem Aspekt ferner G. Hüther, Biologie der Angst, a.a.O.

[1144] G. Hüther., Die Macht, 87.

[1145] Darum gilt auch für unwillentlich im Unbewussten stattfindende Lernvorgänge durch *Priming*: „Sobald allerdings eine Aufklärung erfolgt ist oder Menschen sensibilisert sind und bei sich selbst auf die Wirkung derartiger Signale achten, kollabieren die Effekte. Wissen ist Macht, weil es uns vor manipulativen Eingriffen in unsere Willensfreiheit schützen kann." J. Bauer, Selbststeuerung, 101.

(warum sollte er auch?), aber er ist frei und verantwortlich dafür, seine Bedürfnis*erfüllung* bewusst und willentlich selbst zu *steuern.*[1146]

Das tatsächliche Vorhandensein dieser relativen menschlichen Willensfreiheit und ihre entscheidende Bedeutung für die psychophysische Gesundheit des Menschen gelangte insbesondere durch die neuropsychologische und molekularbiologische Forschungsarbeit der letzten Jahre zu neuem Bewusstsein.[1147] Mehr denn je deuten die Befunde darauf hin, dass der Mensch nicht nur ein biologischer Mechanismus ist, der sich seine Willensfreiheit nur einbildet, während er tatsächlich durchweg von den evolutionär alten Gehirnteilen gesteuert ist,[1148] sondern dass sein Spezifikum gerade in jener mutigen *Selbstsetzung des Ich* besteht, von der Fichte sprach, die er nicht im Wissen, sondern im *Glauben* ergreift, dem verantwortlichen Schluss folgend, „das Wissen gelten zu lassen“, als das „freiwillige Beruhen bei der sich uns natürlich darbietenden Ansicht, weil wir nur bei dieser Ansicht unsere Bestimmung erfüllen können.“[1149] In Bezug auf die Theorie der Kognitiven Seelsorge ist diese „sich uns natürlich darbietende Ansicht“ das Faktum der Bedürfnis*determinierung.* Der freiwillige Entschluss, dieses Wissen gelten zu lassen, liegt darin, zu realisieren, worum es dabei eigentlich geht, und mit Hilfe des vorhandenen Wissens die menschlich angemessene Bedürfnis*erfüllung* zu erstreben, was nur gelingen kann, wenn das bewusste menschliche Denken mit Hauptsitz im Präfrontalen Cortex die unbewussten Bereiche des Gehirns, die dazu nötig sind, auf gesunde und verantwortliche Weise dominiert.

[1146] Vgl. H.H. Kornhuber, L. Deecke, a.a.O., 87. „Durch seinen Einfluss auf das limbische System, den Hypothalamus und die basalen Kerne ist das Frontalhirn in der Lage, Prioritäten unter den Trieben zu setzen, Emotionen zu mäßigen oder aber ihre Anregungen mit Umsicht zu vertiefen.“ Ebd., 50. „Das Besondere in der Evolution des Menschen sind nicht Triebe [...], sondern der Geist, der dann auch die Gefühle humanisiert, und im Geistigen nicht nur die Sprache, [...] sondern die Kreativität des Frontallappens und der vernünftige Wille“. Ebd., 58f. Vgl. im selben Sinn B.H. Lipton, a.a.O., 130.

[1147] J. Bauer, Selbststeuerung, 117, 122. „Das Ausmaß, in dem wir durch unsere Lebensstile unsere Gene, die Biologie unseres Körpers und damit unsere Gesundheit steuern können, war vor wenigen Jahren noch unvorstellbar.“ J. Bauer, Selbststeuerung, 136.

[1148] Die führenden Protagonisten dieser Anschauung in Deutschland sind die Neurowissenschafter Gerhard Roth und Wolf Singer. Gerhard Roth, *Das Gehirn und seine Wirklichkeit: Kognitive Neurobiologie und ihre philosophischen Konsequenzen* (Suhrkamp Taschenbuch: Frankfurt a.M., 1997); Gerhard Roth, Das Verhältnis, a.a.O.; Gerhard Roth, Worüber dürfen Hirnforscher reden - und in welcher Weise? in: Christian Geyer (Hg.), *Hirnforschung und Willensfreiheit: Zur Deutung der neuesten Experimente* (Suhrkamp: Frankfurt a.M., 2004); Wolf Singer, Verschaltungen legen uns fest: Wir sollten aufhören, von Freiheit zu sprechen, in: Christian Geyer (Hg.), *Hirnforschung und Willensfreiheit: Zur Deutung der neuesten Experimente* (Suhrkamp: Frankfurt a.M., 2004). Vgl. zur kritischen Auseinandersetzung mit deren Argumenten, insbesondere zur Widerlegung ihrer Deutung des *Bereitschaftspotenzials*: H.H. Kornhuber, L. Deecke, a.a.O. (die Entdecker des Bereitschaftspotenzials), 99ff; auf diese Bezug nehmend J. Bauer, Selbststeuerung, 25f; Benjamin Libet, Haben wir einen freien Willen? in: Christian Geyer (Hg.), *Hirnforschung und Willensfreiheit: Zur Deutung der neuesten Experimente* (Suhrkamp: Frankfurt a.M., 2004), 268-289; Benjamin Libet, *Mind Time: Wie das Gehirn Bewusstsein produziert,* übersetzt v. J. Schröder (Suhrkamp: Frankfurt a.M., 2005) (maßgeblicher Forscher über das Bereitschaftspotenzial).

[1149] J.G. Fichte, Die Bestimmung, 112.

3.5. Die theologische Säule

Um stabil auf dem epistemologischen Fundament zu gründen, reicht es nicht hin, biblisch-theologisch Bausteine zusammenzufügen, die das Bild der Bedeutung der Veränderung des Denkens in der Bibel konstruieren, oder binnentheologische Konfliktthemen wie den Pelagianismus zu diskutieren. *Dass* die „Macht der Gedanken" ein zentraler Topos jüdisch-christlicher Ethik und Heiligung ist, darf wohl als evident genug angesehen werden, überdies ist die einschlägige Literatur über Kognitive Therapie im Kontext Seelsorge voll davon. Besonderer Erwähnung wert ist an dieser Stelle allenfalls, dass dies bereits tief im Menschenbild des Alten Testaments verankert ist[1150] und dass die christliche Theologiegeschichte von *Pelagius*[1151] über *Duns Scotus*[1152] und den wirkmächtigen Disput zwischen *Erasmus*[1153] und *Luther* bis in die Neuzeit hinein eine bemerkenswerte Reihe von Ansätzen bietet, in denen ein deutliches Gegengewicht zu theologischen Einseitigkeiten liegen kann, die vielleicht auch die Skepsis zeitgenössischer Pastoralpsychologie gegenüber Kognitiver Therapien beeinflussen.[1154]

Als tragendes theologisches Bindeglied zwischen der Theorie der Kognitiven Seelsorge und ihrer epistemologischen Basis bietet sich die Behandlung einer Thematik an, die mit den Themen der beiden anderen Säulen korrespondiert, indem sie diese in den theologischen Kontext stellt. Ein Thema dieser Art als Bestandteil

---

[1150] Vgl. dazu ausführlich Hans Walter Wolff, *Anthropologie des Alten Testaments*, 4., durchg. Aufl. (Christian Kaiser: München, 1984), 25-90.

[1151] Vgl. zur Auseinandersetzung Augustins mit Pelagius Christoph Schulte, *Radikal böse: Die Karriere des Bösen von Kant bis Nietzsche* (Wilhelm Fink: München, 1988), 91ff; vgl zur Affinität von Pelagianismus und Stoa J. Stelzenberger, a.a.O., 179ff.

[1152] Mechthild Dreyer, Mary Beth Ingham, *Johannes Duns Scotus zur Einführung* (Junius: Hamburg, 2003), 86ff; vgl. zur Aktualität Scotus' in der aktuellen Debatte zur Willensfreiheit Jan P. Beckmann, Johannes Duns Scotus und Wilhelm von Ockham: Willensfreiheit als rationales Handlungsprinzip, in: Uwe An der Heiden, Helmut Schneider (Hg.), *Hat der Mensch einen freien Willen? Die Antworten der großen Philosophen* (Philipp Reclam jun.: Stuttgart, 2007), 114ff.

[1153] Erasmus von Rotterdam, *Vom freien Willen*, verdeutscht v. O. Schumacher, 6. Aufl. (Vandenhoeck & Ruprecht: Göttingen, 1988). Erasmus' ausgewogene Argumentation für eine relative Willensfreiheit scheint hoch kompatibel mit den Erkenntnissen der modernen Kognitionswissenschaften zu sein. Vgl. zur Affinität von erasmanischer Ethik und Kognitiver Therapie und Seelsorge insbesondere auch Erasmus von Rotterdam, Enchiridion Militis Christiani: Handbüchlichen eines christlichen Streiters, in: Erasmus von Rotterdam, *Epistola ad Paulum Volzium: Brief an Paul Volz. Enchiridion Militis Christiani. Handbüchlichen eines christlichen Streiters*, übersetzt, eingeleitet u. mit Anm. versehen v. W. Welzig, Erasmus von Rotterdam, Ausgewählte Schriften, Bd. 1, Hg. W. Welzig (Wissenschaftliche Buchgesellschaft: Darmstadt, 1968), 56-375.

[1154] Vgl. die theologiegeschichtlich interessanten gründlichen Arbeiten von Franz Delitzsch und Johann Tobias Beck über die menschliche Psyche. Franz Delitzsch, *System der biblischen Psychologie*, 2. umgearb. und erw. Aufl. (Dörfling und Franke: Leipzig, 1861); J.T. Beck, a.a.O. Vgl. insbesondere auch das kognitionspsychologisch seiner Zeit weit voraus eilende Konstrukt des Zusammenhangs von Denken, Fühlen, Verhalten und Gottesbezug bei Adolf Schlatter. Adolf Schlatter, *Das christliche Dogma*, mit einem Vorwort v. W. Joest, 4. Aufl. (Calwer: Stuttgart, 1984), 91ff; Adolf Schlatter, *Die christliche Ethik*, 3., neu bearb. Aufl. (Calwer Vereinsbuchhandlung: Stuttgart, 1929), 250ff. Vor diesem Hintergrund ist es auf jeden Fall lohnend, zumindest die Diskussion um den Semi-Pelagianismus wieder aufzunehmen und im interdisziplinären Bezug zu den Kognitionswissenschaften durchzuführen.

der analogischen Säule ist das stoische Prinzip der Hilfe zu einem selbstbestimmten gelingenden Leben. Theologisch relevant ist in dieser Hinsicht vor allem, wie sich das unter wesentlicher Berücksichtigung des spirituellen Bedürfnisses vollziehen kann. Stoa und moderne Motivationspsychologie bahnen der Antwort den Weg, indem Erstere die Naturgemäßheit und Letztere die authentische Bedürfniserfüllung als Ziel und Maß gelingenden Lebens definiert. Angenähert wird dieses Ziel durch den dialektischen Prozess der Selbstfindung, dessen teleologisches Movens die „Macht der inneren Bilder" ist. Religion und in Bezug dazu Theologie können als Kanalisierungen des spirituellen Bedürfnisses verstanden werden, damit es nicht in Beliebigkeiten versumpft, sondern Erfüllung findet.

3.5.1. Haben und Sein

3.5.1.1. Der Begriff „Spiritualität"

Was soll man überhaupt unter Spiritualität verstehen? Es scheint hilfreich zu sein, sie erstens als ein notwendiges und tiefes menschliches Bedürfnis zu begreifen, zweitens zwischen Religion, Religiosität und Spiritualität zu unterscheiden,[1155] drittens davon auszugehen, dass sich die Erfüllung des spirituellen Bedürfnisses in Abstufungen mehr oder weniger großer Intensität vollzieht[1156] und viertens zu behaupten, dass die Erfüllung auf gesunde oder ungesunde Weise vonstattengehen kann.

Worauf sich Spiritualität bezieht, wird unterschiedlich bestimmt. Die einschlägigen Definitionsversuche konvergieren in mancher Hinsicht, aber sie wirken auch weitgehend unvollständig und teilweise einseitig: Spiritualität sei

- der persönliche Bezug zur Transzendenz,[1157]
- der persönliche Glaube an das Übernatürliche,[1158]
- „unsere endliche Beziehung zum Unendlichen oder Unermesslichen, unsere zeitliche Erfahrung der Ewigkeit, unser relativer Zugang zum Absoluten",[1159]
- das Gefühl der Nähe zum und der Verbundenheit mit dem Heiligen,[1160]
- die „Durchstimmtheit [des] Lebens von seinen objektiven Letzteinsichten

---

1155 A. Ellis, Spiritual Goals, 277f; Daniel P. Sulmasy, *The Rebirth of the Clinic: An Introduction to Spirituality in Health Care* (Georgetown University Press: Washington D.C., 2007), 13f.

1156 A. Ellis, Spiritual Goals, 277f.

1157 D.P. Sulmasy, a.a.O., 14,16; C. Dahlgrün, Christliche Spiritualität, 3f.

1158 E. Mansell Pattison, Behavioral Psychologoy and Religion: A Cosmological Analysis, in: William R. Miller, John E. Martin, (Hg.), *Behavior Therapy and Religion: Integrating Spiritual and Behavioral Approaches to Change* (Sage Publications: Newbury Park, Beverly Hills, London, New Delhi, 1988), 184.

1159 André Comte-Sponville, zit. in: Simon Peng-Keller, Spiritualität mit und ohne Gott - Plädoyer für eine begriffliche Klärung, in: Astrid Giebel, Ulrich Lilie, Michael Utsch, Dieter Wentzek et al. (Hg.), *Geistesgegenwärtig beraten: Existenzielle Kommunikation, Spiritualität und Selbstorge in der Beratung, Seelsorge und Suchthilfe* (Neukirchener: Neukirchen-Vluyn, 2015), 28.

1160 E.L. Worthington et al., Religion and Spirituality, 402f.

und Letztenscheidungen her“,[1161]

- die Suche nach dem Heiligen,[1162]
- das anerkennende Bewusstsein der Abhängigkeit von einer höheren geistigen Macht,[1163]
- die menschliche „Reflexion der Erfahrungen [...], die im Umgang mit existenziellen Krisen gemacht werden“,[1164]
- „die innere Einstellung, der innere Geist wie auch das persönliche Suchen nach Sinngebung eines Menschen [...], mit dem er Erfahrungen des Lebens und insbesondere auch existenziellen Bedrohungen zu begegnen versucht“,[1165]
- die Art, seinen Glauben zu leben,[1166]
- bestimmt durch das Bewusstsein „des menschlichen Eingebundenseins in ein sinnhaltiges größeres System“,[1167]
- die Ahnung oder Erfahrung des absoluten Einsseins.[1168]

Anton Bucher, Professor für Praktische Theologie an der Universität Salzburg, ist der Ansicht, der Begriff „Spiritualität“ könne nur schwer eingegrenzt werden,

---

1161 Urs von Balthasar, zit. in: C. Dahlgrün, Christliche Spiritualität, 119.

1162 Kenneth I. Pargament, Annette Mahoney, Spirituality: The Search for the Sacred, in: C.R. Snyder, Shane J. Lopez, (Hg.), *Oxford Handbook of Positive Psychology,* Oxford Library of Psychology, Hg. P.E. Nathan, 2. Aufl. (Oxford University Press: New York, 2009), 612.

1163 William R. Miller, John E. Martin, Spirituality and Behavioral Psychology: Toward Integration, in: William R. Miller, John E. Martin, (Hg.), *Behavior Therapy and Religion: Integrating Spiritual and Behavioral Approaches to Change* (Sage Publications: Newbury Park, Beverly Hills, London, New Delhi, 1988), 13-23; John E. Martin, Charles R. Carlson, Spiritual Dimensions of Health Psychology, in: William R. Miller, John E. Martin, (Hg.), *Behavior Therapy and Religion: Integrating Spiritual and Behavioral Approaches to Change* (Sage Publications: Newbury Park, Beverly Hills, London, New Delhi, 1988), 59. Martin formuliert seine Definition von Spiritualität in expliziter polemischer Kontrastierung zu Albert Ellis’ humanistischer Weltanschauung. Seine fünf Kritierien zur Bestimmung von Spiritualität grenzen dabei viele wichtige Aspekte aus und engen den Begriff deutlich auf eine christlich geprägte Vorstellung spiritueller Praxis ein. Sie scheinen besser geeignet zu sein, um monotheistische Religiosität zu definieren. Vgl. ebd., 59f.

1164 So die Weltgesundheitsorganisation. „Nach der WHO ist jeder Mensch spirituell, weil er sich spätestens angesichts des Todes existenziellen Fragen stellen muss und Erfahrungen im Umgang damit macht. Spiritualität wird als die Reflexion der Erfahrungen verstanden, die im Umgang mit existenziellen Krisen gemacht werden.“ Michael Utsch, Existenzielle Krisen und Sinnfragen in der Psychotherapie, in: Michael Utsch, Raphael M. Bonelli, Saumel Pfeifer, *Psychotherapie und Spiritualität: Mit existenziellen Konflikten und Transzendenzfragen professionell umgehen*, mit 13 Abbild. u. 14 Tabellen (Springer: Berlin, Heidelberg, 2014), 19.

1165 Definition des Arbeitskreises Seelsorge der Deutschen Gesellschaft für Palliativmedizin (DGP) 2007, zit. in: S. Peng-Keller, a.a.O., 26f.

1166 Nach Peter Zimmerling; C. Dahlgrün, Christliche Spiritualität, 129.

1167 Anton Bucher, zit. in: Michael Utsch, Begriffsbestimmungen: Religiosität oder Spiritualität? in: Michael Utsch, Raphael M. Bonelli, Saumel Pfeifer, *Psychotherapie und Spiritualität: Mit existenziellen Konflikten und Transzendenzfragen professionell umgehen*, mit 13 Abbild. u. 14 Tabellen (Springer: Berlin, Heidelberg, 2014), 27.

1168 A. Newberg, E. D’Aquili, V. Rause, a.a.O., 209f, 233f.

weil er mehrdimensional sei.[1169] Gerade dadurch, dass er der Mehrdimensionalität Rechnung trägt, statt das Phänomen irgendwie „auf den Punkt" bringen zu wollen, gelangt Bucher aber zu einer integrativen Beschreibung, die hohe Konsensfähigkeit besitzen dürfte (Abbildung 06[1170]). „In dem Maße, in dem Personen von sich absehen können (Selbsttranszendenz) und sich mit anderen und anderem (Natur, Kosmos, höheres Wesen) verbinden können, erweitern sie auch ihr Selbst und verwirklichen dieses", erläutert Bucher.[1171] Demnach ist die selbstverwirklichende Erfüllung der seelischen Grundbedürfnisse organisch mit der Erfüllung des Spiritualität-Bedürfnisses verbunden, so wie die Blätter einer Blüte in der Blütenmitte zentriert und durch sie vereint sind (Abbildung 07[1172]). „Thus, everyone may be said to have a spirituality", konstatiert der Medizinethiker *Daniel Sulmasy* in diesem Sinne.[1173] So gesehen sind, wie schon Maslows Pyramidenmodell postuliert,[1174] Selbstverwirklichung und Selbsttranszendenz grundsätzlich bereits spirituell ausgerichtet. Mithin ist der notwendig persönlichkeitsbildende Prozess der Selbstfindung auch grundsätzlich bereits die spirituelle Suchbewegung nach letztem, absolutem Sinn und Frieden. Selbstverwirklichung als Selbstentfaltung der „Blütenblätter" erfüllt sich sodann in der *selbstbestimmten* und somit *selbstkongruenten* Beheimatung qua Zentrierung in der unteilbar persönlichen spirituellen Mitte, dem als spirituelles Einssein erlebten Frieden mit Gott, der Umwelt und sich selbst. Insofern kann Seelsorge generell als die *Psychagogik* aufnehmende und transzendierende *mystagogische* Wegbegleitung dorthin verstanden werden, wofür sie als christliche sinnvollerweise das einladende Angebot glaubwürdiger Hilfen zur Erschließung der spirituellen Identität zur Verfügung stellt, die aus der reichen spirituellen Tradition der *eigenen* Religion überkommen sind.[1175]

Dass das menschliche Gehirn offenbar genauso auf die Erfüllung spiritueller Bedürfnisse angelegt ist wie auf die Erfüllung der körperlichen und seelischen Bedürfnisse, bestätigt zunehmend auch der neuropsychologische Befund. Zwei neurobiologische Mechanismen zwingen uns nach *Newberg und D'Aquili* zur Spiritualität:[1176] Der *Ursachen-Generator* und der *Ganzheitlichkeit-Generator*. Ersterer lässt uns für alle Geschehnisse einen Grund suchen, und wenn wir keinen erkennen können, sind wir darauf angewiesen, dass wir ihn uns entweder erdichten oder dass er uns mitgeteilt wird. Der Ganzheitlichkeit-Generator hingegen nötigt uns,

---

[1169] A. Bucher, a.a.O., 28. Zur Person s. Universität Salzburg, O. Univ.-Prof. Dr. Anton Bucher, https://www.uni-salzburg.at/index. php?id=28756.

[1170] Grafik nach A. Bucher, a.a.O., 40.

[1171] Ebd.

[1172] Grafik nach Hans-Arved Willberg, *Mach das Beste aus dem Stress: Wie Sie Ihr Leben ins Gleichgewicht bringen* (R. Brockhaus: Wuppertal, 2006), 33. Die Metapher findet sich ursprünglich bei Howard Clinebell, Anchoring, 24f.

[1173] D.P. Sulmasy, a.a.O., 14. Er ist Professor an der University of Chicago. University of Chicago, Divinity School, Daniel P. Sulmasy, https://divinity.uchicago.edu/daniel-p-sulmasy.

[1174] A.H. Maslow, a.a.O., 62ff.

[1175] Herbert Haslinger, Was ist Mystagogie? Praktisch-theologische Annäherung an einen strapazierten Begriff, in: Stefan Knobloch, Herbert Haslinger (Hg.), *Mystagogische Seelsorge: Eine lebensgeschichtliche Pastoral* (Matthias-Grünewald: Mainz, 1991), 15-75; S. Bobert, Jesus-Gebet; S. Bobert, Seelsorge in der Postmoderne.

[1176] Andrew B. Newberg, Eugenie G. D'Aquili, The Neuropsychology of Spiritual Experience, in: Harold G. Koenig (Hg.), *Handbook of Religion and Mental Health* (Academic Press: San Diego, London, Boston, New York et al., 1988), 75-94.

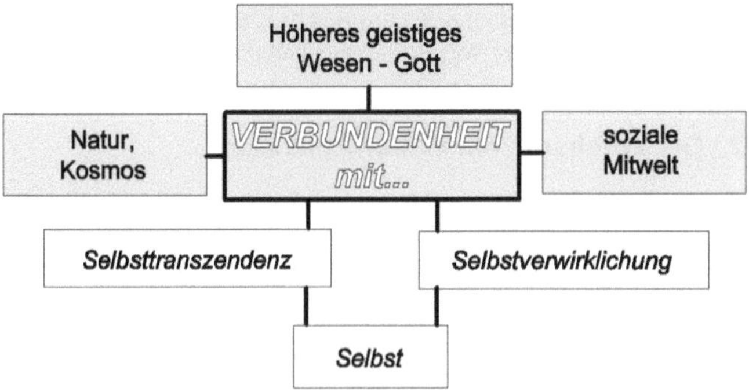

Abbildung 06: Mehrdimensionales Modell der Spiritualität nach Anton Bucher

Abbildung 07: Spiritualität und Grundbedürfnisse

dass wir stets danach trachten, unseren Wahrnehmungen eine Gestalt zu geben, ein Ganzes aus den Fragmenten zu machen, zu suchen, was noch fehlt. Dementsprechend sind unsere spirituellen Bedürfnisse ausgerichtet: Sie streben nach Sinn und Einheit.

Religionen sind Rahmenbedingungen, die bestimmte Wege zur Erfüllung spiritueller Bedürfnisse bereitstellen,[1177] aber auch, nicht unbedingt im Zusammenhang damit, moralische Ansprüche an ihre Mitglieder richten. Religiosität ist die Menge von Verhaltensweisen, die darauf abzielen, diesen Ansprüchen gerecht zu werden oder spirituelle Erfahrungen mit höheren Mächten zu machen. Spiritualität kann sich auch ohne Religion ereignen.[1178] Wenn Spiritualität auf Sinn und Einheit ausgerichtet ist, dann sind schlicht alle Erfahrungen, die uns in dieser Hinsicht bewegen, sei es die leidende Sehnsucht dort, wo Sinn und Einheit fehlen, oder sei es die wahrgenommene Erfüllung, spiritueller Natur. Als spirituell könnte demnach all das bezeichnet werden, was als heilsames, belebendes, letztlich ermutigendes, innovatives und kreatives Moment in der Unmittelbarkeit kontemplativer Gegenwärtigkeit empfangen und erzeugt wird. Das schließt einen weiten Kreis menschlicher Erfahrung ein[1179] und gipfelt in der seltenen mystischen Erfahrung vollkommener Sinnhaftigkeit und Einheit.

Hilfreich zur positiven Bestimmung von Spiritualität scheint die Unterschei-

[1177] D.P. Sulmasy, a.a.O., 14.

[1178] Spiritualität „is a much broader term than religion“, befindet Sulmasy. Bei Spiritualität gehe es einfach generell um den Bezug zur Transzendenz. D.P. Sulmasy, a.a.O., 14. „By contrast, a religion is a specific set of beliefs about the transcendent [...]. In a religion people share some basic, overarching assumptions about the transcendent. Not everyone has a religion.“ Ebd.

[1179] Insbesondere auch Kunst und Wissenschaft: „Das schönste und ergreifendste unserer Gefühle ist die Empfindung des Mystischen. Diese Empfindung ist die treibende Kraft hinter jeder wahren Wissenschaft.“ Albert Einstein, zit. in: B.H. Lipton, a.a.O., 182.

dung zwischen den Daseinsmodi des *Seins* und des *Habens* zu sein:[1180] Echte, gesunde Spiritualität besteht aus Wegen der nachhaltigen Aufmerksamkeitsverlagerung vom Modus des Habens zum Modus des Seins.

3.5.1.2. Der Wechsel vom Haben zum Sein

Otto Haendler sieht den Sinn der Meditation darin, die Schicht des „intuitiven Denkens" zu erschließen. Er nennt sie „Bildschicht".[1181] Meditation ist Haendler zufolge „Eingehen in die Bildschicht".[1182] Zu Recht stellt er fest, „daß alle echte begriffliche Erkenntnis als zweite und getragene Schicht auf Erkenntnissen aufbaut, die in der Bildschicht gewonnen sind."[1183] Das begründet erkenntnistheoretisch, dass dem Daseinsmodus des *Seins* der Vorrang dem Daseinsmodus des *Habens* gegenüber gebührt, der darin besteht, einen *Begriff* vom Sein zu bekommen, von dem also, was wirklich *ist*, was bedeutet, dieses Wirkliche greifbar zu machen und es somit „in den Griff zu kriegen". Das so Begriffene entzieht sich aber wiederum in seiner reinen Begrifflichkeit der Unmittelbarkeit des Übereinstimmens mit der Wirklichkeit: Wir haben einen Begriff von der Katze, aber die Katze selbst ist nicht mehr da. Erst durch die Kongruenz von wirklich erfahrener Katze und begrifflich bestimmter Katze entsteht die Stimmigkeit ihrer Erkenntnis. Das Erfassen dieser Stimmigkeit kann nur *intuitiv* erfolgen.[1184]

Achtsamkeit ist das nicht urteilende Innehalten bei der unmittelbar erlebten Wirklichkeit der Katze mit dem Ziel der Kongruenz des realen Gegenstands mit seinem Begriff als Annäherung an die Wahrheit des Gegenstands selbst im Urteil der Stimmigkeit. Die umgekehrte Wahrheitsbestimmung, die vom Daseinsmodus des Habens ausgeht, versucht, die Wirklichkeit unter den vorgestalteten Begriff zu zwängen. Dann hat sich die Wirklichkeit der dogmatischen Maßgabe des begrifflich „Richtigen" unterzuordnen.

Es scheint fraglich, wie weit es angemessen ist, die „Bildschicht" grundsätzlich, der tiefenpsychologischen Tradition folgend, im Unbewussten oder gar *Unterbewussten* anzusiedeln, ist sie doch im menschlichen Denken in jedem Moment eines Bewusstseinsvorgangs aktiviert, auch dann, wenn wir die abstraktesten Begrifflichkeiten bedenken. Es gibt keinen Gedanken ohne Bild, wie es auch im Bewusstsein des sprachlich entwickelten Menschen kein Bild ohne sprachlichen

---

[1180] Vgl. vor allem Erich Fromm, *Haben oder Sein: Die seelischen Grundlagen einer neuen Gesellschaft,* deutsch v. B. Stein, überarb. v. R. Funk, 21. Aufl. (dtv: München, 1992); theologiegeschichtlich diskursiv: Jan Martin Depner, *Der Mensch zwischen Haben und Sein: Untersuchungen über ein anthropologisches Grundproblem für die Seelsorge*, Euroäpische Hochschulschriften, Reihe XXIII: Theologie, Bd. 641 (Peter Lang: Franfurt a.M., Berlin, Bern et a., 1998); psychotherapietheoretisch: Balthasar Staehelin, *Haben und Sein: Ein medizinpsychologischer Vorschlag als Ergänzung zum Material der heutigen Wissenschaft*, 5. Beitrag zur Wirklichkeitsanalyse, 5. Aufl. (Theologischer Verlag Zürich: Zürich, 1971); phänomenologisch: Gabriel Marcel, *Sein und Haben*, Übersetz. u. Nachwort E. Behler (Ferdinand Schöningh: Paderborn, 1954).

[1181] O. Haendler, Die Predigt, 155ff.

[1182] Ebd., 160.

[1183] Ebd., 159. Man wird das auch auf die Ontogenese des Menschen anwenden dürfen.

[1184] Epistemologisch geht es hier wieder um die Unterscheidung von *propositionalem* und *nichtpropositionalem* Wissen. W. Wieland, a.a.O., 224ff.

Kommentar gibt.[1185] Es kann aber das eine auf Kosten des andern sehr stark zurücktreten. Die einseitige Konzentration auf das sprachlich Begriffliche im Denken wird gemeinhin als Rationalisierung oder „Verkopfung" bezeichnet, die einseitige Dominanz des Verzichts darauf als „Irrationalität", Sentimentalität und dergleichen. Therapeutisch gesehen kann man sich auf beide Weisen der Realität entziehen: Die starre Fixierung auf das Begriffliche verleugnet die Emotionaliät der damit einhergehenden Fantasien, während die Verweigerung der Benennung dieser Fantasien suggeriert, diese gar nicht fassen und erst recht nicht begreifen zu können, was den tatsächlich irrationalen Verzicht auf jeden Versuch der Emotionskontrolle zu rechtfertigen scheint. Unbewusst ist in der Regel das, was man sich nicht bewusst *macht*. Mithin gehört die Unbewusstheit der emotionalen Fantasien ebenso zur „Verkopfung" wie andererseits die Unbewusstheit ihrer begrifflichen Unterscheidung und Benennung, die für einen sachlichen Umgang mit ihnen unabdingbar ist, zur „Kopflosigkeit". Beides sind pathogene Verkürzungen der intuitiven Rationalität.

Wer im Daseinsmodus des Habens verharrt, entzieht sich notwendigen Erneuerungsprozessen. Er nimmt „Schaden an seiner Seele".[1186] Der therapeutische Sinn seriöser meditativer Übungen kann nur darin bestehen, der Person dabei zu helfen, vom Daseinsmodus des Habens in den des Seins zu wechseln. Die Schritte, die sie auf diesem Weg unternimmt, eröffnen ihr jene Ruhe des inneren Abstands, die es ermöglicht, angstfrei visionär denkend neue handlungsleitende *Imaginationen* zu kreieren. Imaginationen sind Vorstellungen, die entstehen, wenn die Bildschicht aktiviert ist: Bildhafte Ideen, Fantasien, Träume, Visionen. Wie schon Rebecca Propst in ihren frühen Arbeiten zur Integration von christlicher Spiritualität und kognitiver Therapie gezeigt hat, eignen sich imaginative Methoden offenbar gut zu deren meditativer Erweiterung und Vertiefung.[1187] Imaginierte Jesusbegegnungen etwa können tröstlich, ermutigend und selbstwert-stärkend erfahren werden und dadurch Selbstannahme und therapeutische Veränderungsbereitschaft wesentlich erleichtern.[1188] Allerdings ist es für eine wissenschaftlich und therapeutisch seriöse Anwendung von Imaginationen erforderlich, behutsam mit der Unterscheidung zwischen vorgestellten Bildern oder Szenen und realen Begegnungen mit Geistwesen umzugehen. Das Zentrum imaginativer Übungen sollten darum wohl weniger extrinsische Fokussierungen bilden als intrinsische. Ein vielleicht wesentliches Kriterium gesunder spiritueller Imagination könnte demzufolge die Entdeckung individueller Ziele und Wege der Veränderung sein und die Ermutigung, sie unter die eigenen Füße zu nehmen.[1189]

[1185] „Die Rückkehr zur kognitiven Psychologie in den sechziger Jahren [...] machte das bildhafte Denken wieder zu einem angesehenen Untersuchungsobjekt. [...] [Z]ahlreiche Überlegungen aus der Computerwissenschaft, der Psychologie oder der Neurologie[legen] nahe, daß das Gehirn sowohl mit Abbildungen als auch mit Worten arbeitet." P. Thagard, a.a.O., 121.

[1186] Mk 8,36.

[1187] L.R. Propst, Psychotherapy; L.R. Propst, The comparative efficacy.

[1188] Z.B. Christine V. Bruun, A combined treatment approach: Cognitive therapy and spiritual dimensions, in: Journal of Psychology and Christianity (1985) 42, 9-11; vgl. S. Bobert, Seelsorge in der Postmoderne.

[1189] Das TPM z.B. vermittelt den Eindruck, das selbständige und selbstbewusste Gehen auf lohnende Veränderungsziele zu werde den Teilnehmenden vom Heiligen Geist abgenommen. Es wäre zu fragen, um welchen Preis das geschieht.

Wenn Imaginationsübungen in einer Atmosphäre, die frei von Angst und Druck ist, den Charakter tiefer spiritueller Erfahrung annehmen, bei denen den Klienten so ist, als ereigne sich eine wahrhaftige Gottesbegegnung, so kann das durchaus im Horizont bewährter seelsorgerischer Erfahrungen liegen.[1190] Wenn das Imaginierte allerdings wie beim „Theophostic Prayer Ministry“ (TPM) von vornherein als unmittelbare Gotteserfahrung vorgesehen ist und diese zudem mit dem Postulat unmittelbarer Auseinandersetzung mit „bösen Geistern“ verbunden ist, muss wohl eher von wissenschaftlicher und therapeutischer Zweifelhaftigkeit gesprochen werden. Dies gilt gleichermaßen sozusagen auf der Gegenseite, wo die Vorstellung „guter Geister“ in deren spiritistische Inanspruchnahme übergeht. Man wird es darum als ein Verlassen des Bodens der therapeutischen und wissenschaftlichen Seriosität bezeichnen müssen, wenn etwa die Psychologieprofessorin und Psychoanalytikerin *Luise Reddemann* als Imaginationsübung für Traumageschädigte ausdrücklich empfiehlt, dem Beispiel der „Schamanen auf der ganzen Welt“ zu folgen. Diese gehen „in der Vorstellung an einen Ort im Innern der Erde und treffen dort ihre Geistführer, die ihnen mit Rat und Hilfe beistehen.“[1191] Es ist bekannt, dass der Schamanismus in aller Welt bemüht ist, dies durchaus nicht nur in der Vorstellung zu tun.[1192] Es sei an dieser Stelle nicht verschwiegen, dass dem Augenschein nach ein großer Teil dessen, was unter den Gesichtspunkten von Spiritualität, Achtsamkeit, Meditation, Imagination und Entspannung im derzeitigen Gesundheitswesen in den therapeutischen Zusammenhang gestellt wird, die notwendige Grenzziehung zwischen der nachvollziehbaren therapeutischen Funktionalität meditativer Praktiken und metaphysischen Inhalten esoterischer und religiöser Herkunft stark vernachlässigt, wenn nicht gar um solcher Inhalte willen gar nicht erst vornimmt, und darum einen starken Hang zu unseriöser und unwissenschaftlicher Esoterik aufweist.[1193]

[1190] Bruun berichtet ein entsprechendes, stimmig wirkendes Fallbeispiel. C.V. Bruun, a.a.O.

[1191] Luise Reddemann, *Imagination als heilsame Kraft: Zur Behandlung von Traumafolgen mit ressourcenorientierten Verfahren*, unter Mitarbeit v. V. Engl, S. Lücke u. C. Appel-Ramb, 7. Aufl. (Klett-Cotta: Stuttgart, 2013), 42.

[1192] Ein beredtes Beispiel für „Imaginationen“ dieser Art ist Elisabeth Kübler-Ross, die in ihrem Altersrefugium in der Wüste von Arizona ein offenbar reges Verhältnis zu ihren persönlichen „Geistführern“ pflegte: „Für mich ist das Jenseits eine Gewißheit. Meine Erfahrungen und meine ‘Spooks’ haben mich darin bestärkt. [...] Sie kommen aus dem Jenseits, um mir zu helfen, um mir den Weg nach drüben zu ebnen. Sie raten mir, wie ich mit meinem Leben umgehen soll, sie sagen mir sogar, welche Zigaretten am wenigsten schädlich sind. Sie waren ja früher auch einmal Menschen, sie wissen Bescheid. Ich kenne sie schon seit vielen Jahren; ein Hellseher in San Diego hat sie für mich heraufbeschworen, und seitdem erscheinen sie mir immer wieder in der Nacht.“ Elisabeth Kübler-Ross„„Der Tod ist ein wunderschönes Erlebnis“, Interview in: Psychologie heute (1997) 12, 34ff.

[1193] Die Pflegewissenschaftlerin Stevens Barnum etwa stellt in ihrem Kompendium der Spiritualität in der Pflege ganz überwiegend esoterische Ansätze vor. Vorgängige Fragen nach deren wissenschaftlichem Wert ersetzt sie durch Deskription. Vgl. B. Stevens Barnum, a.a.O.. „Der Leser mag sich fragen, warum die Spiritualität des New-Age-Paradigmas in diesem Buch soviel ausführlicher behandelt wird als traditionelle religiöse Ansätze“, schreibt sie gegen Ende der Darstellung. „Darauf gibt es eine einfache Antwort: Es gibt nur wenige Pflegetheorien mit einer traditionellen religiösen Fundierung. Pflegekräfte des New-Age-Paradigmas hingegen haben zahlreiche Theorien publiziert.“ Ebd., 155.

3.5.2. Spiritualität und Achtsamkeit

3.5.2.1. Neuropsychologie der Achtsamkeit

Der Übergang vom Daseinsmodus des Habens zu dem des Seins erfolgt durch die Übung der Achtsamkeit. *Rebecca Crane*, Direktorin des „Centre for Mindfulness Research and Practice“ an der britischen Bangor University,[1194] wo die *Mindfulness-Based Cognitive Therapy* (MBCT) entwickelt wurde und gelehrt wird,[1195] definiert Achtsamkeit als „die Bewusstheit, die sich einstellt, wenn wir in einer besonderen Weise auf Erfahrung achten: mit Absicht [...], im gegenwärtigen Moment [...] und ohne zu werten“.[1196] Sinn der Übung sei es, „sich dessen, was geschieht, schon beim Entstehen bewusst zu sein, und sich ganz aufmerksam und direkt darauf zu beziehen und es ganz anzunehmen: ein mächtiger Akt teilnehmender Beobachtung.“[1197] Es gilt festzuhalten, dass dieser Akt eine *willentliche kognitive Steuerung* ist, die sich den mannigfaltigen kognitiven Alternativen, die sich an jedem Punkt der erlebten Gegenwart anbieten, „mächtig“ entgegenstellt, nicht um sie zu unterdrücken, aber sehr wohl um sie abzuweisen. *Metakognitiv* ist dieser Akt nur als ein Gedanke, den wir uns über unsere Gedanken machen, und als Gedanke, mit dem wir uns über anderen Gedanken positionieren, um von dieser Warte aus steuernd auf sie Einfluss zu nehmen. Wir distanzieren uns willentlich von dem Druck, den sie auf uns auszuüben scheinen. Wir lassen sie zu, weil sie ohnehin von selbst in uns entstehen, und wir akzeptieren sie in der Gestalt, mit der sie auftauchen, ohne sie schlecht oder gut zu heißen. Wir lassen uns nicht von ihnen beherrschen und provozieren.

Crane weist auf die Untersuchungen des Hirnforschers *Richard Davidson* hin, die „klar bewiesen“ hätten, „dass Training in Achtsamkeit zu einem Anwachsen der Aktivität im linken Frontallappen des Gehirns führt [...], auch wenn Teilnehmer in einer experimentell induzierten negativen Stimmung waren.“[1198] Das Anwachsen der Aktivität im linken Frontallappen als Effekt von trainierter Achtsamkeit wurde unter anderem durch eingehende neurologische Untersuchungen an meditationserfahrenen tibetanischen Mönchen nachgewiesen, die ein Forscherteam der Universität von Wisconsin, zu dem Davidson gehörte, auf Einladung des Dalai Lama durchgeführt hatte,[1199] und deren Ergebnisse es 2004 veröffentlichte. Außer der starken Verdichtung jener „Aktivität im linken Frontallappen“ stellten diese Neurowissenschaftler ein außerordentlich erhöhtes Auftreten von *Gammawellen* in den Gehirnen der meditationserfahrenen Mönche fest, im Unterschied zu einer wenig erfahrenen Vergleichsgruppe ebenfalls Meditierender. Diese neurologischen Befunde geben offenbar wichtige empirische Hinweise auf die therapeuti-

---

[1194] Rebecca Crane, http://www.bangor.ac.uk/mindfulness/staff/rebecca.php, Download 7. Juli 2015.

[1195] R. Crane, a.a.O., 13, 24; Z.V. Segal et al., a.a.O., 71, 79-82.

[1196] R. Crane, a.a.O., 22.

[1197] Ebd.

[1198] Ebd., 58.

[1199] Marc Kaufmann, Meditation Gives Brain a Charge, Study Finds, in: Washington Post vom 3. Januar 2005, http://www.washingtonpost.com/wp-dyn/articles/A43006-2005Jan2.html, Download 5. Juli 2015.

sche Bedeutung imaginativer Achtsamkeitsübungen.[1200] Das stark erhöhte Auftreten von Gammawellen lässt den Forschern zufolge darauf zurückschließen, „that massive distributed neural assemblies are synchronized".[1201] Nach Schandry dürften Gammawellen

> „eine Begleiterscheinung des Binding-Phänomens sein. Darunter versteht man die Koppelung im Gehirn räumlich relativ weit auseinanderliegender Neuronengruppen zu einer eng synchronisierten Aktivität. Dies spielt insbesondere bei der visuellen Wahrnehmung eine Rolle. [...] Am Ende dieses Verarbeitungsvorgangs steht [...] ein homogenes Gesamtbild. Es ist davon auszugehen, dass die Zusammenführung der Einzelelemente Farbe, Umriss und Bewegung auf der Basis synchroner Entladungen aller beteiligten Neuronengruppen geschieht, die sie quasi untereinander verbindet."[1202]

Ein starkes Auftreten von Gammawellen lässt also darauf schließen, dass im Gehirn der Person ein hochgradiger holistischer Konzentrationszustand erreicht ist, in dessen Zentrum die präzise Ausformung bildhafter Vorstellungen steht. Darum geht es auch bei den Imaginationsmethoden *Mentalen Trainings*.[1203] Von beson-

---

1200 Antoine Lutz, Lawrence L. Greischar, Nancy B. Rawlings, Matthieu Ricard, Richard J. Davidson, Long-term meditators self-induce high-amplitude gamma synchrony during mental practice, in: Proceedings of the National Academy of Sciences of the United States of America (PNAS) (2004) 101/46, http://www.pnas.org/content/101/46/16369.full, Download 5. Juli 2015. In der Diskussion des Befunds wird in diesem Artikel nur die außerordentliche Erhöhung der Gammawellen in den Gehirnen der erfahrenen Meditationspraktiker erörtert, nicht aber die Tatsache, dass diese „particular over lateral frontoparietal electrodes" registriert wurden. Ebd. Auch scheint die von Crane berichtete „experimentell induzierte negative Stimmung" nicht zu diesem ursprünglichen Setting gehört zu haben. Beides war anscheinend Untersuchungsgegenstand in anderen Arbeiten Davidsons. „Davidson said that the results unambiguously showed that meditation activated the trained minds of the monks in significantly different ways from those of the volunteers. [...] Davidson concludes from the research that meditation not only changes the workings of the brain in the short term, but also quite possibly produces permanent changes." M. Kaufmann, a.a.O.

1201 A. Lutz et al., a.a.O.

1202 R. Schandry, a.a.O., 521. „Eine zunehmende Anzahl von Belegen aus der kognitiven Neurowissenschaft spricht dafür, dass mehrere Hirnregionen an Vorstellungen beteiligt sind." J.R. Anderson, a.a.O., 75.

1203 „Der trainierende Effekt der Bewegungsvorstellung ist um so größer, je klarer das innere Bild des Sportlers von der auszuführenden Bewegung und Gesamtübung ist." Fred Christmann, *Mentales Training: Anwendungen in Psychotherapie, Beratung, Supervision und Selbsthilfe* (Verlag für Angewandte Psychologie: Göttingen, 1994), 15. Christmann überträgt das sportpsychologische Mentale Training auf die Kognitive Verhaltenstherapie und gelangt dadurch, wiederum anscheinend unabhängig von der „Dritten Welle", zu einer weiteren Variante der Verknüpfung von Verhaltenstherapie, Kognitiver Therapie und Imaginationsübungen. „Zusammengefaßt stellt das Mentale Training heute nicht nur eine Möglichkeit zum Training komplizierter Bewegungen durch gedankliches Vergegenwärtigen ihrer Durchführung dar, sondern es betrifft ebenso die psychosoziale Vorbereitung bedeutsamer Ereignisse und schwieriger Situationen. Es umfaßt die detaillierte Visualisation verschiedener relevanter Phasen der entscheidenden Situation, den Entschluß, die Aufmerksamkeit auf die eigenen Stärken zu richten, und aufbauende Selbstgespräche." Ebd., 22. Ein zentraler Baustein in diesem therapeutischen Komplex ist die Kognitive Umstruktuierung mit der ABC-Methodik der REVT. Ebd., 30.

ders hoher therapeutischer Relevanz scheint aber, Cranes Hinweis entsprechend, die Feststellung zu sein, dass dieses starke Auftreten von Gammawellen mit einer signifikanten Erhöhung der „Aktivität im linken Frontallappen“ des Präfrontalen Kortex einhergeht.[1204] „Vermeidung ist im Gehirn mit einer Zunahme der Aktivität des rechten Stirnlappens verbunden. [...] Annäherung ist mit einer Zunahme der Aktivität des linken Stirnlappens im Vergleich mit dem rechten verbunden“, führt Crane aus.[1205] Offenbar lässt sich Letztere durch Achtsamkeitstraining dauerhaft intensivieren. „Die Fähigkeit zu Achtsamkeit ermöglicht Menschen so, sich ihrer Erfahrung - angenehmer oder unangenehmer - mit einer Empfindung der Offenheit und Bereitschaft zu nähern, sie anzunehmen und zu erleben, wie sie ist.“[1206] Das habe wiederum die Wirkung, „dass wir mehr Möglichkeiten haben, auf innere und äußere Ereignisse bewusst zu antworten, statt unbewusst zu reagieren.“[1207]

Crane stellt diese Zusammenhänge unter der Überschrift „Modus der Annäherung und Modus der Vermeidung“ dar.[1208] Das sieht nicht nur nach einer Analogie zur Unterscheidung der Daseinsmodi des „Seins“ und des „Habens“ aus, sondern es steht auch in enger Verbindung dazu. Neuropsychologisch gesehen sind die Modi des Annäherns und Vermeidens Funktionen der beiden Motivationssysteme, die maßgeblichen Einfluss auf unser Empfinden, Denken und Verhalten haben. Im Übergang vom Daseinsmodus des Habens zum Daseinsmodus des Seins vollzieht sich eine Verschiebung der Motivation.

3.5.2.2. Angst und Mut

Den beiden Motivationssystemen, die vornehmlich in den beiden frontalen Stirnlappen lokalisiert sind, hat man die Namen „Behavioral Activation System“

[1204] „Die Region, in der sich während der frühen Kindheit besonders intensive Nervenzellkontakte herausbilden und darauf warten, dass sie möglichst komplex benutzt und stabilisert werden, ist [...] die Hirnrinde, und hier besonders der vordere, zuletzt ausreifende Bereich, der so genannte Stirnlappen. Diese für unser menschliches Hirn besonders typische Region brauchen wir, wenn wir uns ein Bild von uns selbst und unserer Stellung in der Welt machen wollen (Selbstwirksamkeitskonzepte), wenn wir unsere Aufmerksamkeit auf bestimmte Wahrnehmungen richten, Handlungen planen und die Folgen von Handlungen abschätzen (Motivation, Impulskontrolle) oder wenn wir uns in andere Menschen hineinversetzen und Mitgefühl entwickeln (Empathiefähigkeit, soziale und emotionale Kompetenz).“ Diese Nervenverschaltungen stabilisieren sich nicht von selbst. „Sie müssen [...] durch eigene Erfahrungen anhand entsprechender Vorbilder herausgeformt und gefestigt werden.“ G. Hüther, Die Macht, 70.

[1205] R. Crane, a.a.O., 58. „Davidson's research is consistent with his earlier work that pinpointed the left prefrontal cortex as a brain region associated with happiness and positive thoughts and emotions. Using functional magnetic resonance imagining (fMRI) on the meditating monks, Davidson found that their brain activity - as measured by the EEG - was especially high in this area.“ M. Kaufmann, a.a.O.

[1206] R. Crane, a.a.O., 58.

[1207] Ebd. „Die essentielle Prämisse ist hier, dass wir weniger unseren Stimmungen ausgeliefert sind, wenn wir dafür offen sind, die natürlichen Veränderungen und den Fluss der Sinnesempfindung im Körper und von Gedanken und Emotionen wahrzunehmen.“ Ebd., 58f.

[1208] Ebd., 57f. „Der präfrontale Kortex spielt eine entscheidende Rolle bei der Aufrechterhaltung von Zielstrukturen.“ J.R. Anderson, a.a.O., 177.

(BAS) und „Behavorial Inhibition System“ (BIS) gegeben.[1209] BAS und BIS bilden die neurobiologische Grundlage der Persönlichkeitsmerkmale, die man von alters her die *Temperamente* zu nennen pflegt.[1210] Grawe zufolge ist es „unzweifelhaft, dass diese differenziellen Tendenzen zu positiven oder negativen Emotionen zu einem wesentlichen Teil angeboren sind“.[1211] Es scheine sich um ein „recht stabiles Persönlichkeitsmerkmal“ zu handeln.[1212] „Diese [...] Persönlichkeitsfaktoren, ihre weitgehende Unabhängigkeit und ihr differenzieller Zusammenhang mit der Neigung zu positiven und negativen Emotionen sind empirisch breit gestützt“.[1213] Grawe betont aber auch, dass BIS und BAS zwar „mit einer Tendenz zur wechselseitigen Hemmung“ interagieren, „aber sie können jedes für sich unabhängig voneinander aktiviert werden und beruhen auf jeweils eigenen neuronalen Substraten und Mechanismen“.[1214] Das bedeutet, dass Vermeidungs- und Annäherungsintentionen gleichzeitig aktiviert sein können.

Das dominierende Gefühl des BIS ist die *Angst*, das dominierende Gefühl des BAS ist die *Freude*. Jegliches Gefühle der Freude kommt durch die Aktivität des Belohnungssystems im Gehirn zustande und wird dort durch die Ausschüttung von Dopamin bewirkt. BIS und BAS stehen somit Grawe zufolge in engem Bezug zum dopaminergen Belohungssystem.[1215]

Psychische Störungen enstehen zu einem sehr großen Teil durch eskalierendes Vermeidungsverhalten. Es liegt auf der Hand, dass eine Person erheblich daran gehindert ist, ihre *Annäherungsziele* zu erreichen oder sie überhaupt wahrzunehmen, wenn ihre *Vermeidungsziele* zu stark dominieren.[1216] Psychotherapie und the-

---

[1209] K. Grawe, Neuropsychotherapie, 266, 269. Die exakte Lokalisierung lautet: „Der dorsolaterale PFC ist maßgeblich an der Repräsentation von Annäherungs- (linker PFC) bzw. Vermeidungszielen (rechter PFC) beteiligt, der ventromediale PFC an der Generierung von positiven (links) und negativen Emotionen (rechts).“ K. Grawe, Neuropsychotherapie, 269. Es sind aber auch noch andere Stellen des Gehirns beteiligt, u.a. die Amygdala im Limbischen System. Ebd. Die Verbindungen zwischen Präfrontalem Kortex und Limbischem System sind überhaupt sehr ausgeprägt. R. Schandry, a.a.O., 155.

[1210] Ebd., 269f. Vgl. ausführlich zur persönlichkeitspsychologischen Einordnung des Temperamentemodells H.A. Willberg, Die beiden Seiten, 114-120.

[1211] Ebd., 269.

[1212] Ebd.

[1213] Ebd., 270. Unter anderem spielen diese Faktoren eine wesentliche Rolle in dem empirisch psychologischen Temperamentemodell nach Eysenck und in den „Big Five“ nach Costa und McCrae. Vgl. Hans Jürgen Eysenck, Typologie, in: LdP, 2369-2380; L.A. Pervin, a.a.O., 232ff, 253ff; Thomas Rammsayer, Hannelore Weber, *Differentielle Psychologie - Persönlichkeitstheorien*, Bachelorstudium Psychologie, Hg. E. Bamberg, H.W. Bierhoff, A. Grob, F. Petermann (Hogrefe: Göttingen, Berlin, Wien et al., 2010), 17ff, 221ff; Timo Heydasch, Karl-Heinz Renner, *Persönlichkeitskonstrukte und Persönlichkeitsmessung*, Fakultät für Kultur- und Sozialwissenschaften (FernUniversität Hagen, 2013), 80ff; Theo Fehr, Big Five: Die fünf grundlegenden Dimensionen der Persönlichkeit und ihre 30 Facetten, in: Walter Simon, *Persönlichkeitsmodelle und Persönlichkeitstests: 15 Persönlichkeitsmodelle für Personalauswahl, Persönlichkeitsentwicklung, Training und Coaching* (Gabal: Offenbach, 2006), 113ff.

[1214] K. Grawe, Neuropsychotherapie, 268.

[1215] Ebd., 291f. Auch das Ziel von Vermeidungsverhalten, wenn es auch von der Angst und nicht von der Freude bestimmt ist, besteht in der Freude, z.B. in Form der großen Erleichterung, einer Gefahr entgangen zu sein.

[1216] Ebd., 282.

rapeutische Seelsorge muss darum darauf ausgerichtet sein, dass der Klient sich seiner lohnenden Annäherungsziele bewusst wird und genügend Unterstützung erfährt, um dort, wo dominierende Vermeidungsziele zur Störung geführt haben, den Schwerpunkt auf die dadurch blockierten Annäherungsziele zu verlagern.[1217]

Die Ausrichtung des Willens, sich trotz eines starken widerstreitenden Angstgefühls auf ein Annäherungsziel zuzubewegen, heißt *Mut*. Mithin ist die Aktivierung des linken präfrontalen Lappens trotz gleichzeitig starker Aktivität des rechten das neuropsychologische Korrelat zum Phänomen des Mutes. Mut hat man nicht in Abwesenheit von Angst, sondern trotz der vorhandenen Angst. Mut ist aktiver Widerstand gegen starke Vermeidungsimpulse aufgrund eines Annäherungsziels, das als erreichenswerter betrachtet wird als ein sich aufdrängendes Vermeidungsziel.[1218]

Der Gegensatz von *Angst und Mut* ist ein zentraler Topos biblischer Theologie,[1219] wie auch sein Gegenstück, der Gegensatz von *Sorge und Vertrauen*. „Paraklesis", poimenischer Zentralbegriff im Neuen Testament, ist am besten mit „Ermutigung" zu übersetzen.[1220] Die auf der Rechtfertigung gründende bedingungslose Akzeptanz des Einzelnen lässt sich in biblisch-theologischer Terminologie am besten unter den Begriff der *Liebe* fassen. Der lebensbejahende „Mut zum Sein" auf der Grundlage der Akzeptanz des Gegebenen ist mit dem Begriff *Hoffnung* getroffen. Das Korrelat zum Vertrauen im Gegensatz zur Sorge ist der *Glaube*. Somit lässt sich die therapeutische Zielsetzung von Achtsamkeitsmeditation im Kontext christlicher Seelsorge mit den „theologischen Tugenden" *Glaube, Hoffnung und Liebe* benennen.[1221] Eine auf ehrlicher Akzeptanz beruhende Lebenshaltung mit den Triebfedern des Vertrauens und der Hoffnung kann man auch als Haltung der *Dankbarkeit* bezeichnen. Christliche Meditationswege der Achtsamkeit sind Übungswege der Dankbarkeit. Die Übung der Dankbarkeit in Bezug zu Glaube, Hoffnung und Liebe als Sinn und Weg des Meditierens zu verstehen entspricht

---

[1217] Leon Festinger (1919-1989), einer der Pioniere der „Kognitiven Wende", hat die Konflikte zwischen Annäherungs- und Vermeidungszielen unter dem Gesichtspunkt der „Kognitiven Dissonanz" gefasst. Wenn eigentlich lohnende Annäherungsziele durch Vermeidung blockiert werden, kann das seiner Ansicht nach folgende Gründe haben: „1. Die Änderung kann schmerzhaft sein oder einen Verlust bedeuten. [...] 2. Das gegenwärtige Verhalten mag in anderer Hinsicht befriedigend sein. [...] 3. Die Durchführung einer Änderung kann schlicht unmöglich sein." Leon Festinger, *Theorie der kognitiven Dissonanz*, hg. v. M. Irle u. V. Möntmann, aus d. Engl. v. V. Möntmann, 2. Aufl. (Hans Huber: Bern, 2012 [1978]), 36f.

[1218] Motivationspsychologisch ist diese Dynamik in den „Erwartungs-mal-Wert"-Theorien repräsentiert. Nach Heckhausen gibt es „wohl keine neuere Motivationstheorie, die nicht in ihren Grundzügen dem Modelltyp der sog. Erwartungs-mal-Wert-Theorien entspräche." H. Heckhausen, a.a.O., 216.

[1219] Vgl. besonders P. Tillich, Der Mut zum Sein.

[1220] Das Wort gehört „zu den wichtigsten Begriffen des Sagens und Beeinflussens im NT", auch was die Häufigkeit des Vorkommens angeht (über 100 mal als Verb, fast 30 mal als Substantiv). J. Thomas, a.a.O.

[1221] Die Verwirklichung der „theologischen" bzw. „christlichen" Tugenden als Ziel der Seelsorge anzusehen, als Weg dorthin aber die vom Platonismus und Stoizismus rezipierten „Kardinaltugenden" zu betrachten, hat in der Praxis pietatis des Christentums eine lange, bis auf Augustin zurückgehende Tradition, die in der späteren Philosophie des Mittelalters zu voller Blüte gelangte. Vgl. J. Stelzenberger, a.a.O. 370ff; J. Hirschberger, Bd. 1, 396ff; Georg Wieland, *Philosophische Ethik im Mittelalter*, Fakultät für Kultur- und Sozialwissenschaften (FernUniversität Hagen, 2013), 57, zu Thomas von Aquin.

zwar ganz der christlichen Überlieferung, bedarf ihrer aber nicht, um nachvollziehbar zu sein. Man muss sich nicht selbst zum Christentum bekennen, um ihre therapeutische Bedeutung zu bestätigen. Sie steht auch nicht im Widerspruch zu den Grundprinzipien buddhistischer Achtsamkeitsmeditation, wie sie etwa von *Kabat-Zinn* dargestellt wird.

Das Moment der Akzeptanz gleichermaßen in den „Third Wave“-Therapien wie in den kognitiven trägt der gleichzeitigen Aktivierung des Vermeidungssystems und des Annäherungssystems Rechnung. Diese Vermeidungsempfindung mag zwar da sein, aber ich muss mich vor ihr nicht fürchten und mich ihr nicht unterwerfen, ich kann auch anders, indem ich meine Annäherungsziele aktiviere. Darum ist es zum Beispiel fur einen genetisch veranlagten Melancholiker möglich, durch Übung eine lebensbejahende Haltung zu etablieren. Die Person kann aus der wohlwollenden, akzeptierenden, freundlichen Beziehung zu ihrem Temperament heraus dessen große Vorzüge wahrnehmen und pflegen wie auch vor seinen Gefahren auf der Hut sein.

3.5.2.3. Achtsamkeit und christliche Meditation

Die Protagonisten der *Dialektischen Verhaltenstherapie (DBT)* nach *Linehan* betonen mit besonderem Nachdruck, dass sich die „Wurzeln der Methode der Achtsamkeit“, die auch in ihrer Therapieform eine wesentliche Rolle spielt, „in den kontemplativen Praktiken als Teil von spirituellen Lehren mit fernöstlicher oder westlicher Herkunft“ finden.[1222] Es handle sich bei ihrem Ansatz zwar um „psychologische Varianten“[1223] von Meditationsübungen des *Zen-Buddhismus*, „aber sie passen nicht minder zu westlichen Formen der Kontemplation“.[1224] Sofern weltanschauliche Vereinnahmungen wie bei Ciarrochi und Bailey unterbleiben, darf dem theologisch zugestimmt werden. Gerade die Kognitive Seelsorge der „Wüstenväter“ weist signifikante Parallelen dazu auf. Grün beschreibt unter der Überschrift „Bei sich selbst bleiben“, dass die Mönche dazu angehalten wurden, auf sich selbst achtzugeben.[1225] Die schweigende Übung des Sitzens diente dazu, vor Gott zu sein und sich vor ihm auszuhalten. „Im Sitzen bleibe ich unbeweglich. [...] Ich halte stand. Und durch die äußere Ruhe wird sich auch der Sturm der Gedanken und Gefühle legen.“[1226] Dieses „Sich-selbst-Aushalten“, folgert Grün, „ist die Voraussetzung für jeden geistlichen Fortschritt, aber auch für menschliche Reife. Es gibt keinen reifen Menschen, der nicht den Mut hatte, sich selbst auszuhalten und seiner eigenen Wahrheit zu begegnen.“[1227] Dazu half auch die Übung des Schweigens als „der Weg, sich selbst zu begegnen, die Wahrheit des eigenen Herzens zu entdecken. Schweigen ist aber auch der Weg, frei zu werden vom ständigen Beurteilen und Verurteilen der andern.“[1228] Das Schweigen sei „zunächst einmal die Kunst, ganz gegenwärtig zu sein, sich vorbehaltlos auf den Augenblick

---

[1222] C.J. Robins et al., 60.

[1223] M. Linehan, a.a.O., 77.

[1224] C.J. Robins et al., 61.

[1225] A. Grün, Der Himmel, 32.

[1226] Ebd., 34.

[1227] Ebd., 35.

[1228] Ebd., 62.

einzulassen."[1229] „Im Schweigen begegnen wir uns und unserer inneren Wirklichkeit. Aber das Schweigen ist auch ein Weg, frei zu werden von den Gedanken, die uns ständig beschäftigen."[1230] Des Weiteren werde durch das Schweigen auch das Loslassen gefördert: „Das Loslassen ist der Weg, um mit meiner inneren Quelle in Berührung zu kommen, um den Reichtum in meiner Seele zu entdecken".[1231]

Überlegungen und Modelle wie diese eignen sich offenbar gut zur Begründung einer christlich bestimmten Achtsamkeitszentrierung in Kognitiver Therapie und Seelsorge. Dass östliche und westliche Meditation diese skizzierte Schnittfläche miteinander bilden, liegt anscheinend daran, dass sie gleichermaßen die Daseinsmodi des „Seins" und des „Tuns" beziehungsweise „Habens" unterscheiden und Ersterem dem Vorzug geben.[1232] Aus jüdisch-christlicher Sicht ist der Daseinsmodus des Seins durch innere Unabhängigkeit gekennzeichnet, die es ermöglicht, auch unter schwierigsten Umständen Ruhe und Gelassenheit zu wahren und sich nicht zu unbedachten destruktiven Reaktionen provozieren zu lassen, sondern auch auf die destruktivsten Erfahrungen konstruktive Antworten zu finden. Die neutestamentliche Ethik ist sehr stark von diesem Paradigma geprägt, wie auch von der Kontrastierung mit seinen Gegenstücken, die dort häufig unter die Begriffe der „Sorge", der „Habgier" und der „Knechtschaft" gefasst sind. Besonders nachdrücklich wird im Lukasevangelium der Gegensatz zwischen den beiden Daseinsmodi durch die Schwestern *Marta und Maria* symbolisiert: Jesus bescheinigt Maria, die angesichts seines Besuchs bei den beiden die Entscheidung trifft, allen äußeren Forderungen zu trotzen, was „man" in einem solchen Fall zu tun habe, und sich stattdessen ganz dem kontemplativen Hören auf seine Rede zu widmen, sie habe „das Eine erwählt, das notwendig ist". Marta hingegen habe „viel Sorge und Mühe".[1233] „Marta aber machte sich viel zu schaffen, ihm zu dienen", berichtet der Text.[1234] Das Verb „sich zu schaffen machen" oder „sehr beschäftigt sein" ist ein Hapaxlegomenon im Neuen Testament.[1235] Es kann auch mit „abgelenkt werden, abgezogen werden, ganz und gar in Anspruch genommen sein und stark überlastet sein" übersetzt werden.[1236] Nach *Godet* bedeutet das Wort im eigentlichen Sinn „hin- und hergezogen sein".[1237]

Der exemplarische Gegensatz von Maria und Marta entspricht in dieser Hinsicht deutlich dem Gegensatz von *Selbstentfremdung* und *Selbstkongruenz* in der Humanistischen Psychotherapie wie auch den Analogien in den buddhistischen

---

[1229] Ebd., 65.

[1230] Ebd., 63.

[1231] Ebd., 64.

[1232] Für die MBCT ist Crane zufolge diese Unterscheidung grundlegend: „Eine wesentliche Prämisse der MBCT ist, dass es zwei allgemeine Grundmodi gibt, wie Erfahrung verarbeitet werden kann - den Modus des Tuns und des [sic!] Modus des Seins." R. Crane, a.a.O., 45. Vgl. ebenso M. Van Vreeswijk et al., a.a.O., 30.

[1233] Lk 10, 41f.

[1234] Lk 10, 40.

[1235] Gerhard Schneider, περισπαομαι, in: EWNT, Bd. 3, 180.

[1236] WNT, 1289.

[1237] Frédéric Godet, *Kommentar zu dem Evangelium des Lukas*, Nachdruck d. 2., v. Verf. autorisierten deutschen Ausgabe von 1890 (Brunnen: Gießen, 1986), 349. Heute würde man sagen und damit genau die Intention des Verbs treffen: Marta machte sich großen (unnötigen) Stress.

Achtsamkeitslehren der „Third Wave"-Therapien. Stresspsychologisch ist Martas Problem der „innere Antreiber",[1238] in REVT-Terminologie sind es ihre „Mussforderungen".[1239] Marias Abkehr davon in der Hinkehr zum Gegenstand ihres lebendigen Interesses hingegen ist ein klares Beispiel von Achtsamkeit als konzentrierte und entschlossene Ausrichtung auf ein aktuell konkretes Bedürfnisziel: ein selbstbewusster Akt der Selbstbestimmung, in dem sich dialogisch Selbstfindung ereignet.

Es kann nicht überraschen, dass diese starke biblisch-theologische Tradition nicht nur in den frühchristlichen Seelsorgebewegungen Formen annahm, die den modernen Achtsamkeitsübungen der „Dritten Welle" ähnlich sind, sondern dass aus diesen Formen wiederum starke Traditionen christlicher Meditationspraxis hervorgingen, in denen das Achtsamkeitsprinzip weiterhin dominierte. Den an die „Wüstenväter" anschließenden *Hesychasmus* der Ostkirchen darf man geradezu als eine Bewegung innerer Unabhängigkeit und Ruhe bezeichnen.[1240]

In der klösterlichen Tradition der Exerzitien blieb die Übung der Achtsamkeit bis heute erhalten; im Protestantismus konnte sie sich aber zunächst kaum etablieren.[1241] Wahrscheinlich hängt das damit zusammen, dass sich der Protestantismus unter dem Einfluss des veränderten Verständnisses von Epistemologie entwickelte, das den kontemplativen Aspekt des Erkennens, der seit der Antike das wissenschaftliche Denken dominiert hatte, in den Hintergrund treten ließ.[1242] Seit der Nachkriegszeit des 20. Jahrhunderts ist im Protestantismus aber eine Gegenbewegung zu verzeichnen. So beklagte etwa der evangelische Theologe und Philologe *Friso Melzer*, der als Missionar in Indien mit der dortigen Meditationskultur in

---

[1238] Hans-Arved Willberg, Michael Hüttel, *Ausgebrannt: Burnout erkennen und überwinden* (Hänssler: Stuttgart, 2008), 12-14.

[1239] Vgl. Hans-Arved Willberg, *Lehrbuch Kognitive Seelsorge I: Begründung, Einführung und Praxis.* Lehrbücher aus dem Institut für Seelsorgeausbildung (ISA), Band 6 (Books on Demand: Norderstedt, 2015), 26f.

[1240] „Hesychia" heißt „Ruhe". Vgl. Emmanuel Jungclaussen, Unterwegs mit dem russischen Pilger: Das Jesus-Gebet, in: Brennpunkt Seelsorge (1996) 2, 30-33. Nach Jungclaussen geht es beim Jesus-Gebet um ein „Loslassen bis hin zu [der] unmittelbaren lebendigen Erfahrung Gottes im Innern auf dem Weg des Schweigens." Die vorbereitende Anleitung dazu beschreibt er u.a. so: „Spüren Sie, wie Ihre Füße aufruhen ... lauschen Sie auf die Stille ... Achten Sie jetzt auf ihren Atem, wie er kommt und geht ... Und nun nehmen Sie sich ganz im Zustand der Sammlung wahr, im Ruhen, im Schweigen: Ganz bei mir selbst. ... Und jetzt diese Grundübung ausklingen lassen. ... und sitzen Sie dann ganz entspannt da." Emmanuel Jungclaussen, Das Jesus-Gebet: Fünf Übungen, in: Brennpunkt Seelsorge (1996) 2, 35. „Als Geschöpf Gottes ist unser Leib gut. Warum sollen wir nicht über unseren Leib in uns selbst hineinfinden und dort dem Herrn begegnen?" Ebd., 36. Die Ähnlichkeit dieser Anweisungen zu denen der Achtsamkeitsübungen in den Therapien der „Dritten Welle" ist offensichtlich. Erst in der inhaltllichen Ausrichtung der Aufmerksamkeitslenkung unterscheiden sich die Ansätze.

[1241] Wolfgang Trillhaas, Meditation, in: RGG^{3}, Bd. 4, 825.

[1242] Hanna Arendt, *Vita activa oder: Vom tätigen Leben,* 11. Aufl. (Piper: München, Zürich, 1999), 369f, 348, 384f. „Theoria" ist die griechische Entsprechung zum lat. „Contemplatio" = „Anschauung, Betrachtung". Friedrich Heiler, Kontemplation, in: RGG^{3}, Bd. 3, 1792. Theoriebildung und Kontemplation sind auch inhaltlich von Beginn der griechischen Philosophie an dasselbe. Wesentliche Erkenntnis entsteht demnach intuitiv im Vorgang des staunenden Entdeckens.

Berührung gekommen war,[1243] in seiner Einführung zur christlichen Meditation, die „tiefste Not“ des abendländischen Menschen bestehe darin, dass er „zu sehr aktiv (aktivistisch) nach außen gewandt“ lebe, „er ist auf der Flucht vor sich selbst. Dadurch wird er krank. Auf dem Wege zur Heilung entdeckt er die andere Seite seines Lebens: sein Inneres“.[1244]

Ein wichtiger Impulsgeber zur Besinnung auf die meditative Innerlichkeit im Protestantismus war die *Tiefenpsychologie*. Als richtungweisend darf hierfür wohl *Erich Fromms* neopsychoanalytisch geprägte Unterscheidung von „Haben“ und „Sein“ angesehen werden. Bei Otto Haendler wurde unter tiefenpsychologischem Einfluss die Meditation als Gegenpol zu einem stressbestimmten „Managertum“ im pastoralen Dienst, das nicht von einem Zuviel an Arbeit, sondern „von zu wenig ‘Atempausen’ im wahrsten Sinne“ beherrscht sei,[1245] zu einem Grundstein der Pastoraltheologie.[1246]

Grawe et al. definieren Meditation als „ein Sich-Versenken, ein nachdenkliches Eindringen, das durch Schweigen, Entspannung und inneres Lauschen gekennzeichnet ist“.[1247] In diesem Sinne ist Meditation Haendler zufolge „eine Praxis, nicht eine Glaubenshaltung. Sie verbindet sich, wo man sie ausübt, mit der Glaubenshaltung des Ausübenden.“[1248] Demnach ist meditative Praxis an sich grundsätzlich unabhängig von vorgegebenen weltanschaulichen oder religiösen Fokussierungen. Worauf der Einzelne im meditativen Zustand seine Aufmerksamkeit lenkt, liegt in seinem eigenen Ermessen.[1249] Man mag das als Meditation „im engeren Sinn“ verstehen, aber diese Eingrenzung scheint unerheblich zu sein, wenn man dem Begriff seinen mystischen Schleier entzieht. „Meditari“ heißt schlicht „Nachdenken“. Das entspricht durchaus dem „inneren Lauschen“. Insofern kann Meditation auch als Weise des *verinnerlichenden Lernens* verstanden werden. Der Meditierende verinnerlicht, indem er sich erinnert; er hält inne, um sich innezuwerden. John Anderson zufolge besagt die kognitionspsychologische „Theorie der Verarbeitungstiefe [...], dass das Memorieren die Gedächtnisleistung nur dann verbessert, wenn das Material in einer tiefen und bedeutungshaltigen Art und Weise memoriert wird.“[1250] Es sei belegt, „dass eine elaborative Verarbeitung zu besserem Behalten führt. Die *elaborative Verarbeitung* besteht aus einer Anreicherung des behaltenen Materials mit zusätzlicher Information.“[1251] Der Wahrnehmungsgegenstand wird also in einem Spielraum assoziativer Verarbeitungsmög-

---

[1243] Vgl. Friso Melzer, *Indien greift nach uns: Begegnungen mit dem modernen Hinduismus* (Aussaat: Wuppertal, 1978).

[1244] Friso Melzer, *Innerung: Stufen und Wege der Meditation. Grundlegung und Übungen* (Johannes Stauda: Kassel, 1968), 11. Der abendländische Mensch drohe zu verfallen: „er verliert seine Ganzheit, verliert sich selbst an das vielfältige Außen der materiellen Welt und wird ein gehetzter Mensch, der nur noch den sichtbaren Erfolg kennt. Er will die ganze Welt gewinnen, nimmt dabei aber Schaden an seiner Seele.“ Ebd.

[1245] O. Haendler, Tiefenpsychologie, 269.

[1246] Vgl. O. Haendler, Die Predigt.

[1247] K. Grawe et al., 618.

[1248] O. Haendler, Die Predigt, 164.

[1249] Es soll nicht unerwähnt bleiben, dass mit dieser Definition auch das aus innerer Sammlung hervorgehende *Gebet* als eine Form von Meditation zu betrachten ist.

[1250] J.R. Anderson, a.a.O., 121.

[1251] Ebd., 130.

lichkeiten aufgenommen und bewegt. Man hat zum Beispiel festgestellt, dass Menschen „in der Regel nach jeder bedeutungshaltigen Einheit ihres Sprechens eine kurze Pause“ einlegen.[1252] Sie erlaubt den Vollzug der „artikulatorischen Schleife“, „durch die eine ‘innere Stimme’ verbale Information wiederholt.“[1253] *Nach-Denken* wäre demnach das bewusste *Nachklingenlassen* von Wahrnehmungen als Nachwirken und Weiterwirken.

In seriösem therapeutischem Kontext darf es als selbstverständlich gelten, dass meditative Übungen transparente therapeutische Ziele haben. Ein Beispiel dafür ist das dezidierte Ziel der MBCT, durch meditative Aufmerksamkeitslenkung Rezidive der Major Depression zu verhindern.[1254] Wenn aber Achtsamkeitsübungen einen therapeutischen Zweck verfolgen, weisen sie eine große Schnittfläche mit *Entspannungsübungen* auf. Diese sind immer zugleich auch Übungen des Loslassens und Annehmens und als solche Wegbereiter des Vertrauens.[1255] Man darf somit grundsätzlich als Eingangsphase meditativer Praxis Übungen des lösenden Entspannens festhalten, die mit hoher therapeutischer Effektivität durchaus selbstzwecklich verwendet werden können. Die überzeugendsten empirischen Nachweise dafür liegen für die *Progressive Muskelentspannung* (PM) vor.[1256] Der empirische Forschungsbefund für die Wirksamkeit therapeutischer Meditation ist nach Grawe et al. ähnlich überzeugend wie der für die Progressive Muskelentspannung.[1257]

Mithin scheint die Aussage, aus dem Buddhismus stammende Achtsamkeitsübungen könnten unabhängig von der jeweiligen religiösen Einstellung Anwendung finden, zuzutreffen. Als solche kann sie gleichermaßen für Meditationsformen geltend gemacht werden, die aus der Tradition des Christentums kommen. Das reduziert den Grundunterschied zwischen „christlich“ und „buddhistisch“ in dieser Hinsicht erheblich. Man wird die wegbereitenden meditativen Methoden als „Werkzeuge“ zu verstehen haben; wozu diese dienen, steht, wie bei allen Werkzeugen, auf einem anderen Blatt. Im Rahmen einer christlich ausgerichteten Theorie der Kognitive Seelsorge versteht es sich von selbst, dass die anzubietenden meditativen Inhalte sowohl therapeutisch sinnvoll als auch vorzugsweise der christlichen Überlieferung entnommen sein sollten.

[1252] Ebd., 255.

[1253] Ebd., 122.

[1254] Ähnlich sehen M. Van Vreeswijk et al. den Sinn von therapeutischer Achtsamkeitsmeditation nicht in Entspannung oder Leerung des Geistes, sondern darin, „die abweisende Haltung gegenüber aversiven inneren Erlebnissen [...] aufzulösen.“ M. Van Vreeswijk et al., a.a.O., 38.

[1255] F. Melzer, Innerung, 51. „Verkrampfung ist stets Ausdruck ichhafter Haltung. Lösung heißt darum immer: loslassen, geschehen lassen, Vertrauen haben!“ Ebd.

[1256] K. Grawe et al., 580-607.

[1257] Ebd., 618-626. Dem Team lagen zur Metauntersuchung 15 Studien vor. Es kommt zu folgendem Schluss: „In Anbetracht der geringen Dauer und Intensität der Behandlung muss die festgestellte Wirksamkeit der Meditation als überraschend gut angesehen werden.“ Ebd., 618. Wichtig für den Erfolg scheine vor allem regelmäßiges Üben zu sein. Ebd., 625. „Meditation ist als Therapiemethode im deuschen Kulturkreis bisher wenig verbreitet. Von ihrer therapeutischen Wirksamkeit her ist dies unbegründet.“ Ebd.

3.5.2.4. Resümee

Die ganze Theorie der Kognitiven Seelsorge könnte allein auf die theologische Säule gegründet werden. Zu diesem Zweck wären aus biblisch-theologischer, systematisch-theologischer und praktisch-theologischer Perspektive die Bedeutung der „Macht der Gedanken“ in der Bibel unter besonderer Berücksichtigung der biblischen Anthropologie, die jüdisch-christlichen Topoi „Sünde“ und „Heiligung“, die Relation von Glaube zu Werk und in diesem Zusammenhang das Problem der Willensfreiheit sowie die ethische und poimenische Maxime der Veränderung des Denkens und ihre praktische Umsetzung zu erarbeiten. In der Tat handelt es sich dabei um notwendige binnentheologische Aufgaben. In der vorliegenden theologischen Literatur zur Integration von Kognitiver Therapie in die Seelsorge wurde das in Ansätzen bereits in Angriff genommen, meist allerdings von evangelikal und charismatisch theologischen Positionen aus und nicht umfassend. Bislang fehlt nicht nur eine allgemeine *Theorie* der Kognitiven Seelsorge, sondern auch eine elaborierte konsensfähige *Theologie* der Kognitiven Seelsorge.

Mit dem Anspruch, die Theorie der Kognitiven Seelsorge auf einen epistemologischen Sockel zu stellen, der auch wissenschaftstheoretisch konsensfähig ist, weil gleichermaßen auf seiner Grundlage die Theorie der Kognitiven Therapie wie die der Kognitiven Seelsorge errichtet werden kann, erhält die theologische Säule eine veränderte Funktion und benötigt darum auch einen modifizierten Inhalt. Tragfähig ist sie dadurch, dass sie sich sowohl vom gelegten epistemologischen Fundament herleitet als auch in ergänzender Korrespondenz zu den beiden anderen Säulen steht. Dazu liegt nichts näher, als sie unter dem Gesichtspunkt des Bedürfnisses nach *Spiritualität* zu formen. Dieses Bedürfnis darf der epistemologischen Vorgabe gemäß als wesentliches Motiv gelingender *Selbstbestimmung* betrachtet werden.

Spiritualität im Zusammenhang der KVT wird heute vor allem unter den Aspekten der *Achtsamkeit* und *Meditation* behandelt. Dafür gibt es gute neuropsychologische Argumente, die wiederum den Zusammenhang von Spiritualität und seelischer Gesundheit erhellen. Psychagogisch wie mystagogisch handelt es sich um kognitiv gesteuerte, selbstbestimmte Veränderungsprozesse der Grundeinstellung zum Leben weg vom Daseinsmodus des Habens hin zum Daseinsmodus des Seins. Wenngleich heutige Formen der KVT mit Vorliebe auf den Buddhismus zurückgreifen, kollidiert das nur dann mit der Ausrichtung christlicher Seelsorge, wenn sich in das beiden gemeinsame therapeutische Ziel, den Daseinsmodus des Seins zu verwirklichen, ideologische Vorurteile mischen. Für die Theorie der Kognitiven Seelsorge gilt es ohne Berührungsangst vor den fernöstlichen Traditionen insbesondere die christlichen Formen kontemplativer Übungswege zu erschließen, die jenen in mancher Hinsicht auffallend ähnlich sind. Gerade hierin mag ein Spezifikum der Kognitiven Seelsorge in Unterscheidung zur Kognitiven Therapie bestehen. Im Blick darauf, dass erfüllte Spiritualität zentrales Bedürfnis des Menschen ist und dass sich die Genese von psychischen Störungen wie auch gelingender Lebensbewältigung zu großen Teilen aus den Quellen der „Bildschicht“ speist, die zu großen Teilen im nicht-deklarativen Gedächtnis liegen und darum vor allem imaginativ und intuitiv zugänglich sind, ist für die Theorie der Kognitiven Seelsorge ein Schwerpunkt auf spirituellen Wegen der Achtsamkeit durchaus kein Additivum, auf das man auch verzichten könnte, sondern im Sinne notwendiger holistischer Integrativität ein Konstitutivum.

4. Die Theorie der Kognitiven Seelsorge

„Signum einer [...] liberalen poimenischen Applikation“ der REVT „wird die Aktualisierung menschlicher Freiheitspotenziale sein, deren Kultivierung für den christlichen Glauben essentiell ist“, überlegt Höfelschweiger gegen Ende seiner Bestandsaufnahme des Verhältnisses von REVT und Seelsorge. „Auszuschließen werden damit zugleich solche Anwendungsstrategien sein, die Menschen auf restriktive Normierungsideale hin zurechtbringen wollen.“[1258] Damit ist die Grundausrichtung der vorliegenden Dissertation benannt, die von der Diskussion des bestehenden Literatur- und Forschungsbefunds ausgehend das epistemologische Fundament und die darauf gründenden tragenden Säulen bestimmt, auf denen nun die Theorie der Kognitiven Seelsorge selbst errichtet werden soll.

4.1. Das psychotherapeutische Basismodell der Kognitiven Seelsorge

Dreh- und Angelpunkt einer Theorie der Kognitiven Seelsorge ist der *Glaube.* Glaube ist der zentrale biblisch-theologische Topos schlechthin. Glaube als Grundüberzeugung davon, was im Leben anzunähern und zu vermeiden sei, ist wiederum das Kernelement Kognitiver Therapien und verwandter Schulrichtungen wie der *Transaktionsanalyse* („Lebensskript“) und der *Individualpsychologie* („Lebensstil“) und unter dem Begriff der *Erwartung* eines der wichtigsten Themen der Motivations- und Kognitionspsychologie[1259], der Neuropsychologie[1260] wie auch der Psychotherapieforschung.[1261] Die gesundheitsfördernde Kraft des Glaubens, sei er religiös oder bestehe er in anders motivierten Heilungserwartungen, zieht seit der Kognitiven und Spirituellen Wende großes psychologisches Forschungsinteresse auf sich.

4.1.1. Rational-Emotive Verhaltenstherapie (REVT)

Albert Ellis, Begründer der REVT, war ein belesener, leidenschaftlich engagierter Pionier und Praktiker sowie ein produktiver Autor, aber kein sehr bedeutender Theoretiker. Das erschwert einerseits die stringente Gründung des REVT-Konstrukts auf die drei Säulen, insbesondere auf die psychologische, von der sich die REVT vor allem herleitet. Andererseits ist die REVT auch nicht mit Albert Ellis identisch. Ellis hat keinen Hehl daraus gemacht, dass die Rational Emotive Psychologie (REP), wie er sie vertrat, sein eigenes Konstrukt war, mit dem er durchaus keinen Absolutheitsanspruch verband. Er hat sich mit Nachdruck davor ver-

---

[1258] R. Höfelschweiger, a.a.O., 324.

[1259] A. Bandura, Self-Efficacy; Irving Kirsch, *Changing Expectations: A Key to Effective Psychotherapy* (Brooks/Cole Publishing: Pacific Grove, 1990), xiii, 3ff.

[1260] A. Newberg, M.R. Waldman, a.a.O., 37f, 58f, 223ff: I. Kirsch, Changing Expectations, xii.

[1261] J.D. Frank, a.a.O.; I. Kirsch, Changing Expectations; B.E. Wampold, Z.E. Imel, a.a.O., 57ff.

wahrt, als „Guru" der REVT angesehen zu werden.[1262] Außerdem hat Ellis selbst immer wieder auf die motivations- und kognitionspsychologischen Zusammenhänge seines therapeutischen Konstrukts, der ABC-Methodik, hingewiesen, wenn auch kaum wissenschaftlich elaboriert und häufig in apologetischem Kontext.

4.1.1.1. Die Veränderung prozeduralisierter Denkgewohnheiten

Bereits in den frühen 70er Jahren erfuhr Ellis' neue Therapierichtung seiner eigenen Aussage nach wohlwollende Aufnahme und fachliche Unterstützung von Koryphäen wie *Donald Meichenbaum*, *A.T. Beck* und *Arnold Lazarus*, „and (most notably) Dr. *Maxie C. Maultsby*".[1263] Letzterer, ehedem Assistant Professor für Psychiatrie an der University of Kentucky,[1264] weitaus weniger bekannt als Ellis, ist in der Tat „most notably", weil er erstens mit deutlich zum Ausdruck gebrachter Anerkennung der Vorarbeit Ellis' dessen ABC-Modell vollständig übernahm,[1265] was schon in dem Namen deutlich wird, den er seinem eigenen Modell gab: „Rational Behavioral Therapy" (RBT) ist inhaltlich nichts anderes ist als die Vorwegnahme von Ellis' Umbenennung seiner RET in REBT. Zweitens leitete Maultsby möglicherweise als Erster in der Psychotherapie überhaupt sein Konstrukt bereits direkt und stringent aus dem damaligen Forschungsstand der Neurowissenschaften her.[1266] Seine neuropsychologische Begründung der vorrangigen ätiologischen und therapeutischen Bedeutung sprachlich manifestierter Kognitionen wird durch bald vier Jahrzehnte weiterer Forschung durchaus bestätigt. Dem damaligen State of the Art gemäß verortet Maultsby das Zusammenwirken von „Bildschicht" und semantischem Bewusstsein, analogem und digitalem Denken zwar noch zu einseitig in der Unterschiedlichkeit der Gehirnhälften,[1267] was zwar nach dem heutigen Wissensstand nicht falsch ist,[1268] nur weiß man mittlerweile um die weitaus höhere Komplexität der Schwerpunkte und Zusammenhänge des impliziten und expliziten Gedächtnisses und Wissens und um die besondere Bedeutung des Limbischen Systems dabei. Maultsby bereits folgerte aus dem Befund, was heutige Verhaltenstherapien tendenziell als eigene Neuentdeckungen beanspruchen, nämlich die Notwendigkeit, emotional bedrohliche und belastende

---

[1262] S.L. Nielsen, A. Ellis, a.a.O. Die bedeutendsten Vertreter der REVT nach der Ära Ellis und somit seine Nachfolger, sind die Professoren DiGiuseppe und Dryden. Zu DiGiuseppe s. Albert Ellis Institute, Raymond DiGiuseppe, Ph.D., Sc.D., http://albertellis.org/raymond-digiuseppe-phd/, Download 7. Juni 2015. Er ist Psychologieprofessor an der St. John University in New York. St. John's University, Raymond A. DiGiuseppe, http://www.stjohns.edu/academics/bio/raymond-digiuseppe, Download 7. Juni 2015. Download 7. Juni 2015; Zu Dryden s. Windy Dryden, http://windydryden.com/, Download 7. Juni 2015. Er ist Emeritus-Professor für Psychotherapie am Goldsmith College in London. Goldsmiths, University of London, Prof. Windy Dryden, http://www.gold.ac.uk/stacs/ staff/academicstaff/emeritusprofessors/drydenwindy/, Download 7. Juni 2015.

[1263] A. Ellis, A New Guide, 202.

[1264] Maxie Maultsby, Rational Emotive Imagery, in: Rational Living (1971) 6/1, 26.

[1265] M.C. Maultsby, Rational Behavior Therapy, 11,13, 57.

[1266] Vorwort von A.M. Ludwig, Psychiatrie-Professor an der University of Kentucky, in: Ebd., ix.

[1267] M.C. Maultsby, Rational Behavior Therapy.

[1268] A. Newberg, E. D'Aquili, V. Rause, a.a.O., 34ff.

Erinnerungen und Zukunftsprojektionen als implizit verankerte Inhalte des episodischen Gedächtnisses zu akzeptieren,[1269] dabei die Aufmerksamkeit aber darauf zu richten, sich von ihnen nicht mehr bestimmen zu lassen, sondern sich auf die *Ein-Bildung* neuer, zielführender Vorstellungen zu konzentrieren, weil die Negation imaginativer Vorstellungen niemals zu deren Löschung führt, sondern nur der parallele Aufbau alternativer, konstruktiver Imaginationen die Macht der nach wie vor zur Verfügung stehenden destruktiven Fantasien überwinden kann.[1270] Von dorther ist auch zu verstehen, dass Maultsby ähnlich wie die heutige *Schematherapie* einen holistischen Weg der therapeutischen Veränderung lehrte, der die Neubestimmung semantischer Inhalte eng mit der Neugestaltung imaginativer Vorstellungen verband. Analog zu den „Schemata" der Schematherapie spricht Maultsby von den *Attitudes*, die er als „preprogrammed, superconcious, wordless plans for immediate, yet correct reactions" definiert.[1271] Problematisch und veränderungsbedürftig werden diese automatisierten Einstellungsgewohnheiten, wenn sie nicht oder nicht mehr zu angemessener Bedürfniserfüllung führen. Dafür entwickelte Maultsby die Methodik der *Rational Emotive Imagery* (REI).[1272] Wiederum ganz im Einklang mit den heutigen Erkenntnissen zur therapeutischen Bedeutung der *Selbststeuerung* maß Maultsby dabei der Funktionalität des Präfrontalen Cortex die führende Rolle zu.[1273] Ellis ging auf Maultsbys therapeutisches Konzept der REI interessiert ein und modifizierte es zu einer eigenen Version.[1274]

Um die Komplexität des Gedächtnisses und die Bedeutung tief sitzender Bewertungsschemata wusste auch Albert Ellis. Er verstand das Zustandekommen rational-emotiver Reaktionen keineswegs als mechanischen Vorgang auf der Oberfläche des Bewusstsein, sondern anerkannte die komplexe Entstehung und Verwobenheit von Emotionen und Kognitionen ebenso wie ihre tiefen, durchaus nicht immer leicht zugänglichen Gründe in der Biographie des Einzelnen.[1275] Dem Vorwurf der Oberflächkeit seiner Methodik hielt er deren Ähnlichkeiten mit der Psychoanalyse *C.G. Jungs* und vor allem mit der Tiefenpsychologie *Alfred Adlers* ent-

---

1269 M.C. Maultsby, Rational Behavior Therapy, 41ff.

1270 Ebd., 45.

1271 Ebd., 62.

1272 M. Maultsby, Rational Emotive Imagery, 24-26; M.C. Maultsby, Rational Behavior Therapy, 195ff.

1273 Ebd., 26f.

1274 A. Ellis, R.Y. Harper, a.a.O., 210ff; vgl. Beverly H. Yahnke, Anees Sheikh, Heidi T. Beckman, Imagery and the Treatment of Phobic Disorders, in: Anees A. Sheikh, (Hg.), *Healing Images: The Role of Imagination in Health*, Foreword by His Holiness The Dalai Lama, Imagery and Human Development Series, Hg. A.A. Sheikh (Baywood Publishing: Amityville, 2003), 312-342. Die imaginative Auseinandersetzung mit destruktiven „Beliefs" gehört seither zum technischen Repertoire der ABC-Methodik. B. Wilken, a.a.O., 171-173; Susan R. Walen, Raymond DiGiuseppe, Richard L. Wessler, *RET-Training: Einführung in die Praxis der rational-emotiven Therapie*, aus d. Amerik. v. A. Arnold, 2., um ein Nachwort erw. Ausg. (Pfeiffer bei Klett-Cotta: Stuttgart, 2005), 118-121. Insofern hat Maultsby bis heute seine Spuren in der REVT hinterlassen. Dass der heute 84jährige Maultsby mit seiner RBT trotz seiner honorablen akademischen und praktisch psychiatrischen Laufbahn wesentlich weniger öffentliches Interesse erregt hat als Ellis und in der einschlägigen Literatur der vergangenen Jahrzehnte kaum Erwähnung findet, mag daran liegen, dass er 20 Jahre jünger als Ellis ist und Ellis in den 70ern bereits beträchtlichen Ruhm erlangt hatte.

1275 A. Ellis, R.A. Harper, a.a.O., 16, 18, 22, 27.

gegen.[1276] Mit Adler verband ihn wie auch mit der modernen Neuropsychologie nicht zuletzt das Verständnis des *Unbewussten.* „Das Unbewußte ist nichts anderes als das, was wir bisher noch nicht in klaren Begriffen formulieren konnten“, zitiert Ellis Adler. „Es handelt sich nicht um Konzepte, die in irgendwelchen unbewußten oder unterbewußten Schlupfwinkeln der Seele sich verborgen halten, sondern um Teile unseres Bewußtseins, deren Bedeutung wir noch nicht ganz verstanden haben.“[1277] Ellis zufolge ist das „tief Unterbewusste“ meist nur „preconscious“:

> „We don't have these thoughts and feelings immediately accessible to our awareness. But we can fairly learn to infer and observe them, by working back from the behavior which they induce. We firmly believe that, whatever your emotional upsets, you can learn to perceive the cerebral self-signalings that invariably lie behind and motivate your emotions - and thereby succeed in deciphering the 'unconscious' messages you transmit to yourself.“[1278]

Kognitionspsychologisch sind präkognitive Einstellungsschemata großenteils *prozeduralisierte* Denkgewohnheiten: „Prozeduralisierung bezeichnet“ nach John Anderson „den Prozess, durch den die explizite Verwendung deklarativen Wissens von der unmittelbaren Anwendung prozeduralen Wissens abgelöst wird.“[1279] So entstehen sowohl schädigende als auch lebensdienliche handlungsleitende Grundüberzeugungen. Sie werden in der REVT als *Beliefs* bezeichnet.[1280] Ellis , Maultsby und ihre Epigonen gehen davon aus, dass die entscheidende Kraft therapeutischer Veränderung in der Prozeduralisierung neuer imaginativ und begrifflich generierter Überzeugungen liegt, die durch bewusste präfrontale Vorgänge ausgeformt und durch beharrliches *Üben* gefestigt und verinnerlicht werden.[1281]

Während diese Hinweise wie noch weitere später im Text folgende genügen mögen, um sicherzustellen, dass die REVT sicher auf der psychologischen Säule ruht, während sich ferner die Verbindung zur analogischen Säule aufgrund der Tatsache erklärt, dass innerhalb der REVT sehr oft begründender Bezug zum Stoizismus genommen wird, ist diese Stringenz hinsichtlich der theologischen Säule zu-

---

[1276] Zur Ähnlichkeit mit Jung: „Die RT [Rationale Therapie, d.Verf.] überschneidet sich insofern mit der Jungschen Therapie, als sie den Patienten nicht nur analytisch, sondern ganzheitlich betrachtet; als sie der Auffassung ist, Ziel der Therapie sollte ebenso das Wachstum und die Entwicklung des Individuums sein wie seine Heilung von psychischen Störungen; als sie den Patienten nachdrücklich ermutigt, bestimmte konstruktive Schritte zu unternehmen; und als sie seine Individualität besonders betont und großen Wert darauf legt, daß er in seinem Leben das verwirklicht, woran ihm liegt.“ A. Ellis, Die rational-emotive Therapie, 242. Zur Ähnlichkeit mit Adler s. ebd., 243ff. Vgl. ausführlich zum Verhältnis von Individualpsychologie und REVT Dieter Schwartz, Individualpsychologie und Rational-Emotive Verhaltenstherapie: Zu Menschenbild, Theorie und Praxis bei Alfred Adler und Albert Ellis, in: Zeitschrift für Rational-Emotive & Kognitive Verhaltenstherapie (2013), 7-51.

[1277] Alfred Adler, zit. in: Ebd., 244.

[1278] A. Ellis, R.A. Harper, a.a.O., 21.

[1279] J.R. Anderson, a.a.O., 201.

[1280] S.R. Walen et al., a.a.O., 29ff; 87ff; . Wilken, a.a.O., 131-135.

[1281] Das bestätigt die heutige Neuropsychologie nachdrücklich. J.R. Anderson, a.a.O., 196ff; vgl. Bauer sowie Kornhuber & Deecke zur „Use-it-or-lose-it-Regel“ des neuronalen Synapsenwachstums. J. Bauer, Das Gedächtnis, 64; H.H. Kornhuber, L. Deecke, a.a.O., 64.

nächst nicht so offensichtlich. Warum sollte ausgerechnet das geistige Produkt des bekennenden Atheisten und harten Religionskritikers Albert Ellis, der bis ans Ende seiner Tage eine grundsätzliche deutlich skeptische Haltung gegen die Integration von Religion, Spiritualität und Psychotherapie einnahm,[1282] ins Zentrum einer *christlichen* Theorie der Kognitiven Seelsorge aufgenommen werden? Ist das sinnvoll und überhaupt möglich? Zur Beantwortung dieser Frage ist es hilfreich, in einem Exkurs den Werdegang der Verhältnisbestimmung von Religion und seelischer Gesundheit bei Albert Ellis nachzuzeichnen.

Exkurs: Religion und seelische Gesundheit bei Albert Ellis[1283]

1960 antwortete Ellis auf einen Symposiumsvortrag seines Kollegen *Orval H. Mowrer* (1907-1982) beim Jahrestreffen der APA 1959.[1284] Zentraler Punkt in dessen psychotherapeutischen Grundvorstellungen war die therapeutische Sanktionierung des christlichen Sündenbegriffs.[1285] Mowrer glaubte, seelische Heilung komme dadurch zustande, dass ein Mensch einer Gruppe anderer Menschen gegenüber Schuld und Scham empfinde, seine Sünde vor ihnen bekenne und in der Folge wieder in die Gruppe integriert werde.[1286] Ellis stimmte in der moralischen Bewertung von Störungsphänomenen mit Mowrer ein, indem er wie dieser die Verantwortung des Einzelnen für sein Tun und Lassen fokussierte, aber er wandte sich entschieden gegen Mowrers Auffassung, das Gefühl der tiefen Schande und Scham des Einzelnen der Gruppe gegenüber sei heilsam. Ellis nahm eine Lexikonerklärung von „Sünde“ zum Ausgangspunkt seiner Gegenrede. Demnach gebe es zwei Teildefinitionen von Sünde: Zum einen sei schlicht ein Fehlverhalten darunter zu verstehen, für das eine Person Verantwortung trage, zum andern gehöre zum Sündenbegriff aber auch das Beschuldigen (blaming), die Anklage, das Verdammen und der Tadel. Ellis identifizierte Letzteres mit Mowrers Sündenverständ-

---

[1282] A. Ellis, *The Road to Tolerance*, 99ff. „Almost all the many studies of the mental health of religious and nonreligious respondents are not to be trusted and may well be misleading. Most of them ‘show’ that religious subjects say that they received definite benefits from following religious or spiritual attitudes [...]. But did they actually do so - or did they consciously and unconsciously exaggerate these ‘findings’? Who can accurately say?“ Ebd., 106.

[1283] Ausführlich hierzu R. Höfelschweiger, a.a.O., insbesondere 135-229; sowie H.A. Willberg, Religion und seelische Gesundheit. Der Text folgt teilweise diesem Fachartikel.

[1284] Albert Ellis, There is no place for the concept of sin in psychotherapy, in: Journal of Counseling Psychology, (1960) 7, 188-192; O. Hobart Mowrer, Some Constructive Features of the Concept of Sin, in: Journal of Counseling Psychology (1960) 7/3, 185-188.

[1285] B.N. Ard, Nothing’s uglier than sin, in: Rational Living (1967) 2/1, 4-6; G.A. Holland, Deliverance from sin: Ellis vs. Mowrer, in: Rational Living, (1968) 3, 20-23; A. Ellis, Die rational-emotive Therapie, 122f.

[1286] O.H. Mowrer, Some Constructive; O. Hobart Mowrer, „Sin“, The Lesser of Two Evils, in: American Psychologist (1960) 15/5, 301-304. Präzise beschrieben wird Mowrers Darstellung in Dietrich Stollberg, *Therapeutische Seelsorge: Die amerikanische Seelsorgebewegung. Darstellung und Kritik*, mit einer Dokumentation, 3. Aufl., Studien zur Praktischen Theologie, Hg. R. Bohren, K. Frör, M. Seitz, Bd. 6 (Christian Kaiser: München, 1972), 320ff.

nis.[1287] Da er diesen Aspekt des Sündenbegriffs für schlichtweg schädigend hielt, sah sich Ellis genötigt, ihn mit den gesunden, rationalen Alternativen zu kontrastieren. Bereits mit diesem ersten öffentlichen Beitrag zum Thema „Sünde" lag das Grundmuster aller späteren Verlautbarungen aus Ellis' Feder dazu fest: Ein Sündenbegriff, der sich mit pauschaler Selbst- oder Fremdabwertung einer Person verbindet, ist unvereinbar mit seelischer Gesundheit. Ellis stellte eine Gegenthese zu Mowrers Sündentherapie auf: „The concept of sin is the direct and indirect cause of virtually all neurotic disturbance"[1288]

Es dürfte wohl kaum übertrieben sein zu behaupten, dass Ellis nolens volens den entscheidenden Anstoß für das gab, was man in Analogie zur „kognitiven Wende" in der Psychotherapie der 70er Jahre als deren „spirituelle Wende" in den 80ern und 90ern bezeichnen mag. Das hat zwei Gründe: Erstens hat Ellis wie kein anderer zeitgenössischer Psychotherapeut mit seinen ursprünglichen Thesen über die Schädlichkeit der Religion Aufsehen und Anstoß erregt und dadurch fähige Fachkollegen, die seinen atheistischen Standpunkt nicht teilten, dazu provoziert, ihn überzeugend zu widerlegen. Zweitens hat sich Ellis konstruktiv an der Überprüfung seiner Hypothesen beteiligt. Dadurch entfaltete sich eine fruchtbare wissenschaftliche Diskussion über vier Jahrzehnte hinweg, in der Ellis und die REVT stets eine zentrale Rolle spielten. Ellis hatte den Ball provokativ ins Spiel gebracht und die Fachwelt, vor allem in den Kreisen der APA, nahm ihn diskursiv auf, weil die Zeit dafür reif war. Ellis verlor das Spiel. Zu viele Hinweise hatten sich mittlerweile angesammelt, die Ellis' radikaler Religionskritik widersprachen.[1289] Das gereichte aber weder ihm noch der REVT zum Schaden, weil der Gewinn höher war als der Verlust. Es geschah nichts anderes als das, was Ellis selbst im Anschluss an Poppers Wissenschaftstheorie stets zu fordern pflegte: Fortschritt der Forschung durch die Falsifikation von Hypothesen anstelle dogmatisierender Bemühungen um die Aufrechterhaltung von Vorurteilen.[1290]

Besonders starken Einfluss auf diesen Prozess hatte die Diskussion zwischen Ellis und *Bergin*. Sie begann damit, dass Ellis eine Replik auf einen Fachartikel Bergins über Psychotherapie und religiöse Werte schrieb.[1291] Ellis schloss sich darin Bergin in der Gewichtung von Wertvorstellungen für die Psychotherapie wie auch der Forderung, die spirituellen Werte der Klienten zu berücksichtigen, ausdrücklich an.[1292] Die Grenzlinie, die Bergin zwischen Theismus und Atheismus zog, verlegte Ellis aber zwischen absolutistische und dogmatistische Glaubensvor-

---

[1287] A. Ellis, Die rational-emotive Therapie, 114f, 124. Es sei „ungeheuer schädlich [...], jemandem einzutrichtern, er müsse sich wegen seiner Fehlhandlungen sündig oder schuldig fühlen oder sich anklagen." Ebd., 121. „Während zum Beispiel Mowrer offenbar davon ausgeht, daß der Durchschnittsmörder sich hassen sollte, glauben ich und andere, daß der Mörder sich zu dem, was er *getan* hat, voll und ganz bekennen und es bedauern sollte, daß er aber in keiner Weise *sich selbst* geringschätzen sollte, weil er das getan hat." Ebd., 123.

[1288] A. Ellis, There is no place, 192.

[1289] Allen E. Bergin, Religiosity and mental health: A critical reevaluation and meta-analysis, in: Professional Psychology (1983) 14, 170-184.

[1290] Vgl. Albert Ellis, Is religiosity pathological? in: Free Inquiry (1988) 8, 27-32; A. Ellis, My current views; A. Ellis, Science, Religiosity.

[1291] Albert Ellis, Psychotherapy and atheistic values: A response to A.E. Bergin's 'Psychotherapy and religious values', in: Journal of Consulting and Clinical Psychology, (1980) 48, 635-639.

[1292] Ebd., 635.

stellungen auf der einen Seite und die Grundhaltung der Toleranz, Akzeptanz und Offenheit auf der anderen. Er räumte ein, dass es Formen des Gottglaubens gibt, die als „kompatibel mit mentaler und emotionaler Gesundheit“ angesehen werden können, weil sie „nicht absolutistisch und dogmatisch“ sind, insbesondere wenn es sich um das Bild eines Gottes handelt, der die Menschen „bedingungslos akzeptiert“ und ihnen „gnädig ist, nur weil sie Menschen sind“. Ellis glaubte, dass Menschen mit einem solchen Glauben „wahrscheinlich ein glückliches Leben führen können, ohne ernsthaft ihre emotionale und mentale Funktionsfähigkeit zu verletzen“.[1293] Er erkannte an, dass Menschen „von bestimmten Formen religiöser Anschauungen“ profitieren können, „wie etwa von solchen Religionen, die undogmatisch die Freiheit des Individuums betonen, die bedingungslose Selbstakzeptanz für wünschenswert halten, die mit Toleranz und Verzeihung andern begegnen, die sich armselig verhalten.“[1294]

Bergin hat sich durch Ellis' Reaktion wiederum zu einer Arbeit inspirieren lassen, die dem Thema „Psychotherapie und Spiritualität“ in der APA die Bahn brach. Es handelte sich um eine „kritische Re-Evaluation und Metaanalyse“ der 24 Studien zu dieser Frage aus der umfangreichen Literatur zwischen 1951 bis 1979, die er für brauchbar hielt.[1295] Ellis hatte in der Antwort trotz seiner Zugeständnisse behauptet, zunehmende emotionale Gesundheit würde mit abnehmender Religiosität korrelieren: „The less religious they are, the more emotionally healthy they will tend to be.“[1296] Daran knüpft Bergin mit seiner Metauntersuchung an. Er zeigt, dass nur 23 % der in den Studien nachgewiesenen Gesundheitseffekte eine negative Beziehung zwischen Religion und seelischer Gesundheit bestätigten, mehr als ein Drittel zeigte ein positives Verhältnis auf, der Rest ein neutrales Ergebnis.[1297] Somit erreichte Bergin zum einen sein Ziel, Ellis' Hypothese zu widerlegen, zum andern gab er damit den Startschuss zu weiteren Studien in der Folge, um das vorläufige Ergebnis zu erhärten oder zu falsifizieren.[1298]

Pecheur und Edwards widmeten sich mit ihrer vergleichenden Studie über die Wirksamkeit eines speziell für christliche College-Studenten entwickelten kognitiv-therapeutischen Programms nach A.T. Beck[1299] als nächste dieser Aufgabe, indem sie explizit den Disput zwischen Ellis und Bergin zum Ausgangspunkt nahmen.[1300] Der Befund zeigte, dass ihre christliche Variante der säkularen ebenbürtig war.[1301] Damit deutete sich an, dass sich speziell in Versuchen mit Kognitiven Therapien bestätigen würde, wofür Rebecca Propst als erster bereits 1980 ein Nachweis gelungen war:[1302] Wenn kognitive Therapien für christliche Klienten

---

[1293] Ebd., 637.

[1294] Ebd., 638.

[1295] A.E. Bergin, Religiosity.

[1296] A. Ellis, Psychotherapy and atheistic values, 637.

[1297] A.E. Bergin, Religiosity, 176.

[1298] Vgl. Raphael M. Bonelli, Religiosität in der Psychiatrie - zum aktuellen Wissensstand, in: Michael Utsch, Raphael M. Bonelli, Samuel Pfeifer, *Psychotherapie und Spiritualität: Mit existenziellen Konflikten und Transzendenzfragen professionell umgehen*, mit 13 Abbild. u. 14 Tabellen (Springer: Berlin, Heidelberg, 2014), 86, 91f; A. Bucher, a.a.O., 113ff; 134ff.

[1299] D.R. Pecheur, K.J. Edwards, a.a.O., 45-54.

[1300] Ebd., 46.

[1301] Ebd., 52.

[1302] L.R. Propst, The comparative efficacy, 167-178.

mit spezifisch christlichen Lehrinhalten und traditionell seelsorgerlischer Methodik wie Gebet und Meditation angereichert werden, erreichen sie einen mindestens gleichwertigen Effekt; eine schädigende Wirkung der religiösen Inhalte ist jedenfalls nicht zu konstatieren. Pecheur wurde außerdem in seiner These bestätigt, dass Kognitive Therapien ein hohes Maß an Kongruenz mit den Vorgängen aufweisen, die in der Bibel als „Heiligung“ bezeichnet werden.[1303] Diese Studien wie auch die ähnlichen Anfang der 90er Jahre von *Propst, Ostrom, Watkins et al.*,[1304] *Johnson und Ridley*[1305] sowie *Johnson, DeVries, Ridley et al.*[1306] legten den empirischen Grund für eine Reihe integrativer Modelle, die mit unterschiedlichen Schwerpunkten aus christlicher Seelsorge, Kognitiven Therapien nach Beck und Meichenbaum und vorzugsweise REVT konstruiert wurden. Sie wurden 1999 von McCullough in seiner Metastudie zusammengefasst.[1307]

Sharkey und Maloney überprüften 1986 die fragliche Ellis'sche Hypothese direkt mit seiner eigenen Klientel am New Yorker „Institute for the Advanced Study of Rational Psychotherapy“.[1308] Auch sie traten an, um Bergins Einspruch gegen Ellis zu erhärten, was ihnen auch gelang. Unter Hinweis auf Bergin[1309] resümierten sie, dass ihre Untersuchung „keine klaren Schlussfolgerungen über das Verhältnis zwischen Religion, mentaler Gesundheit und mentaler Krankheit“ erlaubt, dafür aber eine Anzahl anderer Studien stützt, die gezeigt haben, dass die Annahme solcher Korrelationen nicht beweisbar sei.[1310] Ellis reagierte darauf mit der gewagten Annahme, dass die religiösen Probanden wahrscheinlich nicht ehrlich gewesen seien, was er wiederum aus der Behauptung ableitete, nicht-religiöse Menschen seien, jedenfalls bei entsprechenden Fragen, „wahrhaftiger als religiöse“.[1311] Allerdings verwies Ellis in seiner Antwort auch darauf, dass er den Titel seines Buches „The Case Against Religion“, das in erster Auflage 1962 erschienen war, zu „The Case Against Religiosity“ verändert habe.[1312] Den Inhalt habe er zudem stark revidiert. Er begründet es damit, dass die Aussage, „'religiöse' Menschen seien wahrscheinlich emotional gestörter, ein ziemlich vages, bedeutungsloses und wahrscheinlich nicht falsifizierbares Statement“ sei.[1313]

Bergin, Stinchfield, Gaskin et al. führten 1988 eine weitere Studie über das Verhältnis von Werten, Religion und seelischer Gesundheit ins Feld, die Ellis' Distanzierung von der Vermutung einer allgemein anzunehmenden negativen Korrelation bestätigte. Die Studie enthielt sowohl Hinweise für negative wie auch für

---

[1303] D. Pecheur, Cognitive theory.

[1304] R.L. Propst, R. Ostrom, P. Watkins, T., Dean, T. et al., a.a.O.

[1305] W.B. Johnson, C.R. Ridley, a.a.O.

[1306] W.B. Johnson, R. DeVries, R., C.R. Ridley, D. Pettorini et al., a.a.O.

[1307] M.E. McCullough, a.a.O.

[1308] Paul W. Sharkey, H.N. Malony, Religiosity and Emotional Disturbance: A Test of Ellis's Thesis in His Own Counseling Center, in: Psychotherapy (1986) 23, 640-641.

[1309] A.E. Bergin, Religiosity.

[1310] P.W. Sharkey, H.N. Malony, a.a.O.

[1311] Albert Ellis, Religiosity and emotional disturbance: A reply to Sharkey and Malony, in: Psychotherapy (1987) 24, 826-827.

[1312] A. Ellis, The Case Against Religiosity.

[1313] A. Ellis, Religiosity, 826.

positive Zusammenhänge.[1314] Im Rückblick auf den Diskurs mit Ellis von 1980 an konstatierten die Autoren: „Die Debatten über die Rolle der Religion für die mentale Gesundheit sind schwierig zu lösen.“[1315]

Trotz dieser bescheiden formulierten Bilanz neigte sich die Waage in der wissenschaftlichen Diskussion um Psychotherapie, seelische Gesundheit und Religiosität in den 80ern deutlich Bergins Postulaten zu Beginn der Auseinandersetzung mit Ellis zu. Auch führende Vertreter der REVT nahmen Bergins Befunde auf. *DiGiuseppe, Robin und Dryden*[1316] konstatierten 1990 unter Einbeziehung jener Studie von Sharkey und Maloney, dass unter anderem Bergins Arbeit von 1983 Ellis' frühere Ansicht, Religion sei grundsätzlich in Bezug zu Psychopathologie zu setzen, entkräftet hätte. Ellis habe ja daraufhin seine Theorie auch bereits revidiert.[1317]

Obwohl Ellis seine Sicht modifziert und differenziert hatte, stand seine ursprüngliche Identifizierung von Religion und Neurose immer noch im Raum, wie auch die daraus hervorgehende therapeutische Maxime, Klienten von der „Irrationalität“ ihres Gottglaubens durch rational-emotive Disputationen zu heilen. Obgleich etliche Protagonisten der christlichen Psychotherapieszene, unter ihnen profilierte Wissenschaftler, die rational-emotive Methodik sehr begrüßten und sie zur Anwendung für ihre christliche Klientel hoch geeignet fanden, standen jene Annahmen der vorbehaltlosen Rezeption noch immer im Weg. Vielleicht nicht zu Unrecht befand McMinn noch 1989, dass sich aus besagtem Grund die kollaborativ angelegten kognitiven Therapieformen nach Donald Meichenbaum[1318] und A.T. Beck besser für die Psychotherapie mit Christen eigneten als die RET.[1319] Gestützt auf Bergin[1320] widersprach er der Behauptung Ellis', „devote religiöse Philosophien müssten verändert werden“. Diese Sichtweise sei „nicht konsistent mit Seelsorge oder christlicher Therapie“.[1321] Durch voreingenommene Abwertungen der Glaubensvorstellungen religiöser Menschen würde vielmehr unnötiger Widerstand bei diesen hervorgerufen.[1322]

Es ist bezeichnend, wie anders McMinn et al. sich 20 Jahre später über Ellis und die REVT äußern:[1323] Erstens erkennen sie keine umfassenden wissenschaftlichen Hypothesen oder Forschungen „zu den allgemeineren Aspekten der Persönlichkeit“ bei Ellis und der REVT.[1324] Zweitens sei die einfache Methodik der REVT nicht darauf ausgerichtet, Verhalten im Allgemeinen zu analysieren, sondern auf die konkrete Überwindung von Distress. Diese Schlichtheit gelte bei ih-

---

1314 Allen E. Bergin, R.D. Stinchfield, T.A. Gaskin et al., Religious life-styles and mental health: An exploratory study, in: Journal of Counseling Psychology (1988) 35, 91-98.

1315 Ebd., 91.

1316 R. DiGiuseppe, M. Robin, M., W. Dryden, a.a.O..

1317 Ebd., 357.

1318 Meichenbaum ist neben Ellis und Beck der dritte Hauptvertreter der Kognitiven Therapie. Vgl. Donald W. Meichenbaum, *Kognitive Verhaltensmodifikation,* Reprint (Psychologische Verlagsunion: Weinheim 1995 [1979]).

1319 M.R. McMinn, C.J. Lebold, a.a.O., 189.

1320 A.E. Bergin, Religiosity.

1321 M.R. McMinn, C.J. Lebold, a.a.O., 106.

1322 M.R. McMinn, Cognitive Therapy, 39.

1323 M.R. McMinn, S.L. Jones, M.J. Vogel et al., a.a.O.

1324 Ebd., 214.

ren Verfechtern als Tugend, weil der praktische Nutzen der Methodik in ihren Augen proportional zur Einfachheit des Modells sei. Daraus folge, dass die Methodik von der Weltanschauung ihres Gründers getrennt werden könne. Das habe manche REVT-Freunde dazu ermutigt, christliche Versionen zu schaffen. Als Beispiele werden Hauck[1325], Johnson[1326] und Johnson und Ridley[1327] genannt. Ellis habe das letztendlich auch selbst so gesehen. Drittens habe Ellis seine früheren Ansichten, religiöse Doktrinen, vor allem die Lehre von der Sünde, stünden per se im Gegensatz zu mentaler Gesundheit, aufgegeben.[1328]

Die Auseinandersetzung 1986/87 zwischen Sharkey, Maloney und Ellis um die Studie an Ellis' eigenem Institut war die Fortsetzung eines Disputs zwischen dem Philosophen und Religionswissenschaftler *Sharkey* und Ellis fünf Jahre zuvor.[1329] Sharkey kritisierte dort das Selbstkonzept der REP nach Ellis, kam aber auch zu dem Schluss, die RET könne ohne Weiteres von der REP getrennt werden: „Die Techniken der RET scheinen zu den einfachsten, gesündesten und philosophisch neutralsten zu gehören, die heute praktiziert werden. Als philosophisch neutrale Therapie muss sich die RET nicht mit irgendeinem theoretischen Dogma vermählen, die 'ethisch humanistische' Philosophie der REP inbegriffen."[1330] Ellis stimmte dem ausdrücklich zu.[1331] Einige Ellis-Kritiker versuchten zu beweisen, dass REP und RET eine untrennbare Einheit bilden, dass die Fragwürdigkeit der REP die Anwendbarkeit der RET in anderen Bezugssystemen unterminiere[1332] und dass die Rezeption der REVT nach Elllis in die christliche Seelsorge nicht ratsam oder gar nicht möglich sei.[1333] Dem steht eine Vielzahl von Theoretikern und Praktikern gegenüber, die uneingeschränkt Sharkeys Behauptung bestätigen.

[1325] P. Hauck, Reason.

[1326] W.B. Johnson, Christian rational-emotive therapy.

[1327] W.B. Johnson, C.R. Ridley, Brief Christian.

[1328] M.R. McMinn, S.L. Jones, M.J. Vogel et al., 231. Das bestätigt Ellis selbstkritisch reflektierend im Rückblick auf jene Entwicklung deutlich: A. Ellis, The Road to Tolerance, 111ff, 195ff.

[1329] Paul W. Sharkey, Something irrational about Rational-Emotive Psychology, in: Psychotherapy: Theory, Research and Practice (1981) 18, 150-154; A. Ellis, Science.

[1330] P. Sharkey, a.a.O., 153.

[1331] A. Ellis, Science, 158.

[1332] Robert D. Finley, The spiritual poverty of rational-emotive therapy, in: Journal of Humanistic Psychology (1979) 19, 83-88; Robert D. Finley, Critique of Rational-Emotive Philosophy, in: Psychotherapy: Theory, Research and Practice (1987) 25, 271-276; Stanton L. Jones, Rational-Emotive Therapy in Christian perspective, in: Journal of Psychology and Theology (1989) 17, 110-120; Robert C. Roberts, Psychotherapeutic virtues and the grammar of faith, in: Journal of Psychology and Theology (1987) 15, 191-204; P.J. Watson, J. Folbrecht, R.J. Morris, R.W. Hood, Values, „irrationality", and religiosity, in: Journal of Psychology and Theology (1990) 18, 348-362.; P.J. Watson, R.J. Morris, R.W. Hood, J. Folbrecht, Dependency, „irrationality," and community, in: Journal of Psychology and Theology (1990) 18, 334-347; P.J. Watson, R.J. Morris, R.W. Hood, Sin and self-functioning, part 3: The psychology and ideology of irrational beliefs, in: Journal of Psychology and Theology (1988) 16, 348-361; R.L. Wessler, a.a.O.

[1333] Vor allem R.L. Wessler, a.a.O.; ferner W.R. Miller, Including, 44f; ferner J.E. Martin, John E., C.R. Carlson, Spiritual Dimensions, 59f ; Stanton L. Jones, A Religious Critique of Behavior Therapy, in: William R. Miller, John E. Martin (Hg.), *Behavior Therapy and Religion: Integrating Spiritual and Behavioral Approaches to Change* (Sage Publications: Newbury Park, Beverly Hills, London, New Delhi, 1988), 162f.

Ellis wurde im Lauf der Jahre hinsichtlich seiner Haltung zur Religion und Glaube mit vielen überzogenen Vorwürfen konfrontiert.[1334] Zu manchem hat er sich selbst klärend geäußert, teilweise in Repliken auf Behauptungen der Kritiker.[1335] Ellis hatte selbst einigen Anteil daran, was wohl zu einem großen Teil daran lag, dass er zu oft und zu lang terminologisch unklare Bezeichnungen verwendete, insbesondere bei der Charakterisierung pathogener Religiosität. Zu Recht wurde ihm vorgeschlagen, auf die empirisch wissenschaftlich je länger je mehr zweifelhafte Korrelation von Pathogenese und Religiosität zu verzichten und sich stattdessen konsequent einer wissenschaftlich präziseren Ausdrucksweise zu bedienen: Statt weiterhin sehr missverständliche Wörter wie „devout", „orthodox" und „pietistic" zu gebrauchen,[1336] solle er wie sonst auch beim Thema „Religion" ebenfalls das Kind beim Namen nennen: absolutistisch, unbarmherzig fordernd, verdammend usw.[1337] Ellis räumte selbst ein, das Wort „devout", das er sehr oft für pathologische Religiosität verwendete, habe „several possible definitions" und es sei vielleicht besser, es zu ersetzen.[1338] Was Ellis nämlich von Beginn seiner religionskritischen Verlautbarungen an attackierte, war nicht das Religiöse an sich, das er zwar geringschätzte,[1339] nicht aber als unmittelbar schädigend ansah, sondern es waren die unmenschlichen *Mussforderungen in* den Religionen wie gleichermaßen in allen möglichen religions*ähnlichen* Systemen.[1340]

Rational-emotive Zeitschriftenbeiträge bekennender Christen mit deutlich religiösen Akzentuierungen hat Ellis offenbar nicht nur geduldet, sondern auch gefördert. Bereits 1969 konnte der katholische Pfarrer *Lando Eitzen* in Ellis' RET-Zeitschrift *Rational Living* zu dessen Buch „The Case Against Religion" Stellung nehmen. Er wies auf die signifkante Übereinstimmungen zwischen Christlicher Glaubenslehre und RET hin.[1341] In seiner Replik[1342] bestätigt Ellis seine grundsätzliche Ablehnung der Vereinbarkeit von Rationalität und Religiosität, räumt aber bereits ein, dass er damit nicht alle Formen der Religion meine, „but only conventional or

---

1334 W. Brad Johnson, Albert Ellis and the religionists: A history of the dialogue, in: Journal of Psychology and Christianity (1994) 13, 304ff.

1335 A. Ellis, Is rational-emotive therapy; A. Ellis, Rational-emotive therapy; A. Ellis, Religiosity; Albert Ellis, Do I really hold that religiousness is irrational and equivalent to emotional disturbance? In: American Psychologist (1992) 45 (3), 428-429.

1336 Vgl. z.B. Vgl. A. Ellis, The case; A. Ellis, Is religiosity; A. Ellis, Do I really.

1337 W.B. Johnson, Albert Ellis, 308.

1338 S.L. Nielsen, A. Ellis, 332.

1339 Albert Ellis, „Religion ist Kinderkram". Interview in: Psychologie heute (1997) 6, 25.

1340 Vgl. insbesondere seine äußerst kritische Auseinandersetzung mit der radikal atheistischen Weltanschauung des „Objektivismus". Albert Ellis, *Is Objectivism a religion?* (Lyle Stuart: New York, 1968). Nach anfänglicher Sympathie mit dieser philosophischen Strömung im Gefolge von Ayn Rand (1905-1982) sah er sich bald dazu berufen, diese ausführliche Aufklärungsschrift zu verfassen, in der er mit großer Schärfe den totalitären Sektencharakter der Bewegung darstellte, die als eine der treibenden Kräfte des US-amerikanischen Kapitalismus zu betrachten ist. Gerade auch diese explizit anti-religiöse Weltanschauungsschule, die sehr stark auf Rationalität pocht, entlarvte Ellis als tatsächlich hochgradig „religiös", unter Verwendung derselben Kritierien, die er auch sonst für seinen „case against religiosity" gebrauchte.

1341 Lando Eitzen, Rational-Emotive Theology? in: Rational Living (1969) 4, 8-12.

1342 Albert Ellis, Rational-Emotive *Theology*?! in: Rational Living (1969) 4, 9-14.

orthodox religion“[1343], und weist auf seine enge Verbundenheit mit einigen Pfarrern und Rabbinern hin, die zu RET-Praktikern geworden seien.[1344] Der katholische New Yorker Polizist *Beaman* lieferte 1978 einen sehr persönlichen Beitrag in der RET-Zeitschrift *Rational Living*, der gut auch zu einer christlichen Evangelisationsveranstaltung gepasst hätte: Mit Hilfe der RET habe sich ihm der eigene Glaube erst richtig erschlossen.[1345] Die Missionarin *Sandra Warnock* schrieb einzig zu dem Zweck, mit Hilfe von vielen Bibelstellen die Kompatibilität der Lehren Jesu mit der REVT aufzuzeigen, einen Beitrag für das *Journal of Rational-Emotive and Cognitive Behavior Therapy*, dem Nachfolgeorgan von *Rational Living* am Albert Ellis Institute;[1346] Ellis antwortete mit einem bemerkenswert warmherzigen Kommentar.[1347] *Howard Young*, der sich in seiner rational-emotiven Beratungspraxis mitten im Bible Belt ganz auf Denkweise und Sprachgebrauch der christlichen Fundamentalisten in seiner Umgebung eingestellt hatte,[1348] bezeichnete er als einen der besten REVT-Praktiker.[1349]

Auf Nielsens Artikel über REVT und Religion, der 1994 im *Journal of Psychology and Christianity* erschien,[1350] reagierte Ellis sogleich mit einer respektvollen Replik, die ein hohes Maß an Zustimmung enthält[1351], bis hin zur Anerkennung, dass „even devout religiosity can be used, as Dr. Nielsen has shown, to some good effect when combined with REBT.“[1352] Im selben Jahr fand im Rahmen eines APA-Kongresses ein konstruktives öffentliches Gespräch zwischen Nielsen und Ellis und weiteren Diskussionspartnern statt, darunter W. Brad Johnson, das wiederum von Achtung, Akzeptanz und viel Einverständnis geprägt war.[1353] 2001 erschien als Gemeinschafsproduktion von *Nielsen, Johnson und Ellis* eine bemerkenswerte Einführung in die REVT mit religiösen Menschen aus erster Hand.[1354]

Windy Dryden und die REVT-Profis *Weinrach, DiMattia, Doyle et al.* teilten sich gegenseitig und ihren Lesern im Prozess der Verarbeitung des 11. September 2001 freimütig mit, welche spirituellen Ressourcen ihnen dazu eine Hilfe waren.[1355] Ein buntes Bild ganz unterschiedlicher Glaubensüberzeugungen tat sich bei diesen Personen auf, die alle erfolgreich dieselbe Psychotherapiemethode ver-

---

1343 Ebd., 9.

1344 Ebd., 14.

1345 A. Beaman, Rational-Emotive Therapy and Christian Contrition, in: Rational Living (1978) 13, 17-18.

1346 S.D.M. Warnock, a.a.O.

1347 A. Ellis, Comments.

1348 H. Young, a.a.O. „It is important to realize that the Bible contains many sane and rational passages that can easily lend themselves to sound therapeutic interventions. [...] In addition, the Bible offers many other ethical principles that are conistent with the tenets of RET and that can be applied very effectively to most forms of emotional disturbance.“ Ebd., 63.

1349 A. Ellis, My Response, 324.

1350 S.L. Nielsen, a.a.O.

1351 A. Ellis, My Response.

1352 Ebd., 326.

1353 S.L. Nielsen, A. Ellis, A discussion.

1354 S.L. Nielsen, W.B. Johnson, A. Ellis, a.a.O.

1355 S.G. Weinrach, Windy Dryden, D.J. DiMattia, K.A. Doyle et al., Post-September 11th perspectives on religion, spirituality, and philosophy in the personal and professional lives of selected REBT cognoscenti. Journal of Counseling and Development (2004) 82, 426-438.

traten: jüdische, agnostische, und christliche. Ellis klinkte sich im Nachhinein noch in Form eines deutlich kollegialen Statements mit der immer wieder von ihm hervorgehobenen christlichen Maxime, den Sünder zu lieben, aber die Sünde zu hassen, in das Gespräch ein.[1356]

Ein Grund für diese auffallende Wertschätzung und Dialogbereitschaft liegt darin, dass Ellis seine Eingenommenheit durch den *Logischen Empirismus* aufgegeben hat. Als Ellis die RET entwickelte, wurde der Logische Empirismus in der psychologischen Wissenschaftstheorie weithin noch als ziemlich unangefochtener State of the Art angesehen. Innerhalb des logisch empiristischen Denksystems gilt es als logisch, alle metaphysischen Sätze als Irrationalitäten zu betrachten.[1357]

Wenn Ellis auch das „scientific thinking" als eines der Ziele für die REVT definierte,[1358] meinte er damit keineswegs einen szientistischen Absolutismus, sondern eine hypothesengeleitete, logisch konsistente Wahrheitssuche. Gegenstück des Therapieziels wissenschaftlichen Denkens war in seinen Augen der *Fanatismus* jeglicher Provenienz.[1359] Unter Wissenschaftlichkeit verstand Ellis das Gegenteil absolutistisch dogmatischer Wahrheitsansprüche - „including RET!"[1360]

Ellis legte nach seiner Lösung vom Logischen Empirismus selbstkritisch denselben Maßstab an die Beurteilung religiösen Glaubens von außen, den er immer schon den religiösen Insidern nahegelegt hatte. Wenn *positive* methaphysische Glaubenssätze *von* religiösen Menschen wissenschaftlich nichtssagend sind, dann gilt dasselbe auch für *negative* metaphysische Glaubenssätze *über* sie: „So saying that 'religious' people are more likely to be emotionally disturbed is a rather vague, meaningless, and probably unfalsifiable statement."[1361] Allerdings war Ellis auch in der Frage der Wissenschaftlichkeit zumindest terminologisch inkonsequent, weil er zugleich eine logisch-empiristische Vorgehensweise und eine kritisch-rationalistische nach Popper empfehlen konnte[1362] und noch 1988 darauf insistierte, es sei davon auszugehen, dass „pietistische Theisten und säkulare Religionisten" normalerweise neurotisch und in manchen Fällen psychotisch seien, und dass ferner durch die Anwendung der „logisch-empirischen Methoden der Wissenschaft" bei völliger Akzeptanz der Realität, was für ihn in diesem Zusammenhang die radikale Leugnung aller unbeweisbaren Glaubensinhalte beinhaltete, „die emotionalen Störungen sehr stark zurückgehen würden."[1363] Solche Äuße-

---

[1356] In diesem Fall die Terroristen des 11. September! A. Ellis, A. Post-September, 290. „Es gibt jedoch auch bestimmte religiöse Überzeugungen, die ich selbst vertrete - zum Beispiel: Hasse die Sünde, aber nicht den Sünder." A. Ellis, Religion ist Kinderkram, 25. „Christianity, particularly, has a very healthy notion of grace. It accepts the sinner but not the sin, and includes many other very good ideas." A. Ellis, My Response, 324. Vgl. entsprechend A. Ellis, Can Rational, 32; A. Ellis, Is religiosity, 32; A. Ellis, My current, 38; A. Ellis, Spiritual Goals, 282.

[1357] G.R. Vandenboes, a.a.O., 542; K.-H. Renner, G. Ströhlein, a.a.O., 40f; W. O'Donohue, a.a.O.„ 1461.

[1358] U.a. A. Ellis, Humanistic Psychotherapy, 159.

[1359] Albert Ellis, Do some religious beliefs help create emotional disturbance? in: Psychotherapy in Private Practice (1986) 4/4, 105.

[1360] A. Ellis, Is rational emotive, 92.

[1361] A. Ellis, Religiosity, 826.

[1362] A. Elllis, Science, 155; A. Ellis, Is religiosity, 27ff.

[1363] Ebd., 32.

rungen mögen zu den Zweifeln einiger Ellis-Kritiker beigetragen haben, ob er tatsächlich jemals den Logischen Empirismus hinter sich gelassen habe.[1364] Andererseits findet sich dieses Problem nicht nur bei Ellis. Obwohl die logisch-empirische Wissenschaftstheorie schon um die Mitte des Jahrhunderts zu verblassen begann, setzte sich der wissenschaftstheoretische Fortschritt in der Psychologie nur schwer durch.[1365] Noch 1986 schlug *Harold B. Robb*, renommierter Psychotherapeut und Mitherausgeber des *Journal of Rational-Emotive and Cognitive Behavior Therapy*,[1366] für die Bearbeitung des Aspekts der Spiritualität in der REVT vor.[1367] Was das für die Praxis heißen solle, klärte Robb in einem Aufsatz einige Jahre später, in welchem er zwar nunmehr den Logischen Empirismus zur Disposition stellte, nicht aber die Verpflichtung der REVT darauf.[1368] Das bedeutet nichts anderes, als dass religiöse „Beliefs", etwa ein positives Gottesbild, im Voraus als unbrauchbar für die Disputation aussortiert werden.[1369] „This rejection of supernaturalism remains even if one also rejects Logical Positivism as the epistemic base for one's natural, empirical approach as Ellis (1989, 1992) has explicitly done", behauptete Robb.[1370] Dem muss wohl widersprochen werden. Erkenntnistheoretisch ist das Postulat der „Zurückweisung" eine dogmatische metaphysische Behauptung, die sich genauso wenig verifizieren oder falsizieren lässt wie ihr Gegenstück, der wissenschaftliche Wahrheitsanspruch von religiösen Glaubensvor-

---

1364 M.R. McMinn, S.L. Jones, M.J. Vogel et al., a.a.O.; RD. Finley, The spiritual; R.D. Finley, Critique; P.E. Meehl, Ethical criticism in value clarification: Correcting cognitive errors within the client's - not the therapist's - framework, in: Rational Livinig, (1981) 16/1, 3-9; W.B. Johnson, Rational-emotive; W.B. Johnson, Albert Ellis; S.L. Jones, a.a.O.; R.C. Roberts, a.a.O.

1365 Vgl. K.-H. Renner, G. Ströhlein, a.a.O., 46.

1366 Hank Robb Ph.D., ABPP, http://www.hankrobb.com/bio/, Download 9. Juni 2015.

1367 „[N]othing will be gained by calling such experience 'spiritual' [...] Instead, psychologists would be wiser to move forward in understanding how these questions may be addressed within the general framework of logical-empirical philosophy, the framework within which the science of psychology is claimed to be conducted."Harold B. Robb, Spiritual issues: Do they belong in psychological practice? in: Psychology in Private Practice (1986) 4, 85.

1368 „Since claims about the supernatural, such as the existence of a god or gods who issue rules by which people are to live, are notoriously incapable of either demonstration or falsification [...], RET rejects the supernatural as a basis for justifying conclusions." Harold B. Robb, Using REBT to reduce psychological dysfunction associated with supernatural belief systems, in: Journal of Cognitive Psychotherapy: An International Quarterly (1993) 7, 282.

1369 Dies steht in deutlicher Spannung zu Robbs starkem Engagement für die REVT mit Christen. „Though I do not myself believe in the supernatural, I served eight years, ending in 2008, as Chair of the Religious & Spiritual Issues Special Interest Group of the Association for Behavioral & Cognitive Therapy." H. Robb Ph.D., ABPP, a.a.O. Nicht zuletzt hat er die praktische Handreichung „How to stop driving yourself crazy with help from christian scriptures", die gratis am Albert Ellis Institute als Download zur Verfügung steht, geschrieben. H.B. Robb, How to stop. Als Quellen seiner Argumentation gibt Robb Paul Hauck, Albert Grau S.J., Rick Warren und Howard Young an. Robbs Bekenntnis „I do not myself believe in the supernatural" merkt man dieser Schrift, die ebenso gut von einem Evangelikalen verfasst sein könnte, nicht an. Bei allem Respekt für diese Dienstleistung ist der Widerspruch seines Diktums der expliziten „Zurückweisung" jeglicher metaphysischer Begründung logischer Zusammenhänge dazu nicht von der Hand zu weisen. Das ist kaum authentisch durchzuhalten.

1370 H.B. Robb, Using REBT, 282.

stellungen.

Ellis *im*plizierte bereits in seiner ersten Reaktion auf das Sündenverständnis Mowrers ein wesentliches theologisches Thema, das er in der Folge auch immer wieder *ex*pliziert hat, nämlich das Thema der bedingungslosen *Akzeptanz*[1371] oder, theologisch ausgedrückt, das Thema der vorbehaltlosen Rechtfertigung des Sünders aus Gnade als Vertikalisierung des horizontal zwischenmenschlich postulierten Prinzips der bedingungslosen Akzeptanz. Außer dieser *systematisch*-theologischen Relevanz hatte die Kontroverse mit Mowrer darüber hinaus aber auch beträchtliche *praktisch*-theologische Bedeutung. Ellis hat womöglich geahnt, dass Mowrers Sichtweise das Grundmuster einer systemkonformen Psychotherapie in Nordamerika werden könnte, die nicht der Freiheit des Einzelnen dient, sondern seiner Anpassung unter autoritär dogmatische Strukturen. In der Tat hat Mowrer nicht nur einen wahrscheinlich erheblichen Anteil am Widerstand gegen die humanistisch inspirierte „Seelsorgebewegung“ in den 60er Jahren gehabt[1372], sondern er hat auch erheblichen Einfluss auf die Seelsorgekonzeptionen des nordamerikanischen christlichen Fundamentalismus genommen.[1373] Einer der einflussreichten christlich fundamentalistischen Seelsorgelehrer der Welt, *Jay E. Adams*, hat bei Mowrer gelernt.[1374] Mowrer wurde dadurch zu einem psychologischen Gewährsmann jener Seelsorgerichtungen.[1375]

Ellis hat sich in der Meinung, damit der Spur Karl Poppers zu folgen, als „probabilistischen Atheisten“ bezeichnet.[1376] Religiösen Glauben hat er trotz aller im Lauf seines Lebens entwickelten Toleranz und Wertschätzung bis zuletzt für „Kinderkram“ gehalten.[1377] Mit dieser epistemologischen Weichenstellung blieb er aber seiner ursprünglichen Verpflichtung auf den Logischen Empirismus verhaftet. Der Falsifikationismus Poppers und Lakatos’ steht dem entgegen, weil er grundsätzlich alle bis dato gültigen Wahrscheinlichkeiten als *vorläufig* betrachtet. Demnach ist wissenschaftlicher Fortschritt zwar dort zu konstatieren, wo Wahrscheinlichkeiten durch den Forschungsbefund erhärtet werden, erst recht aber auch dort, wo die Wahrscheinlichkeit zunächst unwahrscheinlich anmutender Hypothesen als Folge der Datenlage und der logischen Evidenz signifikant zunimmt.

[1371] A. Ellis, There is no place.

[1372] D. Stollberg, a.a.O., 320.

[1373] Vgl. zur Affinität von Mowrers Paradigma mit christlich fundamentalistischer Seelsorge die Beschreibung von D. Stollberg, a.a.O., 320ff. Vgl. zur Alltagsrealität dieses Paradigmas in den Vorstellungen fundamentalistisch glaubender Christen treffend aus psychotherapeutischer Sicht Nancy Stiehler Thurston, Psychotherapy With Evangelical and Fundamentalist Protestants, in: P. Scott Richards, Allen E. Bergin, Allen E. (Hg.), *Handbook of Psychotherapy and Religious Diversity*, 4. Aufl. (American Psychological Association: Washington D.C., 2008), 131-153; vgl. ferner H. Young, a.a.O.

[1374] R. Sons, a.a.O., 81.

[1375] Mowrer hat bei scharfer Polemik gegen die seinerzeit bereits etablierte Humanistische Psychotherapie, explizit gegen Rogers, in gerader Linie durch seine Hypothesen zu Psychopathologie und Sünde dem grundlegenden Paradigma der Seelsorgelehre Adams’ den Weg gebahnt, indem er vorschlug, das Konzept der psychischen „Sickness“ durch das Konzept der Sünde zu ersetzen. Vgl. O.H. Mowrer, „Sin“, 302ff.

[1376] A. Ellis, Psychotherapy and atheistic values, 635.

[1377] Albert Ellis, Debbie Joffe Ellis, *All Out! An Autobiography* (Prometheus: Amherst, 2010), 70ff, 259.

4.1.1.2. ABC-Methodik und S-O-R-K-C

Das Basismodell der REVT ist die „ABC-Methode“ nach Ellis (Tabelle 09[1378]). Anhand der ersten fünf Buchstaben des Alphabets wird im Sinne des durch die Organismusvariable erweiterten verhaltensanalytischen Reiz-Reaktions-Schemas jeweils eine konkrete Verhaltenssequenz analysiert und, sofern ihr Ergebnis selbstschädigend war, ein alternatives, bedürfniserfüllendes Verhaltensmodell für die betroffene Person entwickelt. Die Buchstaben A bis C stehen für die Verhaltensanalyse, die Buchstaben D und E für die Einrichtung des alternativen Modells. A meint „Activating Event“, B „Belief“, C „Consequence“, D „Dispute“ und E das bedürfniserfüllende Ergebnis, den (gewünschten) „Effect“. Selbstschädigende *Mussforderungen* werden als „irrational Beliefs“ (iB) bezeichnet. Unter „Consequence“ wird die Trias der Reaktion als Affekt, Körperempfindung und Verhaltensimpuls verstanden.

Die Grundannahme der REVT besagt, dass *irrational Beliefs* (iB) als idiosynkratische Bewertungen von Reizen (A) zu unangemessenen Gefühlsreaktionen führen, welche ein Verhalten intendieren, das zwar Bedürfniserfüllung sucht, sie jedoch der verzerrten Situationswahrnehmung wegen nicht erreicht (uC). Fehlgehende Bedürfniserfüllung bewirkt aber (jedenfalls auf längere Sicht hin) Selbstschädigung.

Wenn der jeweilige (selbst)schädigende iB herausgearbeitet ist, disputieren ihn Therapeut und Klient (D), indem sie ihn im *sokratischen Gesprächsstil* auf seine Wahrhaftigkeit und seinen Nutzen hin überprüfen. Zielpunkt der Disputation ist eine realistische Modifikation der konkreten Situationsbewertung (rB), welche in Bezug auf dieselbe Ausgangslage (A) ein zuvor definiertes bedürfniserfüllendes Ergebnis (E) aufgrund einer nunmehr angemessenen Reaktion (aC) ermöglicht.

Die Feststellung dieses bedürfniserfüllenden Ziels (E), welches durch die schädigende Reaktion (uC) zwar intendiert, aber verfehlt wird, ist ein zentral wichtiger Faktor der ABC-Methodik, denn entscheidende Bedeutung für die Beantwortung der Frage, ob ein Problemverhalten überhaupt veränderungsbedürftig ist, hat das jeweils aktivierte individuelle *Bedürfnisziel* der Person.[1379]

1378 Erstveröffentlichung der Tabelle H.A. Willberg, Lehrbuch Kognitive Seelsorge I, 20.

1379 Nicht von ungefähr haben darum sowohl Ellis als auch A.T. Beck sowohl auf die Nähe ihrer Ansätze zur Individualpsychologie Alfred Adlers als auch zum Neuroseverständnis Karen Horneys hingewiesen. A. Ellis, Humanistic Psychotherapy, 110-124, 191; A. Ellis, Spiritual Goals, 279f, 282; A. Ellis, The Case Against, 25, 46; S.L. Nielsen, A. Ellis, A Discussion, 337; A. Ellis, Rational-emotive therapiy, 266; B.A. Alford, A.T. Beck, a.a.O., 110. Stavemanns der REVT verpflichtetes Handbuch der KVT nennt in Übereinstimmung mit Kanfer et al. (F.H. Kanfer et al., a.a.O., 233f, 291ff) als wichtigste Verfahren der verhaltenstherapeutischen Diagnostik „Verhaltens-, Problem- und Funktionsanalyse“. Harlich H. Stavemann, *KVT-Praxis: Strategien und Leifäden für die Kognitive Verhaltenstherapie* (Beltz PVU: Weinheim, Basel, 2005), 82. Zusammenfassend stellt Stavemann fest, dass alle diagnostischen Maßnahmen dem Ziel dienen, „zu verstehen, wodurch ein Problem entstanden ist, wodurch es aufrechterhalten wird und welche Funktion es erfüllt, um aufgrund dieses Verständnisses einen Veränderungsplan für den Patienten zu erstellen, der zum gewünschten Ziel führt.“ Ebd. Die Ergründung des „gewünschten Ziels“ spielt bei Stavemann wiederum für die Therapieplanung eine herausragende Rolle Ebd., 116ff. Ähnlich ist Windy Dryden, Rhena Branch, *The Fundamentals of Rational Emotive Behaviour Therapy: A Training Handbook*, 2. Aufl. (John Wiley & Sons: Chichester, 2008), 119ff.

A	***Activating Event*** Anlass Auslöser Situation	Der Reiz, auf den Sie reagieren. Das, was Ihnen widerfährt. Das, was Sie zum Anlass nehmen, um so und nicht anders zu reagieren, weil Sie es so bewerten. Um zu einer konkreten Veränderung von Gedanken, Gefühlen und Verhaltenweisen zu kommen, muss auch konkret wahrgenommen werden, in welchen Situationen sie auftreten!	
B	***Belief*** Bewertung Grundüberzeugung Glaube	Wie Sie über das aktivierende Ereignis denken. Der Gedanke, mit dem Sie den Anlass bewerten. Die Überzeugung, aus der heraus Sie reagieren. Der Glaube, so und nicht anders reagieren zu sollen und zu können.	***iB*** „Irrational Belief": Irreführende, irrige Bewertung des Anlasses. Sie führt in die emotionale Sackgasse. ***rB*** „Rational Belief": Rationale, realistische Bewertung des Anlasses. Sie ermöglicht eine emotional angemessene Reaktion und ein entsprechendes Verhalten
C	***Consequence*** Crash Konsequenz Reaktion	Die unmittelbare emotionale Folge aus der Bewertung mit den Komponenten Gefühlsreaktion (C_g) körperliche Reaktion (C_k) und Verhaltensreaktion (C_V).	***uC*** Die unangemessene Konsequenz als Folge des iB. ***aC*** Die angemessene, zielführende Konsequenz als Folge des rB.
D	***Dispute*** Disputation Diskussion Debatte	Die Auseinandersetzung mit der problematischen Bewertung. Eine Lexikondefinition von „Disputation" lautet: „Auseinandersetzung zur Klärung wissenschaftlicher Streitfragen". Darum geht es: „Wissenschaftlich" heißt hier: Fair, ehrlich, möglichst unvoreingenommen, konsequent, systematisch und streng logisch nach der Wahrheit zu fragen.	
E	***Effect*** Erfolg Endeffekt Ergebnis Ziel	Das *gewünschte* Ergebnis als Alternative zur tatsächlichen Reaktion auf den Auslöser. Als nachhaltiger Übungseffekt geht daraus eine veränderte Lebenseinstellung („Effective New Philosophy") hervor.	

Tabelle 09: Die ABC-Methodik der REVT im Überblick.

Nur wenn das Problemverhalten dieses Ziel verfehlen lässt, kann ihm vernünftigerweise Veränderungswürdigkeit zuerkannt werden. Vom Ziel her zeigt sich dann auch der therapeutische Weg.

Es gilt, den kurzfristigen Gewinn durch das Problemverhalten zugunsten einer kurzfristigen Herausforderung zu unterbinden.[1380] Die Herausforderung besteht darin, die Blockade zur Erfüllung des echten Bedürfnisses (E) durch entsprechende konkrete Verhaltensänderungen zu überwinden.

Die Tatsache, dass mit der „Verhaltensformel" S-O-R-K-C „die kleinste Analyseeinheit einer Verhaltensepisode" beschrieben wird, indem darin „die Hauptkomponenten" zusammengefasst sind, „die zum Zeitpunkt eines Verhaltens [...] auftreten und dessen Auftretenswahrscheinlichkeit beeinflussen",[1381] prädestiniert sie dazu, im diagnostischen und therapeutischen Prozess das vom Klienten präsentierte Problem anhand konkreter Situationen zu analysieren. Zu diesem Zweck findet das Modell auch tatsächlich als verhaltenanalytisches Standardverfahren in der KVT Verwendung.[1382]

Die „O-Variable" setzt sich nach Kanfer et al.folgendermaßen zusammen:[1383]

Externale Faktoren	Internale Faktoren	
***Alpha*-Variablen**	***Beta*-Variablen**	***Gamma*-Variablen**
Äußere Belastungen	Bewertungen Kognitive Schemata	Biophysische Veranlagungen (Gene, Hormone,Temperament, körperliche Befindlichkeit usw.)

Tabelle 10: Alpha-, Beta- und Gamma-Variablen nach Kanfer et al.

Diese Trias entspricht dem ätiologischen *Diathese-Stress-* respektive *Vulnerabilitäts-Modell.*[1384]

Kanfer et al. haben aus „pragmatischen und didaktischen Gründen" das S-O-R-K-C-Modell zum einfacheren S-O-V-K- Modell modifiziert:[1385]

[1380] In der REVT sagt man zu solchen Kosten-Nutzen-Analysen „Hedonistisches Kalkül". W. Dryden, R. Branch, a.a.O., 103ff; W. Dryden, Zehn Schritte, 87ff; B. Wilken, a.a.O., 91; Theo Schelp, Ralf Gravemeier, Doris Maluck,*Rational-Emotive Therapie als Gruppentraining gegen Streß: Seminarkonzepte und Materialien,* 2., überarb. u. ergänzte Aufl. (Hans Huber: Göttingen u.a., 1997), 155; H.A. Willberg, Lehrbuch Kognitive Seelsorge I, 37-39.

[1381] F.H. Kanfer et al., a.a.O., 244.

[1382] Martin Hautzinger, Verhaltens- und Problemanalyse, in: Martin Linden, Martin Hautzinger, *Verhaltenstherapie: Techniken, Einzelverfahren und Behandlungsanleitungenk,* 3., überarb. u. erw. Aufl. (Springer: Berlin, Heidelberg, New York, et al., 1996), 36-41.

[1383] F.H. Kanfer et al., a.a.O., 28-33.

[1384] Peter Fiedler, *Persönlichkeitsstörungen,* mit einem Geleitwort v. C. Mundt, 4. Aufl. (Psychologische Verlags Union: Weinheim, 1998), 140, 143.

[1385] F.H. Kanfer et al., a.a.O., 235-264. Die Kontingenz wird hier weggelassen, wodurch das „K" für die „Konsequenz" frei wird. „R" = „Reaktion" wird zu „V" = „Verhalten".

S	O	V	K
Situation	Unmittelbare Reaktion des Organismus	Daraus folgendes Verhalten	Daraus folgende Konsequenz

Tabelle 11: Das S-O-V-K-Modell nach Kanfer et al.

Die Modelle S-O-R-K-C und S-O-V-K sind mit dem ABC-Modell nach Ellis kongruent (Abbildung 08[1386]):

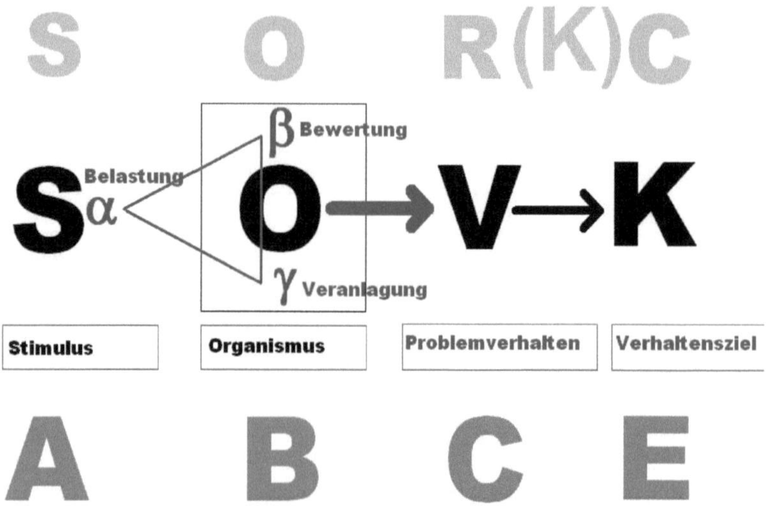

Abbildung 08: Die Kongruenz von S-O-R-K-C, S-O-V-K und ABC-Modell.

Fundamental für eine vollständige Theorie der Kognitiven Seelsorge ist die Integration der drei Variablen *Alpha, Beta* und *Gamma* sowohl zur ätiologischen Begründung psychischer Störungen als auch zur therapeutischen Ausrichtung. Das Dreieck in Abbildung 08[1387] symbolisiert den Synergismus der Variablen. In der ABC-Analyse bestehen die Stimuli (A) nicht nur in äußeren Faktoren, sondern es können auch Gedanken, Empfindungen und Erinnerungen Auslöser sein. Das widerspricht nicht dem SOVK-Modell, weil man auch dort Wechselwirkungen zwischen den Variablen konstatiert. Zum Beispiel können hormonell bedingte erfahrene Stimmungsschwankungen (*Gamma*) zu Auslösern (A) werden. Negative Bewertungen (*Beta*) werden durch einen erhöhten Stresspegel (*Alpha- und Gamma*) getriggert. Psychopharmaka wiederum (*Gamma*) beeinflussen beispielsweise die

[1386] Erstveröffentlichung der Abbildung H.A. Willberg, Lehrbuch Kognitive Seelsorge II, 57.

[1387] Nach F.H. Kanfer et al., a.a.O., 244.

Situationsbewertungen (*Beta*).[1388]

Der größte ätiologische wie therapeutische Einfluss liegt in der *Beta-Variablen.*[1389] Dem trägt das ABC-Modell der REVT Rechnung und setzt darum an die Stelle der *O-Variablen* nur den Faktor „B" (Belief), der die *Beta-Variable* repräsentiert. Diese bewusste pragmatische Einseitigkeit steht nicht im Widerspruch zur holistischen Definition der O-Variablen, weil man in der REVT wie in der KVT sehr wohl die Komplexität der Entstehung von Emotionen und Verhaltensreaktionen anerkennt.[1390]

4.1.1.3. Die eigene Wahrheit finden

Authentische Bedürfniserfüllung lässt sich mit Tillich und Rogers wohl am besten unter die Begriffe der *Selbstaktualisierung* und der *Selbstkongruenz* fassen.[1391] Selbstkongruenz ist die Übereinstimmung von Selbst und *Selbstideal.* Wesensfremde, mithin also nicht naturgemäße Selbstideale stehen der Selbstkongruenz im Weg, wesenseigene, natürgemäße, ermöglichen sie. Demnach ist *Selbstschädigung* die verhinderte Selbstaktualisierung qua *Selbstentfremdung* des Individuums aufgrund eines der Natur der Person unangemessenen Selbstideals, welches wiederum reaktiv durch idiosynkratische Interpretationen erfahrener Lebensumstände entsteht.

Die *irrational Beliefs* (iB) im ABC-Modell der REVT gehen vor allem aus dem kranken, fremdbestimmten Selbstideal hervor, das weder den authentischen Bedürfniszielen der Person entspricht noch realistisch sein kann, weil es rigide Forderungen stellt, die nicht mit ihrer tatsächlichen Veranlagung übereinstimmen. Umgekehrt kommt Selbstkongruenz im ABC-Modell dadurch zustande, dass der Person die Abgleichung von *gesundem*[1392] Selbstideal (E) und realistischer Situationsbewertung (rB) gelingt. Abbildung 09[1393] bringt zum Ausdruck, dass das Weggezogensein aus der wachstümlichen Selbstkongruenz des geraden Weges naturgemäßer, gesunder Selbstverwirklichung durch Diktate der Angst aufgrund wesensfremder *Mussforderungen* sehr gut als *Zielverfehlung* bezeichnet werden kann

---

[1388] Dieses Zusammenwirken hat zuerst in umfassender Weise Arnold Lazarus mit dem Diagnose- Konzept des BASIC-ID seiner Multimodalen Verhaltenstherapie eingeführt. Arnold A. Lazarus (Hg.), *Multimodale Verhaltenstherapie,* aus d. Amerik. v. W. Stifter u. H.A. Stiksrud (Fachbuchhandlung für Psychologie: Frankfurt a.M., 1978); zur Einführung s. Arnold A. Lazarus, Multimodale Therapieplanung (BASIC-ID), in: Martin Linden, Martin Hautzinger, *Verhaltenstherapie: Techniken, Einzelverfahren und Behandlungsanleitungenk,* 3., überarb. u. erw. Aufl. (Springer: Berlin, Heidelberg, New York, et al., 1996), 47-51.

[1389] Welche herausragende Bedeutung für die Entstehung von Stressproblemen wie auch ihre Überwindung dieser Variablen zukommt, wird nirgends deutlicher als in *Richard Lazarus' Transaktionalem Stressbewältigungmodell,* welches das Zusammenspiel von Bewertung, Belastung und emotionaler Reaktion beschreibt.Richard S. Lazarus, *Stress and Emotion: A New Synthesis* (Free Association Books: London, 1999).

[1390] Deutlich auch Ellis. Vgl. z.B. A. Ellis, Die rational-emotive Therapie, 37ff.

[1391] P. Tillich, Systematische Theologie, Bd. 3, 42ff; Carl R. Rogers, *Die klientenzentrierte Gesprächspsychotherapie,* mit Beitr. v. E. Dorfmann et al., aus d. Amerik. v. E. Nosbüsch, 14. Aufl. (Fischer Taschenbuch: Frankfurt a.M., 2000).

[1392] „Gesund" heißt dienlich im Sinne der Bedürfnisrelevanz (E).

[1393] Erstveröffentlichung der Abbildung H.A. Willberg, Lehrbuch Kognitive Seelsorge II, 48.

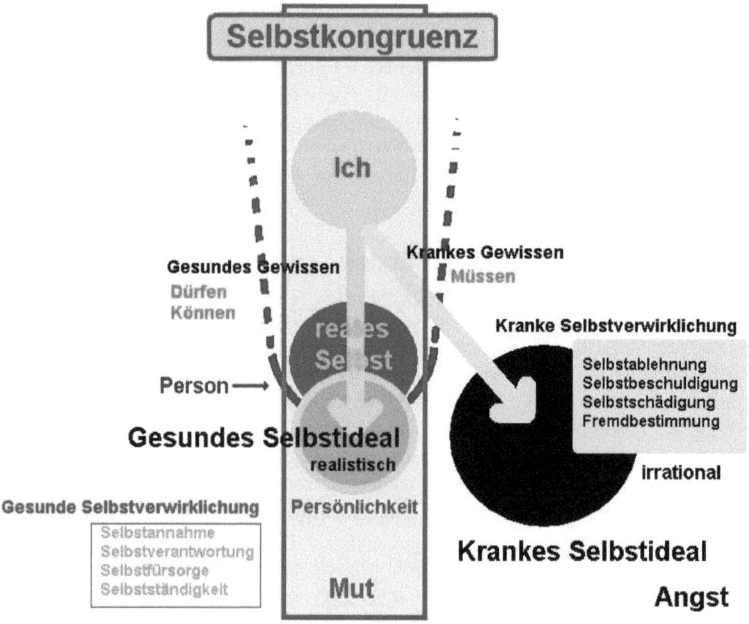

Abbildung 09: Selbstkongruenz und Selbstideal

und somit zumindest dem platonischen Sündenbegriff entspricht, aber auch dem jüdisch-christlichen, sofern von dorther die vollendete Selbstkongruenz nicht ohne Übereinstimmung qua *Friede* mit Gott denkbar ist.[1394]

Wachstümliche Selbstkongruenz durch Selbstaktualisierung ist die Annäherung der Übereinstimmung von Selbstideal und realem Selbst, während das kranke Selbstideal, das vor allem aus Introjekten der Erziehung hervorgeht, das reale Selbst in eine Richtung nötigt, die ihm nicht angemessen ist. Das reale Selbst gründet im intelligiblen Ich und damit in der Subjektivität der *freien Selbstbestimmung*. Gesunde Selbstverwirklichung ist der dialektische Prozess, der aus dem mutigen Gewissensentschluss resultiert, in realistischer Ausrichtung auf die Vision letztendlich restloser Bedürfniserfüllung das vorhandene intuitive „Wissen gelten zu lassen“, das in aller Vorläufigkeit und Fehlbarkeit dazu gegeben ist, dass die sich gegenwärtig ihrer selbst bewusste Person[1395] zu der *Persönlichkeit* heran-

[1394] Clinebell definiert Sünde als Entfremdung von uns selbst, vom Andern und von Gott und folgert kühn, aber zutreffend: Ob man sie „mit ihrem theologischen Namen belegt oder nicht, Tatsache ist, daß sie die geheime Mitte jeder Beratung bilden: Sünde und Erlösung (d.h. Versöhnung), Schuld und Vergebung, Gericht und Gnade, geistlicher Tod und Wiedergeburt. Im vollen Wortsinn ist die *Wiedergeburt* zu einem neuen Leben, das reich ist an Sinngehalten und Beziehungen, das eigentliche Ziel der beratenden Seelsorge.“ H. Clinebell, Modelle, 30.

[1395] In Abbildung 09 ist die Person als Real-Selbst in Anlehnung an C.G. Jung im Sinne der ursprünglichen Bedeutung des Begriffs (*persona* = Ledermaske des antiken Tragödienschauspielers) als gegenständlich leibliche Vergegenwärtigung des transzendenten Ich angedeutet, worin es sich zugleich offenbart und verhüllt. Vgl. M.L. v. Franz et al. a.a.O.

Abbildung 10: Sackgasse und Ziel

reift, die der Entfaltung des triadischen Friedens mit sich selbst, der Umwelt und Gott am besten gerecht wird.

Die *Irrationalität* der kranken Selbstverwirklichung liegt im *Irrtum* der Fehleinschätzung. Die sokratische Heuristik der ABC-Methodik entlarvt die logische Inkonsistenz des Irrtums (iB) und seiner schädigenden Folge (uC) als Reaktion auf einen Stimulus (A) und setzt sich *disputativ* (D) damit auseinander, um eine angemessene, realistische Bewertungsalternative (rB) zu finden, die den Weg zu authentischer Bedürfniserfüllung (E) durch eine angemessene Reaktion (aC) frei gibt. Metaphorisch gesprochen führt der scheinbar gerade Weg der irrigen Situationsbewältigung in die Sackgasse, während sich die neu zu konstruierende zielführende Alternative in Form von *Selbstinstruktionen* etabliert, durch die sich die übende Person zukünftig bei ähnlichen Anlässen (A) rechtzeitig daran erinnert, „die Kurve zu kriegen", um nun nicht mehr in die Sackgasse zu geraten, sondern das Ziel der erfolgreichen, bedürfniserfüllenden Bewältigung (E) zu erreichen (Abbildung 10[1396]). Der Weg in die Sackgasse ist eine *Lüge*, der die Person „auf dem Leim" geht, der Weg zum Ziel ist ihre persönliche *Wahrheit* im Sinne authentischer Selbstverwirklichung. Diese Wahrheit wird gleichsam in der Person selbst geboren, sie kommt dadurch „zu sich selbst". Die therapeutische Hilfe besteht in der Unterstützung des Vorgangs. In diesem „Hebammendienst" liegt die eigentliche und ursprüngliche Bedeutung der kognitiv therapeutischen Gesprächstechnik des *Sokratischen Dialogs.* Dieser *Dienstcharakter* des therapeutischen Beistands ist unter dem Gesichtspunkt der Rezeption kognitiv therapeutischer Methodik in die Theorie der Kognitiven Seelsorge unabdingbar, nicht zuletzt dort, wo es um die Erfüllung des *spirituellen* Bedürfnisses geht.

Der *Sokratische Dialog* ist die grundlegende heuristische Methodik der platonischen Dialektik.[1397] Ausgangspunkt der dialektischen Wahrheitsfindung ist hier

1396 Erstveröffentlichung der Abbildung in Hans-Arved Willberg, *Das ABC der positiven Lebenseinstellung: Endlich Schluss mit finsteren Gedanken!* (R. Brockhaus: Witten, 2007), 34.

1397 „Sokratische Dialektik ist Kunst der Dialogführung und ist sehr viel mehr ein wirklicher Dialog, als es auf den ersten Blick den Anschein hat." H.G. Gadamer, Bd. 7, 295. Vgl. ebd., 148f, wonach bei Platon „Dialektik [...] nicht so sehr eine 'Techne', ein Können und Wissen [ist], als ein Sein, eine 'Haltung' [...], die den echten Philosophen gegenüber dem Sophisten auszeichnet."

stets ein *konkret* fassbares Problem.[1398] In der REVT entspricht dem die notwendige Situationsbezogenheit (A) des problematischen Verhaltens (uC).[1399]

Die heutige Verwendung der Sokratischen Gesprächsführung in der Psychotherapie lässt sich am besten von der Aufbereitung des Originals für den modernen philosophischen Diskurs und für die Pädagogik herleiten,[1400] die auf *Leonhard Nelson* (1882-1927) zurück geht und von dessen Schüler *Gustav Heckmann* (1888-1996) weiter entwickelt wurde.[1401] Mutatis mutandis nennt Stavemann die Sokratische Gesprächsführung in der KVT nicht zu Unrecht „non-direktiv".[1402] Sie sei durch eine um Verständnis bemühte, zugewandte, akzeptierende Therapeutenhaltung geprägt.[1403] Kernpunkt der Nicht-Direktivität der Sokratischen Gesprächsführung ist die „totale Abstinenz gegenüber jeder Form dogmatischer Wissensvermittlung"[1404] zugunsten der autonomen, aber tatkräftig unterstützten Wahrheitsfindung des Gegenübers.[1405] Es bringt wie in einem Geburtsvorgang seine eigene Wahrheit zur Welt.[1406] Die therapeutische Person ist „Facilitator" dieses Vorgangs.[1407]

Platon meint mit „Dialektik" die je neue Frage nach dem konkreten wahrhaft (ethisch!) Guten, um deren Antwort im *dialogischen* Denken gerungen wird.

[1398] D. Birnbacher, D. Krohn, a.a.O., 12. Gustav Heckmann, Lenkungsaufgaben des sokratischen Gesprächsleiters, in: Dieter Birnbacher, Dieter Krohn (Hg.), *Das sokratische Gespräch* (Philipp Reclam jun.: Stuttgart, 2002), 73-75; Dieter Birnbacher, Philosophie als sokratische Praxis: Sokrates, Nelson, Wittgenstein, in: Dieter Birnbacher, Dieter Krohn (Hg.), *Das sokratische Gespräch* (Philipp Reclam jun.: Stuttgart, 2002), 149; Reinhard Kleinknecht, Wissenschaftliche Philosophie, philosophisches Wissen und Philosophieunterricht, in: Dieter Birnbacher, Dieter Krohn (Hg.), *Das sokratische Gespräch* (Philipp Reclam jun.: Stuttgart, 2002), 191.

[1399] Das „Fußen im Konkreten" „ist auch heute noch ein wesentliches Kriterium sokratischer Gesprächsführung und Grundlage therapeutischer Dispute." H.H. Stavemann, Sokratische Gesprächsführung, 14.

[1400] D. Birnbacher, D. Krohn, a.a.O., 7; H.H. Stavemann, Sokratische Gesprächsführung, 46.

[1401] D. Birnbacher, D. Krohn, a.a.O., 8. Vgl. zur pädagogischen Bedeutung auch H.H. Kornhuber, L. Deecke, a.a.O., 79f.

[1402] H.H. Stavemann, Sokratische Gesprächsführung, 3. Piper schlug 1981 vor, die Sokratische Gresprächsführung nach Nelson als „streng nicht-direktiv[e]" Methode für die Supervision in der KSA zu rezipieren. Hans-Christoph Piper, *Kommunizieren lernen in Seelsorge und Predigt: Ein pastoraltheologisches Modell,* mit Geleitwort v. E. Lohse, Arbeiten zur Pastoraltheologie, Hg. M. Fischer u. R. Frick, Bd. 18 (Vandenhoeck & Ruprecht: Göttingen, 1981), 38, 41. Klafki, Birnbacher und Krohn weisen auf die signifikante Nähe des Sokratischen Gesprächs nach Nelson und Heckmann zu Cohns Themenzentrierter Interaktion hin. Wolfgang Klafki, Heckmanns Beitrag zur Weiterentwicklung des sokratischen Gesprächs, in: Dieter Birnbacher, Dieter Krohn (Hg.), *Das sokratische Gespräch* (Philipp Reclam jun.: Stuttgart, 2002), 94; D. Birnbacher, D. Krohn, a.a.O., 11.

[1403] Ebd., 4.

[1404] Ebd., 17;.

[1405] H.H. Stavemann, Sokratische Gesprächsführung, 81, 90, 98.

[1406] D. Birnbacher, D. Krohn, a.a.O., 7. Ähnliche Bilder wie das des Hebammendienstes verwendet Clinebell für die Beratende Seelsorge. Sie sei eine Expedition auf Gegenseitigkeit. „Der Berater gleicht dabei dem Trainer des Athleten oder dem Bergführer, der den Bergsteiger in steilem Gebirge leitet." H. Clinebell, Modelle, 56.

[1407] D. Birnbacher, D. Krohn, a.a.O., 10.

„Hier, in der Frage des Guten, gibt es kein verfügbares Wissen und keine Berufung auf andere“, erläutert Gadamer.

> „Da muß man sich selber fragen, und da ist man notwendig im Gespräch - mit sich selbst oder mit anderen. [...] Überall wo es sich um ein Wissen handelt, das durch kein Lernen erworben werden kann, sondern nur durch Prüfung seiner selbst und des Wissens, das man zu haben meint, haben wir es mit Dialektik zu tun.“[1408]

Mit Sokrates und Platon ist diese Frage nach dem wahrhaft Guten, deren Antwort nur im Einzelnen ans Licht gelangen kann, identisch mit dem ethischen Postulat „Erkenne dich selbst“,[1409] wodurch der Mensch erst wirklich Mensch wird.[1410] Die mäeutische Aufgabe des „Facilitators“ besteht darin, Hilfe zur Selbsthilfe im Sinne des „Selbstdenkens“[1411] zu sein.[1412] Nelson zufolge liegt gerade darum das Wesentliche der Sokratischen Gesprächsführung in der „Ausschaltung des Dogmatismus im Unterricht, und das heißt hier: als den Verzicht auf jedes belehrende Urteil überhaupt. [...] Entweder Dogmatiker oder Sokratiker.“[1413]

Das Selbstverständnis, Psychotherapie und Seelsorge sei *Hebammendienst*, und, daraus gefolgert, die Befürwortung der sokratischen Gesprächsführung, erfreut sich in den Kognitiven Therapien und ihren christlichen Adaptionen eines durchaus weiten Konsenses bis in fundamentalistische Seelsorgekonzeptionen hinein. Dennoch mangelt es mitunter an Stringenz in dieser Hinsicht. Vielleicht ist das durch die Paradoxie zu erklären, dass die Mäeutik Nelson zufolge als die „Kunst, zur Freiheit zu zwingen“ zu bezeichnen ist.[1414] Es handelt sich, mit *Ha-*

[1408] H.G. Gadamer, Bd., 7, 150f.

[1409] J. Hirschberger, Bd. 1, 59f.

[1410] „Sokrates ist der erste, der, getragen von dem Vertrauen in die Kraft des menschlichen Geistes, die philosophische Wahrheit zu erkennen, mit diesem Vertrauen die Überzeugung verbindet, daß nicht Einfälle oder äußere Lehre uns diese Wahrheit erschließen, sondern daß nur planmäßiges unablässiges Nachdenken in der gleichen Richtung uns aus dem Dunkel zu ihrem Licht führt. Hier liegt seine philosophische Größe.“ Leonhard Nelson, Die sokratische Methode, in: Dieter Birnbacher, Dieter Krohn (Hg.), *Das sokratische Gespräch* (Philipp Reclam jun.: Stuttgart, 2002), 42.

[1411] Ebd., 35. Es bedarf „des Ethos der ‘Hebamme’, die die eigene Person und den eigenen Willen zurücknimmt zugunsten der geistigen Selbstfindung des Gegenübers.“ Gisela Raupach-Strey, Das Sokratische Paradigma und seine Bezüge zur Diskurstheorie, in: Dieter Birnbacher, Dieter Krohn (Hg.), *Das sokratische Gespräch* (Philipp Reclam jun.: Stuttgart, 2002), 110.

[1412] „[H]ier hängt alles von der Kunst ab, die Schüler von Anfang an auf sich zu stellen, sie das Selbstgehen zu lehren, ohne daß sie darin allein gehen, und diese Selbstständigkeit so zu entwickeln, daß sie eines Tages das Alleingehen wagen dürfen, weil sie die Obacht des Lehrers durch die eigene Obacht ersetzen.“ Leonhard Nelson, a.a.O., 46f. Eine für die Theorie der Kognitiven Seelsorge bemerkenswerte theologische Analogie hat Erasmus von Rotterdam in seiner Begründung der relativen Willensfreiheit mit dem Bild Gottes als eines Vaters, der seinem Kind aktiv darin beisteht, das Laufen zu lernen, ins Gespräch gebracht. E.v. Rotterdam, Vom freien Willen, 80f.

[1413] L. Nelson, a.a.O., 44. „Der dogmatische Unterricht hat es leicht, sich zu höheren Regionen zu erheben. Da ihm an der Selbstverständigung nichts liegt, erkauft er seinen Scheinerfolg mit einer immer tiefer wurzelnden Unredlichkeit.“ Ebd., 52.

[1414] Ebd., 39f. Es ist dem Selbstvertrauen der Vernunft die Zumutung an die Vernunft zur Seite zu stellen.“ G. Raupach-Strey, a.a.O., 116.

bermas gesprochen, um den „eigentümlich zwanglosen Zwang des besseren Arguments".[1415] Dieser „Zwang" ist eine veritable Versuchung für Beratungspersonen, ihrer Klientel die eigenen erkannten logischen Einsichtungen um den Preis der Wertschätzung und Empathie aufzuzwingen. Tatsächlich war Ellis der Ansicht, therapeutische Hilfe zur Selbsthilfe könne darin bestehen, „Patienten zu angstüberwindendem Denken und Handlen zu drängen, zu überreden und gelegentlich zu zwingen", um dadurch „ihr Selbstvertrauen zu stärken und sie dann ihr Leben selbst in die Hand nehmen zu lassen."[1416] Ellis grenzte sich rigoros vom Paradigma der Nicht-Direktivität bei Rogers ab.[1417] Er hielt dieses therapeutische Verhalten für passiv, wodurch den Patienten ermöglicht werde, „ihren Grundproblemen ständig aus dem Weg zu gehen. [...] Je passiver der Therapeut ist, desto weniger ist der Patient gezwungen, sein Verhalten zu ändern."[1418] Obwohl sich auch Ellis für die Methodik der Sokratischen Gesprächsführung ausspricht,[1419] unterscheidet er sich mit seiner Vorstellung vom „Zwang des besseren Arguments" deutlich vom mäeutischen Grundmotiv des Sokratischen Dialogs.[1420] Ellis vertritt

---

[1415] J. Habermas, zit in: Ebd., 120.

[1416] A. Ellis, Die rational-emotive Therapie, 284. Erstaunlich und nicht wirklich rational mutet sein Argument gegen die Möglichkeit an, dass gerade diese Direktivität das erklärte Ziel der freien Selbstbestimmung einer Person desavouieren könnte: Wenn nur alle ein bis zwei Wochen ein Gespräch stattfinde, sei die Gefahr „relativ gering, daß der Patient in übermäßige Abhängigkeit vom Therapeuten gerät." Ebd. Nicht zuletzt legt diese Formulierung nahe, dass Ellis eine „nicht übermäßige" Abhändigkeit durchaus in Kauf zu nehmen bereit war.

[1417] Ebd., 94-102, 161-174, 246ff, 278ff. „Es wird oft eingewandt, die Methoden der RT seien viel zu direktiv und hielten den Patienten davon ab, selbständig zu denken und zu echter Autonomie und Selbstverwirklichung zu gelangen. Diese Kritik ist nicht ganz ungerechtfertigt, da zweifellos die Gefahr besteht, daß ein sehr direktiver, aktiver Therapeut das Leben seines Patienten lenkt und den Patienten dadurch unbewußt, wenn nicht gar bewußt verleitet, in Abhängigkeit zu verharren." Ebd., 283. Es ist erstaunlich, dass dieser gewichtige Einwand Ellis nicht dazu veranlasst hat, seine Ansicht in dieser Hinsicht gründlich zu revidieren, zumal sein Urteil über die klientenzentrierte Gesprächsmethodik nach Rogers: „zur Herbeiführung tiefreichender Verhaltensänderungen erwies sie sich [...] als völlig unbrauchbar" (ebd., 246) empirisch wissenschaftlich unhaltbar ist. Vgl. andererseits unter der Überschrift „What Doesn't Work" zum Forschungsbefund hinsichtlich einseitig konfrontativer Methoden John C. Norcross, Bruce E. Wampold, Evidence-Based Therapy Relationships: Research Conclusions and Clinical Practices, in: John C. Norcross (Hg.), *Psychotherapy Relationships That Work: Evidence-Based Responsiveness*, 2. Aufl. (Oxford University Press: New York, 2011), 427f, sowie zum empirischen Befund bzgl. der von Ellis vernachlässigten Empathie Robert Elliott, Arthur C. Bohart, Jeann C. Watson, Leslie S. Greenberg, Empathy, in: John C. Norcross (Hg.), *Psychotherapy Relationships That Work: Evidence-Based Responsiveness*, 2. Aufl. (Oxford University Press: New York, 2011), 132-152.

[1418] A. Ellis, Die rational-emotive Therapie, 166.

[1419] A. Ellis, B. Hoellen, a.a.O., 148ff.

[1420] Voraussetzung für den Sokratischen Dialog sei „eine offene, vorurteilsfreie Suchhaltung von Ratsuchendem und Ratgeber, der letztere unterscheidet sich vom ersten lediglich durch seine größere Erfahrung im Prozess der Selbstfindung." Ebd., 148. Wenn allerdings in diesem Zusammenhang der Therapeut mit Walens Metapher als eine Art „Schäferhund" bezeichnet wird, „der den Klienten durch ein offenes Feld führt, das voller Ablenkungen ist, und ihn auf seinem Weg hält" (Zitat Walen), und behauptet wird, der Klient stehe „gleichsam in der Verantwortung zu 'beweisen', dass sein Denken und seine Herangehensweise korrekt sind", darf man bezweifeln, dass tatsächlich eine sokratische Wahrheitsfindung im Sinne Nelsons gemeint ist. Vgl. ebd., 152, 155.

im Gegensatz zu Rogers eine therapeutische Ethik, die es erlaubt, Klienten „zu ihrem Glück zu zwingen".[1421]

Höfelschweiger fordert zu Recht für die Kognitive Seelsorge:

> „Zentrales Kriterium einer kritisch-konstruktiven rational-emotiven Poimenik wird es sein, ob das jeweilig neue Belief-System dem Individuum größere Freiheitsgrade im Fühlen, Denken, Handeln und Interagieren schenkt, oder ob diese Freiheit zurechtbringungspragmatisch durch kognitiv-behaviorale Mechanismen gerade verhindert werden soll."[1422]

Ellis' aktiv-direktive Gesprächsführung stehe im Gegensatz zum von Aaron T. Beck favorisierten Sokratischen Dialog, der seiner mäeutischen Ausrichtung wegen „[p]oimenisch ungleich angemessener" erscheine, gibt Höfelschweiger zu bedenken.[1423] Aus dem Ellisschen Direktivismus ergebe sich „eigentümlicherweise eine Nähe zu religiös-fundamentalistischem Denken."[1424] Die evangelikale Neigung zur Adapition der REVT lasse sich dadurch begründen, dass „dort insgesamt normiertere Vorstellungen über 'richtiges' und 'falsches', 'rationales' und 'irrationales' Sozialverhalten existieren als in den religionssoziologisch ungleich pluraleren Großkirchen" und darum das poimenische Grundverständnis einer „Zurechtbringungsseelsorge" vorherrsche.[1425] Höfelschweiger hält es für „durchaus möglich, dass weniger dominante Therapeuten entsprechend ihrer Persönlichkeitsstruktur rational-emotive Therapie auch weniger direktiv ausüben und wie Aaron Beck [...] ein stärker sokratisch akzentuiertes Gesprächsmodell wählen."[1426] Man darf für die Theorie der Kognitiven Seelsorge hinzufügen, dass dies nicht nur möglich und graduell realisierbar ist, sondern notwendig und fundamental. Die REVT nach der Ära Ellis vollzieht dessen rigorosen Direktivismus auch nicht mehr mit. Der Sokratische Dialog wird mittlerweile auch hier im Sinne einer therapeutischen Grundhaltung aufgenommen und in seiner deutlichen und notwendigen Nähe zu den Basisvariablen der klientzentrierten Gesprächsführung wahrgenommen und gelehrt.[1427] Andererseits ist es zwar nicht verkehrt, weiten Teilen der evangelikalen und charismatischen Poimenik den Titel „Zurechtbringungsseelsorge" zu geben, aber die Kritik gemäßigter Evangelikaler an Ellis zentriert sich nicht zuletzt *gerade* auf jene Einseitigkeit.[1428]

Für die Theorie der Kognitiven Seelsorge gilt, was Sulmasy grundsätzlich als Maxime für „Health care professionals" formuliert hat: „Being a careful clinician means seeing oneself as the patient's servant, not as the patient's lord and mas-

---

[1421] A. Ellis, Die rational-emotive Therapie, 246ff, 278ff.

[1422] R. Höfelschweiger, a.a.O., 306.

[1423] Ebd.

[1424] Ebd., 304f.

[1425] Ebd., 272f.

[1426] Ebd., 26.

[1427] B. Wilken, a.a.O., 90ff; W. Dryden, R. Branch, a.aO., 25ff, 145ff.

[1428] M.R. McMinn et al., 208; W.R. Miller, Including Clients', 44f. Miller unterscheidet von seiner scharfen Kritik an Ellis selbst den „essential point that it is feasible to guide cognitive-behavior therapy toward ends derived from the client's own core values, rather than toward a single preconceived notion of which beliefs are 'rational' and which 'irrational'." Der KVT-Therapeut „can honor the client's own core values, moving therapy in a direction consonant with the individual's faith system." Ebd., 54.

ter."[1429] Logisch zwingend folgt aus dieser Prämisse, dass die explizite Einbeziehung von „spiritual concerns" der Patienten und Klienten „ought never be allowed to degenerate into proselytizing."[1430] Zur konsequenten Umsetzung dieses Prinzips ist es dort, wo kognitiv-verhaltenstherapeutische Maßnahmen zur Anwendung kommen, unerlässlich, aus ehrlicher klientzentrierter Haltung heraus das zielorientierte Gespräch, in dem es um logische Konsistenz geht, als Sokratischen Dialog im Sinne Nelsons zu führen[1431] oder zumindest damit deutlich kompatible ähnliche Wege zu wählen.

4.1.2. Integrative Psychotherapie

4.1.2.1. Glaubensüberzeugungen im Kontext „Weltanschauung"

Alle Entscheidungen, ein „Wissen gelten zu lassen", sind nach Fichte *Glaubens*entscheidungen. Das ethische Kriterium dieser Entscheidungen ist die Glaub*würdigkeit*. In der Wissenschaft wie auch zumeist in den persönlichen Alltagsentscheidungen wird die Glaubwürdigkeit aus der Wahrscheinlichkeit hergeleitet. Wahrscheinlichkeiten sind empirische Nachweisbarkeiten mit dem Vorbehalt, dass sie sich signifikant wandeln können, wenn die Datenlage sich ändert. Konkurrierende Wissenschaftssysteme lösen einander in dem Maß ihrer Glaubwürdigkeit ab, die durch das Maß der Wahrscheinlichkeit bestimmt ist. Teil des Datenbestands der Wahrscheinlichkeit sind die Evidenzen. Augenscheinlichkeit ist die stärkste Form der Wahrscheinlichkeit, denn Augenscheinlichkeit ist logisch: Eins plus eins sind augenscheinlich zwei. Wahrscheinlichkeiten *müssen* nicht dem Augenschein nach logisch evident sein, aber sie können nicht im Widerspruch zur Logik stehen.

Glaube im spirituellen Sinn jüdisch-christlicher Theologie ist „eine feste Zuversicht auf das, was man hofft, und ein Nichtzweifeln an dem, was man nicht sieht."[1432] Darunter ist nicht etwa das Beharren auf logisch widersprüchlichen oder fantastischen Irrationalitäten zu verstehen, sondern die intuitive Bejahung ei-

[1429] D.P. Sulmasy, a.a.O., 11.

[1430] Ebd., 170. Nach Newberg und Waldmann liegt das Problem, das Höfelschweiger anspricht, „nicht im Fundamentalismus [...], sondern vielmehr im Autoritarismus und in dem Impuls, die eigenen Ideale so vielen Menschen wie möglich überstülpen zu wollen." A. Newberg, M.R. Waldman, a.a.O., 194. Man kann wohl fundamentalistische Positionen vertreten und dennoch vom Autoritarismus Abstand nehmen. Im real existierenden Evangelikalismus dürfte das allerdings schwer konsequent durchzuhalten sein. Häufig scheint eine Inkongruenz zwischen nach außen hin bejahten Dogmen und dem religiösen Selbstverständnis des Einzelnen zu sein. Häufig dürfte aber ebenfalls ein latent dominierender Autoritarismus bei nach außen hin bejahter Freiheitlichkeit sein.

[1431] Die enge Verbindung des Sokratischen Gesprächs nach Nelson zur klientzentrierten Gesprächsführung wird auch im Postulat bedingungsloser Wertschätzung ersichtlich: Nach Nelson „soll das sokratische Gespräch [...] auf einer Haltung wechselseitiger Achtung fußen, die eine persönliche Bloßstellung und Beschämung kategorisch ausschließt." D. Birnbacher, a.a.O., 148. Ferner wird sie aus der Betonung ersichtlich, dass die Teilnehmer „einander wirklich verstehen" sollen. „Dabei wird jedem Teilnehmer ein doppeltes Bemühen zugemutet: einmal die eigenen Gedanken so auszudrücken, daß der andere sie verstehen kann; sodann das Bemühen, die Gedanken des anderen aufzufassen." G. Heckmann, a.a.O., 7; vgl. W. Klafki, a.a.O., 100.

[1432] Hb 11,1.

ner Wahrheit, die sich dem Grad der bis dato erkennbaren Wahrscheinlichkeit zum Trotz andeutet und, wissenschaftlich gesprochen, durch Ausbildung eines neuen Forschungsparadigmas zu logischer und empirischer Evidenz gelangen kann.[1433] Im Blick auf die *Religiosität* ist dementsprechend fundamental zwischen einem *Wunderglauben* und einem *Glauben an das Wunderbare* zu unterscheiden. Der Wunderglaube, dessen Steigerung die Wunder*sucht* ist, kompensiert mangelnden Realitätssinn durch Irrationalitäten. Der Glaube an das Wunderbare hingegen ist das Movens des dialektischen Erkenntnisfortschritts. Der Begriff des *Wunders* meint in dieser Blickrichtung einerseits die nichtpropositionale ästhetische Erkenntnis, zu deren Semantik Worte wie „Bewunderung", „sich wundern" und „staunen" gehören, andererseits meint er die propositional sachliche Erkenntnis des Eintretens von bis dato augenscheinlich Nicht-Wahrscheinlichem.

Die gesunde therapeutische Heilkraft des Glaubens besteht nicht im Wunderglauben, sondern im Glauben an das Wunderbare. Zum Wundern ist alles Lebendige, alle Todesüberwindung, alle Resilienz. Entropische Naturgeschehnisse und ihre psychologischen Analogien wundern uns nur dann, wenn wir eine illusionäre Vorstellung von der Normalität des Wunders haben. Zerfall und Tod sollten uns aber eigentlich gar nicht wundern, denn sie repräsentieren lediglich die entropische Norm(alität). Zum Wundern ist hingegen, wenn etwa aus entropisch angelegten nichtorganischen, „toten" Molekülverbindungen, unter dem Schatten von Information sich selbst organisierendes Leben entsteht. Zum Wundern ist das nicht, weil es „übernatürlich" wäre, sondern schlicht darum, weil es sehr unwahrscheinlich zu sein scheint und doch geschieht.[1434]

Gleichermaßen für die psychologische wie für die theologische Dimension des Glaubens gilt: Es handelt sich um den Entschluss, das intuitive Wissen gelten zu lassen, dass es keine glaubwürdige Alternative zu konsequenter *aktiver Bejahung des Lebens* gibt und dass in dieser Bejahung der ganze Sinn des menschlichen Daseins liegt. Dieser Entschluss begründet das ethische und epistemologische Grundpostulat Fichtes, sich der gegebenen Welt vorbehaltlos bejahend zuzuwenden, Solipsismus, Skeptizismus, Nihilismus und Relativismus die Glaubwürdigkeit abzusprechen und sich ihrer scheinbaren Evidenz, sei sie auch noch so erdrückend, unverdrossen auf den Sinn des Daseins hoffend zu verweigern.

Ellis hat das Kind des Glaubens an das Wunderbare mit dem Badewasser des Wunderglaubens ausgeschüttet. Das ist epistemologisch keineswegs stringent. Die spirituelle Kraft jeglichen gesundheitsfördernden Glaubens, sei er religiös oder nicht, liegt vielmehr gerade in der Hoffnung auf das Wunderbare, das mitunter

---

[1433] Newberg und Waldman definieren unter Bezug auf Viktor Frankl: „Glaube ist gleich Hoffnung, Optimismus und Zuversicht, dass eine positive Zukunft vor uns liegt. Glaube kann außerdem als die Fähigkeit definiert werden, unseren Überzeugungen zu vertrauen, auch wenn es keinerlei Beweis für deren Richtigkeit oder Wahrheitsgehalt gibt." A. Newberg, M.R. Waldman, a.a.O., 224.

[1434] Aus der naturwissenschaftlich adäquaten Perspektive des Zweiten Hauptsatzes der Thermodynamik stellt etwa der Schweizer Mikrophysiker Blaser fest: „Jedes Lebewesen, noch so klein und primitiv, ist ein hochgradig geordnetes System mit [...] kleiner Entropie und daher an sich beliebig unwahrscheinlich." Jean-Pierre Blaser, Die Zeit in der Physik, in: Carl Friedrich von Siemens Stiftung (Hg.), *Die Zeit: Dauer und Augenblick,* mit Beiträgen von J. Aschoff, J. Assmann, J.P. Blaser, H. Cancik et al., 2. Aufl. (Piper: München, 1990), 13. Zur Person Blasers s. Curriculum Vitae Jean-Pierre Blaser, http://einstein.stanford.edu/STEP/people/collaborators/ data/jblaser.html.

„kaum zu glauben“ ist, „unglaublich“, wenn es eintritt, gleichwohl aber evident sehr wohl des Glaubens würdig. Es sind die überzeugenden Ermutigungen zur Lebensbejahung, die der intuitiven Gewissheit entstammen, dass sie sich lohnt, weil sie allein wahrhaftig ist und umfassende Bedürfniserfüllung gewährt. Es geht um den lebens- und überlebens-notwendigen intrinischen Drang zur Sinnfindung.[1435] Aus neuropsychologischer[1436] und evolutionsbiologischer[1437] Perspektive scheint es in dieser Hinsicht keine Grenzlinie zwischen religiösem und nichtreligiösem Glauben zu geben.[1438]

Insbesondere im Zusammenhang der *Placeboforschung* zeigte sich, dass die Bedeutung der Erwartung oder Bezweifelung von Heilungserfolgen für den tatsächlichen Heilungseffekt außerordentlich hoch ist.[1439] Dabei spielt das Vertrauensverhältnis zu den wahrgenommenen Vermittlern der Heilwirkung eine entscheidende Rolle. Unter diesen Vermittlern sind nicht nur Einzelpersonen oder Gruppen zu verstehen, sondern auch die kulturellen *Annahmensyteme*, wie Frank auf Festinger rekurrierend formuliert hat.[1440]

Glaubensüberzeugungen werden in der REVT als „Beliefs“ bezeichnet und sie werden dort, anders als in anderen Formen der Kognitiven Therapie, als primärer Faktor der Entstehung und Bewältigung seelischer Probleme angesehen. Das ist der wesentliche Grund dafür, dass sich die REVT besser als jene zum zentralen

---

[1435] Pierre Teilhard de Chardin, *Die menschliche Energie*, Pierre Teilhard de Chardin Werke, Bd. 6, 2. Aufl. (Walter: Olten, Freiburg i.B., 1982), 66f.

[1436] A. Newberg et al., 81ff

[1437] H. Benson, a.a.O., 248.

[1438] Insofern darf mutatis mutandis Bobert zu Recht behaupten, dass der Mensch „strukturell zur Gottesbegegnung angelegt“ ist. S. Bobert, Seelsorge in der Postmoderne, 262. Somit lässt sich auch jeder authentisch lebensbejahende Glaube unter den Aspekt der Spiritualität fassen. „So werden Glaube, Hoffnung und Liebe Bestandteil der Neuromatrix, mit der wir unser Leben bewältigen.“ H. Benson, a.a.O., 249.

[1439] J.D. Frank, a.a.O., 54, 85ff, 195ff; H. Benson, a.a.O., 31ff, 63ff; Candace Pert, *Moleküle der Gefühle: Körper, Geist und Emotionen*, Vorwort v. D. Chopra, deutsch v. H. Kober (Rowohlt: Reinbek, 2001), 221ff; B.H. Lipton, a.a.O., 135ff; Jeanne Achterberg, *Die heilende Kraft der Imagination: Heilkraft durch Gedankenkraft. Grundlagen und Methoden einer neuen Medizin*, einzige berecht. Übers. aus d. Amerik. v. M.B. Kroh (Scherz: Bern, München, Wien, 1989), 115ff; A. Bucher, a.a.O., 126-128; S. Bobert, Jesus-Gebet, 267ff; Michael J. Constantino, Carol R. Glass, Diane B. Arnkoff, Rebecca M. Ametrano et al., Expectations, in: John C. Norcross, (Hg.), *Psychotherapy Relationships That Work: Evidence-Based Responsiveness*, 2. Aufl. (Oxford University Press: New York, 2011), 354-376; A. Newberg, M.R. Waldman, a.a.O., 59, 225ff; J. Bauer, Selbststeuerung, 120ff; ausführlich Irving Kirsch, *The Emperor's New Drugs: Exploding the Antidepressant Myth* (The Bodly Head: London, 2009), sowie I. Kirsch, Changing, Expectations, 13ff; ausführlich auch unter starker Bezugnahme auf Kirsch: B.E. Wampold, Z.E. Imel, 57ff, 194ff. Zu Irving Kirsch s. Harvard Catalyst Profiles, https://connects.catalyst.harvard.edu/profiles/display/person/96221.Vgl. ferner die Untersuchungen von Beatrice Wagner am Institute of Medical Psychology der Ludwig Maximiliams-Universität München: Beatrice Wagner, Der Wirkstoff Erwartung, in: Psychologie heute (2005) 6, 60-63; Ludwig Maximiliams-Universität München, Institute of Medical Psychology, Placebo Research-Meissner Lab, http://www.imp.med.uni-muenchen.de/research/placebo_research-meissner_lab/index.html.

[1440] J.D. Frank, a.a.O., 26, 52f, 67. Nach Festinger bewirken diese wiederum im Einzelnen möglicherweise pathologische „kognitive Dissonanzen“ dort, wo sie mit bislang nicht vertrauten anderen Annahmensystemen (z.B. dem eines Therapeuten mit anderer Weltanschauung, d.Verf.) kollidieren. L. Festinger, a.a.O., 15ff.

methodischen Element der Kognitiven Seelsorge eignet. „Beliefs" sind die Kernaussagen der „Annahmensysteme", die der Einzelne verinnerlicht hat.[1441]

Bereits *Festinger* und *Frank* haben gezeigt, dass die heilsame Korrektur dysfunktionaler Kognitionen normalerweise am besten *innerhalb* des „Annahmensystems" der betroffenen Person gelingt, es sei denn, dieses sei selbst für die Destruktivität ihres Denkens verantwortlich. Im Rahmen des als sinngebend erfahrenen Annahmensystems konstituiert sich, was Ellis als Ziel kognitiver Umstrukturierung durch die ABC-Methodik beschreibt: die „Effective New Philosophy" der Person.[1442] Darunter ist eine habitualisierte neue Lebenseinstellung zu verstehen.

Kognitive Seelsorge lässt sich als therapeutische Integration von „Bild" und „Rahmen" definieren: Die ABC-Methodik als das „Bild" zielt auf die Veränderung von Glaubensüberzeugungen vor allem dort, wo sie sich erkennbar schädigend in einer destruktiven Lebenseinstellung manifestiert haben. Kognitive Seelsorge geht davon aus, dass die Lebenseinstellung qua „Philosophie" des Einzelnen nicht nur bottom up als Habitualisierung reaktiver Bewertungsschemata entsteht, sondern dass sie auch top down maßgeblich durch den Rahmen des Annahmensystems seiner *Weltanschauung* geprägt ist, deren Überzeugungskraft im System der höchsten Werte zu suchen ist, die sie postuliert. Insofern darf man wohl behaupten, dass die individuelle Bedürfnisdisposition nicht nur selbst den Motivationsfaktor „Wert" setzt, sondern vice versa auch durch Werte gesetzt *wird.* Die Funktionalität von Maslows Bedürfnispyramide ist mithin sowohl top down als auch bottom up zu begreifen: Höchste Werte bestimmen die Modi der Bedürfniserfüllung bis hin zu den physiologischen Grundbedürfnissen wie auch die Stufenbildung der Bedürfnisse in ihnen gipfelt. Dieser Bezugsrahmen des weltanschaulichen Annahmensystems, in den der persönliche Rahmen der Lebenseinstellung eingebettet ist, auf den sich wiederum die *Beliefs* der Einzelperson beziehen, ist die Dimension der *Spiritualität.*.

Die somit unter holistischem Aspekt notwendige oder zumindest sehr sinnvolle Einbeziehung der Spiritualität in den therapeutischen Prozess erfordert in Konsistenz mit dem epistemologischen Fundament und den drei tragenden Säulen für die Theorie der Kognitiven Seelsorge bedingungslose *Freiheit* als Voraussetzung authentischer *Selbstbestimmung* mit dem therapeutischen Ziel selbstkongruenter Selbstaktualisierung. Dies wiederum ist, je nach der Bedeutung einer psychischen Krise im Lebenszusammenhang der Person, entweder partiell oder existenziell immer eine Reifungsbewegung vom Daseinsmodus des Habens zum Daseinsmodus des Seins.

Sofern ein Annahmensystem überhaupt das Potenzial in sich trägt, *heilsame* Kraft zu entfalten, geschieht das nur in wahrhaftiger Freiheit. Darum können auch Annahmenssysteme, die keinen oder nur sehr wenig Freiraum zur Selbstbestimmung erlauben, kaum als spirituelle Ressourcen zur Ausbildung einer selbstbestimmten und selbstbewussten „Effective New Philosophy" dienen, vielmehr ist zu befürchten (und darin ist Ellis zweifellos Recht zu geben), dass sie im Gegenteil sogar hohen Anteil am Zustandekommen und Aufrechterhalten lebensfeindlicher Beliefs haben.

[1441] Albert Ellis, *Training der Gefühle: Wie Sie sich hartnäckig weigern, unglücklich zu sein*, aus d. Amerik. v. G.H. Price (mvg: Landsberg a.L., 1996) , 8ff.

[1442] Ebd., 8; A. Ellis, Die rational-emotive Therapie, 266.

4.1.2.2. Die Hauptfaktoren seelischer Heilung

„Sich Heilung zu wünschen ist Bestandteil der Heilung“, sagt *Seneca.*[1443] Der Heilungswunsch sucht nach Bestätigung, um sich als konkrete Heilungs*erwartung* zu manifestieren. Frank hat festgehalten, dass die verschiedenen Formen der Heilkunst ein „allen gemeinsamer Zug“ kennzeichnet, nämlich „[d]ie Fähigkeit, die Hilfserwartung beim Patienten zu wecken; ein Faktor, der auch bei religiösen Heilungen mitwirkt.“[1444] Dies gehe von der Person des Helfers wie auch von den in deren Kontext dominierenden Vorstellungen von Krankheit und Heilung aus.[1445] „Der Erfolg der auf so vielen Ideologien und Methoden beruhenden Heilpraktiken zwingt zu der Folgerung, daß die Heilkraft des Glaubens im Geisteszustand des Patienten liegt, nicht in der Richtigkeit des Geglaubten.“[1446] Daraus sei eine hohe Manipulierbarkeit des Menschen zu schließen, der sich Heilung wünscht,[1447] insbesondere dort, wo man „Persönlichkeitsmerkmale wie mangelndes Selbstvertrauen, Gefühle sozialer Unzulänglichkeit oder eine niedrige Angstschwelle“ zu konstatieren habe, wie auch „Aspekte der Situation, die in ihm die Besorgnis erwecken, seine Persönlichkeit werde beurteilt.“[1448]

Die zentrale Bedeutung der therapeutischen Beziehung und der maßgeblich dadurch beeinflussten Heilungserwartungen für die Wirksamkeit von Psychotherapie schlechthin darf heute, 50 Jahre nach Franks initialer Untersuchung, als deutlich erhärteter Befund der empirischen Forschung angesehen werden.[1449] Im Blick auf die Theorie der Kognitiven Seelsorge ist daran zunächst Franks Hinweis, es handle sich um einen Faktor, „der auch bei religiösen Heilungen mitwirkt“, von Bedeutung. Auch wenn sich Seelsorge nicht explizit im therapeutischen Sinn versteht oder sich gar davor scheut, überhaupt mit Heilungserwartungen in Verbindung gebracht zu werden, wird sie immer, wenn sie sich nicht selbst erübrigen möchte, darauf bedacht sein, gewisse heilsame Wirkungen im Leben ihrer Klientel zu ermöglichen, und sie wird zudem, wenn man ehrlich ist, um so befriedigender erfahren werden, je deutlicher und stärker dieser Effekt sich bemerkbar macht.[1450] Mithin wird selbst die Negation des Heilens suggerieren, es müsse wohl so etwas geben wie eine Magie des Verneinens, die tapfer zu bejahen sei, um gerade dadurch so etwas wie Heilung zu erlangen. Es gilt auch in dieser Hinsicht, um der Verantwortung willen „das Wissen gelten zu lassen“ und sich darum ernsthaft der Frage zu stellen, wie man in der Seelsorge mit dem unvermeidlichen und notwen-

---

[1443] Seneca, zit. in: H. Benson, a.a.O., 133.

[1444] J. Frank, a.a.O., 112f.

[1445] Ebd., 113.

[1446] Ebd., 114.

[1447] Ebd., 193.

[1448] Ebd., 194.

[1449] I. Kirsch, 50ff, 107ff; Changing Expectations, M.J. Constantion et al., a.a.O.; B.E. Wampold, Z.E. Imel, a.a.O., 37, 50ff, 158ff, 176ff, 193ff, 211ff.

[1450] Insofern lässt eine negativ theologische Seelsorgetheorie wie das auf Lévinas rekurrierende Postulat der grundsätzlichen „Funktionslosigkeit“ von Ottmar Fuchs fragen, worin dann überhaupt ihr Sinn bestehen mag. Vgl. Ottmar Fuchs, Gegenwart des „religiösen Geistes“ in der seelsorgerlichen Beratung, in: Astrid Giebel, Ulrich Lilie, Michael Utsch, Dieter Wentzek et al. (Hg.), *Geistesgegenwärtig beraten: Existenzielle Kommunikation, Spiritualität und Selbstorge in der Beratung, Seelsorge und Suchthilfe* (Neukirchener: Neukirchen-Vluyn, 2015), 41-54.

digen Doppeleffekt von Beziehung und Erwartung umgehen und ihn so frei von Manipulation wie irgend möglich gestalten kann. Dazu ist erforderlich sich zu vergegenwärtigen, dass nach dem Forschungsbefund wiederum die Wirksamkeit von Psychotherapie nur in dem Maß von der angewandten Methodik abhängt, wie die *Erwartung* ihrer heilenden Wirkung bei Therapeut *und* Klient vorhanden ist und beide kollaborativ vereint.[1451] Nicht zuletzt legt dieser Gesichtspunkt nahe, dass Klienten am besten bei Helferpersonen aufgehoben sind, die ihre Weltanschauung entweder teilen oder zumindest sehr gut und wertschätzend nachvollziehen können.[1452]

Die Erwartungsvorstellungen von Heilung und Hilfe sind bedürfnisdeterminiert und kommen durch die in der O-Variablen als „Bewertung" repräsentierten *Beliefs* zustande. Um deren Manipulation zum Zweck der Heilung[1453] zu verhindern, ist es unabdingbar, dialektisch und dialogisch das je konkrete *wahrhaftige* Heilungsziel (E) eines Individuums zu bestimmen, wobei „konkret" nicht nur praktische Greifbarkeit der Zielsetzung meint, sondern auch den stringenten Bezug zu einer für die Person selbst evidenten „Zielverfehlung", von deren Zusammenhängen sie oft noch keine klare Vorstellung hat. Da jede legitime Form von Seelsorge und Therapie nur gänzlich dienenden Charakter haben kann, kann auch die Unterstützung einer Person bei diesem Vorgang nie mehr als ein „Hebammendienst" sein, damit sie ihr ganz eigenes „Wahrheitskind" zur Welt bringen kann. Freilich kann das nicht ohne ein Kriterium für die *Glaubwürdigkeit* der je eigenen hervorgebrachten Wahrheit geschehen und die helfende Person steht in der Verantwortung, dies mit Sorgfalt zu überprüfen. Das legitime Kriterium bildet sich aber nicht aus Fixpunkten ihres eigenen Annahmensystems, sondern aus der intuitiv stimmigen und logisch stringent begründeten Definition des konkreten, authentischen Bedürfnisziels der Person.[1454] Daraus folgt eine dreistufige Rangordnung der therapeutischen und seelsorgerischen *Wahrheitsfrage*:

1.) Handelt es sich bei der definierten konkreten Zielbestimmung um die realistische Erfüllung eines authentischen Bedürfnisses der Person?

2.) Wird diese Zielsetzung durch das kontextuale Annahmensystem der Person bestätigt und bestärkt ?

[1451] Georgiana Shick Tryon, Greta Winograd, Goal Consensus and Collaboration, in: John C. Norcross (Hg.), *Psychotherapy Relationships That Work: Evidence-Based Responsiveness*, 2. Aufl. (Oxford University Press: New York, 2011), 153-167.

[1452] „We might [...] be acting in the best interest of clients by directing them to therapists of similar religious commitments." W. O'Donohue, a.a.O., 197.

[1453] Oder der Heiligung, was innerhalb religiöser Annahmensysteme großteils dasselbe ist.

[1454] Eine authentisch nicht-richtende Haltung wird sich nicht scheuen, Menschen in Ausrichtung auf ihre konkreten Bedürfnisziele seelsorgerisch zu dienen, ohne deren weltanschauliches Belief-System in Frage zu stellen (es sei denn, sie täten es selbst oder es sei evident schädigend). Als Derivate der Theorie der Kognitiven Seelsorge sollten darum auch Konzeptionen der *interreligiösen* Anwendung gebildet werden. Hilfreich hierfür können u.a. von Insidern verfasste Erfahrungsberichte und Richtlinien sein. Ein Beispiel für die Anwendung von REVT mit muslimischen Klienten dieser Art ist Rameez Ali, Application of REBT with Muslim clients, in: The Rational Emotive Behaviour Therapist (2007) 12/1, 3-8. Das Paper will zeigen, wie REVT effektiv von Nicht-Muslimen für Muslime eingesetzt werden kann.

→ Wenn nicht:	a) Ist es möglich und sinnvoll, das Annahmensystem diesbezüglich auf eine Veränderung hin zu diskutieren?
	b) Sind diesbezüglich um der realistischen Perspektive willen Kompromisse mit dem bestehenden Annahmensystem möglich und sinnvoll?
3.) Stimmt die überzeugend auf logischem Weg gewonnene Einsicht der Person mit meinem eigenen (ethischen, psychologischen, theologischen usw.) Annahmensystem überein?	
→ Wenn nicht:	Was trägt der logisch überzeugende Wahrheitsgewinn meines Gegenübers zur Korrektur meines eigenen Annahmesystems bei? Was lerne ich dazu?

Tabelle 12: Leitfragen zur seelsorgerischen und therapeutischen Zielbestimmung

Insofern ist und bleibt das therapeutische und seelsorgerische Procedere, ganz im ursprünglichen sokratischen Sinn, ein offener dialektisch-dialogischer Lernprozess des Gebens und Nehmens, der mit jeder als glaubwürdig erkannten Lösung nicht nur den Klienten verändert, sondern gleichermaßen, wenn auch anders, die helfende Person. Für beide Dialogpartner ist es gewissermaßen moralisch verpflichtend, den gefundenen Konsens (um der Bewältigung des tatsächlichen Problems willen, das heißt um Schaden abzuwenden) des gemeinsamen revidierten *Beliefs* als „Wissen gelten zu lassen" und die sich daraus ergebenden Verhaltenskonsequenzen anzustreben.

„Das Entscheidende ist, daß die therapeutische Wirksamkeit der Theorien und Techniken nicht notwendig in ihren spezifischen Inhalten liegt, die verschieden sind, sondern in ihren Funktionen, die gleich sind", resümierte Frank.[1455] Diese übergreifen Funktionen seien in der therapeutischen Vertrauensbeziehung,[1456] in einer „gesellschaftlich" bestimmten „Rahmensituation", die als „Stätte der Heilung" definiert ist,[1457] in „einer Behandlungstheorie oder einem Mythos, der eine Erklärung von Krankheit und Gesundheit, Abweichung und Normalität einschließt"[1458] und schließlich in einem von der jeweiligen Theorie „verordneten"

[1455] J. Frank, a.a.O., 449.

[1456] Ebd., 444. „Die therapeutische Beziehung bedeutet also immer, daß der Therapeut den Leidenden aufrichtig akzeptiert, wenn schon nicht als denjenigen, der er ist, so doch als denjenigen, der er werden kann, und schließt auch den Glauben des Therapeuten ein, daß der Patient seine Probleme zu meistern vermag. Das Einverständnis des Therapeuten, das auf Einfühlung beruht, bestätigt die persönliche Lebensauffassung des Patienten. Der Eindruck des Patienten, von jemand, den er achtet, verstanden und anerkannt zu werden, ist ein starkes Gegengift gegen seine Gefühle der Entfremdung und ein mächtiger Auftrieb für seine Moral." Ebd., 444f.

[1457] Ebd., 445.

[1458] Ebd., 446. „Die Hypothese, daß alle seelischen und geistigen Krankheiten, sofern sie der psychologischen Behandlung zugänglich sind, Folgen unheilvoller kindlicher Lebenserfahrungen seien, liegt fast allen westlichen Psychotherapien zugrunde, auch den Verhaltenstherapien. Doch sind diese Therapien möglicherweise unwirksam bei Patienten in Kulturen, die solche Krankheiten zum Beispiel durch Besessensein von Dämonen erklären." Ebd., 447. Bei Letzterem kann es sich auch um religiöse Subkulturen der modernen „westlichen" Gesellschaft handeln. „Der erste Schritt zur Beherrschung eines Phänomens ist, ihm einen Namen zu geben." Ebd, 448.

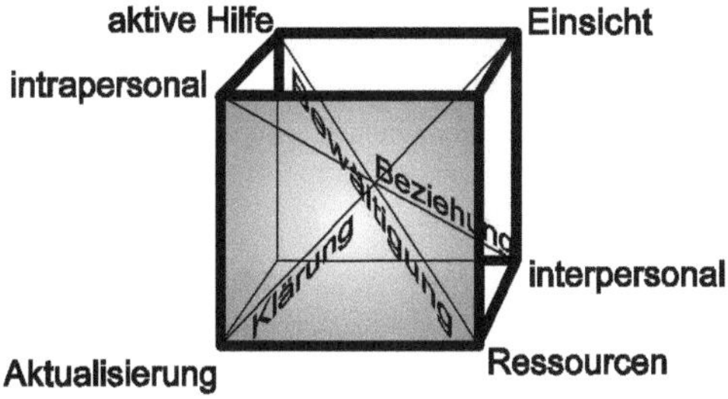

Abbildung 11:
Beziehung, Klärung und Bewältigung als Wirkdimensionen von Psychotherapie.

Verfahren zu suchen.[1459]

Ein weiterer Meilenstein auf dem Weg zu einer schulenübergreifenden integrativen Psychotherapie war das Resultat der in den 90er Jahren abgeschlossenen Metauntersuchung von Grawe et al. aller relevanten Psychotherapieschulen, aus dem sich die Wirkfaktoren *Ressourcenaktivierung, Problembewältigung, Problemklärung, Problemaktualisierung* und nicht zuletzt wiederum (therapeutische) *Beziehung* ergaben. In Anlehnung an Grawe, der bei seiner Vorstellung des Befundes auf dem Hamburger Psychotherapeutenkongress 1994 selbst ein Würfelmodell dazu verwendete, lässt sich daraus ein dreidimensionales Modell der Faktoren wirksamer Psychotherapie ableiten (Abbildung 11[1460]).[1461]

Aus den Ergebnissen der seitherigen Forschung ging schließlich das 2015 publizierte *Contextual Model* einer allgemeinen Psychotherapie nach Wampold und Imel hervor.[1462] Die fundamentale Voraussetzung („the basic premise“) dieses Modells entstammt der Einsicht, dass *soziale Prozesse* und *Beziehung* als „the bedrock of psychotherapy effectiveness“ zu begreifen sind.[1463] „The point here is that a claim could be made that psychotherapy is a social healing practice“, erläutern die Autoren.[1464] Sie deuten diesen Befund in expliziter Anwendung der Theorie vom wissenschaftlichen Wandel nach Lakatos[1465] als notwendiges „rival programme“ zum überkommenen *medizinischen* Modell der Psychotherapie.[1466] Mit-

---

[1459] Ebd.

[1460] Erstveröffentlichung der Abbildung H.A. Willberg, Depression, 164.

[1461] Klaus Grawe, „Was sind die wirklich wirksamen Ingredenzien der Psychotherapie?“ Einführungsreferat auf dem Psychotherapiekongress in Hamburg, 1994, Download 14.06.1999, Internetquelle nicht mehr zugänglich; K. Grawe et al., Psychotherapie im Wandel, 784; vgl. H.A. Willberg, Depression, 158ff.

[1462] B.E. Wampold, Z.E. Imel, a.a.O., 50ff.

[1463] Ebd., 50.

[1464] Ebd., 52. „The Contextual Model takes into account the social healing aspects of psychotherapy, with the relationship between the therapist and the client being paramount.“ Ebd., 53.

[1465] Ebd., 62-67.

[1466] „In this book, the Medical Model of psychotherapy is the received theory [...]. As Lakatos' reconstruction demands, a rival programme must exist, and the Contextual Model provides such a rival. [...] [T]his volume presents evidence that suggests that the Contextual Model represents a progressive research programme and that the Medical Model shows signs of being degenerative.“ Ebd., 67.

hin fordern sie einen Paradigmenwechsel der fundamentalen Bestandteile des vorfindlichen Annahmesystems der Psychotherapie schlechtin.[1467]

Die *Kontextuale Psychotherapie* nach Wampold und Imel besteht aus drei ineinander greifenden, hierarchisch geordneten Hauptkomponenten: „the real relationship, expectations, and specific ingredients.“[1468] Die Kompenten und ihre Inhalte sind in Tabelle 13 zusammengefasst:[1469]

	Komponente	Inhalte
	1.) Echte **Beziehung**	Vertrauen und Verstehen, Akzeptanz und Empathie, therapeutische Allianz, Zugehörigkeit, soziale Einbindung
⇨	2.) Herstellung von **Erwartung**	Erklärungsmodell des Problems, Vermittlung einer glaubwürdigen Methodik zu seiner Bewältigung
⇨	3.) Gesundheitsförderndes **Verhalten**	Symptomreduktion und Verbesserung der Lebensqualität durch therapeutische und gesundheitsfördernde Aktivitäten (therapeutic & healthy actions)

Tabelle 13:
Die drei Komponenten der Kontextuellen Psychotherapie nach Wampold & Imel.

Diese drei Komponenten fügen sich mit den drei Dimensionen im Grawe folgenden Würfelmodell zusammen. Die Achse der Dimension *Klärung* wird dort durch die Pole „Einsicht“ und „Problemaktualisierung“ gebildet, denn in beiden Fällen klärt sich das Problem, indem es als solches evident wird. Wenn sich dies im Kontext von emotionaler Wärme, Vertrauen auf die Professionalität der Helferperson und mit erfahrenem Respekt vor seinem Annahmensystem vollzieht (Dimension *Beziehung*), resultiert daraus die *Erwartung,* dass die in Aussicht stehende Hilfe wirksam sein wird. Die Achse der Dimension *Problembewältigung* liegt zwischen den Polen intrinsisch bestimmter Ressourcenaktivierung und extrinsisch hinzugefügter Handlungsvorschläge. Beiden gemeinsam ist, die Bestätigung der Erwartung in der Praxis realen *Verhaltens* zu erfahren.

Wampold und Imel nennen die drei Komponenten die „pathways“ der *Kontextualen Psychotherapie*. Dem Forschungsbefund nach sei es eindeutig, dass dem ersten die größte Bedeutung für die therapeutische Wirksamkeit zukommt.[1470] Die

---

1467 O'Donohue nennt das „metaphysische“ Voraussetzungen. „Observation is selective; what is considered clinically significant will to a large degree be determined by the therapy program. This is particularly obvious in the taking of a clinical case history. The therapist is not interested in every event in the client's life, but rather only those that are significant - with 'significant' being at least partially determined by metaphysical considerations.“ W. O'Donohue, a.a.O., 1467.

1468 B.E. Wampold, Z.E. Imel, a.a.O., 61.

1469 Ausgehend von ebd., 54.

1470 Ebd., 193f, 211.

therapeutische Beziehung habe sodann maßgeblichen Einfluss auf die Bildung der *Erwartungen*[1471] und diese wiederum seien besonders wirkmächtig, wenn sie aus dem Kontext sozialer Interaktion hervorgingen.[1472] Die dritte Komponente resultiert aus den ersten beiden: Wenn auf der Basis stabilen Vertrauens ein für Klient und Therapeut glaubwürdiges Erklärungsmodell errichtet worden ist, gehen daraus konkrete Verhaltensmaßnahmen, die man vielleicht am besten unter den Begriff „Techniken" fasst, hervor, um mit ihrer Hilfe das Erwartungsziel zu erreichen. Wampold und Imel bestätigen Franks Behauptung, „daß die therapeutische Wirksamkeit der Theorien und Techniken nicht notwendig in ihren spezifischen Inhalten liegt": „What is important for creating expectations is not the scientific validity of the theory but the acceptance for the disorder, as well as therapeutic actions that are consistent with the explanation".[1473] Es gebe keine überzeugende Evidenz dafür, „that the specific ingredients of any particular psychotherapy or specific ingredients in general are critical to producing the benefits of psychotherapy."[1474]

Daraus ließe sich folgern, dass auch die Entscheidung, die Kognitive Verhaltenstherapie mit dem Kernelement der REVT als zentrales Verfahren therapeutischer Seelsorge auszuwählen, mitsamt aller theoretischen Begründung eine Frage der Vorliebe des Verfassers ist. Das trifft einerseits zu und impliziert, dass nach wie vor die Pluralität der Methoden in Psychotherapie und Seelsorge sinnvoll ist. Wichtig ist vor allem, dass die therapeutische Person selbst davon überzeugt ist und dass sich diese Überzeugung mit einer entsprechenden hoffnungsvollen Erwartung der Hilfe suchenden Person verbindet,[1475] dass die angewandte Methodik nicht zu den ersten beiden „pathways" in Widerspruch steht und dass sie ethisch und wissenschaftlich akzeptabel ist. Wampold und Imel relativieren vor diesem Hintergrund die postulierte herausragende Bedeutung der KVT; solche Behauptungen bedürften weiterer Untersuchungen.[1476] *Irving Kirsch*, auf dessen Forschungsbeitrag zur Hauptkomponente „Erwartung" sie wie auch *Constantino et al.* rekurrieren,[1477] war allerdings schon in den 90ern der Ansicht, dass es *nicht* gleichgültig sei, welche therapeutischen Verfahren man verwende und dass die vorliegenden Metanalysen „a distinct advantage" der KVT „over more traditional methods of treatment" aufzeigten.[1478] Der Grund dafür ist augenscheinlich: Er liegt gerade im Hauptbestandteil der *Kontextualen Psychotherapie* selbst: Die ätiologische wie therapeutische Bedeutung der *Expectations* wird seit jeher nir-

[1471] Ebd., 194; vgl. M.J. Constantino et al., a.a.O.

[1472] „Importantly, the expectations that are created in the context of a social interaction are particularly powerful." B.E. Wampold, Z.E. Imel, a.a.O., 212.

[1473] Ebd., 59.

[1474] Ebd., 253.

[1475] Ebd., 275.

[1476] „Claims that specific cognitive-behavioral therapies are more effective than bona fide comparisons are common but overblown and in need of additional testing. [...] The lack of differences among a variety of treatments casts doubt on the hypothesis that specific ingredients are responsible for the benefits of psychotherapy." Ebd., 60.

[1477] M.J. Constantino et al., 354; B.E. Wampold, Z.E. Imel, a.a.O., 194.

[1478] I. Kirsch, Changing Expectations, 49.

gendwo sonst so hervorgehoben und operationalisiert wie in der KVT[1479] und speziell in der REVT.[1480]

Mithin liegt das integrative Modell der *Kontextualen Psychotherapie* auf einer Linie mit der integrativ ausgerichteten Entwicklung der KVT. Die Theorie der Kognitiven Seelsorge genau im Sinne dieser Übereinstimmung als eine Innovation therapeutisch akzentuierter Seelsorge einzuführen, ist darum durch den gegenwärtigen Stand der Psychotherapieforschung sehr gut gedeckt. Lediglich zwei Aspekte rückt das Konzept der *Kontextualen Psychotherapie* in den Vordergrund, die in der herkömmlichen KVT und insbesondere bei Ellis noch insgesamt zu wenig Berücksichtigung erfuhren: Die Wirkfaktoren der *Beziehung* und der *Ressourcenaktivierung*. Die dritte Komponente der *Kontextualen Psychotherapie* fokussiert vornehmlich *gesundheitsfördernde* Verhaltensweisen und integriert damit die Maximen der *Positiven Psychologie*: „Instead of positing a deficit that is remediated by a specific ingredient, the Contextual Model posits that the specific ingredients in all therapies induce the client to do something that is salubrious.“[1481]

Vertrauensbeziehung, Erwartung qua Glaube und das Schöpfen aus heilsamen Ressourcen sind genuin *spirituelle* Angelegenheiten.[1482] Damit liegen die wesentlichen Bausteine aus der Psychotherapieforschung vor, aus denen nun das Grundmodell der Kognitiven Seelsorge errichtet werden kann.

4.2. Das triadische Modell der Kognitiven Seelsorge

4.2.1. O-Variable, Diätetik und Spiritualität

Eine glaubwürdige Theorie der Kognitiven Seelsorge im Geist des Christentums kann nur gelingen, wenn sie unter dem Vorzeichen der Barmherzigkeit steht. Die REVT kann ihr nur als therapeutisches Kernmethodik dienen, wenn deren teilwei-

---

1479 Kirsch zufolge sind die *Expectations* für mehr als 50 Prozent der psychotherapeutischen Effektivität verantwortlich. Ebd., 50. Auch Kirsch betont aber, wie sehr es für die Entstehung heilsamer Erwartungen auf die therapeutische Vertrauensbeziehung ankommt. Ebd., 107ff. Kirsch leitet seine Aussagen aus der Sozialen Lerntheorie nach Bandura ab, in der das Moment der *Erwartung* eine entscheidende Rolle spielt. Ebd., 3ff, 76; vgl. A. Bandura, Self-Efficacy.

1480 Ein Beispiel für die wichtige Rolle der Komponenten *Kontextualer Psychotherapie* in der KVT ist Hautzingers Depressionsmodell: Den drei hauptsächlichen Entstehungsfakroten „Ge-hemmte Aktivität“, „Negative Gedanken“ und „Problematisches Sozialverhalten“ stehen die drei Behandlungsschwerpunkte „Aufbau positiver Aktivitäten“, (3. Pathway) „Veränderung negativer Gedanken“ (2. Pathway) und „Verbesserung sozialer Beziehungen (1. Pathway) gegenüber. Vgl. M. Hautzinger, Kognitive Verhaltenstherapie bei Depressionen, 13, 64ff.

1481 B.E. Wampold, Z.E. Imel, a.a.O., 60. „That is, the client engages in some action that is health promoting in that the activity results in an increase in something healthy or a decrease in something unhealthy.“ Ebd.

1482 Das klingt auch bei Wampold und Imel an, obwohl sie die Spiritualität nicht selbst als einen Grundfaktor psychotherapeutischer Heilkraft aufnehmen. Sie monieren aber nachdrücklich die überkommene Vernachlässigung der Spiritualität unter dem medizinischen Paradigma der Psychotherapie. Ebd., 31ff. Zum 3. „Pathway“ schreiben sie: „For the most part, the effects of lifestyle variables, whether some form of exercise, increased social interaction, stress reduction, or religious and spiritual involvement, on mental health have been underestimated and often ignored“. Ebd., 60.

se altstoischer Rigorismus durch Elemente modifiziert wird, die deutlich durch Barmherzigkeit bestimmt sind. Barmherzigkeit ist nicht falsches Mitleid, sondern sie folgt aus der lebensgerechten Beurteilung einer Notlage unter Berücksichtigung ihrer kontextuellen Bedingungen und Umstände. Zwar spielt die Beta-Variable als der eine Top-down-Faktor der O-Variablen die entscheidende Rolle, aber die beiden Bottom-up-Faktoren der Alpha- und Gamma-Variablen können ihn sehr beeinflussen und das Maß der gegenläufigen präfrontal bestimmten Einflussnahme wird durch diese Variablen erheblich mitbestimmt. Die Verkürzung der Verursachung und Bewältigung psychischer Probleme auf den Beta-Faktor der O-Variablen führt zu gnadenlosen Rigorismen, die sich der Lebensrealität entfremden.[1483]

Die drei „pathways" der *Kontextualen Psychotherapie* mit ihrer salutogenetischen Gesamtausrichtung lassen sich auch als Grundzüge einer *diätetischen* Lebensweise darstellen:[1484] Es geht um *heilsame Gemeinschaft, heilsames Denken* und *eine heilsame Lebensweise*. Damit kann das spezifisch *therapeutische* Kernelement der Kognitiven Seelsorge in den Zusammenhang einer holistisch verstandenen umfassenden „Sorge für die Seele" gesetzt werden, die weniger die Reduktion des Kranken als das Wachstum des Gesunden fokussiert. Das entspricht der notwendigen Dominanz der positiv psychologischen Leitmotive christlichen Lebens überhaupt: Glaube, Hoffnung, Liebe.[1485]

Sulmasy konstatiert einen notwendigen Paradigmenwechsel im Gesundheitswesen, der das in den 70er Jahren eingeführte bio-psycho-soziale Modell zum bio-

---

1483 „Tatsächlich ist es so, daß ich alles ertragen kann, was ich tue oder was auf der Welt existiert, solange ich am Leben bleibe. Auch das Schlimmste, was mir möglicherweise widerfahren kann - etwa, daß ich von einer Dampfwalze überrollt werde, - kann ich ganz klar ertragen, wenn ich nicht davon sterbe. [...] Mit anderen Worten: immer wenn Sie behaupten, Sie könnten etwas nicht ertragen oder nicht ausstehen, dann ist diese Behauptung unsinnig. Denn was existiert, das existiert; man kann alles ertragen was einem wiederfährt, solange man nicht davon stirbt. [...] [V]ielleicht sollten Sie Ihrem Leben lieber ein Ende setzen, als diese Erfahrung machen. Aber solange Sie sich nicht umbringen, können Sie offensichtlich ertragen, was Sie bejammern, hassen und Ihrer Überzeugung nach nicht aushalten können. Oder, wie ich immer wieder Klienten versichere: ‘Sie können immer alles über sich ergehen lassen, was Sie nicht mögen. Zum Glück kommen Sie selten in die Verlegenheit, es zu müssen!’" A. Ellis, Klinisch-theoretische Grundlagen, 28. Diese in der REVT durchaus übliche Definition wird der Realität traumatischer Krisen- und Schmerzerfahrungen nicht gerecht. Mit dem Diathese-Stress-Modell ist der Grad einer Unerträglichkeit nicht nur durch die bewertende Kognition zu bestimmen, sondern auch durch die individuelle Gesamtverfassung der Person und das Ausmaß der Leidenserfahrung. Wenn die persönliche Unerträglichkeitsgrenze erreicht ist, gelingen mäßigende rationale Urteile und Selbstinstruktionen durchaus *nicht* mehr. Gerade darin besteht ja das Problem des Traumas. Der Fehler in Ellis' Argumentation ist die fehlende Differenzierung zwischen der aktual erlebten Traumaerfahrung, der autonomen Reaktivierung einer solchen aus dem impliziten Gedächtnis und der entscheidenden Bedeutung des präfrontalen *Umgangs* mit den dadurch generierten posttraumatischen Emotionen.

1484 Vgl. zur spirituellen Bedeutung der Diätetik Anselm Grün, Meinrad Dufner, *Gesundheit als geistliche Aufgabe*, Münsterschwarzacher Kleinschriften, Bd. 57 (Vier-Türme-Verlag Münsterschwarzach: Münsterschwarzach, 1989).

1485 „Nun aber bleiben..." in 1Kor 13,13 darf sicher auch als „Vor allem kommt es also an auf..." paraphrasiert werden.

psycho-sozio-*spirtuellen* erweitert.[1486] In der Psychotherapie wird dieser Wandel durch den „Spiritual Turn“ markiert. Diese vier Faktoren eines holistischen Verständnisses von Krankheit und Gesundheit bestimmen auch das Modell der Kognitiven Seelsorge. Die Triade *biologisch-psychisch-sozial* lässt sich leicht den anderen grundlegenden Triaden zuordnen. Der Faktor „Spiritualität“ hat seine Besonderheit darin, die anderen drei Faktoren zu transzendieren. Ort der Transzendierung ist die spirituelle beziehungsweise religiöse Gemeinschaft, im christlichen Kontext also die Kirche. Das seelsorgerisch zentrierte Miteinander der christlichen Gemeinde vollzieht sich *therapeutisch* als *heilende Gemeinschaft, Erneuerung des Denkens* und, in diesem Kontext, *körperliche Kräftigung und Heilung,*[1487] sowie *diätetisch* als *heilsame* Erfahrung gelingender Gemeinschaft, erneuerten Denkens und gesunder Lebensweise.

Tabelle 14 stellt diese triadischen Bausteine der Kognitiven Seelsorge zueinander in Bezug. Das spezifisch seelsorgerische Feld umfasst die Dimension der Diätetik sowie Teilaspekte der therapeutischen Dimension im Sinne Beratender Seelsorge und integrativer Zusammenarbeit mit therapeutischen Fachpersonen aus dem Gesundheitswesen. Je nach Konstellation können diese auch innerhalb des Gemeinderahmens zu liegen kommen.

Theorie			
	Sozial	***Psychisch***	***Biologisch***
O-Variable:	Alpha-Variable	Beta-Variable	Gamma-Variable
	➲ Äußere Belastungen = *Fremdbezug*	➲ Bewertungen = *Selbstbezug*	➲ Biophysische Disposition = *Lebensbezug*
Kontextuale Psychotherapie:	Echte Beziehung	Erwartung	Gesundheitsförderndes Verhalten
	bottom ↑ *up*	*top* ↓ *down*	*bottom* ↑ *up*
Praxis			
Therapie:	Beziehungszentrierung; z.B. Gruppe	Kognitive Umstrukturierung	Lebensstilveränderung; Medizin
	Heilende Gemeinschaft	Erneuerung des Denkens	Körperliche Heilung
Diätetik:	Heilsame Gemeinschaft	Heilsames Denken	Heilsame Lebensweise
	Spirituell		

Tabelle 14: Triadische Bausteine der Kognitiven Seelsorge

[1486] D.P. Sulmasy, a.a.O., 122ff. „[O]nly a biopsychosocial-spiritual model can provide a foundation for treating patients holistically.“ Ebd., 140.

[1487] Jk 5,13ff; vgl. Hans-Arved Willberg, *Die seelsorgerliche Bedeutung des Jakobusbriefs: Biblisch-psychologische Auslegung,* Lehrbücher aus dem Institut für Seelsorgeausbildung (ISA), Bd. 4 (Books on Demand: Norderstedt, 2014), 152ff.

Wesentlich an diesem Modell ist aus der Barmherzigkeitsperspektive die Unterscheidung zwischen den Bottom-up-Prozessen der sozialen und (verhaltens-)medizinischen Unterstützung einerseits und dem Top-down-Prozess des selbstbestimmten Umdenkens und Neudenkens andererseits. Im Blick auf Erstere ist der Einzelne auf seine Mitmenschen *angewiesen* und je nach erfahrener Unterstützung fällt es ihm schwerer oder leichter, mutige selbstbestimmte Antworten auf seine Probleme zu finden. Dieser Prozess ist aber wechselseitig: Der *Selbstsorge* wird durch die *Fürsorge* der Andern ebenso der Weg gebahnt wie sich die Selbstsorge gerade darin erweist, sich selbst die sozialen, gesundheitsstärkenden und spirituellen Ressourcen aktiv zu erschließen. Das Modell der selbstbestimmten Erneuerung des Denkens für sich genommen steht darum in einer ähnlichen triadischen Relation wie das Modell der kontextualen Einbettung der Person als Ganzer.

4.2.2. Der dreifache Weg

Ellis hat aufgezeigt, dass sich destruktive *irrational Beliefs* in ihrem Kern stets als rigide *Mussforderungen* entpuppen. Es handelt sich um absolutistische Ansprüche der Person an sich selbst, ihr Umfeld und das Leben. Die Mussforderungen legen im Schwarz-weiß-Modus fest, was gut und was böse ist. Sie postulieren in starrem Entweder-Oder, was unbedingt zu geschehen hat und was keinesfalls geschehen darf. Ellis gelangte zu der Überzeugung, dass sich diese rigiden Forderungen auf das *Leben*, die *Mitmenschen* oder uns *selbst* beziehen.[1488] Als das genaue Gegenteil dazu kann das dreifache *Liebesgebot* des Neuen Testaments betrachtet werden.

Am Anfang von Aron T. Becks Entwicklung seiner *Kognitiven Therapie* steht ebenfalls ein pathogenetisches triadisches Modell: Die *Kognitive Triade*.[1489] Sie ist eines der bedeutendsten Erklärungsmodelle reaktiver Depressionen. Obwohl mir in der Literatur bislang die Analogie noch nicht begegnet ist, scheint mir die *Kognitive Triade* ohne Weiteres aus den drei zentralen Mussforderungen ableitbar zu sein. Die drei depressiven Kernaussagen konstatieren nichts anderes als die Nicht-Erfüllung der drei grundlegenden Mussforderungen. Tabelle 15 stellt den Zusammenhang her.[1490]

Die Grundgedanken der Mussforderungen	**Die Grundgedanken der Kognitiven Triade**
„**Ich** muss dem Ideal von mir selbst entsprechen, sonst bin ich unakzeptabel!"	„Mir gelingt es definitiv nicht, dem Ideal von mir selbst zu entsprechen, darum *muss* ich mich ablehnen" ➲ *ich bin des Lebens nicht wert.*
„**Du** musst meinem Idealbild entsprechen und mein Ideal von mir selbst bestätigen, sonst bist du unakzeptabel!"	„Du versäumst es definitiv, mein Ideal von mir selbst zu bestätigen, darum *muss* ich dich ablehnen" ➲ *ich bin einsam und verlassen.*

[1488] S.R. Walen et al., 89; S.L. Nielsen, A. Ellis, a.a.O., 329.

[1489] A.T. Beck, Kognitive Therapie der Depression.

[1490] Vgl. H.A. Willberg, Lehrbuch Kognitive Seelsorge I, 27.

„**Das Leben** muss meinem Idealbild entsprechen und mein Ideal von mir selbst bestätigen, sonst ist das Leben unakzeptabel!“[1491]	„Das Leben (das Schicksal, Gott) ist definitiv gegen mich, darum *muss* ich das Leben ablehnen“ ➲ *ich habe keine Zukunft.*

Tabelle 15: Mussforderungen und Kognitive Triade

Ellis wurde zur Annahme, dass solche Mussforderungen das Hauptproblem psychosozialer Störungen seien, durch *Karen Horneys* Neurosekonzept der „Tyrannei des Sollens“ inspiriert. Der Mensch unter der Tyrannei des Sollens hält

> „der Seele sein Vorstellungsbild von Vollkommenheit vor und sagt unbewußt zu sich selbst: Vergiß das schändliche Wesen, das du wirklich bist; so wie dieses Bild *solltest* du sein; und dieses idealisierte Selbst zu sein ist alles, worauf es ankommt. Du solltest in der Lage sein, alles zu ertragen, alles zu verstehen, jeden Menschen gern zu haben, immer produktiv zu sein. Damit sind nur einige dieser inneren Gebote erwähnt, die ich wegen ihrer Unerbittlichkeit ‘die Tyrannei des Sollens’ nenne.“[1492]

Den Ursprung dieser „Tyrannei“, die „den Menschen in sein idealisiertes Selbst umzuformen“ versucht, sieht Horney in „der Suche nach Ruhm und Ehre“.[1493] „Die Voraussetzung, unter der die Solls wirken, ist, daß nichts für den Betreffenden unmöglich sein sollte oder unmöglich ist.“[1494] Diese Forderungen sind „vom Geist der Anmaßung durchdrungen und zielen darauf ab, den Nimbus eines Neurotikers zu erhöhen und ihn selbst göttergleich zu machen.“ Da sich die Solls zwangsläufig der Unehrlichkeit bedienen, um Unzulänglichkeiten zu leugnen, seien sie „eher als ein unmoralisches denn ein moralisches Phänomen“ zu betrachten.[1495] Von entscheidender Bedeutung ist unter dem Gesichtspunkt des Barmherzigkeitspostulats, die „Tyrannei des Solls“ nicht nur dem „Neurotiker“ zuzuschreiben, sondern sie als anthropologische Konstante zu verstehen. Wir Menschen sitzen in dieser Hinsicht alle „im selben Boot“. „Nicht das Fehlen von irrationalen Gedanken als solchen kennzeichnet normale Gruppen oder bestimmt die Zeit der ‘Genesung’ nach emotionaler Überwältigung“, differenziert *Donald Meichenbaum*, „sondern viel eher das Paket von Bewältigungstechniken, die zur Auseinandersetzung mit solchen Gedanken und Gefühlen eingesetzt werden.“[1496] Das wiederum weist zurück auf die Bedeutung der Bottom-up-Faktoren der O-Variablen für das Zustandekommen von irrationalen Situationsbewertungen mit Störungscharakter. Nur unter der fundamentalen Voraussetzung der *Communio Peccatorum* darf in diesem Zusammenhang überhaupt in Begrifflichkeiten gesprochen werden, die sich natürlich theologisch aufdrängen: Wieder ist es wie schon zuvor

---

[1491] „Unakzeptabel“ meint unter dem Diktat der Mussforderungen stets zugleich „unerträglich“: Ich *kann* mich selbst nicht mehr annehmen, ich *muss* dich hassen, ich *kann* nicht mehr leben.

[1492] K. Horney, a.a.O., 70.

[1493] „Only your pigheaded insistence on grandiosity, on demanding that you develop into a better (or more godly) *person* than the rest of us, makes you *have to* succeed at various tasks. And with that *have to* remain emotionally cooked!“ A. Ellis, R.A. Harper, a.a.O., 109.

[1494] K. Horney, a.a.O., 74.

[1495] Ebd., 80.

[1496] D.W. Meichenbaum, a.a.O., 190.

die *Harmatia* qua Irrtum und Zielverfehlung, nun aber auch im Sinne der *Superbia* und des daraus hervorgehenden unbarmherzig hochmütigen *Richtens*[1497] und *Verurteilens*[1498] sowie der *Gesetzlichkeit*, ferner die *Metanoia* als Korrektur der Zielverfehlung durch Umdenken und Neudenken.

Henri Nouwen hat drei Spannungsfelder geortet, in denen sich das christliche Leben ausgestaltet:

> „Das erste Spannungsfeld betrifft unsere Beziehung zu uns selbst. Es ist das Spannungsfeld zwischen Einsamkeit und stiller Einkehr. Das zweite Spannungsfeld bildet die Grundlage unseres Verhältnisses zum anderen. Es ist das Spannungsfeld zwischen Feindseligkeit und Gastfreundschaft. Das dritte, letzte und wichtigste Spannungsfeld bestimmt unser Verhältnis zu Gott. Es ist das Spannungsfeld zwischen Illusion und Gebet."[1499]

Analog zum Wechsel vom Daseinsmodus des Habens zu dem des Seins geht es Nouwen um den Wechsel von (bitterer) Einsamkeit zur Trias der *Selbstliebe*, *Nächstenliebe* und *Gottesliebe*. Nouwen zufolge vollzieht er sich dialektisch: Die schmerzliche Erfahrung von *Einsamkeit* statt Selbstliebe, *Feindseligkeit* statt Nächstenliebe und *Illusion* statt Gottesliebe und ihr „schmerzliches Eingeständnis" sind die lebenslange[1500] notwendige Voraussetzung dafür, „den Drang, um eine still-beschauliche, gastfreundliche und fromme Lebensform zu ringen," zu intensivieren.[1501] „Das ist ja gerade das Paradox, daß neues Leben unter Schmerzen aus dem alten geboren wird."[1502]

Das „schmerzliche Eingeständnis" als akzeptierende Wahrnehmung des realen Schmerzes seelischen Leids wie auch die Ermutigung und Ermöglichung konstruktiv transformatorischer Schritte in die Freiheit des Liebens, Hoffens und Vertrauens charakterisieren nicht nur den Prozess der sokratischen Wahrheitsfindung einer holistisch und barmherzig bestimmten REVT im seelsorgerischen Kontext wie auch die Übungsformen der Achtsamkeit darin, sondern mit (bitterer) *Einsamkeit*, *Feindseligkeit* und (spiritueller) *Illusion* sind wahrscheinlich auch die tieferen Ursachen der Entstehung der meisten psychischen und sozialen Störungen bezeichnet und mit jenen transformatorischen Schritten die Wege ihrer Heilung. Wo solche Wege gemeinschaftlich in der Hoffnung auf den dreieinigen Gott gesucht und gegangen werden, organisiert sich lebendige christliche Gemeinde. In

---

[1497] „You may choose to climb the highest available mountain for several good reasons. You may, for example, enjoy climbing; delight in the challenge this difficult peak presents; or want to thrill to the view from the top. But you also may have bad reasons for climbing the same mountain: to look down on and spit at the people below." A. Ellis, R.A. Harper, a.a.O., 112.

[1498] „We can designate the essence of emotional disturbance in a single word: blaming - or damning. If you would stop, really stop, damning yourself, others, or unkind fate, you would find it virtually impossible to feel emotionally upset about anything." Ebd., 113.

[1499] H. Nouwen a.a.O., 12.

[1500] „Vielleicht sind wir noch bis an unser Ende einsam und feindselig und nehmen unsere Illusionen mit ins Grab. Das scheint vielen so zu gehen. Aber wenn Jesus uns auffordert, unser Kreuz auf uns zu nehmen und ihm nachzufolgen (Mk 8,34), so ist das eine Einladung, weit über unseren gebrochenen und sündhaften Seinszustand hinauszugreifen und ein Leben zu verwirklichen, das schon das Große ahnen läßt, das für uns bereitsteht." Ebd., 14.

[1501] Ebd., 12f.

[1502] Ebd., 13.

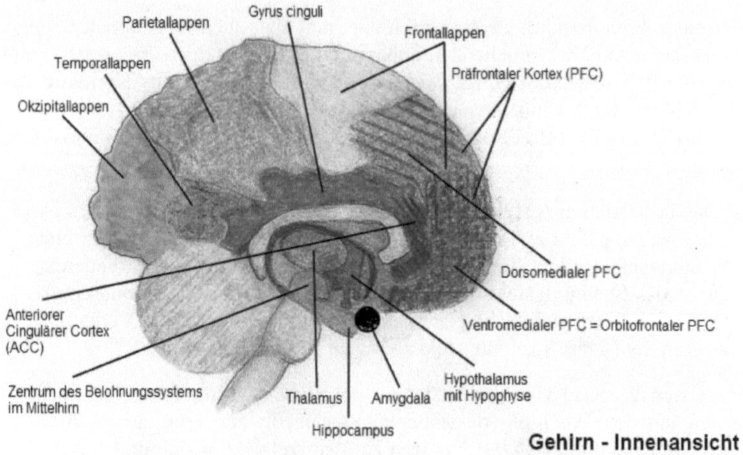

Abbildung 12: Innenansicht des Gehirns mit Lage des ACC

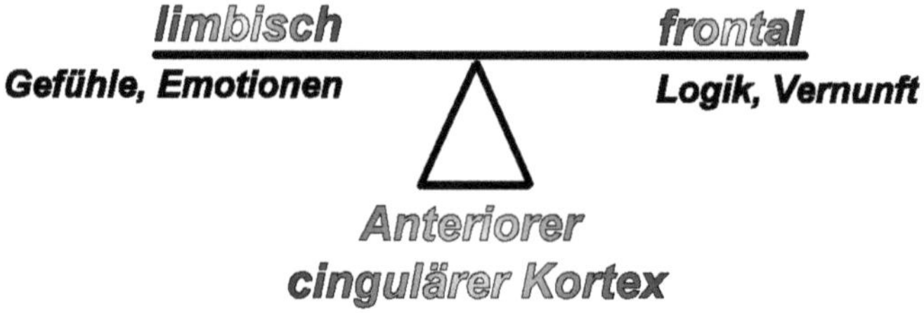

Abbildung 13:
Der ACC als Regulator des Verhältnisses von PFC und Limbischem System

diesem prozesshaften Kontinuum hat die Kognitive Seelsorge ihren Ort.

Neuropsychologisch wirken sich solche transformatorischen Schritte als Aktivierung und Kräftigung des nicht nur räumlich, sondern auch funktional zwischen *Präfrontalem Cortex* (PFC) und Limbischem System positionierten *Anterioren Cingulären Cortex* (ACC) aus (Abbildung 12).[1503] Eine aversive Haltung gegen sich selbst, die Umwelt und Gott blockiert den ACC und verhindert dadurch seine zentrale Funktion als Generator von Empathie und der Empfindung stimmiger Verbundenheit bis hin zur mystischen Einheitserfahrung, wie auch seine ausgleichende Vermittlungsfunktion zwischen Limbischem System und *Präfrontalem Cortex* (PFC) (Abbildung 13) dadurch unterbunden wird, was in mangelnder Kontrolle limbischer Gefühlsimpulse und eingeschränkter Funktionsfähigkeit des PFC resultiert und subjektiv als Mangel an Souveränität (Hilflosigkeit, Entscheidungsschwäche etc.) erlebt wird.[1504] Andererseits nimmt der PFC maßgeblichen Einfluss auf die Aktivierung des ACC, wenn wir uns bewusst und nachhaltig mit le-

---

[1503] A. Newberg, M.R. Waldman, a.a.O., 87ff.

[1504] Bemerkenswert ist für die Seelsorge hierbei besonders, dass der ACC auch unter dem Eindruck eines angstbestimmten Gottesbildes deaktiviert wird, was wiederum mit verminderter Empathie und erhöhter Feindseligkeit sich selbst und andern gegenüber verbunden ist. Ebd., 87f.

bensfreundlichen Vorstellungen und Gedanken beschäftigen.[1505]

Somit lässt sich nun auch der auf die Beta-Variable zentrierte internale Aspekt des „bio-psycho-sozio-spirtuellen" Transformationsprozesses zusammenfassen (Tabelle 16). Dass Nouwen die Zielpunkte der Transformation „Stille" (vs. Einsamkeit), „Gastfreundschaft" (vs. Feindseligkeit) und „Gebet" (vs. Illusion) nennt, scheint als Symbolisierung der Gesamtausrichtung christlichen Lebens zu einseitig zu sein. Liebe zu Gott, dem Nächsten und sich selbst umfasst mehr als die semantischen Felder dieser Begriffe. Das braucht an dieser Stelle aber nicht weiter vertieft zu werden. Vorläufig ersetze ich sie in der tabellarischen Zusammenstellung durch *Selbstsorge*, *Gemeinschaft* und *Spirituelle Offenheit*.

Irrtum			➔	*Wahrheit*		
	Mussforderungen gegen	Herkunft 3-facher Weg	PFC	ACC	Ziel 3-facher Weg	Höchstes Gebot: Liebe
Individualität	mich selbst	Einsamkeit	Kognitive Umstrukturierung	Souveränität	Selbstsorge	dich selbst
Sozialität	den andern	Feindseligkeit		Empathie	Gemeinschaft	den Andern
Spiritualität	das Leben	Illusion		Empfänglichkeit, Friede	Spirituelle Offenheit	Gott
Abhängigkeit - Fremdbestimmung Daseinsmodus des Habens			➔	*Freiheit - Selbstbestimmung Daseinsmodus des Seins*		

Tabelle 16: Erneuerung des Denkens als Kernprozess Kognitiver Seelsorge

Die Theorie der Kognitiven Seelsorge ist damit vollständig. Dringend erforderlich sind nunmehr Antworten auf die Frage nach den praktischen Konsequenzen. Die Theorie kann und will nicht mehr leisten, als die möglichst genaue Lage des Feldes der Praxis zu bestimmen, das nun zu bestellen ist, und zu definieren, welche Kriterien an die Auswahl des Saatguts anzulegen sind. Das Feld ist weit, aber es wird von der gegenwärtigen mitteleuropäischen Poimenik noch sehr spärlich bearbeitet, und so wächst auch noch wenig darauf. Einige kurze Hinweise auf denkbare konstruktive Wege der *Praxis Kognitiver Seelsorge* in der Kirche ohne Anspruch auf Vollständigkeit mögen abschließend genügen. Drei Praxisfelder lassen sich aus der triadischen Theorie der Kognitiven Seelsorge folgern:

Praxisfeld	*Zu verwirklichen*	*Formen*
Sozialität	Das Gemeinschaftsprinzip	Gemeindeintegration
		Therapeutisches Verhältnis
		Beziehungsarbeit
Individualität	Das Individualitätsprinzip	Hilfe zur Selbsthilfe, vor allem Vermittlung der ABC-Methodik

[1505] Ebd., 88f.

Spiritualität	Das Achtsamkeitsprinzip	Christliches Achtsamkeitstraining

Tabelle 17: Praxisfelder der Kognitiven Seelsorge

Sozialität: Das Gemeinschaftsprinzip

Nouwens verkürzender Terminus „Gastfreundschaft" ist als die Wechselseitigkeit der Angewiesenheit im Gebot der Nächstenliebe zu verstehen.[1506] Es geht zunächst um das ganze Spektrum gemeindebaulicher Aktivierung des maßgeblich von *Dietrich Bonhoeffer* systematisch-theologisch erarbeiteten und von *Howard Clinebell* praktisch-theologisch aufgenommenen Paradigmas *Gemeinde als seelsorgerliche Gemeinschaft.*[1507] Nicht zuletzt unter mystagogischem Aspekt manifestiert es sich im Kontext seelsorgerischer und therapeutischer Beratung vor allem im *therapeutischen Vertrauensverhältnis.* Das impliziert für die Beratungspersonen ein Verhältnis aktiver Einbindung oder Anbindung zu kirchlichen Gemeinden oder Institutionen sowie Maßnahmen wie Supervision und geistliche Begleitung, um jene notwendige Voraussetzung zu stabiliseren und zu schützen. Methodisch verlangt das Postulat des Vertrauensverhältnisses einen vertrauensbestimmten und vertrauensfördernden Gesprächsstil auf der Basis der Prinzipien *personzentrierter Gesprächsführung*. Entsprechend wichtig ist auch in der Ausübung explizit Kognitiver Seelsorge eine ehrliche Anwendung der sokratischen Gesprächsführung, das heißt die ehrliche Ausrichtung auf das Verstehen anstelle einer Instrumentalisierung sokratischer „Technik" zur Belehrung der Klientel. Ferner geht es um die Ausschöpfung der Möglichkeiten Kognitiver Therapie und Seelsorge im *Beziehungskontext*, etwa durch die Anwendung in Beziehungskonflikten, insbesondere in Partnerschaften; unter anderem kann hier die starke Affinität kognitiv therapeutischer Prinzipien zur *Gewaltfreien Kommunikation* nach Rosenberg[1508] zum Tragen kommen.

[1506] Vgl. Mt 7,12.

[1507] H. Clinebell, Modelle, a.a.O., 9f, 33, 47, 241; Dietrich Bonhoeffer, *Sanctorum Communio: Eine dogmatische Untersuchung zur Soziologie der Kirche,* Hg. J. v. Soosten. Dietrich Bonhoeffer Werke (DBW). Hg. E. Bethge, E. Feil et.al., Bd. 1. (Christian Kaiser: München, 1986); Heinz Rüegger, *Kirche als seelsorgerliche Gemeinschaft: Dietrich Bonhoeffers Seelsorgeverständnis im Kontext seiner bruderschaftlichen Ekklesiologie*, Europäische Hochschulschriften, Reihe 23, Theologie, Bd. 469 (Peter Lang AG, Europäischer Verlag der Wissenschaften: Bern, Frankfurt a.M., New York u.a., 1992; Rainer Ebeling, *Dietrich Bonhoeffers Ringen um die Kirche: Eine Ekklesiologie im Kontext freikirchlicher Theologie* (Brunnen: Giessen, Basel, 1996); Sabine Bobert-Stützel *Dietrich Bonhoeffers Pastoraltheologie* (Christian Kaiser, Gütersloher Verlagshaus: Gütersloh, 1995); Hans-Arved Willberg, Das Gemeindeverständnis Dietrich Bonhoeffers, in: Hans-Arved Willberg, Wilhelm Faix, Reinfried Gableske, *Einer von uns? Evangelikale Beiträge zu Theologie und Leben Dietrich Bonhoeffers*, Vorwort v. T. Schirrmacher (VTR: Nürnberg, 2006), 78-12; Hans-Arved Willberg, Geklärte Standpunkte und ungelöste Spannungen im Seelsorgeverständnis Dietrich Bonhoeffers, in: Hans-Arved Willberg, Wilhelm Faix, Reinfried Gableske, *Einer von uns? Evangelikale Beiträge zu Theologie und Leben Dietrich Bonhoeffers*, Vorwort v. T. Schirrmacher (VTR: Nürnberg, 2006), 159-199.

[1508] Marshall B. Rosenberg, *Gewaltfreie Kommunikation: Eine Sprache des Lebens. Gestalten Sie Ihr Leben, Ihre Beziehungen und Ihre Welt in Übereinstimmung mit Ihren Werten*, 6. überarb. u. erw. Aufl., mit Vorworten v. A. Gandhi u. V.F. Birkenbihl, aus d. Amerik. v. I. Holler (Junfermann: Paderborn, 2005).

Individualität: Das Vernunftprinzip

Hier hat die explizite Anwendung der ABC-Methodik ihren Ort, unter Einbeziehung *imaginativer Methodik*[1509], die je nach Klientel auch spirituelle Visualisierungen verwenden kann. Im gemeindeintegrativen Kontext ist auf eine positiv psychologische Zielsetzung zu achten, die nicht auf Behandlung, sondern auf Ertüchtigung ausgerichtet ist. Das ist bei konkreter Bestimmung von Verhaltenszielen und der nüchtern planbaren Schritte dorthin vor allem im Einzelsetting mit dem Kern- und Zielpunkt des Selbstmanagements (als Hilfe zur Selbsthilfe) zu entfalten, wiederum angepasst auf den jeweiligen Bedarf der Klientel, sei er explizit religiös beziehungsweise spirituell formuliert oder nicht.

Spiritualität: Das Achtsamkeitsprinzip

Vor allem im Gruppensetting und auf meditativen Übungswegen des Einzelnen geht es hierbei um langfristig wirksame Maßnahmen der kognitiven Umstrukturierung in wachsender innerer Freiheit weg vom Seinsmodus des Habens hin zum Seinsmodus des Seins durch die beständige selbstbestimmte Einübung von *Dankbarkeit*[1510] und *Hoffnung.*[1511] Hierfür bietet sich die Aufnahme ursprünglich buddhistischer Meditationshilfen an, vor allem aber auch das mannigfaltige spirituelle diesbezügliche Traditionsgut des Christentums.[1512] Es geht an diesem Zusammenhang nicht zuletzt darum, ein mit den beiden anderen Komponenten interagierendes *christliches* Äquivalent zu den überwiegend buddhistisch inspirierten Gruppenprogrammen im Kontext der Kognitiven Verhaltenstherapie zu (er)finden, ein *Christliches Achtsamkeitstraining* also, womöglich in ähnlicher Konzeption wie die *Mindfulness Based Cognitive Therapy* (MBCT) und wie diese so gestaltet, dass sowohl Christen als Nicht-Christen unbedrängt und mit spirituellem Gewinn daran teilnehmen können.

Zur Etablierung dieser Desiderate ist an Folgendes zu denken:

- *Ausbildungsformen* in Kognitiver Seelsorge für professionell Mitarbeitende in der Kirche sind zu schaffen und zu fördern.
- In Kognitiver Seelsorge Ausgebildete können als offiziell designierte *Beratungspersonen* integriert oder assoziiert Kirchengemeinden und kirchlichen Instutition verbunden sein und zur Verfügung stehen, zum Beispiel mit der zusätzlichen Qualifikation als *HeilprakterIn für Psychotherapie*.
- Ausgebildete Ehrenamtliche und Professionelle können je nach Bedarf akzentuierte *Achtsamkeitstrainings* in Gruppen mit kognitiv-verhaltenstheera-

---

[1509] Vgl. neben Maultsby a.a.O. und der weiteren bereits erwähnten Literatur hierzu aus kognitiv-verhaltenstherapeutischer Sicht Bernie Zilbergeld, Arnold A. Lazarus, *Mind Power: Getting What You Want Through Mental Training* (Little, Brown and Company: Boston, Toronto, 1987) und Arnold Lazarus, *Innenbilder: Imagination in der Therapie und als Selbsthilfe,* aus d. Amerik. v. J. András, Reihe Leben lernen, Bd. 47, 3., verbess. Aufl. (Pfeiffer bei Klett-Cotta: Stuttgart, 2000).

[1510] Robert A. Emmons, Michael E. McCullough (Hg.), *The Psychology of Gratitude*, Series in Affective Science, Hg. R.J. Davidson, P. Ekman, K. Scherer (Oxford University Press: New York, 2004).

[1511] C.R. Snyder, The Psychology of Hope.

[1512] C. Dahlgrün, Christliche Spiritualität.

peutischem Grundmuster durchführen, in denen die Thematisierung der Erneuerung des Denkens einen zentralen Gesichtspunkt bildet. Dergleichen kann sinnvollerweise in Kooperation mit in Kognitiver Seelsorge Ausgebildeten durchgeführt werden oder von ihnen selbst.

- Approbierte kognitiv-verhaltenstherapeutische PsychotherapeutInnen und ÄrztInnen, die in ihrer Praxis Formen der christlichen Spiritualität anbieten, können von Kirchengemeinden und kirchlichen Instutionen als fachliche Bezugspersonen für kognitive Gemeindeseelsorge in Anspruch genommen und integriert werden.
- In der Verkündigung kann die Erneuerung des Denkens vermehrt thematisiert werden; die Bibel bietet reichlich Stoff dazu.
- In Vorträgen, Seminaren und Gemeindekreisen et ceterea kann im Sinne der Hilfe zur Selbsthilfe und der Praxis pietatis kognitiv seelsorgerische *Psychoedukation* stattfinden.

Sind wir nun am Ende des Weges doch bei der Behauptung angelangt, angesichts des epistemologischen, analogischen, psychologischen und theologischen Befunds müsse die Kognitive Seelsorge als der pastoralpsychologische Königsweg schlechthin angesehen werden? Ein neues absolutistisches Dogma der Poimenik, das keck mit dem Anspruch daher kommt, es besser zu wissen und die alten abzulösen? Das sei ferne. Wohl aber erhebt die Theorie der Kognitiven Seelsorge den Anspruch, überkommene Einseitigkeiten in Theorie und Praxis der Seelsorge zu korrigieren.

Quellenverzeichnis

Achterberg, Jeanne. *Die heilende Kraft der Imagination: Heilkraft durch Gedankenkraft. Grundlagen und Methoden einer neuen Medizin.* Einzige berecht. Übers. aus d. Amerik. v. M.B. Kroh. Scherz: Bern, München, Wien, 1989.

Adams, Jay E. *Befreiende Seelsorge.* Aus d. Amerik. v. H.Burckhardt u. R. Heinzer. 4. Aufl. Brunnen: Gießen, 1977.

Alford, Brad A., Beck, Aaron T. *The Integrative Power of Cognitive Therapy.* Guilford: New York, London, 1997.

Ali, Rameez. Application of REBT with Muslim clients. In: The Rational Emotive Behaviour Therapist (2007) 12/1. 3-8.

Amrhein, Christine. Woran wir uns erinnern. In: Psychologie heute (2008) 9. 47-51.

Anderson, John R. *Kognitive Psychologie.* Deutsche Ausg. hg. v. J. Funke. Aus d. Engl. übers. v. K. Neuser-von Oettingen und G. Plata. 7., erw. u. überarb., neu gestalt. Aufl. Springer: Berlin, Heidelberg, 2013.

Anderson, Naomi, Heywood-Everett, Suzanne, Siddiqi, Najma, Wright, Judy et al. Faith-adapted psychological therapies for depression and anxiety: Systematic review and meta-analysis. In: Journal of Affective Disorders (2015) 176. 183-196.

Anderson, Neil T. *The Bondage Breaker: Overcoming Darkness and Resolving Spiritual Conflicts.* 2. Aufl. Harvest House Publishers: Eugene, 1993.

Anderssen-Reuster, Ulrike. Achtsamkeit im psychotherapeutischen Kontext. In: Freund, Henning, Utsch, Michael (Hg.). *Achtsamkeit aus psychologischer Sicht.* EZW-Texte (2015) 235.19-39.

[Anonymer Autor]. Stoicism, IEP. http://www.iep.utm.edu/stoicism/. Download 21. April 2016.

Ard, B.N. Nothing's uglier than sin, in: Rational Living (1967) 2/1. 4-6.

Arendt, Hannah. *Eichmann in Jerusalem: Ein Bericht von der Banalität des Bösen.* Rowohlt: Reinbek, 1978 [1964].

Arendt, Hannah. „Radikal ist immer nur das Gute". In: Die Philosophen und der Nationalsozialismus. Philosophie Magazin Sonderausgabe, o.J. 80.

Arendt, Hannah. *Vita activa oder: Vom tätigen Leben.* 11. Aufl. Piper: München, Zürich, 1999.

Aristoteles. *Metaphysik: Schriften zur Ersten Philosophie.* Übers. u. hg. v. F.F. Schwarz. Philipp Reclam jun.: Stuttgart, 1981.

Aristoteles. *Nikomachische Ethik.* Übersetzung u. Nachwort v. F. Dirlmeier. Anmerkungen v. E.A. Schmidt. Philipp Reclam jun.: Stuttgart, 1969.

Aristoteles. *Über die Seele.* Griechisch/Deutsch. Übers. u. hg. v. G. Krapinger. Philipp Reclam jun.: Stuttgart, 2011.

Armento, Maria Elizabeth Anne. Behavioral Activation of Religious Behaviors: Treating Depressed College Students with a Randomized Controlled Trial. University of Tenessee, Knoxville. Trace: Tennesse Research and Creative Exchange. Doctoral Dissertations, 2011/8. http://trace.tennessee.edu/cgi/viewcontent.cgi?article=2209&context=utk_graddiss. Download 11. Februar 2016.

Armento, Maria E., McNulty, James K., Hopko, Derek R. Behavioral Activation of Religious Behaviors (BARB): Randomized Trial with Depressed College Students. In: Psychology of Religion and Spirituality (2012) 4/3. 206-222.

Azhar, M., Varma, S.L. Religious Psychotherapy in Depressive Patients. In: Psychotherapy and Psychosomatics (1995) 63. 165-168.

Azhar, M.Z., Varma, S.L. Religious psychotherapy as management of bereavement. In: Acta Psychiatrica Scandinavia (1995) 91. 233-235.

Azhar, M., Varma, S.L., Dharap, A.S. Religious Psychotherapy in Anxiety Disorders. In: Acta Psychiatrica Scandinavia (1994) 90. 1-3.

Backus, William, Chapian, Marie. *Befreiende Wahrheit: Lösen Sie sich von Lebenslügen und finden Sie zu innerer Freiheit.* Projektion J: Asslar, 1983.

Ballauf, Theodor, Klein, Ignaz. Nachwort. In: Fichte, Johann Gottlieb. *Die Bestimmung des Menschen.* Hg. u. mit einem Nachwort versehen v. T.Ballauf u. I.Klein. Philipp Reclam jun.: Stuttgart, 1981 [1800].

Baltzly, Dirk, Stoicism. In: SEP (Spring 2014 Edition). http://plato.stanford.edu/entries/stoicism/. Download 19. April 2016.

Bandura, Albert. *Self-Efficacy: The Exercise of Control.* W.H. Freeman and Company: New York, 1997.

Barney, Rachel. Notes on Plato on the *Kalon* and the Good. In: Classical Philology 105 (2010). 363-377.

Bauer, Joachim. *Das Gedächtnis des Körpers: Wie Beziehungen und Lebensstile unsere Gene steuern.* Erw. u. aktual. Neuausg. Eichborn: Frankfurt a.M., 2010 [2002].

Bauer, Joachim. Gene sind keine Autisten. In: Psychologie heute (2004) 3. 50-53.

Bauer, Joachim. *Selbststeuerung: Die Wiederentdeckung des freien Willens,* 3. Aufl. Blessing: München, 2015.

Beaman, A. Rational-Emotive Therapy and Christian Contrition. In: Rational Living (1978) 13. 17-18.

Beck, Aaron T. *Cognitive Therapy and the Emotional Disorders.* Meridian: New York, 1979.

Beck, Aaron T. et al. *Kognitive Therapie der Depression.* Aus d. Amerik. v.G. Bronder und B. Stein. Hg. M. Hautzinger. Beltz: Weinheim, Basel, 1999.

Beck, Johann Tobias. *Umriss der biblischen Seelenlehre: Ein Versuch.* 3. u. vermehrte u. verbesserte Aufl. J.F. Steinkopf: Stuttgart, 1871.

Beckermann, Ansgar. *Das Leib-Seele-Problem: Grundlegende Ansätz.* Fakultät für Kultur- und Sozialwissenschaften. FernUniversität Hagen, 2011.

Beckmann, Jan P. *Ausgewählte Probleme der Erkenntnistheorie.* Kurseinheit 2. Fakultät für Kultur- und Sozialwissenschaften. FernUniversität Hagen, 2012.

Beckmann, Jan P. *Einführung in die Metaphysik.* Fakultät für Kultur- und Sozialwissenschaften. FernUniversität Hagen, 2012.

Beckmann, Jan P. Johannes Duns Scotus und Wilhelm von Ockham: Willensfreiheit als rationales Handlungsprinzip. In: An der Heiden, Uwe, Schneider, Helmut (Hg.). *Hat der Mensch einen freien Willen? Die Antworten der großen Philosophen* (Philipp Reclam jun.: Stuttgart, 2007). 114ff.

Benson, Herbert. *Heilung durch Glauben.* In Zusammenarb. mit M. Stark. Aus d. Amerik. v. T. Gördern. 2. Aufl. Wilhelm Heyne: München, 1997.

Bergin, Allen E. Religiosity and mental health: A critical reevaluation and meta-analysis. In: Professional Psychology (1983)14. 170-184.

Bergin, Allen E. Three Contributions of a Spiritual Perspective to Psychotherapy and Behavior Change. In: Miller, William R., Martin, John E. (Hg.). *Behavior Therapy and Religion: Integrating Spiritual and Behavioral Approaches to Change.* Sage Publications: Newbury Park, Beverly Hills, London, New Delhi, 1988. 25-36.

Bergin, Allen.E., Stinchfield, R.D., Gaskin, T.A. et al. Religious life-styles and mental health: An exploratory study. In: Journal of Counseling Psychology (1988) 35. 91-98.

Bergson, Henri. *Schöpferische Entwicklung*. Berechtigte Übers. v. G. Kantorowicz. Eugen Diederichs: Jena, 1912.

Berndt, Torsten. *Seelsorge und Verhaltenstherapie: Über Grenzen und Möglichkeiten*. Forum Theologie und Psychologie. Hg. M. Kassel, C.B. Möller, Bd. 11. LIT: Berlin, 2007.

Berne, Eric. *Spiele der Erwachsenen: Psychologie der menschlichen Beziehungen*. Deutsch v. W. Wagemuth. Rowohlt: Reinbek, 1997 [1970].

Berryman, Sylvia. Democritus. In: SEP (Autumn 2013 Edition). http://plato.stanford.edu/archives/fall2010/entries/democritus/. Download 5. Februar 2015.

Besier, Gerhard. *Seelsorge und Klinische Psychologie: Defizite in Theorie und Praxis der „Pastoralpsychologie"*. Vandenhoeck & Ruprecht: Göttingen, 1980.

Bieri, Peter. *Das Handwerk der Freiheit: Über die Entdeckung des eigenen Willens*. Carl Hanser: München, Wien, 2001.

Bingaman, Kirk A. *Treating the New Anxiety: A Cognitive-Theological Approach*. Jason Aronson: Lanham, Boulder, New York et al., 2007.

Birnbacher, Dieter, Krohn, Dieter (Hg.). *Das sokratische Gespräch*. Philipp Reclam jun.: Stuttgart, 2002.

Birnbacher, Dieter. Philosophie als sokratische Praxis: Sokrates, Nelson, Wittgenstein. In: Birnbacher, Dieter, Krohn, Dieter (Hg.). *Das sokratische Gespräch*. Philipp Reclam jun.: Stuttgart, 2002. 140-165.

Blaser, Jean-Pierre. Die Zeit in der Physik. In: Carl Friedrich von Siemens Stiftung (Hg.). *Die Zeit: Dauer und Augenblick*. Mit Beiträgen von J. Aschoff, J. Assmann, J.P. Blaser, H. Cancik et al. 2. Aufl. Piper: München, 1990. 1-15.

Blume, Thomas. Fichte, Johann Gottlieb. In: UTB. http://www.philosophie-woerterbuch.de/online-woerterbuch/?tx_gbwbphilosophie_main%5Bentry%5D=15&tx_gbwbphilosophie_main%5Baction%5D=show&tx_gbwbphilosophie_main%5Bcontroller%5D=Lexicon&no_cache=1, Download 1. Februar 2015.

Bobert, Sabine. *Jesus-Gebet und neue Mystik: Grundlagen einer christlichen Mystagogik*. 2., verbess. Aufl. Vier Türme: Münsterschwarzach, 2012.

Bobert, Sabine. Seelsorge in der Postmoderne: Mentales Coaching, Heilung und Mystagogie. In: Wege zum Menschen (2011) 63. 258-272.

Bobert-Stützel, Sabine. *Dietrich Bonhoeffers Pastoraltheologie*. Christian Kaiser, Gütersloher Verlagshaus: Gütersloh, 1995.

Bohatec, Josef. *Die Religionsphilosophie Kants in der „Religion innerhalb der Grenzen der bloßen Vernunft": Mit besonderer Berücksichtigung ihrer theologisch-dogmatischen Quellen*. Hoffmann und Campe: Hamburg, 1938.

Bonelli, Raphael M. Religiosität in der Psychiatrie - zum aktuellen Wissensstand. In: Utsch, Michael, Bonelli, Raphael M., Pfeifer, Samuel. *Psychotherapie und Spiritualität: Mit existenziellen Konflikten und Transzendenzfragen professionell umgehen*. Mit 13 Abbild. u. 14 Tabellen. Springer: Berlin, Heidelberg, 2014. 85-94.

Bonhöffer, Adolf. *Epiktet und das Neue Testament*, Religionsgeschichtliche Versuche und Vorarbeiten. Begründet v. A. Dieterich u. R. Wünsch. Hg. R. Wünsche u. L. Deubner, Bd. 10. Reprint. Alfred Töpelmann: Berlin, 1964 [1911].

Bonhoeffer, Dietrich. *Sanctorum Communio: Eine dogmatische Untersuchung zur Soziologie der Kirche*. Hg. J. v. Soosten. Dietrich Bonhoeffer Werke (DBW).

Hg. E. Bethge, E. Feil et.al., Bd. 1. Christian Kaiser: München, 1986.

Bowland, Sharon, Edmond, Tonya, Fallot, Roger D. Evaluation of a Spiritual Focuse Intervention with Older Trauma Survivors. In: Social Work (2012) 57/1. 73-82.

Bowlby, John. *Verlust, Trauer und Depression.* Fischer Taschenbuch: Frankfurt a.M., 1983.

Brunner, Emil. *Der Mensch im Widerspruch: Die christliche Lehre vom wahren und vom wirklichen Menschen.* 3. Aufl. Zwingli: Zürich, 1941.

Bruun, Christine V. A combined treatment approach: Cognitive therapy and spiritual dimensions. In: Journal of Psychology and Christianity (1985) 42. 9-11.

Bucher, Anton. *Psychologie der Spiritualität: Handbuch.* 2. vollst. überarb. Aufl. Mit E-Book inside. Beltz: Weinheim, Basel, 2014.

Burns, David. *Feeling Good: The New Mood Therapy*. Revised and updated. Preface by Aaron T. Beck. Avon Books: New York, 1999.

Carver, Charles S., Scheier, Michael F., Miller, Christopher J., Fulford, Daniel. Optimism. In: Snyder, C.R., Lopez, Shane J. (Hg.). *Oxford Handbook of Positive Psychology.* Oxford Library of Psychology, Hg. P.E. Nathan. 2. Aufl. Oxford University Press: New York, 2009.

Casper, Bernhard. *Das Dialogische Denken: Franz Rosenzweig, Ferdinand Ebner und Martin Buber*. Karl Alber: Freiburg, München, 2002.

Cerling, Charles, Jr.. *Freedom From Bad Habits*. Here's Life Publishers: San Bernadino, 1984.

Chomsky, Naom. *Sprache und Geist,* mit einem Anhang: Linguistik und Politik. Deutsch v. S. Kanngießer, U. Schwartz, A. Kamp. Suhrkamp: Frankfurt a.M., 1970.

Ciarrochi, Joseph V., Bailey. Ann, *Akzeptanz- und Commitmentherapie in der KVT.* Beltz: Weinheim, Basel, 2010.

Cicero, Marcus Tullius. *De officiis: vom pflichtgemäßen Handeln.* Lat. u. deutsch. Übersetzt, kommentiert u. hg. v. H. Gunermann. Durchgesehene u. verbess. Aufl. Philipp Reclam jun.: Stuttgart, 1984 [1976].

Class, Wolfgang, Soller, Alois K. *Kommentar zu Fichtes Grundlage der gesamten Wissenschaftslehre*. Fichte-Studien-Supplementa. Im Auftrag der Internationalen Johann-Gottlieb-Fichte-Gesellschaft hg. v. H. Girndt, W. Janke, W.H. Schrader u. H. Traub, Bd. 19. Rodopi: Amsterdam, New York, 2004.

Clement, Paul W. Integrating Behavioral Theory and Training with Personal Faith. In: Miller, William R., Martin, John E. (Hg.). *Behavior Therapy and Religion: Integrating Spiritual and Behavioral Approaches to Change.* Sage Publications: Newbury Park, Beverly Hills, London, New Delhi, 1988. 37-42.

Clinebell, Howard. *Anchoring your Well Being: Christian Wholeness in a Fractured World. A Spiritually Centered Wellness Workbook for Individuals, Families, and Congregations.* Upper Room Books: Nashville, 1997

Clinebell, Howard. *Modelle beratender Seelsorge.* Mit einem Nachwort von H. Harsch. Aus d. Amerik. v. C. Hilbig u. W. Pisarski. 5., erw. Aufl. Christian Kaiser: München, 1985.

Cloud, Henry, Townsend, John. *Fromme Lügen, die wir glauben.* Aus d. Amerik. übers. v. E. Weyandt. Klaus Gerth. Asslar, 1998.

Collins Gary R. *Die biblischen Grundlagen für beratende Seelsorge.* Francke: Marburg a.d.L., 1995.

Collins, Gary R. *Handbuch der biblischen Seelsorge.* Francke: Marburg a.d.L., 1996.

Constantino, Michael J., Glass, Carol R., Arnkoff, Diane B., Ametrano, Rebecca M. et al. Expectations. In: Norcross, John C. (Hg.). *Psychotherapy Relationships That Work: Evidence-Based Responsiveness*. 2. Aufl. Oxford University Press: New York, 2011. 354-376.

Crabb, Lawrence J. *Die Last des andern: Biblische Seelsorge als Aufgabe der Gemeinde.* 3. Aufl. Übersetzung B. Trebing. Brunnen: Basel, 1992.

Craigie, Frederic C. Evaluation and Six-Year Follow-Up of a Community-Based Christian Cognitive-Behavioral Stress Management Program. In: Journal of Psychology and Christianity (1992) 11/3. 269-276.

Craigie, Frederic C., Tan, Siang-Yang. Changing resistant assumptions in Christian cognitive-behavioral therapy. In: Journal of Psychology and Theology (1989) 17, 93-100.

Cramer, Friedrich. *Chaos und Ordnung: Die komplexe Struktur des Lebendigen.* 3. Aufl. Deutsche-Verlags-Anstalt: Stuttgart, 1989.

Crane, Rebecca. *Achtsamkeitsbasierte Kognitive Therapie: Die theoretischen und praktischen Grundzüge der Mindfulness-Based Cognitive Therapy (MBCT).* Übers. v. P. Brandenburg. Arbor: Freiburg i.B., 2011 [2008].

Christmann, Fred. *Mentales Training: Anwendungen in Psychotherapie, Beratung, Supervision und Selbsthilfe*. Verlag für Angewandte Psychologie: Göttingen, 1994.

Daewel, Hartwig. Seelsorgekonzeptionen seit der dialektischen Theologie. In: Becker, Ingeborg, Bieritz, Karl-Heinrich, Blühm, Reimund (Hg.). *Handbuch der Seelsorge.* 4. Aufl. Evanglische Verlagsanstalt: Berlin, 1990. 55-91.

Dahlgrün, Corinna. *Christliche Spiritualität: Formen und Traditionen der Suche nach Gott.* Mit einem Nachwort v. L. Mödl. Walter de Gruyter: Berlin, New York, 2009.

Dahlgrün, Corinna. Christliche Seelsorge zwischen Esoterik und Psychologie. Noch nicht veröffentlichtes Skript. Januar 2016.

Damasio, Antonio R. *Descartes' Irrtum: Fühlen, Denken und das menschliche Gehirn.* Aus d. Engl. v. H. Kober. 6. Aufl. List: Berlin, 2010.

Delitzsch, Franz. *System der biblischen Psychologie.* 2. umgearb. und erw. Aufl. Dörfling und Franke: Leipzig, 1861.

Depner, Jan Martin. *Der Mensch zwischen Haben und Sein: Untersuchungen über ein anthropologisches Grundproblem für die Seelsorge*. Europäische Hochschulschriften. Reihe XXIII: Theologie, Bd. 641. Peter Lang: Franfurt a.M., Berlin, Bern et a., 1998.

Dieterich, Michael. *Einführung in die Allgemeine Psychotherapie und Seelsorge.* R. Brockhaus: Wuppertal, 2001.

Dieterich, Michael. *Handbuch Psychologie und Seelsorge.* R. Brockhaus: Wuppertal, Zürich, 1989.

Dieterich, Michael. *Wie sich Menschen ändern - und was wir dazu beitragen können.* SCM R.Brockhaus: Witten, 2009.

DiGiuseppe, R., Robin, M., Dryden, W. On the compatibility of RET and Judeo-Christian philosophy: A focus on clinical strategies. In: Journal of Cognitive Psychotherapy: An International Quarterly (1990) 4. 355-367.

Diogenes Laertios. Der Natur gemäß leben. In: Weinkauf, Wolfgang (Hg. u. Übers.). *Die Philosophie der Stoa: Ausgewählte Texte*. Philipp Reclam jun.: Stuttgart, 2001. 113.

Döring, August. Eudoxos von Knidos, Speusippos, und der Dialog Philebos. In: Vierteljahrsschrift für wissenschaftliche Philosophie und Soziologie (1903).

113-129.

Drewermann, Eugen. *Tiefenpsychologie und Exegese,* Bd.1: *Die Wahrheit der Formen: Traum, Mythos, Märchen, Sage und Legende*. Walter: Olten, Freiburg i.B., 1991.

Drewermann, Eugen, Jeziorowski, Jürgen.*Gespräche über die Angst*. Gütersloher Verlagshaus Gerd Mohn: Gütersloh, 1991.

Dreyer, Mechthild, Ingham, Mary Beth. *Johannes Duns Scotus zur Einführung*. Junius: Hamburg, 2003.

Dryden, Windy. *Zehn Schritte nach vorn: Wie Sie Ihrem Leben eine positive Wende geben.* Aus d. Engl. v. K. Wördemann-Wingert. Beltz: Weinheim, Basel, Berlin, 2003.

Dryden, Windy, Branch, Rhena. *The Fundamentals of Rational Emotive Behaviour Therapy: A Training Handbook.* 2. Aufl. John Wiley & Sons: Chichester, 2008.

D'Souza, Russell F., Rodrigo, Angelo. Spiritually Augmented Cognitive Behavioural Therapy. In: Australasian Psychiatry (2004) 12. 148-152.

Düsing, Edith. *Fichtes Praktische Philosophie.* Fakultät für Kultur- und Sozialwissenschaften. FernUniversität Hagen, 2014.

Ebeling, Rainer. *Dietrich Bonhoeffers Ringen um die Kirche: Eine Ekklesiologie im Kontext freikirchlicher Theologie*. Brunnen: Giessen, Basel, 1996.

Ebert, Theodor. *Meinung und Wissen in der Philosophie Platons: Untersuchungen zum 'Charmides', 'Menon' und 'Staat'*. Walter de Gruyter: Berlin, New York, 1974.

Ebrahimi, Amrollah, Neshatdoost, Hamid Taher, Mousavi, Seyed Ghafur, Asadollahi, Ghorban Ali et al. Controlled randomized clinical trial of spirituality integrated psychotherapy, cognitive-behavioral therapy and medication intervention on depressive symptoms and dysfunctional attitudes in patients with dysthymic disorder. In: Advanced Biomedical Research (2013) 2/2. 1-7.

Edwards, K. Effective counseling and psychotherapy: An integrative review of the research. In : Journal of Psychology and Theology (1976) 5. 94-107.

Eibach, Ulrich. *Seelische Krankheit und christlicher Glaube: Theologische, humanwissenschaftliche und seelsorgerliche Aspekte*. Theologie in Seelsorge, Beratung und Diakonie, Bd. 3. Neukirchener: Neukirchen-Vluyn, 1992.

Eitzen, Lando. Rational-Emotive Theology? In: Rational Living (1969) 4. 8-12.

Elliott, Robert, Bohart, Arthur C., Watson, Jeanne C., Greenberg, Leslie S. Empathy. In: Norcross, John C. (Hg.). *Psychotherapy Relationships That Work: Evidence-Based Responsiveness*. 2. Aufl. Oxford University Press: New York, 2011. 132-152.

Ellis, Albert. Can Rational Emotive Behavior Therapy (REBT) be effectively used with people who have devout beliefs in God and religion? In: Professional Psychology: Research and Practice (2000) 31. 29-33.

Ellis, Albert. Comments on Sandra Warnock's „Rational-emotive therapy and the Christian client". In: Journal of Rational-Emotive and Cognitive-Behavior Therapy (1989) 7. 275-277.

Ellis, Albert. *Die rational-emotive Therapie: Das innere Selbstgespräch bei seelischen Problemen und seine Veränderung*. 5., stark erw. Neuausgabe. J. Pfeiffer: München, 1993 [1962].

Ellis, Albert. Do I really hold that religiousness is irrational and equivalent to emotional disturbance? In: American Psychologist (1992) 45 (3). 428-429.

Ellis, Albert. Do some religious beliefs help create emotional disturbance? In:

Psychotherapy in Private Practice (1986) 4/4. 101-106.
Ellis, Albert. *Humanistic Psychotherapy*. Edited by E. Sagarin. McGraw-Hill: New York, St. Louis, San Francisco, Düsseldorf et al., 1974.
Ellis, Albert. Klinisch-theoretische Grundlagen der rational-emotiven Therapie. In: Ellis, Albert, Grieger, Russel (Hg.). *Praxis der rational-emotiven Therapie* Unveränderter Nachdruck. 2. Aufl. Beltz: Weinheim, 1995 [1979].
Ellis, Albert. *Is Objectivism a religion?* Lyle Stuart: New York, 1968.
Ellis, Albert. Is rational-emotive therapy stoical, humanistic, or spiritual? In: Journal of Humanistic Psychology (1979) 19. 89-92.
Ellis, Albert. Is religiosity pathological? In: Free Inquiry (1988) 8. 27-32.
Ellis, Albert. My current views on rational-emotive therapy and religiousness. In: Journal of Rational-Emotive and Cognitive-Behavior Therapy (1992) 10. 37-40.
Ellis, Albert. My response to 'Don't throw the therapeutic baby out with the holy water': Helpful and hurtful elements of religion. In: Journal of Psychology and Christianity (1994) 13. 323-326.
Ellis, Albert. Post-September 11th Perspectives on Religion, Spirituality, and Philosophy in the Personal and Professional Lives of Selected REBT Cognoscenti: A Response to My Colleagues. In: Journal of rational emotive and cognitive behavior therapy (2006) 24/4. 289-297.
Ellis, Albert. Psychotherapy and atheistic values: A response to A.E. Bergin's 'Psychotherapy and religious values'. In: Journal of Consulting and Clinical Psychology (1980) 48. 635-639.
Ellis, Albert. Rational-emotive therapy (RET) and pastoral counseling: A reply to Wessler. In: The Personell and Guidance Journal (1984) 62. 266-267.
Ellis, Albert. Rational-Emotive *Theology*?! In: Rational Living (1969) 4. 9-14.
Ellis, Albert. „Religion ist Kinderkram". Interview in: Psychologie heute (1997) 6. 25.
Ellis, Albert. Religiosity and emotional disturbance: A reply to Sharkey and Malony. In: Psychotherapy (1987) 24. 826-827.
Ellis, Albert. Science, Religiosity, and Rational-Emotive Psychology. In: Psychotherapy: Theory, Research and Practice (1981) 18. 155-158.
Ellis, Albert. Spiritual Goals and Spirited Values in Psychotherapy. In: Journal of Individual Psychology (2000) 56. 277-284.
Ellis, Albert. The Case Against Religiosity. In: Ellis, Albert. *The Case Against Religion: A Psychotherapist's View and the Case Against Religiosity.* Introduction by John G. Murray. American Atheist Press: Austin, 1984. 21-57.
Ellis, Albert There is no place for the concept of sin in psychotherapy. In: Journal of Counseling Psychology, (1960) 7. 188-192.
Ellis, Albert. *The Road to Tolerance: The Philosophy of Rational Emotive Behavior Therapy*. Prometheus: Amherst, 2004.
Ellis, Albert. *Training der Gefühle: Wie Sie sich hartnäckig weigern, unglücklich zu sein* Aus d. Amerik. v. G.H. Price. mvg: Landsberg a.L., 1996.
Ellis, Albert, Ellis, Debbie Joffe. *All Out! An Autobiography*. Prometheus: Amherst, 2010.
Ellis, Albert, Harper, Robert A. *A New Guide to Rational Living*. Prentice-Hall: Englewood Cliffs, 1975.
Ellis, Albert, Hoellen, Burkhard. *Die Rational-Emotive Verhaltenstherapie - Reflexionen und Neubestimmungen*. J. Pfeiffer: München, 1997.
Ellis, Albert, Schwartz, Dieter, Jacobi, Petra. *Coach dich! Rationales Effektivitäts-*

Training zur Überwindung emotionaler Blockaden. Unter Mitarbeit v. U. Sann. Hemmer/Wüst: Würzburg, 2004.

Ellis, Albert, Yeager, Raymond J.. *Why Some Therapies Don't Work: The Dangers of Transpersonal Psychology*. Prometheus: Buffalo, 1989.

Emmons, Robert A., McCullough, Michael E. (Hg.). *The Psychology of Gratitude*. Series in Affective Science. Hg. R.J. Davidson, P. Ekman, K. Scherer. Oxford University Press: New York, 2004.

Entwistle, David N. Shedding light on Theophostic Ministry 1: practice issues. In: Journal of Psychology and Theology (2004). 26-32.

Epiktet. *Handbüchlein der Moral.* Griechisch/Deutsch. Übersetzt u. hg. v. K. Steinmann. Philipp Reclam jun.: Stuttgart, 2004.

Epstein, Seymour. Cognitive-Experiental Self-Theory: An Integrative Theory of Personality. In: Curtis, Rebecca C. (Hg.). *The Relational Self: Theoretical Convergences in Psychoanalysis and Social Psychology*. The Guilford Press: New York, London, 1991. 111-137.

Epstein, Seymour, Brodsky, Archie. *Sie sind viel klüger als Sie denken: Was man mit Intuition und Verstand erreichen kann.* Aus dem Amerik. von W. Goidinger. Droemersche Verlagsanstalt Th. Knaur Nachf.: München, 1994.

Erasmus von Rotterdam. Enchiridion Militis Christiani: Handbüchlichen eines christlichen Streiters. In: Erasmus von Rotterdam, *Epistola ad Paulum Volzium: Brief an Paul Volz. Enchiridion Militis Christiani. Handbüchlichen eines christlichen Streiters*. Übersetzt, eingeleitet u. mit Anm. versehen v. W. Welzig. Erasmus von Rotterdam. Ausgewählte Schriften, Bd. 1. Hg. W. Welzig. Wissenschaftliche Buchgesellschaft: Darmstadt, 1968. 56-375.

Erasmus von Rotterdam. *Vom freien Willen.* Verdeutscht v. O. Schumacher. 6. Aufl. Vandenhoeck & Ruprecht: Göttingen, 1988.

Eschmann, Holger. *Theologie der Seelsorge: Grundlagen, Konkretionen, Perspektiven.* 2. Aufl. Neukirchener: Neukirchen-Vluyn, 2002.

Eysenck, Hans-Jürgen. Typologie. In: LdP, Bd. 3. 2369-2380.

Faber, Heije, Van der Schoot, Ebel. *Praktikum des seelsorgerlichen Gesprächs*. Vandenhoeck & Ruprecht: Göttingen, 1987.

Fay, Allen. Klinische Anmerkungen zur paradoxen Therapie. In: Lazarus, Arnold A. (Hg.). *Multimodale Verhaltenstherapie.* Aus d. Amerik. v. W. Stifter u. H.A. Stiksrud. Fachbuchhandlung für Psychologie: Frankfurt a.M., 1978. 277-289.

Fehr, Theo. Big Five: Die fünf grundlegenden Dimensionen der Persönlichkeit und ihre 30 Facetten. In: Simon, Walter. *Persönlichkeitsmodelle und Persönlichkeitstests: 15 Persönlichkeitsmodelle für Personalauswahl, Persönlichkeitsentwicklung, Training und Coaching*. Gabal: Offenbach, 2006. 113-135.

Feiereis, Hubert, Thilo, Hans-Joachim. *Basiswissen Psychotherapie: Kleines Repetitorium der wichtigsten Grundbegriffe tiefenpsychologisch orientierter Psychotherapie.* Vandenhoeck & Ruprecht: Göttingen, 1980.

Ferber, Rafael. *Platos Idee des Guten.* Hans Richarz: Sankt Augustin, 1984.

Festinger, Leon. *Theorie der kognitiven Dissonanz*. Hg. v. M. Irle u. V. Möntmann. Aus d. Engl. v. V. Möntmann. 2. Aufl. Hans Huber: Bern, 2012 [1978].

Fichte, Johann Gottlieb. *Die Bestimmung des Menschen.* Hg. u. mit einem Nachwort versehen v. T.Ballauf u. I.Klein. Philipp Reclam jun.: Stuttgart, 1981 [1800].

Fichte, Johann Gottlieb. *Grundlage der gesamten Wissenschaftslehre als Handschrift für seine Zuhörer*. Einleitung u. Register v. W.G. Jacobs. Philosophische Bibliothek, Bd. 246. Felix Meiner: Hamburg, 1970 [1974].

Fiedler, Peter. *Integrative Psychotherapie bei Persönlichkeitsstörungen.* 2., unveränd. Aufl. Hogrefe, Verlag für Psychologie: Göttingen, Bern, Toronto u.a., 2003.

Fiedler, Peter. *Persönlichkeitsstörungen.* Mit einem Geleitwort v. C. Mundt, 4. Aufl. Psychologische Verlags Union: Weinheim, 1998.

Finley, Robert D. The spiritual poverty of rational-emotive therapy. In: Journal of Humanistic Psychology (1979) 19. 83-88.

Finley, Robert D. Critique of Rational-Emotive Philosophy. In: Psychotherapy: Theory, Research and Practice (1987) 25. 271-276.

Förster, Dietwart. Die Beichte. In: Becker, Ingeborg, Bieritz, Karl-Heinrich, Blühm, Reimund (Hg.). *Handbuch der Seelsorg.* 4. Aufl. Evanglische Verlagsanstalt: Berlin, 1990. 167-179.

Follette, Victoria M., Palm, Kathleen M., Rasmussen Hall, Mandra L. Akzeptanz, Achtsamkeit und Trauma. In: Hayes, Steven C., Follette, Victoria M., Linehan, Marsha M. (Hg.). *Achtsamkeit und Akzeptanz: Das Erweitern der kognitiv-behavioralen Tradition.* dgvt: Tübingen, 2012. 265-285.

Foucault, Michel. *Die Ordnung des Diskurses.* Aus d. Franz. v. W. Seitter. Mit einem Essay von Ralf Konersmann. Fischer Taschenbuch: Frankfurt a.M., 1992 [1974].

Frank, Jerome D. *Die Heiler: Wirkungsweisen psychotherapeutischer Beeinflussung. Vom Schamanismus bis zu den modernen Therapien.* Aus d. Amerik. übers. v. W. Krege. 2., in der Ausst. veränd. Aufl. Klett-Cotta: Stuttgart, 1997 [1961].

Frankl, Viktor E. *Ärztliche Seelsorge: Grundlagen der Logotherapie und Existenzanalyse.* 7. Aufl. Fischer: Frankfurt a.M., 1998.

Frankl, Viktor E. *Das Leiden am sinnlosen Leben: Psychotherapie für heute.* 6. Aufl. d. Neuausgabe. Herder: Freiburg, Basel, Wien, 1995.

Franz, Marie Louise von, Mann, Ulrich, Heidland, Hans-Wolfgang. *C.G. Jung und die Theologen: Selbsterfahrung und Gotteserfahrung bei C.G. Jung.* Hg. W. Böhme. Radius: Stuttgart, 1971.

Fromm, Erich. *Haben oder Sein: Die seelischen Grundlagen einer neuen Gesellschaft.* Deutsch v. B. Stein. Überarb. v. R. Funk. 21. Aufl. dtv: München, 1992.

Fuchs, Ottmar. Gegenwart des „religiösen Geistes“ in der seelsorgerlichen Beratung. In: Giebel, Astrid, Lilie, Ulrich, Utsch, Michael, Wentzek, Dieter et al. (Hg.). *Geistesgegenwärtig beraten: Existenzielle Kommunikation, Spiritualität und Selbstorge in der Beratung, Seelsorge und Suchthilfe.* Neukirchener: Neukirchen-Vluyn, 2015. 41-54.

Gabriel, Markus. *Ich ist nicht Gehirn: Philosophie des Geistes für das 21. Jahrhundert.* Ullstein: Berlin, 2015.

Gadamer, Hans-Georg. *Ästhetik und Poetik I: Kunst als Aussage.* Gesammelte Werke, Bd. 8. Unveränd. Taschenbuchausg. J.C.B. Mohr Paul Siebeck: Tübingen, 1999 [1993].

Gadamer, Hans-Georg. *Griechische Philosophie I: Kunst als Aussage.* Gesammelte Werke, Bd. 5. Unveränd. Taschenbuchausg. J.C.B. Mohr Paul Siebeck: Tübingen, 1999 [1985].

Gadamer, Hans-Georg. *Griechische Philosophie III: Plato im Dialog.* Gesammelte Werke, Bd. 7. Unveränd. Taschenbuchausg. J.C.B. Mohr Paul Siebeck: Tübingen, 1999 [1991].

Garzon, Fernando (Hg.). *Pursuing Peace: Case Studies Exploring the Effectiveness of Theophostic Prayer Ministry*. Xulon Press, 2008.

Gasiet, Seev. *Menschliche Bedürfnisse: Eine theoretische Synthese*. Vorwort von K.O. Hondrich. Campus: Frankfurt, New York, 1981.

Gebler, Florian A., Maercker, Andreas. Effects of Including an Existential Perspective in a Cognitive-Behavioral Group Program for Chronic Pain: A Clinical Trial with 6 Months Follow-Up. In: The Humanistic Psychologist (2014) 42. 155-171.

Giesekus, Ulrich. *Glaub dich nicht krank: Befreites Christsein leben*. R. Brockhaus: Wuppertal, 2000.

Glasser, William. *Realitätstherapie: Neue Wege der Psychotherapie*. Übersetzt v. B. Schriever u. K. Bolte. Vorwort v. O.H. Mowrer. Sozialpädagogische Reihe. Hg. W. Bäuerle et al., Bd. 7. Beltz: Weinheim, Basel, 1972.

Godet, Frédéric. *Kommentar zu dem Evangelium des Lukas*. Nachdruck d. 2., v. Verf. autorisierten deutschen Ausgabe von 1890. Brunnen: Gießen, 1986.

Goleman, Daniel. *Emotionale Intelligenz*. Aus d. Engl. v. F. Griese, 14. Aufl. Deutscher Taschenbuch Verlag: München, 2001.

Gollwitzer, Peter. Setting One's Mind on Action: Planning Out Goal Striving in Advance. In: Scott, Robert, Kosslyn, Stephan (Hg.). *Emerging Trends in the Social and Behavioral Sciences*. John Wiley & Sons: Chichester, 2015. http://www.psych.nyu.edu/gollwitzer/Gollwitzer_15_setting%20one's%20mind.pdf. Download 26. Oktober 2015.

Gollwitzer, Peter. M., Oettingen, Gabriele. Implementation intentions. In: Gellman, Marc, Turner, J. Rick (Hg.). *Encyclopedia of behavioral medicine*. Springer: New York, 2013. 1043-1048. https://psych.nyu.edu/gollwitzer/Implementation%20Intentions.pdf. Download 3. November 2015.

Gollwitzer, Peter M., Wieber, Frank. Overcoming Procrastination through Planning. In: Andreou, Chrisoula, White, Mark D. (Hg.). *The Thief of Time: Philosophical Essays on Procreastination*. Oxford University Press: New York, 2010. 185-205.

Gonçalves, J. P. B., Lucchetti, G., Menezes, P.R., Vallada1, H. Religious and spiritual interventions in mental health care: a systematic review and meta-analysis of randomized controlled clinical trials. In: Psychological Medicine (2015), 45. 2937–2949.

Grau, Albert F. Religion as Rational. In: Wolfe, Janet L., Brand, Eileen (Hg.). *Twenty Years of Rational Therapy: Proceedings of the First National Conference on Rational Psychotherapy*. Institute for Rational Living: New York, 1977. 131-135.

Grawe, Klaus. *Neuropsychotherapie*. Hogrefe: Göttingen, Bern, Toronto u.a., 2004.

Grawe, Klaus. *Psychologische Therapie*. 2., korr. Aufl. Hogrefe: Göttingen, Bern, Toronto u.a., 2000.

Grawe, Klaus. „Was sind die wirklich wirksamen Ingredenzien der Psychotherapie?" Einführungsreferat auf dem Psychotherapiekongress in Hamburg, 1994. Download 14.06.1999. Internetquelle nicht mehr zugänglich.

Grawe, Klaus, Donati, Ruth, Bernauer, Friederike. *Psychotherapie im Wandel: Von der Konfession zur Profession*. 4. Aufl. Hogrefe: Göttingen, Bern, Toronto u.a., 1995.

Grözinger, Albrecht. „Liebe Deinen Nächsten wie Dich selbst": Fremdfürsorge und Selbstfürsorge als Thema protestantischer Theologie. In: Josuttis, Manfred et al. (Hg.). *Auf dem Weg zu einer seelsorgerlichen Kirche: Theologische Bausteine. Christian Möller zum 60. Geburtstag*. Vandenhoeck & Ruprecht: Göttingen, 2000.

Grün, Anselm. *Der Himmel beginnt in dir: Das Wissen der Wüstenväter für heute*. Herder: Freiburg, Basel, Wien, 2008.

Grün, Anselm. *Einreden: Der Umgang mit den Gedanken*. Münsterschwarzacher Kleinschriften, Bd. 19. 16., überarb. u. akt. Aufl. Vier Türme: Münsterschwarzach, 2003.

Grün, Anselm. *Tu dir doch nicht selber weh*. 2. Aufl. Matthias Grünewald: Mainz, 1997.

Grün, Anselm, Dufner, Meinrad. *Gesundheit als geistliche Aufgabe*. Münsterschwarzacher Kleinschriften, Bd. 57. Vier-Türme-Verlag Münsterschwarzach: Münsterschwarzach, 1989.

Haendler, Otto. *Die Predigt: Tiefenpsychologische Grundlagen und Grundfragen*. 3., durchgearb. und erw. Aufl. Töpelmann: Berlin, 1960.

Haendler, Otto. *Tiefenpsychologie, Theologie und Seelsorge*. Ausgewählte Aufsätze. Hg. J. Scharfenberg, K. Winkler. Vandenhoeck & Ruprecht: Göttingen, 1974.

Hänle, Joachim. *Heilende Verkündigung: Kerygmatische Herausforderungen im Dialog mit Ansätzen der Humanistischen Psychologie*. Glaubenskommunikation Reihe Zeitzeichen. Hg. A. Bisinger, T. Schreijäck, W. Tzscheetzsch, Bd. 1. Schwabenverlag: Ostfildern, 1997.

Hailparn, M. Rational thinking and religion. In: Rational Living (1973) 8/1. 37-38.

Haley, Jay. *Die Psychotherapie Milton H. Ericksons*. Aus d. Amerik. v. A. Bänziger. 6. Aufl. Pfeiffer bei Clett-Cotta: Stuttgart, 2002.

Harnack, Edgar W. Transpersonale Verhaltenstherapie: Aktion aus Kontemplation. In: Wege zum Menschen (2008) 60. 145-157.

Harnack, Edgar W. Transpersonale Verhaltenstherapie - Religiosität als Gegenstand von Verhaltenstherapie. In: Verhaltenstherapie & Verhaltensmedizin (2007) 28/4. 503-518.

Hart, Archibald D. *The Success Factor*. Fleming H. Revell: Old Tappan, 1984.

Hartmann, Nicolai. *Das Problem des Apriorismus in der platonischen Philosophie*. Sonderausgabe aus d. Sitzungsberichten d. Preussischen Akademie der Wissenschaften Phil.-Hist. Klasse 1935, XV. Akadamie der Wissenschaften: Berlin, 1935.

Hartmann, Nicolai. *Platos Logik des Seins*. 2. Aufl. Walter de Gruyter: Berlin, 1965 [1909].

Haslinger, Herbert. Was ist Mystagogie? Praktisch-theologische Annäherung an einen strapazierten Begriff. In: Knobloch, Stefan, Haslinger, Herbert (Hg.). *Mystagogische Seelsorge: Eine lebensgeschichtliche Pastoral*. Matthias-Grünewald: Mainz, 1991. 15-75.

Hauck, Paul A. An REBT Theory of Depression. http://albertellis.org/rebt-pamphlets/An-REBT-Theory-of-Depression.pdf. Download 3. Juni 2015.

Hauck, Paul A. Irrationale Erziehungsstile. In: Ellis, Albert, Grieger, Russel (Hg.). *Praxis der rational-emotiven Therapie*. Unveränd. Nachdruck d. Aufl. v. 1979, 2. Aufl. Beltz: Weinheim, 1995. 301-311.

Hauck, Paul A. *Reason in Pastoral Counseling*. The Westminster Press: Philadelphia, 1972.

Hauck, Paul A. Religion and RET: Friends or Foes? In: Ellis, Albert, Bernard, Michal E. (Hg.). *Clinical Applications of Rational-Emotive Therapy*. Plenum: New York, London, 1985. 237-255.

Hauck, Paul A., Grau, Albert F., S.J. Comparisons: Christianity and Rationality. In: Rational Living (1968) 3 (2). 36-37.

Hautzinger, Martin. *Kognitive Verhaltenstherapie bei Depressionen*. Behandlungsanleitungen und Materialien. Unter Mitarbeit v. W. Stark u. R. Treiber. 4., überarb. Aufl. Psychologie Verlags Union: Weinheim, 1997.

Hautzinger, Martin. Verhaltens- und Problemanalyse. In: Linden, Martin, Hautzinger, Martin. *Verhaltenstherapie: Techniken, Einzelverfahren und Behandlungsanleitungenk.* 3., überarb. u. erw. Aufl. Springer: Berlin, Heidelberg, New York, et al., 1996. 36-41.

Hawkins, Rebecca S., Tan, Siang-Yang, Turk, Anne A. Secular Versus Christian Inpatient Cognitive-Behavioral Therapy Programs: Impact on Depression and Spiritual Well-Being. In: Journal of Psychology and Theology (1999) 27/4. 309-318.

Hayes, Steven C. Akzeptanz- und Commitment-Therapie und die neuen Verhaltenstherapien. In: Hayes, Steven C., Follette, Victoria M., Linehan, Marsha M. (Hg.). *Achtsamkeit und Akzeptanz: Das Erweitern der kognitiv-behavioralen Tradition*. dgvt: Tübingen, 2012. 13-49.

Heckel, Ulrich. *Schwachheit und Gnade: Trost im Leiden bei Paulus und in der Seelsorgepraxis heute*. Quell: Stuttgart, 1997.

Heckhausen, Heinz. *Motivation und Handeln: Lehrbuch der Motivationspsychologie*. Springer: Berlin u.a., 1980.

Heckmann, Gustav. Lenkungsaufgaben des sokratischen Gesprächsleiters. In: Birnbacher, Dieter, Krohn, Dieter (Hg.). *Das sokratische Gespräch* (Philipp Reclam jun.: Stuttgart, 2002). 73-91.

Hefti, René. Integrating Religion and Spirituality into Mental Health Care, Psychiatry and Psychotherapy. In: Religions (2011) 2. 611-627.

Heidegger, Martin. *Martin, Sein und Zeit.* 16. Aufl. Max Niemeyer: Tübingen, 1986.

Heidegger, Martin. *Platons Lehre von der Wahrheit*. Mit einem Brief über den „Humanismus“. Sammlung Überlieferung und Auftrag. Hg. E. Grassi. Reihe Probleme und Hinweise, Bd. 5. A. Francke: Bern, 1947.

Heidenreich, Thomas, Michalak, Johannes (Hg.). *Die „dritte Welle“ der Verhaltenstherapie: Grundlagen und Praxis*. Beltz: Weinheim, Basel, 2013.

Heiler, Friedrich. Kontemplation. In: RGG^3, Bd. 3, 1792-1793.

Hell, Daniel. *Die Sprache der Seele verstehen: Die Wüstenväter als Therapeuten.* 2. Aufl. Herder: Freiburg, Basel, Wien, 2002.

Herbst, Michael. *beziehungsweise: Grundlagen und Praxisfelder evangelischer Seelsorge*. Neukirchener: Neukirchen-Vluyn, 2012.

Herbst, Michael. Charismatische Seelsorge. In: Seelsorge (2000) 1. 5-9.

Herbst, Michael. Lebenshilfe aus der Wüste: Wüstenväter und Wüstenmütter. In: Seelsorge (2002) 1. 2-9.

Herrmann, Andreas. *Für immer ein Opfer? - Nein, danke*. 5. Aufl. Gottfried Bernhard: Solingen, 2013.

Heydasch, Timo, Renner, Karl-Heinz. *Persönlichkeitskonstrukte und Persönlichkeitsmessung*. Fakultät für Kultur- und Sozialwissenschaften. FernUniversität Hagen, 2013.

Hinsch, Rüdiger, Pfingsten, Ulrich. *Gruppentraining sozialer Kompetenzen (GSK): Grundlagen, Durchführung, Materialien.* 3. überarb. Aufl. Psychologie Verlags Union: Weinheim, 1998.

Hirschberger, Johann. *Geschichte der Philosophie,* Bd. 1: *Altertum und Mittelalter.* 12. Aufl. Herder, Komet: Freiburg i.B., Frechen, 1980.

Hirschberger, Johann. *Geschichte der Philosophie,* Bd. 2: *Neuzeit und Gegenwart.* 11. Aufl. Herder, Komet: Freiburg i.B., Frechen, 1980.

Höfelschweiger, Rainer. *Albert Ellis und die Religion: Poimenische Perspektiven der Rational-Emotiven Verhaltenstherapie.* Books on Demand: Norderstedt, 2015.

Hoellen, Burkhard. *Stoizismus und rational-emotive Therapie (RET): Ein Vergleich.* Reihe Psychologie, Bd. 11. Centaurus: Pfaffenweiler, 1986.

Hofmann, Stefan G., Asmundson, Gordon J.G. Acceptance and mindfulness-based therapy: New wave or old hat? In: Clinical Psychology Review (2008) 28. 1-16.

Hofmann, Stefan G., Münch, Hannah M. Die „dritte Welle": eine kritische Betrachtung. In: Heidenreich, Thomas, Michalak, Johannes (Hg.). *Die „dritte Welle" der Verhaltenstherapie: Grundlagen und Praxis.* Beltz: Weinheim, Basel, 2013. 256-268.

Holland, G.A. Deliverance from sin: Ellis vs. Mowrer. In: Rational Living, (1968) 3. 20-23.

Holz, Harald. *Anleitung zur Lektüre der Nikomachischen Ethik.* Kurseinheit 1. Fakultät für Kultur- und Sozialwissenschaften. FernUniversität Hagen, 2011.

Horie, Michiaki. *Wenn Gedanken Mächte werden...: Die Krise als Chance nutzen.* R.Brockhaus: Wuppertal, Zürich, 1989.

Horney, Karen. *Neurose und menschliches Wachstum: Das Ringen um Selbstverwirklichung.* Aus d. Amerik. v. U. Joel. 6. Aufl. Fischer Taschenbuch: Frankfurt am Main, 2000.

Hüther, Gerald. *Biologie der Angst: Wie aus Streß Gefühle werden.* 5. Aufl. Göttingen: Vandenhoeck & Ruprecht, 2002.

Hüther, Gerald. *Die Macht der inneren Bilder: Wie Visionen das Gehirn, den Menschen und die Welt verändern.* 6. Aufl. Vandenhoeck & Ruprecht: Göttingen, 2010.

Illouz, Eva. *Die Errettung der modernen Seele: Therapien, Gefühle und die Kultur der Selbsthilfe.* Aus d. Engl. v. M. Adrian. Suhrkamp: Frankfurt a.M., 2009.

Jacobs, Wilhelm G. Einleitung. In: Fichte, Johann Gottlieb. *Grundlage der gesamten Wissenschaftslehre als Handschrift für seine Zuhörer.* Einleitung u. Register v. W.G. Jacobs. Philosophische Bibliothek, Bd. 246. Felix Meiner: Hamburg, 1970 [1974].

Jäger, Eva Maria. *Glaube und seelische Gesundheit: Eine Untersuchung zur differentiellen Therapieindikation von Selbstinstruktionen bei depressiven Patienten.* Hochschulschriften aus dem Institut für Psychologie und Seelsorge der Theologischen Hochschule Friedensau, Bd. 4. Freudenstadt,1997.

Jäger, Eva Maria. Perfektionismuß: Wider die räuberischen und zerstörerischen Rotten der perfektionistischen Gedanken. In: BTS-aktuell (1994) 24. 3-9.

Jaspers, Karl. *Drei Gründer des Philosophierens: Plato, Augustin, Kant*, Ungekürzte Sonderausg. d. Abschnitts „Die fortzeugenden Gründer des Philosophierens - Plato, Augustin, Kant" aus „Die großen Philosophen", Bd. 1. R. Piper & Co.: München, 1957.

Jentsch, Werner. *Der Seelsorger: Beraten, Bezeugen, Befreien. Grundzüge biblischer Seelsorge.* 2. Aufl. Brendow: Moers, 1983.

Johnson, W. Brad. Albert Ellis and the religionists: A history of the dialogue. In:

Journal of Psychology and Christianity (1994) 13. 301-311.

Johnson, W. Brad. Christian rational-emotive therapy: A treatment protocol. In: Journal of Psychology and Christianity (1993) 12. 254-261.

Johnson, W. Brad. Outcome research and religious psychotherapies: Where are we and where are we going? In: Journal of Psychology and Theology (1993) 21. 297-308.

Johnson, W. Brad. Rational-emotive therapy and religiousness: A review. In: Journal of Rational-Emotive and Cognitive-Behavior Therapy (1992) 10. 21-35.

Johnson, W.Brad, DeVries, R., Ridley, C.R., Pettorini, D. et al. The comparative efficacy of Christian and secular rational-emotive therapy with Christian clients. In: Journal of Psychology and Theology (1994) 22, 130-140.

Johnson, W. Brad, Ridley, C. R.. Brief Christian and non-Christian rational-emotive therapy with depressed Christian clients: An exploratory study. In: Counseling and Values (1992) 36. 220-229.

Johnson, W. Brad, Ridley, C.R., Nielsen, Stevan L. Religiously sensitive Rational Emotive Behavior Therapy: Elegant solutions and ethical risks. In: Professional Psychology: Research and Practice (2000) 31. 14-21.

Jones, Stanton L. A constructive relationship for religion with the science and profession of psychology: Perhaps the boldest model yet In: American Psychologist (1994) 29. 184-199.

Jones, Stanton L. Rational-Emotive Therapy in Christian perspective. In: Journal of Psychology and Theology (1989) 17. 110-120.

Jones, Stanton L. A Religious Critique of Behavior Therapy. In: Miller, William R., Martin, John E. (Hg.). *Behavior Therapy and Religion: Integrating Spiritual and Behavioral Approaches to Change.* Sage Publications: Newbury Park, Beverly Hills, London, New Delhi, 1988. 139-170.

Jung, Carl Gustav. *Antwort auf Hiob*. 4. Aufl. dtv: München, 1997.

Jungclaussen, Emmanuel. Unterwegs mit dem russischen Pilger: Das Jesus-Gebet. In: Brennpunkt Seelsorge (1996) 2. 30-33.

Jungclaussen, Emmanuel. Das Jesus-Gebet: Fünf Übungen. In: Brennpunkt Seelsorge (1996) 2. 34-40.

Kabat-Zinn, Jon. *Im Alltag Ruhe finden: Das umfassende praktische Meditationsprogramm*. 4. Aufl. Herder: Freiburg, Basel, Wien, 1998.

Kanfer, Frederick H., Reinecker, Hans, Schmelzer, Dieter. *Selbstmanagement-Therapie: Ein Lehrbuch für die klinische Praxis.* 2., überarb. Aufl. Springer: Berlin, Heidelberg, New York, 1996.

Kant, Immanuel. *Anthropologie in pragmatischer Hinsicht*. Hg. u. eingeleitet v. W. Becker. Mit einem Nachwort v. H. Ebeling. Philipp Reclam jun.: Stuttgart, 1983.

Kant, Immanuel. Beantwortung der Frage: Was ist Aufklärung? In: Kant, Immanuel. *Abhandlungen nach 1781*. Akademieausgabe, Bd. 8. Das Bonner Kant-Korpus. Permalink http://www.korpora.org/Kant/aa04/. 33-42.

Kant, Immanuel. *Die Metaphysik der Sitten* [1797]. In: Kant, Immanuel. Die Religion innerhalb der Grenzen der blossen Vernunft. Die Metaphysik der Sitten. Werke in sechs Bänden, Bd. 5. Hg. R. Tomann. Könemann: Köln, 1995. 243-594.

Kant, Immanuel. *Die Religion innerhalb der Grenzen der bloßen Vernunft* [1793]. In: Kant, Immanuel. Die Religion innerhalb der Grenzen der blossen Vernunft. Die Metaphysik der Sitten. Werke in sechs Bänden, Bd. 5. Könemann:

Köln, 1995. 11-242.

Kant, Immanuel. *Kritik der praktischen Vernunft.* Unveränd. Nachdruck der 9. Aufl. Hg. K. Vorländer. Felix Meiner: Hamburg, 1974 [1929].

Kant, Immanuel. *Kritik der reinen Vernunft.* Hg. I. Heidemann. Philipp Reclam jun.: Stuttgart, 2010 [1787].

Kant, Immanuel. *Kritik der Urteilskraft.* Hg. v. G. Lehmann. Philipp Reclam jun.: Stuttgart, 1991 [1790].

Kant, Immanuel. *Über den Gemeinspruch: Das mag in der Theorie richtig sein, taugt aber nicht für die Praxis.* Abhandlungen nach 1781. Akademieausgabe, Band VIII. Korpora.org. Permalink http://korpora.zim.uni-duisburg-essen.de/Kant/ aa08/313.html. 275-278.

Kaufmann, Marc. Meditation Gives Brain a Charge, Study Finds. In: Washington Post vom 3. Januar 2005. http://www.washingtonpost.com/wp-dyn/articles/A43006-2005Jan2.html. Download 5. Juli 2015.

Keiper, Ralph L. *The Power of Biblical Thinking.* Fleming H. Revell: Old Tappan, 1977.

Kehl, Irene. Kognitive Verhaltenstherapie nach Ellis, Beck und Meichenbaum: Ein Vergleich an Hand einer Fallvorstellung. In: Seelsorge (2001) 1. 22-31.

Kierkegaard, Søren. *Der Begriff Angst.* Aus d. Dänischen übersetzt u. mit Anmerkungen versehen v. G. Perlet. Nachwort U. Eichler. Philipp Reclam jun.: Stuttgart, 1992.

Kierkegaard, Søren. *Die Krankheit zum Tode.* Aus d. Dänischen übersetzt u. mit Anmerkungen versehen v. G. Perlet. Nachwort U. Eichler. Philipp Reclam jun.: Stuttgart, 1997 [1849].

Kirsch, Irving. *Changing Expectations: A Key to Effective Psychotherapy.* Brooks/Cole Publishing: Pacific Grove, 1990.

Kirsch, Irving. *The Emperor's New Drugs: Exploding the Antidepressant Myth.* The Bodly Head: London, 2009.

Kirschenbaum, Howard, Henderson, Valerie L. *Carl Rogers: Dialogues. Conversations with Martin Buber, Paul Tillich, B.F. Skinner, Gregory Bateson, Michael Polanyi, Rollo May, and Others.* Houghton Mifflin Company: Boston, 1989.

Klafki, Wolfgang. Heckmanns Beitrag zur Weiterentwicklung des sokratischen Gesprächs. In: Birnbacher, Dieter, Krohn, Dieter (Hg.). *Das sokratische Gespräch.* Philipp Reclam jun.: Stuttgart, 2002.

Kleinknecht, Reinhard. Wissenschaftliche Philosophie, philosophisches Wissen und Philosophieunterricht. In: Birnbacher, Dieter, Krohn, Dieter (Hg.). *Das sokratische Gespräch.* Philipp Reclam jun.: Stuttgart, 2002. 166-197.

Klessmann, Michael. *Pastoralpsychologie: Ein Lehrbuch.* Neukirchener: Neukirchen-Vluyn, 2004.

Knab, Barbara. Hör, was dein Leib dir sagt. In: Psychologie heute (2007) 11. 56.

Koenig, Harold G. (Hg.). *Handbook of Religion and Mental Health.* Academic Press: San Diego, London, Boston, New York et al., 1998.

Koenig, Harold G., Pritchett, John. Religion and Psychotherapy. In: Koenig, Harold G. (Hg.). *Handbook of Religion and Mental Health.* Academic Press: San Diego, London, Boston, New York et al., 1998. 323-336.

Kolden, Gregory G., Klein, Marjorie H., Wang, Chia-Chiang, Austin, Sara B. Congruence/Genuineness. In: Norcross, John C. (Hg.). *Psychotherapy Relationships That Work: Evidence-Based Responsiveness.* 2. Aufl. Oxford University Press: New York, 2011. 187-202.

Kornhuber, Hans Helmut, Deecke, Lüder. *Wille und Gehirn.* 2., überarb. Aufl. Aisthesis: Bielefeld, Basel, 2009.

Krämer, Hans Joachim. *Arete bei Platon und Aristoteles: Zum Wesen und zur Geschichte der platonischen Ontologie.* Vorgelegt am 9. Juli 1958 v. W. Schadewaldt. Abhandlungen der Heidelberger Akademie der Wissenschaften. Philosophisch-historische Klasse, Jhg. 1959, 6. Abh. Carl Winter: Heidelberg, 1959.

Krech, David, Crutchfield, Richard S., Livson, Norman, Wilson, William A. et al. *Grundlagen der Psychologie,* Band 4: *Kognititionspsychologie*. Studienausgabe. Hg. H. Benesch. Lizenzausgabe. Bechtermünz: Augsburg, 1998.

Kroeger, Matthias. *Themenzentrierte Seelsorge: Über die Kombination Klientzentrierter und Themenzentrierter Arbeit nach Carl R. Rogers und Ruth C. Cohn in der Theologie.* W. Kohlhammer: Stuttgart, Berlin, Köln u.a., 1973.

Kubsch, Ron. *Wieviel Psychotherapie verträgt die Seelsorge?* MBS-Texte 001, 1. Jahrgang. Hg. T. Schirrmacher. Reihe Theologische Akzente. Martin Bucer Seminar, 2004. Permalink: http://www.bucer.org/uploads/media/mbstexte001_01.pdf.

Kübler-Ross, Elisabeth. „Der Tod ist ein wunderschönes Erlebnis“. Interview in: Psychologie heute (1997) 12. 34-39.

Langmaack, Barbara. *Einführung in die Themenzentrierte Interaktion TZI: Leben rund ums Dreieck.* Mit einem Geleitwort v. W. Schmidbauer. Beltz: Weinheim, Basel, 2001.

Lawrence, Constance, Huber, Charles H. Strange bed fellows? Rational-emotive therapy and pastoral counseling. In: Personnel and Guidance Jorunal (1982) 61. 210-212.

Lazarus, Arnold. *Innenbilder: Imagination in der Therapie und als Selbsthilfe.* Aus d. Amerik. v. J. András. Reihe Leben lernen, Bd. 47. 3., verbess. Aufl. Pfeiffer bei Klett-Cotta: Stuttgart, 2000.

Lazarus, Arnold A. Multimodale Therapieplanung (BASIC-ID). In: Linden, Martin, Hautzinger, Martin. *Verhaltenstherapie: Techniken, Einzelverfahren und Behandlungsanleitungenk.* 3., überarb. u. erw. Aufl. Springer: Berlin, Heidelberg, New York, et al., 1996. 47-51.

Lazarus, Arnold A. (Hg.). *Multimodale Verhaltenstherapie.* Aus d. Amerik. v. W. Stifter u. H.A. Stiksrud. Fachbuchhandlung für Psychologie: Frankfurt a.M., 1978.

Lazarus, Richard S. *Stress and Emotion: A New Synthesis.* Free Association Books: London, 1999.

LeDoux, Joseph. *Das Netz der Gefühle: Wie Emotionen entstehen.* Aus d. Engl. v. F. Griese. 5. Aufl. Deutscher Taschenbuch Verlag: München, 2010.

Lessing, Gotthold Ephraim. *Nathan der Weise.* Ein dramatisches Gedicht in fünf Aufzügen. Philipp Reclam jun.: Stuttgart, 1970.

Lévinas, Emmanuel. *Die Spur des Anderen: Untersuchungen zur Phänomenologie und Sozialphilosophie.* Übersetzt, hg. u. eingeleitet v. W.N. Krewani. 3. Aufl. Karl Alber: Freiburg, München, 1992.

Libet, Benjamin. Haben wir einen freien Willen? In: Geyer, Christian (Hg.). *Hirnforschung und Willensfreiheit: Zur Deutung der neuesten Experimente.* Suhrkamp: Frankfurt a.M., 2004. 268-289.

Libet, Benjamin. *Mind Time: Wie das Gehirn Bewusstsein produziert.* Übersetzt v. J. Schröder. Suhrkamp: Frankfurt a.M., 2005.

Lim, Caroline, Sim, Kang, Renjan, Vidhya, Sam, Hui Fang, Quah, Soo Li. Abstract von: Adapted cognitive-behavioral therapy for religious individuals with mental disorder: A systematic review. Asian Journal of Psychiatry (2014) 9, 3-12. http://www.asianjournalofpsychiatry.com /article/S1876-2018%2813%290 0384-5/abstract.

Linehan, Marsha. *Trainingsmanual zur Dialektisch-Behavioralen Therapie der Borderline-Persönlichkeitsstörung*. CIP-Medien: München, 1996.

Lipsker, Lee E., Oordt, Ruth M. Treatment of Depression in Adolescents: A Christian Cognitive-Behavior Therapy Approach. In: Journal of Psychology and Christianity (1990) 9/4. 25-33.

Lipton, Bruce H. *Intelligente Zellen: Wie Erfahrungen unsere Gene steuern*. 3. Aufl. KOHA: Burgrain, 2007.

Litchfield, Bruce, Litchfield, Nellie. *Christian Counselling and Family Therapy*, Bd. 3: *Basic Counselling Skills, A General Model of Counselling, Cognitive Behaviour Therapy*. 2. rev. Aufl. Litchfield Family Services: Canberra, 2008.

Little, Bill L. *This Will Drive You Sane*. Foreword by Dr. A. Ellis. CompCare: Minneapolis, 1977.

Lohaus, Arnold, Vierhaus, Marc. *Entwicklungspsychologie des Kindes- und Jugendalters für Bachelor: Lesen, Hören, Lernen im Web*. 2., überarb. Aufl. Springer: Berlin, Heidelberg, 2013.

Lück, Helmut E. *Geschichte der Psychologie: Strömungen, Schulen, Entwicklungen*. 5., überarb. u. erw. Aufl. Kohlhammer: Stuttgart, 2011.

Lutz, Antoine, Greischar, Lawrence L., Rawlings, Nancy B., Ricard, Matthieu, Davidson, Richard J. Long-term meditators self-induce high-amplitude gamma synchrony during mental practice. In: Proceedings of the National Academy of Sciences of th United States of America (PNAS) (2004) 101/46. http://www.pnas.org/content/101/46/16369.full. Download 5. Juli 2015.

Mack, Wolfgang, Raski, Bianca. *Lernen, Gedächtnis, Wissen, Sprache, Denken und Problemlösen*. Fakultät für Kultur- und Sozialwissenschaften. FernUniversität Hagen, 2013.

Maddux, James E. Self-Efficacy: The Power of Believing You Can. In: Snyder, C.R., Lopez, Shane J. (Hg.). *Oxford Handbook of Positive Psychology.* Oxford Library of Psychology. Hg. P.E. Nathan. 2. Aufl. Oxford University Press: New York, 2009. 335-343.

Maier-Gerber, Günther. Ein Beitrag zur Rational-emotiven Therapie. In: Seelsorge (1998) 1. 4-9.

Marcel, Gabriel. *Sein und Haben*. Übersetz. u. Nachwort E. Behler. Ferdinand Schöningh: Paderborn, 1954.

Marlatt, G. Alan, Witkiewitz, Kati, Dillworth, Tiara M., Bowen, Sarah W. et al. Vipassana-Meditation für die Behandlung von substanzgebundenen Störungen. In: Hayes, Steven C., Follette, Victoria M., Linehan, Marsha M. (Hg.). *Achtsamkeit und Akzeptanz: Das Erweitern der kognitiv-behavioralen Tradition*. dgvt: Tübingen, 2012. 353-386.

Martin, John E., Carlson, Charles R. Spiritual Dimensions of Health Psychology. In: Miller, William R., Martin, John E. (Hg.). *Behavior Therapy and Religion: Integrating Spiritual and Behavioral Approaches to Change.* Sage Publications: Newbury Park, Beverly Hills, London, New Delhi, 1988. 57-110.

Maslow, Abraham H. *Motivation und Persönlichkeit*. Deutsch v. P. Kruntorad. Reinbek bei Hamburg, 1996.

Maultsby, Maxie C. *Rational Behavior Therapy*. Prentice-Hall: Englewood Cliffs,

1984.

Maultsby, Maxie. Rational Emotive Imagery. In: Rational Living (1971) 6/1. 24-26.

McCullough, M.E. Research on religion-accommodation counseling: Review and meta-analysis. In: Journal of Counseling Psychology (1999) 46. 92-98.

McMinn, Mark R. *Cognitive Therapy Techniques in Christian Counseling.* Wipf and Stock: Oregon, 1991.

McMinn, Mark R., Campbell, Clark D. *Integrative psychotherapy: Toward a comprehensive Christian approach.* IVP Academic: Downers Grove, 2007.

McMinn, Mark R., Jones, Stanton L., Vogel, Michael J. et al. Cognitive Therapy. In: Jones, Stanton L., Butman, Richard E. (Hg.). *Modern Psychotherapies: A Comprehensive Christian Approach.* 2. Aufl. IVP Academic/Intervarsity: Downers Grove, 2011. 201-260.

McMinn, Mark R., Lebold, C.J. Collaborative Efforts in Cognitive Therapy with Religious Clients. In: Journal of Psychology and Theology (1989) 17. 101-109.

Meehl, P.E. Ethical criticism in value clarification: Correcting cognitive errors within the client's - not the therapist's - framework. In: Rational Livinig, (1981) 16/1. 3-9.

Meichenbaum, Donald W. *Kognitive Verhaltensmodifikation.* Reprint. Psychologische Verlagsunion: Weinheim 1995 [1979].

Meier, Paul D., Minirth, Frank B., Wichern, Frank B. *Introduction to Psychology and Counseling: Christian Perspectives and Applications*. Baker Book House: Grand Rapids, 1982.

Melzer, Friso. *Indien greift nach uns: Begegnungen mit dem modernen Hinduismus*. Aussaat: Wuppertal, 1978.

Melzer, Friso. *Innerung: Stufen und Wege der Meditation. Grundlegung und Übungen*. Johannes Stauda: Kassel, 1968.

Meyer, Husamuddin. Muslimische Gefangenenseelsorge. In: Forum Strafvollzug (2014) 63/1. 20-23.

Meyer, Richard. Integrating cognitive theory and theology: Treatment of depression with a special focus on men and the „future" of the cognitive triad. In: American journal of pastoral counseling (1999) 4, 3-29.

Meywald, Ellen. „Vernünftiges Denken ist ohne Emotionen nicht möglich". Interview mit Kassler Forschergruppe. In: Psychologie heute (2001) 5. 14.

Michalak, Johannes, Heidenreich, Thomas. Abschließende Betrachtungen: Die dritte Welle der Verhaltenstherapie - das Für und Wider eines Begriffs. In: Heidenreich, Thomas, Michalak, Johannes (Hg.). *Die „dritte Welle" der Verhaltenstherapie: Grundlagen und Praxis*. Beltz: Weinheim, Basel, 2013. 279-288.

Miller, William R. Including Clients' Spiritual Perspectives in Cognitive-Therapy Therapy. In: Miller, William R., Martin, John E. (Hg.). *Behavior Therapy and Religion: Integrating Spiritual and Behavioral Approaches to Change.* Sage Publications: Newbury Park, Beverly Hills, London, New Delhi, 1988. 43-55.

Miller, William R., Martin, John E. (Hg.). *Behavior Therapy and Religion: Integrating Spiritual and Behavioral Approaches to Change.* Sage Publications: Newbury Park, Beverly Hills, London, New Delhi, 1988.

Miller, William R., Martin, John E. Spirituality and Behavioral Psychology: Toward Integration. In: Miller, William R., Martin, John E. (Hg.). *Behavior Therapy and Religion: Integrating Spiritual and Behavioral Approaches to*

Change. Sage Publications: Newbury Park, Beverly Hills, London, New Delhi, 1988. 13-23.

Minirth, Frank. *The Minirth Guide for Christian Counselors*. Publishing Group: Nashville, 2003.

Mir, Ghazala, Meer, Shaista, Cottrell, David, McMillan, Dean et al. Adapted behavioural activation for the treatment of depression in Muslims. In: Journal of Affective Disorders (2015) 180, 190-199.

Mowrer, O. Hobart. „Sin", The Lesser of Two Evils. In: American Psychologist (1960) 15/5. 301-304.

Mowrer, O. Hobart. Some Constructive Features of the Concept of Sin. In: Journal of Counseling Psychology (1960) 7/3. 185-188.

Musonius. Über den sinnlichen Genuss. In: Weinkauf, Wolfgang (Hg. u. Übers.). *Die Philosophie der Stoa: Ausgewählte Texte*. Philipp Reclam jun.: Stuttgart, 2001. 203-205.

Natorp, Paul. *Platos Ideenlehre: Eine Einführung in den Idealismus*. Philosophische Bibliothek, Bd. 471. Felix Meiner: Hamburg, 1994.

Nauer, Doris. *Seelsorgekonzepte im Widerstreit: Ein Kompendium*. Praktische Theologie heute, Bd. 55. Kohlhammer: Stuttgart, 2001.

Nelson, Leonhard. Die sokratische Methode. In: Birnbacher, Dieter, Krohn, Dieter (Hg.). *Das sokratische Gespräch*. Philipp Reclam jun.: Stuttgart, 2002. 21-72.

Nestler, Eric J. Verborgene Schalter im Gehirn. In: Gene, und Umwelt: Wie wir werden, was wir sind. Spektrum der Wissenschaft Spezial: Biologie, Medizin, Hirnforschung (2013) 2. 23-29.

Newberg, Andrew B., D'Aquili, Eugenie G. The Neuropsychology of Spiritual Experience. In: Koenig, Harold G. (Hg.). *Handbook of Religion and Mental Health*. Academic Press: San Diego, London, Boston, New York et al., 1988. 75-94.

Newberg, Andrew, D'Aquili, Eugene, Rause, Vince. *Der gedachte Gott: Wie Glaube im Gehirn entsteht*. Aus d. Amerik. v. H. Stadler. Piper: München, Zürich, 2003.

Newberg, Andrew, Waldman, Mark Robert. *Der Fingerabdruck Gottes: Wie religiöse und spirituelle Erfahrungen unser Gehirn verändern*. Aus d. Amerik. v. D. Mallett. Goldmann: München, 2012.

Nielsen, Stevan Lars. Rational-Emotive Behavior Therapy and Religion: Don't Throw the Therapeutic Baby Out With the Holy Water! In: Journal of Psychology and Christianity (1994) 13. 312-322.

Nielsen, Stevan Lars, Ellis, Albert. A Discussion with Albert Ellis: Reason, Emotion and Religion. In: Journal of psychology and Christianity (1994) 13. 327-341.

Nielsen, Stevan Lars, Johnson, W. Brad, Ellis, Albert. *Counseling and Psychotherapy With Religious Persons: A Rational Emotive Therapy Approach*. Lawrence Erlbaum Associates: Mahwah, 2001.

Norcross, John C., Wampold, Bruce E. Evidence-Based Therapy Relationships: Research Conclusions and Clinical Practices. In: Norcross, John C. (Hg.), *Psychotherapy Relationships That Work: Evidence-Based Responsiveness*. 2. Aufl. Oxford University Press: New York, 2011. 423-430.

Nouwen, Henri J.M. *Der dreifache Weg*. Aus d. Engl. übertrag. v. R. Kohlhaas. Herder: Freiburg i.B., 1984.

O'Connor, Joseph, Seymour, John. *Neurolinguistisches Programmieren: Gelungene Kommunikation und persönliche Entfaltung*. Vorwort v. R. Dilts. Geleitwort v. J. Grinder. Überarb. u. erw. Ausgabe. 13. Aufl. VAK: Kirchzarten, 2003.

O'Donohue, W. The (even) bolder model: The clinical psychologist as metaphysician-scientist-practitioner. In: American Psychologist (1989) 44. 1460-1468.

Oettingen, Gabriele. *Die Psychologie des Gelingens*. Aus d. Engl. v. U. Strerath-Bolz. Pattloch: München, 2015.

Oettingen, Gabriele, Kappes, Heather Barry, Guttenberg, Katie B., Gollwitzer, Peter M. Self-regulation of time management: Mental contrasting with implementation intentions. In: European Journal of Social Psychology (2015) 45. 218-229.

O'Keefe, Tim. Aristippus. In: IEP. http://www.iep. utm.edu/aristip/. Download 8. Februar 2015.

Oh, Pok Ja, Kim, Young Hyun. Meta-Analysis of Spiritual Intervention Studies on Biological, Psychological, and Spiritual Outcomes. In: Journal of Korean Academy of Nursing (2012) 42, 833–842.

Pannenberg, Wolfhart. *Anthropologie in theologischer Perspektive*. Vandenhoeck & Ruprecht: Göttingen, 1983.

Pargament, Kenneth I., Mahoney, Annette. Spirituality: The Search for the Sacred. In: Snyder, C.R., Lopez, Shane J. (Hg.). *Oxford Handbook of Positive Psychology.* Oxford Library of Psychology. Hg. P.E. Nathan. 2. Aufl. Oxford University Press: New York, 2009. 611-619.

Pattison, E.Mansell. Behavioral Psychologoy and Religion: A Cosmological Analysis. In: Miller, William R., Martin, John E. (Hg.). *Behavior Therapy and Religion: Integrating Spiritual and Behavioral Approaches to Change.* Sage Publications: Newbury Park, Beverly Hills, London, New Delhi, 1988.171-186.

Paul, Gerhard. *Chancen und Grenzen nouthetischer Seelsorge: Eine Untersuchung der Seelsorgekonzeption von Jay E. Adams.* Hochschulschriften aus dem Institut für Psychologie und Seelsorge der Theologischen Hochschule Friedensau, Bd. 7. Freudenstadt, 1999.

Pecheur, D. Cognitive theory/therapy and sanctification. In: Journal of Psychology and Theology (1978) 6. 239-253.

Pecheur, D.R., Edwards, K.J. A comparison of secular and religious versions of cognitive therapy with depressed Christian college students. In: Journal of Psychology and Theology (1984) 12. 45-54.

Peng-Keller, Simon. Spiritualität mit und ohne Gott - Plädoyer für eine begriffliche Klärung. In: Giebel, Astrid, Lilie, Ulrich, Utsch, Michael, Wentzek, Dieter et al. (Hg.). *Geistesgegenwärtig beraten: Existenzielle Kommunikation, Spiritualität und Selbstorge in der Beratung, Seelsorge und Suchthilfe*. Neukirchener: Neukirchen-Vluyn, 2015. 19-30.

Pert, Candace. *Moleküle der Gefühle: Körper, Geist und Emotionen*. Vorwort v. D. Chopra. Deutsch v. H. Kober. Rowohlt: Reinbek, 2001.

Pervin, Lawrence A. *Persönlichkeitstheorien: Freud, Adler, Jung, Rogers, Kelly, Cattell, Eysenck, Skinner, Bandura u.a.* 4., völlig neu bearb Aufl. Ernst Reinhardt: München, Basel, 2000.

Peterson, Christopher, Steen, Tracy A. Optimistic Explanatory Style. In: Snyder, C.R., Lopez, Shane J. (Hg.). *Oxford Handbook of Positive Psychology.* Oxford Library of Psychology. Hg. P.E. Nathan. 2. Aufl. Oxford University Press: New York, 2009. 313-321.

Petzold, Hilarion G. *Integrative Therapie: Modelle, Theorien und Methoden für eine schulenübergreifende Psychotherapie: 1. Klinische Philosophie, Integra-*

tive Therapie. Schriften zu Theorie, Methodik und Praxis, Bd. II/1. Junfermann: Paderborn, 1993.

Pfeifer, Samuel. *Die Schwachen tragen: Moderne Psychiatrie und biblische Seelsorge.* 3. Aufl. Brunnen: Basel, Gießen, 1994.

Pfeifer, Samuel. Hochreligiöse Patienten in der Psychotherapie. In: Utsch, Michael, Bonelli, Raphael M., Pfeifer, Samuel. *Psychotherapie und Spiritualität: Mit existenziellen Konflikten und Transzendenzfragen professionell umgehen.* Mit 13 Abbild. u. 14 Tabellen. Springer: Berlin, Heidelberg, 2014. 95-102.

Pfeifer, Samuel. Kognitive Therapie - ein neues Paradigma für die Seelsorge? In: Wege zum Menschen (1988) 40/3. 163-172.

Pfeifer, Samuel. Spirituelle Deutungen - Chancen und Gefahren. In: Utsch, Michael, Bonelli, Raphael M., Pfeifer, Samuel. *Psychotherapie und Spiritualität: Mit existenziellen Konflikten und Transzendenzfragen professionell umgehen.* Mit 13 Abbild. u. 14 Tabellen. Springer: Berlin, Heidelberg, 2014. 37-46.

Pieper, Josef. *Über die Tugenden: Klugheit, Gerechtigkeit, Tapferkeit, Maß.* Mit einem Vorwort v. J. Rau. 2. Aufl. Kösel: München, 2008.

Piering, Julie. Antisthenes. In: IEP. http://www.iep. utm.edu/antisthe/. Download 5. Februar 2015.

Piering, Julie. Cynics. In: IEP. http://www.iep.utm.edu/cynics/. Download 19. April 2016.

Piering, Julie. Diogenes of Sinope. In: IEP. http://www. iep.utm.edu/diogsino/. Download 8. Februar 2015.

Piper, Hans-Christoph. *Kommunizieren lernen in Seelsorge und Predigt: Ein pastoraltheologisches Modell.* Mit Geleitwort v. E. Lohse. Arbeiten zur Pastoraltheologie. Hg. M. Fischer u. R. Frick, Bd. 18. Vandenhoeck & Ruprecht: Göttingen, 1981.

Platon. Der Staat (Politeia). In: Platon. *Sämtliche Werke.* Deutsch v. F. Schleiermacher, F. Susemihl et al. Hg. E. Loewenthal. Bd. 2, Bücher I-V. übers. v. W.S. Teuffel. Bücher VI-X. übers. v. W. Wiegand. Lambert Schneider: Berlin, 1940. 5-408.

Platon. Gorgias. In: Platon. *Sämtliche Werke.* Deutsch v. F. Schleiermacher, F. Susemihl et al. Hg. E. Loewenthal. Bd. 3. Lambert Schneider: Berlin, 1940. 301-410.

Platon. Menon. In: Platon. *Sämtliche Werke.* Deutsch v. F. Schleiermacher, F. Susemihl et al. Hg. E. Loewenthal. Bd. 1. Lambert Schneider: Berlin, 1940. 410-458.

Platon, Phaidros. In: Platon, *Sämtliche Werke.* Deutsch v. F. Schleiermacher, F. Susemihl et al. Hg. E. Loewenthal, Bd. 2. Lambert Schneider: Berlin, 1940. 411-482.

Platon, *Philebos*. Übersetz. u. Komm. v. D. Frede, Platon Werke. Hg. E. Heitsch, C.W. Müller, Bd. 3/2. Vandenhoeck & Ruprecht: Göttingen, 1997.

Platon. Sophistes. In: Platon. *Sämtliche Werke.* Deutsch v. F. Schleiermacher, F. Susemihl et al. Hg. E. Loewenthal. Bd. 2. Lambert Schneider: Berlin, 1940. 664-770.

Platon, Theaitetos. In: Platon, *Sämtliche Werke.* Deutsch v. F. Schleiermacher, F. Susemihl et al. Hg. E. Loewenthal, Bd. 2. Lambert Schneider: Berlin, 1940. 561-662.

Plieth, Martina. *Die Seele wahrnehmen: Zur Geistesgeschichte des Verhältnisses von Seelsorge und Psychologie*. Arbeiten zur Pastoraltheologie. Hg. P. Cornehl u. F. Wintzer, Bd. 28. Vandenhoeck & Ruprecht: Göttingen, 1994.

Pohlenz, Max. *Die Stoa: Geschichte einer geistigen Bewegung*. 7. Aufl. Vandenhoeck & Ruprecht: Göttingen, 1992.

Popper, Karl R. *Die offene Gesellschaft und ihre Feinde,* Bd. 1: *Der Zauber Platons.* 7. Aufl. Mit weitgehenden Verbesserungen u. neuen Anhängen. J.C.B. Mohr Paul Siebeck: Tübingen, 1992.

Powell, John, S.J. *Fully Human, Fully Alive: A New Life through New Vision*. Tabor: Allen, 1976.

Preussner, Andreas. Kyrenaiker. UTB. http://www.philosophie-woerterbuch.de/online-woerterbuch/?tx_gbwbphilosophie_main[entry]=511&tx_gbwbphilosophie_main[action]=show&tx _gbwbphilosophie_main[controller]=Lexicon&cHash=9731f9ad14ab8b6b9d7e418ae4e19 6b1. Download 19. April 2016.

Propst, Rebecca L. *Psychotherapy in a Religious Framework: Spirituality in the Emotional Healing Process*. Human Sciences Press: New York, 1988.

Propst, Rebecca L. The comparative efficacy of religious and nonreligious imagery for the treatment of mild depression in religious individuals. In: Cognitive Therapy and Research (1980) 4. 167-178.

Propst, Rebecca L. Ostrom, R., Watkins, P., Dean, T. et al. Comparative efficacy of religious and nonreligious cognitive-behavioral therapy for the treatment of clinical depression in religious individuals. In: Journal of Consulting and Clinical Psychology (1992) 60. 94-103.

Pury, Cynthia L.S., Lopez, Shane J., Courage. In: Snyder, C.R., Lopez, Shane J. (Hg.). *Oxford Handbook of Positive Psychology.* Oxford Library of Psychology. Hg. P.E. Nathan. 2. Aufl. Oxford University Press: New York, 2009. 375-382.

Rammsayer, Thomas, Weber, Hannelore. *Differentielle Psychologie - Persönlichkeitstheorien.* Bachelorstudium Psychologie. Hg. E. Bamberg, H.W. Bierhoff, A. Grob, F. Petermann. Hogrefe: Göttingen, Berlin, Wien et al., 2010.

Rand, Kevin L., Cheavens, Jennifer S. Hope Theory. In: Snyder, C.R., Lopez, Shane J. (Hg.). *Oxford Handbook of Positive Psychology.* Oxford Library of Psychology. Hg. P.E. Nathan. 2. Aufl. Oxford University Press: New York, 2009. 323-333.

Ranke-Heinemann, Uta. *Eunuchen für das Himmelreich: Katholische Kirche und Sexualität*. Ergänzte Neuausgabe. 2. Aufl. Heyne: München, 2003.

Raupach-Strey, Gisela. Das Sokratische Paradigma und seine Bezüge zur Diskurstheorie. In: Birnbacher, Dieter, Krohn, Dieter (Hg.). *Das sokratische Gespräch*. Philipp Reclam jun.: Stuttgart, 2002. 106-139.

Razali, Salleh Mohd., Hasanah, C.I., Aminah, K., Subramaniam, M. Religious-sociocultural psychotherapy in patients with anxiety and depression. In: Australian and New Zealand Journal of Psychiatry (1998) 32. 867-872.

Razali, Salleh Mohd., Kassim, Aminah, Umeed, Ali Khan. Religious–Cultural Psychotherapy in the Management of Anxiety Patients. In: Transcultural Psychiatry (2002) 39/1.130-136.

Reddemann, Luise. *Imagination als heilsame Kraft: Zur Behandlung von Traumafolgen mit ressourcenorientierten Verfahren*. Unter Mitarbeit v. V. Engl, S. Lücke u. C. Appel-Ramb. 7. Aufl. Klett-Cotta: Stuttgart, 2013.

Renner, Karl-Heinz, Ströhlein, Gerhard. *Einführung in die Forschungsmethoden der Psychologie.* Fakultät für Kultur- und Sozialwissenschaften. FernUniversität Hagen, 2012.

Richards, P. Scott, Bergin, Allen E. (Hg.). *Handbook of Psychotherapy and Reli-*

gious Diversity, 4. Aufl. American Psychological Association: Washington D.C., 2008.

Riecker, Otto. *Die seelsorgerliche Begegnung.* 2. Aufl. Brunnen: Giessen, Basel, 1986.

Riemann, Fritz. *Grundformen der Angst: Eine tiefenpsychologische Studie*. Ernst Reinhardt: München, Basel, 1992.

Robb, Harold B. *How to stop driving yourself crazy with help from christian scriptures.* Albert Ellis Institute: New York, 1988. http://www.rebt.org/help_bible.pdf. Download 20.02.2013.

Robb, Harold B. Spiritual issues: Do they belong in psychological practice? In: Psychology in Private Practice (1986) 4. 85-91.

Robb, Harold B. Using REBT to reduce psychological dysfunction associated with supernatural belief systems. In: Journal of Cognitive Psychotherapy: An International Quarterly (1993) 7. 281-289.

Roberts, Robert C. Psychotherapeutic virtues and the grammar of faith. In: Journal of Psychology and Theology (1987) 15. 191-204.

Robins, Clive J., Schmidt III, Henry, Linehan, Marsha M. Die Dialektisch-Behaviorale Therapie: Eine Synthese aus radikaler Akzeptanz und der Anwendung gelernter Fertigkeiten. In: Hayes, Steven C., Follette, Victoria M., Linehan, Marsha M. (Hg.). *Achtsamkeit und Akzeptanz: Das Erweitern der kognitiv-behavioralen Tradition.* dgvt: Tübingen, 2012). 51-69.

Rogers, Carl R. *Die klientenzentrierte Gesprächspsychotherapie.* Mit Beitr. v. E. Dorfmann et al. Aus d. Amerik. v. E. Nosbüsch. 14. Aufl. Fischer Taschenbuch: Frankfurt a.M., 2000.

Rogers, Carl R. *Encounter-Gruppen: Das Erlebnis der menschlichen Begegnung*. Lizenzausgabe. Fischer Taschenbuch: Frankfurt a.M., 1984 [1974].

Rosenberg, Marshall B. *Gewaltfreie Kommunikation: Eine Sprache des Lebens. Gestalten Sie Ihr Leben, Ihre Beziehungen und Ihre Welt in Übereinstimmung mit Ihren Werten.* 6. überarb. u. erw. Aufl. Mit Vorworten v. A. Gandhi u. V.F. Birkenbihl. Aus d. Amerik. v. I. Holler. Junfermann: Paderborn, 2005.

Rosenzweig, Franz. *Der Stern der Erlösung*. Mit einer Einführung v. R. Mayer u. einer Gedenkrede v. G. Scholem. Suhrkamp: Frankfurt a.M., 1988.

Rosmarin, David Hillel. A Randomized Controlled Evaluation of a Spiritually Integrated Cognitive Behavioral Intervention for Sub-Clinical Anxiety Among Jews Delivered via the internet. Doktoral-Dissertation an der Bowling Green State University bei K.I. Pargament et al., 2010. https://etd.ohiolink.edu/!etd.send_file?accession=bgsu1261350144&disposition=inline. Download 1. September 2015.

Ross, Julianne J., Kennedy, Macnab, Francis, Gerard A.. The effectiveness of spiritual/religious interventions in psychotherapy and counselling: a review of the recent literature (PACFA: Melbourne, 2015). http://www.pacfa.org.au/wp-content/uploads/2012/10/Spiritual-and-Religious-Therapy-Literature-Review.pdf. Download 7. April 2016.

Roth, Gerhard. *Das Gehirn und seine Wirklichkeit: Kognitive Neurobiologie und ihre philosophischen Konsequenzen.* Suhrkamp Taschenbuch: Frankfurt a.M., 1997.

Roth, Gerhard. Das Verhältnis von bewusster und unbewusster Verhaltenssteuerung. In: Psychotherapie Forum (2004) 2. 64-65.

Roth, Gerhard. Worüber dürfen Hirnforscher reden - und in welcher Weise? In: Geyer, Christian (Hg.). *Hirnforschung und Willensfreiheit: Zur Deutung der neuesten Experimente*. Suhrkamp: Frankfurt a.M., 2004.

Rüegger, Heinz. *Kirche als seelsorgerliche Gemeinschaft: Dietrich Bonhoeffers Seelsorgeverständnis im Kontext seiner bruderschaftlichen Ekklesiologie*. Europäische Hochschulschriften. Reihe 23. Theologie, Bd. 469. Peter Lang AG, Europäischer Verlag der Wissenschaften: Bern, Frankfurt a.M., New York u.a., 1992.

Russell, Bertrand. *Denker des Abendlandes: Eine Geschichte der Philosophie*. Mit Vorbemerkungen v. W. Hochkeppel. Aus d. Engl. v. K. Földes-Papp. 2. Aufl. dtv: München, 1992.

Safara, Maryam, Bhatia, MS, Singh, TB, Dezhkam, M. Comparing the Effect of Cognitive Therapy and Spiritual Therapy on Depression between Iranian Students Residing in Iran and India. In: Delhi Psychiatry Journal (2012) 15/1. 85-98.

Sanders, Randolph K., Malony, H. Newton. *Speak Up! Christian Assertiveness*. The Westminster Press: Philadelphia, 1985.

Saum-Aldehoff, Thomas. Im Tiefgeschoß der Angst. In: Psychologie heute (1997) 11, 64-71.

Schandry, Rainer. *Biologische Psychologie*. 3., vollst. überarb. Aufl. Beltz: Weinheim, Basel, 2011.

Scharfenberg, Joachim. Kommunikation in der Kirche als symbolische Interaktion. In: Becher, Werner (Hg.). *Seelsorgeausbildung: Theorien, Methoden, Modelle*. Vandenhoeck & Ruprecht: Göttingen, 1976. 34-53.

Scheele, Brigitte. *Emotionen als bedürfnisrelevante Bewertungszustände: Grundriß einer epistemologischen Emotionstheorie*. A. Francke: Tübingen, 1990.

Scheerer, Reinhard. *Logotherapie und Existenzanalyse: Viktor E. Frankl, Elisabeth Lukas und Alfried Längle. Eine Einführung*. Lehrbücher aus dem Institut für Seelsorgeausbildung (ISA), Bd. 5. Books on Demand: Norderstedt, 2015.

Scheler, Max. *Schriften zur Anthropologie*. Hg. M. Arndt. Philipp Reclam jun.: Stuttgart, 1994.

Schelp, Theo, Gravemeier, Ralf, Maluck, Doris. *Rational-Emotive Therapie als Gruppentraining gegen Streß: Seminarkonzepte und Materialien*. 2., überarb. u. ergänzte Aufl. Hans Huber: Göttingen u.a., 1997.

Schindler, Ludwig, Hahlweg, Kurt, Revenstorf, Dirk. *Partnerschaftsprobleme: Diagnose und Therapie. Therapiemanual*. 2., akt., vollst. überarb. Aufl. Springer: Berlin, Heidelberg, New York, 1999.

Schlatter, Adolf. *Das christliche Dogma*. Mit einem Vorwort v. W. Joest. 4. Aufl. Calwer: Stuttgart, 1984.

Schlatter, Adolf. *Die christliche Ethik*. 3., neu bearb. Aufl. Calwer Vereinsbuchhandlung: Stuttgart, 1929.

Schmidt, Jerry. *Do you hear what you're thinking?* Victor Books: Wheaton, 1982.

Schmied-Kowarzik, Wolfdietrich. *Die Philosophie Schellings: Von den frühen Anfängen bis zum Spätwerk*. Fakultät für Kultur- und Sozialwissenschaften. FernUniversität Hagen, 2014.

Schneider, Gerhard. περισπαομαι. In: EWNT, Bd. 3. 180.

Scholtz, Gunter. *Ethik und Hermeneutik: Schleiermachers Grundlegung der Geisteswissenschaften*. Suhrkamp: Frankfurt a.M., 1995.

Schulte, Christoph. *Radikal böse: Die Karriere des Bösen von Kant bis Nietzsche*. Wilhelm Fink: München, 1988.

Schurz, Gerhard. *Grundkurs Wissenschaftstheorie*. Fakultät für Kultur- und Sozialwissenschaften. FernUniversität Hagen, 2011.

Schwarz, Hans. *Im Fangnetz des Bösen: Sünde - Übel - Schuld.* Biblisch-theologische Schwerpunkte, Bd. 10. Vandenhoeck & Ruprecht: Göttingen, 1993.

Schwartz, Dieter. Individualpsychologie und Rational-Emotive Verhaltenstherapie: Zu Menschenbild, Theorie und Praxis bei Alfred Adler und Albert Ellis. In: Zeitschrift für Rational-Emotive & Kognitive Verhaltenstherapie (2013). 7-51.

Schweitzer, Albert. *Die Religionsphilosophie Kants von der Kritik der reinen Vernunft bis zur Religion innerhalb der Grenzen der bloßen Vernunft.* Reprint. Georg Olms: Hildesheim, New York, 1974 [1899].

Seamands, David. *Heilung der Erinnerungen: Das Wunder der inneren Heilung.* 3. Aufl. Francke: Marburg a.d.L., 1982.

Seekamp, Helge. Die besonderen Möglichkeiten christlicher Selbsthilfegruppen am Beispiel des deutschen „Endlich-Leben"-Gruppenmodells: Ein Forschungsdesign aus religionspsychologischer und konsistenztheoretischer Perspektive. In: Cura Animarum (2015) 1/1. 37-54.

Segal, Zindel V., Teasdale, John D., Williams, J. Mark G. Die Achtsamkeitsbasierte Kognitive Therapie. In: Hayes, Steven C., Follette, Victoria M., Linehan, Marsha M. (Hg.). *Achtsamkeit und Akzeptanz: Das Erweitern der kognitiv-behavioralen Tradition.* dgvt: Tübingen, 2012. 71-97.

Segerstrom, Suzanne C. Optimism and immunity: Do positive thoughts always lead to positive effects? PubMed Central (PMC) (2007). http://www.ncbi.nlm.nih.gov/pmc/articles/PMC 1948078/. Download 24. Dezember 2015.

Seligman, Martin. *Der Glücks-Faktor: Warum Optimisten länger leben.* Aus d. Engl. v. S. Brockert. 6. Aufl. Bastei Lübbe, Ehrenwirt: Bergisch Gladbach, 2009.

Seligman, Martin. *Erlernte Hilflosigkeit.* 4. Aufl. erw. um: Petermann, Franz. Neue Konzepte und Anwendungen. Psychologie Verlags Union: Weinheim, 1992.

Seligman, Martin. *Pessimisten küsst man nicht: Optimismus kann man lernen.* Aus d. Amerik. v. C. Boermann. Knaur: München, 2001.

Seneca. Philosophie und Weisheit. In: Weinkauf, Wolfgang (Hg. u. Übers.). *Die Philosophie der Stoa: Ausgewählte Texte.* Philipp Reclam jun.: Stuttgart, 2001. 57-60.

Seneca. *Vom glückseligen Leben und andere Schriften.* Übers. n. L. Rumpel. Hg., Einführung u. Anm. P. Jaerisch. Philipp Reclam jun.: Stuttgart, 1996.

Shanahan, Michael J., Freeman, Jason. Vom Sozialverhalten zur DNA - und zurück. In: Gene, und Umwelt: Wie wir werden, was wir sind. Spektrum der Wissenschaft Spezial: Biologie, Medizin, Hirnforschung (2013) 2. 52-61.

Sharkey, Paul W. Something irrational about Rational-Emotive Psychology. In: Psychotherapy: Theory, Research and Practice (1981) 18. 150-154.

Sharkey, Paul W., Malony, H.N. Religiosity and Emotional Disturbance: A Test of Ellis's Thesis in His Own Counseling Center. In: Psychotherapy (1986) 23. 640-641.

Sherman, Dean. *Spiritual Warfare: For Every Christian. How to Live in Victory and Retake the Land.* YWAM Publishing: Seattle, 1995.

Shick Tryon, Georgiana, Winograd, Greta. Goal Consensus and Collaboration. In: Norcross, John C. (Hg.). *Psychotherapy Relationships That Work: Evidence-Based Responsiveness.* 2. Aufl. Oxford University Press: New York, 2011. 153-167.

Singer, Wolf. Verschaltungen legen uns fest: Wir sollten aufhören, von Freiheit zu sprechen. In: Geyer, Christian (Hg.). *Hirnforschung und Willensfreiheit: Zur Deutung der neuesten Experimente*. Suhrkamp: Frankfurt a.M., 2004.

Smith, Timothy B., Bartz, Jeremy, Richards, P. Scott. Outcomes of religious and spiritual adaptions to psychotherapy: A meta-analytic review. In: Psychotherapy Research (2007) 17/6. 643-655.

Snyder, C.R., Lopez, Shane J. (Hg.). *Oxford Handbook of Positive Psychology.* Oxford Library of Psychology. Hg. P.E. Nathan. 2. Aufl. Oxford University Press: New York, 2009.

Snyder, Charels R. *The Psychology of Hope: You Can Get There From Here*. The Free Press: New York, London, Toronto, Sydney et al., 1994.

Sons, Rolf. *Seelsorge zwischen Bibel und Psychotherapie: Die Entwicklung der evangelischen Seelsorge in der Gegenwart.* Calwer Theologische Monographien. Hg. J. Baur et al., Bd. 24. Calwer: Stuttgart, 1995.

Sorabji, Richard. *Emotion and Peace of Mind: From Stoic Agitation to Christian Temptation. The Gifford Lectures.* Reprint. Oxford University Press: New York, 2010 [2000].

Sperry, Roger W. The Impact and Promise of the Cognitive Revolution. In: American Psychologist (1993) 8. 878-885.

Sprinzl, Mathias, Molekulares Erkennen, Erinnern, Vergessen: GDP/GTP-bindende Proteine. In: Cramer, Friedrich (Hg.). *Erkennen als geistiger und molekularer Prozess.* VHC: Weinheim, New York, Basel et al., 1991. 161-174.

Staehelin, Balthasar. *Haben und Sein: Ein medizinpsychologischer Vorschlag als Ergänzung zum Material der heutigen Wissenschaft*. 5. Beitrag zur Wirklichkeitsanalyse. 5. Aufl. Theologischer Verlag Zürich: Zürich, 1971.

Stavemann, Harlich H. *KVT-Praxis: Strategien und Leifäden für die Kognitive Verhaltenstherapie*. Beltz PVU: Weinheim, Basel, 2005.

Stavemann, Harlich H. *Sokratische Gesprächsführung in Therapie und Beratung: Eine Anleitung für Psychotherapeuten, Berater und Seelsorger.* 2., vollständig überarb. u. erw. Aufl. Beltz, Psychologische Verlags Union, 2007.

Steger, Michael F. Meaning in Life. In: Snyder, C.R., Lopez, Shane J. (Hg.). *Oxford Handbook of Positive Psychology.* Oxford Library of Psychology. Hg. P.E. Nathan. 2. Aufl. Oxford University Press: New York, 2009. 679-687.

Steinkamp, Hermann. Selbstsorge als spirituelle Praxis. In: Giebel, Astrid, Lilie, Ulrich, Utsch, Michael, Wentzek, Dieter et al. (Hg.). *Geistesgegenwärtig beraten: Existenzielle Kommunikation, Spiritualität und Selbstorge in der Beratung, Seelsorge und Suchthilfe*. Neukirchener: Neukirchen-Vluyn, 2015. 91-102.

Stelzenberger, Johannes. *Die Beziehungen der frühchristlichen Sittenlehre zur Ethik der Stoa: Eine moralgeschichtliche Studie*. Nachdruck. Georg Olms: Hildesheim, Zürich, New York, 1989 [1933].

Stern, Heike von. Du bist, woran du dich erinnerst. In: Psychologie heute (2012) 7. 20-28.

Stevens Barnum, Barbara. *Spiritualität in der Pflege*. Aus d. Amerik. v. E. Müller. Deutschsprachige Ausg. bearb. u. hg. v. E. Uhländer-Masiak. Hans Huber: Bern, Göttingen, Toronto, Seattle, 2002.

Stiehler Thurston, Nancy, Psychotherapy With Evangelical and Fundamentalist Protestants. In: Richards, P. Scott, Bergin, Allen E. (Hg.). *Handbook of Psychotherapy and Religious Diversity*. 4. Aufl. American Psychological Association: Washington D.C., 2008. 131-153.

Stollberg, Dietrich. *Therapeutische Seelsorge: Die amerikanische Seelsorgebewe-*

gung. Darstellung und Kritik. Mit einer Dokumentation. 3. Aufl. Studien zur Praktischen Theologie. Hg. R. Bohren, K. Frör, M. Seitz, Bd. 6. Christian Kaiser: München, 1972.

Stoop, David. *Der Perfektionist in mir: Mut zu einem zufriedenen Leben.* Francke: Marburg a.d.L., 1993.

Stoop, David. *Rethink how you think: how to create lasting change today.* Revell: Grand Rapids, 2014.

Stoop, David. *Self-Talk: Key to Personal Growth.* Revell: Old Tappan, 1982.

Stoop, David. *You Are What You Think.* 11. Aufl. Revell: Grand Rapids, 2007.

Strube, Claudius. Cicero. In: UTB. http:// www.philosophie-woerterbuch.de/online-woerterbuch/? tx_ gbwbphilosophie_main[entry]=10&tx_gbwbphilosophie_main[action]=show&tx_ gbwbphilosophie_main[controller]=Lexicon&cHash=9136e11420a77b867f87599765bf9652. Download 14. April 2016.

Sulmasy, Daniel P. *The Rebirth of the Clinic: An Introduction to Spirituality in Health Care.* Georgetown University Press: Washington D.C., 2007.

Sweeten, Gary. *Power Christian Thinking: Changing Hopelessness to Faith, Hope and Love.* Sweeten Life Systems: Cincinatti, 2012.

Szyf, Moshe. Verankerung frühkindlicher Erfahrungen im Erbgut. In: Gene, und Umwelt: Wie wir werden, was wir sind. Spektrum der Wissenschaft Spezial: Biologie, Medizin, Hirnforschung (2013) 2. 30-35.

Tacke, Helmut. *Glaubenshilfe als Lebenshilfe: Probleme und Chancen heutiger Seelsorge.* 3. Aufl. Neukirchener: Neukirchen-Vluyn, 1979.

Tan, Siang-Yang. Cognitive-Behavior Therapy: A Biblical Approach and Critique. In: Journal of Psychology and Theology (1987) 15. 103-112.

Tausch, Reinhard. *Lebensschritte: Umgang mit belastenden Gefühlen.* Rowohlt: Reinbek, 1989.

Tausch, Reinhard, Tausch, Anne-Marie. *Gesprächspsychotherapie: Hilfreiche Gruppen- und Einzelgespräche in Psychotherapie und alltäglichem Leben.* 9., ergänzte Aufl. Hogrefe: Göttingen, 1990.

Teilhard de Chardin, Pierre. *Der Mensch im Kosmos.* Aus d. Franz. v. O. Marbach. Mit 4 Abbild. 3. Aufl. Deutscher Taschenbuch Verlag: München, 1983.

Teilhard de Chardin, Pierre. *Die menschliche Energie.* Pierre Teilhard de Chardin Werke, Bd. 6. 2. Aufl. Walter: Olten, Freiburg i.B., 1982.

Teismann, Tobias, Hanning, Sven. Metakognitive Therapie. In: Heidenreich, Thomas, Michalak, Johannes (Hg.). *Die „dritte Welle" der Verhaltenstherapie: Grundlagen und Praxis.* Beltz: Weinheim, Basel, 2013. 180-198.

Thagard, Paul. *Kognitionswissenschaft: Ein Lehrbuch.* Aus d. Amerik. v. D. Egli u. M. Montani. Klett-Cotta: Stuttgart, 1999.

The University of New York, Center for Reviews and Dissemination. T.B. Smith, J. Bartz, J., P. Richards. Outcomes of religious and spiritual adaptions to psychotherapy: A meta-analytic review. National Center for Biotechnology Information (NCBI). U.S. National Library of Medicine. PubMed Health, 2007. http://www.ncbi.nlm.nih.gov/pubmedhealth/PMH0024794/, Download 1. Oktober 2015.

Thielicke, Helmut. *Das Leiden an der Kirche: Ein persönliches Wort.* Stundenbücher, Bd. 52. Furche: Hamburg, 1965.

Thomas, Johannes. παρακαλεω. In: EWNT, Bd. 3. 54f.

Thurman, Chris. *Lügen, die wir glauben: Der Grund Nr. 1 für unser Unglücklichsein.* Aus d. Amerik. v. C. Rendel.10. Aufl. Schulte & Gerth: Asslar, 1999.

Thurneysen, Eduard. *Die Lehre von der Seelsorge.* Evangelischer Verlag: Zollikon-Zürich, 1946.

Tillich, Paul. *Der Mut zum Sein.* Aus dem Amerik. v. G. Siemsen. Stundenbücher, Bd. 50. Furche: Hamburg, 1968.

Tillich, Paul. *Systematische Theologie,* Bd. 3. Unveränd. Nachdruck der 4. Aufl. v. 1984. Walter de Gruyter: Berlin, New York, 1987.

Trader, Alexis. *Ancient Christian Wisdom and Aaron Beck's Cognitive Therapy: A Meeting of Minds*. Foreword by H.T. Engelhardt. American University Studies. Series VII: Theology and Religion, Bd. 313. Peter Lang: New York, Washington, D.C., Baltimore, Bern et al., 2011.

Traub, Hartmut. Fichtes Begriff der Natur: Rezeptionsgeschichte im Wandel - ein Forschungsbericht. In: Girndt, Helmut (Red.). *Naturphilosophie im Deutschen Idealismus.* Fakultät für Kultur- und Sozialwissenschaften. FernUniversität Hagen, 2014. 104-143.

Trillhaas, Wolfgang. Meditation. In: RGG^3, Bd. 4, 824-926

UTB. Alphabetisches Philosophenverzeichnis. http://www.philosophie-woerterbuch.de/ philosophenverzeichnis/#c1331.

Utsch, Michael. Ausschluss oder Einbeziehung spiritueller Interventionen? In: Utsch, Michael, Bonelli, Raphael M., Pfeifer, Samuel. *Psychotherapie und Spiritualität: Mit existenziellen Konflikten und Transzendenzfragen professionell umgehen.* Mit 13 Abbild. u. 14 Tabellen. Springer: Berlin, Heidelberg, 2014. 111-122.

Utsch, Michael. Begriffsbestimmungen: Religiosität oder Spiritualität? In: Utsch, Michael, Bonelli, Raphael M., Pfeifer, Samuel. *Psychotherapie und Spiritualität: Mit existenziellen Konflikten und Transzendenzfragen professionell umgehen.* Mit 13 Abbild. u. 14 Tabellen. Springer: Berlin, Heidelberg, 2014. 25-35.

Utsch, Michael. Existenzielle Krisen und Sinnfragen in der Psychotherapie. In: Utsch, Michael, Bonelli, Raphael M., Pfeifer, Samuel. *Psychotherapie und Spiritualität: Mit existenziellen Konflikten und Transzendenzfragen professionell umgehen.* Mit 13 Abbild. u. 14 Tabellen. Springer: Berlin, Heidelberg, 2014. 13-24.

Utsch, Michael. Religiosität und Spiritualität in den psychotherapeutischen Schulen. In: Utsch, Michael, Bonelli, Raphael M., Pfeifer, Samuel. *Psychotherapie und Spiritualität: Mit existenziellen Konflikten und Transzendenzfragen professionell umgehen.* Mit 13 Abbild. u. 14 Tabellen. Springer: Berlin, Heidelberg, 2014. 67-84.

Utsch, Michael. Religiöse Interventionen in der Beratung - eine Gratwanderung. In: Giebel, Astrid, Lilie, Ulrich, Utsch, Michael, Wentzek, Dieter et al. (Hg.). *Geistesgegenwärtig beraten: Existenzielle Kommunikation, Spiritualität und Selbstorge in der Beratung, Seelsorge und Suchthilfe.* Neukirchener: Neukirchen-Vluyn, 2015. 241-252.

Utsch, Michael. Spirituelle Psychotherapie: Modetrend oder Modell mit Zukunft? In: Psychologie heute (2008) 2. 52-55.

Utsch, Michael. Welche Rolle spielt Spiritualtität in Psychiatrie und Therapie? Interview in: Psychologie heute (2006) 10. 56.

Utsch, Michael, Bonelli, Raphael M., Pfeifer, Samuel. *Psychotherapie und Spiritualität: Mit existenziellen Konflikten und Transzendenzfragen professionell umgehen.* Mit 13 Abbild. u. 14 Tabellen. Springer: Berlin, Heidelberg, 2014.

Van der Meer, Elke. Langzeitgedächtnis. In: Funke, Joachim, Frensch, Peter A. (Hg.). *Handbuch der Allgemeinen Psychologie - Kognition.* Hogrefe: Göttingen, 2006. 346-355.

Van Vreeswijk, Michiel, Broersen, Jenny, Schurink, Ger. *Achtsamkeit und Schematherapie: Praxishandbuch. Achtsamkeitsfördernde Therapien für Menschen mit Persönlichkeitsproblemen.* Aus d. Niederländ. v. H. Höhr u. T. Kierdorf. G.P. Probst: Lichtenau, 2012.

Vatterodt-Plünnecke, Bianca, Bredenkamp, Jürgen. Gedächtnis: Definitionen, Konzeptionen, Methoden. In: Funke, Joachim, Frensch, Peter A. (Hg.). *Handbuch der Allgemeinen Psychologie - Kognition.* Hogrefe: Göttingen, 2006. 297-306.

Voigtländer, Hanns-Dieter. *Die Lust und das Gute bei Platon.* Konrad Triltsch: Würzburg, 1960.

Wagner, Beatrice. Der Wirkstoff Erwartung. In: Psychologie heute (2005) 6. 60-63.

Walen, Susan R., DiGiuseppe, Raymond, Wessler, Richard L. *RET-Training: Einführung in die Praxis der rational-emotiven Therapie.* Aus d. Amerik. v. A. Arnold. 2., um ein Nachwort erw. Ausg. Pfeiffer bei Klett-Cotta: Stuttgart, 2005.

Wampold, Bruce E., Imel, Zac E. *The Great Psychotherapy Debate.* 2. Aufl. Routledge: New York, London, 2015.

Warnock, Sandra D.M., Rational-Emotive Therapy and the Christian client, in: Journal for Rational Emotive and Cognitive-Behavior Therapy, (1989) 7. 263-274.

Watson, P.J., Folbrecht, J., Morris, R.J., Hood, R.W. Values, „irrationality“, and religiosity. In: Journal of Psychology and Theology (1990) 18. 348-362.

Watson, P.J., Morris, R.J., Hood, R.W., Folbrecht, J. Dependency, „irrationality,“ and community. In: Journal of Psychology and Theology (1990)18. 334-347.

Watson, P.J., Morris, R.J., Hood, R.W. Sin and self-functioning, part 3: The psychology and ideology of irrational beliefs. In: Journal of Psychology and Theology (1988) 16. 348-361.

Watzlawick, Paul, Beavin, Janet H., Jackson, Don D. *Menschliche Kommunikation: Formen, Störungen, Paradoxien.* 9. Aufl. Hans Huber: Bern, Göttingen, Toronto u.a., 1996.

Weinkauf, Wolfgang (Hg. u. Übers.). *Die Philosophie der Stoa: Ausgewählte Texte.* Philipp Reclam jun.: Stuttgart, 2001.

Weinrach, S.G., Dryden, Windy, DiMattia, D.J., Doyle, K.A. et al. Post-September 11th perspectives on religion, spirituality, and philosophy in the personal and professional lives of selected REBT cognoscenti. Journal of Counseling and Development (2004) 82. 426-438.

Wenzelmann, Gottfried. Modelle charismatischer Seelsorge - psychotherapeutische und geistgewirkte Dynamik innerer Heilung. In: Pfeifer, Samuel (Hg.). *Psychotherapie und Seelsorge im Spannungsfeld: Zwischen Wissenschaft und Intuition.* Brendow: Moers, 1996. 169-184.

Wessler, Richard L. A bridge too far: Incompatibilities of rational-emotive therapy and pastoral counseling. In: The Personell and Guidance Journal (1984) 62. 264-266.

Wieland, Georg. *Philosophische Ethik im Mittelalter.* Fakultät für Kultur- und Sozialwissenschaften. FernUniversität Hagen, 2013.

Wieland, Wolfgang. *Platon und die Formen des Wissens.* Vandenhoeck & Ruprecht: Göttingen, 1982.

Wilckens, Ulrich. σοφία, σοφός. A. Von der griechischen Frühzeit bis zum philosophischen Gebrauch in der Spätantike. In: ThWNT, Bd. 7. 465-475.

Wilken, Beate. *Methoden der Kognitiven Umstrukturierung: Ein Leitfaden für die psychotherapeutische Praxis.* 3. akt. Aufl. W. Kohlhammer: Stuttgart, 2006.

Willberg, Hans-Arved. *Das ABC der positiven Lebenseinstellung: Endlich Schluss mit finsteren Gedanken!* R. Brockhaus: Witten, 2007.

Willberg, Hans-Arved. Das Gemeindeverständnis Dietrich Bonhoeffers. In: Willberg, Hans-Arved, Faix, Wilhelm, Gableske, Reinfried. *Einer von uns? Evangelikale Beiträge zu Theologie und Leben Dietrich Bonhoeffers.* Vorwort v. T. Schirrmacher. VTR: Nürnberg, 2006. 78-121.

Willberg, Hans-Arved. *Depression: Formen - Hintergründe - Hilfen. Schritte zu einer integrativen therapeutischen Seelsorge.* Hochschulschriften aus dem Institut für Psychologie und Seelsorge der Theologischen Hochschule Friedensau, Bd. 10. Freudenstadt, 2001.

Willberg, Hans-Arved. *Die beiden Seiten der Persönlichkeit: Die typologische Ambivalenz der seelischen Struktur des Menschen. Ein holistisches Persönlichkeitsmodell.* Unveröffentlichte Masterarbeit für die University of South Africa (UNISA), 2004. Download: http://etd.unisa.ac.za/ETD-db/theses/available/etd-11012006-110449/unrestricted/dissertation.pdf.

Willberg, Hans-Arved. *Die seelsorgerliche Bedeutung des Buches Hiob: Biblisch-psychologische Auslegung.* Lehrbücher aus dem Institut für Seelsorgeausbildung (ISA), Bd. 3. Books on Demand: Norderstedt, 2014.

Willberg, Hans-Arved. *Die seelsorgerliche Bedeutung des Jakobusbriefs: Biblisch-psychologische Auslegung.* Lehrbücher aus dem Institut für Seelsorgeausbildung (ISA), Bd. 4. Books on Demand: Norderstedt, 2014.

Willberg, Hans-Arved. Evangelikale und charismatische Rezeptionen Kognitiver Therapie. In: Cura Animarum (2015) 1/2. 7-28.

Willberg, Hans-Arved. Geklärte Standpunkte und ungelöste Spannungen im Seelsorgeverständnis Dietrich Bonhoeffers. In: Willberg, Hans-Arved, Faix, Wilhelm, Gableske, Reinfried. *Einer von uns? Evangelikale Beiträge zu Theologie und Leben Dietrich Bonhoeffers.* Vorwort v. T. Schirrmacher. VTR: Nürnberg, 2006. 159-199.

Willberg, Hans-Arved. *Grundlagen der seelsorgerlichen Gesprächsführung.* Lehrbücher aus dem Institut für Seelsorgeausbildung (ISA), Bd. 1. Books on Demand: Norderstedt, 2010.

Willberg, Hans-Arved. *Keine Angst vor der Angst: Angststörungen - ihre Ursachen und wie man sie bewältigen kann.* 4. Aufl. R. Brockhaus: Wuppertal, 2011 [2004].

Willberg, Hans-Arved. *Lehrbuch Kognitive Seelsorge I: Begründung, Einführung und Praxis.* Lehrbücher aus dem Institut für Seelsorgeausbildung (ISA), Band 6. Books on Demand: Norderstedt, 2015.

Willberg, Hans-Arved. *Lehrbuch Kognitive Seelsorge II: Neuropsychologie, Ätiologie, Diagnostik und Beratungsstruktur.* Lehrbücher aus dem Institut für Seelsorgeausbildung (ISA), Band 7. Books on Demand: Norderstedt, 2015.

Willberg, Hans-Arved. *Mach das Beste aus dem Stress: Wie Sie Ihr Leben ins Gleichgewicht bringen.* R. Brockhaus: Wuppertal, 2006.

Willberg, Hans-Arved. Paul Tillichs Ontologie der Angst als anthropologischer Baustein ganzheitlicher Seelsorge. In: Seelsorge (2002) 2. 54-62.

Willberg, Hans-Arved. Psychotherapie und Spiritualität – auf dem Weg zur Integration? Darstellung und Kritik integrativer Modelle aus den letzten zwei Jahrzehnten, 1. Teil. In: Cura Animarum (2015) 1/1. 7-23.

Willberg, Hans-Arved. Religion und seelische Gesundheit bei Albert Ellis. In: Zeitschrift für Rational-Emotive & Kognitive Verhaltenstherapie (2015) 16. 7-30.

Willberg, Hans-Arved, Hüttel, Michael. *Ausgebrannt: Burnout erkennen und überwinden.* Hänssler: Stuttgart, 2008.

Wilson, Kelly G., Murrell, Amy R. Arbeit an den eigenen Werten im Rahmen der Akzeptanz- und Commitment-Therapie: Das Bestimmen einer Richtung innerhalb einer verhaltenstherapeutischen Behandlung. In: Hayes, Steven C., Follette, Victoria M., Linehan, Marsha M. (Hg.). *Achtsamkeit und Akzeptanz: Das Erweitern der kognitiv-behavioralen Tradition.* dgvt: Tübingen, 2012. 171-211.

Wimmer, Reiner. *Kants kritische Religionsphilosophie*. Kantstudien. Im Auftrag der Kant-Gesellschaft in Verbindung mit I. Heidemann+ hg. v. G. Funke u. R. Malter. Walter de Gruyter: Berlin, New York, 1990.

Winkler, Klaus. Psychoanalyse und Religion. In: Wege zum Menschen (2000) 52/4. 177-186.

Wolff, Hans Walter. *Anthropologie des Alten Testaments*. 4., durchg . Aufl. Christian Kaiser: München, 1984.

Worthington, Everett L. *When Someone Asks for Help: A Practical Guide for Counseling.* Inter-Varsity: Downers Grove, 1982.

Worthington, Everett L., Jr., Hook, Joshua N., Davis, Don E., McDaniel, Michael A. Religion and Spirituality. In: Norcross, John C. (Hg.), *Psychotherapy Relationships That Work: Evidence-Based Responsiveness*. 2. Aufl. Oxford University Press: New York, 2011. 402-419.

Worthington, Everett L., Ripley, Jennifer S., Hook, Joshua N., Miller, Andrea J. Why Is The Hope-Focused Couple-Approach Effective? Target Journal: Marriage and Family: A Christian Journal (2007). http://hopecouples.com/resources/Why%20is%20the%20Hope%20Couples% 20Approach%20Effective%20article.pdf. Download 12. April 2016.

Wright, H. Norman. *Friede mit Gestern: Wie gehe ich mit meiner Vergangenheit um?* Edition Trobisch: Kehl, 1992.

Wright, H. Norman. *Marital counseling: A biblical, behavioral, cognitive approach.* Harper & Row: New York, 1981.

Wright, Norman. *Self-talk, Imagery, and Prayer in Counseling.* Ressources for Christian Counseling. Hg. G.R. Collins, Bd. 3. Word Books: Waco, 1986.

Yahnke, Beverly H., Sheikh, Anees A., Beckman, Heidi T. Imagery and the Treatment of Phobic Disorders. In: Sheikh, Anees A. (Hg.). *Healing Images: The Role of Imagination in Health.* Foreword by His Holiness The Dalai Lama. Imagery and Human Development Series. Hg. A.A. Sheikh. Baywood Publishing: Amityville, 2003. 312-342.

Yalom, Irvin D. *Theorie und Praxis der Gruppenpsychotherapie: Ein Lehrbuch.* Aus dem Amerik. v. G. Teusner-Stampa u. T. Junek. 5. Aufl. Pfeiffer bei Klett-Cotta: München, 1999.

Young, Howard. Practicing RET with Bible-Belt Christians. In: British Journal of Cognitive Psychotherapy (1984) 2. 60-76.

Zahrnt, Heinz. *Die Sache mit Gott: Die protestantische Theologie im 20. Jahrhundert.* 2. Aufl. Piper & Co.: München, 1968.

Zhang, Yalin, Young, Derson, Lee, Sing, Li, Lingjiang et al. Chinese Taoist Cognitive Psychotherapy in the Treatment of Generalized Anxiety Disorder in Contemporary China. In: Transcultural Psychiatry (2002) 39/1. 115-129.

Ziemer, Jürgen. *Seelsorgelehre: Eine Einführung für Studium und Praxis*. Vandenhoeck & Ruprecht: Göttingen, 2000.

Zijlstra, Wybe. *Handbuch zur Seelsorgeausbildung*. Aus d. Niederländ. v. R. Miethner. Christian Kaiser: Gütersloh, 1993.

Zilbergeld, Bernie, Lazarus, Arnold A. *Mind Power: Getting What You Want Through Mental Training*. Little, Brown and Company: Boston, Toronto, 1987.

Zimbardo, Philip, Boyd, John. *Die neue Psychologie der Zeit und wie sie Ihr Leben verändern wird*. Aus d. Engl. übers. v. K. Petersen. Spektrum Akademischer Verlag: Heidelberg, 2011.

Zimbardo, Philip G., Gerrig, Richard J. *Psychologie*. Bearb. u. hg. von S. Hoppe-Graff u. I. Engel. Unter Mitarbeit v. B. Keller. 7., neu übers. u. bearb. Aufl. Springer: Berlin, Heidelberg, New York, 1999.

Zorn, Peter, Roder, Volker. *Schemazentrierte emotiv-behaviorale Therapie (SET): Therapieprogramm für Patienten mit Persönlichkeitsstörungen.* Mit einem Geleitwort v. P. Fiedler. Mit Online Materialien. Beltz: Weinheim, Basel, 2011.

Internetadressen sind im Quellenverzeichnis nur angegeben, wenn es sich um den Beleg von Artikeln, Aufsätzen und anderen derartigen Veröffentlichungen handelt. Die Quellen zu anderen Internetinformationen sind in den jeweiligen Fußnoten vermerkt.

Bibelzitate aus Lutherübersetzung, rev. Text 1984, © Deutsche Bibelgesellschaft: Stuttgart, 1999.

Siglen

APA — VandenBos, Gary R. (Hg.). *APA Dictionary of Psychology*. 2. Aufl. American Psychological Association: Washington, DC, 2007.

Dorsch — Häcker, Hartmut O., Stapf, Kurt-H. (Hg.). *Dorsch: Psychologisches Wörterbuch.*15., überarb. u. erw. Aufl. Hans Huber: Bern, 2009.

EWNT — Balz, Horst, Schneider, Gerhard. *Exegetisches Wörterbuch zum Neuen Testament,* Bd. 1-3. W. Kohlhammer: Stuttgart, Berlin, Köln u.a., 1980-1983.

IEP — Internet Encyclopedia of Philosophy (IEP), http://www. iep.utm.edu.

Gorg — Platon. Gorgias. In: Platon. *Sämtliche Werke.* Deutsch v. F. Schleiermacher, F. Susemihl et al. Hg. E. Loewenthal. Bd. 3. Lambert Schneider: Berlin, 1940. 301-410.

GWL — Fichte, Johann Gottlieb. *Grundlage der gesamten Wissenschaftslehre als Handschrift für seine Zuhörer*. Einleitung u. Register v. W.G. Jacobs. Philosophische Bibliothek, Bd. 246. Felix Meiner: Hamburg, 1970 [1974].

KrV — Kant, Immanuel, *Kritik der reinen Vernunft.* Hg. I. Heidemann. Philipp Reclam jun.: Stuttgart, 2010 [1787].

LdP — Arnold, Eysenck, Meili (Hg.). *Lexikon der Psychologie,* Bd. 1-3. 12. Aufl. Herder: Freiburg, Basel, Wien.

Men — Platon. Menon. In: Platon. *Sämtliche Werke.* Deutsch v. F. Schleiermacher, F. Susemihl et al. Hg. E. Loewenthal. Bd. 1. Lambert Schneider:

Berlin, 1940. 410-458.

Peters — Peters, Uwe Henrik. *Lexikon Psychiatrie, Psychotherapie, Medizinische Psychologie.* Mit einem engl.-deut. Wörterbuch im Anhang. 6., völlig neu bearb. u. erw. Aufl. Urban & Fischer: München, Jena, 2007.

Phaid — Platon, Phaidros. In: Platon, *Sämtliche Werke.* Deutsch v. F. Schleiermacher, F. Susemihl et al., Hg. E. Loewenthal. Bd. 2. Lambert Schneider: Berlin, 1940. 411-482.

Phileb — Platon, *Philebos*. Übersetz. u. Komm. v. D. Frede. Platon Werke. Hg. E. Heitsch, C.W. Müller, Bd. 3/2. Vandenhoeck & Ruprecht: Göttingen, 1997.

Pol — Platon. Der Staat (Politeia). In: Platon. *Sämtliche Werke.* Deutsch v. F. Schleiermacher, F. Susemihl et al. Hg. E. Loewenthal. Bd. 2, Bücher I-V. übers. v. W.S. Teuffel. Bücher VI-X. übers. v. W. Wiegand. Lambert Schneider: Berlin, 1940. 5-408.

RGG^3 — Galling, Kurt (Hg.). *Die Religion in Geschichte und Gegenwart: Handwörterbuch für Theologie und Religionswissenschaft.* Hg. in Gemeinschaft mit H. Freiherr von Campenhausen, E. Dinkler, G. Gloege et al. Ungekürzte elektronische Ausgabe der 3. Aufl.. Digitale Bibliothek, Bd. 12 . Directmedia: Berlin, 2000.

SEP — Zalta, Edward N. (Hg.). *The Stanford Encyclopedia of Philosophy.* http://plato.stanford.edu.

Soph — Platon. Sophistes. In: Platon. *Sämtliche Werke.* Deutsch v. F. Schleiermacher, F. Susemihl et al. Hg. E. Loewenthal. Bd. 2. Lambert Schneider: Berlin, 1940. 664-770.

Theait — Platon, Theaitetos. In: Platon, *Sämtliche Werke.* Deutsch v. F. Schleiermacher, F. Susemihl et al., Hg. E. Loewenthal, Bd. 2. Lambert Schneider: Berlin, 1940. 561-662. http://www.zeno.org/Philosophie/M/Platon/Theaitetos?hl=theaitetos. Download 22. Mai 2013, Permalink http://www.zeno.org/nid/20009262687.

ThWNT — Kittel, Gerhard (Hg.). *Theologisches Wörterbuch zum Neuen Testament,* Bd. 1-10/2. Studienausgabe. Unveränd. Nachdruck. W. Kohlhammer: Stuttgart, Berlin, Köln, 1990 [1933-1979].

UTB — UTB Handwörterbuch. Online-Wörterbuch Philosophie, http:// www.philosophie-woerterbuch.de/online-woerterbuch.

WNT — Bauer, Walter. *Griechisch-deutsches Wörterbuch zu den Schriften des Neuen Testaments und der übrigen urchristlichen Literatur.* Durchges. Nachdruck der 5., verbess. u. stark vermehrten Aufl. Walter de Gruyter: Berlin, New York, 1971.

Verzeichnis der Abbildungen und Tabellen Abildungen

Tabellen

Erklärung zu Manuskriptgestaltung und Zitierweise

Weil es sich bei dieser Arbeit um ein in der Theologie beheimatetes interdisziplinäres Projekt handelt, das in der Fakultät für Sozial- und Verhaltenswissenschafaten zum Abschluss kommt, habe ich mich auf keine der von den einzelnen Instituten vorliegenden Richtlinien festgelegt. Stattdessen schloss ich mich der Schreib- und Zitierweise an, die ich ohne Beanstandung für alle schriftlichen Arbeiten bei meinem zurückliegenden Philosophiestudium an der FernUniversität Hagen gebrauchte. Ich bediene mich dabei der Zitierweise nach *Turabian* aus dem Jahr 2003, die ich für meine erste akademische Abschlussarbeit zu verwenden hatte und auf die ich seither bei allen wissenschaftlichen und populärwissenschaftlichen Veröffentlichungen zurückgreife, für die kein anderes System verlangt wird.

Band 1 in der Reihe Wissenschaft bei **KomBi**:

Matthias C. Bettex

Entwicklungspsychologische Grammatik

ISBN: 978-3-9818451-0-5 160 Seiten, 14,99 €

Obwohl Sigmund Freud ein rein naturwissenschaftliches Verständnis der menschlichen Seele proklamierte, verwendete er als fundamentalen Baustein der Psychoanalyse den altgriechischen Ödipusmythos. Eingeschränkt durch seine atheistische und materialistische Weltsicht gelang es ihm aber nicht, den anthropologischen Wahrheitsgehalt der Ödipusgeschichte auszuschöpfen. Das Buch des Berliner Psychoanalytikers Bettex zeigt diesen Mangel auf und legt das dialektische Spannungsfeld des Ödipusmythos frei. Dabei wird deutlich, dass der dort beschriebene Konflikt eine erstaunliche Übereinstimmung mit dem biblischen Mythos der ursprünglichen Gottentfemdung des Menschen aufweist. Die „Hybris" dort entspricht der „Sünde" hier. Die Psychodynamik des Konflikts ist ein entwicklungspsychologisch zu verstehendes anthropologisches Existenzial. Dies lässt sich mit dem Entwicklungsmodell des Säuglingsforschers Daniel Stern nachweisen, das in diesem Buch ausführlich dargestellt wird. Sterns Modell fügt sich wiederum nahtlos mit dem „Kreuz der Wirklichkeit" des Soziologen Eugen Rosenstock-Hussy zusammen, das den Entwicklungsprozess des Menschen in ontologische Sprachkategorien fasst. Daraus folgt eine erweiterte Epistemologie der Psychoanalyse mit hoher Relevanz für die Praxis.